Geschichte der Stadt München

Herausgegeben
von Richard Bauer

Mit Beiträgen von Elisabeth Angermair
Richard Bauer, Manfred Döbereiner
Ulrike Haerendel, Hans-Joachim Hecker
Manfred Peter Heimers, Reinhard Heydenreuter
Nina Krieg, Lorenz Maier
Christine Rädlinger, Wilfried Rudloff
Ingo Schwab, Helmuth Stahleder
Ralf Zerback

Geschichte der Stadt
MÜNCHEN

Herausgegeben
von Richard Bauer

Verlag C. H. Beck München

Eine Veröffentlichung des Münchner Stadtarchivs

Mit 56 Abbildungen im Text
und auf Tafeln

Die Deutsche Bibliothek – CIP-Einheitsaufnahme

Geschichte der Stadt München : [eine Veröffentlichung des Münchner Stadtarchivs] / hrsg. von Richard Bauer. – München : Beck, 1992
ISBN 3 406 35946 9
NE: Bauer, Richard [Hrsg.]; Stadtarchiv <München>

ISBN 3 406 35946 9

Gesamtherstellung: Kösel, Kempten
Gedruckt auf alterungsbeständigem (säurefreiem) Papier
gemäß der ANSI-Norm für Bibliotheken
Printed in Germany

Inhalt

Vorwort 7

Vom Markt zur Stadt – Herrschaftsinhaber und Führungsschichten 1158 bis 1294 *von Lorenz Maier* 13

Residenz- und Bürgerstadt – Münchens Weg zur relativen Selbständigkeit 1294 bis 1365 *von Manfred Döbereiner* 61

Die grosse Krise – Finanzielle Probleme und Verfassungskämpfe 1365 bis 1403 *von Christine Rädlinger* 97

Konsolidierung und Ausbau der bürgerlichen Stadt – München im 15. Jahrhundert *von Helmuth Stahleder* 120

Um Glaube und Recht – Die «fürstliche» Stadt 1505 bis 1561 *von Hans-Joachim Hecker* 148

Zeiten der Teuerung – Versorgungsprobleme in der zweiten Hälfte des 16. Jahrhunderts *von Ingo Schwab* 166

Der Magistrat als Befehlsempfänger – Die Disziplinierung der Stadtobrigkeit 1579 bis 1651 *von Reinhard Heydenreuter* . . . 189

Die Strukturen einer barocken Residenzstadt – München zwischen Dreißigjährigem Krieg und dem Vorabend der Französischen Revolution *von Manfred Peter Heimers* 211

Stadt und Stadtverfassung im Umbruch – Niedergang, Ende und Neubegründung kommunaler Eigenständigkeit 1767 bis 1818 *von Richard Bauer* 244

Unter der Kuratel des Staates – Die Stadt zwischen dem Gemeindeedikt von 1818 und der Gemeindeordnung von 1869 *von Ralf Zerback* 274

München als süddeutsche Metropole – Die Organisation des Großstadtausbaus 1870 bis 1914 *von Elisabeth Angermair* . . . 307

Notjahre – Stadtpolitik in Krieg, Inflation und Weltwirtschaftskrise 1914 bis 1933 *von Wilfried Rudloff* 336

DAS RATHAUS UNTERM HAKENKREUZ – Aufstieg und Ende der «Hauptstadt der Bewegung» 1933 bis 1945 *von Ulrike Haerendel* 369

«SOLANG' DER ALTE PETER...» – Die vermeintliche Wiedergeburt Alt-Münchens nach 1945 *von Nina Krieg* 394

DIE «WELTSTADT MIT HERZ» – Ein Überblick 1957 bis 1990 *von Nina Krieg* 413

ANHANG

Abkürzungsverzeichnis 424
Anmerkungen 425
Ausgewählte Literatur 493
Register 521
Fotonachweis 540

Vorwort

Als 1905 der dritte und letzte Bauabschnitt des von Georg Hauberrisser entworfenen Neuen Münchner Rathauses im Rohbau fertiggestellt war und auch der Figurenschmuck der zum Marienplatz gerichteten Hauptfassade Gestalt annahm, ereignete sich etwas für die patriotische Grundstimmung der «Prinzregentenzeit» höchst Ungewöhnliches: die an der Schauseite des Neubaus begonnene Aufstellung von über vierzig Statuen aller Stadt- und Landesherren seit dem 12. Jahrhundert erfuhr in der Tagespresse vorsichtige Kritik. Es sei ja grundsätzlich ein schöner Gedanke, die um München verdienten Herzöge, Kurfürsten und Könige der Stadtbevölkerung in Erinnerung zu rufen, doch sei ihr massenhaftes Auftreten am Rathaus unangebracht. Man möge sich künftig in München nicht mehr über die von Kaiser Wilhelm II. in Berlin mit Marmorstandbildern brandenburgisch-preußischer Herrscher ausgeschmückte «Siegesallee» entrüsten, da man ungeachtet der unterschiedlichen – horizontalen oder vertikalen – Aufstellung hier im Prinzip nun die gleiche Huldigung inszeniere.

Der Vergleich der magistratischen Beflissenheit gegenüber der Dynastie Wittelsbach mit dem wilhelminischen Hohenzollernkult in Berlin war ein Seitenhieb auf die Selbstvergessenheit des liberalen München. Er war zugleich ein Appell an das im vergangenen halben Jahrhundert gewachsene Selbstbewußtsein des Stadtbürgertums, das sich nach 1867 beim ersten Bauabschnitt des Neuen Rathauses an der Hauptfront selbst plastisch in Szene gesetzt hatte. Mit den allegorischen Figuren bürgerlicher Tugenden – des Gewerbefleißes, der Häuslichkeit, der Wehrhaftigkeit und der Mildtätigkeit sowie einer Wappenserie der größeren bayerischen Städte – waren damals ausschließlich Sinnbilder urbaner Kultur an der Fassade in Erscheinung getreten, wie ja auch das von Karl von Piloty 1874 bis 1879 für den Sitzungssaal der Gemeindebevollmächtigten geschaffene große Wandgemälde der «Monachia» die Stadtgeschichte durch die zahlreichen Porträts bedeutender Persönlichkeiten aus allen Bereichen des öffentlichen Lebens erstmals demokratisiert hatte. Jetzt aber war in der Tat ein Rückfall in das residenzstädtische Bewußtsein zu verzeichnen. Mit gönnerhafter oder autoritär-strenger Miene paradierten von nun an in einem Gewirr von Fialen, Kreuzblumen, Wimpergen, Wasserspeiern und Grotesken steinerne Fürstenbilder hoch über dem Marienplatz. Ihr Gedränge war so groß, daß im selben Jahr 1905 eine satirische Zeitschrift eine Zeichnung des «Konkurrenzkampfes» veröffentlichte und in der Bildunterschrift vor dem Zuzug weiterer gotischer Figuren dringend warnte.

Fürstliche Symbolik war auch bei den älteren Repräsentativbauten der Stadtgemeinde stets Pflichtaufgabe gewesen. Bereits der zwischen 1470 und 1480 nördlich des Rathausturms errichtete Festsaalbau des Alten Rathauses (Tanzhaus) war in seiner Dekoration als Huldigung an den Stadtherrn Albrecht IV. und seine familiären Verbindungen angelegt. Die von Erasmus Grasser geschnitzten heraldischen Schilde an der Saaldecke und der an den Seitenwänden angebrachte Wappenfries des Ulrich Fuetrer betonten neben dem Ruhm des angestammten Fürstenhauses die dynastischen Ordnungssysteme von Reich und Welt und verstanden sich als angemessene Rahmung der in diesem Saal abgehaltenen fürstlichen «Staatsakte», wie etwa Landtagseröffnungen oder Erbhuldigungen. Allein der «Mönch» des Stadtwappens verwies in doppelter Ausfertigung auf Bauherrn und Kostenträger. Patrizische Wappen oder eine auf Stadtregiment und Stadtgericht ausgerichtete Bildthematik, wie sie uns bei vergleichbaren Repräsentativbauten der Reichsstädte geläufig sind, waren nicht vorgesehen, zumindest berichten die Quellen der Erbauungszeit nichts davon. Erst die im 17. und 18. Jahrhundert erneuerten Außenfresken kennen neben demonstrativen Kaiser- und Fürstenporträts auch allegorische Anspielungen auf magistratische Pflichten (z. B. das Bild der Justitia auf dem Turm). Stets blieb jedoch die Stadt- und Landesherrschaft bevorzugtes Gestaltungselement: noch 1778/79 wurden Stirn- und Seitenwände des großen Saales mit einer wittelsbachischen Ahnengalerie bemalt und 1842 fanden gar Schwanthalers überlebensgroße Gipsmodelle bayerischer Regentenstandbilder – sie waren in ihren Bronzeausführungen für den Thronsaal der Residenz bestimmt – hier Aufstellung.

So gesehen waren die 1905 diskutierten Herrscherbilder an der Schauseite des Neuen Rathauses kein Novum, sie waren allenfalls eine anachronistische Reminiszenz an jene Zeiten, in denen sich der Münchner Bürger als bevorzugter Beifallspender für Fürst und Hof verstehen durfte und der Stadtrat ungeachtet einer privilegierten Selbstverwaltung immer wieder als unterstes Vollzugsorgan des stadtherrlichen Willens zu funktionieren hatte. Doch die Zeiten hatten sich inzwischen geändert: Nicht der an der Trennfuge des ersten und des dritten Rathaus-Bauteils mit einem fast drei Meter hohen erzenen Reiterstandbild besonders geehrte Prinzregent Luitpold, sondern tatkräftige Bürgermeister, tüchtige Magistratsräte und verantwortungsbewußte Gemeindebevollmächtigte hatten in den letzten Jahrzehnten des 19. Jahrhunderts das durchweg positive räumliche, bauliche, wirtschaftliche, soziale und hygienische Erscheiunungsbild der Großstadt München verantwortet. Selbst die öffentliche Berufung auf die durch fürstliches Mäzenatentum gewachsene und angeblich immer noch geförderte «Kunststadt» war längst zu einer bloßen Attitüde geworden, doch mußte auf Wunsch des in diesen Dingen besonders eifersüchtigen Regenten die erloschene Initiativkraft des Hauses Wittelsbach gerade in München durch Ritual und Kult weiter beschworen werden.

Es wäre verwunderlich, wenn diese über ihre reale Berechtigung hinaus an der Rathausfassade wohlkonservierten residenzstädtischen Bezüge nicht auch das noch andauernde Geschichtsbild Münchens beeinflußt hätten. Allzulange hatten ja tatsächlich die Wittelsbacher die architektonischen Konturen der Stadt und die Lebensbedingungen der Münchner Bürger geprägt. War nicht das städtische Patriziat schon frühzeitig der Attraktivität des adeligen Landlebens erlegen und hatte Dienst und Pfründe beim Stadtherrn gefunden, und hatten schließlich nicht alle gewerblichen Produktivkräfte in völliger Abhängigkeit von der Bedarfslage einer sich innerhalb des Burgfriedens unentwegt mehrenden Beamtenschaft gestanden?

Die vor der Mitte des 19. Jahrhunderts einsetzende romantische Verklärung der genossenschaftlichen Leistung des mittelalterlichen Stadtbürgertums eignete sich eher für die Reichsstädte, weshalb in der Folge die landesgeschichtliche Forschung das körperschaftliche Prinzip der altbayerischen Städte und Märkte souverän vernachlässigte. In München selbst konnte und wollte niemand an dieser von der Geschichtswissenschaft sanktionierten Mißachtung der kommunalen Tradition Anstoß nehmen. Fehlte es doch hier augenscheinlich sogar an der Identifikationskraft der Einwohnerschaft mit den baulichen Zeugnissen der Vergangenheit und mangelte es hier insbesondere an jenen traditionsbewußten Familien, die über Generationen hinweg ihrer Stadt gedient hatten und deshalb Selbstbehauptungswillen und Würde des Gemeinwesens in besonderer Weise verkörperten. So war das München zuerkannte Kompliment «Fremdenstadt» stets mit dem unguten Beigeschmack einer hier notorischen Geringschätzung eigener Werte und Überlieferungen belastet.

Ältere Darstellungen der Münchner Stadtgeschichte faßten diesen Voraussetzungen entsprechend vornehmlich die residenz- und hauptstädtischen Aspekte ins Auge und gerieten dementsprechend zwangsläufig zu einer auf den Schauplatz München bezogenen Rekapitulation der bayerischen Landesgeschichte. Auch die fürstliche Familiengeschichte und die Kunstgeschichte lieferten reichlich Stoff für historische Überblicke. All diese Veröffentlichungen hatten freilich einen Nachteil: die Münchner selbst blieben weitgehend ausgeblendet. Erst seit den dreißiger Jahren unseres Jahrhunderts konnte sich – ausgehend von den Quelleneditionen des Stadtarchivars Pius Dirr – eine wissenschaftliche Betrachtungsweise der Stadtgeschichte durchsetzen, welche die Münchner Bürgerschaft mit den Möglichkeiten und Grenzen ihrer Selbstverwaltung in den Mittelpunkt rückte. Ein solcher, bisher nur in Epochen- und Einzeldarstellungen realisierter Ansatz verlangte und verlangt natürlich stets die besondere Berücksichtigung des Spannungsbogens zwischen Rathaus und Residenz, da der Hauptstadtcharakter der Bürgerstadt ein wesentliches Element der Münchner Entwicklung war.

Allerdings konnte dieser Hauptstadtcharakter – und dies ist mit Nachdruck festzuhalten – nie das alleinige Prinzip der urbanen Wirklichkeit sein. Der Selbstbehauptungswille von Magistrat und Bürgerschaft, oder auch die Konkurrenzhaltung verschiedener Gruppierungen innerhalb der Stadtgemeinde waren eine in jeder Hinsicht beachtenswerte Realität, die bisweilen sogar die am Fürstenhof getroffenen Entscheidungen der «großen Politik» beeinflussen konnte. Auch die hochgerühmten Manifestationen fürstlichen Bauwillens in der Stadt – man denke hier nur an Jesuitenkolleg und Michaelskirche im 16. Jahrhundert und an die von Ludwig I. durchgesetzte Ludwigskirche – hatten eine kommunale «Kehrseite», die in Erinnerung gerufen werden darf. Seit der Mitte des 19. Jahrhunderts strebten dann trotz der fortdauernden formalen Verklammerung die Wege von Bürgerstadt und Hauptstadt weiter auseinander, wodurch neue Problemstellungen hervorgerufen, aber auch neue Problembewältigungen ermöglicht wurden. Die Bedeutung der süddeutschen Metropole München gründete fortan in erster Linie auf dem Ansehen und der Leistung einer funktionierenden Kommunalverwaltung, besonders aber auf dem produktiven Beitrag der gesamten Stadtbevölkerung und war nur noch sekundär durch die Präsenz und die politische Außenwirkung des Staatsoberhauptes beziehungsweise der Staatsregierung definiert.

Dies sind die notwendigen Vorgaben einer zeitgemäßen Münchner Stadtgeschichte, dies ist die historische Ausgangslage, auf deren Nachvollzug der Leser Anspruch erheben darf. So war auch die Aufgabenstellung für die mit diesem Geschichtswerk betrauten Autorinnen und Autoren die Beachtung der geschilderten Bipolarität und (für das 19. und 20. Jahrhundert) das Herausarbeiten des schwierigen Emanzipationsprozesses der Bürger- und Einwohnerschaft hin zur vollen Eigenverantwortlichkeit in den sie unmittelbar berührenden Lebensbereichen. Kein wesentlicher Aspekt der Stadtentwicklung sollte außer acht gelassen werden, als «Standort» für die Geschichtsbetrachtung wurde aber stets dem Rathaus der Vorzug gegeben.

Es ist erstaunlich, zu welch wichtigen Erkenntnissen dieser bloße Wechsel der Blickrichtung führt, welche Details aus neu erschlossenen Archivalien ans Licht treten und wieviele von der bisherigen Meinung abweichende

Beurteilungen aus dem gewissenhaften Abgleich von Literatur und ungedruckten Quellen zu treffen sind.

Nicht vertieft wurden die Bereiche der Kunst- und Kulturgeschichte Münchens, da ihnen bisher bereits die weiteste wissenschaftliche Aufmerksamkeit galt, wie auch mit München verbundene Ereignisse von überregionaler politischer Bedeutung (z. B. der Hitlerputsch 1923) in diesem Rahmen nicht ausführlich abgehandelt werden konnten. Vorrang hatte immer die Darlegung der die Stadtgemeinde und damit die Münchner Bürgerschaft betreffenden Probleme, wobei selbst hier eine Beschränkung auf Grundstrukturen notwendig wurde. Die in den Einzelabschnitten dieses Buches vorgenommene Akzentuierung bestimmter sozial-, wirtschafts-, religions-, rechts- oder verfassungsgeschichtlicher Abläufe soll die von Zeitabschnitt zu Zeitabschnitt wechselnden besonderen Anforderungen an Bürgerschaft und Stadtbevölkerung verdeutlichen. Die gewählte Darstellungsform nimmt dabei mitunter die vorübergehende Zurücksetzung anderer Themenkreise in Kauf, versucht aber gerade dadurch die Problematik der jeweiligen Entwicklungsphase um so überzeugender nachzuvollziehen.

Der Herausgeber dankt allen Mitarbeiterinnen und Mitarbeitern; besonderer Dank gilt dem Verlag C. H. Beck, der dieses Buch von den ersten Planungen an engagiert betreut hat.

München, im Dezember 1991 *Richard Bauer*

Vom Markt zur Stadt
Herrschaftsinhaber und Führungsschichten
1158 bis 1294

Zur Forschungslage

Kurz bevor in den Junitagen des Jahres 1158 der Stauferkaiser Friedrich I. zusammen mit vielen Großen des Reiches von Augsburg aus, wo sich auf dem nahen Lechfeld die Heeresaufgebote gesammelt hatten, zu seinem zweiten Italienzug aufbrach, wurde auch ein Vorgang zur Entscheidung gebracht, der für den Kaiser selbst nicht ohne Pikanterie war. Er hatte nämlich zwei nahe Verwandte als Streitparteien vor den kaiserlichen Thron geführt, und das Diktat der Urkunde erweist beiden die gebührende Reverenz, wenn es dort von der *«controversia»* heißt, *«que inter te, karissime patrue, qui inpresentiarum Frisingensis episcopatus geris dignitatem, et nobilissimum consanguineum nostrum Henricum ducem Bawarie et Saxonie super foro apud Verigen et Munichen dinoscitur agitari»* (der Streit, der bekanntlich zwischen Dir, teuerster Onkel, der Du gegenwärtig die Würde des Bischofs von Freising bekleidest, und Unserem hochedlen Blutsverwandten Heinrich, dem Herzog von Bayern und Sachsen, über den Markt zu Föhring und München hin- und hergeht).[1] Von den zwei kaiserlichen Urkunden, die uns über die Vorgänge um die Gründung des Marktes zu München berichten, ist dies die erste – die häufig als «Augsburger Schied» bezeichnete – Urkunde Friedrich Barbarossas vom 14. Juni 1158. Nochmals werden die damaligen Ereignisse in der zweiten Barbarossa-Urkunde vom 13. Juli 1180 aufgegriffen.[2] Für die Anfänge einer städtischen Gründung ist das gar nicht so wenig an Nachrichten, und dennoch lassen uns beide Dokumente trotz des Eindrucks von Gesprächigkeit und Detailliertheit über die meisten Fragen, die uns im nachhinein interessieren, im unklaren. Die erste spricht zwar von der «Auseinandersetzung» zwischen Herzog und Freisinger Bischof «über den Markt zu Föhring und München», erweckt jedoch den Anschein, daß diese in beiderseitigem Einvernehmen beigelegt worden sei, als Markt, Brücke und Münze von dem älteren Föhring (dem heutigen Oberföhring) nach dem Platz bei *«Munichen»* verlegt wurden. Erst das zweite, um 22 Jahre jüngere Dokument von 1180 läßt erkennen, daß der Welfenherzog Heinrich der Löwe den Föhringer Markt unter Gewaltanwendung verlegen und die dortige Brücke niederreißen ließ. Besäße man nur die Urkunde von 1180, so würde nichts darauf hindeuten, daß eine Regelung von der Art des Jahres 1158 vorausgegangen sein könnte. Die Existenz der früheren Abmachung wird mit keiner Silbe erwähnt, hingegen wird der Welfenherzog als Friedens- und Rechtsbrecher hingestellt.[3] Mag auch ein politisches Motiv für die selektive Tatsachenwiedergabe von 1180 eine Rolle gespielt haben (andernfalls hätte ja zur Sprache kommen müssen, daß Barbarossa nun Regelungen widerrief, die er selbst zwei Jahrzehnte zuvor angeordnet hatte): Bei der gegebenen Quellensituation ist jedoch der genaue sachliche und chronologische Geschehnisablauf in seiner allgemein angenommenen Reihenfolge letztlich gar nicht gesichert. Zwar ist es nicht ausgeschlossen, daß es tatsächlich zuerst zur Gewalttat des Löwen und danach zur Verhandlung und Schlichtung vor dem Kaiser gekommen ist, es kann aber auch sein, daß die Gewalttat Heinrichs des Löwen erst nach dem kaiserlichen Spruch von 1158 erfolgt ist, als die Sache vielleicht nicht so recht den von ihm gewünschten Verlauf nehmen wollte.

Es ist nicht das einzige Mal, daß Quellenaussagen und gängige Vorstellungen über bestimmte Sachverhalte der Frühgeschichte Münchens auseinanderklaffen, so zum Beispiel bei der Vorstellung vom alten «Klosterdorf Munichen» in der Zeit vor der «Stadtgründung». Ausgehend von der Annahme, daß sich in dem Ortsnamen eine «Mönchssiedlung» anzuzeigen scheint, hat man lange versucht, den alten Grundherrn Münchens zu finden und hat ihn unter den alten Klöstern Oberbayerns gesucht, falls man nicht dazu neigte, den Namen auf eine schon frühzeitig wieder eingegangene Mönchsgemeinschaft oder Eremitensiedlung zurückzuführen. Aber weder für Kloster Schäftlarn, das zwar im 8. Jahrhundert über zahlreichen Besitz im Umraum Münchens verfügt hatte, bevor es im 10. Jahrhundert fast einging, noch für Kloster Tegernsee hat sich hinreichend wahrscheinlich machen lassen, daß das betreffende Kloster der frühe Herrschaftsinhaber im Kernraum München gewesen sei, wie man es lange nachzuweisen versucht hat.[4] Die Tegernsee-Theorie erreichte zur Achthundert-Jahr-Feier ihren Höhepunkt, als in den meisten, auch namhaften Beiträgen die Ursprünge Münchens mit dem ehrwürdigen oberbayerischen Altkloster in Verbindung gebracht wurden. Von archäologischer Seite[5] wurde damals auch der älteste Bau der St. Peterskirche von der Tegernseer Klosterkirche hergeleitet.

Zwar existierten ernsthafte Zweifel an der Tegernsee-Theorie schon mindestens seit der zwanzig Jahre zuvor erschienenen Arbeit von J. Bärmann,[6] doch wurde ihre allgemeine Gültigkeit erst nachhaltig in Frage gestellt, als R. Bauerreiss[7] noch im Jubiläumsjahr 1958 die Verknüpfung des vermeintlichen «Ur-München» mit dem Kloster Tegernsee mit stichhaltigen Gründen als nicht haltbar erkannte und den Ortsnamen Munichen/München überhaupt dem nichtbenediktinischen Mönchtum glaubte zuweisen zu müssen. Damit gewann die Einsicht an Boden, daß die Vorstellung von einem klösterlich-tegernseeischen Ur-München auf zu schwachen Fundamenten ruhte, wie überhaupt bei der Erforschung der Münchner Frühzeit oftmals eine Hypothese zur Stützung der anderen gedient hatte.

In dem Stadium der kritischen methodischen Besinnung und Ernüchterung vermochte schließlich auch F. Tyrollers[8] Versuch von 1959 allgemein nicht mehr zu überzeugen, der – nunmehr gestützt auf eine Wessobrunner Entfremdungsliste – ein dort verzeichnetes «Munichen» für München an der Isar reklamierte und daran weitere besitzgeschichtliche Spekulationen knüpfte, die zu den Welfen als Grundherren zu führen schienen. Man muß Tyroller aber zugute halten, daß er die Suche nach dem besitzgeschichtlichen Ursprung Münchens mit der Zielfrage verband, welche herrschaftlichen Verhältnisse dort im Jahre 1158 die Marktgründung ermöglicht haben. Dies ist ja eine der eigentlich entscheidenden Fragen. Allerdings bediente er sich dabei ebenso der Methode hypothetischer Verknüpfungen und phantasievoller Ergänzungen bei Quellenlücken, wie es bereits die Anwälte anderer klösterlicher Theorien getan hatten.

Somit waren bis um 1960 alle Bemühungen gescheitert, für irgendeine Phase der präurbanen Geschichte ein bestimmtes Kloster als Alt-Besitzer im Münchner Kernraum zu ermitteln. Überhaupt erwies es sich als nicht möglich, den Ortsnamen und die damit verbundene Siedlung unmittelbar über Quellen aus der Zeit vor 1158 zurückzuverfolgen. Vermeintliche Belege für München stellten sich als falsch oder nicht haltbar heraus. Dies gilt bislang auch für den Versuch, etwa gezielt für die Zeit der Marktgründung im dortigen Raum die Anwesenheit von Mönchen oder einen klösterlichen Besitz zu ermitteln. Dem entspricht, daß ja auch nach 1158, soweit wir

sehen, keine Rechte eines alten klösterlichen Grundherrn in Erscheinung treten.
Diese Bilanz aus der älteren Forschung ist aber durchaus mehr als ein bloß negatives Ergebnis. Vorstellungen von einem «klösterlichen Ur-München» entsprechen für die Zeit um die Mitte des 12. Jahrhunderts offenbar nicht den Gegebenheiten. Zwar kommt der Name «Munichen» zweifellos nicht von ungefähr, aber er führt wohl in Schichten der Siedlungs- und Besitzgeschichte zurück, die für die Zeit der Marktgründung nicht (mehr?) von Belang gewesen sein können. Als man 1158 den Namen «Munichen» (und das ist ja ein deutschsprachiges Wort in einer sonst lateinisch abgefaßten Urkunde) in das Dokument hineinsetzte, da handelte es sich offenkundig bereits um eine zum Ortsnamen geronnene Bezeichnung; es ging nicht mehr darum, eine Siedlung *«apud monachos»* (also bei persönlich dort anwesenden Mönchen) zu beschreiben.

Besitzgeschichtlich-genealogische Zusammenhänge

Weder die Urkunde von 1158 noch die von 1180 geben Anhaltspunkte, welcher Art die Grundlagen waren, auf denen Heinrich der Löwe ausgerechnet im Raum von *«Munichen»* herrschaftlich initiativ werden konnte. Dies ist aber eine entscheidende Frage bei allen Versuchen, die Gründungsgeschichte des Marktes zu klären.

Ein Weg, der uns Einblick in die ältesten Verhältnisse gibt, führt über die früheste Einwohnerschaft des Marktortes. Die Quellen geben uns hier einen letztlich gar nicht so spärlichen Aufschluß. Immerhin besitzen wir aus der Zeit zwischen 1158 und 1180 Kenntnis von Münzmeistern *(monetarii)* und einem Zöllner *(thelonearius),* ebenso von einem ersten Pfarrer und Dekan *(decanus)* sowie einem Richter *(iudex).* Ihnen gesellt sich mindestens ein weiterer, für die «Mauer» zuständiger herrschaftlicher Amtsträger hinzu. Aus den folgenden Jahren sind uns dann Personen der nächstfolgenden Generation bezeugt, und zwar der Sohn des Zöllners und der Sohn eines der Münzmeister. Teilweise zusammen mit diesen Personen, teilweise an anderer Stelle tritt noch ein Kreis von Leuten in Erscheinung, der nicht unter die herrschaftlichen Funktionsträger, aber ebenfalls zur Oberschicht der frühen Einwohnerschaft zu zählen ist. Alle zusammen sind für uns sichtbar dadurch, daß sie außerhalb der Stadt als Zeugen bei Tradierungen von Grund und Boden, seltener bei Personenübergaben fungieren. Beide Gruppen waren im wesentlichen ministerialischen Standes, nur am Rande erscheinen daneben einzelne Vertreter handwerklich-gewerblicher Kreise als Zeugen. Als die früheste sichtbare Oberschicht Münchens nach 1158 präsentiert sich damit eine Gruppe von Leuten, in der zwischen herrschaftlichen Amtsträgern ministerialischen Ranges und ministerialischen Einwohnern kein ersichtlicher gesellschaftlicher Unterschied auszumachen ist. Überhaupt – dies wird aus den folgenden Darlegungen noch zu erkennen sein – gilt in gesellschaftlicher Hinsicht wie bezüglich der Besitzverhältnisse, daß diese Einwohnerschicht in die grundherrlich-feudale Welt integriert erscheint, in der Weise, daß zunächst die adlig-ministerialischen Verwandtschafts- und Besitzverflechtungen weiterbestanden. So dürfte auch die Herkunft des grundherrlichen Besitzes dieser Leute in der frühen Zeit noch kaum in freien «bürgerlichen» Erwerbungen zu suchen sein, denn dafür ist der Zusammenhang mit der Besitzstreuung der betreffenden herrschaftlichen *«familia«* in vielen Fällen zu deutlich. Der aktions- und besitzräumliche Radius dieser Münchner «Einwohner» hängt sicherlich auch mit diesem Umstand zusammen.

Hat man diese Sachverhalte einmal erkannt, dann eröffnet sich die Möglichkeit, über die frühe Einwohnerschaft zu herrschaftlichen Verhältnissen und Voraussetzungen der Marktgründung vorzudringen.[9] Nicht immer sind die Quellenbelege für solche Auswertungen ergiebig, aber mit der erforderlichen Methode lassen sich oft Aufschlüsse gewinnen, die wesentlich über eine bloße Aufzählung der anwesenden Personen hinausgehen. Eine isolierte Betrachtung führt hingegen leicht zu einer verfehlten Gesamteinschätzung der Personen und ihres gesellschaftlichen Umfeldes.

Wenn es darum geht, woher die Leute für den neuen Marktort gekommen sein könnten, wird seit jeher allgemein auf den welfischen Westen verwiesen, wo ja auch die Hauptmasse der welfischen Besitzungen in Süddeutschland lag. Wirklich nachgegangen ist man dieser Zuweisung allerdings kaum jemals, obwohl eine Herkunft aus dem Westen nur in einigen wenigen Fällen unmittelbar aus dem Namen hervorgeht, so bei *«Hainricus»* dem *«Scongoware»* und *«Chonradus de Scongov»* (Schongau, die alte welfische Nebenresidenz besonders Welfs VI.), dann einem *«Wernherus de Maminga»* (wegen der Gemeinschaft mit den vorigen vielleicht eher Memming bei Landsberg a. Lech als das weiter entfernte Memmingen). Die drei genannten Personen finden sich als Zeugen in zwei Rechtshandlungen aus den Jahren 1168 sowie ca. 1173/74 zugunsten von Kloster Schäftlarn.[10] Glücklicherweise ist uns in beiden Rechtsgeschäften jeweils ausdrücklich eine Gruppe von Zeugen als *«de Munichen»* (bzw. *«de Monechen»*) genannt, wobei sich beide Zeugengruppen personell zu einem guten Teil überschneiden. Bei näherer Untersuchung stellen sich nun aber aufschlußreiche Bezüge weit darüber hinaus ein.[11] Wir haben nämlich eine Gruppe von Leuten vor uns, die im wesentlichen zwei herrschaftlichen Personenkreisen zugeordnet werden können. So führt ein weiterer Mann aus der Münchner Zeugenschar von 1173/74, ein *«Heriman filius Pilungi»*, zunächst einmal tatsächlich zur welfischen Ministerialität, und zwar auffälligerweise zu derjenigen im Umkreis Welfs VI. Besondere Aufmerksamkeit unter den Leuten aus München verdient ein *«Ortolf, qui preest muro»*. Dieser Mann, «dem die Mauer untersteht», muß nach Quellenlage mit einem Ortolf von Peißenberg aus der welfischen Ministerialität in Verbindung gebracht werden, der von den 1140er Jahren bis 1170/75 in den Quellen nachzuweisen ist.[12] Zu alledem findet sich an anderer Stelle in seiner Umgebung eine auffällige Häufung der Personennamen Werner und Hermann, wie sie bei den herrschaftlichen Amtsträgern in München, nämlich bei dem *«monetarius Wernhart»*, dem *«theolonearius Wernherus»*, dem *«govman[13] Wernherus»* und seinem wiederum gleichnamigen Sohn *«Wernherus»* anzutreffen ist. Die Häufung von Wernher, Wernhart, Bernhard – und im weiteren auch Her(i)man – nährt ja bereits prinzipiell den Verdacht, daß unter den Personen ein Zusammenhang bestanden haben dürfte. Wir haben hier offenbar eine Personengruppe welfischer Provenienz vor uns, zu der vielleicht auch der 1189 bis 1215 in Venedig bezeugte *«Bernardus teotonicus»* gehört.[14] Es dürfte im übrigen nicht von ungefähr kommen, daß die welfischen Leute, die Heinrich der Löwe nach München gezogen hat, im Umkreis seines Onkels Welf VI. wiedergefunden werden können bzw. aus seinem Kreis gekommen sind. Das wird seinen Grund darin haben, daß die welfischen Besitz- und Machtinteressen in der Konfrontation mit der staufisch-babenbergischen Partei im süddeutsch-bayerischen Raum, so wie sich die Dinge seit der Thronbesteigung des Staufers Konrad III. (1138) und durch den Tod Heinrichs des Stolzen (1139) entwickelt haben, eben von Welf VI., dem Onkel des zunächst noch unmündigen Löwen, wahrgenommen worden sind.

Ein neuer Horizont tut sich nun aber über jenem weiteren unserer Zeugen aus München auf, welcher der unmittelbare Vorgängerzeuge des *«Ortolf, qui preest muro»* ist und denselben Personennamen trägt: *«Ortolf de Sentilingen»*. Diese Quellensituation zwingt fast zu der Annahme, daß Ortolf von Sendling gleichfalls dem welfischen Personenkreis zuzurechnen ist. Warum dieser Schlußfolgerung großes Gewicht zukommt, wird erkennbar, wenn man sich etwas näher mit Sendling, diesem etwa fünf Kilometer südlich der Kernstadt gelegenen Altsiedelort, der im 19. Jahrhundert in der Großstadt aufgegangen ist, beschäftigt. Der Ort geht (ebenso wie das nördlich der Kernstadt gelegene Schwabing) auf frühmittelalterliche Fiskalität, das heißt auf Herzogsgut zurück, und so muß es hellhörig machen, wenn wir ganz unabhängig davon zu dem Schluß gelangen, daß im 12. Jahrhundert zu Sendling welfische Ministerialität ansässig war, von der offenbar nächste (wohl verwandtschaftliche) Verbindungen zur Führungsschicht und inbesondere zu herrschaftlichen Amtsträgern des Herzogs am nahen Marktort München reichten! Geht man auf die frühmittelalterliche Struktur des Raumes zurück, dann zeigt sich, daß die Kernstadt Münchens in einem Gebiet ehemals sehr dichter fiskalischer Herrschaft liegt, deren beträchtliche Ausdehnung von dem Raum um Schäftlarn im Süden entlang der Isar mindestens bis über Föhring nordwärts gegen Freising zu reichte; ihr beizugesellen sind die großen Forste im südlichen Halbrund um die Stadt. Der Kernraum des späteren München liegt dabei geradezu eingeschlossen von den fiskalischen *«loci»*[15] Sendling und Schwabing, die im 8. Jahrhundert grundherrschaftlich verklammert sind. Fiskalische Verhältnisse lagen zum Beispiel südlich der Stadt in Großhesselohe zugrunde, wie man an einer Besitzübergabe durch Herzog Tassilo sieht; ähnliche Gegebenheiten scheint man auch für Pullach annehmen zu dürfen. Der Beleg für alte Fiskalität läßt sich aber darüber hinaus für eine erhebliche Anzahl von Orten im gesamten Münchner Umland beibringen.[16] Die hier konkret erwähnten Orte im Süden der Kernstadt dürfen aber nicht genannt werden, ohne auf den Umstand aufmerksam zu machen, daß sie sich an den Baierbrunner Forst (in seiner heutigen Gestalt der Forstenrieder Park) anlegen, von dem man – wie bei den anderen Forsten des Raumes (so im Osten der Ebersberger und Helfendorfer Forst) – ebenfalls annehmen darf, daß er auf fiskalischen Bannwald zurückgeht.

Die beiden Ortolfe zu München tragen einen Personennamen, der in unserem Untersuchungsbereich nicht besonders häufig auftritt. Neben der welfischen *«familia»* findet man ihn auch bei einer sich nach Antdorf (östl. Weilheim/Obb.) nennenden Ministerialenfamilie. In der Zeit um 1157/58 können wir einen *«Ortolfus de Antorf»* mehrmals beobachten; neben ihm fassen wir auch seine Brüder *«Odalrich»*, *«Arnold»* und *»Bernhard»* sowie den Neffen *«Egilolf(us)»*. Von diesen Ministerialen zu unterscheiden ist ein *«Gotefridus»*, ein *«vir nobilis»* und *«dominus»* aus einer edelfreien Familie vom selben Ort. Obwohl die Antdorfer Ministerialen das Bild zunächst eher zu verkomplizieren scheinen,[17] stößt man gerade über sie auf eine weitere Bestätigung für die welfische Zugehörigkeit der Sendling-Münchner Ortolfen. Sowohl die *«nobiles»* von Antdorf als auch die dortigen Ministerialen hatten in der zweiten Hälfte des 12. Jahrhunderts aktions- und besitzgeographische Beziehungen in denselben Raum Sauerlach, wo wir 1173/74 auch die beiden «Münchner» Ortolfe angetroffen haben, nämlich zu Wörnbrunn. Und bei einer Übereignung durch Herzog Welf in den gleichen 1170er Jahren[18] erscheint ein *«Vdalricus de Antorf»* unter den Zeugen *«eiusdem ducis ministeriales»*, d.h. als Ministerialer Herzog Welfs VI.! Daraus ist zu folgern, daß exakt in den Jahren, in denen Ortolf von Sendling in Wörnbrunn greifbar wird, die Antdorfer Ministerialen, von deren Verbindungen in denselben Raum schon die Rede war, in ministerialischem Verhältnis zu den Welfen, insbesondere zu Welf VI. standen. Damit schließt sich der Kreis zwischen dem Antdorfer Ortolf und den München-Sendlinger Ortolfen mit deren aller Verbindungen in den Raum Wörnbrunn (-Sauerlach). Auch die Antdorfer Ministerialen müssen also mit welfischer Ministerialität zusammenhängen.

Es war zu Anfang davon die Rede, daß sich unter den um 1170 in unser Blickfeld tretenden Münchner Ministerialen vor allem zwei herrschaftliche Personenkreise unterscheiden lassen. Der zweite, von dem nun nach dem welfischen Kreis die Rede sein muß, ist der Wolfratshausen-Andechser Personalverband. Ein *«Odalscalchus de Munichen et filius eius Fridericus»* führen nämlich zu einer Personengruppe, die ursprünglich zur Wolfratshausener, nach 1157 zur Andechser Ministerialität gehört. Diese gezielten Beobachtungen ordnen sich in den Befund ein, daß um die Mitte des 12. Jahrhunderts eine Zone, die mit Besitz bzw. Ministerialität der Grafen von Wolfratshausen durchsetzt war, von Süden her nahe an den Umgebungsraum der Kernstadt herangereicht und ihn rechts der Isar ein ganzes Stück nordwärts umgriffen hat. So findet sich in Solln – also wenig südlich von Obersendling – Wolfratshausener Ministerialität, die dann später gleichfalls zum Kreis der Andechser Personengruppe gehört, der auch die Leute *«de Munichen»* zuzuordnen waren. Diese selbst dürfen nach aller Gewohnheit der Benennungspraxis sicherlich nicht mit einer etwaigen neuen Marktsiedlung, sondern mit der präurbanen (schon vor der Marktgründung bestehenden) *«villa Munichen»* in Verbindung gebracht werden, wo demnach Wolfratshauser Besitz existiert haben muß. Die Herrschaft der Wolfratshausener Grafen war keine Flächenherrschaft, sondern war, wie etwa im Raum Sendling, in Gemengelage mit Besitz eines Adels, der in ihrem Umkreis stand.[19] Ebenfalls findet sich Besitz der Tegernseer Kirche, deren Vögte die Wolfratshausener waren, und schließlich hatte auch der Herzog zur Marktgründungszeit dort noch immer etwas zu verfügen, wie die Nähe Ortolfs von Sendling zum gleichnamigen welfischen Amtsträger zu München anzeigt. Überhaupt soll hier auf eine über Jahrzehnte hinweg zu beobachtende Verbindung zwischen den Welfen und den Grafen von Wolfratshausen(-Andechs) bzw. auf Zusammenhänge zwischen beider Besitz und Personenverbände aufmerksam gemacht werden. Diese Verhältnisse haben letztlich offenbar mit der politischen Geschichte des Raumes (die Wolfratshauser standen auf welfischer Seite gegen die staufisch-babenberger Partei)[20] und dem damit zusammenhängenden Besitzgang von welfischem Haus- und vor allem Herzogsgut zu tun.

1157 sind bekanntlich die Grafen von Wolfratshausen mit ihrem letzten Sproß, Heinrich II., ausgestorben. Angesichts des ermittelten besitzgeographischen Befundes liegt es geradezu auf der Hand, daß zwischen diesem Ereignis und den Vorgängen, die auf Betreiben des Welfenherzogs im Jahr darauf in der Kaiserurkunde vom 14. Juni 1158 zur Verlegung des Föhringer Marktes nach München geführt haben, ein Zusammenhang bestanden haben muß. Bei der Errichtung des *«forum apud Munichen»* kamen offensichtlich mindestens zwei Faktoren zusammen. Als die eine entscheidende Voraussetzung müssen wir den ursprünglichen Charakter des Raumes Sendling in einer alten, aber noch wirksamen besitzorganisatorischen, gerichtlichen und kirchlichen Zentralität fiskalischen Ursprungs ansehen. Der Herzog konnte hier noch im 12. Jahrhundert Handlungsmöglichkeiten wahrnehmen, die auf alte Fiskalität zurückgingen und die für seine Herrschaftspolitik aktivierbar waren. Offenkundig hat der Herzog nach dem Tode Graf Heinrichs II. Rechte im Bereich der präurbanen *«villa Munichen»* beansprucht. Es muß vorläufig dahingestellt bleiben, ob dies ganz allgemein auf Grund des alten fiskalischen Charakters des Raumes geschah, oder ob eine förmliche Einziehung von Besitz durch den Herzog angenommen werden kann.

Deutung der Kaiserurkunde von 1158

Wenden wir uns von den herrschaftlichen Grundlagen, die es ermöglicht haben, daß der Herzog gerade im Raum *«Munichen»* die Errichtung eines neuen Marktes und urbanen Zentralortes betreiben konnte, dem «Gegenstand» des Streits vom Jahre 1158 zu. Die Barbarossa-Urkunde spricht von der *«controversia(m), que ... super foro apud Verigen et Munichen dinoscitur agitari».*[21] Es ging um den Markt, der zu Föhring, im Herrschaftsbereich des Bischofs von Freising,[22] am Brückenübergang über die Isar angeknüpft und dort in der Folge offenbar auch die Einrichtung einer Münzstätte nach sich gezogen hatte.

Die Frage, auf Grund welchen Rechts Heinrich der Löwe die Verlegung des Marktes von Föhring nach München betreiben konnte bzw. wer von den beiden Streitparteien das Recht auf seiner Seite hatte,[23] ist – wie die zurückliegende Forschungsgeschichte zeigt – für das Verständnis des Geschehens im Jahr 1158 nur wenig erhellend, so daß die Standpunkte hier auch nicht referiert werden sollen. Deutlich zu fassen ist jedoch die herrschaftsrechtliche Wirkung. Mit der Urkunde von 1158 war die Politik der Freisinger Bischofskirche gescheitert, die noch knapp zwei Jahrzehnte zuvor darauf abgezielt hatte, die Ertragskraft von Handel und Gewerbe im

Raum des Bistums allein den Interessen des Bischofs unterzuordnen. Es war Bischof Otto I. selbst – der Kontrahent Heinrichs des Löwen im Jahr 1158 – gewesen, der 1140 bei seinem königlichen Halbbruder, dem Staufer Konrad III., das Privileg erwirkt hatte, daß im gesamten Bistumsbereich die Münzstätten nur bischöflich sein und neue Märkte nicht errichtet werden dürften, während für die Stadt Freising gleichzeitig noch ein Jahrmarkt genehmigt wurde.[24] Diese Politik lag auf der von den Bischofskirchen traditionell verfolgten Linie, das urbane Wirtschaftsleben in Anlehnung an königliche Privilegierungen an Reichskirchen im Rahmen ihrer Bistumsgebiete «monopolistisch» zu gestalten.[25] Die Belebung der wirtschaftlichen Tätigkeit im 11. und 12. Jahrhundert hat dieses normative Modell, dem die Realität ohnehin nie wirklich entsprach, vollends scheitern lassen, auch wenn es noch 1140 möglich gewesen war, beim König als dem Regalienherrn ein entsprechendes Privileg zu erwirken. Bemerkenswert an der damaligen Privilegierung ist außerdem, daß sie sich gegen den eigenen Bruder des Freisinger Bischofs auswirken mußte, gegen den Babenberger Leopold (IV.), der 1138 anstelle des Welfen Heinrichs des Stolzen zum Herzog in Bayern eingesetzt worden war. Diese Verhältnisse zeigen, daß der Babenbergerbischof in Freising eine ehrgeizige herrschaftliche Ausbaupolitik zugunsten der eigenen Kirche voranzutreiben suchte und sich daran auch nicht von verwandtschaftlich-dynastischen Rücksichten hindern ließ. Den Streit um München und Föhring einfach auf dem Konto der vermeintlich gewalttätigen Natur des Löwen zu verbuchen, wäre jedenfalls übereilt.

Die Bedeutung der Barbarossa-Urkunde von 1158 liegt nun gerade darin, daß sie in ihrer Auswirkung und Funktion einem königlichen Marktprivileg gleichkam, und zwar einem Privileg für einen Marktherrn, nicht eine Marktrechtsurkunde für den Ort und seine Siedler. Überhaupt muß man sehen, daß die Urkunde den sachlichen Gegenständen und dem Vorgang nach – also mit der Verleihung von Markt (nebst Brücke), Münze und Zöllen – Rechte von der Art zum Inhalt hat, wie sie schon für die älteren Marktprivilegien der ottonisch-salischen Zeit typisch waren. Das Kaiserdiplom für München nimmt sich wie ein später Vertreter dieses Typus von Marktrechtsverleihungen aus. Diesem Umstand sollte man eine gewisse Aufmerksamkeit schenken und sich die Frage stellen, was darin zum Ausdruck kommen könnte, außer daß auf Grund des Zwistes zwischen Herzog und Bischof der König als Schlichter ins Spiel kommen konnte. Angesichts der Übereinstimmung mit dem für die älteren Fernhandelsmärkte des 10. und 11. Jahrhunderts üblichen Privilegientyp liegt die Schlußfolgerung nahe, daß jene älteren Verhältnisse in bestimmter Hinsicht auch noch auf die Münchner Vorgänge von 1158 gepaßt haben. Es gibt Sachverhalte, an denen sich diese Übereinstimmung auch unschwer zeigt.

So gewährten die älteren Privilegien das Recht zu Markteinrichtungen, die man einen «vollberechtigten Markt» genannt hat:[26] an ihnen hat sich der zollpflichtige Kaufmannshandel, das heißt der Fernhandel abgespielt, wofür in älterer Zeit der König oder seine Stellvertreter die Regalienhoheit besessen hatten. Auch der 1158 legitimierte Markt zu München war für den Fernhandel ein solcher Niederlags- und Umschlagplatz, der nun auf Betreiben des Welfenherzogs an die Stelle der älteren Route über Föhring trat. Die Ausführungen der Kaiserurkunde verdeutlichen auch die Größenordnungen, um die es dabei ging. Es ist die Rede von den *«utilitates»*, die *«de theloneo fori ... sive in tributo salis sive aliarum rerum magnarum vel minutarum seu venientium seu inde redeuntium»* (die Einkünfte ... aus dem Marktzoll, den Abgaben auf Salz oder andere Groß- und Kleingüter bei Ein- wie Ausfuhr) zusammenkommen würden.[27] Bei diesen Angaben zur wirtschaftlichen Struktur des künftigen Marktortes liegt das Schwergewicht eindeutig auf den Großgütern aus dem Fernhandel, unter denen das Salz noch einmal eigens erwähnt wird, das ja überhaupt das klassische Fernhandelsgut seit dem frühen Mittelalter gewesen ist. Es handelte sich folglich bei der Auseinandersetzung von 1158 nicht um den Streit um irgendeinen Markt, sondern um den besonderen Typ eines vollberechtigten Fernhandelsmarktes; darin entsprach er den älteren, königlich privilegierten Plätzen. Und weil es um etwas anderes als den täglichen oder lokal-regionalen Nahmarkt ging, konnte wohl der König die Entscheidung über Markt, Brücke und Münzstätte in der Art der älteren Regalienverleihungen behandeln.

Wenn die Kaiserurkunde von 1158 in der Literatur häufig als «Augsburger Schiedsspruch» bezeichnet wird, so kann dies ungebührlich stark den Charakter einer «gütlichen Einigung»[28] unter Vermittlung Barbarossas erwecken. Zwar darf aus dem Wortlaut gefolgert werden, daß die streitenden Parteien selbst mit ihrer Angelegenheit vor den Kaiser gezogen sind, was sie dabei jedoch ausgelöst haben, war ein Rechtsspruch des Kaisers. Dieser sollte den Ausgleich zwischen den widerstreitenden Interessen gewährleisten. Im Kern ist die Barbarossa-Urkunde von 1158 ein regalienrechtlicher Spruch des Königs bzw. Kaisers.

Königsrechte waren in den damaligen Vorgang wohl in einem erheblichen Ausmaß verwickelt. Auch bei der eigens erwähnten Brücke ist dies der Fall. Wie schon Riezler hervorgehoben hat, trifft der Rechtsspruch ja nicht Verfügung über irgendeine Brücke, sondern er spricht von einer Zollbrücke *(pons ad theloneum)*. Die Brücke war mit einem finanziell nutzbaren Hoheitsrecht verbunden, das nichts anderes als ebenfalls ein Regal war. Daß 1158 der König über eine solche Brücke Verfügung traf, entspricht der Beobachtung, daß das königliche Hoheitsrecht über die Brücken erst in der späteren Stauferzeit an die Fürsten überging.[29] Dieses Recht betraf zweifellos in erster Linie die Brücken an den großen Straßen, die seit alters der königlichen Aufsicht unterstellt waren. Mit einer solchen Straße, einer alten *«via publica»*, haben wir es aber bei dem «Hallweg» zu tun, der, von Steinhöring durch den Ebersberger Forst aus Südosten heranzog und in seinem letzten Teilstück auf der Route der alten Römerstraße verlief, deren Isarübergang bei Oberföhring mit dem des Hallwegs identisch war.[30] Es war die Brücke auf dieser alten «öffentlichen» Straße, wo im Gegenzug für Schutz und Unterhalt Zoll erhoben wurde und die deswegen 1158 zum Gegenstand königlicher Verfügung werden konnte.

Fernhandelsmarkt und Münze, Straße und Brücke – das waren Gegenstände, deren regalienrechtlicher Charakter in der Auseinandersetzung von 1158 zum Tragen kam. Man darf an den allgemeinen Sachverhalt der staufischen Reichspolitik erinnern, daß Barbarossa königliche Rechtspositionen beim Lehens- wie beim Regalienrecht bekanntlich sehr bewußt eingesetzt hat; es gibt dafür Beispiele aus eben denselben Jahren nach dem ersten Romzug.[31] Jedenfalls bei geistlichen Reichsfürsten (und Otto von Freising war ja ein solcher) war es in der Regierungszeit Barbarossas weder bereits überflüssig geworden, sich alte Markt-, Münz- und Zollrechte samt zugehörigen Banngewalten erneut bestätigen zu lassen,[32] noch war die neue Schaffung solcher Einrichtungen ohne königliche Privilegierung bereits zur Selbstverständlichkeit geworden.[33] Auch die Bestätigungs- und Privilegierungspraxis knüpfte in Form und Inhalt an die ottonisch-salischen Vorbilder an. Man darf also – was die Gegenstände der Auseinandersetzung von 1158 betrifft – sicherlich die Schlußfolgerung ziehen, daß damals ein Streit um die Anwendung, Wahrnehmung und Nutznießung von Rechten geführt wurde, die ihrem Ursprung nach Königsrechte waren und dem Königtum auch noch nicht völlig – insbesondere nicht gegenüber der Reichskirche – entglitten waren.[34]

Darauf, daß 1158 traditionell regalienrechtliche Verfahrensweisen angewandt worden sind, verweist wahrscheinlich auch ein noch nie ausdrücklich zum Gegenstand von Überlegungen gemachter Aspekt des Königsdiploms von 1158, nämlich die Drittel-Aufteilung der Zolleinkünfte aus Markt, Münze und Brücke. Der Herzog sollte zwei Drittel, der Bischof ein Drittel erhalten. Der dritte Teil entspricht nämlich jenem *«tertius bannus»* aus nutzbaren Hoheitsrechten, der schon in karolingischer Zeit dem König bzw. seinem Stellvertreter zustand.[35] Die Übertragung nutzbarer Regalien konnte auch stückweise erfolgen, wobei für jeden Anteil eigene Ämter (*«ministeria»* bzw. *«officia»*) zur Verwaltung eingerichtet wurden. Auch in München ließ die königliche Verfügung von 1158 die Möglichkeit offen, für jeden der beiden Anteile eigene Zöllner aufzustellen. Außerdem beinhaltete der Spruch Barbarossas eine ähnliche Bestimmung zur Freisinger Münze. Dort sollte wiederum ein Drittel zwar dem Herzog zustehen, aber an einen vom Bischof zu benennenden Mann weiterverlehnt werden. Die Drittelung von Anteilen an nutzbaren Rechten, die Barbarossa hier anwendet, ist die Art und Weise, in der schon von alters her bei der Vergabe von Regalien verfahren wurde.

Angesichts des geltenden Verhältnisses zwischen König und Reichskirche[36] besteht im übrigen Grund zu der Annahme, daß durch den Widerstand des Welfenherzogs gegen Markt und Zollbrücke beim bischöflichen Föhring wahrscheinlich nicht nur bischöflicher Besitz, sondern auch königliche Rechte gegenüber einer Reichskirche betroffen wurden. Muß man nicht mindestens den König als Teilhaber am freisingischen Markt Föhring vor dem Streit einkalkulieren? Das Gesamtbild weist in mancher Hinsicht durchaus darauf hin, daß Barbarossa mit eigenen Rechten und Interessen in die Auseinandersetzung involviert gewesen sein könnte und aus seiner Entscheidungsfreiheit heraus die Regalien neu vergeben und geordnet hat.

In der Frage nach regalienrechtlichen Gegenständen des Föhring-Münchner Streits soll abschließend noch auf die mögliche Rolle von Flußrechten eingegangen werden. Sichtbar werden diese freilich erst im 13. Jahrhundert, als der (wittelsbachische) Herzog im Jahre 1241 erstmals als Herr über die Münchner Mühlen und den Lohstampf der Lederer in Erscheinung tritt,[37] indem er dem Kloster Neustift (dessen Vogt er war) Münchner Mühl- und Lohstampfzehnten verlieh. Bis in die Zeit Ludwigs des Bayern ist überhaupt nur der Herzog als oberster Verfügungsherr über Münchner Mühlen zu beobachten; dahinter stand offenkundig das Nutzungsrecht an den Stadtbächen, das ebenfalls beim Herzog lag. In der 1314 verfügten Verlegung des Lohstampfs, die nötig geworden war, weil dessen Platz für eine eigene herzogliche Mühle gebraucht wurde, kommt dieser Sachverhalt ebenso zum Ausdruck wie in einer Reihe ähnlicher Verfügungen. 1345 spricht der herzoglich-königliche Privilegiengeber davon, «daz wir unsern ledrern gemainlichen ze Muenchen zu irem lostampf grunt und bodem und wazzers gnug nach aller irer notdurft ze ainem rade geben haben».[38] Man hat gesagt, daß die Befugnisse des Stadtherrn, als Besitzer der Wasserrechte und der Nutzungsrechte am Wasser im innerstädtischen Siedlungsbereich, genau dem Inhalt eines Wasser- und Mühlenregals entsprochen haben.[39] Ein Wasser- und Mühlenregal hat es ja gegeben, wenn auch zweifellos nur für die größeren, schiff- und floßbaren Flüsse, doch trifft ja das Letztere für die Isar schon oberhalb Münchens zu. Es steht demnach wenig dagegen, die im 13. Jahrhundert sichtbar werdenden herzoglichen Rechte an Wasser und Mühlen in München auf ein Königsrecht, das heißt auf ein Regal zurückzuführen. Eine andere Frage ist es, wer vor dem 13. Jahrhundert diesen Rechtskomplex im Falle Münchens ausgeübt haben kann. Wie man weiß, ist das Wasserregal vom Reich sogar verhältnismäßig lange behauptet worden und war auch um 1240 noch nicht allgemein vom Reich ausgegeben[40] – daß es 1158 der (welfische) Herzog wahrgenommen hätte, wäre überhaupt erst zu zeigen.

Unklar bleibt, ob das Wasserregal für die Vorgänge von 1158 überhaupt von Bedeutung sein konnte. Die Münchner Kernstadt liegt ja auf der ersten Niederterrassenstufe der Isar, nicht eigentlich im Bereich des Flußbettes und seiner Verzweigungen. Ob durch die Brücke über die Isar das Flußregal tangiert war, kann zweifelhaft erscheinen, und ungewiß ist auch, ob der flußnahe Bereich in frühester urbaner Zeit zum Münchner Gemarkungsbereich gehört hat. Im Jahre 1241, bei der Verleihung der Mühl- und Lohstampfzehnten an Kloster Neustift bei Freising, ist von den betreffenden Einkünften in *«Monaco»* (!) die Rede, lagen diese also nach dem ausdrücklichen Wortlaut im Stadtgebiet. Die Quelle von 1241 ist überhaupt das erste sichere Dokument für die Zugehörigkeit eines Bereiches der Stadtbäche außerhalb der Mauer zum städtischen Rechtsgebiet. Weiter zurück gelangt man nicht ohne Fragezeichen. Wenn allerdings die für 1221 belegte Ansiedelung der Franziskaner auf dem Anger und die Stiftung eines Spitals (das Heiliggeistspital am oberen Ende des Tals) schon 1208 zutreffen, dann gelangen wir auf diese Weise bis in die Zeit kurz nach 1200 zurück. Auch wird man sich den Raumbedarf einer urbanen Siedlung nicht allzu eng umgrenzt und punktuell vorstellen dürfen, denn für die Versorgung der Bewohner waren Acker- und Weideflächen, Wasserläufe für Fischfang und Mühlenbetriebe von Anfang an notwendig. Der «Anger» aber liegt in München bereits am südwestlichen Abhang zu den Stadtbächen und der Flußniederung hin. Insofern spricht doch einiges dafür, daß der Bereich von der Altstadtterrasse zur Isarniederung hin von Anfang an eingeschlossen war.[41] Diese Frage hängt auch mit Lage und Ausdehnung der präurbanen *«villa Munichen»* zusammen, die aber sicher auf der Altstadtterrasse zu suchen ist. Zusammenfassend gesagt: das Wasser- und Mühlenregal bietet jedenfalls keine hinlängliche Erklärung für die herrschaftlichen Grundlagen der räumlichen Plazierung; auch liefert es keinen Aufschluß darüber, worum es bei der herrschaftlichen Auseinandersetzung im Kern ging. Vielleicht hat es aber für die räumliche Ausdehnungsmöglichkeit des Marktortes eine Rolle gespielt. Denkbar ist außerdem, daß mit der weiteren städtischen Siedlungsentwicklung vor und im 13. Jahrhundert die Wahrnehmung des Wasserregals bei stadtherrschaftlichen Vorgängen von einer gewissen Bedeutung war.

Die gängige Auffassung von der «Gründung» (oder gar von der «Stadtgründung») Münchens im Jahre 1158 muß man in mancherlei Hinsicht relativieren. Dies betrifft zum einen die Vorstellung vom Vorgang der «Gründung» als einem punktuellen zeitlichen Ereignis. Die Augsburger Kaiserurkunde vom 14. Juni 1158 bedeutete für München zwar die Privilegierung des Marktherrn mit dem bis dahin bei Föhring liegenden Markt, stellte aber bereits die Beendigung eines Streits zwischen Herzog und Bischof dar, dessen Anfänge ja weiter zurücklagen. Dies drückt der Urkundentext deutlich genug aus. Schon deswegen ist es unwahrscheinlich, daß der Welfenherzog mit der Anlage von Markteinrichtungen und der Ansiedelung von Leuten bis zur rechtsförmlichen Beilegung des Streites gewartet haben sollte. Noch weniger ist das aber anzunehmen, wenn wir außerdem in dem Aussterben der Wolfratshausener Grafen den Anlaß für das Bestreben des Löwen sehen müssen, sich bei München einen vollberechtigten Fernhandelsmarkt zu verschaffen. Handlungen des Welfen zu München dürften dann bereits in das Jahr 1157 (wohl in den Herbst) fallen. Heinrich II. von Wolfratshausen war am 2. Mai 1157 verstorben, und im Herbst hat sich Heinrich der Löwe nachweislich in seinem bayerischen Herzogtum aufgehalten, wo er in der alten Herzogspfalz Ranshofen geurkundet hat (November); davor und danach (so im Januar 1158) befand er sich in Sachsen. Die Münchner Vorgänge haben sicher nicht ohne persönliche Anwesenheit des Löwen in dem weiteren geographischen Raum ihren Anfang genommen. Die Umstände sprechen folglich eher dagegen, daß Siedlungsbeginn und Marktrechtsprivilegierung zeitlich zusammengefallen sind. Nur letztere kann zweifelsfrei mit dem Barbarossadiplom vom Juni 1158 zusammengebracht werden. Bei der Formulierung von der «Gründung» Münchens gilt jedenfalls mit hoher Wahrscheinlichkeit die in der Regel auch andernorts gültige Einschränkung, daß es sich dabei um einen zeitlich und sachlich gestuften Vorgang handelt, zu dem neben einem Akt der Siedlungs- oder Bautätigkeit (für Markteinrichtungen) und der Privilegierung für den Marktherrn (die wir für München, aber keineswegs auch sonst immer besitzen) auch die rechtliche Ausstattung für die Marktkaufleute und Siedler gehören konnte. Zu den Aufbauarbeiten muß man oft auch noch die Errichtung einer Befestigung rechnen; in München ist eine «Mauer» aus dem Anfang der 1170er Jahre belegt. Die Nachricht wirft aber mehr Fragen auf, als daß das, was sich dahinter verbirgt, in den sachlichen und zeitlichen Gründungsprozeß eingeordnet werden könnte.

Ein Wort sei noch zu dem geläufigen Begriff der «Stadtgründung» angemerkt. Obgleich der Vorgang von 1158 (im soeben erläuterten Sinne) den Beginn und Entwicklungskern der urbanen, «städtischen» Geschichte Münchens anzeigt, so haben wir doch noch keinen Ort vor uns, der im zeitgenössischen Verständnis als «Stadt» *(civitas)* zu bezeichnen wäre.[42] Diesen Rang beanspruchen in damaliger Zeit in der Regel noch die alten bischöflichen Sitze. Der «Markt» München war (erst) die Frühstufe der «Stadt».[43]

Erste Amtsträger

Es war bisher hauptsächlich davon die Rede, auf welchen herrschaftsräumlichen Voraussetzungen und Grundlagen der Markt zu München errichtet werden konnte und welche Rechtsnatur der Streit um Föhring und München hatte. Kehren wir jetzt nochmals zur Augsburger Barbarossa-Urkunde zurück, die ja festhält, welche Gegebenheiten künftig in München gelten sollten:

Den dritten Teil aller Einnahmen aus den Marktzöllen gestand der Herzog dem Bischof zu. Beide Vertragspartner konnten jeweils ihren eigenen Zöllner oder zusammen einen gemeinsamen Amtsträger aufstellen.

Bei der Münze sollte entsprechend verfahren werden, in der Weise, daß ebenfalls ein Drittel der Einkünfte an den Bischof fließen mußte. Während die Münchner Münze an einem Platz nach dem Willen des Herzogs errichtet werden mußte, stand dies bei jener zu Freising dem Bischof zu. Ein Drittel von deren Einkünften sollte der Herzog zu Lehen an jemanden auf Vorschlag des Bischofs weitervergeben.

Der Streit um Markt, Brücke und Münze endete also damit, daß beiden Parteien, wenn auch in unterschiedlichem Ausmaß, Rechte an den umstrittenen Einrichtungen zugesprochen wurden. Schon im Jahre 1937 hat diese Regelung P. Dirr veranlaßt, von einem «Kondominium» bzw. von einer «Regaliengemeinschaft» zwischen Herzog und Bischof zu sprechen, wobei keiner von beiden die alleinige Herrschaft besessen habe.[44] Allerdings hat diese Beobachtung in der bisherigen Forschung keine nachhaltige Wirkung hinterlassen, da man offenbar der Meinung war, daß der Bischof lediglich als eine Art stiller Teilhaber an den Einkünften aus München angesehen werden müßte. Dagegen spricht sowohl der für das Mittelalter charakteristische Umgang mit Regalien, Ämtern und sonstigen nutzbaren Rechten,[45] als auch der Wortlaut der Urkunde von 1158 selbst, die es den beiden Herrschaftsinhabern freistellte, jeweils eigene Amtsträger zu installieren. Dies aber ist keine Umschreibung für stille Teilhaberrechte, sondern für eine echte Teilung der Herrschaftsrechte am Platz, die jeden der beiden Inhaber zu einem partiellen Marktherrn machte.

Für die Überprüfung der tatsächlichen Herrschaftsstruktur in frühurbaner Zeit nach 1158 bietet es sich nun an, die herrschaftlich-familiale Zugehörigkeit der uns überlieferten Personen aus der Führungsschicht heranzuziehen.[46] Einen *«thelonearius»* Wernher fassen wir sicher für 1173/74,[47] vielleicht auch schon für 1168.[48] Ob seine Tätigkeit mit den Marktzöllen oder mit dem Brückenzoll zu tun hatte (von diesem nimmt man an, daß er schon ab 1158 ganz an Freising geflossen ist), läßt sich nicht näher erschließen. Der Name des Mannes erinnert immerhin an eine Föhringer (also doch wohl bischöfliche) Zöllnerfamilie mit dem gleichen Leitnamen, doch könnte dies auch Zufall sein. Andererseits kennen wir diesen Zolleinnehmer Wernher aus jener Gruppe von Leuten, von denen nicht nur einige Namen nach dem welfischen Westen deuteten (Memming; Schongau), sondern auch ihre Personen- und Aktionsgemeinschaft die Zugehörigkeit zum welfischen Personalverband anzeigten.[49] Aus den späten 1180er Jahren begegnet uns dann ein «Wernher zolchint«,[50] also wohl ein Kind jenes früher bezeugten Zöllners Wernher, zumal, da er uns als Nachbarzeuge eines *«Conradus filius Engilscalci monetarii»* entgegentritt, und jener Münzmeister Engelschalk hinwiederum – der Vater des *«filius Conradus»* also – wird uns für 1168 ausdrücklich als Münzmeister *«de Monechen»* genannt.[51]

Ein weiterer *«monetarius»* erscheint 1173/74 – jener Wernhart aus der welfisch-wolfratshausischen (bzw. andechsischen) Personengruppe, von der schon öfter die Rede war.[52] Wenn nicht alles täuscht, handelt es sich um denselben Wernhart, der sich um die gleiche Zeit (1158–84) unter den Zeugen einer Zensualenschenkung des *«nobilis Wolftrigel de Haimprehteshoven»* (Haimprechtshofen) an die Freisinger Bischofskirche befindet.[53] Ist man zunächst geneigt, den Münzmeister Wernhart auf Grund seines Vorkommens in der Quelle von 1173/74 als welfisch anzusehen (Namensverwandtschaft und Personengemeinschaft deuten zweifellos in diese Richtung), so rückt ihn die zweite Quellennennung in ein ganz anderes Licht: dort nämlich befindet er sich wie selbstverständlich im Kreis der bischöflichen *familia.* Für seine personelle Umgebung in der zweiten Quelle läßt sich diese Zugehörigkeit unschwer aufzeigen.

Wir haben hier zunächst zwei herrschaftliche Ämter betrachtet, bei denen die Barbarossa-Urkunde ausdrücklich Besitzteilung vorgenommen hat: Im Anschluß an die Aufteilung von Marktrechten heißt es dort, mit der Münze solle «ähnlich» *(similiter)* verfahren werden wie bei den Markteinkünften (wo die Aufstellung von gemeinsamen oder je eigenen Zöllnern ausdrücklich zugestanden wurde). Die vorliegende Formulierung als Ermächtigung zur Aufstellung eines eigenen bischöflichen Amtsträgers auch an der Münchner Münze zu verstehen, stellt sicher keine Überinterpretation dar. Auch der personengeschichtliche Befund legt den Schluß nahe, daß der Bischof von Freising in den Jahren nach 1158 tatsächlich herrschaftlich und personell an Markt und Münze zu München teilhatte. Bei dem Münzmeister, dessen personelles Aktionsfeld deutlich in den Personalverband der bischöflich-freisingischen Seite hineinreicht, tritt die Nähe zum bischöflichen Personalverband sogar stärker hervor als beim Zöllner. Die gleichzeitigen Zusammenhänge des Zöllners Werner mit dem früher erwähnten welfischen Personenkreis sprechen nun allerdings dafür, daß eine herrschaftliche Verklammerung der Amtsträger von Herzog und Bischof über den Weg von Doppelministerialität vor sich gegangen ist. Wie man im übrigen mittlerweile weiß, ist es nach 1158 tatsächlich zu der vom König verfügten Münzgemeinschaft zwischen München und Freising, das heißt zwischen Herzog und Bischof gekommen.[54] Eine echte Beteiligung des Bischofs an der Münchner Münzherrschaft findet demnach auch von daher eine Stütze.

Die für das früheste urbane München nach 1158 ebenfalls in den Quellen belegten beiden Amtsträger Richter *(iudex)* und Pfarrer bzw. Dekan *(decanus)* repräsentieren Einrichtungen, von denen in der Augsburger Kaiserurkunde mit keinem Wort die Rede ist. Die Gerichtswahrnehmung aber gehörte zu den entscheidenden herrschaftlichen Gegebenheiten an einem Ort überhaupt. In vielen königlichen Marktrechtsprivilegien finden sich diesbezügliche Aussagen. Ihr Fehlen 1158 zeigt, daß das damalige Kaiserdiplom alles andere ist als eine vollständige Beschreibung und Regelung der künftigen Herrschaftsverhältnisse am Platz, sondern lediglich den Blick auf einen Ausschnitt freigibt. Dieser Umstand spricht stark dafür, daß in der Urkunde nur das angesprochen wurde, was überhaupt strittig war bzw. damals einer Entscheidung bedurfte. Die Existenz eines Münchner Richters ist um 1170 bezeugt:[55] Ein «*Hainrich iudex de Munichen*» steht damals unter den Zeugen einer Übereignung von Wiesen bei Pasing (heute eingemeindet im Westen der Stadt), die von den Brüdern Heinrich und Konrad von Eurasburg an den Bischof von Freising zurückerstattet und anschließend von diesem an das Kloster Schäftlarn gegeben wurden. Erstaunlicherweise steht er offensichtlich unter Personen der Freisinger Ministerialität, und sogar großenteils unter solchen der gehobenen Schicht.[56] Dies als bloßen Zufall zu werten, ist nicht zulässig. Ein welfischer Amtsträger bzw. Ministerialer läßt sich in dieser eindeutigen Gesellschaft bischöflich-freisingischer Leute schwerlich plausibel machen. Unser Zeuge steht hier als Einzelperson (nicht als Repräsentant eines Einwohnerverbandes) unter anderen Einzelpersonen, die ihrerseits mit München nichts zu tun haben, ebensowenig wie der Rechtsvorgang selbst. Vom Quellenbefund her muß der «*Hainrich iudex de Munichen*» als bischöflicher Ministerialer angesehen werden. Er kommt kein weiteres Mal in den Quellen vor, so daß er weiteren Blicken entzogen bleibt und etwa die Frage nach einer eventuellen Doppelministerialität nicht weiter geklärt werden kann.[57]

Nachrichten über kirchliche Einrichtungen erhalten wir zehn Jahre nach der Markterrichtung, als sich das Domkapitel Freising und Kloster Schäftlarn über strittige Wiesen bei Milbertshofen (im Norden, noch innerhalb des heutigen Stadtgebiets) vergleichen (1167–1170/71).[58] Unter anderen Zeugen tritt dabei auch der *«Heribortus decanus de Munichen»* auf. Auf diese Weise ist die Existenz einer kirchlichen Einrichtung für München belegt. Deren Inhaber, der Dekan «Heribort», läßt sich erfreulicherweise näher bestimmen. Wir dürfen ihn mit jenem «Heribort» identifizieren, der noch im Jahre 1168 als Pfarrer und Dekan von Feldmoching in Erscheinung tritt (das heißt: in der nordwestlich nächst anschließenden Pfarrei).[59] Bei weiterer Betrachtung haben wir Veranlassung, den Pfarrer bzw. Dekan Heribert als Angehörigen einer bischöflich-freisingischen Ministerialenfamilie anzusehen, die anscheinend schwerpunktmäßig um Feldmoching ansässig war.[60] Der Feldmoching-Münchner Dekan Heribert selbst könnte auf Grund einzelner Anzeichen gleichzeitig auch Freisinger Domkanoniker gewesen sein.[61] Aber wie auch immer, das Herrschaftsrecht der Freisinger Domkirche an den frühesten kirchlichen Verhältnissen Münchens nach 1158 ist allzu offenkundig. Die aus der zweiten Hälfte des 13. Jahrhunderts bekannten Verhältnisse – mit dem freien Besetzungsrecht der Freisinger Domkirche auf die Münchner Pfarrei St. Peter – dürfen also bereits auf die früheste Zeitspanne des Marktortes schon vor 1180 zurückgeführt werden.

Die Überprüfung der herrschaftlich-familialen Zugehörigkeit der Amtsträger in München ergibt also, daß die Redensart vom «leonischen München» nur stark eingeschränkt Geltung beanspruchen kann. Entgegen der tradierten, freilich nie wirklich überprüften Meinung, es fänden sich in der Frühzeit nur herzogliche Beamte in München,[62] ist eine deutliche Präsenz bischöflicher Herrschaft im Marktort festzustellen, neben einer Gruppe ebenfalls ersichtlicher welfischer Amtsträger. Die Teilung an den nutzbaren Rechten war offenkundig real wirksam und führte zu einer tatsächlichen Wahrnehmung der Rechte des Bischofs durch dessen Leute. Die Augsburger Kaiserurkunde bot bei Markt- und Münzeinkünften die ausdrückliche Handhabe dazu, aber die tatsächliche Herrschaftswahrnehmung des Bischofs reichte augenscheinlich noch darüber hinaus, insofern auch die kirchlichen Verhältnisse und sogar Gerichtsrechte von ihr erfaßt wurden.

Gerade die bischöfliche Herrschaft (oder Mitherrschaft?) am Gericht gibt zu denken. Wenn die Barbarossa-Urkunde überhaupt nichts zu den Gerichtsrechten ausgesagt hat, dann heißt das wohl, daß sie nicht Gegenstand des Streits waren bzw. sein konnten, und wohl auch, daß sich an ihrem Besitz nichts ändern sollte. Die Frage ist also, aus welchen Vorverhältnissen es zu dem vorhandenen Bild kommen konnte. Hier lassen sich freilich nur

Möglichkeiten skizzieren. Wenn das bischöfliche Herrschaftsrecht seine Wurzeln nicht bereits in präurbanen Besitzverhältnissen der Freisinger Bischofskirche hatte, dann mußte es auf eine nach 1158 eingetretene Übereignung durch den König zurückgehen.

Das prä- und frühurbane München

Hinsichtlich Umfang und Grundriß des frühen München im 12. Jahrhundert wird im allgemeinen wie selbstverständlich davon ausgegangen, daß sich die damalige Gestalt in dem noch im heutigen Stadtgrundriß und Straßenbild erkennbaren inneren Mauerring erhalten hat. Es sind aber kontroverse Fragen bereits mit diesem Umriß verknüpft; und erst recht dann, wenn es darum geht, welche Baulichkeiten überhaupt und gegebenenfalls an welcher Stelle des Kernraumes anzunehmen sind, besteht über die sicheren Bestandteile der frühesten Stadt bislang recht wenig Klarheit. Je nachdem, wie hier aber bestimmte Annahmen gesetzt werden, resultieren daraus unterschiedliche Konsequenzen für die gesamte Struktur des Grundrisses.

Im späteren Stadtgrundriß zeichnet sich ein innerer Mauerverlauf ab, der (von Westen im Uhrzeigersinne aus) von der Augustinergasse über Löwengrube, Schäffler- und Schrammergasse zum Hofgraben zieht, von dort an der Hangkante südwärts, schließlich über Rosental und Färbergraben wieder zurück verläuft. Diese Linienführung schließt die Marienkirche im nordwestlichen Viertel gerade noch ein, ebenso an der Nordostecke den sogenannten Alten Hof. In der östlichen Flucht hält sie sich an die Kante der Altstadtterrasse, um schließlich nach Westen über Rosental und Färbergraben abbiegend wieder den Ring zu schließen. Hauptachse der Siedlung ist die Ost-West-Straße, die aus dem «Tal» heraufführend sich zwischen dem Taltor und dem Neuhauser Tor erstreckt. Als hauptsächlichste Querachsen dazu verlaufen die Züge von Rosenstraße/Weinstraße, deren Linie an der Westseite des Marktplatzes vorbeizieht, dann die Dienerstraße, die von der Ostecke nordwärts abgeht, sowie – noch einen Schritt weiter auswärts ansetzend und auf den Alten Hof zulaufend – die Burgstraße.

Der Grundriß des inneren Mauerringes muß aber keineswegs mit dem Umriß der frühurbanen Siedlung des 12. Jahrhunderts identisch sein. So stößt etwa die weitverbreitete Vorstellung, die Anlage um ein Straßenkreuz gehe auf die erste Zeit der Marktsiedlung zurück, auf nicht unbeträchtliche Einwände. Planuntersuchungen haben schon vor längerer Zeit die Schlußfolgerung nahegelegt, daß der Grundriß der inneren Stadt zunächst aus einer Anlagerung von weitgehend gleich breiten Grundstücksblöcken lediglich entlang eines breiten Straßenmarktes in der Ost-West-Achse von Kaufingerstraße-Marienplatz gebildet worden sein dürfte.[63] Neuere Ergebnisse der vergleichenden Stadtgrundrißforschung, wonach eine Straßenkreuzanlage kaum je den originären Zustand einer Stadt wiedergibt, sondern in aller Regel erst das Produkt späterer Ausbaustufen darstellt,[64] zwingen auch für München dazu, bisher tradierte Vorstellungen als reichlich ungesichert einzustufen.

Die auf dem Stadtgrundriß im Bereich von «Altheimer Eck» und «Hundskugel» sich noch heute abzeichnenden Straßenrücksprünge, die zueinander und mit anschließenden Grundstücksstreifen und Durchgängen in einer Flucht stehen, lassen an einen älteren Straßenverlauf denken. Dieser Linie folgend, würde eine Süd-Nord-Verbindung den späteren Kernstadtbereich westlich passiert haben. Es müßte sich dann notwendig um einen präurbanen Weg, um eine Altstraße aus der Zeit vor der Marktgründung handeln. Im übrigen deutet auch die Auswertung spätrömischen Fundstoffes auf die Existenz einer Altstraße in Süd-Nord-Richtung,[65] deren Verlauf zwar nur grob abgesteckt werden kann, sich aber mit dem eben beschriebenen in Verbindung bringen läßt. Auch die Vorgängersiedlung *«Munichen»*, an die sich die Markt- und Münzverlegung von 1158 anschloß, muß räumlich im Nahbereich präurbaner Straßen gesucht werden. Solche Wege, von denen es wahrscheinlich mehrere gab,[66] verbanden den älteren Siedlungsschwerpunkt Thalkirchen/Sendling (mit ausgeprägtem Zentralortcharakter) und darüber hinaus auch den Raum Schäftlarn im Süden (wo durch Bischof Otto I. das Klosterleben eben erst faktisch neu begründet worden war) mit Orten im Norden des Münchner Kernraumes, darunter dem Domort Freising. Verkehrsstrukturell war der Kernraum vor der Verlegung des Föhringer *«forum»* und der Brücke hauptsächlich in Süd-Nord-Richtung orientiert. Es ist durchaus wahrscheinlich, daß die Verästelungen des damaligen Flußlaufs mit den dazwischenliegenden Inseln schon seit frühen Zeiten zur Überquerung der Isar benutzt worden sind, aber um eine Wegeverbindung mit überlokaler Bedeutung handelte es sich vor dem Zeitpunkt der Markterrichtung nicht. Die Augsburger Kaiserurkunde läßt erkennen, daß der hierher verlegte Markt zur Siedlung *«Munichen»* hinzutrat, die selbst als bereits bestehend vorausgesetzt wird. Die sich um das *«forum»* entwickelnde Marktsiedlung erstreckte sich entlang der von Ost nach West verlaufenden neuen Salzstraße. Durch die Markt- und Münzverlegung wurden die verkehrsgeographischen Hauptachsen des Kernraumes umorientiert, indem eine überregionale Straßenverbindung quer zu den bisherigen Richtungsbezügen gelegt wurde. Die Altstraßenzüge in Süd-Nord-Erstreckung scheinen zunächst am Rande der neuen Siedlung vorbeigeführt zu haben.

Schon immer ist es auf Grund des Wortlautes von Barbarossas Kaiserurkunde vom 14. Juni 1158 klar gewesen, daß die Anfänge des Marktes zu München nicht mit dem Siedlungsbeginn am Platz zusammenfallen, daß es vielmehr (wie sich die Urkunde des Jahres 1180 ausdrückt) eine präurbane *«villa Munichen»* gegeben hat. Bei der Frage nach der Lage präurbaner Besiedlung im Bereich des Münchner Kernraumes tritt naturgemäß besonders jener bereits außerhalb der inneren Mauer gelegene Bezirk in den Mittelpunkt des Interesses, der unter dem Namen «Altheim» in den ältesten erhaltenen Steuerbüchern der Stadt (1368/69)[67] auftritt. Der Name ist als unterscheidende Bezeichnung für eine gegenüber München bereits ältere Siedlung deutbar und wäre dann als eine sekundäre Neubildung zu verstehen.[68] Man hat aber im Hinblick auf ortsnamengeschichtliche Vergleichsverhältnisse auch die Frage gestellt, ob sich in der Bezeichnung nicht ein selbständiger, früher Altheim-Ort verbergen könnte, der somit auf eine älteste Schicht der Ortsnamen zurückginge und folglich mit einer anderen Neusiedlung, nicht mit München, in Bezug gesetzt werden müßte. Schwierigkeiten für eine solche Deutung liegen allerdings in den alten Zentralitätsverhältnissen, die – soweit bislang erkennbar – weder in siedlungsgeschichtlicher, verkehrsstruktureller, kirchlicher, noch in grundherrschaftlicher Hinsicht auf eine alte Priorität des Münchner Siedlungsteiles Altheim im Radius der umliegenden Siedlungen schließen lassen.[69]

«Altheim» bildete bereits in den ältesten erhaltenen Steuerbüchern einen eigenen Steuerbezirk. Er umfaßte nicht nur den Straßenzug «Altheimergasse», sondern schloß den gesamten weiteren Bereich innerhalb von Brunngasse, Schmalzgasse (Kreuzstraße) und Röhrnspeckergasse (Altheimer Eck) ein.[70] Der deutlich unregelmäßige Siedlungsumriß hebt sich von der Rasterung der umgebenden Straßenzüge, die von der Erweiterung zum zweiten Mauerring stammen, als zweifellos älteren Ursprungs ab. In Verbindung mit den vorhin erwähnten Hinweisen auf eine Altstraße, die durch ebenjenen Bereich von «Altheim» gezogen sein müßte, spricht das meiste dafür, daß wir hier einen Bereich präurbaner Siedlung vor uns haben.

Außer dem Bereich von Altheim sind für die Frage nach präurbanen Siedlungskernen vor allem zwei Bezirke anzusprechen, nämlich der Bezirk des späteren Alten Hofes sowie der ältesten Pfarrkirche St. Peter. Was letztere betrifft, so sind Theorien über einen tegernseeischen Kirchenbau beachtlichen Ausmaßes schon aus dem 11. Jahrhundert, die von baugeschichtlich-archäologischer Seite schon immer in Frage gestellt worden sind, heute auch deswegen hinfällig geworden, weil die zur Stützung herangezogenen Vorstellungen über ein präurbanes tegernseeisches Klosterdorf München nicht mehr aufrechterhalten werden können. Es besteht kein Grund, den ältesten ergrabenen Kirchenbau vor der zweiten Hälfte des 12. Jahrhunderts anzusetzen.

Die Besiedlung des Petersbergls ist allerdings schon etwas älter und reicht nach den Fundauswertungen in die Zeit des 11. Jahrhunderts zurück. Auch repräsentiert der erwähnte Kirchenbau nicht die älteste Bebauung am Platz, sondern besitzt in dem sogenannten «Alten Raum»[71] unter dem Ostende des nördlichen Kirchenschiffes einen Vorgänger, der allerdings den Formen nach zu urteilen keinen Sakralcharakter besessen haben dürfte.

Trotz des Ortsnamens *«Munichen»* drückt sich in ihm nicht etwa die personelle Anwesenheit von Mönchen im Bereich der Kernstadt zur Zeit der Marktgründung aus. Es findet sich ja kein Hinweis darauf, daß alte klösterliche Besitzrechte damals eine Rolle gespielt haben könnten. Um 1158 muß der Name schon ein formelhaft erstarrter Ortsname gewesen sein, denn anders ist es schwerlich zu erklären, daß man in den lateinischen Urkundentext die deutschsprachige Formulierung «Munichen» eingesetzt hat.

Die Deutung der vor- und frühurbanen baulichen Verhältnisse bei St. Peter hängt mit der Deutung der Verhältnisse beim Alten Hof und beides wiederum mit der Frage nach der Gestalt der Gesamtanlage Münchens in der ältesten urbanen Zeitspanne zusammen. Im Bereich des Alten Hofes wird von verschiedenen Autoren ein alter Herrenhof *(curtis)* des Herzogs vermutet,[72] jedoch ist ein herrschaftlicher Wirtschaftshof oder ähnliches bisher weder an dieser noch an einer anderen Stelle der Altstadt archäologisch nachgewiesen worden. Die ausschließlich grundrißtopographische Beobachtung, daß die innere Stadtmauer in ihrem Verlauf, von einem gerundeten Umriß nach Nordosten abgehend, etwas ausholen muß, um diesen Bezirk einzufangen, stellt noch kein hinreichendes Argument für eine bereits präurbane Bebauung an diesem Platz dar; es handelt sich zunächst um nichts anderes als das natürliche Lagebedürfnis einer städtischen Herrenburg am Rande des urbanen Siedlungsbereichs. Ob diese Herrenburg ihrerseits an eine bereits präurban bebaute Stelle anschloß, was freilich nicht untypisch wäre, läßt sich von archäologischer Seite beim heutigen Stand der Fundkenntnis und -auswertung nicht sagen. Hierzu müßten wohl nicht nur jene Mauerreste, die man im Innenbereich des Alten Hofes gefunden hat, einer Nachuntersuchung unterzogen werden. Daß ein präurbaner Herrenhof bereits in der frühesten Phase in die Marktsiedlung miteinbezogen worden wäre (entsprechend dem Verlauf der inneren Mauer im Stadtgrundriß), ist im übrigen sehr unwahrscheinlich.[73]

Einen zusätzlichen Aspekt erhält der Fragenkomplex durch die Suche nach einer frühurbanen «Burg». Diesbezüglich darf allerdings weder an eine frühe Hofhaltung und sicherlich auch nicht an den Bautypus einer Höhenburg[74] gedacht werden; die bauliche Präsenz von Vertretern stadtherrlicher Gewalt ist jedoch fast zwingend anzunehmen, zumal dem neuen Platz auch die militärische Sicherung von Brücke und Isarübergang zugekommen sein dürfte. Es kann auch nicht von der Hand gewiesen werden, daß für einen befestigten Punkt noch vor dem Alten Hof das Petersbergl geeignet wäre.[75] Und bei allem sollte man angesichts der bereits ab 1158 datierenden Herrschaftsteilung zwischen Herzog und Bischof auch an die naheliegende Möglichkeit denken, daß beide Herrschaftsträger einen Vertreter an je eigenem Platz sitzen hatten. In der prä- und frühurbanen Topographie der Herrschafts-, Siedlungs- und Verkehrsstruktur Münchens bleibt also noch manches klärungsbedürftig.[76] Schriftliches Quellenmaterial aus dem beginnenden 13. Jahrhundert – wir werden im nächsten Kapitel darauf zu sprechen kommen – erlaubt diesbezüglich jedoch einige erhellende Rückschlüsse. Ein blitzartiges Licht auf die Gestalt des frühesten urbanen München wirft die Nachricht von 1173/74, als uns von dem *«Ortolf, qui preest muro»* berichtet wird.[77] Der Quellenausdruck zeigt eine gemauerte Befestigung – also nicht nur eine Wall-/Palisadenanlage – an. Die Folgerung, daß ihr Umfang bereits mit dem im Grundriß erkennbaren inneren Mauerring identisch gewesen sein und überhaupt auf die Marktsiedlung bezogen werden muß, ist freilich nicht zwingend.

Die herrschaftliche Entwicklung nach 1180

Nachdem Barbarossa den Bruch mit Heinrich dem Löwen vollzogen hatte und den Klagen der Reichsfürsten ihren Lauf ließ, trat im Juni 1180 – ein Jahr nach der Achterklärung – die Oberacht in dem landrechtlichen Verfahren gegen den Löwen ein; schon im Januar 1180 war in einem zweiten, lehenrechtlichen Verfahren ein Fürstenspruch auf Aberkennung aller Reichslehen erfolgt. In den Strudel dieser Ereignisse geriet auch München. In dem mit Datum vom 13. Juli 1180 ausgefertigten Regensburger Urteilsspruch werden die zwei Jahrzehnte zurückliegenden Vorgänge nochmals aufgerollt. Wir erfahren jetzt erst von der Gewalt des Löwen: *«quod nobilis uir Hainricus de bruneswic quondam dux bawariae et saxoniae forum in Verigen cum ponte ... destruxerit et illud in uillam Munichen violenter transtulerit»* (... daß der edle Mann Heinrich von Braunschweig, vormals Herzog von Bayern und Sachsen, der den Markt mit der Brücke in Föhring ... zerstört und ihn gewaltsam nach dem Ort München verlegt hat). Der Fürstenspruch erklärte nun die Tat des Löwen für ungültig: *«translationem praedicti fori in vacuum revocantes, ipsum forum cum ponte memorato fideli nostro episcopo frisingensi suisque successoribus restituimus* (Wir widerrufen die Verlegung des vorgenannten Marktes, geben ihn samt der Brücke unserem getreuen Bischof von Freising und seinen Nachfolgern zurück).[78] Deutlich geht aus der Darlegung des Falles hervor, daß sich der klageführende Freisinger Bischof Adalbert an das einen Monat vorher erfolgreich abgeschlossene landrechtliche Verfahren angehängt hat und nun die Gelegenheit sah, über eine Verurteilung des Welfen als Friedens- und Rechtsbrecher einen Gewinn für die eigene Kirche herauszuholen.

Trotzdem bleiben Fragen offen. Wie schon bei der Augsburger Barbarossa-Urkunde von 1158 handelt es sich nämlich nicht um eine klare und vollständige (Neu-)Regelung der Verhältnisse, ja es besteht nicht einmal eine Übereinstimmung zwischen dem, was in dem Diplom von 1158 zugestanden worden und dem, was 1180 widerrufen wurde. So fehlt beispielsweise jede Aussage über die Münze, und erst recht findet sich kein Wort zu allen übrigen Einrichtungen, die in München mittlerweile bestanden. Daß aber mit einer solch bruchstückhaften Verfügung, wie sie das Regensburger Urteil unzweifelhaft darstellt, wirklich eine totale Aufhebung und Verlegung des Marktortes München ausgedrückt werden sollte, wirkt wenig überzeugend und würde den Handelnden einen frappierenden Mangel an Überblick unterstellen. Man muß daher in Frage stellen, ob die herkömmliche Auffassung den damaligen Sachverhalt angemessen erfaßt, wenn man sagt, mit der Regensburger Urkunde sei ein (dann freilich nicht vollstrecktes) «Todesurteil» über das aufstrebende Gemeinwesen verhängt worden.[79] Hält man sich wörtlich an den Text der Urkunde, dann ist nur herauszulesen, daß die gewaltsame(!) Marktübertragung für ungültig erklärt wurde und der Bischof wieder in den Vollbesitz eines von Föhring herrührenden Markt- und Brückenrechts gelangte, das ihm 1158 (zum überwiegenden Teil) entglitten war; von einer Aufhebung der urbanen Funktionen zu München steht nichts in der Urkunde.[80] Eher sieht es so aus, als seien hier Optionen für die Zukunft offen gelassen worden. In privilegienrechtlicher Konsequenz muß man dann aber davon ausgehen, daß die Verfügung über bestimmte Einrichtungen zu München nach dem 13. Juli 1180 in der Hand des Königs lag.

Zwei chronikalische Nachrichten melden nun zum Jahr 1180 gerade umgekehrt den Beginn der *«civitas»* München: im einen Fall den Beginn ihrer «Erbauung»,[81] im anderen den Anfang als «Stadt».[82] Unabhängig von der höchst unzuverlässigen Überlieferung, die beide Quellen in ihrer vorliegenden Fassung darstellen,[83] könnten sie jedoch einen historischen Kern enthalten, und zwar, daß es in Auswirkung der Ereignisse von 1180 und vielleicht auch relativ bald danach einen Schub in der städtischen Entwicklung Münchens gegeben hat. Dazu paßt die Bezeichnung Münchens als «Stadt» *(civitas)*, die seit etwa 1210 in den Quellen zu belegen ist.[84] Hinter dieser begrifflichen Definition müssen jedenfalls bestimmte Gegebenheiten gestanden haben, so daß die Zeitgenossen von einer «Stadt» sprechen konnten. Die Verhältnisse, die sich für das München zwischen 1158 und 1180 haben erkennen lassen, tragen entwicklungstypologisch in mancher Hinsicht eher altertümliche Züge. Gegenstand der Privilegierung war 1158 der (vollberechtigte, unter Königsrecht stehende) Fernhandels-«Markt» gewesen. Es besteht kein Zweifel, daß darin der Ansatzpunkt sowohl für den Aufschwung auch eines lokalregionalen Nahmarktes als auch für eine wachsende Zahl von Siedlern, von kleinen Handwerkern, Krämern und Arbeitskräften gelegen hat. Wir sind aber nicht in der Lage, eindeutig zu sagen, ob wir in den ersten Jahrzehnten nach 1158 mehr als nur einen ausgegrenzten Marktbezirk im Bereich von Munichen, oder vielmehr einen Ort einheitlichen Rechts, einen «Marktort» in diesem gezielten Sinne, vor uns haben.[85] Die Nennung von Mauer *(murus)* und Richter *(iudex)* aus der Zeit von etwa 1170 kann, muß aber nicht in diese Richtung deuten. Im einen wie im anderen Fall käme aber erst das Frühstadium der urbanen Entwicklung zum Vorschein. Die Verhältnisse am Ort trugen – wie zu sehen war – stark herrschaftlichen Charakter. Auch eine Rechtsverleihung an die Gesamtheit von Siedlern – insbesondere ein früher gern vermutetes welfisches Ortsrecht *(ius fori)* – bereits in der ersten Zeit läßt sich nicht erhärten[86] (inwieweit dabei auch die Herrschaftsteilung mit dem Bischof eine Rolle gespielt haben kann, läßt sich allerdings schwer sagen). Möglicherweise gab es nur einzelne, nach Sache und Empfängerkreis (vielleicht auch Privilegiengeber?) unterschiedliche Privilegierungen, die überwiegend auch nicht in ihrer ursprünglichen (mündlichen?) Fassung erhalten geblieben sind. Ein Mehr an Schlußfolgerung läßt sich aus Spuren in den späteren Rechtssatzungen im Grunde nicht rechtfertigen. Der «Markt» München war (erst) die Frühstufe der «Stadt». Vielleicht ist es auch kennzeichnend dafür, daß die typisch neue ‹urbane› Einwohnerschicht der Zensualität in München erst allmählich ins Licht der Quellen tritt, eindeutig nicht mit einem anderen München-Ort verwechselbar sogar erst nach 1180.

Bemerkenswert erscheint mir im übrigen, daß keine der Quellen den jeweils berichteten «Stadtwerdungsvorgang» gezielt mit den Wittelsbacher Herzögen in Verbindung bringt, hingegen die eine (aus Indersdorf) einen mittelbaren (zeitlichen) Bezug zu Friedrich Barbarossa, das heißt zum König, herstellt. Möglicherweise steckt hinter dieser, in der vorliegenden Form reichlich diffusen Überlieferung der Kernsachverhalt, daß das Königtum für die nach 1180 eingetretene Entwicklung eine wichtige oder sogar entscheidende Rolle gespielt hat. Auch die immer wieder erörterte Frage um das früheste Siegel der Stadt mit dem Adler im Wappenbild wäre einmal von dieser Seite her zu überdenken.[87]

Der Einstieg des wittelsbachischen Herzogs in Herrschaftsrechte zu München ergab sich jedenfalls nicht aus dem Regensburger Urteil von 1180, das ja eine Regelung vor und außerhalb der Neuverleihung des bayerischen Herzogtums darstellte. Ein weiterer wesentlicher Sachverhalt liegt darin, daß man nicht schlechthin von «der» Stadtherrschaft sprechen und sich diese als einen homogenen Herrschaftsgegenstand denken darf. Tatsächlich muß man sie sich – auf dem Stand von 1180 – als ein Bündel von Herrschaftsrechten vorstellen, nachdem schon das München nach 1158, entgegen dem hergebrachten Bild, als ein herrschaftlich aufgesplitteter Ort zu denken ist.

Auch in der nun folgenden Zeitspanne übten sowohl Herzog als auch Bischof Herrschaftsrechte in München aus. Unter anderem zeigt sich das an beider persönlichem Auftreten am Ort. Von circa 1207/10 bis 1222 haben wir viermal Nachricht von Aufenthalten Herzog Ludwig des Kelheimers in München. In drei von diesen vier Fällen hat die Anwesenheit des Herzogs ihren sachlichen Grund darin, daß Schenkungen bzw. Gütervertauschungen zugunsten eines Klosters getätigt wurden, dessen Vogt der Wittelsbacher Herzog war (nämlich bei Ebersberg, Neustift b. Freising und Scheyern);[88] im vierten Fall (zugunsten von Kloster Tegernsee) geht es um Ehe und Kinder bei Verbindungen zwischen seiner Ministerialität und der des Klosters.[89] In keinem der Fälle hat die Sache, um die es ging, mit herzoglichen Herrschaftsrechten in München zu tun, wo die Vorgänge gleichwohl stattfanden. Bei dem Vorgang zugunsten von Kloster Neustift war aber auch Bischof Otto II. von Freising in München anwesend. Die Schenkung an Scheyern schließlich läßt auf Grund ihres aufwendigen Zeugenkreises vermuten, daß sie im Rahmen eines Landtages getätigt worden ist – eine Überlegung, die zusätzlich darauf hinweisen würde, daß kirchliche Rechte an dem Platz gehaftet haben könnten. Noch aus den 1220er Jahren besitzen wir Beispiele davon, daß sowohl Herzog als auch Bischof in München präsent waren: 1225/26 erfolgte durch Gottschalk von Widdersberg «*in ecclesia sancti Petri in Muonichen*» die Lehensaufsagung eines Hofes zu Wörnbrunn an Herzog Ludwig I.[90] Fast zur gleichen Zeit (1226/27) sagte der aus hochrangiger Ministerialität Freisings stammende Friedrich von Schwabing eine Hube zu Schwabing an Bischof Gerold auf, und er tat dies »*Monaci in domo plebani*», also zu München im Hause des Pfarrers.[91] Beide Vorgänge sind zweifellos als Ausdruck herrschaftlicher Rechte in München zu sehen, die sowohl von seiten des Herzogs wie des Bischofs wahrgenommen wurden. In dem beiderseitigen Auftreten spiegelt sich aber auch eine herrschaftliche Konkurrenz, bei der der Wittelsbacher mit der Zeit versuchte, den Bischof aus der Stadt hinauszudrängen. Licht auf die Vorgänge wirft das Mandat[92] Papst Gregors IX. vom 26. November 1231, worin dem Herzog Kirchenstrafen angedroht werden, wenn dieser weiter darin fortfahren sollte, Freisinger Kirchengüter zu entfremden, insbesondere auch das Recht zu München nach seinem Gutdünken ungerechtfertigt zu beanspruchen *(«ius quoque, quod in civitate Monaci habet Frisingensis ecclesia pro sue arbitrio voluntatis usurpat»).*

Etwa zehn Jahre bevor dann tatsächlich ein Wittelsbacher das alleinige Sagen in der Stadt hat, findet sich in diesem Dokument noch einmal eine Bestätigung dafür, daß die wittelsbachischen Herzöge keineswegs bereits 1180 auf Grund ihrer neuen Würde im Vollbesitz Münchens gewesen sein konnten. Vielmehr offenbart sich die Durchsetzung der wittelsbachischen Stadtherrschaft als ein offensiver, usurpatorischer Vorgang, in dessen Verlauf sich der Herzog freisingische Rechte in München angemaßt hat, die er nicht von Haus aus besessen hat. Nach dem Wortlaut des päpstlichen Mandats scheint es so gewesen zu sein, daß der Herzog bei bestimmten Rechtsansprüchen den Hebel angesetzt und sie «nach seinem Gutdünken» ausgelegt hat. In dem Freisinger Bischof Gerold hatte Herzog Ludwig der Kelheimer freilich auch einen Gegenspieler, der ihm keinen nennenswerten Widerstand engegensetzte und ihm sogar die Bischofsstadt Freising gegen einen Jahreszins verlehnte, was 1230 von Kaiser und Papst rückgängig gemacht wurde und auch zur Amtsenthebung Gerolds führte.[93] Ein Teil der «heißen Phase» in der Auseinandersetzung zwischen Ludwig dem Kelheimer und der Freisinger Bischofskirche in den 1220er Jahren fiel jedenfalls in eine Zeit, in der dem Wittelsbacher als Reichsgubernator (1225–1228) zusätzliche Machtmittel zu Gebote standen, um gegenüber einer Reichskirche seine Ziele durchzusetzen.

Wie umfangreich vor 1230/40 die Herrschaftsrechte des Bischofs in München gewesen sind, läßt sich nicht mehr vollständig ermitteln. Daß der Begriff der *«civitas»*, den das Papstmandat gebraucht, von der päpstlichen Kanzlei gewöhnlicherweise nur für bischöfliche Städte verwendet wurde,[94] will jedenfalls beachtet sein. Zwar muß man sehen, daß die päpstliche Seite in diesem Fall Partei war, doch dürfte der Sprachgebrauch auch nicht jeder sachlichen Grundlage entbehrt haben.

Man darf ziemlich sicher annehmen, daß sich aus jenen Rekognitionen an den Freisinger Bischof, die sich (ergänzend zu den Herzogsurbaren von circa 1280 und aus dem 14. Jahrhundert) im Freisinger Salbuch von 1305 erhalten haben,[95] Rückschlüsse auf ältere Rechte des Rekognitionsempfängers ziehen lassen. Außer beim Brückenzoll scheint dies somit auf Gericht, Münze und Marktzölle sowie auf die Kirchenherrschaft zuzutreffen. Auch lassen zwei Urkunden, mit denen 1237 und 1239 dem Kloster Rott am Inn Zollbefreiung für die zur Eigenversorgung durchgeführten Güter bestätigt worden ist, eher auf weiter reichende bischöfliche Rechte über den Brükkenzoll hinaus schließen.[96]

Daß der Freisinger Bischof noch in dem Zeitraum nach 1180 unmittelbar über Zölle in München verfügen konnte, geht aus den späteren Bestätigungen für die Klöster Rott am Inn (1286)[97] und Tegernsee (1288)[98] hervor; in ihnen berief man sich nämlich auf Erstprivilegierungen unter Bischof Otto II. (1184–1220). Schon 1239 ist aber daran, daß eine Zollbefreiungsurkunde des Bischofs vor dem Stadtgericht approbiert werden mußte, zu erkennen, daß hier bei originär bischöflichem Recht mittlerweile eine Mitsprache der Stadt eingetreten sein mußte. Und es dürfte wohl kein Zufall sein, daß jene spätere Urkunde für Kloster Rott am Inn von 1286 sich in merklich vorsichtigerer Weise als 1237/39 ausdrückt, wenn es nunmehr heißt, die Eigengüter des Klosters sollten zollfrei durchgeführt werden, «soweit es unseren Rechtsanspruch betrifft» *(«sine theloneo solutione pro iure nostro [!] libere»).*[99] Offenkundig mußte der Bischof mittlerweile auf Einschränkungen seiner früheren zollrechtlichen Verfügungsfreiheit Rücksicht nehmen.[100]

Ergänzend ist nun nach den nutzbaren Herrschaftsrechten des neuen wittelsbachischen Herzogs zu fragen. In der Münze könnte er schon vor 1200 etwas zu sagen gehabt, vielleicht sogar eine weitgehende Verfügung erlangt haben;[101] bei Münze, Marktzöllen und Gericht ist nach Ausweis der Rekognitionen während einer bestimmten Zeitspanne außerdem Teilung der Herrschaftsrechte anzunehmen. Während aber die alten Rechte des Bischofs durch wenige Pauschalrekognitionen von außerdem geringfügiger Höhe abgefunden wurden, spielte sich auf seiten des Herzogs während des 13. Jahrhunderts eine gegenläufige Entwicklung ab, indem dieser ertragreiche Einkunftsrechte auszubauen vermochte (so etwa die profitablen Salzzölle). Bei diesen Zöllen kam es dann zwar dazu, daß die Stadtgemeinde anteilsmäßig beteiligt wurde, nicht aber, daß der Herzog seinen Anteil am Realaufkommen gegen eine Pauschalrekognition aus der Hand gegeben hätte.[102] Stadtsteuer und Sonderabgaben vervollständigten die herrschaftlichen Einkunftsrechte, mit denen der Herzog die älteren Rechte des Bischofs schließlich überlagerte. Daß im Herzogsurbar von ca. 1280 noch keine konkreten Beträge aus Gericht und Zoll angegeben sind, könnte heißen, daß der Herzog bei diesen Einkunftsrechten vielleicht noch real und entsprechend der eingenommenen Summen mitkassiert hat. Auf seiten des Herzogs scheint es erst später zu Rekognitionen gekommen zu sein als beim Bischof.

Eine wesentliche Rolle für die Stadtherrschaft spielten die Gerichtsrechte. Sehr wahrscheinlich fungierte bereits kurz vor 1240 ein wittelsbachischer Ministerialer als Münchner Richter. Hinter dem *«iudex Jordanus»* dürfte sich nämlich der *«dominus»* Jordan von Lengenfeld verbergen, der seit der Zeit um 1230 im Umkreis des Klosters Scheyern zu finden ist.

Soweit uns aus den davorliegenden Jahrzehnten der Münchner Stadtgeschichte zwischen 1180 und 1240 Nachrichten über Richter erhalten geblieben sind, werfen sie recht undurchsichtige Probleme auf. Ein *«Bertoldus filius iudicis de Munichen»*, der 1187/89 bei einer Personenschenkung des Pfalzgrafen Friedrich von Wittelsbach anwesend war,[103] läßt entweder einen wittelsbachischen oder einen pfalzgräflichen Ministerialen vermuten. Ein kurz zuvor, um 1180, begegnender *«Bertholt iudex»*[104] wird zwar nicht ausdrücklich als Richter zu München bezeichnet, könnte aber – unter anderem auf Grund der Namensgleichheit – der Vater des *«Bertholdus filius»* sein. Da nun aber unter seinen unmittelbaren Mitzeugen Personen aus jener Wolfratshausen-Münchner Ministerialengruppe stehen, auf die man im Zusammenhang mit der frühurbanen Oberschicht des 12. Jahrhunderts stößt,[105] würde hieraus – richtige Personenidentifizierung vorausgesetzt – zu folgern sein, daß die Andechser um oder nach 1180 in München Gerichtsrechte wahrgenommen haben. Dies ist einerseits nicht schlüssig genug belegbar, während andererseits die Hinweise auf andechsische Präsenz wiederum zu deutlich sind, um abgetan werden zu können. Für die Jahre um 1200 harren also noch manche Verhältnisse in München der Aufhellung.

Bevor abschließend die Frage nach der möglichen Rolle von Andechsern im Raum des urbanen München um 1200 aufgegriffen wird, soll die Aufmerksamkeit noch auf eine erst in den letzten Jahren bekanntgewordene Kaiserurkunde Ottos IV. vom 11. März 1209[105a] gelenkt werden. Darin verkündet der König – er ist der Sohn Heinrichs des Löwen – die Gültigkeit einer «Einigung», die Bischof Otto II. von Freising und Herzog Ludwig der Kelheimer «über die in München wahrgenommenen Einkünfte unter sich getroffen haben». Diese Regelung selbst wird in der Urkunde allerdings nicht mehr inhaltlich berichtet. Genausowenig erfahren wir etwas darüber, wann diese Vereinbarung zwischen Ludwig dem Kelheimer und Bischof Otto II. erfolgt ist. Daß sich Herzog und Bischof erst damals auf die wie immer geartete Regelung geeinigt haben, ist nicht ausgeschlossen, sie kann aber auch schon zurückliegen; auf jeden Fall aber besteht ein Zusammenhang mit dem Umschwung im deutschen Königtum, der mit der Ermordung des Staufers Philipp von Schwaben am 21. Juni 1208 in Bamberg eingetreten war. Die Urkunde gehört dem Anlaß nach den Privilegienbestätigungen beim Regierungsantritt eines neuen Herrschers an die Seite gestellt.

Es ist wichtig, daß sich die Urkundennachrichten tatsächlich zu dem bisher erarbeiteten Bild der Verhältnisse in München fügen. Zum einen bestätigt der Vorgang den regalienrechtlichen Charakter der «Gegenstände», um die es 1158 und 1180 ging, und er zeigt, daß tatsächlich auch über 1180 hinaus Königs- beziehungsweise Reichsrechte an den Münchner Einrichtungen gewahrt blieben, denn nur unter dieser Voraussetzung ergibt die Bestätigung oder Konsenserklärung König Ottos IV. einen Sinn.

Durch die Aussage der Urkunde wird auch bestätigt, was die personengeschichtliche Untersuchung der Amtsträger in München erbracht hat, daß hier nämlich im Zeitraum nach 1180 Wittelsbacher Herzog wie Freisinger Bischof herrschaftlich präsent waren. In welchem Ausmaß dies jeweils für beide Beteiligte galt, dazu ist man freilich weiterhin auf eine subtile Auswertung der unmittelbaren herrschaftlichen Strukturenelemente angewiesen. Es wäre jedenfalls nicht zulässig, von der Quellennachricht über die herzoglich-bischöfliche Einkunftsteilung für die Freisinger Bischofskirche bereits auf einen Zustand zu schließen, wie er uns mit der Zurückdrängung auf bloße Rekognitionen im Salbuch von 1305 entgegentritt. Auch für den Herzog vermeldet die Urkunde König Ottos IV. ja nur «Einkünfte» *(redditus)*, obwohl der Herzog in den zur Diskussion stehenden Einrichtungen (zum Beispiel im Gericht) auch später noch reale herrschaftliche Rechte in München wahrnahm, die also (wie schon in der Kaiserurkunde von 1158) hinter den «Einkünften» standen.

Beinahe die bedeutsamste Mitteilung der Königsurkunde von 1209 ist jedoch die Bezeichnung Münchens als *«burgus» (in burgo Monacum appellato)*. Fast zur gleichen Zeit, nämlich seit circa 1210, treffen wir nämlich auch schon auf die frühesten Bezeichnungen Münchens als «Stadt» *(civitas)*. Aus der Perspektive einer Königsurkunde wird dem Ort diese Bezeichnung jedoch noch verwehrt, ohne daß wir sagen können, ob damit auch das Fehlen bestimmter Merkmale ausgedrückt werden sollte oder nur eine allgemeine Statuseinschätzung verbunden war. In dem Nebeneinander der unterschiedlichen Siedlungsbezeichnungen dürfte sich aber zumindest der allmähliche, prozeßhafte Charakter der Stadtwerdung ausdrücken. In einem sprunghaften Vorgang, der im vorliegenden Fall buchstäblich von einem Jahr auf das andere hätte stattfinden müssen, vollzieht sich eine solche Entwicklung nicht, das zeigt dann das weitere 13. Jahrhundert. Die Begrifflichkeit in der Urkunde Ottos IV. legt die Aussage jedenfalls auf den Charakter der werdenden Stadt als einer ummauerten Siedlung. Noch oder wieder existierte demnach für München eine Befestigungsanlage.

Der in diesem Zusammenhang in der Quelle gebrauchte Terminus zieht nun aber weitreichende Konsequenzen für unser siedlungs- und herrschaftstopographisches Bild des frühen München nach sich.

Der Terminus *«burgus»* schließt also den bürgerlichen Siedlungsbereich mit ein, da Einkünfte, die *«in burgo Monacum appellato»* erzielt wurden, ja nur von dorther kommen konnten. Primär aber – und diese Beobachtung ist von entscheidender Bedeutung – bezeichnet *«burgus»* die herrschaftliche

Burg, den Burgbezirk. Das heißt nichts weniger, als daß ein Burgbezirk somit ein gutes halbes Jahrhundert vor der Zeit aufscheint, in der mit der Niederlassung der oberbayerischen Teilherzöge in München ein herrschaftlicher Stützpunkt für die herzogliche Hofhaltung unabdingbar vorhanden sein mußte und der Bau der herzoglichen Burg des «Alten Hofes» zumeist angesetzt wird. Der *«burgus»* im engeren Sinn kann räumlich durchaus bereits in eben diesem Bereich (nicht nur auf dem Petersbergl) gesucht werden. Die Existenz einer frühen «Stadtburg» hätte dann freilich noch hinter das Urkundendatum von 1209 zurückgereicht, denn *«burgus»* wird dort schon für die gesamte wehrhafte Siedlung verwendet, auf die sich der Urkundenvorgang bezieht. Gelangen wir somit von den ersten zehn Jahren des 13. in das 12. Jahrhundert zurück, so scheint es nun möglich, damit umgekehrt bestimmte Erscheinungen aus der frühesten urbanen Phase nach 1158 zusammenzubringen. Ich meine konkret die Nachricht von der «Mauer» *(murus)*, die uns über den *«Ortolf qui preest muro»* für 1173/74 bezeugt ist.

Es war schon anzumerken gewesen, daß die Folgerung, es habe sich hier bereits um die ausgeführte steinerne Umgürtung der Marktsiedlung gehandelt, mit erheblicher Skepsis aufzunehmen ist. Besser paßt sowohl zu der von uns erarbeiteten herrschaftlichen Struktur des frühurbanen München zwischen 1158 und 1180 als auch zu unseren heutigen allgemeinen Kenntnissen der baugeschichtlichen Entwicklung von Stadt- und Burganlagen, wenn wir annehmen, daß jener Ortolf, welcher der welfischen Ministerialität zuzuordnen war, die wie immer geartete Verfügung über einen befestigten herrschaftlichen Bezirk hatte, der den Schutz der Marktsiedlung garantierte und erst sekundär zum Ausgangsbereich einer Gesamtummauerung wurde. Die hier beschriebene herrschaftliche Funktion des Ortolf, die auf eine bemerkenswert herausgehobene Stellung hinausläuft, paßt auch sehr wohl zu den personellen und aktionsräumlichen Beziehungen dieser Ministerialengruppe.

Aus der 1209 quellenmäßig belegten Existenz des *«burgus»* bleibt unabhängig von der personellen Verknüpfung mit unserem Ortolf von 1173/74 – die allerdings sehr schlüssig erscheint – soviel festzuhalten, daß als herrschaftstopographischer Kern der entstehenden «Stadt» ein für sich befestigter Burgbezirk wahrscheinlich wird. Für die Zeit Heinrichs des Löwen zwischen 1158 und 1180 wird wohl dadurch aber die Vorstellung fraglich, daß bereits damals die sogenannte Innere Stadt eine geschlossene, verteidigungsfähige Einheit bildete. Vielleicht beinhaltet die Namensüberlieferung «Burg*straße*» (im Gegensatz zu den sonst üblichen innerstädtischen «Gassen») einen Hinweis auf eine alte, ursprünglich außerhalb verlaufende «Hauptstraße» zum herrschaftlichen *«burgus»*? Wir haben es in jener Phase möglicherweise noch mit separaten Siedlungsbereichen zu tun, die nebeneinander bestanden, also mit einer insgesamt noch stark präurban gearteten, lockeren Struktur des gesamten Bereichs *«Munichen»*. Zu ihr gehörte auch der Bezirk «Altheim» als eigentliche (aber nicht notwendigerweise einzige) präurbane Siedlung. Der die gesamte Innere Stadt umschließende Mauerbereich ist demnach eher nicht vor 1180 entstanden.

Von der topographischen Struktur im beginnenden 13. Jahrhundert rückblickend ergeben sich schließlich mehrere Konsequenzen, die in manchem noch gesichert werden müßten und daher als Fragen aufgeworfen werden sollen. Das Vorhandensein eines Wirtschaftshofes zur Versorgung des herrschaftlichen *«burgus»* ist notwendigerweise anzunehmen. Es liegt nahe, hier an den Bereich des späteren Kreuzviertels im Nordwesten zu denken, wo sich mit «Haberfeld» und «Kühgasse» ein entsprechender landwirtschaftlicher Bereich abzeichnet, an dem auch die Überlieferung einer Schwaige haftet. Zeichnet sich überhaupt ein Areal nördlich der Ost-West-Straßenachse ab, das dem herzoglichen Zugriff in besonderer Weise unterstand? Das Judenviertel – im Bereich des heutigen Marienhofes zu suchen – mit seiner räumlichen Nachbarschaft zum Burgbezirk läßt genauso daran denken wie die jedenfalls schon seit vor 1250 anscheinend von den Wittelsbachern dominierte Marienkirche. Ist schließlich auch der handwerklich-gewerbliche Bereich östlich unterhalb der Burg (Ledererstraße) als ein im Zusammenhang mit der Versorgung des *«burgus»* entstandenes *«suburbium»* (Vorstadt) zu denken?

Wenden wir uns nun noch der Frage zu, ob die Grafen von Andechs und Herzöge von Meranien um und nach 1200 in der Stadt etwas zu sagen hatten. Diese Fragestellung ist schon älteren Datums[106] und rührt zunächst von Ähnlichkeiten her, die man zwischen dem Münchner Stadtrecht und dem Recht für die Stadt Innsbruck zu erkennen glaubte, die ja auf eine Gründung der Andechser aus dem Jahre 1180 zurückgeht. Von Franz Tyroller ist 1959 eine regelrechte Stadtherrschaft der Andechser für die Zeit nach 1180 behauptet worden, allerdings mit einem wenig überzeugenden Geflecht hypothetischer Konstruktionen.[107]

Nun haben allerdings die herrschaftsgeographischen Untersuchungen sehr wohl Wolfratshausen-Andechser Herrschaftsbesitz im unmittelbaren Kernraum des präurbanen München ans Licht gebracht, so daß sich die Frage nach Andechsern in der Münchner Stadtherrschaft an der Wende zum 13. Jahrhundert in einer neuen Weise stellt. Auch kamen Teile der vorpatrizischen Führungsschicht aus Andechser (einschließlich ehedem Wolfratshauser) Ministerialität,[108] und mindestens einzelne dieser Familien (Witschit; Fosso) müssen bereits zu einer Zeit als städtisches »Meliorat«[109] angesprochen werden, als sie gleichzeitig noch Angehörige der *«familia ducis Meraniae»*, des Andechser Personenverbandes, waren. Der Anteil von Leuten andechsischer Herkunft in der vorpatrizischen Führungsschicht ist also nicht einfach nur als indirekte Folge der Wolfratshauser Besitz- und Herrschaftsverdichtung im Isar-Loisach-Raum zu erklären, wie sie bis zur Zeit der Marktgründung im mittleren 12. Jahrhundert gediehen war.

Speziell muß die Erklärung in der Herrschaftstopographie des unmittelbaren Kernraumes gesucht werden, das heißt in dem Umstand, daß im Bereich der präurbanen *«villa Munichen»* alter Wolfratshauser Ministerialenbesitz lag. Das neue *«forum»* von 1158 ist im unmittelbaren räumlichen Anschluß an das präurbane *«Munichen»* und wohl auf einem Ausschnitt aus seinem Gemarkungsbereich zu suchen. Die präurbane Siedlung hat neben dem neuen *«forum»* zweifellos noch weiterbestanden, und nichts anderes ist auch für den Andechs-Wolfratshauser Besitz dort anzunehmen.[110]

Um 1200 lassen sich die Andechser jedenfalls im Raum München beobachten. So hat sich Berthold III. von Andechs-Meranien wahrscheinlich bald nach 1189, spätestens aber 1206, in München aufgehalten.[111] Es ist allerdings nicht klar genug, ob der damalige Vorgang überhaupt in der «Stadt» München, oder vielleicht doch nur in der *«villa Munichen»* stattgefunden hat, beziehungsweise wie das herrschaftstopographische Verhältnis zwischen *«villa»* und entstehender *«civitas»* beschaffen war. Jener Siedlungsbereich, nach dem die spätere *«civitas»* benannt worden ist, hat aber um 1190 herum sicherlich noch unter seiner alten Bezeichnung existiert. Eindeutig in der Stadt München wurde hingegen (im Zeitraum 1206/07[112]) eine andere Rechtshandlung für Tegernsee vollzogen, bei der jedoch nicht ganz sicher ist, ob dabei ein Vogt anwesend war (es müßte sich dann um den bald darauf geächteten Andechser Grafen Heinrich gehandelt haben).

Erst seit ungefähr 1240 kann man davon ausgehen, daß sich die wittelsbachische Stadtherrschaft in München gegen konkurrierende Rechte anderer Herrschaftsträger durchgesetzt hatte. Seither taten die Wittelsbacher jedenfalls alles, um München als «ihre» Stadt und sich selbst als die Urheber rechtlicher Freiheiten erscheinen zu lassen. Dies äußerte sich bei Vertretung der städtischen Handelsinteressen gegenüber anderen Herren, in der Verfügung des Herzogs über «seinen» Richter, in der Privilegiengewährung an die sich entwickelnde Stadtgemeinde, und hier vor allem im «Rudolfinischen Stadtrecht» von 1294. Dazu kommt – den gesamten Prozeß verstärkend –, daß seit der ersten wittelsbachischen Landesteilung von 1255 die oberbayerische Linie hier Hofhaltung nahm. Das Ergebnis des von den Wittelsbachern in München betriebenen Usurpations- und Verdrängungsprozesses war schließlich ein herzoglich-wittelsbachisches Traditionsverständnis der Stadt, in dem sich die nachhaltige herrschaftliche Überlagerung durch die

Wittelsbacher ausdrückte, ohne daß es allerdings zu einer wittelsbachischen Stadtgründungs- oder wenigstens Stadterbauungstradition im engeren Sinne gekommen wäre.

Meliorat und Gemeindebildung

Bei städtischen Gründungen hat sich besonders die ältere Forschung immer wieder die Frage nach dem Anteil des Gründers einerseits und der «Bürger» andererseits gestellt. Die Barbarossa-Urkunde zu München von 1158 spricht in dieser Hinsicht eine eindeutige Sprache, ist sie doch ein Marktprivileg für einen Marktherrn, nicht etwa eine Marktrechtsurkunde für den Ort und seine Siedler. Der ministerialische Status von *«iudex»*, *«plebanus»* sowie jener Person, *«qui preest muro»*, wie auch aller weiteren Amtsträger im frühen München veranschaulicht den betont herrschaftlichen Charakter der frühesten Verfassungsverhältnisse am Platz. Auf Grund der ebenso herrschaftlichen Verfügung über die «Mauer» kann auch die Befestigung für die damalige Zeit noch keinesfalls den autonomen Bereich einer Bürgerschaft anzeigen.

Auch die Vorstellung, daß die «in einer Gilde organisierten Kaufleute in der neuen Marktsiedlung Selbstverwaltung und Gericht« besessen hätten,[113] läßt sich aus dem Quellenbild nirgends erhärten. Dem widerspricht nicht, daß man gewisse Ansätze einer wie auch immer gearteten Verbandsbildung unter der führenden Einwohnerschaft beobachten kann, und zwar vor allem anläßlich jenes grundherrschaftlichen Rechtsgeschäftes von 1168, bei dem es um die Übereignung eines Zehents zu Milbertshofen an Kloster Schäftlarn durch den Freisinger Bischof Adalbert ging.[114] Dazu war eine Abordnung von Zeugen aus dem Marktort erschienen, die unter den «Laien» als eigene Personengruppe rubriziert worden ist. Bemerkenswert an der Zusammensetzung ist, daß es sich so gut wie ausschließlich um Leute handelt, die wir ihrer Herkunft nach als welfisch anzusehen haben. Hier scheint die gemeinsame Zugehörigkeit zur Gruppe der Einwohner des Marktortes den Ausschlag gegenüber der unterschiedlichen familialen Herkunft gegeben zu haben und einen frühen Verbandscharakter samt Gemeinschaftsbewußtsein anzuzeigen.

Für die in den Quellen der Frühzeit des 12. Jahrhunderts greifbare Oberschicht der Einwohnerschaft ist es aber bezeichnend, daß sie uns nicht als Kaufmannsverband entgegentritt, sondern ihrer Zusammensetzung nach fast ausschließlich eine marktherrlich-ministerialische und feudal-grundherrliche Personengruppe darstellt. Soweit man hinter einzelnen Personen Kaufleute vermuten kann (als *mercatores, negotiatores* o.ä. werden sie nirgends ausdrücklich angesprochen), zeigen sich keine Merkmale einer gesonderten Verbandsbildung. Was noch bleibt an vereinzelten Personen, deren Berufe aus den Quellen tatsächlich bekannt sind, Kürschner *(pellifex)* und Fischer *(piscator)*, so handelt es sich bei ihnen nicht einmal um ausgesprochen typisch städtisch-«bürgerliche» Berufe. Das personelle Profil der frühen Einwohnerschaft trägt also kaum irgendwo sichtlich «bürgerliche» Züge. Von *burgenses* etwa ist nirgends die Rede. Der ansatzhafte Einwohnerverband *«de Monechen»*, der sich andeutungsweise abzeichnet, war gerade nicht kaufmannschaftsspezifischer Art.

Was sich hingegen früh zeigt, ist eine gesellschaftliche Differenzierung. Wenn sich Personen aus dem kleineren Gewerbe unter den Zeugen finden, so stehen sie – nicht nur in der frühen Zeit – hinter den Personen ministerialischen Standes. Letztere bilden die Oberschicht am Platz und stellen auch die herrschaftlichen Amtsträger. Dies widerspricht der Vorstellung, daß alle Gruppen und Schichten der ersten Markteinwohnerschaft zusammen eine Marktgemeinde mit einheitlichen Mitwirkungsrechten gebildet hätten. Bei den niedrigeren Einwohnerschichten handelt es sich – soweit sie etwas später überhaupt «quellenfähig» werden – typischerweise um Zinsleute, die sich in die Fünf-Pfennig-Zensualität begeben; dies war offenbar das Basisniveau urbaner «Freiheit» in München, das sich besonders bei dem handwerklich strukturierten Teil der Einwohnerschaft findet. Diese Leute werden jedoch niemals – auch nicht im 13. Jahrhundert – als *«cives»* bezeichnet. Wir fassen hier also eine rechtliche Gruppe in der Einwohnerschaft, die nicht die Freiheiten des «Bürgers» besaß. Die Belege für sie setzen frühestens in den letzten Jahren vor 1180 ein, verdichten sich im ersten Drittel des 13. Jahrhunderts und bleiben schließlich nach den 1270er Jahren aus. Parallel zu dem Vorgang, daß sich eine selbständige und einheitliche Stadtgemeinde von *«cives»* herausbildete, verlor offenkundig auch die Zensualität ihre frühere Bedeutung, ohne daß freilich eine gesellschaftliche Angleichung aller Einwohnerschichten damit einhergegangen wäre.

Die vorhin angesprochene Abordnung von Münchner Zeugen für das auswärtige Rechtsgeschäft des Dekans Heribert (1168) kann vielleicht als Äußerung eines Gerichtsverbands der Einwohnerschaft gedeutet werden; sie ist jedenfalls als die früheste faßbare Vorform der urbanen «Gemeinde» anzusehen. Es braucht aber die Zeitspanne von drei Generationen seit der Marktgründung von 1158, bis sich die genossenschaftliche Mitsprache der Bürger (erstmals 1239) als Komponente neben der Stadtherrschaft deutlich abzeichnet. Nochmals zwei Generationen dauert es dann, bis in den 1280er und 1290er Jahren *«consules»* (1286) bzw. ein städtischer «Rat» und schließlich Satzungen für die Ratsmitglieder in den Quellen belegt sind. Diese

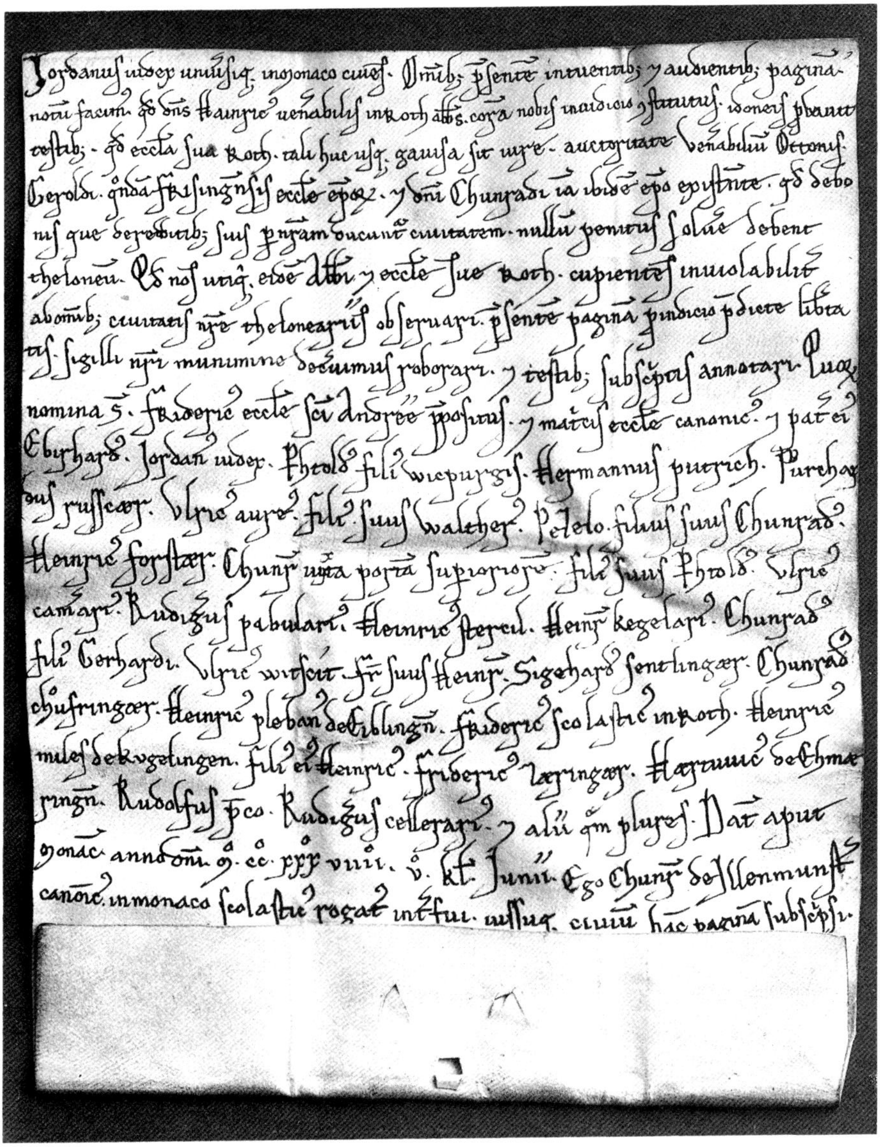

1. Richter Jordanus und die Bürger zu München erkennen die dem Kloster Rott von den Freisinger Bischöfen gewährte Zollfreiheit an, 28. Mai 1239. Zum erstenmal urkundet neben dem stadtherrlichen Richter auch die Bürgergemeinde.

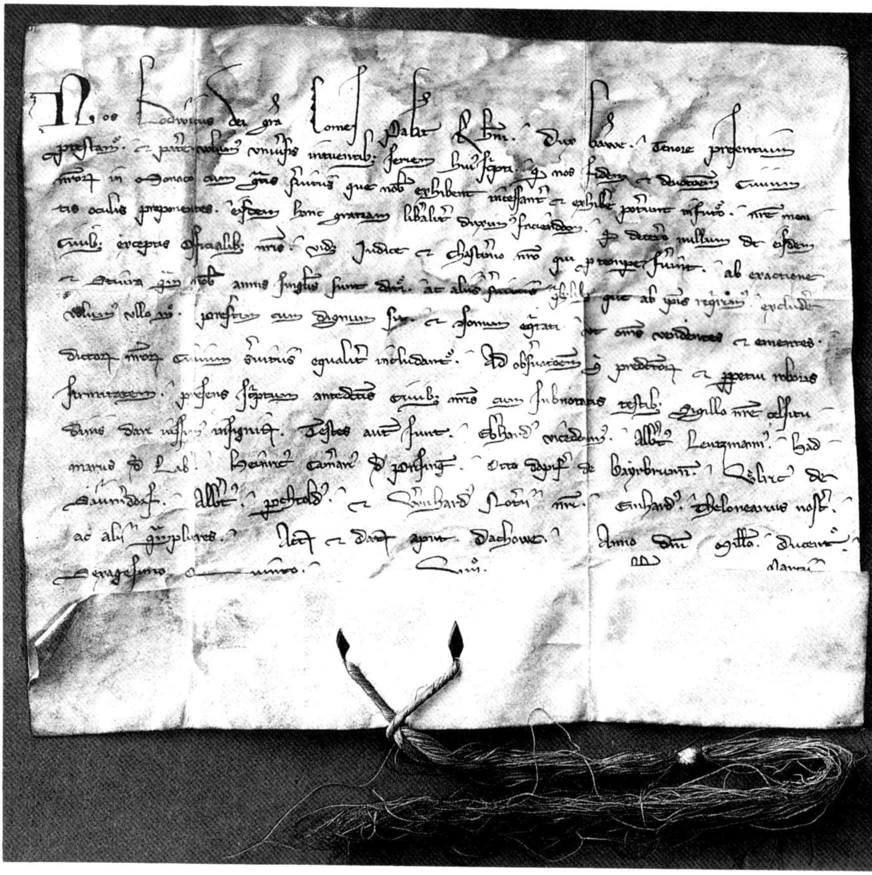

2. Herzog Ludwig II. verpflichtet sich, keinen Bürger von der Steuer zu befreien, ausgenommen seinen Richter und seinen Kastner, 22. Februar 1265.

sogenannte Ratsverfassung wird durch die Stadtrechtsurkunde Herzog Rudolfs von 1294 (das «Rudolfinum») repräsentiert, ist aber das Resultat eines längeren Entwicklungsprozesses, der im wesentlichen in einem Auseinandertreten zwischen den Rechtskreisen des Stadtherrn und dem einer eigenständigen Stadtgemeinde bestand. Im Ergebnis spiegelt sich die genossenschaftliche Selbstverwaltung durch die «Stadtgemeinde» wider, was im 13. Jahrhundert zu den wesentlichen Merkmalen einer Stadt zählt.

Der Vorgang von 1239 offenbart ein schon fortgeschrittenes Stadium der Gemeinde-Entwicklung. Als sich damals das Kloster Rott am Inn seine früher aus der Hand des Bischofs von Freising empfangene Zollbefreiung bestätigen ließ, erwies es sich für die Weitergeltung dieses Privilegs als notwendig, dies auch vor dem Stadtgericht zu erwirken. Es sind «der Richter und die Gesamtheit der Bürger Münchens» *(iudex universique in Monaci cives)*, welche die Beurkundung vornehmen und durch Nennung von Zeugen und durch Anbringung «unseres Siegels» *(sigilli nostri)* bekräftigen. Zum einen tritt uns hier erstmals ein Gesamtverband der Bürgerschaft begrifflich entgegen, und zum anderen haben wir den frühest nachweisbaren Fall vor uns, daß im Namen der Bürgerschaft über rechtliche Angelegenheiten in der Stadt mitentschieden wird und sich in ihrer Beteiligung die rechtsgültige Anerkennung des Vorgangs ausdrückt. Diese Funktion ist aber sachlich nichts anderes als ein Frühstadium des «Rates» und der *«consules»*, die begrifflich recht abrupt erst gegen Ende des 13. Jahrhunderts auftreten und dann eine bereits bestehende städtische Selbstverwaltung mit eigenem Rechtskreis anzeigen. Aus den auf 1239 folgenden Jahrzehnten repräsentieren ein Dutzend ähnlich gelagerter Fälle diese Vor- und Frühstufe der Ratsentwicklung. Im Überblick über die Zeitspanne wird auch der Dissoziierungsprozeß, das Auseinandertreten zwischen stadtherrlichem und stadtgemeindlichem Rechtskreis sichtbar. Anfangs ist zu beobachten, daß der (stadtherrliche) Richter und die *«universitas civium»* gemeinsam handelnd auftreten und sich in der Anwesenheit beider die rechtliche Gesamtheit «Stadt» verkörpert, wobei sich bis etwa 1255 der Richter in einer offenkundig dominierenden Position bei der Rechtsbekräftigung befindet.[115] Auch in der Anbringung des Stadtsiegels tritt um diese Zeit (nämlich nach 1253) anstelle des Gemeinschaftshandelns von Richter und Bürgerschaft zunehmend die Beurkundung durch die *«civitas monacensis»*, die *«communitas monacensis»* oder die *«concives»:* Zeichen dafür, daß die Rechtskörperschaft Stadt im Begriffe steht, sich auf den Bürgerverband unabhängig vom Richter zu verengen. Auch die Zwölfzahl der Personen, die wir von der ausgebildeten Ratsverfassung im ersten Stadtrecht, dem Rudolfinum von 1294 kennen, findet sich schon früher, nämlich in den 1250er und 1260er Jahren.[116] Offenbar ist es nicht so, daß wir von einem

Zeitpunkt sprechen können, an dem es zur «Einführung» der Ratsverfassung gekommen wäre. Von den «Zwölfern» wie überhaupt von der Existenz des «Rates» spricht das Rudolfinum wie nebenbei und ohne Aufhebens, wie es schwerlich bei einer Neuerung jüngeren Datums vorstellbar wäre. Es scheint sich also um einen allmählichen, zeitlich gestreckten Prozeß gehandelt zu haben, bei dem sich einzelne Tendenzen unterschiedlich nachhaltig, im ganzen aber zunehmend und sich verfestigend in die Richtung der schließlichen Praxis entwickelt haben. Hierfür lag in der italienischen Konsulatsverfassung[117] ein Modell bereit, das sich zwar nicht mit einem Mal eingebürgert hat, das aber auf Form und Selbstverständnis der sich entwikkelnden städtischen Selbstverwaltung eingewirkt haben dürfte.

Der Übergang ursprünglich stadtherrlicher Kompetenzen und Aufgaben an die Mit- und Selbstverwaltung der Stadtgemeinde erwuchs aus der genossenschaftlichen Beteiligung an der Regelung der Belange, die Stadt und Bürger betrafen. Das wohl wichtigste sachliche Feld war die Wahrnehmung von Gerichtsfunktionen. Bereits das früheste Auftreten der *«universitas civium»* (1239) hatte mit gerichtlichen Angelegenheiten zu tun.[118] Auch an strittigen Gerichtsentscheidungen wirkten Vertreter im Namen der Bürgerschaft mit.[119] Daneben steht eine zahlenmäßig größere Gruppe von Fällen der freiwilligen Gerichtsbarkeit, bei denen Schenkungen Münchner Bürger an auswärtige Klöster, an das Heiliggeistspital, Verlehnungen an Münchner Bürger oder käufliche Erwerbungen durch sie beurkundet und auf diese Weise im Namen der Stadt auch rechtlich anerkannt werden. Die Triebkraft dafür lag sicherlich in den Schutz- und Absicherungsinteressen sowohl der Personen, die Besitzgeschäfte nach den Rechtsgebräuchlichkeiten der Stadt beurkunden ließen, als auch der Bürgerschaft selbst, an die ein Kläger im Streitfall herantrat.

Die *«universitas civium»*, von der in den Urkunden die Rede ist, drückt begrifflich die Gesamtheit der Bürger aus. Handelnd stellt sich diese jedoch immer nur als eine elitär-repräsentative Gruppe dar, auf deren stellvertretendes Handeln die Bürgergenossenschaft angewiesen war. In jenem Personenkreis, der in der Vorgeschichte des Rates zuerst zusammen mit dem Richter, dann zunehmend selbständig die Bürgergemeinde repräsentiert, greifen wir die vorpatrizische Führungsschicht der Stadt, das sogenannte Meliorat. Nur über diese Führungsschicht wird der Vorgang der Gemeindebildung personell überhaupt faßbar.

Was die Herkunft der Melioratsfamilien betrifft, so kann nicht erwartet werden, daß sie sich in sämtlichen Fällen aufhellen ließe. Dort aber, wo Aussagen möglich sind,[120] zeigt sich, daß diese *«cives»* ihrer gesellschaftlichen Herkunft und Zugehörigkeit nach durchweg als Angehörige von abhängigen Personenverbänden, und zwar fast ausschließlich als Ministeriale, angesprochen werden müssen. Diese Ministerialen des 13. Jahrhunderts galten bereits als «Herren» *(domini)*, denn sie übten reale «Herrschaft» aus, letztlich zwar im Dienst ihres Herrn, aber vielfach schon sehr selbständig. Sie besaßen darüber hinaus offenkundig auch erblich überlassenen Grund und Boden mit unfreien Leuten, wie Schenkungen ja immer wieder zeigen. *«Domini»* nach Ausweis der Quellen waren in München die Chufringer, die Rauscher und Wilbrecht, ebenso die Uniger, Witschit und Weißmaler; auch die Fosso und Küchel müssen wohl als solche angesehen werden. Es ist daher nicht vertretbar, diese Leute (entsprechend der älteren Forschungsmeinung, erst aus dem Kaufmannsstand heraus habe sich der Bürger zum «Landeigentümer» entwickelt)[121] einfach als «Münchner Bürger» anzusehen, die eben außerhalb der Stadt Grundbesitz erworben hätten (was sie natürlich auch taten). Diese *«cives»* müssen in den Kreis feudaler Herrschaftsträger auf dem Lande integriert gewesen sein; Bürgertum und Ministerialität schlossen sich gegenseitig nicht aus.

Bei einigen anderen Familien, den Pecel, Ehinger und Schrenck, kann man die ursprüngliche Herkunft von freisingischen «urbani», also von einer (freilich schon gehobenen) Zensualität deutlich zurückverfolgen. Nach dem Platz, den sie im Kreis des Münchner Meliorats einnahmen, sind sie von den Ministerialbürgern nicht zu unterscheiden.

Ihrer gesellschaftlichen Natur nach war die Führungsschicht des 13. Jahrhunderts somit weithin eine Fortsetzung derjenigen des 12. Jahrhunderts; in beiden Fällen treten uns herrschaftliche Funktionsträger, in starkem Maße aber auch die übrige führende Schicht ministerialischen Standes oder (wie die zuletzt genannten Familien) mit ministerialengleichem Status entgegen. Eine Einschränkung liegt darin, daß Aussagen nur für solche Personen und Familien getroffen werden können, die tatsächlich individuell identifiziert werden können. Es gibt aber zu denken, daß sich dort, wo dies möglich ist, durchweg gleichartige Verhältnisse zeigen. Von den Umständen ihres Auftretens her gewinnt man bei einer Reihe weiterer Familien den Eindruck, sie dürften einer originär «bürgerlichen» Abkunft sein. Dazu kommt, daß sie nicht als feudale Herrschaftsträger nachweisbar sind – allerdings auch nicht mit einer anderweitigen ständischen Herkunft. Der Umkehrschluß, daß gerade daraus generell(!) auf nichtministerialischen Ursprung gefolgert werden dürfte, wäre freilich nicht akzeptabel.

Wir berühren hier eine allerorten für die Stadtgeschichte des 13. Jahrhunderts zentrale Fragestellung: nämlich nach der jeweiligen Rolle von «Ministerialität» und «Bürgertum» für die städtischen Emanzipationsvorgänge. Seit wir in München von *«cives»* wissen, sind die Ministerialen weder innerhalb noch außerhalb der *«universitas civium»* als eine Sondergruppe zu erkennen. Offenbar stellte die Eigenschaft als *«civis»* die entscheidende gesellschaftlich-rechtliche Norm dar und bewirkte ein Gemeinschaftsbewußtsein. Ein prinzipieller Gegensatz zwischen den Ministerialbürgern auf der Seite des Stadtherrn und einer nach Emanzipation und Selbstverwaltung strebenden stadtgemeindlichen Gruppierung von «Kaufleuten» läßt sich nicht erkennen. Nach dem Münchner Quellenbild müssen Ministerialen als wesentliche Faktoren und Mitträger der «kommunalen Bewegung» angesehen werden. Im übrigen darf man offenbar keine Trennungslinie zwischen städtischer Ministerialität einerseits und «bürgerlicher» Betätigung andererseits ziehen. Insbesondere der Edelmetallhandel (mit Gold oder als Bankiers) und in noch höherem Maße der Groß- und Fernhandel (insbesondere mit Wein!) scheinen als angemessenes Betätigungsfeld gegolten zu haben. Eine Trennungslinie bestand offenkundig vielmehr innerhalb der bürgerlichen Berufe, zu den «niedrigeren», handwerklichen Schichten hin.

Es läßt sich zeigen, daß das Münchner Meliorat und Frühpatriziat des späten 12. und dann des 13. Jahrhunderts durch den Zustrom aus unterschiedlichen herrschaftlichen Personenverbänden gespeist worden ist. Insbesondere drei Herkunftslinien lassen sich konkret nennen: zum einen der bischöflich-freisingische Personenverband, dem die vorhin erwähnten Pecel, Ehinger und Schrenck, aber ziemlich sicher auch die Altmann und Laimer entstammten; dann die Herzogsministerialität zuerst der Welfen, dann der Wittelsbacher (ersterer ist ein Pillung, letzterer sind etwa die Hantlin und Weißmaler zuzurechnen). Bemerkenswert ist schließlich die deutlich erkennbare Herkunft auch aus Andechser (einschließlich ehedem Wolfratshauser) Ministerialität. Auf eine solche können die Fosso, die Witschit, die Schürfeisen und Sachsenhauser zurückgeführt werden. Ob diese unterschiedliche herrschaftlich-familiale Ausrichtung der frühen ministerialischen Oberschicht sich mit einem Bürgerrecht, wie es aus dem Rudolfinischen Stadtrecht von 1294 hervorgeht, widerspruchsfrei vereinbaren läßt, ist fraglich. Dort wird ein einheitlicher Rechtsstatus «unserer Bürger» beschrieben, gewährleistet von dem einen Stadtherrn. Zu den Kernprivilegien zählt die Freiheit vor dem Zugriff eines anderen Herrn auf Person und Habe des Betreffenden. Dieses Bürgerrecht als einheitliches Recht eines immunen Sonderbezirks steht zur Einbindung von ministerialischen *«cives»* in ihre traditionellen Personenverbände, die wir in der ersten Hälfte des 13. Jahrhunderts noch zu greifen meinen, in einem unverkennbaren Spannungsverhältnis. Immerhin ist bereits 1239 von der *«universitas civium»* die Rede, die jedenfalls wohl bestimmte Rechte der *«cives»* zur Voraussetzung hatte und ebenso einen Verbands- oder Einungscharakter dieser Bürger im Ganzen. Begriff und Sache der «Gemeinde» müssen aber im früheren

13. Jahrhundert noch nicht dasselbe umfaßt haben wie am Ende des Jahrhunderts.

Ein Schlaglicht auf Phasen und Charakter des säkularen Prozesses der «Gemeindebildung» wirft ein Privileg Herzog Ludwigs des Strengen von 1265.[122] Darin gewährte der herzogliche Stadtherr die Zusicherung, mit Ausnahme seines Richters und Kastners niemanden von der herzoglichen Stadtsteuer zu befreien *(«ab exactione et stiura, quam nobis annis singulis sunt daturi»)*, ebensowenig wie von allen übrigen Dienstleistungen. Die Stadtsteuer war jene Pauschalabgabe, die die Stadt als Ganzes an den Stadtherrn abzuführen hatte. Nutznießer des Privilegs war die Stadt als Gemeindeverband, denn es lag in ihrem Interesse, daß möglichst wenige Bürger vom Beitrag zur Stadtsteuer ausgenommen waren, da sich andernfalls die Umlagen auf die anderen Mitglieder des Verbandes erhöhten. Die Bedeutung des Privilegs geht jedoch erheblich über diesen Sachverhalt hinaus. Wenn nämlich der Herzog zusichert, *«quo de cetero nullum de eisdem civibus exceptis officialibus nostris, videlicet Judice et Castenero nostro, qui pro tempore fuerint ... excludere volumus»* (daß wir künftig keinen ihrer Bürger außer unsere Amtsleute, nämlich unsere jeweiligen Richter und Kastner, davon ausnehmen wollen), so bedeutet das nicht weniger, als daß «für die Zukunft» eine Trennung zwischen stadtherrlichem und stadtgemeindlichem Rechtskreis, zwischen bürgerlicher «Gemeinde» und nichtzugehörigem Personenkreis ausgesprochen wird. Das Privileg von 1265 besagt, daß diejenigen, die «Bürger» sind, auch der Selbstverwaltungshoheit der «Gemeinde» und deren Gemeinschaftspflichten unterstehen sollen. Noch in der Ausdrucksweise für die herzoglichen Amtsleute Richter und Kastner *(«nullum de eisdem civibus exceptis officialibus nostris»)* drückt sich augenscheinlich der frühere Zustand aus, bei dem es weitere *«cives»* in nennenswertem Maße gegeben haben muß, die nicht gleichzeitig auch den Pflichten der «Gemeinde» unterworfen waren. 1239 war bereits ein Gesamtverband der Bürger sichtbar geworden, der damals auch schon genossenschaftliche Mitsprache und Mitverwaltung ausgeübt hat; der Ausgangspunkt dürfte in genossenschaftlicher Schöffentätigkeit gelegen haben. 1294 sind die Rechtskreise von Stadtherr und Stadtgemeinde weitgehend entflochten; gleichzeitig hat sich jener der Stadt sachlich angefüllt. Wenn irgendeinem unter den vorhandenen Dokumenten, dann kommt dem Privileg von 1265 die Bedeutung zu, dafür eine wichtige Voraussetzung geschaffen zu haben.[123]

Zur ältesten Ratsverfassung

Das älteste Stadtrecht Münchens ist uns in der Rudolfinischen Handfeste («Rudolfinum») von 1294 erhalten.[124] Es stellt einen Haltepunkt in der Entwicklung von Gemeinde, Rat und «Ratsverfassung» dar, die sich seit den ersten Jahrzehnten des Jahrhunderts allmählich ausgebildet hatten. Diese Bedeutung kommt dem Rudolfinum auch dann zu, wenn man berücksichtigt, daß es noch ältere Verbriefungen gegeben hat, die jedoch nicht erhalten geblieben sind. In der Präambel der Handfeste spricht der Herzog als Privilegiengeber ausdrücklich von einer Erneuerung von Rechten, die Rat und Bürgern Münchens «von unsern vodern her verschriben sint». Er beruft sich also ausdrücklich auf ältere – und außerdem bereits schriftliche – Rechtsgewährungen. Dem Wortlaut des Rudolfinums bei einer Rückrechnung folgend, müßte man mindestens zwei Generationen zurückgehen und käme auf diese Weise spätestens in die Regierungsjahre Ottos II. (1231–1253).

Das Selbstbewußtsein Münchens als «Stadt» verbindet sich deutlich mit dem schriftlich verbrieften Recht und der Immunität, der Herauslösung von Stadt und Bürger aus fremder Gerichtsgewalt. Dieser Zusammenhang äußert sich an einer Stelle des Rudolfinums, «wo nach dem alten und dem gemainen rehten, daz unser burgaer und die stat hat», davon die Rede ist, daß München «ein gebanniu stat ist und hat geschribeniu reht».[125] Damit ein geschriebenes Recht «der Stadt» gewährt werden kann, bedarf es eines Verbandes, der sie in ihrer Gesamtheit als «Stadtgemeinde» repräsentiert; andernfalls konnten Rechtsverbriefungen immer nur eine Teilgruppe zum Adressaten haben. In dieser Form mag es Verbriefungen auch schon erheblich früher gegeben haben. Der Quellenbegriff der *«cives»* setzt hingegen einen Einwohnerverband mit einem bestimmten gesellschaftlich-rechtlichen Status voraus. Seit 1235/39 – und damit in Übereinstimmung zu dem vorhin rückgerechneten terminus post quem non – finden wir in den Quellen die Ausdrücke *«cives»* und die *«universitas civium»*.[126] Als *«civitas»* ist München freilich schon zu Beginn des 13. Jahrhunderts bezeichnet worden, kurz vor oder nach 1210.[127] Der Gebrauch des Stadtbegriffs scheint recht abrupt aufgetreten zu sein, wenn die Überlieferungssituation der Quellen nicht täuscht; trotzdem geschieht die Erwähnung der *«civitas»* München um 1210 recht beiläufig und wie selbstverständlich, so daß es zweifelhaft erscheint, ob es zu dem Akt einer regelrechten «Stadterhebung» gekommen sein kann.[128] Der Vorgang einer verbrieften Rechtsverleihung könnte einer der Faktoren gewesen sein, die eine veränderte Statuseinschätzung bewirkt haben. Für das 12. Jahrhundert können wir nur von dem *«forum»*-Ort bzw. von der Marktsiedlung sprechen. Im 13. Jahrhundert hat sich das Bild gewandelt. Andererseits darf man sich die «Stadtwerdung» mit dem Auftauchen von *«civitas»* und *«cives»* in den Quellen zwischen circa 1210 und 1235 noch nicht übertrieben «fertig» vorstellen, da sich die tatsächliche Trennung stadtherrlicher und stadtgemeindlicher Rechtskreise, die Arrondierung städtischer Selbstverwaltungs- und Gerichtsrechte sowie die korrespondierenden innerstädtischen Gesellschaftsprozesse noch über Jahrzehnte erstreckten.

Welcher Art frühere Verbriefungen gewesen sein können – ob es sich bereits um Kompilationen in der Art eines Gesamtkodexes gehandelt hat, oder einfach um über die Jahrzehnte hinweg zusammengekommene Einzelprivilegierungen ähnlich dem Privileg Herzog Ludwigs des Strengen von 1265 – läßt sich heute nicht mehr sagen. Beides schließt sich wohl auch nicht gegenseitig aus, und ebensowenig darf man prinzipiell davon ausgehen, daß Rechtssätze, die auf eine ältere Gewährung zurückgehen, später noch den ursprünglichen Sachverhalt unverändert überliefern. In der betreffenden Zeitspanne hatten sich die Verhältnisse stürmisch fortentwickelt. Verschiedene Bestimmungen des Rudolfinums können auch deswegen erst relativ neueren Datums sein, weil die Gegenstände, von denen sie handeln, in dieser Form erst das Ergebnis einer jüngeren Entwicklung darstellen, deren Ausdruck das Rudolfinische Stadtrecht zu einem wesentlichen Teil gerade ist. Sein Stellenwert im Gesamtprozeß der städtisch-bürgerlichen Entwicklung Münchens liegt darin, daß es den Abschluß des säkularen Dissoziierungsprozesses zwischen Stadtherr und Stadtgemeinde anzeigt. Letztere präsentiert sich nun mit der städtischen Selbstverwaltung und dem Rat als Spitzengremium auf der Grundlage eines eigenen städtischen Rechtskreises.

Signifikanter Ausdruck davon ist Amt und Stellung des Stadtrichters. Der Richter des 13. Jahrhunderts war keineswegs ein «städtischer Beamter», sondern ein stadtherrlicher Amtsträger. Noch 1315 nennt Ludwig der Bayer den Richter Konrad Diener «unsern Richter».[129] Auch in Zukunft blieb dieser Ursprung des *«iudex»* deutlich erkennbar, da die tatsächliche Bestellung – das geht aus dem Wortlaut des Rudolfinums hervor – weiterhin beim Herzog liegen sollte. Der *«iudex»* war – ebenso wie Kastner und Räte des Herzogs – vom stadtbürgerlichen Rechtskreis eximiert, gehörte also nicht zur «Gemeinde». Die Stadt hat aber nunmehr ein Präsentationsrecht für die Person des Stadtrichters erlangt, und der Herzog ist bei der Besetzung von Ämtern, die «zuo der stat reht» gehören, an die Personalvorschläge der Stadt gebunden.[130] Die Trennung zwischen stadtherrlichem und stadtgemeindlichem Rechtskreis findet ihre Konsequenz schließlich darin, daß der Richter weder Zutritt noch Einfluß bei den Beratungen der Gemeinde geltend machen kann. Gleichzeitig war er an die Rechtssetzung durch die Bürger bzw. den Rat gebunden, und er war gehalten, für ihre Beachtung zu sorgen. Auf diese Weise ist er aber in eine Art Zwischen- oder Doppelstellung zwischen Stadtgemeinde und Stadtherr gelangt. Nach dem Amtseid des späteren 14. Jahrhunderts hatte der Richter zu geloben, «daz ich meinem herren dem hertzogen zu seinem rehten und der stat zu irm rehten nach des puchs sag wele richten».[131]

Solche Bestimmungen im Rudolfinum sind nur erklärbar, wenn man sie als das Ergebnis von Bemühungen versteht, den stadtgemeindlichen vom stadtherrlichen Rechtskreis abzuschotten und die Eingriffsmöglichkeiten möglichst gering zu halten. Dieses Bestreben war jedoch nicht allein eine Angelegenheit institutioneller und rechtlicher Abgrenzung. Wesentliche Bedeutung kam hier auch der personellen Besetzung des Stadtrichteramtes zu. Aus welchem Personenkreis kamen die Amtsinhaber? Und solange noch Ministeriale an diese Stelle gesetzt wurden, wird hier erneut die Frage nach der Ministerialität und ihrer Rolle zwischen Stadtherr und Stadtgemeinde aufgeworfen. In der zweiten Hälfte des 13. und der ersten Hälfte des 14. Jahrhunderts wurde das Amt des Richters mehrmals von Angehörigen der städtischen Führungsfamilien besetzt, so 1269/79 von Berthold Part(el), 1291 durch den Richter Uniger, 1291/93 von einem Schluder und 1317 bzw. 1335/41 durch je einen Konrad Diener. Bemerkenswert ist, daß diese Familien teils zum unmittelbaren Kreis derer gehörten, die in den ersten Jahrzehnten der Ratsverfassung gleichzeitig im Rat waren (wie zum Beispiel die Schluder), teils waren sie mit den frühen Ratsfamilien versippt (wie die Uniger), oder sie erscheinen nur wenig später in den städtischen Führungsgremien.[132] Es handelt sich hier um ein Frühpatriziat, in dem – wie zuvor – ministerialische Familienkreise repräsentiert sind.[133]

Daß die Stelle des Stadtrichters immer wieder von Angehörigen der städtischen Familien ausgefüllt worden ist, hat offenbar keineswegs im Sinne der Gemeinde gelegen. 1319 gewährte nämlich Ludwig der Bayer den Bürgern Münchens das Privileg, «daz wir noch unser nachchomen nimmermer dahainen iren buorger ze vitztum noch ze richter ze Muenchen nemen sueln».[134] Über die Gründe für den Wunsch der Stadt äußert sich das Privileg nicht. Da aber nach dem Rudolfinum der Stadt ein Präsentationsrecht für die Besetzung der Richterstelle zugestanden worden war, ist das neue Privileg von 1319 nur erklärlich, wenn sich der Herzog vorher über die Vorstellungen des Rates hinweggesetzt hat. Der Vorgang wirft sicherlich auch ein Licht darauf, daß das Amt des Stadtrichters – neben dem Umstand daß es zweifellos eine einträgliche Pfründe war[135] – in beträchtlichem Maße nach wie vor stadtherrlichen Charakter trug (in dem Dokument wird es in einem Atemzug mit dem Viztum[136] genannt). Man kann sich vorstellen, daß eine Besetzung aus den Reihen der städtischen Führungsfamilien (die ja bei politischen Angelegenheiten auch ihre jeweiligen Anhänger mobilisierten) ein geschlossenes Auftreten der Stadtgemeinde in Frage stellen konnte. So gesehen stellt sich die Rolle der Ministerialität zwischen bürgerlich-kommunaler Bewegung und Stadtherrschaft durchaus ambivalent dar: einerseits als führende Kraft der stadtbürgerlichen Emanzipation, andererseits aber wohl auch beeinträchtigt bzw. beeinflußt von der persönlich-dienstrechtlichen Stellung einzelner Familien zum herzoglichen Stadtherrn, für den sie als Inhaber von herrschaftlichen Ämtern Werkzeuge der innerstädtischen Einflußnahme bleiben konnten.

Wie das Rudolfinum sagt, war ein Teil der Gerichtsbarkeit der Stadt überlassen. Der Herzog erklärt, er habe «hingelazzen unser geriht und selbst über niht ze rihten, wan über den totslack».[137] Damit war die Stadt München in den Genuß der Niedergerichtsbarkeit mit Ausnahme der «drei Fälle», die zum Tode führten, gelangt, wie sie sich im 13. Jahrhundert in Bayern ausprägte. München ist für Bayern ein durchaus noch früher Fall für eine explizite Bestätigung an eine Stadt. Unterhalb der Blutgerichtsfälle übte der Stadtrichter die Gerichtsbarkeit im Namen der Stadt aus. In dem Falle, daß ein eingesessener Täter einen anderen tötet, «sol sich der statrihter underwinden sines libes und sines guotes uns ze behalten».[138]

In einigen Fällen mußte der Münchner Stadtrichter seine Zuständigkeit mit dem Rat teilen, der ebenfalls mit Gerichtsrechten ausgestattet war. Die Bürger konnten nämlich vor den Rat ziehen, wenn sie vor dem Stadtrichter nicht zu ihrem Recht gelangen konnten. Die Satzungen des 14. Jahrhunderts kennen dann noch eine Reihe weiterer Kompetenzen des Rates.

Die wachsende Stadt

Die Zeit der Ratsentstehung und die Jahrzehnte danach sind ein Abschnitt in der Stadtgeschichte, der sich für uns allmählich mit konkreten Ereignissen zu füllen beginnt. Hinter der Sprache der Privilegien, die ein Bild der Eintracht zwischen dem Herzog und der Stadt vermitteln, wird ein spannungsreiches Mit- und Gegeneinander sichtbar. So verging kein ganzes Jahr seit der Verbriefung der Stadtrechte durch Herzog Rudolf im Juni 1294, als es zu einer Empörung gegen die herzogliche Münzstätte kam. Der Bau – auf dem Marktplatz gelegen – wurde gewaltsam niedergebrochen, dem herzoglichen Münzmeister Emicho in nicht näher überlieferter Weise Gewalt angetan. Diesen Akt der Revolte ließ sich Herzog Rudolf teuer bezahlen: Im

Februar 1295 verglich er sich mit dem Rat und der Gemeinde unser «lieben burger von Muenichen» für die «ungetat, diu si an uns begiengen» in der Weise, daß die Gemeinde sich bereit erklärte, notfalls innerhalb von 14 Tagen die Schulden des Herzogs in Höhe von fünfhundert Pfund Pfennigen bei seinen Augsburger Gläubigern zu bezahlen.[139] Das bedeutete, daß die Stadt faktisch eine zusätzliche jährliche Stadtsteuer aufzubringen hatte,[140] wofür ihr dann der (zweifellos nicht annähernd so kostspielige) Wiederaufbau der zerstörten Münze erlassen wurde. Aber auch sonst wurde die finanzielle Ertragskraft der Stadt und ihrer Bürger regelmäßig zur Begleichung der Schulden herangezogen, die die Herzöge zumeist bei Augsburger Geldgebern hatten.[141] Diese Verschuldung war nicht zuletzt eine Folge der angestrengten Landes- und Reichspolitik zwischen den Vettern im niederbayerischen Herzogtum sowie den Häusern Habsburg und Nassau auf dem deutschen Königsthron. Protest und Revolte gegen Münzverschlechterung und eine rigorose Geldbeschaffungspolitik müssen als Hintergrund für jene Erhebung von 1294/95 gesehen werden.[142]

Mit dem Jahre 1285 wird unsere Aufmerksamkeit auf die frühe Judengemeinde Münchens gelenkt. Soweit wir wissen, war es das erste Mal, daß es hier auch zu einem jener wiederholten Ausbrüche von Judenhaß und -verfolgung kam. Die überlieferte Begründung mit einem angeblichen Ritualmord stammt aus dem charakteristischen Repertoire der damals umlaufenden Gerüchte, mit denen man solche Greuel begründete. 140 bis 180 jüdische Personen sollen damals der Lynchjustiz der Volksmenge zum Opfer gefallen sein, und die Chroniken berichten auch von einer Zerstörung der Judengasse.[143] Zu entnehmen ist aus solchen Berichten, daß in der zweiten Hälfte des 13. Jahrhunderts offenkundig schon eine nicht unbeträchtliche Judengemeinde in München, und zwar in einem gesonderten Bereich, existiert hat, was ziemlich deutlich für die wachsende Bedeutung der Handels- und Residenzstadt spricht. Damit hat sicher auch das bemerkenswert frühe Datum der Judenverfolgung zu tun. Die Lage des Münchner Judenviertels (auf dem heutigen Gelände des Marienhofes) in der Nähe zur stadtherrlichen Burg drückt die Schutzbedürftigkeit der hauptsächlich von der Geldleihe lebenden jüdischen Einwohner aus, die vom Wohlwollen des Herzogs besonders abhängig waren.[144] Es fällt in diesem Zusammenhang auf, daß sowohl der Judenpogrom von 1285 als auch die Münzempörung von 1294/95 in engster zeitlicher Nachbarschaft zu den Ersterwähnungen des städtischen Rats stattfanden. Es könnte sein, daß solche Vorgänge, die das Gemeinschaftsleben der Einwohner einschneidend betrafen und die Gemeinde auch in eine exponierte Stellung brachten, den Formierungsprozeß der Gemeinde beschleunigten.

Im ausgehenden 13. Jahrhundert, wenige Jahrzehnte bevor sich die Stadt anschickte, unter Ludwig dem Bayern zeitweise die Funktionen eines Reichshauptortes auszufüllen, überliefert uns noch keine bildliche Darstellung ihr äußeres Gesicht. Trotzdem können wir uns aus schriftlichen Nachrichten, aus Bauten und aus dem Stadtgrundriß bereits eine gewisse Vorstellung bilden. Im Jahre 1301 gewährte Herzog Rudolf der Stadt die Einkünfte des «Ungelds» (Abgaben auf Lebensmittel) am Oberen und Unteren Tor, solange bis die schon begonnene Befestigung und Ummauerung ganz herumgeführt sein würde.[145] Das heißt, daß die unter Ludwig dem Bayern vollendete neue Ummauerung, die schließlich eine Erweiterung auf das Fünffache des Areals bedeutete, schon im Gang war.[146]

Dieser Mauerring dehnte sich um ein sprunghaft wachsendes städtisches Siedlungsgebiet, das 1271 bereits zur Einrichtung einer zweiten Pfarrei geführt hatte, nachdem – wie uns die Urkunde Bischof Konrads von Freising[147] mitteilt – die Bevölkerung «ins Unermeßliche gewachsen» und auf dem Friedhof eine drangvolle Enge entstanden war. Der Bau jener Marienkirche, auf die sich die Erhebung zur Pfarrei bezog, war freilich schon einige Zeit früher begonnen worden, nur handelte es sich bis dahin jedoch lediglich um eine Kirche ohne Pfarrechte (*simplex capella*). Der aus dem Grabungsbefund abzuleitende Baubeginn vor der Mitte des 13. Jahrhunderts läßt daran denken, daß ein Zusammenhang mit der Durchsetzung der Wittelsbacher als Stadtherren in München bestanden haben könnte, zumal wenn man bedenkt, daß der Bau von seinen Ausmaßen her – einschließlich den Erweiterungen bis zum frühen 14. Jahrhundert war er nur um ein Drittel kürzer als der heutige Bau aus der Spätgotik – im Grunde eines herrschaftlichen Auftraggebers bedurfte. Allerdings stellt auch die Marienkirche des 13. Jahrhunderts nicht den ältesten Sakralbau auf dem Areal der Frauenkirche dar. Ergraben wurden Reste einer älteren Michaelskapelle, die sich östlich an den Chor der Marienkirche anschloß, weiterhin Spuren eines Vorgängerbaues auch der Michaelskapelle, über dessen Alter und Zweckbestimmung Unklarheit besteht. Die lokale Überlieferung will von einer «uralten» Marienkapelle wissen.

Das Jahr 1271 erlebte nicht nur die Erhebung der Marienkirche zur zweiten Pfarrkirche Münchens, sondern zum selben Datum des 24. November auch die Verleihung von pfarrlichen Rechten an das Heiliggeistspital, freilich nur für seinen eigenen Bereich, der aus der Jurisdiktion der Münchner Pfarreien herausgenommen wurde.[148] Die Gründung des Spitals zu München wird uns bereits für das Jahr 1208 berichtet. Es ist jedoch nicht sicher, ob dies den Tatsachen entspricht, da zumindest der in einer der Quellen genannte Gründer *«Otto Bawariae dux»* nicht mit dieser Jahreszahl in Übereinstimmung gebracht werden kann.[149] Wenn es sich nicht überhaupt bloß um eine fehlerhafte Jahreszahl handelt, wäre denkbar, daß hinter der Überlieferung ein mehrstufiger Gründungs- und Entstehungsvorgang steckt, dessen Beginn durchaus in das angegebene Jahr fallen könnte, was aber noch der Erhellung bedürfte.

Falls das Spital bereits auf das erste Jahrzehnt des 13. Jahrhunderts zurückgeht, so haben die ersten Franziskanermönche dieses bereits vorgefunden. Ihre Ankunft vermeldet die Tradition für das Jahr 1221. Ihre älteste Niederlassung am Anger – an einem Platz, wo der Überlieferung nach bereits eine Jakobuskapelle bestanden haben soll – barg bis zum Zweiten Weltkrieg jedenfalls eine ältere Kapelle, die noch vor das um die Mitte des 13. Jahrhunderts geweihte Kloster zurückgereicht hat. 1282/84 wurden die Minderbrüder jedoch in ein neues Kloster nördlich der Herzogsburg des Alten Hofs verlegt, während in das alte Kloster am Anger die Klarissinnen einzogen – Heimstatt vieler Frauen und Töchter der städtischen Oberschicht. Genauso wie das Spital lagen Franziskaner- und Klarissinnenkloster sowie das 1294 gegründete Augustinerkloster zunächst vor den Mauern und wurden erst durch die Erweiterung des Mauerringes vor und nach 1300 in dessen Schutz einbezogen. Nach dem östlichen Vorfeld – dem Isarübergang entgegen in das «Tal» hinab – dehnte sich die Siedlungsausweitung schon im 13. Jahrhundert in besonderem Maße. Entlang der Hauptstraßenachse entwickelte sich unterhalb des Marktes eine Art breiter «Vormarkt», wo die Fuhrwerke mit den Pferden Platz finden konnten. Die natürlichen Wasserläufe erlaubten in diesem Viertel den Betrieb von Mühlen und anderen Gewerben, die auf das Wasser angewiesen waren. So entstand ein *«suburbium»* betont handwerklichen Charakters, an das manche Straßenbenennungen (Irchergasse/Lederergasse, Pfistergasse, Fischergaßl) anknüpften.

Lorenz Maier

Residenz- und Bürgerstadt
Münchens Weg zur relativen Selbständigkeit
1294 bis 1365

Münchens Stellung in der Reichs-, Landes- und Kirchenpolitik

Das mittelalterliche Münchner Gemeinwesen, erstmals um 1210/15 *«civitas»* genannt,[1] erlebte seine frühe Blüte als Landeshauptstadt Oberbayerns in der Regierungszeit der Herzöge Rudolf I. (1294–1319), Ludwig IV., des Bayern (1302–1347) und Ludwig V., des Brandenburgers (1347–1361). Da kaum ein Zeitraum der Münchner Stadtgeschichte so oft und nachdrücklich als Glanzzeit Münchens bezeichnet worden ist,[2] erscheint es beinahe unmöglich, dieses Diktum in Abrede zu stellen oder gar einzuschränken. Schließlich erinnerten sich die Bürger Münchens noch in der Mitte des 15. Jahrhunderts an die Regierungszeit Ludwigs des Bayern. Der Stadtschreiber Rosenbusch stellte zu Beginn des Salbuches von 1444 fest, daß die Stadt «bey Kayser Ludwigen von Bayrn am maisten aufkömen und die außer stat bey im von neuen dingen gepaut worden, wann er hat große lieb zu der stat gehabt».[3]

Die Notiz des Stadtschreibers ruft jene Zeit in die Erinnerung zurück, die der Residenzstadt die größten Fortschritte hinsichtlich Selbstverwaltung, Stadtverfassung und Bürgerbeteiligung am Stadtregiment gebracht hatte. Sie verweist vor allem auf den Glanz, der auf München fiel, als Herzog Ludwig der Bayer deutscher König war (1315–1347) und München damit Hauptort des Reiches, in dem für fast fünfundzwanzig Jahre (1323–1347) die Reichsinsignien verwahrt wurden.[4] Außerdem war das Münchner Franziskanerkloster (seit 1284 neben dem Alten Hof gelegen) das geistige Zentrum des politischen Kampfes gegen das Papsttum in Avignon.

Doch bei allen Fortschritten waren die Angelegenheiten der Bürgerschaft damals noch im Fluß, und von einer Konsolidierung kommunaler Selbstverwaltung konnte noch keine Rede sein, wie es die Forschung mitunter aus den Verhältnissen des 15. Jahrhunderts zurückschließen möchte.[5] Ausgehend vom Rudolfinum konnte der Rat das Stadtrecht aber immerhin weiterentwickeln und mit dem ‹*Liber Rufus*›[6] dessen ersten beeindruckenden Abschluß schaffen. Die nicht ratsfähigen Bürger waren nun nicht mehr nur «Untertanen» des Rats, sondern sprachen in der Regierungszeit Ludwigs des Bayern und Ludwigs des Brandenburgers im Stadtregiment mit (seit 1317), wie es der eigene Sprecher verdeutlicht und die zahlenmäßig gleichen Ratskorporationen zeigen.[7] Die «gemain» bildete somit ein deutliches Korrektiv zur Oligarchie des Rats. Unter Ludwig dem Bayern beriet also erstmals eine gesamtbürgerliche Stadtregierung die Geschicke Münchens, und die 1307 errungene Landstandschaft gab der Stadt überdies die Möglichkeit, innen- und finanzpolitisch in Oberbayern Einfluß zu nehmen.

Die politische Stellung Münchens wird bei genauer Betrachtung jedoch durch das Faktum charakterisiert, daß der Stadt keine wirklich eigenständige Politik gestattet war. So durfte sie beispielsweise keine Verträge mit außerbayerischen Städten oder Fürsten schließen und vermochte innenpolitisch nur mit Hilfe der Landschaft im Landfriedensbereich und bei den durch die Erbproblematik verursachten Teilungen mitzuwirken. Ein Widerstandsrecht gegen den Stadt- oder Landesherrn gab es nur gegen offenkundig unangemessene Forderungen des Herzogs, aber auch dieses Recht war dadurch eingeschränkt, daß es nur im Rahmen der Landstandschaft wahrgenommen werden konnte.

Die frühen, von den Wittelsbachern verliehenen Stadtrechte waren im wesentlichen Regelwerke, die in der neuzeitlichen Terminologie den Polizeiordnungen entsprechen.[8] Man kann davon ausgehen, daß die Bestimmungen von den Bürgern im Auftrag des Stadtherren ausformuliert wurden. Schließlich kannten diese alle Besonderheiten und Probleme ihrer städtischen Gemeinschaft sowie die verwaltungstechnischen und rechtlichen Mittel der Problembewältigung. So entstanden die Satzungs- und Rechtsbücher, deren Rechtskraft der Stadtherr jeweils anerkannte und schützte.

Der Stadtherr verpflichtete die kommunale Führungsschicht durch den jährlichen Treueid immer zuerst auf sein eigenes Wohl und erst dann auf das Wohl der Stadt – ein wichtiger Umstand, der die Vorrangigkeit der herzoglichen Interessen betonte.[9] Auch die ständige und bequeme Verfügbarkeit sowohl über städtisches Finanzkapital als auch über das militärische Potential der Bürgerschaft ließ es dem Herzog nicht geraten erscheinen, allzu große Konzessionen an kommunale Autonomiebestrebungen zu machen. Immer wieder mußten die Bürger die Steuer im voraus entrichten oder Schulden der Stadtherrn ablösen. Seine Wehrhoheit nutzte der Landesherr, wenn er den Bürgern gebot, die Stadt und seine Rechte zu verteidigen oder Bürgeraufgebote für militärische Auseinandersetzungen bereitzuhalten bzw. in Marsch zu setzen. Die Stadt wurde also rigoros den Zielsetzungen der Herzöge in der Landes- und Reichspolitik sowie in der Hausmacht- und Erwerbspolitik unterstellt.[10]

Trotz der Ausbildung einer relativen Selbständigkeit behielt sich der Stadtherr alle wesentlichen Herrschaftsrechte vor: Hochgericht, Wehrhoheit, Bestätigung der Rechtssätze; darüber hinaus bestand er auf der Erbhuldigung, ließ den Rat den Treueid schwören, bestätigte die Räte im Amt und forderte die nicht unerhebliche Stadtsteuer.

Lediglich die Übertragung des Niedergerichts an den Rat ermöglichte der Stadt die Aufnahme in die Landstandschaft, denn die Ausübung der niederen Gerichtsbarkeit über die Stadtbewohner ist der hofmärkischen Jurisdiktion vergleichbar. Somit erlaubte der eigene Rechtskreis eine gleichberechtigte Mitwirkung bei den mit der Landfriedenswahrung beauftragten Ständen.[11]

Neben dem Adel und den Prälaten formierten sich im 14. Jahrhundert also auch die Städte bzw. Märkte als landständische Korporationen. Im Jahre 1307 beteiligte sich München beim Vertrag über das Münzwesen Oberbayerns zum ersten Mal als Verhandlungspartner des Landesherrn, um eine Veränderung des Münzfußes der Münzeinheit «Münchner Pfennig» zu verhindern, und erhielt dabei wie Ingolstadt vom Landesherrn das Recht der Münzprägung abgetreten. Beim nächsten Mal versuchte die Stadt, in den Auseinandersetzungen zwischen den Herzögen Rudolf I. und Ludwig dem Bayern zu vermitteln (1315).[12] Die aufgrund ihrer wirtschaftlichen Interessen auf sichere Verkehrsverbindungen (Flüsse und Straßen) besonders angewiesenen Städte engagierten sich vor allem in den Landfriedensbemühungen, die im 14. Jahrhundert sehr stark unter ständischem Einfluß standen. Darüber hinaus erhielt München 1315 von Ludwig dem Bayern das Privileg, die «landschädlichen» Leute in ganz Oberbayern verfolgen zu dürfen.[13] Somit sorgten die Städte im Auftrag Ludwigs des Bayern für den Landfrieden und waren seit 1331 dem Adel gleichgestellt, indem nun auch dem Bürgertum diejenigen Rechte zugestanden wurden, die in der Ottonischen Handfeste ausschließlich dem Adel vorbehalten waren. In der zweiten Hälfte des 14. Jahrhunderts besiegelten die Städte gleich den Herzögen und dem Adel sogar große Landfriedensgesetze, wie etwa den Großen Brandbrief von 1374.[14]

Die häufigen Erbstreitigkeiten der Wittelsbacher hatten trotz ihres eigentlich überregionalen Charakters für München wesentliche Folgen. Schließlich bewirkte die erste Teilung des Herzogtums Bayern von 1255, daß München bald darauf zur ständigen Residenzstadt erkoren wurde. Die Streitigkeiten zwischen Rudolf I. und Ludwig dem Bayern, in die Münchens Bürger vermittelnd eingriffen (1315), führten nach dem Sieg der ludovizianischen Partei (1315/18) offensichtlich zur Etablierung des Äußeren Rats und der «gemain». Dabei kam wiederum der im 13. Jahrhundert vorherrschende Gemeindegedanke zum Tragen und löste die 1294 im Rudolfinum oligarchisch angelegte Ratsstruktur ab.[15]

Nach dem Tod Ludwigs des Bayern (1347) schloß die Landschaft, der jetzt auch die Städte angehörten, ein formelles Bündnis, um ihre hergebrachten Rechte gegenüber den Erben Ludwigs zu wahren. Als jedoch Meinhard, der Sohn Ludwigs des Brandenburgers 1363 starb, trat Stephan II., Herzog von Niederbayern, auch in Oberbayern die Regierung an, was für München große Probleme mit sich brachte, wie an der wechselnden Ratszusammensetzung in den folgenden Jahren ablesbar ist.[16] Innerhalb der städtischen Gesellschaft blieb die Verteilung von Macht und Einfluß trotz der vielfältigen Rechtsvorschriften und Satzungen im Fluß, denn wegen des Wachstums der Einwohnerzahl verloren immer mehr Bürger die Möglichkeit einer Mitarbeit im Gesamtrat, während der Innere Rat die maßgeblichen Positionen und Ämter für sich reserviert hatte und auch ausschließlich im Gericht saß.

Während die Erbstreitigkeiten der Wittelsbacher in München wiederholt zu Parteiungen führten, die sich sogar auf die Stadtverfassung auswirkten, war bei den reichspolitischen Verwicklungen des regierenden Hauses ebenfalls die gesamte Stadt betroffen, weil dies in der Regel zusätzliche Belastungen mit sich brachte. So wurde die Stadt zum Beispiel nach verlorenen Kriegen zur Schuldentilgung herangezogen, wie es etwa nach der Schlacht von Göllheim im Jahre 1298 der Fall war.[17] Im Jahre 1315 verfügte Ludwig der Bayer, die Befestigungsanlagen in kriegsmäßigen Zustand zu versetzen und verlangte, daß Waffen bereitgestellt und Kämpfer ausgerüstet würden.[18] Die Pflicht der Stadt zur militärischen Unterstützung des Stadtherrn wird besonders deutlich, wenn man bedenkt, daß sich städtische Kontingente auch an den dynastischen Kriegszügen beteiligten (Gammelsdorf 1313, Mühldorf 1322, Alling 1422).

Neben diesen erheblichen Aufwendungen stellte die Stadt Finanzmittel für Feste und Ehrungen bereit, schenkte oftmals wertvolle Pretiosen und stiftete sogar für Königin Beatrix ein Ehrengrab.

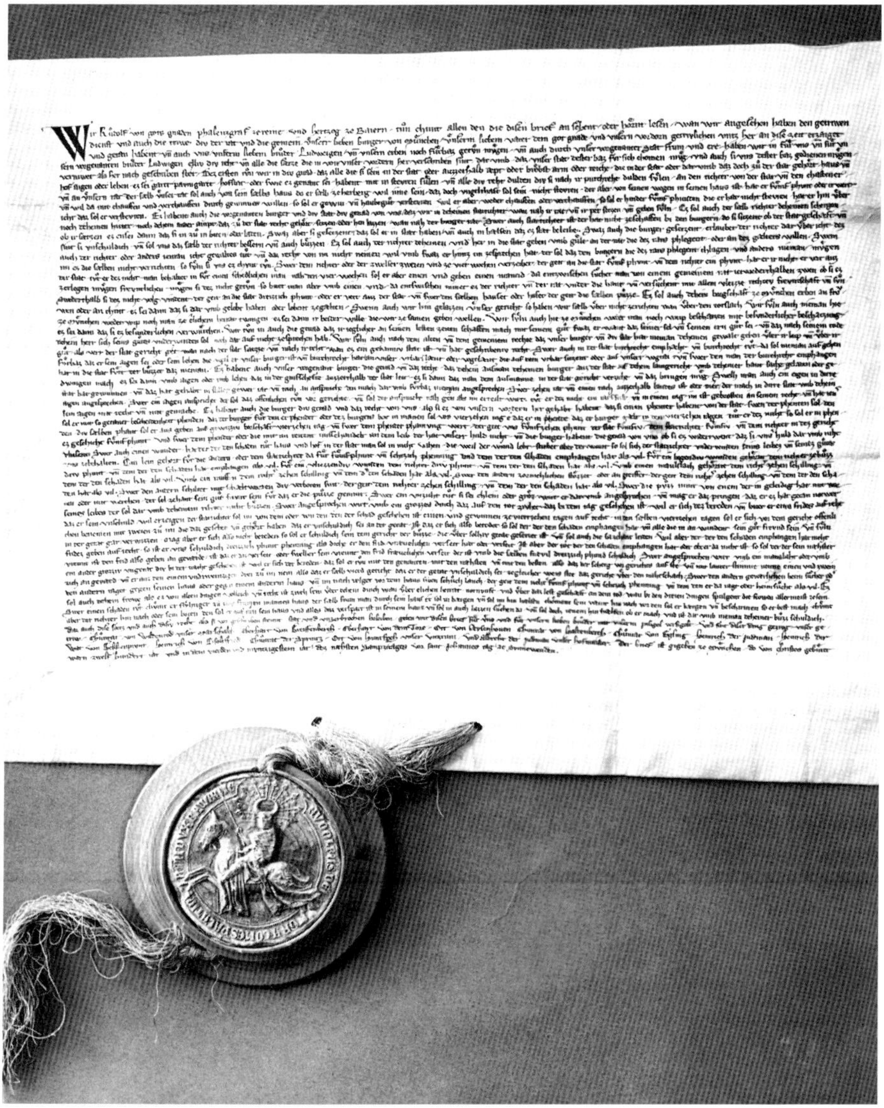

3. Handfeste Herzog Rudolfs I. über das Stadtrecht, 19. Juni 1294 (sog. Rudolfinum).

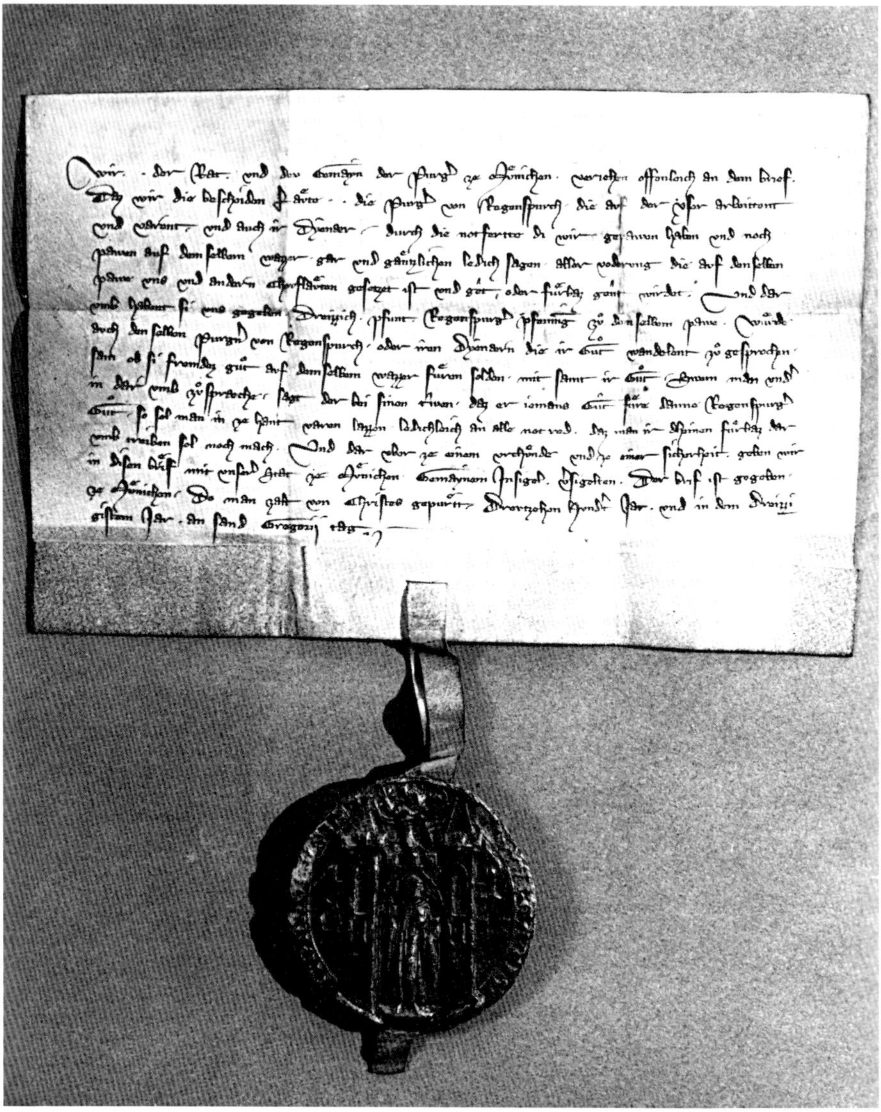

4. Rat und Bürgergemeinde befreien die auf der Isar handelnden Regensburger Bürger gegen eine einmalige Geldleistung für Wasserbaumaßnahmen von allen weiteren Forderungen, 12. März 1330.

Dafür warf das Prädikat «königliche Residenzstadt» höchsten Glanz auf München, der durch die Ehre gesteigert wurde, hier auch die Reichskleinodien aufbewahren zu dürfen (1323–1347). Beherbergt wurden diese in der St. Lorenzkirche, der Hofkirche Ludwigs des Bayern, und die Bürgerschaft beging jeweils festlich die Heiltumsweisungen.

Tiefgreifende Folgen für München brachte der Kampf Ludwigs gegen Papst Johann XXII. Als Anhänger des Kaisers, der vom Papst 1324 gebannt wurde, geriet die Stadt ebenfalls in den päpstlichen Bannstrahl. Allerdings verhinderte Ludwig der Bayer, daß in seinen Landen die päpstlichen Entscheidungen und Strafmaßnahmen verkündet wurden. Erst 1327 vermochte der Bischof von Freising, Konrad von Klingenberg, für kurze Zeit die Sentenzen der Kurie zu veröffentlichen. Die Reaktion war, wie überall im Reich, freilich nicht groß.[19] Den geistigen Rückhalt Ludwigs in seinem Kampf gegen das Papsttum bildete das Münchner Franziskanerkloster. Dort lebten in diesen Jahren die schärfsten Kritiker des Papstes: Marsilius von Padua, William von Occam, Michael von Cesena und Bonagratia von Bergamo, die dem König Argumentationshilfen gaben, bis sich dieser zuletzt von ihnen distanzierte.[20] Die Auseinandersetzung mit dem Papst ließ München für kurze Zeit zum Zentrum der mittelalterlichen Politik und des politischen und geistigen Lebens in Europa werden.

Zur Topographie Münchens

Reichs-, Landes- und Kirchenpolitik führten nicht nur in der Gesellschaftsstruktur Münchens zu großen Veränderungen, auch das Stadtbild bekam vor allem wegen des rapiden Bevölkerungswachstums ein vollkommen anderes Aussehen. Bereits im Jahr 1271 hatte Bischof Konrad von Freising die Peterspfarrei geteilt und die Marienkapelle zur Pfarrkirche «Unserer Lieben Frau» erhoben, weil die Bevölkerung entsprechend stark gewachsen war.

Daß die Stadt bereits im 13. Jahrhundert vergrößert wurde, macht die um 1300 erstmals dokumentierte Unterscheidung zwischen einer Inneren und einer Äußeren Stadt deutlich. Aber noch im Jahr 1368 wird allein der Stadtkern als *«civitas»* bezeichnet, und erst in den Steuerbüchern ab 1370 unterscheidet man offiziell zwischen Innerer und Äußerer Stadt.[21]

Die inneren Mauern dienten wohl auch der gesellschaftlichen Differenzierung, denn die Mitglieder des Inneren Rats wohnten ausschließlich in der Inneren Stadt, aus der nun alle mit Feuer arbeitenden, wasserabhängigen und mit Geruchsbelästigung verbundenen Gewerbe entfernt wurden.[22]

Der Stadtgrundriß läßt erkennen, daß die Stadterweiterung systematisch geplant worden war. Die Ausweitung begann bereits im letzten Drittel des 13. Jahrhunderts und wurde unter Rudolf und Ludwig abgeschlossen, war also nur insofern ein Werk dieser Herzöge.[23] Bereits 1293 wurden die Neuhauser Gasse, 1295 die Schwabinger Gasse und 1302 das Neuhauser Tor erwähnt. Die Stadterweiterung umfaßte alle bisherigen präurbanen und «wilden» Siedlungen im Vorfeld der alten Ummauerung, wobei sich zwischen den neuen Toren fast identische Weglängen ergaben.

Um den Mauerbau voranzutreiben, überließ Rudolf I. der Stadt im Jahre 1301 den herzoglichen Zoll am Oberen und Unteren Tor, und König Ludwig der Bayer verfügte 1315, daß die Ummauerung in kriegsmäßigen Zustand zu versetzen sei, was bedeutet, daß sie zu diesem Zeitpunkt weitgehend fertiggestellt war.[24] Jedoch scheint die Stadt bis zum Jahr 1337 nochmals nach Osten erweitert worden zu sein, wie das damals fertige Isartor vermuten läßt. Die Übertragung der Bausachen in die Entscheidungsgewalt des Rats (1342) bestätigt die Fertigstellung der gesamten Ummauerung.[25]

Auch dem inneren Ausbau trug Ludwig der Bayer Rechnung, als er 1315 den Hauptplatz erweitern ließ und eine Neubebauung verbot.[26] Die herkömmliche Vierteleinteilung, die für Wach-, Verteidigungsdienst und Feuerbekämpfung bedeutsam war, galt auch für die Äußere Stadt, und die Viertelbezeichnungen wurden im Ratsbuch III festgehalten: Wilbrechts-, Rindermarkt, Eremiten- und Kramerviertel, denen als fünftes Viertel das Tal beigefügt wurde, das bis 1381 diese Sonderstellung beibehielt (Wahl des Großen Rats aus den vier Stadtvierteln und dem Tal). Erst seit dem 15. Jahrhundert setzten sich neue Viertelbezeichnungen durch, die aus der Topographie der Stadterweiterungen abgeleitet waren. Das Wilbrechtsviertel wurde zum Graggenauviertel, das Rindermarktsviertel zum Angerviertel, das Eremitenviertel zum Kreuzviertel und aus dem Kramerviertel wurde das Hackenviertel.

Der zu Beginn des 14. Jahrhunderts vollendete Grundriß Münchens war so großzügig geplant worden, daß er der Stadtentwicklung noch für ein halbes Jahrtausend genügen sollte. Das Sandtner-Modell aus dem Jahre 1570 zeigt sogar noch einige freie Flächen in der Äußeren Stadt. Die neue Stadtmauer umschloß eine Fläche von neunzig Hektar,[27] in der das von den Bürgern geschaffene Stadtrecht (1340) seine Gültigkeit besaß und vom Rat der Stadt München auch durchgesetzt wurde.

Das Regiment der Bürger

Neben dem Stadtherrn bzw. seinen Stellvertretern übte der Münchner Rat seit der Amtsübertragung im Rudolfinum[28] die «Herrschaft» aus. Die Kompetenz dieses Gremiums erweiterte sich zwar in den ursprünglichen Herrschaftsbereich des Stadtherrn hinein, doch trat der Rat niemals an die Stelle des Herzogs. Eine zusätzliche Herrschaftslegitimation bezog er aus dem Gemeindegedanken, denn die Mitglieder des Rats stammten aus dem Kreis der Vornehmsten und Mächtigsten der Bürgergemeinde, in deren Auftrag er handelte. Allerdings resultiert seine Gebots-, Zwangs- und Strafgewalt vor allem aus dem Eid der Bürger. Somit änderte sich in diesem Zeitraum nicht nur die äußere Stadtgestalt, sondern auch die Herrschaftsstruktur innerhalb der Stadt.

Die Stadtgemeinde selbst durchlief seit dem Rudolfinum einen bemerkenswerten Wandlungsprozeß. München entwickelte sich von der stadtherrlich-ministerialisch regierten Herzogsstadt zur genossenschaftlich geleiteten Bürgerstadt mit einem zur Ratsoligarchie umgeformten Stadtregiment und einer *«universitas civium»*, die nicht nur rapide wuchs, sondern sich auch in ihrer gesellschaftlichen Zusammensetzung veränderte. Diese *«universitas»* versuchte schließlich, sich mit einem Bürgerausschuß stärker am Stadtregiment zu beteiligen.

Bereits im Verlauf des 13. Jahrhunderts hatte der Stadtherr viele Aufgaben an die aus unterschiedlicher Ministerialität stammenden *«cives»* übertragen. Aus diesem Umstand erklärt sich deren Selbstverständnis, die Stadtgemeinde repräsentieren zu können, ohne von dieser direkt legitimiert, das heißt durch Wahl beauftragt zu sein. Schließlich kann diese Personengruppe als vorkonsularischer Rat (Meliorat)[29] Münchens angesprochen werden, denn die *«cives»*, die in den Urkunden als Zeugen greifbar werden, fungierten zunehmend als Sprecher der Stadtgemeinde und handelten ganz selbstverständlich im Auftrag aller Bürger *(universitas in Monaco civium)*. Außerdem läßt sich anhand der Quellen beobachten, daß der Richter seit den fünfziger Jahren des 13. Jahrhunderts bei den Rechtsbeurkundungen zurücktrat und die *«cives»* nun auch allein Rechtsakte beurkundeten und sogar das Stadtsiegel führten.

Die in den Zeugenlisten genannten Bürger, die immer den gleichen Geschlechtern entstammen, etablierten sich also als stadtbürgerliche Führungsschicht, wobei sich zum Ende des 13. Jahrhunderts ein Gremium von zwölf Bürgern heraushob. Diese Personen übernahmen die Verwaltungs- und Rechtsaufgaben in der Stadt und wurden seit 1286 als Räte *(consules)*[30] bezeichnet.

Der Stadtherr Herzog Rudolf I. betraute 1294 das Ratsgremium, die «zwölfer» – wie sie im Rudolfinum, dem ersten Stadtrecht Münchens, genannt werden – mit der Wahrnehmung der städtischen Angelegenheiten und erklärte damit den «rat» – das deutsche Wort erscheint erstmals in einer Quelle von 1289[31] – offiziell zum Regierungsorgan Münchens. Der Rat schwor vor dem Herzog den Huldigungseid und wurde dann von diesem in seinem Amt bestätigt. Er löste somit den Stadtrichter als das oberste gesetzgebende, rechtsprechende und vollziehende Organ innerhalb der Stadt ab und wurde zum Wohl des Herzogs und der gesamten Bürgerstadt tätig. Die alte ministeriale Komponente der Ratsbürger zeigte sich bei der Eidesformel: «dem hertzogen zue seinen rechten und der stat, aerm und reichen, zue iren rechten».[32] Genauso wie der Stadtrichter blieb also die bürgerliche Führungsschicht, der spätere Innere Rat, nicht nur dem Wohl der Stadt, sondern an erster Stelle dem Wohl des Herzogs verpflichtet, eine bemerkenswerte Gegebenheit, die bis zum Ende der alten Stadtverfassung fortbestand.

Da der Rat sich aus der gleichen soziologischen Gruppe formierte wie das frühere Meliorat, übertrug der Herzog jener «stadtgesessenen» Ministerialität die Teilhabe an Rechtsprechung und Verwaltung, die dieses Mandat bereits früher aus ihrer politischen Stellung und der «schöffen» – und zeugenrechtlichen Arbeit im Stadtgericht abgeleitet hatte. Die Kontinuität dieser Führungsgruppen läßt sich aus der personellen Zusammensetzung des konstituierten Rats ablesen, doch erfolgte die Ratsbestellung selbst nach gewohnheitsrechtlichen Kriterien, bleibt also letztlich unklar. Bis zur Niederschrift des Satzungsbuches A (1310) amtierten die «zwölfer», die sich vermutlich durch Kooptation aus den Geschlechtern ergänzten. Diese Vermutung wird gestützt durch die Kontinuität einzelner Familien und die geringe Zahl neu ausgewählter Ratsmitglieder.[33] Im Satzungsbuch B (1312) wechselte jedoch die Bezeichnung «zwölfer» zu «gesworn» und «ratgeben»; im Jahre 1317 wird erstmals ein Rat der 72 genannt, und für das folgende Jahr bringt eine Quelle sogar alle Namen des neuen Rats.[34] Also änderte sich zwischen 1310/12 und 1317 die Zusammensetzung des Rats, wodurch der gesamten Bürgergemeinde eine stärkere Beteiligung am Stadtregiment ermöglicht wurde. Auf diese Umwälzung deutet auch das Faktum, daß Ludwig der Bayer in den Urkunden vom Februar bis August 1315 den Rat überhaupt nicht mehr als solchen anspricht, sondern nur mehr die «bürger».[35] Welchen Einfluß dabei die rivalisierenden Gruppen der Anhänger Ludwigs des Bayern und Rudolfs hatten, ist nicht belegbar. Es steht fest, daß die Bürger insgesamt immer wieder die Verwirklichung einer idealen Stadtverfassung anstrebten, wobei die einzelnen Gesellschaftsgruppen allerdings unterschiedlich stark engagiert waren: der Stadtrat sollte aus der bürgerlichen Stadtgemeinde hervorgehen, deren Interessen wahrnehmen und bis zu einem gewissen Umfang die gesellschaftliche Struktur der Gemeinde widerspiegeln.[36] Neben den aus der Ministerialität stammenden Rat der «zwölf» war im zweiten Jahrzehnt des 14. Jahrhunderts also ein «äußerer Rat» getreten, der sich ebenfalls aus hervorgehobenen *«cives»* zusammensetzte, wobei man davon ausgehen kann, daß es sich dabei um neu in den Schwurverband aufgenommene Personen aus sozial gleichstehenden und vornehmen Familien handelte. Mit aller gebotenen Vorsicht könnte man hierin einen Vorgang sehen, der der gleichzeitigen Differenzierung von Innerer und Äußerer Stadt analog ist: die ältere Führungsschicht räumt einer jüngeren, die nicht zuletzt durch die beachtliche Stadterweiterung hinzugetreten, aber zahlenmäßig größer ist, eine abgestufte Beteiligung am Stadtregiment ein, ohne dabei jedoch den historisch begründeten Vorrang aufzugeben. Erstmalig wird hier eine Vertretung der nichtoligarchischen Bürgerschaft akzeptiert, was mit einer politischen Hinwendung Ludwigs zu den urbanen oberen Mittelschichten während der Auseinandersetzung mit Rudolf zusammenhängen könnte.

Erst im Ratsbuch III wird annähernd klar, in welcher Form der Rat ab 1317/18 bestellt wurde:[37] aus der Gruppe der bisherigen Räte (Innerer und Äußerer Rat) und den Vertretern der Bürgergemeinde wurden zwei bis fünf Wahlmänner gewählt, die ihrerseits den Inneren Rat wählten. Der neue Innere Rat nahm dann die Wahl des Äußeren Rats vor. Das Dokument gibt keinen Aufschluß darüber, wer den Ausschuß der Bürgergemeinde wählte, doch wurde er offensichtlich in der ursprünglichen Form von den Bürgern bestimmt.[38] Bis 1362 wurden jedes Jahr zwölf Innere Räte,[39] 24 Äußere Räte und 36 Räte aus der Gemeinde gewählt, die die Angelegenheiten der Stadt regelten. Der Vorsitzende des Rats war «der stat redner» (seit 1311)[40], der von der Ratsmehrheit ausgewählt wurde und nach der ihm gesetzten Amtszeit selbst seinen Nachfolger bestimmte. Er leitete die Sitzungen des Rats und war außerdem innerhalb des Burgfriedens zu Amtshandlungen berechtigt. Die Bürgergemeinde berief ebenfalls einen Redner (1319), der den Ausschuß vor dem Rat vertrat. Erst 1363 wurden «bürgermeister» und zwar jetzt sowohl des Inneren wie auch des Äußeren Rats genannt, die allmählich das Redneramt ablösten und es schließlich verdrängten.[41] Abgesehen von einigen wenigen, aber gewichtigen Reservatsrechten des Landesherrn und gewissen Exemtionen, wozu etwa die geistliche Gerichtsbarkeit gehörte, war der Rat seit dem Rudolfinum unumschränkter Gerichtsherr in Zivil- und Strafsachen (Niedergerichtsbarkeit) innerhalb des Burgfriedens. Er entschied letztlich über die Ämterbesetzung, vertrat die Stadt nach außen – auch gegenüber dem Landesherrn und der Landschaft –, vollzog die Bürgeraufnahme, verfügte über Stadtwehr- und Bürgeraufgebot, leitete die

Feuerbekämpfung und förderte letztlich die Schriftlichkeit in Recht und Verwaltung, was seiner Rechtsprechung Kontinuität verlieh und das Stadtrecht sogar für andere Städte interessant machte.

Das Stadtrecht

Das im Rudolfinum konzedierte Satzungsrecht des Rates gab der Stadt bzw. den Bürgern die Möglichkeit, bis zur Mitte des 14. Jahrhunderts ein umfassendes autonomes Stadtrecht auszubauen, dessen Geltungsgrund nicht auf Gewohnheit beruhte, obgleich es in Einzelbereichen aus Gewohnheits- und Landrecht abgeleitet war. Die Bürger konnten sich auf immer mehr Verhaltensmaßregeln einigen, denen sie sich durch den Bürgereid unterwarfen und deren Nichtbeachtung sie unter Strafe stellten.[42] Die Hinweise auf Verlesung und Nichtverlesung *(lege* bzw. *sile)* am Rand der Satzungsbücher besagen eindeutig, daß die wichtigsten Bestimmungen des neu gesetzten Rechts jährlich nach der Ratswahl öffentlich vorgelesen wurden und somit den Bürgern Münchens vertraut waren.[43] Dies bewirkte eine Mobilisierung des Rechts, das nun nicht mehr dem Grundsatz folgte, daß altes Recht besseres Recht sei, sondern den veränderten Rechtsbedürfnissen der Bürger rasch Rechnung zu tragen hatte. Dieses Recht band freilich grundsätzlich nur die an der Rechtsetzung beteiligten Bürger. Jetzt wird auch die Anweisung des Herzogs an den Richter verständlich, nach diesen Sätzen zu richten und sie gegebenenfalls auch gegenüber Nichtbürgern durchzusetzen.[44]

Das von Herzog Rudolf I. und auch von Ludwig dem Bayern den Münchner Bürgern gegebene Stadtrecht (Rudolfinum) wurde also in der Folgezeit erweitert durch die in den Satzungsbüchern A und B festgehaltenen Satzungen der Bürger über Verfassungs- und Strafrecht. Hinzu kamen die Gewerbe- und Marktbestimmungen sowie die vom Stadtherrn neu gewährten Privilegien, zu denen unter anderem die Landstandschaft (1307), die Landfriedenswahrung und das Judenrecht gehörten.

Durch die Anlage des Stadtrechtsbuches von 1340, genannt «Versiegeltes Buch»,[45] wurde schließlich ein aus älteren landrechtlichen und neuen stadtrechtlichen Quellen zusammengefügtes Rechtssystem geschaffen, in dem hauptsächlich privat- und prozeßrechtliche und nur wenige straf- und verwaltungsrechtliche Sätze Aufnahme fanden. Ludwig der Bayer bestätigte noch im selben Jahr das für den Gerichtsgebrauch geschaffene Rechtsbuch und verhalf ihm damit zu besonderer Autorität. Dies führte dazu, daß das Münchner Recht in der Folgezeit auch anderen oberbayerischen Städten – Aichach, Pfaffenhofen a. d. Ilm (1347) – verliehen wurde und München als

Rechtsoberhof in Oberbayern galt, von dem «Heischurteile» gefordert wurden. Schon vorher hatten die Orte Kitzbühel, Landsberg a. Lech, Ingolstadt, Wolfratshausen, Kufstein und Wasserburg das am Rudolfinum orientierte Münchner Recht erhalten und bekamen in strittigen Fällen vom Oberhof München das Recht gewiesen.[46]

Bis 1365 ergänzte und erweiterte der Gerichtsschreiber Taentzel das Rechtsbuch um die älteren Ratssatzungen, die neben dem Rechtsbuch weiter gültig waren, fügte die neuesten Satzungen und Rechtsweisungen der Bürger hinzu und überlieferte eine Reihe von Handwerksordnungen, die uns heute einen Überblick über die Entwicklung des Gewerbelebens ermöglichen. Dieses *«Liber Rufus»* genannte Rechtsbuch blieb mit späteren Erweiterungen (z. B. Bußordnung von 1433, Bau- und Kundschaftsrecht 1489) bis zum Ende der «Stadtfreiheit» Rechtsgrundlage des Münchner Stadtgerichts.[47] Neben den Rechtsbüchern hatte der Rat ein heute leider verlorenes Achtbuch[48] angelegt, das die Stadtverweise, Achturteile, Urfehden und die Namen der Gebannten verzeichnete und damit als übersichtliches, schriftliches Beweismittel gegenüber den Geächteten diente.

Das Bürgerrecht

Als Bürger, den das Stadtrecht besonders schützte, der die Satzungen beriet und die in den Satzungsbüchern festgehaltenen Rechte und Pflichten besaß, war in München nur anerkannt, wer jährlich mit der Gesamtgemeinde vor dem Redner den Schwur leistete, mit dem er beeidete, den Landesherrn und die Stadt bei ihrem Nutzen zu fördern und jeden Schaden von ihnen abzuwenden.[49] Zur «gemain der purger» zählte nur der dem Normenkatalog des Bürgerrechts verpflichtete Einwohner, also nur jener, der «in der stat burchreht enphaet und burchreht tuot».[50] Das Bürgerrecht befreite den Bürger von bestimmten Unfreiheitsmerkmalen wie Leibherrschaft, Heiratszwang, Einzelbesteuerung und der Verfügung des Herrn über seine Hinterlassenschaft. Demgegenüber nennt der Satz «swer nicht wacht und steuert und auch nicht dient mit der gemain zu Münichen»[51] deutlich die bürgerlichen Pflichten und verweist darauf, daß der Bürger nicht nur seine Steuern entrichten mußte, sondern die geforderten Dienste wie Feuer-, Tor- und Mauerwache sowie Wehrbereitschaft und Ämterführung einzubringen hatte. In München war für den Erwerb des Bürgerrechts nicht allein Haus- und Grundbesitz ausschlaggebend, denn aus dem Verfahren bei der Neubürgeraufnahme geht deutlich hervor, daß hier mehr auf die Steuerleistung abgehoben wurde.

Der Neubürger legte ein eidliches Gelöbnis vor dem Rat ab, entrichtete die Bürgerrechtsgebühr von einem Pfund Pfennige, gelobte für fünf Jahre in München zu bleiben und jährlich zehn Pfund Pfennige zu versteuern. Sein Versprechen sicherte er durch Bürgen und Pfandstellung ab. Gab er innerhalb des vorgegebenen Zeitraums sein Bürgerrecht auf, so mußte er fünf Pfund Pfennige Strafe zahlen und eine Nachsteuer entrichten. Besitz brauchte er jedoch nicht zu erwerben. Erst im Jahr 1371 änderten sich die Forderungen gravierend, denn die Gebühren und Strafgelder wurden drastisch erhöht. Die Frist für den Verbleib in der Stadt hatten die Bürger bereits 1330 auf zehn Jahre erhöht.[52] Die näheren Umstände der Bürgerrechtsverleihung wurden unter der Rubrik «purchreht» in den seit 1318 bestehenden Kammerrechnungen und nicht in den andernorts üblichen Neubürgerlisten vermerkt. Natürlich diente diese restriktive Form der Bürgeraufnahme dem Bestreben Münchens, nach Möglichkeit nur «geeignete» Personen als Bürger aufzunehmen, wenn auch zur Zeit Ludwigs des Bayern die hohe Zahl der Bürgerrechtsverleihungen darauf verweist,[53] daß die Äußere Stadt aufgefüllt werden mußte, um vor allem die gesteigerten Pflichten – Dienste und Wache – auf mehr Schultern verteilen zu können. Ein besonderes Privileg für die Bürger war die Festlegung des Gerichtsstandes,[54] was dem Münchner Bürger den unschätzbaren Vorteil einräumte, sein Recht vor dem Stadtgericht suchen zu können. Die Stadt übernahm auch den Rechtsschutz bei auswärtigen Rechtsproblemen: so half sie etwa bei der Eintreibung von Schulden fremder Bürger, beim Freikauf von Bürgern, bei Verhandlungen um die Rückgabe geraubten Gutes oder auch bei Schadenersatzforderungen.[55]

Die Gerichtsbarkeit des Rats

Die Ausführungen zum Gerichtsstand haben deutlich gemacht, daß die Stadt München ein immuner Gerichtsbezirk (Niedergericht) innerhalb des herzoglichen Landgerichts war, in dem eigenes Recht galt, da München «ein gebanniu stat ist und hat geschribeniu reht».[56] Innerhalb dieses Bereiches konnte der Rat die Gerichtsbarkeit nach seinen Vorstellungen ausgestalten. Lediglich die Befugnisse des städtischen Pfänders, der im Auftrag von Richter und Rat wirkte, reichten über die Stadtgrenze hinaus und wurden im Jahr 1345 sogar auf das Viztumamt ausgedehnt.[57]

Die Gerichtskompetenz besaß zwar der herzogliche Stadtrichter, aber dem Rat stand seit dem Rudolfinum ein Vorschlagsrecht für dieses Richteramt zu, und der Richter war außerdem daran gebunden, nach den im Stadtrecht festgelegten Rechtssätzen der Bürger zu richten.[58] Der Rat fungierte als Berufungsinstanz gegen Entscheidungen des Stadtrichters, sprach Recht bei stadtrichterlicher Rechtsweigerung und wachte darüber, daß der Richter nicht eigenmächtig Vergünstigungen vergab. Das Amt des Stadtrichters selbst war den Bürgern Münchens allerdings verschlossen.[59]

Noch im Jahre 1319 bestätigte Ludwig der Bayer ausdrücklich, daß Stadtrichter und Viztum (der oberste Verwaltungs- und Gerichtsbeamte in einem Amtsbereich, der auch München einschloß) seine Amtleute seien,[60] und in der Folgezeit verlieh er ihnen wechselweise den Blutbann.[61] 1347 verfügte er dann, daß der Viztum gemäß altem Herkommen als Hochrichter in München tätig wird,[62] was durch Herzog Stephan 1363 bestätigt wurde.[63] Die Urkunde besagt vor allem, daß neben den herzoglichen Amtleuten nun offensichtlich auch der Rat in Hochgerichtsfällen mitwirkte, wie es der Stadt bereits seit 1315 im Rahmen der Landfriedensdurchsetzung zugestanden worden war.[64] Eine offizielle Anerkennung der städtischen Hochgerichtsbarkeit erfolgte freilich erst durch den Albertinischen Rezeß von 1561 (siehe unten S. 161f.).

Die eigentlich außerhalb der Stadt gelegenen Besitzungen des Leprosenhauses wurden 1342 endgültig der Rechtsprechung des Stadtrichters unterstellt[65] und auch das Heiliggeistspital unterlag in seinen weltlichen Geschäften der Gerichtsbarkeit seines «Meisters»,[66] der zumeist Mitglied des Rats war. Bei Rechtsweigerung stand auch hier die Berufung an den Rat offen.

Erst im Jahr 1330 gab Ludwig der Bayer die Gewerbegerichtsbarkeit offiziell in die Hände des Rats,[67] die bisher der Stadtrichter im Namen des Herzogs ausgeübt hatte, der dabei allerdings nach den städtischen Gewerbe- und Marktsätzen verfahren mußte.

Auffallend waren Eximierungen bestimmter Gewerbe von der städtischen Gerichtsgewalt. So waren die Müller bei Schuldklagen der Gerichtsbarkeit des herzoglichen Kastners unterworfen und nicht dem Stadtrichter. Im Jahre 1330 erweiterte Ludwig der Bayer seinem Kastner das Schuldgericht zur niederen Gerichtsbarkeit.[68] Die Brauer standen unter der unmittelbaren Jurisdiktion des Herzogs bzw. seines Viztums, an den sie den Bannpfennig entrichten mußten. Die herzoglichen Amtleute vergaben und verwalteten die Braugerechtigkeiten, die das gewerbliche Bierbrauen erlaubten, während der Haustrunk jedem Bürger unbenommen blieb.[69] Die Kupfer- und Kaltschmiede hatten in Oberbayern seit 1342 einen eigenen Gerichtsstand vor dem Münchner Bürger Ulrich dem Kaltschmied, der bei allen nieder- und gewerbegerichtlichen Klagen gegen die Schmiede Recht sprach.[70] Auch diese Sonderfälle wurden erst durch den Albertinischen Rezeß bereinigt.

Eine besondere Problematik in der Gerichtsbarkeit Münchens wird sichtbar, als der Papst 1329 verfügt, daß sich der Bischof von Freising als geistlicher Gerichtsherr Münchens nicht mehr in bürgerliche Prozesse einmischen darf.[71] Es scheint dem Rat also nicht gelungen zu sein, zu verhindern, daß trotz des Gerichtsstandsprivilegs der Bürger vor dem geistlichen Gericht auch Zivil- und Strafsachen verhandelt wurden. Allerdings muß hier beachtet werden, daß sich die Laien, also auch die Bürger, bei allen Vergehen, die unmittelbar religiöse Belange berührten – Ehe, Glaube, Zehnt, Wucher (sogenannte *causae mere spiritualis)* –, stets vor dem geistlichen Richter zu verantworten hatten. Den eigentlichen Streitpunkt bildeten die Angelegenheiten, bei denen auch religiöse Rücksichten zu nehmen waren (sogenannte *causae spirituali annexae*), da bei den als typisch angesehenen Gerichtsfällen – etwa Testament, Meineid oder Seelgeräte – die Meinungen darüber weit auseinandergingen, ob religiöse Belange gestreift wurden. Zog jemand aus Unkenntnis vor das geistliche Gericht, so war der Wechsel des Gerichtsstands nicht mehr möglich, da nach dem *«ius praeventionis»* dasjenige Gericht zuständig war, an dem der Streitfall zuerst anhängig wurde. Das bevorteilte besonders die Kleriker bei Streitigkeiten mit Bürgern, da sie, begünstigt durch das *«privilegium fori»*, alle Klagen vor dem geistlichen Richter austragen konnten. Noch im Stadtrechtsbuch von 1340[72] verfügte der Rat, daß ohne sein Wissen das geistliche Gericht nicht angerufen werden darf. Gerade die Probleme des Rats mit dem geistlichen Gericht verdeutlichen, daß innerhalb der Stadtmauer das Recht für den Niedergerichtsbereich autonom gesetzt wurde, die Rechtsprechung selbst jedoch manche Einschränkung hinnehmen mußte.

Die Ratsämter

Die Mitglieder des Rats bemühten sich, anhand einer internen Geschäftsordnung die Lasten der Ratsämter gleichmäßig auf alle Schultern zu verteilen. Gemäß ihrem Bürgereid mußten die ausgewählten Ratsherren die ihnen aufgetragenen Ämter annehmen und erhielten dafür zumeist nur ein geringes Entgelt (Gebührenanteil). Die Verweigerung eines Amtes war offensichtlich nur in Ausnahmefällen möglich, wenn der Rat dies erlaubte.[73] In den sechziger Jahren des 14. Jahrhunderts erließ das Gremium sogar eine offizielle Verfügung, daß die Annahme eines Amtes nicht verweigert werden könne und drohte drastische Strafen an.[74]

Das bedeutendste Ratsamt war das des Redners. Ab 1319 gab es zusätzlich den Redner der «gemain», vor dem die Bürgergemeinde den Eid auf Herzog und Stadt schwor.[75] Der Redner leitete die Sitzungen des Rats, besaß bei Abwesenheit des Pfänders dessen Befehlsgewalt und leitete jedes Jahr die Abrechnung der aus dem Amt scheidenden Kämmerer. Ebenso wie der Richter konnte er im Brandfall den Befehl geben, gefährdete Häuser einzureißen.[76]

Dem Redner gleichgestellt erscheint das Amt des Kämmerers (bis 1377 amtierten jährlich zwei Kämmerer), der nicht nur die Finanzverwaltung der Stadt regelte (Kammerrechnungen) und dabei jährlich vor dem Rat die Rechnungsführung offenlegte (Widerraitung), sondern auch die Steuerer und Zöllner beaufsichtigte sowie Wehr und Waffen, Kriegsgerät, Wall- und Grabenbau kontrollierte.

Ein für die Rechtsobliegenheiten wichtiges Amt bekleidete der Siegelbewahrer, der bei allen Rechtsgeschäften anwesend sein mußte und danach mit dem Anbringen des Siegels der ausgestellten Urkunde Rechtskraft verlieh.[77] Bei strittiger Auslegung einer gesiegelten Urkunde entschied ausschließlich der Rat.[78]

Auch das Steuereramt wurde von einigen Ratsherren übernommen, denn seit 1265 war den Bürgern die Steuerhoheit in München zugestanden worden. Weil seit dem Rudolfinum nur mehr eine Gesamtsteuer bezahlt werden mußte, oblag den Steuerern die Durchführung der Steuererhebung.[79] Sie hatten die fällige Steuer von den Steuerpflichtigen, die sich gemäß Steuereid selbst veranlagten, nach den jährlich vom Rat festgelegten Steuersätzen einzuheben und vor einem Ratsgremium, dessen Zusammensetzung erst im Ratsbuch III näher beschrieben wird, abzurechnen.[80]

In jedem Stadtviertel standen dem Bürgeraufgebot, zu dem jeder Bürger zählte, die aus dem Rat gewählten Hauptleute vor, die die Bürger waffentechnisch ausbildeten, die Harnischschau durchführten, bei Bränden den Löscheinsatz leiteten und neben den Kämmerern verantwortlich für die Befestigungsbauten waren.[81]

Die Ratsmitglieder überwachten schließlich auch die Bau- und Hygienevorschriften innerhalb der Stadt. Erstere dienten vor allem dem Feuerschutz und letztere sollten den im Mittelalter verheerenden Seuchen vorbeugen. Ludwig der Bayer erließ einige Bauordnungen und übergab dann Aufsicht und Durchführung der Vorschriften an den Rat,[82] der nun die Bauangelegenheiten souverän entschied. Das weitere Auftreten großer Stadtbrände zeigt allerdings, daß der Rat bei seinen Bemühungen nur begrenzten Erfolg hatte, denn das Gebot des feuersicheren Steinhauses war nicht kurzfristig durchsetzbar. Auch hinsichtlich der Sauberkeit in den Gassen verfügte der Rat bereits im Satzungsbuch A, daß Mist und Kehricht innerhalb bestimmter Fristen, die für die Innere bzw. Äußere Stadt unterschiedlich lang waren, aus der Stadt gebracht werden mußten.[83] Außerdem hatte der Rat neben der Bereitstellung des Löschwassers[84] auch für Trinkwasser zu sorgen, da das Wasser der Stadtbäche zur Abfallbeseitigung diente und von vielen Gewerben genutzt wurde: Gerberei, Färberei, Fleischer, Mühlen und anderen.

Die Stadt ließ deshalb Brunnen graben und verbot deren Beschädigung und besonders deren Vergiftung durch Versitzgruben oder Misthaufen,[85] die in der Nähe eines Brunnens nicht mehr angelegt werden durften.

Für die einzelnen Ratsherrn konnten sich die Pflichten häufen, denn zu den ordentlichen Sitzungen kam – zeitlich besonders belastend – die Besorgung der Spezialaufgaben, die der damit beauftragte Rat gewissenhaft zu erledigen hatte. Aus außerordentlich umfangreichen Ratsämtern entstanden langsam Sonderämter, zurückzuführen auf die in den verschiedenen Bereichen immer wieder nötigen gleichartigen Maßnahmen, so etwa die Ämter des Bußmeisters (1364 erstmals genannt) oder des Baumeisters.[86]

Zusätzlich wurden die nachgeordneten Dienste immer zahlreicher. Dies erforderte sowohl eine klare Gliederung des Behördenwesens als auch die Neuordnung der inzwischen unzulänglichen stadtherrlichen Verwaltungsstruktur, eine Aufgabe, die der Münchner Rat – seit 1317 mit 72 Mitgliedern – in der Folgezeit vorbildlich löste.

Nun integrierten die Ratsmitglieder auch ehemals stadtherrliche Dienstleute in die Stadtverwaltung und organisierten die Verwaltung nach den Erfordernissen der aktuellen Stadtsituation, wie sie durch das Bevölkerungswachstum, den steigenden Gewerbe- und Handelsumfang und die neuerworbenen Rechte geschaffen worden war. So bauten sie konsequent die Stadtkanzlei aus, denn die Schriftlichkeit löste die überlieferten Formen der mündlichen Verfahren in Rechtsprechung und Verwaltung immer mehr ab. Der Stadtschreiber war folgerichtig nach den Ratsherrn der einflußreichste Amtmann der Stadt, der die Verschriftlichung der Verwaltung durchführte, die Satzungsbücher schrieb, Kammerrechnungen führte, Briefe und Urkunden für den Rat verfaßte, im politischen Bereich sogar als Berater tätig wurde und gelegentlich mit diplomatischen Missionen betraut war. Er wurde dabei durch den Stadtboten und den Bürgerknecht unterstützt. Neben den drei genannten Ämtern wurden zur Zeit Ludwigs des Bayern nur noch Stadtarzt und Apotheker, Turmwächter und Henker besoldet. Die Türmer versahen nicht nur den Wachdienst, sondern schlugen auch die Stunden. Auf St. Peter gab es zur Mitte des 14. Jahrhunderts offensichtlich bereits eine Räderuhr (die Räderuhr war erst zum Ende des 13. Jahrhunderts erfunden worden), denn 1371 wurde sie repariert, und von einem Münchner Schmied, dem späteren von der Stadt besoldeten ersten Uhrmeister, wurde im Jahr 1377 für den Rathausturm eine zweite Turmuhr gebaut.[87]

Münchens wirtschaftliche Grundlagen

Der für eine mittelalterliche Stadt wichtigste Bereich des Gemeinwesens war die Wirtschaft. München war zu Beginn des 14. Jahrhunderts die Handels- und Gewerbestadt in Oberbayern schlechthin, schließlich bezog der Herzog aus München die weitaus höchste Steuersumme aller oberbayerischen Städte. Auch die wenigen verfügbaren Zahlenvergleiche für den Zeitraum 1291–1294 verdeutlichen die wirtschaftliche Leistungsfähigkeit der Stadt.[88]

München war aber keine Fernhandelsstadt wie Regensburg, keine Messestadt wie Frankfurt a. M. oder Nördlingen, keine Gewerbeexportstadt wie Augsburg und Nürnberg, sondern – vergleichbar der österreichischen Hauptstadt Wien – ein Stapelplatz mit überragender Bedeutung für den oberbayerischen Raum. Dazu ist vorauszuschicken, daß der Salzhandel der bedeutendste Zweig der Münchner Wirtschaft war. Wegzwang und Stapelrecht – alles zwischen Landshut und den Alpen westwärts gehandelte Salz durfte nur zu München die Isar überqueren und mußte in der Stadt zum Verkauf niedergelegt werden – und der mit weitgehenden Vorrechten im Salzhandel ausgestattete Münchner Bürger stehen am Beginn des wirtschaftlichen Aufstiegs der ehemaligen Welfengründung.[89]

Weniger wichtig ist dagegen das Stapelrecht für Flöße aus dem Einzugsgebiet von Isar und Loisach (Sundergau), obwohl den Bürgern Münchens beim Holzhandel im wesentlichen ähnliche Vorrechte eingeräumt wurden wie beim Salzhandel. Auch die 1316 erfolgte Aufhebung des Grundruhrrechts (Aneignung von «Strandgut» durch den Landesherrn) an der Isar bedeutete eine wesentliche Erleichterung für den Holzhandel.[90] Weitere Vorteile boten die Anordnungen, nach denen das aus Schwaben eingeführte Getreide niedergelegt werden mußte[91] sowie das Gebot an die Gäste, den mitgebrachten Wein nur Münchner Bürgern zum Verkauf anzubieten.[92]

Mit wenigen Worten wurde versucht, anhand des überlieferten Gewohnheitsrechts (das in der ersten Hälfte des 14. Jahrhunderts schriftlich fixiert wurde) die wirtschaftliche Stellung Münchens zu skizzieren. Doch erlauben uns darüber hinaus die etwa 1310 aufgezeichneten Satzungsbücher, die Markt- und Wirtschaftsordnung Münchens im 14. Jahrhundert eingehender zu beschreiben, wobei allerdings klar sein muß, daß die Satzungsbücher viele gewohnheitsrechtliche Festlegungen enthalten, die noch die Wirtschaftsverhältnisse des 13. Jahrhunderts widerspiegeln.

Ausgangspunkt aller wirtschaftsgeschichtlichen Überlegungen ist die geographische Lage der Stadt: Die Münchner Schotterebene, in deren Mitte der Ort angesiedelt ist, wird im Nachtrag des Stadtrechtsbuches (1365)[93] expressis verbis als ein mäßig ertragreiches Land bezeichnet, weswegen die Bürger von Anfang an auf Wirtschaftsbeziehungen zum Umland und zum süd- und südwestdeutschen Raum angewiesen waren. Der Rahmen der Münchner Wirtschaftsschöpfung ist allerdings weiter, als uns die Handelsgüter Salz und Holz glauben machen. Die Stapelrechte Münchens für Holz und Salz verweisen vornehmlich auf jene Wirtschaftsgebiete, die relativ häufig und intensiv mit München in Verbindung standen: als Einzugsgebiete waren dies der Sundergau, Oberbayern und das niederbayerische Salinengebiet Reichenhall sowie Tirol (Wein), als Absatzgebiete dagegen Schwaben und darüber hinaus die Schweiz und der Oberrhein, wo die Münchner *«mercatores»* allerdings mit Haller und Burgunder Salz konkurrieren mußten.

Die wirtschaftliche Bedeutung einer mittelalterlichen Stadt ergibt sich aus dem regionalen Einflußbereich der Bürger und den Privilegien, die die erworbenen Rechte abstützen oder ausbauen, wie zum Beispiel das Salzniederlagsrecht (1332), Handelsvorrechte (1274 u. a.), Zollbefreiungen (1323 u. a.) und das Pfändungsprivileg (1345). Ein weiterer wesentlicher Faktor besteht in der Größe des Einzugsbereiches der städtischen Märkte.

Der tägliche Markt diente der unmittelbaren Bedarfsdeckung der Bürger und Einwohner Münchens mit Fleisch, Brot, Fisch und Wein sowie dem Warenabsatz der Handwerker, die hier ihre Gebrauchsgüter wie Töpfe, Messer, Nadeln etc. innerhalb des Burgfriedens verkauften. Der alleinige Handelsort war hier der Hauptplatz (der heutige Marienplatz) mit seinen Verkaufshallen, Bänken und öffentlichen Werkstätten.[94] Im Gegensatz zu diesem täglichen Markt weist der Wochenmarkt über Burgfrieden und Bannmeile[95] hinaus, da hier am festgesetzten Wochentag der fremde Händler bzw. der Gast mit ansässigen Gewerbetreibenden in Konkurrenz treten durfte. Salzmarkt und Kornmarkt (Schranne) fanden beispielsweise von Dienstag bis Donnerstagnachmittag statt. Vom allgemeinen Wochenmarkt auf dem Hauptplatz der Stadt sonderten sich mit der Zeit Spezialmärkte an eigenen Marktplätzen ab, wie etwa der Rinder- oder der Roßmarkt. Stets war die Handelstätigkeit bis ins kleinste geregelt, und die Marktpolitik des Rats war darauf ausgerichtet, daß nur einwandfreie und preiswerte Ware zugelassen wurde.

Der Wochenmarkt wurde bevorzugt von den Landleuten und Landhandwerkern der nächsten Umgebung – Dörfer und Hofmarken der Schotterebene – besucht und diente somit dem Warenaustausch zwischen Stadt und Land. Sein Einzugsbereich wurde von den Wochenmärkten der umliegenden Städte und Märkte begrenzt: Landsberg a. Lech, Dachau, Freising, Erding, Ebersberg-Wasserburg, Wolfratshausen-Holzkirchen, Dießen. Stadt und Land bildeten in diesem Bereich eine Wirtschaftseinheit, was auch durch die im Umland gestreuten Besitzungen der Münchner Geschlechter und Bürger verdeutlicht wird, während Jahrmarkt und Stapel über dieses von der Stadt dominierte Umland hinausweisen.

München besaß im Mittelalter nur einen Jahrmarkt, den dreitägigen Dultmarkt bei St. Jakob am Anger, an dem die Fernhändler ihre Waren – vor allem Tuche, Leder, Gewürze – in der Stadt verkauften. Der Jahrmarkt war in besonderer Form privilegiert, denn die herbeikommenden Händler wurden durch Geleit (1315) und Freiung (1315) geschützt, und zur Jahrmarktszeit (24.–26. Juli)[96] galt ein erhöhter Marktfriede. Der Markt- und Beschauzwang war während dieser Tage aufgehoben,[97] aber fremden «*mercatores*» nur der Großhandel gestattet.

Wirtschaftsrecht der fremden Kaufleute

Bei diesen Ausführungen wird die für das Mittelalter sehr wichtige Problematik des Gastrechts erkennbar, das die Münchner Ratsbücher eingehend und ausführlich regelten. Der fremde Kaufmann unterlag beim direkten Warenhandel auf Münchens Märkten zum Teil restriktiven Beschränkungen, welche die Interessen der einheimischen Detailhändler und Handwerker schützten. Dies war besonders bei Salz, Holz, Getreide und Wein der Fall, wo der Stapel (Gebot die Ware «niederzulegen» und den Münchner Händlern anzubieten) den Marktzwang verschärfte. Doch auch anderen Handelsgewerben – Tuch, Kram, Leder usw. – gab der Rat sorgfältig ausgearbeitete, auf die Ansprüche der Stadt zugeschnittene Maßregeln. Der auswärtige Anbieter durfte nicht öfter als viermal im Jahr in die Stadt kommen und konnte dann die Waren acht Tage lang auf Straßen und vor Kirchen verkaufen, wobei er aber seine Erzeugnisse «auf der Achse» anbieten mußte und ihm der Hausierhandel verboten war. Beim Handel mit Tuch, Eisen, Leder oder Wein und Bier durfte er nur ganze Stücke bzw. Saumladungen veräußern. Allgemein mußte er dem Münchner Bürger das Vorkaufsrecht einräumen, obwohl sonst der An- und Fürkauf verboten war.[98] Nur Waren, die die bürgerlichen Krämer nicht im Angebot hatten, waren von den Einschränkungen ausgenommen. Um eine Umgehung dieser Verfügungen auszuschließen, war die Gesellschaft von Bürgern mit «Ausleuten» ausdrücklich verboten.[99]

Obwohl er außerhalb der städtischen Gemeinschaft stand, war der Fremde um die Mitte des 14. Jahrhunderts bei Pfandrecht, Beschlagnahme und Vorladung dem Bürger zumindest gleichgestellt und genoß eine beschleunigte Behandlung seiner Rechtsangelegenheiten.[100] Hierfür ist vor allem das nach Sicherung drängende Interesse der Kaufleute verantwortlich, denn der sich verdichtende Handel und Verkehr im 13. und 14. Jahrhundert zwang die Landesherren, dem zum Markt kommenden und wegziehenden Kaufmann gewisse Freiheiten zu gewähren, die in allen Städten ziemlich gleichartig sein sollten. Gerade die Territorialisierungsbestrebungen erforderten im Interesse eines reibungslosen Handels, daß das oft in der Wirkung geminderte königliche Geleitsrecht durch ein herzogliches Sicherheitsversprechen, sei es Geleit oder Rückerstattung geraubter Waren, nachgebessert wurde.[101]

Das Handelssystem

Nicht nur dem stadtfremden Kaufmann waren klare Vorgaben und rechtliche Absicherungen wichtig, auch die Münchner *«mercatores»* mußten auf Handelswegen und Handelsplätzen um Schutz und Freiheit besorgt sein, wobei sie auf den guten Ruf ihrer Stadt und den politischen Einfluß der oberbayerischen Herzöge angewiesen waren. Daneben bemühten sich der Stadtherr und später auch der Rat stets um kleine und große Handelsvorteile, die über die im Reich gültigen allgemeinen Richtlinien hinausgingen und die Situation der Münchner Kaufleute in anderen Städten und Territorien verbesserten.

Ein Handelssystem, wie es besonders die Reichsstadt Nürnberg aufwies, vermochte München nicht aufzubauen. Einige Privilegien des 13. Jahrhunderts lassen aber erkennen, daß daran gearbeitet wurde, die vielfältigen Behinderungen des Handels auszuschalten: Der Erzbischof von Salzburg gewährte den Münchner Bürgern in Salzburg die gleichen Rechte und Handelsfreiheiten wie den Regensburger Kaufleuten (1244), und König Rudolf (1280) erweiterte diese Vergünstigung aufs ganze Reich.[102]

München selbst lag als Brückenort am Schnittpunkt zweier wichtiger Handelsstraßen: Erstens der Salzstraße von Reichenhall über Wasserburg nach Augsburg bzw. Landsberg a. Lech und zweitens der Reichs- und Rottstraße von Innsbruck über Mittenwald nach Ingolstadt und Nürnberg bzw. Landshut und Regensburg. Ein wichtiger Verkehrsweg war auch die Isar, die München als Wasserstraße mit Regensburg, Passau, Linz und Wien verband.

Zielorte und Handelspartner der Münchner lassen sich jedoch erst zu Beginn des 14. Jahrhunderts näher bestimmen. Münchens Fernhandel wird in den bisherigen Darstellungen zur mittelalterlichen Geschichte stark hervorgehoben. So spektakulär die einzelnen Orte und Güter auch klingen, im Verhältnis zum Handelsgut Salz waren die übrigen verzollten Warenmengen marginal, wie die Zollbücher Münchens belegen[103] Die Urkundenbücher der Handelspartner weisen Dichte und Erschließung der Absatzgebiete aus. Den Tiroler «Raitbüchern»[104] können wir beispielsweise entnehmen, daß Münchner Bürger in unserem Zeitraum regen Handel mit Südtirol betrieben haben (Haupthandelsgut war Wein), dagegen finden sich für den «Fondaco dei Tedeschi», dem Handelsplatz der deutschen Kaufleute in Venedig, nur wenige Belege eines behaupteten intensiven Münchner Venedighandels.[105] Daß der Standort München seit der zweiten Hälfte des 14. Jahrhunderts für Venedig an Bedeutung gewann, läßt sich darauf zurückführen, daß die Nürnberger mit Hilfe Ludwigs des Bayern (1346), Ludwigs des Brandenburgers (1348) und Karls IV. (1358) die Venezianer, die ihren Handel im Deutschen Reich stark auszuweiten suchten (in Venedig jedoch die deutschen Kaufleute mit neuen Abgaben beschwerten), zum völligen Verzicht jeden eigenen Handels im Reich zwangen. Venedig durfte den «caminus Norimberghe» nur mehr zum Transit nach Flandern benutzen und erst jetzt, nach dieser unruhigen Dekade, war ein ungestörter Handel der oberdeutschen Städte mit venezianischen Waren im Reich möglich und München wurde offensichtlich zum Transitstützpunkt der Venezianer auserkoren.[106]

Natürlich versuchten die Münchner Ratsherren seit Beginn des 14. Jahrhunderts, weitere Handelsvergünstigungen zu erhalten, die ihnen neben anderen Fürsten vor allem Ludwig der Bayer zukommen ließ: Geleitschutz in Niederbayern (1308), Privilegien für Österreich (1310), Meran (1329), Friedberg/Wetterau (1329), Trier (1339).[107] Danach erwarb München keine Zollbefreiungen mehr, wie dies auch bei anderen oberdeutschen Städten zu beobachten ist. Der Grund liegt wahrscheinlich in der Ausbildung der Landesherrschaft und den damit einhergehenden tiefgreifenden Änderungen der Rechts- und Wirtschaftsmodalitäten in den Territorien.

Neben den schon erwähnten Gegenden stehen vor allem Flandern und der Kölner Raum wegen des flandrischen Tuchs und der englischen Wolle im Blickpunkt der Fernhändler. Zur Mitte des 14. Jahrhunderts finden wir in den Quellen die Münchner Handelsherrn Perkofer (1348) und Impler (1363), die bereits sehr intensiv mit flandrischen Tuchen handeln, was auf seit längerer Zeit bestehende und gut ausgebaute Handelskontakte hinweist.[108]

Die Quellen zeigen deutlich, daß der Münchner Einzelkaufmann beim Fernhandel die wichtigste Rolle spielte. Doch finden sich bereits zu dieser Zeit Handelsgesellschaften, die das im Fernhandel erhöhte Risiko minderten und das für neue unternehmerische Aktivitäten erforderliche Kapital rascher aufbringen konnten. Die beiden damals bekannten Münchner Gesellschaften des Großkaufmanns Burkhard Wadler und der Handelsherren Drächsel-Schrenck waren Familiengesellschaften, das heißt miteinander verwandte Bürger waren Gesellschafter.[109] Die wichtigsten Handelsgüter beider Gesellschaften waren Wein und Tuche, doch scheint auch das Darlehensgeschäft nicht unwichtig gewesen zu sein, fungierte vielleicht sogar als mögliche Finanzierungsquelle der riskanten Handelsgeschäfte.

Vergleichen wir die Zielorte und Handelspartner, so dominiert, wenn der Salzhandel beiseite gelassen wird, der Fernhandel nach Österreich-Salzburg, Steiermark, Südtirol-Venedig und Flandern-Köln, also die Gebiete der Haupthandelswaren Wein, Gewürze, Tuche und Eisen. Vieles deutet jedoch darauf hin, daß der Handel mit Venedig und Flandern erst zu Beginn des 14. Jahrhunderts größeren Umfang angenommen hat, wofür die um diese Zeit erstmals in den Quellen auftauchenden Nachrichten sprechen würden. Gegen eine herausragende Bedeutung Münchens im Fernhandel spricht vor allem der hiesige Stapelzwang, denn der mittelalterliche Kaufmann versuchte einen Stapel, der seine Handelsrechte einschränkte, eigentlich zu umgehen. Für diese Vermutung spricht auch der Vergleich mit den ansprechenderen Handelsplätzen Basel und Frankfurt a.M., beide nach Einwohnerzahl München gleich, an wirtschaftlicher Bedeutung aber weit überlegen.

Münchner Kaufleute treten in dieser Zeit immer wieder in den Handelszentren Mitteleuropas auf und tätigen dort im Einzelfall mitunter sehr hohe Handelsabschlüsse, wie etwa das Beispiel des Handelsherrn Pütrich belegt.[110] Diese allemal wichtigen Fernhandelsunternehmungen reichen jedoch bei weitem nicht an die Bedeutung des Münchner Salzhandels heran, wie die oben erwähnten Zollbücher und die erstaunlich weitreichenden Begünstigungen der Bürger veranschaulichen.

Die Goldene Bulle Ludwigs des Bayern von 1332 stellt das Salzhandelsmonopol Münchens deutlich in den Vordergrund. Sie verfügte den Salzstapel- und Wegzwang, das heißt, daß alles von Wasserburg westwärts transportierte Salz bei München die Isar überqueren und in der Stadt niedergelegt werden mußte. Außerdem durften nur Münchner Bürger – die sogenannten Salzsender – das Salz von Wasserburg nach München transportieren. Wer andere Wege benützte, verlor sein Frachtgut. Die Münchner gingen noch weiter: Sie erwarben 1336 ein Privileg, das die letzten Fesseln abstreifte und ihnen gestattete, das Salz direkt in Reichenhall einzukaufen, also den Wasserburger Stapel auszuschalten. Außerdem war ihnen nun gestattet, auch das sogenannte «arme Salz» aus Hallein, Schellenberg oder Hall nach München zu bringen, wenn in Reichenhall kein Salz vorhanden war. Zwar nahm Ludwig der Bayer 1341 gerade die letztgenannte Vergünstigung zurück, doch im Jahr 1347 gab er den Münchner Bürgern nochmals alle Vorrechte und machte die Stadt so – zumindest für die Dauer des 14. Jahrhunderts – zum alleinigen Umschlagplatz für den Salzgroßhandel in Oberbayern und damit gleichzeitig zur prächtig sprudelnden Geldquelle der oberbayerischen Herzöge.[111]

Zusammenfassend läßt sich sagen: München war ins Netz des oberdeutschen Handels- und Städtewesens verflochten, wobei es besonders der Salzhandel war, der vor allem den städtereichen westlichen Teil erschloß und große Vorteile bot. In allen anderen Bereichen mußten Münchens Fernhändler mit großen oberdeutschen Handelsstädten konkurrieren, wie Augsburg, Nürnberg, Ulm, Straßburg, Regensburg, die zusätzlich über oft weitreichende Handelsvergünstigungen verfügten. Erst unter Ludwig dem Bayern wurden offensichtlich Verbindungen und Vorrechte im Reich vertieft, die durch ein erstes Privileg unter König Rudolf I. (1280) initiiert worden waren.

Im Gegensatz zu Städten wie Basel, Augsburg oder Nürnberg besaß München aber kein Exportgewerbe – in diesem Bereich blieb es auf den Umkreis des Wochenmarktes beschränkt.

Die Gewerbestruktur

Wurden die Münchner Handeltreibenden in fast allen Belangen gefördert und Privilegien für sie erwirkt, so konnte sich das Handwerkswesen nicht solch hoher Wertschätzung erfreuen. Erstmals im Anhang des Stadtrechtsbuchs von 1365 und in den Steuerrechnungen der Jahre 1369/70[112] finden sich Zusammenstellungen der Münchner Handwerke, die Aufschlüsse über Gewerbedifferenzierung und eine etwaige Spezialisierung erbringen. Doch Münchens Gewerbestruktur besitzt keine Besonderheiten. Ein hochdifferenziertes und spezialisiertes Exportgewerbe ist nicht vorhanden und auch die Handwerksorganisation weist keine spezifischen Eigenarten auf. Jedoch wandelte sich die Gewerbeordnung in dem hier besprochenen Zeitraum von der «stadtherrlichen» Organisationsform mit dem Richter als Gewerbeobmann zur «stadtobrigkeitlichen» Gewerbeverfassung der Ratsaufsicht.

Das Schusterprivileg des Jahres 1290[113] zeigte noch alle Merkmale der stadtherrlichen Gewerbehoheit, denn Ludwig II., der Strenge, griff ohne Rücksicht in die Gewerbeordnung ein und regelte so zum Beispiel die Streitigkeiten zwischen Schustern und Lederern. Die beiden Gewerbe waren an den Herzog als Inhaber der Markt- und Gewerbehoheit herangetreten, und dieser grenzte beide Berufe gegeneinander ab, indem er zwischen handwerklichen und kaufmännischen Gewerbebetrieben unterschied. Dem Schusterhandwerk erlaubte er die Bildung eines *consortium magistrorum,* das die Aufnahme in diesen Gewerbeverband und somit auch die Ausübung des Handwerks regelte. Damit wurde der erste Schritt zur

Selbstverwaltung der Handwerke getan, denn bisher wurde die Erlaubnis zum Gewerbebetrieb durch den Stadtrichter vergeben, der allerdings nach wie vor den «Bannpfennig» als Gewerbeabgabe erhielt.[114] Eingeschränkt wurde dieses Privileg bei der Bestätigung durch Ludwig den Bayern (1315),[115] der verfügte, daß nur sach- und fachkundige Personen aufgenommen werden durften.

In diesem Zusammenhang stellt das Rudolfinum von 1294 eine weitere Stufe der Verfassungsentwicklung dar, denn in dessen Artikel 2 spricht Herzog Rudolf I. ausdrücklich davon, daß es die Bürger seien, die Recht setzten. Dieses «gesetzte» Recht der Stadt, das der Stadtrichter zu beachten hatte, und das «überkommene» Recht (Gewohnheitsrecht) wurden ca. 1310 in den Satzungsbüchern A und B[116] aufgezeichnet. Die Mehrzahl der Sätze befaßt sich mit der Regelung des Gewerbewesens und enthält Bestimmungen zu Güte und Preis der Waren, über Arbeitsbedingungen und Arbeitszeit. Zusätzlich erfahren wir, daß die als «Handwerke» bezeichneten Gewerbe in einer Genossenschaft organisiert waren, die zur Wahrung ihrer gewerblichen Interessen diente, soziale und religiöse Aufgaben übernahm und vermögensfähig war. Zwar hören wir nur von vier Handwerkerverbänden, Schustern, Hutern, Tuchscherern und Schneidern, doch werden die übrigen ähnlich organisiert gewesen sein.[117] Allerdings besaßen diese Verbände mit Ausnahme der Müller, Brauer und Kaltschmiede keine «Gewerbepolizei» und Gewerbegerichtsbarkeit, vermochten keine politischen Rechte zu erwerben und waren somit am Stadtregiment nicht beteiligt.

Im Jahre 1330 brach jedoch diese für das Handwerk günstige Entwicklung ab, als Ludwig der Bayer dem Rat die Gewerbegerichtsbarkeit verlieh, die Rechte und Gewohnheiten der Münchner Handwerke widerrief und nur die nach «heizze» des Rats erlassenen Ordnungen für gültig erklärte. Künftig entschieden nicht mehr herzogliche Beamte streitige Gewerbesachen zwischen den Handwerkern, sondern der Rat der Stadt. München näherte sich damit mehr dem Nürnberger als dem Augsburger Handwerkswesen. Nun war es dem Rat möglich, Größe und Organisationsform der einzelnen Handwerke in der Weise festzulegen, daß auf wirtschaftliche Änderungen – zum Beispiel neue Techniken oder gestiegene Qualitätsansprüche, etwa bei Tuchen – flexibel reagiert werden konnte.

Einen gewissen Abschluß der Gewerbepolitik des Rats erkennen wir im Anhang des Stadtrechtsbuches von 1365, wo der Schreiber Taentzel die wichtigsten Handwerke aufzeichnete und ihre Ordnungen festhielt.[118] Die Erfordernisse für die Erteilung einer Gewerbekonzession wurden ebenfalls neu geregelt: Voraussetzung war nun der Erwerb des Bürgerrechts, was bedeutet, daß die Handwerker vorher nicht Bürger sein mußten. Da Geselle und Lehrling im Haus des Meisters wohnten, hatte der Handwerker ferner einen geordneten Haushalt vorzuweisen. Um die Versorgung der Gesellen und die sachgemäße Ausbildung der Lehrlinge bzw. deren Lebensführung gewährleisten zu können, sollte er auch verheiratet sein. Auch eine ständige Artbeitsstätte – Besitz oder gemietet – mußte der Handwerker nachweisen.

Da die meisten Handwerke die Gewerbepolizei nicht selbst ausüben durften, standen ihnen sogenannte Pfleger vor, die vom Rat aus den Reihen der Bürger gewählt wurden. Diese wurden von der Stadtobrigkeit eingesetzt, um über die Einhaltung der im Satzungsbuch festgelegten gewerbepolizeilichen Sätze zu wachen. Etwaige Übertretungen der Vorschriften wurden Richter und Rat an dem für jedes Gewerbe gebotenen Gerichtstag vorgetragen. Der Pfleger als geschworener Gewerbeaufseher mußte jede Verfehlung ahnden. Verschwieg er einen Bußfall, so haftete er für die daraus entstehenden Folgen. Der Pfleger war städtischer Amtmann, der bei der Ausübung seiner Amtspflichten besonders geschützt wurde. Er hatte die Strafgelder einzuheben und besaß bei Zahlungsverzug oder Zahlungsunfähigkeit das Pfändungsrecht. Vor allem die Lebensmittelgewerbe wurden sorgfältig überwacht, denn der Richter hielt für diese Gewerbe alle 14 Tage Gerichtstag, an dem er die Handwerker nach der Einhaltung der Sätze fragte. Die Stadt beaufsichtigte auch das Lehrlingswesen, denn bei Abschluß eines Lehrvertrags mußte mindestens ein Pfleger anwesend sein.

Diese kurzen Ausführungen zeigen, daß die Handwerke von 1290 bis 1330 eine genossenschaftliche Selbstverwaltung durchführten, neben der der Rat Satzungsrecht (1294) und «Gewerbepolizei» und der herzogliche Stadtrichter die Gewerbegerichtsbarkeit innehatten. Nach 1330 bekam der Rat jedoch sämtliche Gewerbebefugnisse in seine Hand und ordnete das Gewerbewesen nach seinen Vorstellungen, wie der Nachtrag des Stadtrechtsbuches ausweist.

Die Kapitalwirtschaft

München war also das Wirtschaftszentrum Oberbayerns. Seine Kaufleute trieben neben dem Salzhandel einen recht umfangreichen Warenhandel und begannen zum Ende des 13. Jahrhunderts (sichtbar an den Tiroler «Raitbüchern» und dem Rechnungsbuch des Viztumamtes Oberbayern) zum Kredit- und Finanzgeschäft überzugehen. Das Geldleihgeschäft oblag auch in München eigentlich den Juden, wofür sie 1236 von Kaiser Friedrich II. ein Privileg[119] erhalten hatten, da den Christen Wucher und Zins von der Kirche verboten worden war.

Münze und Stapel bedingen naturgemäß das Geldgeschäft. Dabei erforderten der Geldwechsel und die Zahlungsmodalitäten dieser Zeit eine gleichbleibend gute Münze, auf deren Feingehalt an Silber sich vor allem die

Fernhändler verlassen mußten, denn ein Münzverruf brachte beim Wechseln schnell hohe Verluste. Aus diesem Grund bestand immer Interesse am konstanten Prägekurs, und die gewalttätige Zerstörung der Münchner Münze von 1295 kann auf die oftmaligen Münzverschlechterungen zurückgeführt werden. München war also auch der Geldmarkt für den gesamten oberbayerischen Geltungsbereich des Münchner Pfennigs. Im Jahr 1307 erwirkte die Stadt zusammen mit den anderen Landständen zum ersten Mal das Versprechen der Herzöge, den Münzfuß nicht mehr zu verschlechtern.[120]

So stabilisierte sich die Wirtschaftskraft der Residenzstadt; besonderen Nutzen zogen daraus die Wittelsbacher selbst, da ihnen die vermögenden Münchner Bürger immer wieder hohe Darlehen vorzustrecken vermochten oder die Beherbergung vornehmer Gäste des Herzogs übernahmen.

Allerdings wurden diese häufigen Darlehen nicht immer zinslos gewährt, wie die verschiedenen Formen des Zinsentgelts (Geschenke, Kleinodien und besonders die Verschreibungen und Verpfändungen fürstlicher Schuldner) erkennen lassen. Bei genauer Betrachtung der Kredite wird deutlich, daß München eine entwickelte Geldwirtschaft besaß, wobei reiche Bürger oftmals das einträgliche Geldgeschäft gewerbsmäßig betrieben. Bürgerliche Finanzierungsgeschäfte größeren Stils gab es also nicht erst zur Zeit der Augsburger Fugger und Welser, sondern bereits im 14. Jahrhundert. Die Darlehen des Münchner Bürgers Burkhard Wadler an Herzog Heinrich von Kärnten und die Verpachtung der Haller Landessaline (Tirol) zur Sicherung der Darlehen und zur Erzielung einer Rendite müssen als solche Finanzierungsgeschäfte betrachtet werden. Auch die Verpachtung der Münzstätte zu Meran an den Münchner Bürger Herold und andere Gesellschafter gehört zu den zinstragenden Geldgeschäften.[121]

Zwar wurde das Zinsverbot formal im «Versiegelten Buch» (Stadtrechtsbuch von 1340) festgehalten, doch behinderte dies das Geldgeschäft in keiner Weise. Schließlich gab die Kirche selbst in umfangreichem Maße Zinsdarlehen, und ihre kanonistischen Rechtslehrer hatten geschickt die Zulässigkeit von Leibgedingen und Ewiggeldern (zeitlich begrenzte und andauernde Rentenschuld bei Kapitalaufnahmen) bewiesen, die sie mit den jährlichen Reichnissen bei der bäuerlichen Grundleihe verglichen.

Leibgeding und Ewiggeld, also Kapitalrenten, galten dem Mittelalter demnach nie als Kreditgeschäft oder gar verbotene Zinsnahme und wurden deshalb auch in München die beliebteste Form der Geldanlage. Die Stadt selbst besorgte Geld offensichtlich erst in den zwanziger Jahren des 14. Jahrhunderts[122] in der Form dieser langfristigen Rentenschuld. Vorher herrschte die kurzfristige Geldanleihe vor, die eine alsbaldige Schuldentilgung erforderte. Wenn sich die Rückzahlung verzögerte, war der Gläubiger nämlich berechtigt, sein Geld unter anderem dadurch einzutreiben, daß die Schuldforderungen an die Juden abgetreten wurden (Schadkauf). Diese wiederum durften wesentlich höhere Zinsen fordern, so daß die Schuldenlast sehr schnell wuchs und die rasche Schuldeneinlösung erzwang.[123]

Gerade die Münchner Handelsherrn nützten bereits in der ersten Hälfte des 14. Jahrhunderts verschiedene Formen des Geldgeschäfts. Die schriftlichen Quellen belegen eine gut entwickelte Kreditwirtschaft, die bereits den Konsumkredit kennt. So gewährte zum Beispiel das Ratsmitglied Hans Impler, der einen Großhandel mit flandrischen Tuchen betrieb, den von ihm belieferten Händlern und Schneidern Kredite.[124] Aber auch der Betriebskredit – Aufnahme des Kapitals anderer Bürger für eine Handelsgesellschaft – scheint nicht unüblich gewesen zu sein, wie es das Beispiel der Handelsgesellschaft Drächsel-Schrenck zeigt.

Der Gesellschaftsaufbau

Bei der verfassungsgeschichtlich bestimmten Fragestellung wurden bereits einige innerstädtische Gruppierungen der vielgestaltigen Stadtgesellschaft vorgestellt. Hauptsächlich handelte es sich hier aber um die verfassungstragenden Oberschichten und noch nicht um die Gesamtheit der wirtschaftlich und sozial differenzierten Bürger sowie der rechtlich davon geschiedenen übrigen Einwohnerschaft.[125]

Im wirtschaftlichen Fragenkreis trat dann die Mittelschicht[126] in den Vordergrund, die nicht nur die Masse der Bevölkerung stellte, sondern im innerstädtischen Gesellschaftsgefüge eine primär ökonomisch dominierte und strukturierte Schicht bildete, wobei sie als sehr dynamisches Element wesentliche Veränderungen der Sozialstruktur bewirkte.

Methodisch und zahlenmäßig schwer faßbar sind hingegen jene Teile der Stadtbevölkerung, die den Unterschichten zugerechnet werden. Ebenso problematisch sind genauere Aussagen über den Klerus, die Juden und das Hofgesinde, da diese Gruppen von der übrigen Bevölkerung abgehoben sind und nicht als eigene Schicht gerechnet werden können.

Es sind die leider erst ab 1367 vorhandenen städtischen Steuerlisten, die eine sorgfältige Erfassung der inneren Struktur Münchens im 14. Jahrhundert erlauben. Die dort verfügbaren Daten ermöglichen Aussagen über die gesellschaftliche Wirklichkeit der Stadt, ihre sozialen Gegebenheiten und die horizontale Gliederung und vertikale Dynamik ihrer Bevölkerungsschichten. Im Verbund mit anderen Quellen gestatten sie eine genaue Analyse der Gesellschaftsentwicklung und sogar die näherungsweise Berechnung der Einwohnerzahlen.

München war im heute bayerischen Bereich südlich der Donau nach Augsburg und Regensburg die bevölkerungsreichste Stadt. Die wahrscheinlich doch zu hoch gegriffenen Berechnungen Solleders[127] ergaben für die sechziger und siebziger Jahre des 14. Jahrhunderts eine Gesamteinwohnerzahl der Inneren und Äußeren Stadt von fast 11000 Personen, errechnet aus den Steuerlisten des Jahres 1369 und einigen Mutmaßungen über die Zahl der Kleriker, Juden und des Hofgesindes. Damit hätte München sogar eine größere Einwohnerzahl als Frankfurt a. M., Basel und sogar Nürnberg[128] vorzuweisen und den Rang einer mittelalterlichen Großstadt erreicht. Ungeachtet solch schwieriger Berechnungen und Vergleiche erlebte München in der ersten Hälfte des 14. Jahrhunderts jedenfalls ein rapides Wachstum. Dies läßt sich an den zahlreichen Bürgerrechtsvergabungen[129] (1320–1350) ablesen und außerdem an der Tatsache, daß der große Mauerring der Äußeren Stadt spätestens 1337 fertiggestellt war und die freien Flächen nun verstärkt besiedelt wurden.

Durch den wachsenden Zustrom neuer Einwohner veränderte sich in dieser Phase auch die soziale Zusammensetzung der Stadtgesellschaft. Dabei muß berücksichtigt werden, daß München als Residenzstadt eine andere Sozialstruktur besaß als etwa die Handelsstadt Regensburg oder eine Gewerbestadt wie Basel.

Der Aufbau der vielgestaltigen mittelalterlichen Stadtgesellschaft Münchens soll anhand eines Schichtenmodells dargestellt werden, wobei die rangmäßige Einteilung in dieses Ordnungsschema anhand der Lagemerkmale[130] Bürgerrecht, Amt, Beruf, Sozialstatus und – mit Einschränkung – Vermögensgröße vorgenommen wird. Es versteht sich jedoch, daß die Schichtabgrenzungen und Rangstufen nicht absolut festlegbar sind und die Zurechnung einzelner Personen und Gruppierungen variiert.

Die Beschreibung des relativ komplizierten Modells der Gesellschaftsschichtung beginnen wir mit den nebeneinander existierenden Rechtskreisen innerhalb des Burgfriedens:

Stadtrecht gültig für Bürger und Beisassen[131] Münchens;
Hofrecht, entzieht die Mitglieder des Herzogshofes und die stadtherrlichen Amtleute dem Stadtrecht;
Kirchenrecht, aufgrund des *privilegium fori* müssen die Kleriker ausschließlich vor dem geistlichen Richter ihr Recht nehmen;
Judenrecht, nach der Landfriedensordnung von 1255 oblag der Judenschutz dem bayerischen Herzog;
Fremdenrecht, für die nicht ständig in der Stadt wohnenden Personen geschaffen, die jedoch vor dem Stadtgericht ihr Recht erst einklagen müssen.

Daß die Personen der anderen Rechtskreise keine Bürger waren, ist selbstverständlich, doch auch innerhalb des Stadtrechts schied das Bürgerrecht die Stadtgemeinde in Bürger und Nichtbürger. Dabei machten einige Artikel des Stadtrechtsbuches[132] deutlich, daß vor der Mitte des 14. Jahrhunderts selbst Handwerksmeister das Bürgerrecht nicht erwerben mußten, obwohl Rat oder Richter die Genehmigung zur Gewerbeausübung erteilt hatten. Der hohe Prozentsatz von Mietern *(«inquilini»)* in der Steuerliste von 1368 (40 Prozent) scheint diesen Sachverhalt zu bestätigen,[133] denn das Mietverhältnis kann in vielen Fällen ein Hinweis darauf sein, daß die hohen Gebühren und sonstigen Bedingungen der Bürgerrechtsverleihung nicht erbracht werden konnten. Der Steuereid von 1377 zählt diese Bedingungen nochmals summarisch auf, und das Satzungsbuch A nennt deutlich, was den Bürger gegenüber den «Stadtleuten» auszeichnet.[134] Der Bürger besaß also innerhalb der Stadt eine bevorzugte Stellung, die das Bürgerrecht umschrieb.

Der Aufbau der unter Stadtrecht stehenden Einwohnerschaft (bis circa 1365) läßt sich mit Hilfe der Merkmale Bürgerrecht, Ämter und Berufe wie folgt beschreiben.
Die *Bürger,* unterteilt in:

Führungsschicht: verfassungstragende Bürgerschaft, entstammt hauptsächlich der Ministerialität, bildet innerhalb der Bürgerschaft einen Stand, besetzt die Ämter des Inneren und des Äußeren Rats; in diese Schicht steigen auch Salzsender und Fernhändler auf.
Gemeinde: Mitglieder der «gemain» bzw. des Großen Rats, Kaufleute, Handwerker, freie Berufe, Pfleger, städtische Bedienstete.

Die Nichtbürger können differenziert werden in:

selbständige Berufe: Handwerker, Kaufleute, Fuhrwerker;
unselbständige Berufe: Dienstboten, Knechte und Mägde, Gesellen, Handelsdiener, Taglöhner;
unehrliche Berufe: Abdecker, Totengräber;
Berufslose: Arme, Kranke, Bettler.

Anzumerken wäre, daß das Bürgerrecht den «Bürgern vom Rat» keine Sonderrechte einräumte; nur das Herkommen, die Ausübung der politischen Ämter und besonders die Ratsfähigkeit begründeten die herausgehobene Stellung innerhalb der Bürgergemeinde. Werden weitere Lagemerkmale eingeführt, zum Beispiel Sozialstatus und Vermögensgröße, so erhalten wir einen bereits relativ differenzierten Aufbau der Stadtgesellschaft und ein Schichtenmodell, das jedoch notwendig Annahmen enthält und quantitativ nicht verifiziert werden kann.

Oberschicht: verfassungstragende städtische Oberschicht, Geschlechter; Fernhändler.
Nachgeordnete Oberschicht: Salzsender, einflußreiche Kaufleute und Geldleiher, städtische Ämter unterhalb der Ratsebene.
Obere Mittelschicht: Kaufleute, Handwerker, die auch Handel treiben, freie Berufe.
Mittlere Mittelschicht: Handwerksmeister, Krämer, städtische Bedienstete wie Steuerschreiber oder Zöllner;
Untere Mittelschicht: unselbständige Handwerker, Gesellen, Handelsdiener; untere städtische Bedienstete wie Salz- oder Steuerknechte;
Obere Unterschicht: Kleinstkrämer, Hausgehilfen, Dienstboten, unterste städtische Bedienstete wie Hirten, Nachtwächter, Türmer, Torwächter;
Untere Unterschicht: Taglöhner, Arme, Bettler, Kranke, unehrliche Berufe.

Auch die für die Ausarbeitung der Gesellschaftsstruktur so gern genützten Steuerlisten ermöglichen nur eine grobe quantitative Zuordnung: Danach würden im Jahr 1369 in München untere Mittelschicht und Unterschicht circa 64,2 Prozent der steuerpflichtigen Personen stellen, die Mittelschicht etwa 32,3 Prozent und die Oberschicht nur 3,5 Prozent; [135] nicht erfaßt wird hingegen die besitz- und einkommenlose Schicht, die auf Almosen angewiesen war.

Die Sonderrechtskreise: Klerus, Juden, Hofbediente, Fremde

a) Spitäler und Geistlichkeit

Die zuletzt angesprochenen Unterschichten verknüpfen das Gemeinwesen mit dem rechtlich exemten Klerus, der zwei für die mittelalterliche Stadt wichtige Aufgaben erfüllte: einerseits Seelsorge und andererseits Krankenfürsorge und Armenbetreuung.

Die Fürsorgepflicht für sozial Schwache und Kranke oblag von alters her Klöstern, frommen Stiftungen und Spitalorden, im Handwerksbereich den Bruderschaften der Handwerke. Ihre Aufgaben bestanden in der Versorgung der Armen und Kranken, der alten Menschen, Witwen und Waisen, der Pilger und Fremden.

Besonders die mittelalterlichen Spitäler waren eine multifunktionale kirchliche Sozialeinrichtung, die die christlichen Ideale der Nächstenliebe und Barmherzigkeit zu realisieren versuchten. In München wurden diese Aufgaben vom Heiliggeistspital übernommen, das Pilgern Unterkunft gewährte, vor allem aber Kranke betreute und aufgrund einiger Bürgerstiftungen[136] die Armen in der Stadt versorgen konnte. Die ausführliche Spitalordnung des Jahres 1328 legte die alten Gewohnheiten und Rechte fest und bietet eine Einführung in die Formen der Alten- und Krankenpflege des 14. Jahrhunderts.[137] Die Aufsicht über das Spital hatten neben zwei geistlichen Pflegern des Bischofs von Freising auch zwei aus der Bürgerschaft gewählte Pfleger. Die Bürgerschaft suchte offensichtlich früh Einfluß auf diese wichtige Sozialeinrichtung zu gewinnen und wurde darin von Ludwig dem Bayern unterstützt, der das Spital unter den Schutz des Rates und der Bürger stellte.[138]

Eine Sondereinrichtung, die Ludwig ebenfalls dem Stadtgericht unterstellte, war das Leprosenhaus am Gasteig, das der Isolierung von Infektionskrankheiten wie zum Beispiel Aussatz diente. Dabei trugen die Siechen eine besondere Kleidung und in der Öffentlichkeit warnten sie die Gesunden mit Schellen und Ratschen.

Es waren aber nicht nur soziale Belange, die bei den auf Wohltätigkeit ausgerichteten Stiftungen im Vordergrund standen. Es bestand hier auch ein geistliches Anliegen, denn die Stiftung sollte auch für das Seelenheil der Stifterfamilie sorgen, wie beispielsweise im Fall der beiden Seelgerätsstiftungen der Ratsfamilien Pütrich (1284) und Ridler (1295).[139] Zwar dienten diese Stiftungen vordergründig der Versorgung verwitweter Frauen und weiblicher Dienstboten reicher Familien oder alleinstehender armer Bürgerstöchter, der Hauptzweck bestand jedoch darin, daß die verrichteten guten Werke (Krankenpflege) und die Gebete, Bitten und Seelämter der sogenannten Seelnonnen das jenseitige Wohlergehen der Stifter und ihrer Familien förderten. Welchen Umfang die Seelgerätsstiftungen zur Mitte des Jahrhunderts angenommen hatten, beweist das Privileg Ludwigs des Bayern, der verfügte, daß Klöster und Gotteshäuser nach einem Jahr die Stiftung der Stadt zum Kauf anbieten mußten, um die Steuereinbußen der Stadt zu begrenzen.[140] Die Häufung der sozialen Stiftungen verweist auf den Umstand, daß das aufstrebende Bürgertum im 14. Jahrhundert immer mehr Eigeninitiative entwickelte und Mißstände zu lindern suchte, wenn auch vornehmlich mit dem Seitenblick auf das eigene Seelenheil. Schrittmacher in dieser Hinsicht waren die Handwerke, die die Mitglieder der Handwerksverbände bei Armut und Siechtum unterstützten und beim Todesfall eines Mitgliedes Witwe und Waisen versorgten. Die Geldmittel für Almosen, Krankenbett und Begräbnis stellte die Zunft, der jeder Meister für «Leichtuch und Kerzen» einen bestimmten Betrag zukommen ließ.

Neben der Sorge um soziale Belange in Klöstern und Spitälern hatte die Geistlichkeit primär ihre sakralen Aufgaben wahrzunehmen. Klerus und Bürgerschaft waren zwar keine Rechtsgemeinschaft, dafür aber eine «Sa-

kralgemeinde», denn weltliches und religiöses Leben bildeten eine weitgehende Einheit und die Priester gehörten zu den wichtigen Gliedern eines städtischen Gemeinwesens. Für Gottesdienst und Seelsorge war das sogenannte Presbyterium zuständig. Darunter verstand man alle im Pfarrhof innerhalb eines gemeinsamen Haushalts lebenden Priester: Pfarrer, Prediger, Kapläne und Vikare, die für die Lesung der vielen gestifteten Messen und Seelgeräte zuständig waren. Daneben lebte auch ein Schulmeister in jeder Pfarrei, den jedoch zu Beginn des 14. Jahrhunderts offensichtlich schon der Rat bestellte.[141]
Erwähnt werden sollte in diesem Zusammenhang, daß der Zeitablauf im öffentlichen Leben einer mittelalterlichen Stadt vornehmlich durch die kirchlichen Veranstaltungen geprägt wurde. Den Tagesablauf regelten Glockengeläut und Messen, den Jahresablauf das Kirchenjahr mit seinen Sonn- und Feiertagen, Festen, Prozessionen und Fastenzeiten. Sogar Urkunden aller Art wurden nach dem liturgischen Kalender datiert.

b) Die Juden

Die unter Sonderrecht (Kammerknechtschaft) lebende Judenschaft Münchens besaß zwar wegen des ihr gestatteten Geldverleihs auf Zins eine wichtige Funktion innerhalb des Münchner Wirtschaftslebens, war aber vom sozialen Leben der Stadtgemeinde wegen ihres Glaubens praktisch ausgeschlossen. Dies um so mehr, als die Juden ihre ehemals dominierende Stellung im Fernhandel zum Ende des 13. Jahrhunderts längst eingebüßt hatten und man ihnen die Aufnahme in Zünfte und Gilden verwehrte. Anders als in einigen Reichsstädten, wie etwa Regensburg, Worms, Nürnberg oder Frankfurt a.M. waren die Juden in München auch nicht zu Bürgern geworden, sondern standen unter dem ausschließlichen Schutz des bayerischen Herzogs, der das Judenregal innehatte und das Schutzgeld bezog.

Die kleine Judengemeinde Münchens wohnte in der «Judengasse» und «am Schneeberg», also in Bereichen, die unmittelbar an die erste Stadtmauer, im Norden der Inneren Stadt, grenzten (heute der Bereich des Marienhofes). Dies entsprach dem Verdikt vieler Städte, daß Juden nur an der Peripherie einer Stadt wohnen durften und außerdem der Forderung des Vierten Laterankonzils (1215), wonach die Juden von den Christen getrennt in einem Viertel zusammenleben mußten. Bis zum Münchner Judenpogrom von 1285 scheint die jüdische Gemeinde recht umfangreich gewesen zu sein. Aventin sprach von 180 Opfern der Verfolgung, was die Annahme stützen würde, daß die jüdische Gemeinde bis zu dreihundert Personen zählte.[142]
Bereits zwei Jahre später durften sich die Juden wieder ansiedeln und die

zerstörte Synagoge aufbauen.[143] Bis 1345 finden sich in den Quellen nur wenige Nachrichten über diese jüdische Gemeinde Münchens: Im Rechnungsbuch des oberen Viztumamtes sind einige Münchner Juden als Pfandnehmer verzeichnet.[144] Ludwig der Bayer gab der Gemeinde 1315 das Augsburger Judenrecht, das den Juden die freie Religionsausübung und die selbständige Ordnung der inneren jüdischen Angelegenheiten gestattete sowie die Befreiung von städtischen Lasten wie Bürgersteuer, Wehrpflicht, Wachdienst etc. verfügte.[145] Zwar gestatteten Könige und Landesherrn den jüdischen Geldleihern einen exorbitanten Zinsfuß – im Augsburger Stadtrecht waren es 86⅔ Prozent –, doch schöpften die Fürsten die Gewinne der Juden immer wieder ab, sei es durch Lösegelder für festgehaltene Juden,[146] Schuldennachlässe für Adelige und Herren[147] oder durch die Sondersteuer Ludwigs des Bayern (1342).[148] Auch die häufigen Judenschuldentilgungen[149] und ganz allgemein die für die Juden höheren Zölle und Strafgelder, die erst Ludwig der Brandenburger im Jahre 1344 denen der Christen gleichstellte,[150] waren für den Landesherrn eine lukrative Einnahmequelle. Daß die Juden trotzdem immer wieder hohe Erträge erwirtschafteten, ist auch auf die jahrhundertealten Erfahrungen im Geldgeschäft zurückzuführen, die sie als Fernhändler im Früh- und Hochmittelalter gemacht hatten.

Die große Bedeutung, die die Juden im Wirtschaftsleben der Stadt und besonders für den Herzog hatten, geht aus der Begründung hervor, mit der Herzog Ludwig der Brandenburger die kurz zuvor aus der Stadt vertriebenen Juden in München wieder ansiedelte (1352): «Von des gebrechen wegen, der ueberall in unserem land gewesen ist under reichen und armen uomb gelt seit der zeit, als die juden verderbt sind.» Die Juden wurden also wegen des Kreditgeschäfts gebraucht, für das sie noch unentbehrlich schienen.[151] Sieben Jahre vorher war es nämlich der Verdacht des Ritualmordes gewesen, der unter den Juden Opfer gefordert hatte, und 1349 hatte man dann infolge der um sich greifenden Pesthysterie und wegen einer angeblichen Brunnenvergiftung die gesamte jüdische Gemeinde verfolgt und ausgewiesen.[152]

Im Jahr 1372 gelang es dem Münchner Rat, den Höchstsatz der jüdischen Zinsen auf 43⅓ Prozent für Bürger und 65 Prozent für Fremde zu ermäßigen, so daß die Verschuldung der städtischen Gesellschaftsschichten, die Geld bei Juden liehen, nicht mehr so eklatant stieg.[153] Außer dem Geschäft der Geld- und Pfandleihe, das die Satzungsbücher ordneten und für das die Juden ihren Gerichtsstand vor dem herzoglichen Stadtrichter hatten, war ihnen nur der ihrer Religion gemäße Vieh- und Fleischhandel sowie die Metzgerei nach der Nürnberger Fleischordnung gestattet.[154]

c) Die Hofbediensteten

Spätestens seit der Regierungszeit Rudolfs I. bestand in München eine umfangreiche ständige Hofhaltung, während vordem neben München noch Donauwörth, Grünwald, Neuburg a. d. Donau, Kelheim und andere Orte als wechselnde Residenzen des Hofes gedient hatten. Zur dauernden Residenz hatten die Herzöge den Alten Hof ausgewählt, wo sie bis zum Bau der sogenannten Neuveste (ca. 1385) residierten und regierten.

Waren bisher in der Stadt die stadtherrlichen Beamten als *«officiales nostri»*[155] im Auftrag des Herzogs tätig und leiteten seit den achtziger Jahren des 13. Jahrhunderts gemeinsam mit dem Rat die Geschicke der Stadt, so etablierte sich durch den Aufbau eines ortsfesten Hofstaates eine neue, ständig in München lebende Einwohnergruppe, die ebenfalls nicht dem Stadtrecht unterstand und einen exemten Lebenskreis bildete.

Für die ständige Hofhaltung in München waren anfangs nur wenige Vasallen und Ministeriale sowie deren Diener nötig gewesen. Von den herausragenden herzoglichen Hofbediensteten, zu denen etwa der Marschall oder der Kämmerer zählte, waren es vor allem der Kastner als Verwalter des herzoglichen Kammergutes und der Kanzler als Leiter der herzoglichen Kanzlei, die eine besondere Bedeutung für die Stadt selbst besaßen.

Die wachsenden Aufgaben des seßhaften Hofes erforderten aber bald, daß weitere ausgebildete Diener und Handwerker von den herzoglichen Landgütern herangezogen wurden. Der mögliche Umfang dieser Hofgesellschaft wird bereits in den Hofordnungen des 13. Jahrhunderts angedeutet,[156] die davon sprechen, daß ein zahlreiches Gefolge und Gesinde den Herzog begleitete. Der Hof war damit auch ein wichtiger Wirtschaftsfaktor in der Stadt, da er einerseits seine Bedürfnisse größtenteils auf dem städtischen Markt deckte und andererseits die von den herzoglichen Eigenwirtschaften stammenden Materialien von städtischen Handwerkern gegen Lohn verarbeiten ließ, wie es ein Rechnungsbuch ausweist.[157]

Beim Aufbau einer effektiveren Versorgung des herzoglichen Hofes trug die Hofverwaltung dazu bei, daß sich bald eine neue Gruppe von Handwerkern innerhalb Münchens herausbildete. Für Münchens Gewerbetreibende erwies sich dabei der Hofmeister als einflußreichster Beamter des Hofes, da er die gewerblichen Arbeiten vergab und die Handwerker, zumeist Kunsthandwerker, auswählte. In den Kammerrechnungen findet sich das erste Beispiel eines Hofhandwerkers im Jahre 1331: dieser Meister unterstand zwar weiterhin dem Stadtrecht, sein Steuerbetrag wurde aber wegen des Hofdienstes ermäßigt.[158] Dadurch erhielten einzelne Handwerksmeister eine Sonderstellung innerhalb der Stadt, die der Rat jedoch einzuschränken suchte, indem er sich die Ermäßigung der Steuer vorbehielt und die Erwerbung eines Freibriefs, der den Handwerker jurisdiktionell dem herzoglichen Hofmeister unterstellte, strikt untersagte (1370).[159] In späteren Jahrhunderten wurde freilich gerade dieser Punkt zu einer ständigen Quelle unerfreulicher Auseinandersetzungen zwischen Hof und Stadt.

d) Gäste und Fremde in München

Wenn wir nun die letzte gesellschaftliche Gruppe einer mittelalterlichen Stadt betrachten und uns nochmals an das über die Wirtschaft bereits Gesagte erinnern, so ist offensichtlich, daß eine größere mittelalterliche Stadt ein wohlformuliertes Gastrecht benötigte, das an das Stadtrecht und nicht das Landrecht anknüpfte und das den außerhalb der städtischen Gemeinschaft stehenden Fremden, besonders den Kaufmann, schützte. Das Stadtrecht differenziert allerdings zwischen den Gästen, die sich in zwei große Gruppen unterteilen lassen: die Beisassen («laeute von der stat») und die eigentlichen Gäste oder Fremden.

Die Beisassen hatten Wohnrecht in der Stadt und lebten zumeist in den Haushalten der Bürger, die für diese Einwohner verantwortlich waren. Dazu zählten vor allem die Handwerksgesellen, Knechte, Mägde, Gehilfen und auch Taglöhner, die sich ständig in der Stadt aufhielten und arbeiteten. Allerdings zählten zu diesen Beisassen auch viele Handwerksmeister, die um 1365 das Bürgerrecht erst noch erwerben mußten.[160] Diese Einwohner hatten natürlich weder die Rechte noch die Pflichten der an der Schwurgemeinschaft *(coniuratio)* beteiligten Bürger. Das Stadtrecht schützte diese tolerierte Personengruppe im Gegensatz zu den Bürgern nur innerhalb, nicht mehr außerhalb der Stadt.

Das eigentliche Gast- oder Fremdenrecht galt somit für alle nur kurzzeitig in der Stadt weilenden Personen. Doch wird unterschieden in privilegierte, geduldete und ungern gesehene Gäste. Zu ersteren zählen alle Handeltreibenden und besonders die Fernkaufleute, für die das Gastrecht vornehmlich geschaffen worden war. Es gewährte den ankommenden und wegziehenden Kaufleuten gewisse Freiheiten und war zum guten Teil als Handels- und Prozeßrecht ausgestaltet, das diese Fremden den Bürgern weitgehend gleichstellte. Ein Überrest früherer Rechtlosigkeit findet sich bei der Benachteiligung im Asylrecht, dem höheren Zins für Judendarlehen, der höheren Buße für Beschädigungen der Isarbrücke und den Beschränkungen im Warenhandel.[161]

Zu den geduldeten Gästen zählten vor allem jene Taglöhner und Arbeiter, die nicht in, sondern außerhalb der Stadt wohnten und jeden Tag als «gedingte» Helfer arbeiteten, besonders Maurer, Zimmerleute und Dachdecker. Auf der «mietstat» wurden sie morgens für das Tagwerk ausgewählt und mußten abends die Stadt wieder verlassen. Sie arbeiteten «ze taglohn» oder «ze fürgeding».[162]

Dagegen zählten die Personen, die keinen festen Wohnsitz hatten und als Vaganten, Spieler oder Bettler umherzogen, zu den ungern gesehenen Gästen. Sie wurden zumeist in den Achtbüchern genannt und von Zeit zu Zeit aus der Stadt verwiesen.[163]

Es ist versucht worden, Ausmaß und Grenzen der Entwicklung Münchens in der ersten Hälfte des 14. Jahrhunderts darzulegen. Wenn auch einiges im ungefähren bleiben mußte, ist doch ersichtlich geworden, daß der Glanz der Königs- und Kaiserherrschaft unter Ludwig dem Bayern bis heute den damals in München vollzogenen extremen Strukturwandel verdeckt. Außerdem ist erkennbar geworden, daß Ludwig der Bayer bei aller Begünstigung seiner Residenzstadt wesentlich weniger Herrschaftsrechte aus der Hand gab, als in der Literatur ständig hervorgehoben wird. Die allgemeine Tendenz der Wittelsbacher, nur solche Sonderrechte zu gewähren, die ihre Stadtherrschaft nicht schwächten, ist offensichtlich. Darüber hinaus opferte Ludwig auch die Rechte der Stadt, wenn es seinen politischen Interessen und Zielen dienlich war, wie es der kurzzeitige Widerruf des Salzstapelprivilegs von 1332 überdeutlich zeigt.

Der von der Stadtherrschaft geförderte Ausbau der Selbstverwaltung kam einen großen Schritt voran. Die Bürger Münchens erreichten auf vielen Ebenen beeindruckende Ergebnisse: Ratsverfassung, Gesetzgebung und Gewerbeordnung seien hier nur als Beispiele angeführt. Doch verweisen die heftigen sozialen Kämpfe in der zweiten Hälfte des 14. Jahrhunderts auch auf ungelöste innenpolitische Probleme und mögliche Defizite der Sozialstruktur.

Letztere dürften auch mit dem sprunghaften Bevölkerungsanstieg Münchens im 13. und 14. Jahrhundert zusammenhängen und mit dem gleichzeitigen rasanten Wirtschaftswachstum, in dessen Verlauf sich die Stadt zum Handelszentrum Oberbayerns und zu einem der wichtigsten Salzhandelszentren Süddeutschlands entwickelte.

Manfred Döbereiner

Die große Krise
Finanzielle Probleme und Verfassungskämpfe
1365 bis 1403

Koordinaten der Stadtentwicklung

Etwas später als in anderen Städten begannen auch in München Verfassungskämpfe innerhalb der Bürgerschaft. Als es hier zu ersten Unruhen kam und einige Gruppen Münchner Bürger größere Autonomie und mehr politische Gestaltungsmöglichkeit zu erreichen suchten, waren die Zwistigkeiten in Regensburg, Nürnberg und Augsburg schon ausgetragen und zum Abschluß gekommen. Zum Ausbruch kamen die Kämpfe daher in einer Zeit, in der die für das Spätmittelalter typischen krisenhaften Erscheinungen bereits ihre Auswirkungen zeigten.

Die Münchner der zweiten Hälfte des 14. Jahrhunderts sahen sich mit weit schlechteren Lebensumständen konfrontiert als die Generationen vor ihnen. Die spürbare Abkühlung der nördlichen Hemisphäre ab etwa 1300 brachte strenge Winter und feuchte, kurze Sommer, in denen das Getreide nicht mehr reifen konnte. Mißernten und Hungersnöte waren die Folge; vom Hunger geschwächt wurden die Menschen anfällig für Krankheiten. Aufgrund kommunaler Vorratswirtschaft waren die Versorgungskrisen in den Städten weniger stark spürbar als auf dem Land – einer der Gründe für den Zuzug ländlicher Bevölkerung. Gravierende Auswirkungen der Hungersnöte auf München sind daher auch nicht bekannt. Um so stärker trafen Seuchen die Ballungsräume mit hoher Bevölkerungskonzentration. 1348 trat die Pest zum erstenmal seit langer Zeit wieder in Europa auf. Auch wenn sie weit weniger Opfer forderte, als die Zeitgenossen behaupteten, verursachte ihr Auftreten vor dem Hintergrund schrecklicher Naturkatastrophen und anderer böser Vorzeichen eine Atmosphäre der Angst. Häufig war daher schon die Nachricht vom Nahen der Seuche Auslöser gewaltsamer Aktionen gegen die vermeintlichen Verursacher des Massensterbens: die Juden.

Auch in München kam es im Vorfeld der Pest zu Verfolgung und Vertreibung der hier ansässigen jüdischen Einwohner. Um 1349 lebten etwa zehn Familien im Bereich der späteren Gruftgasse und in anderen Straßen über die Stadt verstreut. Als man unter dem Eindruck der herannahenden Pest von Pogromen in benachbarten Ländern hörte, wurde der Geldgeber der Herzöge, Albrecht von Staudach, beauftragt, zur Deckung der herzoglichen Außenstände jüdische Besitztümer in bayerischen Städten, darunter auch in München, einzuziehen. Mit dem Übergang dieser Werte an den herzoglichen Schutzherrn wurde also fest gerechnet. Im Gegensatz zu den Initiatoren sind die Ausmaße des Münchner Pogroms von 1349 nicht bekannt. Möglicherweise konnte ein Großteil der jüdischen Familien fliehen, denn 1352 holte Ludwig der Brandenburger sie wieder zurück und gewährte ihnen Steuerfreiheit für den erlittenen Schaden. Als Geldverleiher waren sie für die städtische Wirtschaft und für die herzogliche Kasse unverzichtbar.[1] Doch rund hundert Jahre später wurden sie von Herzog Albrecht III. endgültig aus der Stadt ausgewiesen (siehe unten S. 142).

Zu den ersten Pestepidemien in München gibt es keine Quellen. Ihr Auftreten wird zwar erwähnt, München jedoch nur in einer Reihe mit anderen Städten genannt, in denen die Seuche ebenfalls herrschte. Die Aussage des sehr knapp und schematisiert gehaltenen Eintrags im Nekrolog der Münchner Franziskaner, nur ein Zehntel der Bevölkerung hätte dieses Seuchenjahr überlebt, erscheint verglichen mit den Zahlen anderer Städte viel zu hoch. Für das oberbayerische Umland jedenfalls lassen sich noch keine weitreichenden Folgen der ersten Pestwelle erkennen. Erst die Seuchenjahre 1356, 1380 und 1396 bewirkten hier einen gravierenden Bevölkerungsrückgang.[2]

In München zeigt sich ein Abnehmen der Einwohnerzahlen erst nach 1396. Vielleicht konnten davor die Verluste in der Stadt durch den Zuzug vom Land ausgeglichen werden.[3] Trotzdem waren die Jahre 1350 bis 1400 für München keine Zeit der Prosperität. Auch hier machte sich offensichtlich der allgemein in Mitteleuropa zu beobachtende wirtschaftliche Einbruch bemerkbar. Die Münchner Steuerbücher beginnen erst mit dem Jahr 1368, darum ist es schwer, die Vermögensentwicklungen der Münchner Handelsleute und Handwerker einzuschätzen. Es fällt jedoch auf, daß die

Stadt mehrere Versuche unternahm, München neue wirtschaftliche Impulse zu verschaffen – vergeblich, wie es scheint. Der Stadthaushalt stand auf schwachen Füßen. Die vielbeklagte Münzverschlechterung machte nicht nur den Bürgern zu schaffen, sondern schadete auch der Stadtkasse, die in dieser Zeit langsam und unausweichlich auf den Bankrott zusteuerte. Von den Landesherrn wurde ein starker finanzieller Druck ausgeübt, um die steigenden Kosten für Hofhaltung und Kriege zu decken. In die zahlreichen bewaffneten Auseinandersetzungen der Wittelsbacher in dieser Zeit war die Stadt ebenfalls verwickelt, da sie Truppen und Gerät stellte.[4] Mit Ausnahme der Belagerung Münchens 1403 kurz vor dem Ende des Bürgerkonflikts kam die Stadt selbst nie in Kontakt mit dem Kriegsgeschehen, blieb also von den schrecklichsten Kriegsfolgen verschont.

Aufgrund der Zweitrangigkeit Münchens im Fernhandel war auch von dieser Seite keine Verbesserung der finanziellen Lage zu erwarten. Die Stadt war ein wichtiger regionaler Markt für die Versorgung des oberbayerischen Umlands und außerdem Hauptumschlagplatz des Reichenhaller Salzes (siehe dazu oben S. 82). Vom Salzhandel abgesehen war München im Fernhandel der Konkurrenz Augsburgs und Nürnbergs unterlegen. Für einen kurzen Zeitraum allerdings scheint München eine gewisse Bedeutung als Stapelort auf der Route Venedig–Flandern besessen zu haben. Als durch die wittelsbachischen Kriege venetianische Waren in den Jahren 1362 und 1365 in München aufgehalten wurden, zogen die Venetianer ein Aufgeben der Route in Erwägung, sollten ihre Forderungen nach sicherem Geleit nicht erfüllt werden. Es ist anzunehmen, daß der Warentransport über die Isar abgewickelt wurde: in Scharnitz lud man die Waren um und flößte sie über die beschwerliche Strecke Fall–Lengries–Bad Tölz–München.[5] Von den Münchner Kaufleuten unterhielt vor allem Wilhelm Ligsalz enge Beziehungen zu venetianischen Geschäftsleuten. Bei ihm lagerten sie ihre Handelsgüter, und er setzte sich in Notfällen für seine Geschäftsfreunde ein. Außer den Ligsalz finden sich nur noch vereinzelte Münchner Kaufleute, die mit Venedig direkten Handel trieben.[6] Die Zeugnisse für den Handelsweg Venedig–München sind auf die Jahre 1365 bis 1385 beschränkt. 1385 scheiterten in München geführte Verhandlungen und die venetianischen Sonderbeauftragten zogen sich zurück.[7] Damit kam möglicherweise auch die Münchner Route Venedig–Flandern zum Erliegen. Direkte Kontakte einzelner Kaufleute nach Venedig fanden natürlich nach wie vor statt. Auf ein Brachliegen der Handelsroute nach Venedig gegen Ende des 14. Jahrhunderts deutet auch der – erfolglose – Versuch des Mittenwalder Rates 1401, die Münchner für den Ausbau einer Straße von München nach Mittenwald zu interessieren. Am Desinteresse der Herzöge konnte ein Scheitern dieser Pläne nicht liegen, denn diese zeigten sich für den Ausbau äußerst aufgeschlossen.[8] München hatte jedoch zu dieser Zeit interne Schwierigkeiten und kein Geld für Investitionen. Zusätzlich deutet sich gegen Ende des Jahrhunderts ein Einbruch im Salzhandel an. Den seit 1353 mit Landsberg geführten Kampf um das Stapelrecht in München hatte die Stadt zwar 1362 für sich entschieden, doch nun drohten Importe des billigeren Halleiner Salzes die Schweizer Absatzmärkte zu gefährden – für die Münchner eine der traditionellen Geschäftsverbindungen.[9] Um 1400 wurde daher der Versuch unternommen, München wieder besser an den Fernhandel anzubinden, indem man die Jakobidult auf vier Wochen verlängerte. Optimistisch nannte man nun diese traditionelle Dult für auswärtige Großhändler «Messe». Um einen weiteren Anreiz für die Besucher dieser Messe zu schaffen, bemühten sich Gabriel Riedler und der Kustos der bayerischen Franziskanerprovinz, Vinzenz Riedler, um einen «Portiuncula-Ablaß» für die Angerkirche; 1401 wurde der Ablaß zum Abschluß der Dult gewährt. Doch mußten die Münchner trotz aller Bemühungen feststellen, daß die erwarteten Profite weniger gewaltig ausfielen und nur bestimmten Gruppen in der Stadt zugute kamen: den Großhandelsleuten und den Metzgern, Bäckern und Wirten. Aus Rücksicht auf die ortsansässigen Kleinhändler wurde daher die Messe wieder verkürzt.[10]

Die Last der Stadtherrschaft

Unter den Nachkommen Ludwigs des Bayern war die politische Situation der Stadt schwierig. Um eigene Rechte kämpfend, bezog München in den Teilungsstreitigkeiten der Wittelsbacher Stellung. Dabei suchte sich die Stadt, vielleicht nach dem Vorbild des Städtebundes, ebenfalls mit anderen Städten zu verbünden. Wichtigster Punkt der Münchner Forderungen waren die Gerichtsrechte und das Recht der Bürgeraufnahme. Die durch das Rudolfinum von 1294 und die Privilegien Ludwigs des Bayern scheinbar so eindeutig definierte Stellung Münchens als landesherrliche Stadt mit eigener Niedergerichtsbarkeit und Selbstverwaltung blieb offensichtlich nicht unbestritten. So sind Auseinandersetzungen mit dem herzoglichen Stadtherrn um das Recht der Ein- oder Ausbürgerung vor allem gegen Ende des Jahrhunderts zu belegen. Andererseits war die herzogliche Blutgerichtsbarkeit, also die Hochgerichtsbarkeit in der Stadt, ebensowenig eindeutig. Der handschriftliche Kanzleivermerk aus dem 16./17. Jahrhundert auf dem Spruchbrief Burggraf Friedrichs von Nürnberg vom 31. Mai 1403 läßt vermuten, daß es im Streit mit den Münchnern eben nicht nur um die falsche Entscheidung der Münchner für einen Stadtherrn ging, sondern auch, so der Inhalt des Vermerks, um die Hoch- und Niedergerichtsbarkeit. Die Gerichtsbarkeit über die eigenen Bürger wird der Stadt dann auch ausdrücklich bestätigt.[11]

Etwa 170 Jahre später hatte man aus dieser Episode der Münchner Geschichte vor allem in Erinnerung, daß sich damals der Münchner Rat gegenüber den Herzögen nicht durchsetzen konnte und Gerichtsrechte der Stadt aufgegeben hatte.[12] 1532 legte der Münchner Stadtschreiber und Rechtsgelehrte Zyner ein städtisches Urkundenbuch an, um, wie er in seinem Vorwort sagt, eine Übersicht über alle wichtigen Privilegien zu haben und damit gleichzeitig ein Beweismittel gegen die Herzöge. Aufgenommen wurde in diesen Codex auch der Richterspruch Jörg Öttlingers über die drei Verschwörer Triener, Haitvolk und Stromair. Dieser Spruch wurde im Jahr 1400 im Beisein von Rat und Handwerksvierern gefällt und war wohl rechtlich nicht ganz einwandfrei.[13] Der «Öttlingerspruch» ist nur im Zyner-Codex überliefert; zudem ist die Aufnahme eines Urteils in ein städtisches Urkundenbuch ungewöhnlich. Ist der Spruch keine Fälschung, so ist er ein Zeugnis für die Beteiligung des Rats an Verhandlungen des Hochgerichts. Gerade dies sollte wohl auch seine Aufnahme in den Zyner-Codex beweisen.

Im 14. Jahrhundert konnte die Stadt vor allem im Bereich der Landfriedenswahrung hochgerichtliche Rechte an sich bringen: 1363 erneuerte Stephan II. das Privileg von 1315, «landschädliche Leute» im ganzen Land zu verfolgen und nach München zu führen und verlieh 1371 dem Rat der Stadt zusätzlich das Recht, diese Personen auch abzuurteilen, wobei sogar die Todesstrafe verhängt werden konnte. Weiter ausgedehnt wurde die städtische Landfriedenswahrung 1388. Nun konnte die Stadt auf Kriegszügen über das städtische Aufgebot eine eingeschränkte Hochgerichtsbarkeit ausüben. Generell lag zwar das Blutgericht immer noch beim Herzog, die Privilegierungen der Landfriedenswahrung konnten jedoch den Eindruck einer wesentlich erweiterten städtischen Gerichtsbarkeit erwecken und wurden in dieser Hinsicht auch ausgelegt. Ob in Fällen der Landfriedenswahrung der Rat unter dem Vorsitz des Stadtrichters tagte, ist nicht zu klären. Der Stadtrichter war ja nach wie vor herzoglicher Beamter, die Stadt hatte bei der Wahl des Richters nur das Vorschlagsrecht. Lediglich das Amt des Gerichtsschreibers, bis 1396 ein vom Stadtrichter bezahlter Schreiber, wurde ab diesem Zeitpunkt vom Rat besetzt und wandelte sich zum städtischen Amt des Unterrichters. Während die Hochgerichtsbarkeit also nur in gewissen Fällen bei der Stadt lag, übte sie die Niedergerichtsbarkeit vollständig aus. Aber auch hier führte der vom Herzog eingesetzte Stadtrichter den Vorsitz – ein deutlicher Hinweis auf die Zwitterstellung des Stadtrichteramts.[14]

Steigender Geldbedarf der Landesherrn für Hofhaltung und Verwaltungsapparat war eine der Ursachen für die angespannte Finanzlage der Stadt in der zweiten Hälfte des 14. Jahrhunderts. Aus Stadtsteuer und Zöllen konnte der Stadtherr bedeutende reguläre Einkünfte erwarten. Diese Einnahmequellen waren jedoch oft – trotz gegenteiliger Privilegien – an herzogliche Finanziers verpfändet. Zusätzliche Geldmittel ließen sich durch Verbrauchersteuern (Ungeld) auf verschiedenste Waren wie Wein, Vieh und Stoffe erzielen. In der zweiten Hälfte des 14. Jahrhunderts trafen jedoch die nicht enden wollenden Ungeldforderungen der Herzöge auf eine immer geringer werdende Zahlungsbereitschaft der durch Pest und Krieg demoralisierten Einwohnerschaft. Trotzdem, so scheint es, wurden sie hingenommen, bis es in München zu einem kurzen, aber heftigen Ausbruch des Zorns kam: der Ratsherr und Tuchhändler Johann Impler wurde kurzerhand geköpft, weil er als Ratgeber des Herzogs galt. Dem wittelsbachischen Heer, das daraufhin die Stadt belagerte, konnten die Münchner allerdings nicht standhalten. Sie kapitulierten und demütigten sich vor den Herzögen, wie der Augsburger Chronist Burkhard Zink schadenfroh bemerkt, und mußten außerdem eine erhebliche Strafsumme zahlen.[15] Da dieser Aufstand nur bei Burkhard Zink überliefert ist, galt er als nicht gesichert. Auch läßt sich ein «herzoglicher Rat» Johann Impler nicht nachweisen. Bisher wenig beachtete Ratskorrespondenzen lassen nun aber die Impler-Affäre als Endpunkt eines massiven Konflikts zwischen Stadt und Stadtherr erscheinen, denn sie geben Auskunft über die Ursache und den möglichen Ablauf der Unstimmigkeiten ab dem Jahr 1383.

Nach dem Beschluß der Landstände vom 3. April 1383, finanzielle Hilfe für die Auslöse der verpfändeten Städte Lauingen, Gundelfingen und Höchstätt in Form einer Vieh- und anderer Steuer zu gewähren, stellte sich München gegen diesen Beschluß und verständigte sich in diesem Sinn mit anderen bayerischen Städten. Herzog Stephan, der sein Anliegen in München persönlich vorgetragen hatte, reagierte verstimmt. Besorgt bat daher die Stadt dessen Bruder Johann um Vermittlung.[16] Grundsätzlich war die Stadt bereit, der Steuer auf vier Jahre zuzustimmen, wie die Briefe betonen. Für München ging es aber neben der zusätzlichen finanziellen Belastung um grundsätzliche Rechte. 1294 hatte das Rudolfinum freie Bürgeraufnahme garantiert. Nun sollte dieses wesentliche Recht allen bayerischen Städten streitig gemacht werden, denn die Herzöge hatten dem Adel zugesichert, daß die Städte keine Grunduntertanen aufnehmen durften: «daß wir für ein Warhait haben erfahren, ... daß wir noch andere Stett und märgt in dem lande dheinen den wir einnemen und emphahen sulln ze Bürger...».[17] Daneben verlangten die Herzöge auch den Abbruch der Vorstadt, eine Forderung, auf die München anscheinend zähneknirschend eingehen wollte: «uns dünckt unsere Notdurft sei Abbrechen.»[18] Ursache dieses

Befehls ist vielleicht der Versuch der Stadt, auf diese Weise ein eigenes Territorium zu bilden. Eine Verschärfung der Lage trat 1384 ein, als die Brüder Stephan, Friedrich und Johann zu keiner Einigung in ihren Teilungsverhandlungen gelangten und München offensichtlich für Johann Partei ergriff, wahrscheinlich um die Zwistigkeiten der Landesherrn untereinander für sich selbst zu nutzen.

Zur Sicherung der eigenen verbrieften Rechte verbanden sich 483 Bürger am 1. Juli 1384 in einer Einung: «wan wir güt brief haben von unsrer gnedigen herschaft von Bayrn So habn wir uns in eydeß weis undereinand gebn ob uns icht darumb angieng das wir dez alle gemeinlich und ewlich beieinand besten und beleiben welln alz der brief sagt den uns unß obgeschriebene hern die herzogn darüber habnt gebn.»[19] Einungen einflußreicher Handelsherrn konnten durchaus als politisches Druckmittel zum Erfolg führen,[20] die Münchner Bürger aber scheiterten. Am 3. Juli einigten sich Stephan und Friedrich; am 10. Dezember kam es zu einer Verständigung der drei Brüder, und am gleichen Tag wurde eine Schlichtungskommission im Streit mit den Münchnern berufen. In München war man anscheinend bereit nachzugeben und hoffte auf einen guten Ausgang der eigenen Sache. Am 10. Januar 1385 bestätigt eine herzogliche Urkunde, daß die von der Stadt geleistete finanzielle Unterstützung ihren Rechten keinen Abbruch tun solle, jedoch erst am 25. November 1385 wurde endlich die vieldiskutierte Steuer erhoben. Möglicherweise kam es in diesem Zeitraum zu den Unruhen, in deren Verlauf Johann Impler ums Leben kam. Zusätzlich zu den Steuern bewilligten die Münchner nämlich die hohe Summe von 2000 Gulden – laut Urkundentext eine Schenkung. Wahrscheinlicher ist, daß es sich hierbei um die bei Zink erwähnte Strafsumme handelt.[21]

In diese Zeit der Spannungen zwischen Stadt und Stadtherrn datieren auch die Anfänge der «Neuveste», der späteren Residenz. Der Alte Hof erschien den Stadtherren nicht mehr sicher genug, da er über keinen freien Fluchtweg verfügte. Bei den folgenden Differenzen der Herzöge war auch die Neuveste strittiges Gut. 1392 besetzte sie Herzog Johann im Handstreich, gegen Ende des Jahrhunderts hielten sie Stephan und sein Sohn Ludwig besetzt.[22] Wie schon 1383 nahm die Stadt auch bei den Ungeldforderungen, die die Herzöge im Jahre 1396 erhoben, und vor allem wegen einer Vermögenssteuer Kontakt mit den Landständen auf. Wie die Steuerordnung vom 23. August 1396 zeigt, gab sie jedoch schließlich nach. Im folgenden Jahr 1397 zahlte die Stadt noch einmal 2300 Gulden als Vorschuß auf die Stadtsteuer. Mit der Rückzahlung mußte man sich allerdings noch etwas gedulden, denn die Steuer war bereits an Engel die Hawtzingerin und Hans Rudolf verpfändet.[23] Die Gerichtsrechte der Stadt blieben trotz ihrer Bereitschaft, den hohen Geldbedarf der Herzöge zu decken, umstritten und wurden gegen Ende des 14. Jahrhunderts erneut in Frage gestellt, als sich innerstädtische Verfassungskämpfe mit den politischen Gegebenheiten kreuzten.

1350 hatten die Wittelsbacher die Reichsinsignien an Karl IV. ausgeliefert. Nicht nur die Herzöge, sondern auch die Stadt erlitt dadurch einen Verlust, der sich am besten aus der positiven Wirkung erklärt, die sie in der Folgezeit für ihren Aufbewahrungsort Nürnberg zeigten. Für München ergab sich jedoch ein günstiger «Zufall». 1388 wurden die Andechser Reliquien entdeckt: drei Hostien mit dem Bild des Gekreuzigten, ein Teil der Dornenkrone Christi, ein Stück der Lanze des Longinus und das Siegeskreuz Karls des Großen und des hl. Rasso. Am 6. Dezember 1389 ließ man den wertvollen Fund feierlich nach München in die Lorenzkapelle im Alten Hof bringen. Ablässe verschiedener Bischöfe aus den Jahren 1390 bis 1392 folgten.[24]

Sowohl der Aufbewahrungsort als auch die Art der Reliquien – Dornenkrone, Lanze, Kreuz Karls des Großen – legen eine bewußte Anspielung auf die verlorenen Reichsinsignien nahe. Möglicherweise wurde auch an die Errichtung einer Familiengrablege in der Lorenzkirche gedacht. Zumindest hoffte man auf einen beträchtlichen Besucherstrom, der neue wirtschaftliche Impulse geben konnte. Zur Legitimierung des Reliquienfundes gaben die Herzöge die Vorgeschichte der Reliquien mit angeschlossenem Translationsbericht in Auftrag. Autor war der Dominikaner Johannes von Eugubio, Professor der Theologie und nach 1394 päpstlicher Legat und Kreuzzugsprediger in Südostdeutschland und Oberitalien.[25]

Für 1392 erreichte Herzog Stephan, der über gute Beziehungen zu Rom verfügte, in Absprache mit Papst Bonifaz IX. die Verkündung eines Gnadenjahrs in München. Voraussetzung für das Erlangen des Ablasses war ein Besuch der vier Stadtkirchen U. L. Frau, St. Peter, Hl. Geist und St. Jakob am Anger in der Zeit vom 17. März bis 1. August. An drei Tagen in der Woche wurden die Reliquien öffentlich gezeigt. Der Ansturm von Pilgern war so groß, daß man sogar gezwungen war, eigene Ordnungskräfte einzustellen. Von den Besuchermassen profitierten nicht nur Gastwirte, Bäcker und Metzger, sondern sicher auch die Händler der Jakobidult, deren Stände um die Angerkirche lagen. Burkard Zink ging daher wohl nicht fehl in seiner Annahme, Hauptgrund der Feierlichkeiten sei das Geldverdienen.[26] Der Versuch, die Andechser Reliquien fest in München zu etablieren, gelang nicht; die Gründe dafür sind nicht bekannt. 1407 wurden sie wieder nach Andechs gebracht, und dort entstanden schließlich Kloster und Grablege.

Das Münchner Franziskanerkloster versuchte an den Triumph der Andechser Reliquien anzuknüpfen. 1394, also zwei Jahre nach dem Gnadenjahr, entdeckte man dort den Arm des heiligen Antonius wieder, den Ludwig der Bayer nach München gebracht hatte und der während eines Stadtbrandes «verlorengegangen» war. Jedoch auch der Antoniusreliquie gelang es nicht, München zum Wallfahrtsort zu machen.[27]

Das Gnadenjahr hatte für München ein unangenehmes Nachspiel. Die Hälfte der zu erwartenden Einnahmen hatte Papst Bonifaz IX. ursprünglich für sich beansprucht, die andere Hälfte war für die Baufonds der vier erwähnten Kirchen gedacht. Mit diesen Mitteln sollte wahrscheinlich der Wiederaufbau nach dem Stadtbrand von 1327 finanziert werden. Aus Geldmangel war er nur sehr zögernd vorangegangen: St. Peter wurde 1365 geweiht, die Hl.-Geist-Kirche erst 1392 fertiggestellt. Herzog Stephan konnte erreichen, daß ihm ein Viertel aller Einnahmen überlassen wurde. Die Münchner dagegen gingen davon aus, daß auch der Stadt Einnahmen zustanden und zweigten offensichtlich einen Teil der Gelder für die Stadtkasse ab. Die Stadt wurde deshalb gebannt und erst nach einigen Verhandlungen wieder vom Bann gelöst. Die Gelder hatte man wohl zurückerstattet.[28]

Die Lage des städtischen Haushalts war in der Tat prekär und endete gegen Ende des 14. Jahrhunderts mit dem völligen Ruin der Stadtkasse. Der Stadt flossen zwar hohe Einnahmen aus dem Salzhandel zu: Salzzölle und Gebühren für die Nutzung städtischer Einrichtungen machten in der zweiten Hälfte des 14. Jahrhunderts fast die Hälfte der Einnahmen aus. Ein merklicher Rückgang dieser Einkünfte ist mit Ausnahme von 1398, dem Ausbruch der Verfassungskämpfe, nicht festzustellen. Der zweite wichtige Posten im Stadthaushalt, die Steuereinnahmen, ist im ganzen Untersuchungszeitraum starken Schwankungen unterworfen.[29] Um hier Verluste auszugleichen, wurde die Steuerschraube angezogen, denn ab 1393 macht sich ein Ansteigen der Einnahmen aus den Steuern bemerkbar. Die zusätzlichen Anforderungen wie Kriegskosten und sonstige Hilfen für die Herzöge konnten aber damit nicht ausgeglichen werden; die Stadtkämmerer mußten sich neue Geldquellen erschließen. Sie nahmen nun ihrerseits Anleihen in der Form von Grund- und Leibrenten auf. Leibrentenverkäufe sollten der Stadt die nötigen Geldmittel, den Käufern aber (neben Münchnern auch Bürger anderer Städte wie Ingolstadt, Augsburg oder Salzburg) eine sichere Geldanlage bieten. Auch Ewiggeldbriefe waren an Einheimische und Fremde verkauft worden. Rentenempfänger waren in diesem Fall vor allem Kirchen und gemeinnützige Einrichtungen wie Spitäler. Die Stifter von Seelgerätsvermächtnissen hatten die Rentenkaufsumme der Stadtkammer überschrieben. Stadtkämmerer oder städtische Pfleger waren nun für die richtige Verwendung der Ewiggelderträge für Jahrtagsmessen und Sachspenden an Bedürftige verantwortlich. Zahlreiche Stiftungen gingen in dieser Form an das Heiliggeistspital oder an die beiden Leprosenspitäler, St. Nikolaus am Gasteig und St. Nikolaus bei Schwabing.

Die Unauflösbarkeit der Ewiggeldverträge wurde bald zum Problem. Nicht nur die Stadtkämmerer, sondern auch Münchner Bürger mußten erkennen, daß die von ihnen und ihren Erben auf ewig zu zahlenden Renten in keinem Verhältnis zu der Geldsumme standen, die sie dafür als einmalige Zahlung erhalten hatten. Kündbarkeit der Verträge war daher eine der Forderungen während der Unruhen des Jahres 1377. Da auch die Stadt die Ewiggeldrenten nicht mehr auszahlen konnte, sicherte sie sich 1381 das Recht der Rentenablösung vom Rentenkäufer oder seinen Erben. 1391 schließlich verkaufte sie ihre Ewiggelder an die Münchner Kirchen und Klöster, «von grosser geltschuld wegen, darein wir chomen und gevallen sein von manigerley sach wegen vnd auch von vnser herrschaft wegen mit gutem wolbedachten mut vberein chomen sein vnd ze Rat worden». Leibrenten waren dagegen weiterhin auszuzahlen. Die Lage der Stadtkasse besserte sich danach nicht, und ab 1389 häuften sich Beschwerdebriefe der unbefriedigten Rentenempfänger. 1399 rechnete die Stadt mit allen Gläubigern ab, konnte jedoch nur neue Schuldverschreibungen ausstellen.[30]

Angesichts des Unvermögens, diesen Verpflichtungen nachzukommen, betrachteten die Münchner ihre eigene Stadt immer weniger als gute Geldanlage. Es ist daher nicht verwunderlich, daß sich in dieser Zeit Leibrentenkäufe in anderen Städten häuften. Gerade Augsburg war so beliebt bei den Münchner Anlegern, daß es sich mit Hilfe der Rentenverkäufe über eine eigene Finanzkrise retten konnte.[31] Der letzte, allerdings unpopuläre Ausweg, blieb die Doppelbesteuerung. Ab 1363, dem Zeitpunkt, an dem die Steuerbücher einsetzen, bis 1400 mußten die Münchner in den Jahren 1383, 1390, 1393 und 1399 zweimal Bürgersteuer zahlen, im Frühjahr und im Herbst. Während das von den Herzögen erhobene Ungeld auf Wein, Vieh und importierte Textilien nur die Wohlhabenderen und die Kaufleute traf, war die doppelte Stadtsteuer für jeden Bürger eine Belastung. So mochte sich mancher fragen, ob denn die Stadtkasse wirklich in den rechten Händen sei. Ausgangspunkt der innerstädtischen Konflikte von 1377 und 1398 war daher jeweils die Frage nach den kommunalen Finanzen.

Interne Verfassungskonflikte bis zum Wahlbrief von 1403

Das früher unter dem Begriff «Zunftkämpfe» subsumierte Phänomen der städtischen Unruhen im 14. Jahrhundert wird mittlerweile wesentlich differenzierter gesehen. Hatte man früher diese Unruhen als Kampf der rechtlosen Stadtbevölkerung gegen eine aus dem Stadtmeliorat gebildete Oberschicht aufgefaßt, kann man heute davon ausgehen, daß das von der Forschung implizierte Streben nach «Demokratie» allen an den Aufständen Beteiligten fremd war. Zudem erwiesen sich Anlässe und Träger der Unruhen als äußerst vielschichtig, auch wenn in allen Fällen der Kampf verschiedener Interessengruppen um politische Einflußnahme in der Stadt die Ursache war. So fanden in einigen rheinischen Städten die Kämpfe innerhalb der Oberschicht statt, wobei sich Teile des ministerialen und des bürgerlichen, das heißt nichtadeligen Meliorats gegenüberstanden. Verbreiteter waren Machtkämpfe neuer, reicher Familien gegen bereits etablierte, die schon im Rat vertreten waren. Der Rat hatte in den meisten Städten dieser Zeit eine distanzierte Stellung zur Gemeinde der Vollbürger gewonnen und hatte sich zur Obrigkeit entwickelt, während der Gemeinde selbst wenig Mitspracherecht geblieben war. Träger des Widerstandes waren – wie z. B. in Augsburg – häufig Zünfte, gewerbliche Zusammenschlüsse, die sich in vielen Städten auch zu politischen Verbänden entwickelt hatten. Selten brachten diese Verfassungskämpfe weitgehende Veränderungen, bestenfalls Kompromisse.[32] Wie 1348/49 in Nürnberg konnten auch divergierende außenpolitische Ziele verschiedener Gruppen die Ursache sein, wobei sich auch hier zwei Gruppen durchweg wohlhabender Bürger gegenüberstanden.[33]

Die Vorgänge in München am Ende des Jahrhunderts lassen sich auf keines der gängigen Muster reduzieren, doch sind auch hier wesentliche Züge dieser für das Spätmittelalter typischen Problematik sichtbar. Wie in Nürnberg spielten politische Interessen eine Rolle, denn in München stritten sich nicht nur zwei innerstädtische Parteien, sondern auch verfeindete Stadtherren. Zum anderen sind die Unruhen von 1397 nur der Endpunkt einer Reihe von Versuchen, dem sich als Obrigkeit konstituierenden Rat mehr bürgerliche Mitbestimmung vor allem in der Finanzverwaltung aufzuzwingen. Und auch in München wird der Kampf um mehr politisches Gewicht nicht aus «demokratischen» Beweggründen geführt. Die Träger des Aufstandes sind zwar namentlich bekannt, doch ist es relativ schwierig, sie bestimmten Interessengruppen zuzuordnen, denn es gab hier keine Zünfte im Sinne politisch ausgerichteter Organisationen. Und auch für München wird sich zeigen, daß die Hauptbeteiligten keineswegs den Unterschichten zuzurechnen sind. Hierzu zunächst einige Vorüberlegungen:

Für das 14. Jahrhundert können nur die Steuerbücher als Grundlage einer Untersuchung der demographischen und sozialen Entwicklung herangezogen werden, eine Quelle, die sich gerade für diesen Zweck als äußerst trügerisch erweist. Aufgenommen sind hier natürlich nur die Steuerzahler, während alle Einwohner, die nicht zur Zahlung der Bürgersteuer verpflichtet waren, fehlen. Von der Steuerpflicht ausgenommen waren Geistliche, Hofbedienstete, Juden und Frauen ohne eigenes Vermögen. Dienstboten, die bei ihren Arbeitgebern wohnten, zahlten ebenfalls keine Steuern.

Berechnungsgrundlage sind die in den Steuerbüchern genannten Haushaltungsvorstände: im Jahr 1396 zählte man hier 1864 Personen. Bei der Errechnung der Gesamtbevölkerung Münchens geht Solleder von einer durchschnittlichen Familiengröße von 5,5 Personen aus; neuere Untersuchungen nehmen mit gutem Grund geringere Zahlen an: etwa 4 bis 4,4 Personen.[34] Nimmt man den Höchstwert, so erhält man eine Laienbevölkerung von circa 8200 Personen. Hinzu kommen circa fünfzig bis sechzig Juden, Klerus (circa 400) und Hofbedienstete mit Angehörigen (höchstens 500).[35] Für die in den Haushalten ihrer Arbeitgeber lebenden Dienstboten gibt es keine Berechnungsgrundlage. Jedoch kann man davon ausgehen, daß auch ärmere Handwerker mindestens eine Dienstmagd hatten. Dagegen kamen sie häufig ohne Lehrlinge oder Gesellen aus, wenn die eigenen Kinder mitarbeiteten. In München könnten demnach circa 1600 Dienstboten beschäftigt gewesen sein. Im Jahre 1396 lebten hier also rund 10000 Personen, eine Zahl, die sich bis 1400 nicht wesentlich änderte.[36] Bevölkerungsverluste, wie sie nach den Pestzügen eigentlich zu erwarten wären, wurden möglicherweise durch Zuzug der Landbevölkerung wieder ausgeglichen. Eine stärkere steuerliche Erfassung unterer Schichten, die Auswirkungen auf die aus den Büchern ableitbaren Einwohnerzahlen hätte haben können, ist nicht erkennbar.

Erwartungsgemäß niedrig und relativ konstant blieben in dieser Zeit offensichtlich auch die Vermögensverhältnisse. In die Steuerliste von 1383 (erster Termin) sind insgesamt 1959 Personen aufgenommen; bei 1894 Personen ist ein Steuerbetrag vermerkt. Der Mindeststeuersatz für Neubürger betrug bis zum Jahr 1372 zwei Schillinge, ebenso hoch war der spätere «Habnitsatz», der die Mindeststeuer Münchner Bürger festlegte. 1383 konnte nicht einmal die Hälfte der Steuerzahler diesen Mindestsatz aufbringen: nur 685 Personen zahlten zwei Schillinge oder mehr. Ein Blick in die Steuerlisten zeigt, daß im gesamten Zeitraum von 1369 bis 1401 die Zahlen nur leicht variieren: bestenfalls fünfzig Prozent der Einwohner zahlten den Habnitsatz oder mehr. Rund die Hälfte der Münchner lebte also an oder unter der Armutsgrenze.[37]

Wesentliches Kriterium für die soziale Stellung innerhalb der Stadt war neben dem Vermögen vor allem der Besitz des Bürgerrechts. Im Ratsbuch III finden sich für das Jahr 1383 die Namen von 1104 Personen mit der Bemerkung verzeichnet, daß aus diesen Männern der Große Rat bestünde.[38] Im allgemeinen umfaßte der Große Rat als Vertretung der Gemeinde nur eine Auswahl von 150 bis dreihundert Personen; mit über tausend Mitgliedern war der Rat nicht handlungsfähig. Das Datum der Liste (1383) läßt vermuten, daß der Große Rat zusammengerufen worden war, um gegen die Viehsteuer zu stimmen, ein Beschluß von größerer Tragweite, der nur von der ganzen Bürgerschaft gefaßt werden konnte. Diese Liste von 1104 Personen dürfte also im wesentlichen alle Einwohner der Stadt umfaßt haben, die das Bürgerrecht besaßen und dadurch berechtigt waren, mit der Stadtgemeinde abzustimmen.

Theoretisch gab es in München die Verknüpfung von Steuer und Bürgerrecht; nur wer steuert und wacht mit den Bürgern, genießt Burgrecht.[39] Die Steuerliste des gleichen Jahres 1383 enthält jedoch mit 1894 Steuerzahlern einen erheblich über die Zahl der Bürger hinausgehenden Wert. Darunter sind auch circa zwanzig Frauen, die ihr eigenes Vermögen versteuerten. Frauen waren in der Gemeinde nicht stimmberechtigt. Nur 685 Personen zahlten zwei Schillinge oder mehr: von der Grenze des späteren Habnitsatzes konnte die Mitbestimmung in der Gemeinde also auch nicht abhängen. Selbst wenn man davon ausgeht, daß bei der Abstimmung von 1383 nicht alle Bürger dabei sein konnten, bleiben doch etwa siebenhundert Steuerzahler ohne Stimmrecht. Hausbesitz als Unterscheidungskriterium scheidet aus. In keinem der städtischen Satzungsbücher ist das Bürgerrecht ausdrücklich an Grundbesitz gebunden. Es gab zwar den Versuch, Grundbesitz auf Münchner Bürger zu beschränken, indem man seinen Verkauf an Nichtbürger verbot,[40] aber erst im Jahre 1403 wird der Besitz des Bürgerrechts alternativ mit der Bedingung Hausbesitz oder einer Mindeststeuer von vier Schillingen verknüpft. Einige der vorher in den Steuerbüchern aufgeführten Personen, die wie zum Beispiel Konrad Schluder oder Ott von Mittenwald nur zur Miete wohnten, hatten ganz sicher das Bürgerrecht, denn diese beiden saßen im Innern Rat; Ott von Mittenwald erscheint außerdem in einer städtischen Musterungsliste.[41] Die Annahme, daß jeder Steuerzahler notwendig auch Bürger gewesen sei, gilt demnach für diesen Zeitraum nicht. Nur etwa zwei Drittel der Steuerzahler waren offensichtlich im Besitz des Bürgerrechts, dies ist nur etwa ein Zehntel der gesamten Stadtbevölkerung. Der größte Teil der steuerzahlenden Einwohner ohne Bürgerrecht ist wahrscheinlich in den Unterschichten zu suchen. Da jeder Grundbesitz besteuert wurde und nur Kirchenbesitz steuerfrei war, konnten dazu aber auch Adlige gehören, die Häuser in München hatten oder herzogliche Grunduntertanen.[42]

Für Fremde wurde es zunehmend schwieriger, das Münchner Bürgerrecht zu erhalten. Um die finanziell geschwächte Stadt nicht noch größeren Belastungen auszusetzen, versuchte man möglichst nur vermögende Bürger aufzunehmen. Daher erhöhte die Stadt ab 1372 die Aufnahmegebühren von einem Pfund auf fünf Pfund Pfennige. Ab 1390 mußte der Neubürger zusätzlich eine Armbrust stellen. Ebenso stiegen die Ansprüche auf das in Zukunft zu versteuernde Vermögen: ab 1372 waren es fünfzig Pfund Pfennige statt der vorher üblichen zehn. Das bedeutete, daß der Neubürger bei einem Steuersatz von sechs Pfennigen pro Pfund mindestens zehn Schillinge (1,25 Pfund Pfennige) Bürgersteuer zahlen sollte. Von den Münchner Steuerzahlern erreichten im Jahr 1383 nur 145 diesen hohen Satz. Es gab zwar Ausnahmen, zum Beispiel für gesuchte Berufe, trotzdem sind die Anträge auf Einbürgerung in der zweiten Hälfte des 14. Jahrhunderts erwartungsgemäß selten.[43] Eine Beschneidung der Bürgerrechte der eingesessenen Bürger, die einen bestimmten Steuersatz nicht erreichten, ist auch für 1396 unwahrscheinlich. Aus den Steuerlisten läßt sich eine solche Einschränkung jedenfalls nicht nachweisen.[44]

Die Gremien der städtischen Verwaltung sind ab 1363 durchgehend in den Quellen erwähnt. Der Innere Rat, bestehend aus zwölf (zeitweise 16) Personen und der Äußere Rat, bestehend aus 24 (zeitweise 32 bzw. 36) Mitgliedern sind zusammen mit einem Ausschuß der Gemeinde Träger der städtischen Gewalt. Die zwei Redner oder Bürgermeister werden je einer aus dem Inneren und Äußeren Rat gewählt; das Amt rotiert, so daß alle zwölf Inneren Räte und zwölf Mitglieder des Äußeren Rates einmal im Jahr das Amt ausüben.[45] Während aber der Rat in den Quellen exakt definiert ist, ist der Beirat der Gemeinde weniger klar umrissen. Theoretisch war die Gesamtgemeinde aller Bürger für Beratung und Beschluß städtischer Satzungen verantwortlich. Vertreten war die Gemeinde durch ein Gremium, den Großen Rat. Er erscheint in den Satzungsbüchern und Steuerbeschlüssen als drittes Organ neben Innerem und Äußerem Rat. Für bestimmte Beschlüsse, die die Zukunft der Stadt wesentlich beeinflußten, war offensichtlich die Abstimmung durch die Gesamtgemeinde notwendig; so im Jahre 1383, als man sich gegen die Viehsteuer entschied. Jörg Katzmair berichtet von dieser Praxis: «...die kam aufs hauß... der gemain war zu lüzel.» Die Sitzung mußte daher vertagt werden und es konnte erst abgestimmt werden, als sich eine «große gemain» eingefunden hatte.[46]

Für den Großen Rat gab es keine feste Mitgliedszahl. Von 1365 bis 1383 schwanken die Zahlen zwischen circa 150 und dreihundert. Da ab 1384 Ratslisten fehlen, läßt sich die weitere Entwicklung nicht mehr verfolgen. 1397 bestand dann der Große Rat aus der festen Zahl von dreihundert Personen und wird auch zu der Zeit als Rat der Dreihundert bezeichnet; wie es dazu kam, ist ebenfalls unklar. Einen Redner oder Bürgermeister stellte der Große Rat in der zweiten Hälfte des 14. Jahrhunderts anscheinend nicht. Erst ein Jahr vor dem Umsturz von 1397 werden zwei Redner des Großen Rats genannt, Thoman Wilbrecht und Hans Per.[47] Bei Verhandlungen in wichtigen Angelegenheiten war der Große Rat in einem Ausschuß vertreten: Ein Rundschreiben an bayerische Städte vom 15. September 1383 unterzeichneten vier Innere Räte, vier Äußere und vier aus dem Großen Rat. Eine ebenfalls aus dem Jahr 1383 stammende Liste der *«consules speciales»* enthält neben den Namen von sechs Inneren und sechs Äußeren Räten diejenigen von 36 Mitgliedern des Großen Rates.[48]

Kriterium für die Mitgliedschaft im Großen Rat war wohl neben persönlichem Ansehen das Vermögen, denn ein Vergleich mit den Steuerlisten zeigt, daß vorzugsweise die Höchstbesteuerten einer Straße oder eines Viertels im Großen Rat vertreten waren. Auf diese Weise kamen auch Angehörige derjenigen Familien, die bereits im Inneren oder Äußeren Rat vertreten waren, in den Großen Rat. Noch deutlicher als in der Frühphase zeigt sich in der zweiten Hälfte des 14. Jahrhunderts, daß, von Ausnahmen abgesehen, Angehörige einiger weniger Familien die Ratsgeschäfte führten. Die Mitglieder dieser Familien waren selten Handwerker, sondern meist Bankiers oder Großhändler wie die Pütrich, die Ligsalz oder die Impler.[49] Der Großhandel war der sicherste Weg zum Erwerb eines Vermögens und ein gesichertes Einkommen aus eigenem Vermögen war andererseits unabdingbar für die Übernahme eines städtischen Amtes. Ständige Abwesenheit von der eigenen Werkstatt mußte einen Handwerker ruinieren. So sind die Bestimmungen, durch die die Unvermögenden vom Bürgermeisteramt ausgeschlossen werden sollten, nicht nur als Versuch zu sehen, sich gegen die unteren Schichten abzuschließen. Da eine Besoldung nicht vorgesehen war, mußte sichergestellt werden, daß die Ämter effektiv geführt wurden.[50] Auf diese Weise bildete sich eine Oberschicht von Familien, deren Anspruch auf diese Stellung sich aus ihrem Vermögen und der Ratsfähigkeit definierte. Leider ist nicht erkennbar, wieviele Familien ihre Zugehörigkeit zum städtischen Meliorat auf eine Herkunft aus der Ministerialität zurückführten. Jedoch suchten die Familien der Oberschicht eine Annäherung an das adelige Vorbild: Eine Anzahl Münchner Melioratsfamilien kaufte sich in Grund- und Gerichtsrechte umliegender Grundherrschaften ein (siehe auch unten S. 135f.). Ihre soziale Stellung dokumentierten sie durch fromme Stiftungen und Familienaltäre in der Peterskirche und der Frauenkirche.[51]

Die Herzöge, und hier anscheinend besonders Herzog Johann, waren den reichen Münchner Familien durch Kredite verpflichtet. Da den Gläubigern nicht selten die herzoglichen Zolleinnahmen verpfändet wurden, gewannen die Geldgeber auch auf diese Weise Einfluß in der Stadt. Personelle Verflechtungen mit dem Hof suchte die Stadt zwar zu verhindern, doch gab es auch schon herzogliche Räte aus der Münchner Bürgerschaft. Diese stellten sich, wie Ulrich Ebener, Konrad Diener und vor allem Hans Rudolf ab 1397 auf die Seite Herzog Ernsts.[52]

Die ersten ernsteren Spannungen innerhalb der Bürgerschaft sind für das

Jahr 1377 bezeugt, als eine mit dem Ratsregiment unzufriedene Gemeinde mehr Mitbestimmung und Abhilfe für die größten Mißstände forderte. Ausgangspunkt war offensichtlich die Lage der städtischen Finanzen, denn darauf konzentrierten sich die Beschwerden. Weitere Punkte waren: Zusammensetzung des Rats und Kompetenzen der Gemeinde, Finanz- und Ewiggeldverwaltung des Rats und offensichtlich auch die Rechtsprechung des Stadtrichters. Ein besonderes Anliegen der Gemeinde waren die Steuern; man warf dem Rat sogar Betrug in den vorausgegangenen Erhebungen vor. In längeren Verhandlungen, bei denen unter dem Vorsitz des Herzogs 14 Räte des Innern und des Äußern Rats sowie 14 Räte aus der Gemeinde tagten, erreichte man schließlich einen Kompromiß: Sowohl an der Wahl des Stadtrichters und bei der Steuererhebung als auch an der Verwaltung der Gelder sollte die Gemeinde stärker beteiligt werden. Bei der jährlichen Rechnungskontrolle, der «Widerraittung», mußten zwei Gemeindevertreter zugegen sein; auch konnte die Gemeinde in Zukunft einen Kämmerer stellen. Daneben wurde eine stärkere Besteuerung Lediger in Aussicht genommen und eine neue Verhandlung der Ewiggeldzinsen vor dem Rat. Der Große Rat, den die Gemeinde auflösen wollte, blieb weiterhin bestehen, an der Zusammensetzung des Rats änderte sich nichts.[53]

Die Beschwerden der Gemeinde richteten sich nicht nur gegen konkrete Punkte, sondern ganz allgemein gegen die Machtfülle, die der Rat erlangt hatte. Der Stadtherr hatte bereits in der ersten Hälfte des 14. Jahrhunderts wesentliche Rechte an die Bürgerschaft abgetreten. Nach 1349 setzte sich dieser Prozeß fort, mit dem Unterschied, daß sich die städtische Gewalt nun in den Händen des Rats konzentrierte, ein Vorgang, der auch aus anderen deutschen Städten bekannt ist. Der Münchner Rat hatte, wie schon beschrieben, auf dem Gebiet der Landfriedenswahrung gerichtsrechtliche Funktionen erhalten. Außerdem war er Appellationsinstanz für die Verfahren vor dem Stadtrichter. Erst in zweiter Linie sollten sich die Beschwerden an den Herzog richten.[54] Die Gemeinde nahm zwar mit ihren Ausschüssen an allen wichtigen Beschlüssen teil, hatte jedoch nur untergeordnete Entscheidungsgewalt. Wie weit sich der Rat bereits von der Gemeinde entfernt hatte, zeigt die Forderung der Bürger im Jahr 1377, Einsicht in die Satzungsbücher der Stadt zu nehmen.[55]

Parallel zur Etablierung des Rats als städtische Obrigkeit ist eine Straffung der Verwaltungsorganisation festzustellen. Nicht von ungefähr findet sich für diese Zeit eine Häufung städtischer Quellen, wenn auch im einen oder anderen Fall der Zufall der Überlieferung eine Rolle gespielt haben mag. So begann man um 1365 mit der Neuredaktion städtischer Rechtsbücher, der Sammlung Taentzels und der sogenannten Kaiserbildhandschrift (1369).[56] Das Ratsbuch III, das mit seinen Ratslisten und Eiden 1362 angelegt wurde und das Ratsbuch IV, das von 1370 bis 1434 verfaßt wurde und das die Einung von 1377 sowie eine Anzahl von Ratsbeschlüssen enthält, stellen die wichtigsten Quellen für die Zeit der Unruhen dar.[57] Gegen Ende des Jahrhunderts wurden die ersten Handwerkssatzungen verfaßt.[58] Im Jahr 1368 beginnen die Gerichtsbücher, 1376 das Strafbuch.[59] Ab 1368 sind die Steuerbücher erhalten, ebenso wie die Zinsbücher von 1363/64 und 1388, Zeichen verstärkter Bemühungen, die städtischen Finanzen besser zu organisieren.[60] Auffällig ist das Einsetzen eines Großteils der Texte um 1362/63: Das Ende der Thronstreitigkeiten um Meinhard war offensichtlich der Anlaß für die Intensivierung städtischer Verwaltung. Äußeres Zeichen der Machtfülle des Rats ist eine in den Handwerkssatzungen festgehaltene Bestimmung von 1394: das Siegel des Stadtschreibers mußte zerbrochen werden, allein gültiges Siegel sollte von nun an das Ratssiegel sein.[61]

Besonders wichtig für die weitere Entwicklung der Stadt war der weitgehende Einfluß des Rats in der Gewerbeaufsicht. Im Gegensatz zu anderen Städten hatten hier die Gewerbe keine wesentliche Eigenverwaltung und -gesetzgebung entwickeln können. Die Pfleger (später Vierer) der Handwerke wurden vom Rat ausgewählt und waren ihm verantwortlich. Wer in seinem Handwerk Meister werden konnte, bestimmte der Rat, die Pfleger hatten nur ein Vorschlagsrecht. Gewerbeaufsicht und Marktpolizei, zuvor Kompetenzen des Stadtrichters, lagen ab circa 1363 ebenfalls in den Händen des Rats. Um die Bürger vor überhöhten Forderungen der Tagwerker zu schützen, setzte er Höchstlöhne fest und bestimmte außerdem die Zeitspanne, während derer sich die Tagwerker an der Vermittlungsstelle für Arbeiter aufhalten durften. Die Versuche einiger Handwerker, sich herzogliche Freibriefe zu verschaffen, waren nicht gerne gesehen. Dieses Ausweichen aus den städtisch überwachten Handwerkerverbänden wurde deshalb auch verboten.[62]

Zünfte im Sinne politischer Zusammenschlüsse, die in anderen Städten Träger der Verfassungskämpfe waren, gab es in München nicht. Zwar ist ein «*consortium*» der Münchner Schuster bereits 1290 genannt. Ebenso gab es eine «*societas*» der Huter, Zusammenschlüsse von Lederern, Krämern, Kaufleuten und wahrscheinlich auch anderer Gewerbezweige. Doch über eigene öffentlich-rechtliche Befugnisse dieser Verbindungen ist nichts bekannt. Die Münchner Zünfte waren nur Zusammenschlüsse gleicher Gewerbe, also «Handwerke» und werden auch so in den Satzungsbüchern und der Handwerksordnung bezeichnet.[63] Einungen, also politische Verbindungen unter den Handwerkern, waren bereits zu Anfang des Jahrhunderts verboten worden, ein Verbot, das nach den Augsburger Zunftkämpfen von den Herzögen im Jahre 1369 wiederholt und im Münchner Satzungsbuch bekräftigt wurde.[64] Eine Einung Münchner Schmiede wurde 1377 aufgedeckt und schwer geahndet. Die Beteiligten mußten geloben, in Zukunft weder eine «Aynung, einen Rat, Samung noch Zunft» zu bilden, noch andere dazu anzustiften.[65]

Etwas später als in anderen Städten kam es – von dem Vorspiel 1377 abgesehen – auch in München zu ernsten Auseinandersetzungen zwischen Rat und Gemeinde. Die Unruhen mündeten schließlich in die Übernahme des Stadtregiments durch einige Gruppen aus dem Großen Rat und in die Vertreibung mehrerer Ratsfamilien. Als Auslöser der Unruhen mag auch die außerordentlich kritische Lage der Stadt in Frage kommen. Die Träger des Aufstandes waren jedoch nicht die hungernden Unterschichten oder demokratisch denkende Handwerker. Die Hauptbeteiligten an den Ereignissen 1397/98 waren wohlhabende Bürger, die versuchten, an der Macht von Innerem und Äußerem Rat teilzuhaben, beziehungsweise sie zu übernehmen.

Im Gegensatz zu den Zwistigkeiten von 1377 und 1383 bis 1385 sind zu den Vorgängen von 1397 bis 1403 Quellen erhalten, die den Ablauf der Ereignisse skizzieren. Dabei handelt es sich einmal um den Bericht des Ratsherrn Jörg Katzmair, einer der Beteiligten und Betroffenen. Zum andern gibt es den Bericht eines anonymen Autors, dessen Text im Nachlaß von Oefeles entdeckt wurde.[66] Während Katzmair nach seiner Flucht die Münchner Ereignisse nur noch lückenhaft berichten konnte, setzt der unbekannte Autor mit den Ereignissen ein, die danach lagen. Besonderes Gewicht mißt er der Schilderung einer Gegenverschwörung der Ratsherrn Triener und Haitvolk und des Salzsenders Stromair von 1400 bei. Wie auch in anderen Quellen erwähnt, endete die Verschwörung blutig: Das Komplott wurde aufgedeckt, die drei Hauptverschwörer hingerichtet, einige Mitbeteiligte aus der Stadt gewiesen oder zum Tragen von Schandzeichen verurteilt.[67] Der Richterspruch des Stadtrichters Jörg Öttlinger über die Verschwörer ist nicht im Strafbuch eingetragen. Auch das Original ist verschollen, der Vorgang wurde aber für so wichtig erachtet, daß er Eingang in den Zyner-Codex fand.[68]

Der an Details über Hintergründe und Beteiligte so reiche anonyme Text könnte in besonders glücklicher Form eine Überlieferungslücke schließen. Leider hält er nicht einmal einer oberflächlichen Analyse stand. Als sein Verfasser kommt der Stadtschreiber «Minervius (Simon Schaidenreisser)» in Frage.[69] Die Ereignisse um 1400 bilden nur einen Teil seiner längeren Darstellung der Geschichte des Wittelsbachischen Hauses und der Stadt München. Damit wird klar, wo die Interessen des Verfassers lagen. Bei seiner Schilderung der Verschwörung zeigt er sich in den wesentlichen Punkten schlecht informiert. Der von ihm als Drahtzieher hinter den

Kulissen genannte «geheime Kanzler» Friedrich Wolgemut war zwar nachweislich Münchner Bürger, gehörte jedoch nie der herzoglichen Kanzlei an. Die angeblichen hitzigen Redegefechte, die sich einige Räte nach Aufdekkung der Verschwörung lieferten, konnten nicht stattgefunden haben: weder war zu dieser Zeit der Rat «ausschließlich mit Angehörigen der Geschlechter» besetzt, noch konnte Bartholomäus Schrenck vor Bürgermeister Rudolf eine «flammende Rede halten». Zu dieser Zeit hatten nämlich sowohl Schrenck als auch Rudolf die Stadt verlassen. Im Rat saßen ihre Gegner. Franz Impler, von den Verschwörern angeblich 1400 als Viertelshauptmann aufgestellt, verstarb bereits 1398 als Letzter seiner Familie. Die Hinrichtung eines Implers zusammen mit den drei Verschwörern ist auch bei Aventin erwähnt. Möglicherweise ist dies ein weiteres Indiz für die Affäre um Johann Impler 1385.[70]

Der Bericht Jörg Katzmairs ist im Gegensatz dazu wesentlich verläßlicher; er äußert sich zu den Ereignissen distanziert und sachlich. Jedoch leidet auch die Glaubwürdigkeit dieses Hauptzeugen bei näherer Überprüfung. Die bereits vom Herausgeber seiner Aufzeichnungen nachgewiesenen Ungenauigkeiten in der Chronologie sind verständlich und erklären sich vielleicht aus Lesefehlern der Anna Reitmorin, die den Bericht abschrieb. Nachdenklich stimmt dagegen Katzmairs Schilderung des Ausgangspunkts der Unruhen und damit der Urheber: «Item in dem 97. jar waz ich aber an dem indern rat. Da hueb sich an der lauf zu München mit den 300. Dez ersten, daz sy jee redner mainten und wolten haben. Die muest man in lassen. Da wurden die ersten zbeen redner der Pöschl und der Chrel.» Nun hatte aber der Große Rat bereits 1396 zwei Redner, nämlich Hans Per und Thoman Wilbrecht, die sich in dieser Eigenschaft an der Steuerhebung beteiligten.[71] Auch bei seiner Liste der Hauptverschwörer ergeben sich Unstimmigkeiten. So nennt er zwar Franz Impler, nicht aber Thoman Wilbrecht, der ebenfalls beteiligt war. Da Franz Impler schon 1398 verstarb, war er wohl nicht entscheidend für den Verlauf des Aufstandes. Thoman Wilbrecht dagegen wird in einer undatierten Liste aus den Kammerrechnungen als einer der bedeutendsten «Umstürzler» genannt; dementsprechend hoch ist auch die Strafe, die ihm laut dieser Rechnung auferlegt wurde: vierhundert Gulden.[72] Man wird also auch diese Quelle als einen Versuch ansehen müssen, die Ereignisse umzudeuten und dabei die eigene, nicht immer geradlinige Rolle zu beschönigen.

Daß sich ein Angehöriger des alten städtischen Meliorats wie Thoman Wilbrecht an diesem Aufstand beteiligte, ist zwar nicht typisch, zeigt aber, in welchem Umfeld die Initiatoren und die Gewinner des Umsturzes zu suchen sind. Die bei Katzmair und in den Kammerrechnungen aufgelisteten Hauptbeteiligten sind angesehene, vermögende Bürger. Aus dem Meliorat stammten neben Thoman Wilbrecht auch Franz Impler und die besonders stark engagierte Familie Tichtl mit ihren Vertretern Ulrich dem Jüngeren, Andreas, Otto, Hans und Franz. Man hat hier fast den Eindruck, daß es sich um eine Privatfehde der Tichtls handeln könnte.

Der als Hauptanstifter genannte Ulrich der Jüngere war einer der Geldgeber Herzog Johanns und als einer der wichtigsten Räte im Inneren Rat auch mit besonderen Aufgaben betraut.[73] Thoman Wilbrecht war, wie schon erwähnt, zusammen mit dem ebenfalls in den Listen genannten Kürschner Hans Per, im Jahre 1396 Redner des Großen Rats. Es scheint, daß sich eine Gruppe der Unzufriedenen aus wichtigen Männern des Großen Rates rekrutierte, die schon vor 1397 in wichtigen Ausschüssen saßen: Andre Tichtl, Wilhalm Jörgner, Liendl Lang der Stadtschreiber, Hans Mengas, Hans Wendelhauser und Jörg von Nannhofen.[74]

Für sie alle muß Wohlhabenheit vorausgesetzt werden, denn die Sonderaufgaben beanspruchten einen hohen Zeitaufwand. Dies gilt auch für eine Gruppe Brauer, da sie ebenso wie die Weinschenken ein eigenes Vermögen nachweisen mußten: Chunrat Pöschel, Galler, Adlstorffer, Wölfl. Die vier Männer gehörten zu einer neuen Schicht von Brauern, die ab 1372 neben alteingesessene Brauer aus dem Meliorat traten.[75] Dem in München äußerst angesehenen Bäckerhandwerk – die Bäcker gingen in der Fronleichnamsprozession gleich hinter dem Allerheiligsten[76] – gehörten von den «Verschwörern» an: Chunrad Thergeis, Schmözerlin (in den Kammerrechnungen wird nicht er, sondern sein Kollege Wetzl genannt) und «Simon der Hofbeck». Letzterer war Herzog Johann immer wieder mit größeren Geldsummen dienlich, war also äußerst vermögend. Ulrich Fueß/Haldenberger war Metzger, ebenfalls ein angesehenes Handwerk in München. Die ihm 1403 auferlegte Strafsumme von 1000 Gulden läßt ebenfalls auf Wohlhabenheit schließen.[77]

Die Reihe ließe sich beliebig fortsetzen. Auffällig ist auch die Beteiligung einer Gruppe von Schmieden, die schon 1377 mit einer Einung aufgefallen waren. Die Forderung nach mehr Teilhaberschaft an der Macht ging also nicht von den «kleinen Leuten» aus, und die Herrschaft übernahmen nach 1398 auch nicht die «Habenichtse» und «Desperados», Flößer und Fischer, Weber und Loder.[78] Es waren angesehene und reiche Bürger, die mehr Einfluß forderten und die für die Jahre 1398 bis 1403 auch an der Macht blieben, wie die überlieferten Namen der Räte und Bürgermeister zeigen. Dabei ist nicht auszuschließen, daß sie zeitweise auch Unterstützung bei den ärmeren und den schlechten Zeiten eher ausgelieferten Unterschichten fanden. Eine tragende Rolle dieser Schichten läßt sich jedoch nicht einmal bei Katzmair erkennen.

Charakteristisch ist der Auftakt der Auseinandersetzungen: Die zwei

Redner des Rats der Dreihundert bezweifeln die Korrektheit der städtischen Kämmerer bei der Steuerabrechnung und fordern eine Rechnungskontrolle, an der die Gemeinde teilhaben soll.[79] Diesem Ansinnen zeigt sich der Rat vorerst wenig aufgeschlossen, muß dann jedoch nachgeben und eine Kommission einsetzen, die auch mehrere Gemeindevertreter enthält. Die weitere Entwicklung zeigt, daß man eine weitgehende Einbindung der Bürgerschaft in die Belange der Stadt erreichen wollte: man versuchte für Abstimmungen eine möglichst breite Basis zu gewinnen und traf sich zu Versammlungen im Augustinerkloster.[80] Als sich die Entscheidungen verschleppten, schlug die Stimmung um und bewaffnete Aufrührer erzwangen die Machtübernahme durch die «Bürgerpartei». Stadtschlüssel, Sturmglocke und Stadtbanner mußten ihr übergeben werden. In einen neuen Rat wurden Männer der Bürgerpartei berufen. Offensichtlich erreichten auch die Handwerke mehr Einfluß in der Stadt, denn in der Gerichtsverhandlung gegen die Verschwörer sind Handwerksvierer zusammen mit dem Rat Beisitzer.[81]

Der Umsturz hatte jedoch nicht nur stadtinterne Ursachen. Nach dem Tod Herzog Johanns kam es zu neuen Teilungsstreitigkeiten zwischen Herzog Stephan und den Söhnen Johanns, Ernst und Wilhelm. Herzog Stephan zog in die Neuveste ein. Die Münchner, anfänglich neutral, verweigerten nach dem Göppinger Spruch vom 4. Juli 1398 Ernst und seinem Bruder die Huldigung und schlossen sich Stephan an. Katzmair, der wie andere Exilierte aus den Ratsgeschlechtern zu Ernst flüchtete, nennt als Grund für die Weigerung der Münchner, Ernst habe die Privilegien der Stadt nicht bis zum gegenwärtigen Stand anerkennen wollen. Damit war wieder einmal das Recht der Stadt, selbst über Bürgeraufnahme und -ausschluß zu entscheiden, in Frage gestellt.[82] Die Umsturzpartei verknüpfte nun beide Anliegen und hoffte anscheinend bei Herzog Stephan auf Unterstützung.

Der neue Rat hatte in der Stadt spätestens ab 1399 einen schweren Stand. Die Stadtkasse war zwar mit dem enteigneten Vermögen geflüchteter Familien gefüllt worden, das große Defizit konnte jedoch auch der neue Rat nicht aus der Welt schaffen. Bei der Konfiszierung der Häuser und Vorräte geflohener und ausgewiesener Gegner der Umstürzler scheint es zu großen Ungerechtigkeiten gekommen zu sein. Die gespannte Atmosphäre in der Stadt drückt sich im Strafbuch aus, in dem ab 1399 eine zunehmende Zahl ehrbarer Münchner verzeichnet ist, die wegen ungebührlicher Reden gegen den Rat der Stadt verwiesen wurden. Die Münchner Juden fürchteten offensichtlich ein Pogrom, denn sie boten freiwillig an, ihre Handelsaktivitäten in Zukunft einzuschränken.[83]

Auch von außen geriet die Stadt in Bedrängnis, und unter dem Druck der Belagerung durch die herzoglichen Heere gab sie schließlich auf. Alle

Beteiligten beugten sich einem Schiedsspruch unter dem Vorsitz Burggraf Friedrichs von Nürnberg. Im Spruchbrief vom 31. Mai 1403 wurden die Gerichtsbarkeit der Münchner innerhalb der Stadt anerkannt und ihre Privilegien in einer weiteren Urkunde von den Herzögen bestätigt.[84] Die geflüchteten Ratsherrn kehrten zurück und bildeten einen neuen Rat. Eine seiner ersten Handlungen war ein Kassensturz, der, wie nicht anders zu erwarten war, ein beachtliches Defizit zeigte. Sowohl den Ausgleich dieses Defizits als auch die Zahlungen, die München in der Folgezeit an die Herzöge zu leisten hatte, dachte man den Aufrührern aufzubürden. Die Hauptakteure mußten erhebliche Summen zahlen: Ulrich Tichtl an der Spitze mit 5000 Gulden (circa 2500 Pfund Pfennige). Die Einflußreichsten der Bürgerpartei mußten die Stadt verlassen und ihr Vermögen wurde zur Begleichung der Strafsummen konfisziert.[85] Ihr Vorhaben, stärker an der Macht beteiligt zu werden, war gescheitert.

Um weiteren Unruhen vorzubeugen, entstand unter Mitwirkung der Herzöge und der herzoglichen Räte eine neue Verfassung, die nach Beratungen mit dem Rat der Stadt und einem 36köpfigen Ausschuß der Gemeinde beschlossen wurde. Der Wahlbrief vom 21. August 1403 sollte nun die Grundlage der städtischen Machtverteilung und des bürgerlichen Mitspracherechts werden, auf die die neu aufzunehmenden Bürger schwören mußten.[86]. Gänzlich neu war die Verfassung nicht, denn sie bestätigte die Macht des Rates und beschnitt dagegen die Rechte der Gemeinde erheblich. Von drei Wählern für den Inneren Rat bestimmte zwei der Innere Rat selbst: einen aus dem Äußeren Rat und einen aus der Gemeinde. Den dritten Wähler bestimmte der Äußere Rat. Auch den Äußeren Rat wählten die Räte des Inneren. Die Gemeinde durfte nur vom Rat einberufen werden und zwar zu den nun festgelegten Punkten: bei Steuersachen, Ewiggeld- und Leibrenten wie überhaupt bei Fragen der Finanzverwaltung und offiziellen Reisen der Ratsherrn. Damit waren Rechte der Gemeinde umschrieben, die sie schon anläßlich der Unruhen von 1377 gefordert hatte und die ihr auch zugestanden worden waren. Die Zugehörigkeit zur Gemeinde und die Befähigung für den Rat wurde nun auf Bürger beschränkt, die entweder Haus und Hof besaßen oder mindestens vier Schillinge Steuer zahlten. Damit war auch in München das sogenannte kleine Bürgerrecht geschaffen, das jenen, die weniger Steuern zahlten, zwar den Schutz der Stadt garantierte, sie aber von jeder aktiven Mitwirkung am Stadtregiment ausschloß. Redner der Gemeinde war der zweite Bürgermeister, also ein Äußerer Rat, wobei sich Äußerer Rat und Gemeinde auf gemeinsame Ziele einigen mußten. Damit war die Stellung des Rats fest verankert.

Das im Wahlbrief ausgesprochene, ausdrückliche Verbot, sich «heimlich» zu treffen – also Einungen zu bilden –, sollte zukünftigen Umsturzversuchen vorbeugen. Auch neue Sätze der Handwerksordnung enthielten – für jedes Handwerk gesondert – das Einungsverbot und bestimmten die Auflösung bestehender Einungen bzw. Zünfte.[87] Damit war die weitere Entwicklung der Münchner Handwerkerverbände festgelegt. Politische Funktionen sollten sie bis zum Ende des 18. Jahrhunderts nicht mehr wahrnehmen; «Zünfte» im Sinne politischer Interessenverbände gab es in München daher nicht. Allerdings entspannte sich die Lage gegen Ende des 15. Jahrhunderts anscheinend so weit, daß eine terminologische Angleichung der Begriffe «Zunft» und «Handwerk» stattfinden konnte.[88] Parallel dazu erhielten die Münchner Handwerksverbände größeren Spielraum in ihren eigenen Belangen: So wählten die meisten ihre Vierer, durften ihre Versammlungen selbst einberufen und sogar eine gewisse Disziplinargerichtsbarkeit ausüben. Weiterhin aber waren sie in der Hauptsache auf die Wahrung wirtschaftlicher Interessen beschränkt und erfüllten daneben die üblichen sozialen und religiösen Funktionen. Dementsprechend heißen auch in der Folgezeit sogar die angesehenen Verbände der Bäcker und Metzger nur «Handwerke».[89]

Schon bald ging man an eine Umdeutung der Ereignisse im Sinne der nun fest etablierten patrizischen Familien. Es hielt sich noch die Erinnerung an eine Empörung gegen einen zu nachsichtigen Rat, der die Rechte der Stadt gegenüber den Herzögen nicht verteidigt hatte.[90] Ein von angesehenen Bürgern angezettelter Aufstand konnte sich dagegen nicht mehr in die nun herrschenden Vorstellungen einfügen. In einer etwa um 1500 entstandenen Ratsordnung berichtet der unbekannte Autor in einem Exkurs über die Zeit der «leuff und emperung» wider die Fürsten von Bayern. Nach seiner Darstellung standen dabei die «namhaftigen Bürger und fürnehmsten Geschlechter» auf der Seite der Herzöge Ernst und Wilhelm, während sich Herzog Stephan und sein Sohn Ludwig mit dem «pöffel» verbanden.[91] Die Polarisierung der sozialen Schichten wurde zur offiziellen Version eines wesentlich komplizierteren Vorgangs.

Christine Rädlinger

Konsolidierung und Ausbau der bürgerlichen Stadt München im 15. Jahrhundert

Verfassung und Verwaltung

Als am 21. August 1403 die Herzöge Ernst (1397–1438) und Wilhelm III. (1397–1435) gemeinsam mit der Bürgerschaft das Stadtgrundgesetz feierlich besiegeln, ist die Organisation des Gemeinwesens zum Abschluß gekommen: nach schweren Konflikten konnte die Stadt eine Verfassung erringen, die bis zur Wahlordnung des Jahres 1795 ihre Kraft behalten sollte. Hand in Hand mit dem Kampf um Rechte und Zuständigkeiten der beiden Ratsgruppen (Innerer Rat, Äußerer Rat) und der Vertretung der Bürgerschaft in der «Gemein» oder anders ausgedrückt: Hand in Hand mit dem Ringen um die Autonomie des Gemeinwesens gegenüber dem Landesherrn vollzog sich der Ausbau der Verwaltung der Stadt. Auch er ist zu Beginn des 15. Jahrhunderts im wesentlichen abgeschlossen und erfährt Ergänzungen nur noch am Rande. Das neue Jahrhundert wird am Bestand der seit dem 14. Jahrhundert vorhandenen Amtspersonen nichts mehr verändern. Das gilt etwa für die Stadtschreiberei, das Stadtgericht, die Finanzverwaltung und die Stadtverteidigung.

Einen Stadtschreiber gibt es nachweislich seit 1295, den Stadtboten seit 1315, einen Bürgerknecht seit 1318, den Ausrufer seit 1330. Einen Stadt(ober)richter kennt man seit der Zeit um 1170, den Gerichtsschreiber – später Unterrichter genannt – seit 1321. Die Hilfsorgane wie Gerichtsamtleute, Fronboten oder Schergen sind seit 1239, Richtersknechte und «Vorsprechen» (Verteidiger, Rechtsanwälte) seit den ersten Ratssatzungsbüchern um 1310/12, der Henker seit 1318 und der Kerkermeister seit etwa 1390 nachweisbar.

Lediglich im Bereich des Pfändungswesens und der Gewerbepolizei hat das 15. Jahrhundert zusätzliche Ämter und Einrichtungen geschaffen. Während es den Pfändermeister und die Pfänderknechte schon im Rudolfinum von 1294 gibt, die Stadtsöldner seit mindestens 1392, entsteht erst in der Zeit vor 1459 der «Einschätzer des Gewands». Seine Aufgabe war die Schätzung gepfändeter Tuche und Kleider sowie die Festsetzung der entsprechenden Verkaufspreise. Der Verkauf selbst geschah seit dem 15. Jahrhundert in einem eigenen Laden, dem Gantladen, der von einem seit der zweiten Hälfte des 15. Jahrhunderts belegten Gantladenknecht geleitet wurde. Dort konnte man Textilien, die bei Kaufleuten gepfändet worden waren, zum Schätzpreis erwerben. Seit 1478 ist dann als letzter auch ein Gantknecht nachweisbar.[1]

Ebenfalls im 15. Jahrhundert erhalten die schon seit 1363 belegten Bußmeister des Rats, die kleinere gewerbliche Vergehen verfolgten und mit Ordnungsstrafen bzw. Geldbußen belegten, einen Bußknecht als Hilfskraft an die Seite gestellt.[2] 1428 ist erstmals von einer Bußstube im Rathaus die Rede und 1433 wird auch eine Bußordnung erlassen.[3] Gegen Ende des Jahrhunderts wird eine Bettelpolizei geschaffen. Sie besteht aus den für 1480 belegten Bettelknechten oder Bettelrichtern und den 1481 erstmals erwähnten Bettelmeistern oder Bettelherrn.[4]

Für die Finanzverwaltung lassen sich die Steuerer seit 1310/12, die Kämmerer seit 1318/19, Steuerknechte seit 1367, Steuerschreiber seit 1368, Kammerknechte seit 1393 belegen, die Ungelter seit 1400. Die städtischen Zölle und Zöllner sind allesamt im 14. Jahrhundert bereits nachgewiesen.[5] Das 15. Jahrhundert bringt eine erste Zollordnung hervor (1427)[6].

Auch Organe der Stadtverteidigung sind bereits im 14. Jahrhundert aktenkundig: Schützen und Fußknechte sowie die sie begleitenden Stadtmusikanten kennt schon die Kammerrechnung von 1334/35. Die Hauptleute der Stadtviertel, die das Aufgebot der Stadt in den Krieg zu führen haben, sind 1363 erstmals bezeugt, ein Büchsenmeister 1368, die Stadtwache 1371 und seit 1384 die «Wachter» und «Zirker» – sie zirkulieren in der Stadt, d.h. sie machen Patrouillen.[7]

Auch was das Wirtschaftsleben betrifft, hat die Stadt schon lange vor Beginn des 15. Jahrhunderts alle wichtigen Einrichtungen bzw. Amtsfunktionen geschaffen, die für eine geregelte und öffentlich kontrollierte Abwicklung des Wirtschafts- und Marktgeschehens nötig sind. Das neue Jahrhundert hat hier nur in Randbereichen etwas hinzugefügt. Die Unterkäufel etwa (Zwischenhändler, auch Versteigerungsbeamte) gibt es schon 1329, Handwerksvierer seit Ende des 14. Jahrhunderts. Lediglich das Organ der Warenbeschau – die Beschauer – ist erst in den zwanziger Jahren des 15. Jahrhunderts entstanden.[8] Alle Amtsträger, die mit Maßen und Gewichten zu tun haben (Angießer, Anwäger, Beamte für Eiche und Waage) sind im 14. Jahrhundert bereits vorhanden.[9]

Auch im Salzhandel gibt es schon 1310/12 die Salzmesser, seit 1365 Salzlader, seit 1393 die Krötelschreiber, die ein Register über das in Kröteln (Körben oder Fässern) ankommende Salz führen. Mit der Einrichtung der städtischen Salzstadel kommt seit 1406/07 das Amt des Salzstadelknechts hinzu. Die Zunft der Salzsender ist 1437 bezeugt, aber erst um 1485 gibt es geschworene Salzsenderknechte.[10] 1446 erläßt der Rat eine Salzordnung.[11]

Kornmesser kennt man seit 1310/12; 1444 erlaubt ihnen aber der Rat den zunftmäßigen Zusammenschluß.[12] Marktmesser gibt es seit 1376/77.

Das Rudolfinum von 1294 nennt auch schon Stadthirten und Flurhüter. Nur der Saueintuer, der streunende Schweine einfängt, ist eine Errungenschaft des 15. Jahrhunderts (1470 erstmals belegt). Eine eigene Fischzucht betreibt die Stadt im 15. Jahrhundert in einzelnen Abschnitten des vom Herzog gepachteten Stadtgrabens.[13]

Für die Textilwirtschaft wird schon um 1311/13 eine eigene Walkmühle und eine eiserne Ram (Tuchrahmen) unterhalten. Schon vor 1333 gibt es die obere und die untere Bleiche zum Bleichen gefärbter Tuche. 1345 ist bereits ein Manghaus zum Tuchmangeln vorhanden und 1380 ein Weberkeller im Rathaus, in dem zu Marktzeiten die Weber ihre Waren auslegen können. Nur ein Gewandhaus (Gewand = Tuch, Stoff) kommt 1413 erst hinzu.[14]

Die Floßlände und ihr Pfleger sind 1310/12 bereits vorhanden. Den Ländhüter findet man erstmals 1404.

Die Organe für den Weinhandel stammen dagegen fast vollständig erst aus dem 15. Jahrhundert und späterer Zeit. Die wichtigsten beiden Amtspersonen sind allerdings auch hier schon wesentlich früher nachweisbar. So gibt es den Weinamer (Weineimerer) oder Weinmesser bereits 1329, den Weinkoster oder Unterkäufel der Weine ebenfalls in der ersten Hälfte des 14. Jahrhunderts. Das 15. Jahrhundert bringt Aufsichtspersonen für den Weinstadel hervor (Weinstadelmeister und -knechte 1406 bzw. 1458), den Weinvisierer zur Feststellung der Weinverbrauchssteuer 1427, die Weineiche mit Eichmeister und Eichgegenschreiber (1453 bzw. 1523), den Weinversucher (Beschauer der neuen Weine und Moste) seit 1461, den Aufreißer oder Büchsenmeister des Weinmarkts (seit 1497 belegt). Das 16. Jahrhundert schafft noch die Ratsverordneten des Weinhandels, belegt seit 1511/14, und den Weinzahler, der im Jahre 1534 erstmals erwähnt wird.[15]

Schon fast wieder außerhalb des 15. Jahrhunderts entstanden um 1500 Organe für den Holz- und Kohlenhandel (Holzmesser, Kohlenmeister usw.). Sie gehen auf das der Stadt von Herzog Albrecht IV. (1465/67–1508) im Jahr 1498 erteilte Privileg zurück, im Raum Tölz größere Waldungen für die Bereitung von Kohle schlagen zu dürfen.[16]

Auch im Bauwesen stammen wesentliche Einrichtungen bereits aus dem 14. Jahrhundert. Die Stadtwerkleute (Stadtzimmermann, Stadtmaurer) werden schon in der ältesten Kammerrechnung für die Zeit um 1318/19 nachgewiesen.

Die Baumeister des Rats sind seit 1363 belegt. Für den Ziegelhandel gibt es ebenfalls im 14. Jahrhundert schon städtisches Personal (Ziegelmeister) und seit 1371 einen städtischen Uhrmeister zur Betreuung der ersten öffentlichen Uhr auf dem Petersturm. 1393 wird mit der Straßenpflasterung begonnen und man begegnet deshalb erstmals in diesem Jahr dem Pflastermeister. Noch vor 1459 schafft die Stadt das Organ der «Baumeister zu den Kundschaften». Das ist ein Gremium von Stadträten aller drei Kollegien, das zusammen mit den Stadtwerkmeistern die Bauaufsicht führt. In der zweiten Hälfte des 15. Jahrhunderts enstehen dann die Ämter des Brunnenmeisters und des Kaminkehrers;[17] letztere sind seit 1480 namentlich bekannt.[18] Einrichtungen für die Betreuung von Kranken und Alten reichen wahrscheinlich bis auf den Beginn des 13. Jahrhunderts zurück. Es sind dies das Leprosenhaus am Gasteig für Personen mit ansteckenden Krankheiten, in dem die «Sondersiechen» (abgesonderte Sieche) untergebracht wurden, und das Heiliggeistspital. Beamtete Ärzte und Apotheker sind seit 1318/19 nachweisbar, städtische Hebammen ebenfalls seit dem 14. Jahrhundert. Tierärzte dagegen begegnen erst seit dem 15. Jahrhundert. Seit der ersten Hälfte dieses Jahrhunderts versucht man der Rattenplage Herr zu werden und besoldet später (1546) sogar einen eigenen Ratzenklauber. Nicht zu Unrecht machte man die Ratten für die Übertragung von Krankheiten und die Verbreitung von Epidemien verantwortlich. Fast alle zehn Jahre suchte im 14. und 15. Jahrhundert eine Pestepidemie die Stadt heim (1412, 1420, 1430, 1439, 1463, 1472/73, 1483). Der in den Quellen verwendete Name «Pest» ist dabei nur ein Sammelbegriff für alle möglichen Infektionskrankheiten. Bei der «Pest» von 1495/96 handelte es sich zum Beispiel um die Pocken, desgleichen bei der Epidemie von 1499.[19] 1488 erließ der Rat eine Apothekenordnung.[20] Mit der Einrichtung eines städtischen Bordells seit 1436/37 tritt schließlich der Frauenmeister auf den Plan.[21]

Die Schule bei St. Peter dürfte bereits vor 1239 entstanden sein. In diesem Jahr wird erstmals ein Schulmeister namens Konrad von Ilmmünster genannt.[22] Anläßlich der Teilung der Peterspfarrei 1271 wurde auch der neuen Frauenpfarrei zur Auflage gemacht, eine Schule zu unterhalten. Das 15. Jahrhundert bringt hier zwei bedeutende Neugründungen: die 1478 von der Stadt ins Leben gerufene Poetenschule, eine lateinische Schule, die auch

Ratsschule oder «hohe schul» genannt wurde, und die seit dem 15. Jahrhundert entstehenden beiden deutschen Schulen.[23]

Die Stadt geht also mit einer stabilen Verfassung und einer nur noch abzurundenden Verwaltung in das neue Jahrhundert. Was dieses Jahrhundert entscheidend prägt, ist nicht die Weiterentwicklung der Stadt auf dem Gebiet von Verfassung und Verwaltung, sondern ihr äußerer Ausbau im Bereich von Architektur und Befestigungswesen. Fast alle vor dem 19. Jahrhundert geschaffenen Verwaltungsbauten und dinglichen Einrichtungen stammen aus dem 15. Jahrhundert. Diese Epoche der Stadtgeschichte ist aber nicht nur durch große bauliche und kulturelle Leistungen geprägt, sondern trägt auch die Züge einer Übergangszeit: lange vorher einsetzende Entwicklungen kommen zum Abschluß, neue bahnen sich an.

Stadtgebiet und öffentliche Bautätigkeit

Der Umfang der Stadt liegt seit der Stadterweiterung in der zweiten Hälfte des 13. Jahrhunderts fest. Man unterscheidet seither eine Innere (die bisher bestehende) von einer Äußeren Stadt (das «Neubaugebiet»). Den Graben um die Äußere Stadt setzt die Urkunde vom Januar 1289 voraus, die den Fürstenfelder Klosterhof am «indern» (später fälschlich «nidern» gelesen und geschrieben) Graben gelegen sein läßt.[24] Spätestens seit dieser Zeit ist das Terrain der Stadt im engeren Sinne fest umrissen und wird in der Folgezeit mit der Mauer umfangen. Immer jedoch gab es auch außerhalb der Mauern Werkseinrichtungen, Siedlungsteile und Einzelgebäude, die unbestritten zur Stadt gerechnet wurden. So war zum Beispiel das Gasteig-Spital stets ein Teil der Stadt. Das Rudolfinum gebraucht 1294 bereits eine Formulierung, die andeutet, daß zum Rechtskreis der Stadt auch ein Bereich außerhalb der Stadtmauern gehöre: «in der stat oder darumbe, daz doch zu der stat gehöret».[25] Das Gerichtsbuch verwendet 1380 erstmals den Begriff «Burgfrieden» für diesen außerhalb der Stadtmauer gelegenen, aber dennoch zur Stadt gehörenden Bereich.[26] In ihm liegen zahlreiche Mühlen, die Bleichen, die Lände, das Gasteig-Spital und anderes. Es dürfte kaum einem Zweifel unterliegen, daß auch das 1386 erstmals erwähnte Siechenhaus auf dem heutigen Nikolai-Platz in unmittelbarer Nähe des Dorfes Schwabing[27] auf städtischem Territorium und damit innerhalb des Burgfriedens lag.

Auch der Burgfriedensbezirk um die Stadt dürfte in seiner Ausdehnung bereits vor Beginn des 15. Jahrhunderts festgelegt gewesen sein. Eine genaue Beschreibung mitsamt der Ausmessung und Vermarkung erfolgte allerdings erst 1460. Der Burgfriedensbrief vom 24. Oktober gibt darüber Aufschluß.[28] Anlaß zu seiner Festschreibung gaben Irrungen um die Zuständigkeit zwischen dem Stadtrichter und dem Landrichter entweder von Dachau oder Wolfratshausen, deren Gerichte beide an die Stadt grenzten.

So war also auch die äußere Anlage der bürgerlichen Stadt bereits abgeschlossen, als das 15. Jahrhundert begann. Ein ganz anderes Bild bietet sich dagegen beim Blick auf die Bautätigkeit der Bürgergemeinde. Man hat fast den Eindruck, als hätte die Stadt die Stabilisierung von Verfassung und Verwaltung abwarten müssen, um die Kraft zu finden und die Mittel aufbringen zu können, sich auch die nötigen baulichen Einrichtungen zu schaffen, die zur Verwaltung eines solchen Gemeinwesens gehören.

Dabei begann der hier behandelte Zeitabschnitt eigentlich mit einem Unglück, dem Einsturz des Gewölbes der Klosterkirche von St. Jakob am Anger am 11. Oktober 1404, um zwei Uhr nachmittags.[29] Dieses Ereignis war jedoch kein Fingerzeig auf die künftige Bauentwicklung der Stadt, im Gegenteil: gerade auf diesem Gebiet ging es seitdem gewaltig bergauf.

Der größte Teil der neu errichteten oder hinzuerworbenen städtischen Bausubstanz diente dem Marktwesen und der Förderung des Gewerbes. Da steht obenan der Salzmarkt: zwar wurden 1404 wieder einmal alle Salzniederlagen, auch die von München, für zwei Jahre aufgehoben,[30] nach Ablauf dieser Frist konnte sich die Stadt aber auf Dauer ihres Niederlagsrechts erfreuen und begann noch Ende November 1406 mit dem Bau eines öffentlichen Salzstadels.[31] Es war dies der schon 1443/44 so genannte «lange» Salzstadel. Sein Bau verschlang die Summe von über 211 Pfund Pfennigen. Seit mindestens 1408 hat die Stadt die beiden Salzstadel von Ull Anzinger und Sighart Hudler gemietet.[32] In beiden Fällen gelang es ihr schließlich, diese Stadel von den jeweiligen Witwen anzukaufen. Den Hudlerschen erwarb sie wohl um 1421, den Anzingerschen im Jahre 1432. Bereits 1409 war der Besitz des Hertel Frey, ein Eckhaus, angekauft worden und diente der Stadt fortan als Salzstadel.[33]

Bei Anlage des ersten Salbuches (Verzeichnis aller städtischen Liegenschaften) 1443/44 besitzt die Stadt drei Salzstadel. Ein vierter kommt 1487 noch hinzu.[34] Im Privatbesitz einzelner Bürger werden seit dieser Zeit Salzstadel nicht mehr erwähnt. Der Salzmarkt ist damit vollständig vom Marktplatz an den heutigen Promenadeplatz verlagert, wo die Niederlage des Salzes in der durch Privileg vorgeschriebenen Weise in öffentlichen (städtischen) Gebäuden stattfand und auf diese Weise übersichtlicher und für die Stadt leichter kontrollierbar wurde. Bis 1788 blieb der Promenadeplatz mit seiner Umgebung das Zentrum des Salzhandels in der Stadt. In diesem Jahr wurden die Stadel abgebrochen und der Salzhandel vor das Karlstor hinaus verlegt.

Seit Anfang des Jahrhunderts deckt die Stadt auch den Bedarf an Ziegeln aus stadteigenen Ziegeleien in der Umgebung. So stellt sie nach einem Stadtbrand 1407 erstmals einen Hafner als Ziegelmeister an, der in Eurasburg eine stadteigene Ziegelei betreibt.[35] 1429 wird in Haidhausen ein Ziegelofen eingerichtet[36] und 1441 verkauft Heinrich Bart der Stadt seinen ebenfalls in Haidhausen gelegenen Ziegelstadel.[37]

Als Geburtsstunde des späteren städtischen Marstalls kann das Jahr 1410 angesehen werden. In diesem Jahr errichtet die Stadt das «Stadthaus am Anger», für «der Stadt Wagenfart», das heißt ein Gebäude für die Unterbringung des Fuhrparks und der Pferde der Stadt. Es wird später um ein Kornhaus zur Lagerung von Vorratsgetreide und ein kleines Büchsen- oder Zeughaus erweitert (1431). Ende des Jahrhunderts (1491/93)[38] finden an diesem Stadthaus umfangreiche Baumaßnahmen statt, die in der Literatur als Neubau des heute noch vorhandenen historischen Kernbaues des Stadtmuseums gedeutet werden, des eigentlichen Zeughauses, in dessen Erdgeschoß die Geschütze und anderes Kriegsgerät aufbewahrt wurden. Da jedoch die Kammerrechnungen in diesem Zusammenhang nie den Namen Zeughaus gebrauchen, kann das bezweifelt werden. Es käme dann als Bauzeit für dieses Gebäude die Zeit von 1520/21 in Frage.[39] In diesen beiden Jahren wurde ebenfalls anhaltend beim Stadthaus gearbeitet und diesmal auch bei allen Bauausgaben der Name Zeughaus verwendet.

Kurz nach dem Marstall errichtet die Stadt 1413 ein neues Waaghaus für die Stadt- oder Fronwaage.[40] Es lag beim kleinen Rathaus, bereits außerhalb des Rathausturms und an dessen Südseite, neben dem Eingang zu den Fleischbänken und dem Heiliggeistspital.[41]

In den Bereich des Gewerbewesens gehört wiederum die 1417 erfolgte Errichtung einer städtischen Schleifmühle am Anger beim Heyturm,[42] die in der Folgezeit an Panzerschmiede verpachtet wurde. Bald darauf wurde dort auch die erste städtische Walkmühle eingerichtet. Eine zweite kaufte die Stadt 1462 vor dem Wurzer- oder Kosttor, wo sie zwei Jahre später einen Neubau errichtete.[43]

Die Fleischbänke, eine Kombination aus städtischem Schlachthaus und einer Verkaufshalle mit kleinen Metzgerläden, die bereits 1315 mit Erlaubnis von König Ludwig dem Bayern vom Marktplatz an das Heiliggeistspital verlegt worden waren, wurden 1426/27 neu gebaut.[44] 1478 führte der Rat den Schlachtzwang im städtischen Schlachthaus ein.[45]

Im selben Jahr erwirbt die Stadt vor dem Angertor einen Anger, oberhalb der Bleiche, und errichtet dort ein Steinhaus für den Bleicher mit Lagerhaus, Kessel und Öfen.[46]

In das Jahr 1428 fällt der Erwerb des sogenannten Impler-Hauses am Markt. Es liegt an der westlichen Ecke zur Dienerstraße (Rathaus-Eck) und wird von der Stadt in der Folgezeit zu einem Mehrzweckgebäude umgebaut.

Im oberen Stock wird in der Folgezeit die Ratstrinkstube oder Bürgertrinkstube eingerichtet; der Keller diente schon 1406 pachtweise als städtischer Weinkeller für das Einlagern von Wein durch auswärtige Weinhändler,[47] die ihren auf dem Markt noch nicht verkauften Wein hier gegen Gebühr bis zum nächsten Markttag einlagern konnten. Zudem diente das Gebäude als «Kürsenhaus», in dem zu Marktzeiten die Kürschner ihre Waren einlagern und feilbieten konnten.[48] Außerdem beherbergte das Gebäude die Dienstwohnungen für den Marktmesser und den Trinkstubenknecht.

Die im Jahre 1428 einsetzenden Hussitenstürme lösen ein kommunales Bauunternehmen aus, das mit Unterbrechungen ein halbes Jahrhundert in Anspruch nimmt: den Ausbau der Befestigungsanlagen.[49] Die Ausgaben für den Bau von Zwinger und Graben unter einem eigenen Grabenmeister (seit 1437 belegt)[50] erhalten in der Kammerrechnung von 1429/30 eine eigene Rubrik, beginnend mit den Ausgaben seit Fasnacht 1430.[51] In diesem ersten Jahr werden bereits 817 Pfund Pfennige «in den paw des zwingers» investiert. Von da an wendet die Stadt Jahr für Jahr zwischen 111 Pfund (1437) und 2038 Pfund (1479) für den Zwinger- und Grabenbau auf, in der Regel etwa neunhundert Pfund pro Jahr. Schwerpunkte liegen in den Jahren 1430 bis 1433, 1450 bis 1461, 1465 bis 1472 und 1478 bis 1479. Ausgerechnet von jenen Jahren, in denen der Einfall der französischen Armagnacs in das Reich (Elsaß) 1443 und 1444 einen neuen Bauschub ausgelöst hat,[52] fehlen allerdings die Kammerrechungen, so daß hier keine genauen Daten mehr verfügbar sind. In den Jahren 1473/77 sind überhaupt keine Bauausgaben für Graben- und Zwingerbau angefallen. Teilweise sind in der Kammerrechnung die entsprechenden Kapitelüberschriften wieder getilgt worden, teils fehlen sie von vornherein. Die Erklärung dafür liefert das Ratsprotokoll vom 7. November 1472, das die Vollendung des Grabens in dem Streckenabschnitt beim Angertor meldet. Erst 1478 fallen wieder 1130 Pfund Pfennige für den Bau des Zwingers zwischen der Neuveste (Residenz) und dem Wurzer- oder Kosttor an,[53] und 1479 gar die Rekordsumme von 2038 Pfund für denselben Streckenabschitt.[54] Möglicherweise war hierfür auch der Einfall der Türken in Österreich im Jahr 1478 mitverantwortlich, der viele Österreicher bis nach München, Erding, Freising und Landshut flüchten ließ und den Münchner Rat veranlaßte, 1479 auf dem Petersturm ein Geschütz aufzustellen.[55] Im selben Jahr trafen sich «von der Türken wegen» der Erzbischof von Salzburg und der Herzog Georg von Bayern-Landshut in München mit Herzog Albrecht.[56]

Damit scheint der Bau 1478/79 abgeschlossen zu sein. Zwar gibt es 1480 noch einmal 914 Pfund Pfennige bei diesem Etatposten, die Formulierung Bauausgaben «an dem zwinger» ist aber wieder getilgt worden und wurde durch die Formel «an dem futern und graben bei der neuen Veste» ersetzt[57] (einen Graben futtern = ihn von innen mit Mauerwerk bekleiden).[58] 1481 werden dann noch 306 Pfund am Graben bei der neuen Veste verbaut. Ab 1482 bleiben die Kapitelüberschriften «Was man von den Baumeistern geit» wieder ohne Einträge. Auch die Einbeziehung der Neuveste in den Mauerring ist damit in den Jahren 1478/80 wohl abgeschlossen.

Der Zwingerbau hat also seit dem Beginn um Fasnacht 1430 die Stadt immerhin ein halbes Jahrhundert beschäftigt und etwa 40000 Pfund Pfennige verschlungen.[59] Für etwa zweihundert Jahre genügte er den Anforderungen an die Sicherheit der Stadt. Erst der Dreißigjährige Krieg löste eine neue, grundsätzliche Verstärkungsmaßnahme des Befestigungsringes aus.

Ebenfalls im Jahr 1430 beginnt die Stadt mit der Aufrüstung, der die Kammerrechnungen ab jetzt ebenfalls ein eigenes Kapitel widmen. Gleich in diesem Jahr werden in Nürnberg 64 kleine und zwei große Büchsen gekauft «von grosser sorg wegen der Husserei und das die stat mit zeug [Kriegsgerät] nicht zugeriht ist gewesen».[60] Im Jahr darauf muß bereits ein Gebäude für die Unterbringung des Kriegszeugs errichtet werden, und es entsteht das städtische Zeughaus am Anger. Der heute noch vorhandene Bau stammt aber – wie oben dargelegt – aus späterer Zeit.

Auf Anordnung der Herzöge Ernst und Wilhelm III. vom 29. Mai 1433 errichtet die Stadt in den Jahren 1436/37 am Anger, an der Stadtmauer zwischen dem Sendlinger und Angertor, ein (neues) Frauenhaus.[61] Der Bordellbetrieb fand seit Ende des 14. Jahrhunderts teils offensichtlich in privaten Etablissements, teils im Haus des Henkers statt. Das schon 1389 erwähnte Frauenhaus beim Schwabinger Tor,[62] das etwa hinter der heutigen Theatinerkirche ebenfalls an der Mauer lag,[63] wird 1484 erstmals als «das alt frawenhaus» bezeichnet.[64] Es gehörte der Stadt und wurde im Jahr 1507 an ein Bürgerehepaar verkauft.[65]

Noch in die Zeit vor der Jahrhundertmitte fällt der Erwerb eines Hauses, das bisher dem Heiliggeistspital gehört hatte. Die Stadt richtet hier ein Färbhaus für feines Wolltuch ein.[66] In den Jahren 1451/52 erbaut sie eine neue Mang am Oberanger.[67]

Die Herzöge Johann und Sigmund erteilen 1462 der Stadt die Vergünstigung, zwei Mühlschläge vor dem Isartor zu errichten. Sie werden in der Folgezeit ausgebaut und es entsteht ein regelrechtes Gewerbegebiet mit Hammerwerk, Schleifmühle, Poliermühle, Mahlmühle, Säge- und Walkmühle.[68]

In einem Eckhaus an der Neuhauser Straße/Färbergraben erfolgt 1465 die Errichtung einer «neuen Metzg» (Schlachthaus). Die Stadt hatte das Haus um Valentini 1465 von dem Bäcker Konrad Notwachs gekauft. Die neue Metzg wurde an auswärtige Metzger vermietet.[69]

Auch das neue städtische Bäckerhaus, das die Stadt noch vor 1474 erworben und eingerichtet hat, gehört in diese Gruppe von stadteigenen Betrieben der Förderung von Handwerk und Gewerbe. Das Haus lag an der Ost-Ecke Neuhauser Straße/Färbergraben (Färbergraben 1). 1474 verbucht die Stadtkammer Zinseinnahmen aus dem Haus. 1498 hat sie sich jedoch wieder von ihm getrennt.[70]

Seit Anfang des 15. Jahrhunderts arbeitet die Stadt daran, das Quellwasser an den östlichen Isarhängen zu fassen und in die Stadt zu leiten. 1422, 1433 und 1434 wird an Wasserstuben an der Isar gebaut.[71] In den Jahren 1467/71 erfolgt der Bau einer Wasserleitung von einem Brunnenhaus bei Thalkirchen in die Stadt herein sowie einer weiteren Wasserstube beim Gasteig und einer Wasserleitung.[72] So kann die Stadt mit reinem Wasser versorgt werden und ist nicht mehr allein von den Grundwasserbrunnen auf Straßen und Plätzen abhängig, die ein steter Herd für Seuchen aller Art waren.

Zu den größten und auch dauerhaftesten Bauleistungen des Jahrhunderts gehören der Bau der Frauenkirche seit 1468 – Grundsteinlegung am 8. Februar (siehe unten S. 142) als sakralem Mittelpunkt der Stadt – und des Tanzhauses, des heute so genannten Alten Rathauses seit 1470.[73] Mit dem zuletzt genannten Gebäude schuf der Stadtbaumeister Jörg von Halspach bzw. Polling der Stadt einen repräsentativen, gesellschaftlichen und politischen Mittelpunkt, wahrscheinlich nach dem Vorbild des Augsburger Tanzhauses. Mit den Dachdeckerarbeiten war 1475 der Rohbau fertig. Ulrich Fuetrer ging nun an die Fassadenbemalung, 1476 gegen Osten, zum Tal hin, 1477 gegen Westen, auf den Marktplatz hinaus. Gleichzeitig machten sich die Kistler an den Einbau der Holztonnendecke.

1477 wurden die Holzschilde mit den Wappen Erasmus Grassers an den Schnittpunkten der Schnitzgurte angebracht. Um den Reichsadler in der Mitte am Scheitelpunkt der Decke gruppieren sich der bayerische Rautenschild und der Pfälzer Löwe als Symbole des Landesherrn sowie die Wappen der mit Albrecht IV. verwandten Fürstengeschlechter, das Stadtwappen mit dem Mönch und die Darstellung von Sonne und Mond. Im Wappenfries Ulrich Fuetrers am Ansatz der Decke an den Längsseiten des Saales nimmt das Programm den universalen Reichsgedanken auf. Die weltumspannende Macht des Heiligen Römischen Reichs sollte in 99 Wappen zum Ausdruck kommen, die von den deutschen und europäischen Fürstenhäusern über die Wappen deutscher Städte bis hin zu den Wappen von Phantasiereichen und -fürstentümern gehen (z. B. Groß-, Mittel- und Kleinindien). Die größte künstlerische Leistung der Ausstattung sind die Moriskentänzer von Erasmus Grasser – eine Anspielung auf den Zweck des Saales als Tanzsaal –, mit deren Aufstellung im Jahr 1480 der Bau vollendet war.

Das Tanzhaus war ein Mehrzweckgebäude wie die meisten städtischen

Verwaltungsgebäude des Mittelalters. Es beherbergte im Nordteil des Kellers und Erdgeschosses das Stadtgefängnis (Schergenstube) und die Wohnung für den Gefängniswärter (Schlegel). Der Südteil des Kellers diente als Weber- oder Leinwandkeller, während der Südteil des Erdgeschosses als Brothaus genutzt wurde. Dort standen die in zwei langen Reihen angeordneten Brotbänke, also Brotverkaufsstände, die an die Bäcker verpachtet wurden. Im ersten Stock befand sich – wie auch heute noch – der Tanz- oder Festsaal.

Die ausgesprochen städtischen Baumaßnahmen dieses Jahrhunderts fanden im Jahre 1480 ihren Abschluß mit dem Stadtbruderhaus am Kreuz, einem Männerspital. Die Stadt verwaltete das Haus mit Pflegern und Verwesern seit 1484.[74]

Nur zwei Kirchenbauten, an denen die Stadt beteiligt gewesen sein dürfte, ohne daß wir dies mit Sicherheit sagen könnten, reichen – abgesehen von der Frauenkirche – noch über diese Zeit hinaus: der Bau der beiden Friedhofskirchen Allerheiligen am Kreuz (heute Kreuzstraße), auf dem neuen Friedhof der Pfarrei St. Peter, und der Bau der Salvatorkirche als Friedhofskirche der Pfarrei Unserer Lieben Frau.

Nach der Fertigstellung des Tanzhauses erfolgte 1481 der Abbruch des schon 1315 nachgewiesenen Rechts- oder Dinghauses mit Brothaus, das auf dem heutigen Marienplatz an der Einmündung der Weinstraße stand, 1486 der Abbruch der Markt- oder Gollirkapelle gleich daneben. Den Schutt verwendete man ganz prosaisch zur Uferbefestigung der Isar («auf die wür gefürt»).[75]

1488 stirbt der Baumeister der Frauenkirche, der «obriste Maurer» der Stadt, Jörg von Halspach. Im Baubereich folgt jetzt nur noch die Kodifizierung des geltenden Baurechts in der Bau- und Kundschaftsordnung vom Jahr 1489,[76] die bis 1863, in einzelnen Artikeln sogar bis 1900, in Kraft war. Der von Herzog Albrecht IV. angeregte und von dem Münchner Bürger Heinrich Bart durchgeführte Bau der Kesselbergstraße war zwar keine städtische Baumaßnahme und erfolgte zudem in großer Entfernung von der Stadt (am Kochel- und Walchensee), aber er berührte die Interessen der Stadt (Italien-Handel) in höchstem Grade.[77]

Erst 1517/19 wurde diesen städtischen Baumaßnahmen noch der später so genannte Rote Turm (Länd- oder Isarturm) bei der Isarbrücke hinzugefügt[78] und 1520/21 erfolgte der Neubau des Zeughauses.[79] In den Jahren 1551/52 wurde ein Bürgerhauskomplex zwischen Burg- und Dienerstraße zur Stadtschreiberei mit städtischem Weinkeller (heute Gaststätte «Weinstadl»)[80] umgebaut, und 1563 erfolgte die Anlage eines Pestfriedhofs weit draußen vor dem Sendlinger Tor (heute Alter Südfriedhof)[81] – soweit man hier von einer Anlage und damit einer Baumaßnahme sprechen kann. 1595 wurde das Haus Tal Nr. 1 (heute Stadtsparkasse) von der Stadt erworben, und man richtete dort die Stadtschreiberei und das Stadtgericht ein. Von einem größeren Umbau wissen wir allerdings nichts.

Ansonsten geht vom 16. Jahrhundert an die Bautätigkeit ausschließlich an den Hof und die Kirche über. Die Stadt hat erst im 19. Jahrhundert – beginnend mit dem Neuen Rathaus seit 1867 – wieder eigene nennenswerte Bauleistungen zustande gebracht.

Im 15. Jahrhundert wurde die Stadt von einigen teilweise verheerenden Bränden heimgesucht, was notgedrungen zu beträchtlichen Wiederaufbauleistungen von städtischer wie privater Seite führte. 1407 hatte es bereits einen großen Brand gegeben, der jedoch keinen Vergleich mit dem vom April 1418 zuließ, durch den unter anderem das Heiliggeistspital, das ganze Tal und die Graggenau bis heraus zur Ostseite der Burgstraße und das Rathaus in Mitleidenschaft gezogen wurden.[82] Diese Feuersbrunst führte auch zu ersten städtischen Maßnahmen für die Feuerbekämpfung: der Rat ließ 1420 zwölf Wasserzuber und 25 Fässer zum Feuerlöschen anschaffen, 1422 auch erste metallene Löschgeräte. 1477 wurden 103 lederne Brandeimer als Handlöscher und 1489 in Nürnberg erste Wasserspritzen erworben.[83]

Weiterhin blieb es natürlich Bürgerpflicht für jedermann, zum Brandherd zu eilen und dabei im Haushalt befindliche Geräte zur Brandbekämpfung mitzubringen. Vor allem Handwerker, wie Bader und Schäffler, hatten mit allen verfügbaren Eimern, Zubern und sonstigen Wasserschöpf- und Wassertransportgeräten zu erscheinen; die Zimmerleute mußten mit Haken, Stangen, Beilen usw. Hilfe leisten.

Im April 1429 suchte ein anderer Großbrand das Kreuzviertel heim, also die Gegend um den Promenadeplatz bis hin zum Neuhauser (späteren Karls-)Tor. Auch einer der Salzstadel wurde dabei in Mitleidenschaft gezogen.[84] Dasselbe Viertel war im April 1434 wiederum betroffen. Der Brand war in einer Fehde von einem Stadtfeind gelegt worden und erstreckte sich von der Prannerstraße bis zur Herzogspitalstraße. Allein der Wiederaufbau eines Salzstadels verschlang zweihundert Pfund Pfennige. Diese Feuersbrunst führte zur ersten Feuerlöschordnung der Stadt, die noch 1434 vom Rat erlassen wurde.[85] Allerdings war dies auch der letzte große Flächenbrand, den die Stadt erlebte. Die spätere Zeit sah nur noch Brände an Einzelobjekten, etwa als 1460 der Blitz in den Rathausturm schlug.[86]

Mit den Architekturleistungen der Zeit geht auch eine Blüte der Ausstattungshandwerke einher, vor allem der Malerei und Bildhauerkunst. Seit 1400 entwickelt sich die Malerei allmählich, nicht ohne kräftige Förderung durch öffentliche Aufträge. 1411 läßt die Stadt den Sendlinger-Tor-Turm bemalen, 1423 den des Neuhauser Tores, 1425 das Isartor. 1419 werden 24

Türme in der Stadtmauer bemalt.[87] Gabriel Angler († 1485) erhält 1434 den Auftrag zu einem Hochaltargemälde für die Frauenkirche. Es ist seit 1620 verschollen. 1439 malt er ein Gemälde für die Ratsstube und erhält Aufträge vom Hof.[88]

Nach der Jahrhundertmitte kommt es unter Gabriel Mäleskircher († 1496) zur Ausbildung einer ersten Münchner Malerschule. Der Maler und Chronist Ulrich Fuetrer lebt in der Stadt (1453–1496) und malt 1478 den Wappenfries im Festsaal des Rathauses. Seit etwa 1477 führt Jan Pollack († 1519) die Münchner Malerei zu ihrem spätgotischen Höhepunkt. Die Stadt beschäftigt ihn seit 1488 auch als Stadtmaler, unter anderem mit dem Auftrag, wieder einmal die Tore und Türme der Stadtmauer, auch der Neuveste, mit Wappen, Rauten und religiösen Szenen zu schmücken. Werke aus seiner Hand sind heute in St. Peter, in der Frauenkirche, der Schloßkirche Blutenburg, der Kirche von Pipping, und als Sammlungsstücke in der Städtischen Galerie, in der Alten Pinakothek und im Bayerischen Nationalmuseum zu sehen.

Seit 1475 lebt Erasmus Grasser († 1518) in München. Er wird vor allem mit seinen 1480 im Auftrag der Stadt geschaffenen Moriskentänzern für das Tanzhaus (Altes Rathaus) zum Vollender der süddeutschen spätgotischen Plastik. Die Originale stehen heute im Stadtmuseum.[89] Die Blutenburger Apostel von 1490 zeugen ebenfalls vom hohen Rang der spätgotischen Plastik der Münchner Bildhauerschule.

Die Patrizierfamilie Scharfzahn kann es sich um 1493 leisten, den besten Glasmaler seiner Zeit, Peter Hemmel von Andlau, nach München zu holen, um ihn das von ihr gestiftete Fenster für die Frauenkirche gestalten zu lassen. Es gehört noch heute zu den bedeutendsten Sehenswürdigkeiten dieses Gotteshauses.

Die Arbeit der Münchner Meister ist auch im Ausland gefragt. Um 1430 hat ein Steinbildhauer Walter von München einen guten Namen in Italien. Im Jahre 1505 holt Kaiser Maximilian den Münchner Erzgießer Gilg Sesselschreiber, der seit 1482 in der Stadt die Steuer zahlt, zum Bau des Maximiliansgrabes in der Hofkirche nach Innsbruck.[90]

Umschichtungen im Patriziat

In den Jahren nach 1403 erlebte das Münchner Patriziat seine höchste Blüte. Sämtliche Patrizierfamilien gehörten zu den reichsten Bürgern und größten Steuerzahlern der Stadt. 1423 besaß Hans Pütrich, 1482 Bartholomäus Schrenck, 1500 Otmar Ridler das größte Vermögen. Diese Familien waren ausschließlich als Handelsleute im Tuch- und Eisenhandel, als Geldwechsler, Wein- und Salzhändler tätig. Als Montanunternehmer, Betreiber von Kupfer-, Messing-, Eisenhämmern und Papiermühlen traten die Familien Schrenck, Stupf und Tichtl in Konkurrenz zu den Augsburger Bergwerks- und Hüttenbesitzern. Den Münchner Kaufleuten begegnete man im Mittelalter auf fast allen bedeutenden Handelsplätzen Europas von Flandern bis Oberitalien, von Südfrankreich bis in die Steiermark. Den Gewinn aus all diesen Unternehmungen legten sie in Haus- und Grundbesitz, in Hypotheken (Ewiggeldern) und Leibrenten an. Vielfach geschah dies allerdings in anderen Städten, vor allem in der benachbarten Reichsstadt Augsburg, wahrscheinlich um das Kapital so vor dem Zugriff des stets geldbedürftigen Landesherrn in Sicherheit zu bringen.

Die ratsgesessenen Geschlechter führten München im 15. Jahrhundert auf die volle Höhe seines bürgerlichen Lebens. «Auf allen Blättern unserer älteren Stadtgeschichte stehen die Namen dieser Familien, als Inhaber der höchsten und wichtigsten Stadtämter, als Feldhauptleute in Sturmhaube und Harnisch unter dem Mönchsbanner, als Stifter und Wohltäter. Das Pütrich- und Ridlerkloster, die Gollierkapelle auf dem Marktplatz, die 1486 abgebrochen wurde, die Beghinen- und Seelhäuser der Katzmair, Sendlinger, Schluder, Rudolf und Bart trugen ihre Namen durch die Jahrhunderte, wie die Wadlerspende und das reiche Almosen der Ridler. Von ihren Totenschilden und aus der gedämpften Farbenglut mittelalterlicher Kirchenfenster, wie des Astaller- und Scharfzantfensters in der Frauenkirche, leuchteten und leuchten ihre Namen, und fast jede dieser Familien hatte in den großen Kirchen der Stadt, in St. Peter, U. L. Frau oder Heiliggeist ihren Altar und Meßkaplan. Der Schrenckaltar aus dem Ende des 14. Jahrhunderts in St. Peter trägt noch heute den Namen eines der bedeutendsten Münchner Geschlechter. Eine Geschichte des Rindermarkts und seiner Häuser wäre eine Geschichte dieser Familien, hier lag ihr Schwerpunkt. Unter den Äbten, Pröpsten und Dekanen der baierischen Prälatenklöster und Kollegiatsstifte finden wir ihre Namen, Konrad Sendlinger und Johann Tulbeck saßen als Nachfolger des hl. Korbinian auf dem Bischofsstuhl zu Freising.»[91]

Dennoch ist die städtische Führungsschicht großen Veränderungen unterworfen: Im Laufe des 15. Jahrhunderts erfolgt innerhalb der ratsfähigen Geschlechter eine Umstrukturierung, ein Umbau, der mehrere Komponenten hat und sich in mehreren Phasen vollzieht. Seit der Zeit um 1400 sterben eine ganze Reihe von Familien aus, die bis dahin Stadtregiment und Wirtschaftsleben geprägt haben. Manche sind offensichtlich auch in andere Städte abgewandert und dort mehr oder weniger verschollen. So findet man die Berghofer nur noch bis 1405 in München, die Drächsel bis 1396 bzw. weibliche Familienmitglieder bis 1398/99, die Diener bis 1404. Später lebende Träger dieses Namens sind dieser Familie nicht mehr zuzuordnen, so etwa eine Nonne Veronica Diener, die 1445 stirbt, oder ein Petrus Diener, der bis 1465 nachzuweisen ist. Franz Impler stirbt um 1398/99, seine Erben zahlen noch bis 1405 Steuern. Dann ist der Name Impler aus der Stadtgeschichte getilgt. Lienhart Schiet wurde um 1384 Bürger zu Salzburg. In München gibt es männliche Nachkommen noch bis 1410. Eine Barbara bezieht bis 1432 einen Leibgedingszins aus der Stadtkammer.

Die Purfinger gibt es mit einem Thoman, der aber nicht zugeordnet werden kann, bis 1447, ansonsten mit Hans und Herrn Stefan, einem Geistlichen, bis 1412 bzw. 1413. Ein Hans «der Jüngere» weilt 1420 außer Landes, dürfte also ausgewandert sein. Die Schreiber auf dem Graben sind wieder in den Raum Erding abgewandert, von wo sie auch gekommen waren. In München ist der letzte von ihnen der Pfarrer von Unserer Lieben Frau, Hans Schreiber, der 1430 gestorben ist. Als Bürger zu Erding lebt ein Hans Schreiber noch bis 1433.

Nach 1462 gibt es auch keine Strang mehr in München (Martin bis 1462, Andre bis 1454). Ein 1454 noch genannter Hans ist wohl identisch mit dem 1444 erwähnten gleichnamigen Bürger von Moosburg. Der letzte männliche Rushamer ist der Unterrichter Oswald, den man bis 1464 nachweisen kann. Eine mit einem Ligsalz verheiratete Diemut stirbt vor 1510. Seit 1289 sind mit Unterbrechungen die Kray in München nachweisbar. Der letzte, Hans Kray, war 1458 Stadtrat, bis 1462 lebt er noch, dann gibt es in München keinen Kray mehr. Auch der letzte von Hausen ist 1465 nachweisbar. Der letzte Münchner Altmann, Hans Altmann, wird 1469 Rentmeister von Straubing.

Die Sendlinger sterben mit Matheis im Jahr 1475 aus. Im selben Jahr endet auch die Existenz der Astaler, die ursprünglich eine Landshuter Ratsfamilie waren und seit 1371 in München lebten. 1476 sind mit dem abgedankten Bischof von Freising Hans Tulbeck dann auch die Tulbeck ausgestorben. Die Münzmeisterfamilie Gießer, die seit 1350 in München bekannt ist, stirbt 1494 ab. Die Tömlinger gibt es mit einem Hans bis 1510, einem Sigmund bis 1519 und einer Nonne Margaret bis 1525. Am Anfang des 16. Jahrhunderts folgen als «Abgänge» noch die Stupf (1521), die Krümmel (1525/27), die Wilbrecht (1526/48), die Schluder (1532), die Katzmair (1533), die Pötschner (1541). Die Krümmel, die der Stadt einen bedeutenden Stadtschreiber des 14. Jahrhunderts gestellt hatten, scheinen abgewandert zu sein, da 1526 für den letzten Krümmel Nachsteuer bezahlt wurde.

Alle diese Familien saßen teils jahrzehnte-, ja jahrhundertelang im Stadtrat oder hatten wichtige Ämter inne, wie die Ärztefamilie Tömlinger oder die Apothekerfamilie Kray. In der Zwischenzeit rücken andere Familien von unten nach, wie die Eßwurm, deren erster bekannter Vertreter seit 1374

Schmied ist, die Hundertpfund, deren erster im 14. Jahrhundert in München lebender Stammvater Bäcker war, oder die Scharfzahn, deren erster Vertreter als Schuster begann. Der erste Endelhauser ist 1395 Floßmann. Zugewandert sind die Gollater/Gollhuter, die um 1397 aus Ingolstadt kamen. Wenige Jahre später – 1411 – kommt Hans Rosenbusch als Stadtarzt und später Stadtschreiber aus dem fränkischen Untermaingebiet nach München. Die Fleckhamer tauchen 1462 erstmals im Steuerbuch auf. Die Weiler erscheinen 1489, die Gienger noch vor 1459. Hinzukommen auch die Reitmor, Gaishofer und Stockhamer, letztere eine Bart-Verwandtschaft.

Ihnen allen gelingt es bald, durch Einheirat, durch Gelderwerb und Leistung in die patrizische Führungsschicht der Stadt aufzusteigen und ratsfähig zu werden. Allerdings – weiter als bis in den Äußeren Rat gelangen sie zunächst nicht. Im Jahr 1500 findet man im Inneren Rat nur einen einzigen dieser neuen Namen: Stockhamer. Die Namen der übrigen elf Mitglieder hätten ebenso auch schon 150 Jahre vorher eine Ratsliste bilden können: Stupf, Schrenck, zwei Schluder, Wilbrecht, zwei Ridler, Bart, Rudolf, Katzmair, Ligsalz. Im Äußeren Rat dagegen sitzen im Dezember 1500 von den 24 Mitgliedern nur vier mit einem Namen, den es auch im 14. Jahrhundert schon als Stadtrat gab: Ridler, Pötschner, Deininger und Mäusel. Alle anderen Namen tauchen erst seit dem 15. Jahrhundert in München bzw. in dieser Gruppe der Familien auf.

Bei einer Reihe weiterer Bürgerfamilien bahnt sich schon sehr früh eine Entwicklung an, deren Wirkung zunächst noch gar nicht zutage tritt. Offenkundig wird sie erst zu einem Zeitpunkt, da sie bereits abgeschlossen ist: der Rückzug von Ratsfamilien aus der Stadt aufs Land, auf ihre Edelsitze und Hofmarken, die sie sich teils vor langer Zeit erworben hatten. Bei manch einer der alten Familien dürfte dieser ländliche Grundbesitz noch ein Relikt aus ihrer ministerialischen Vergangenheit sein, die sie so gesehen nie ganz abgeschüttelt hatten. Deshalb setzt die Entwicklung bereits sehr früh ein; schon 1273 besitzen die Bart Kempfenhausen, 1360 auch Harmating.[92] Im Jahre 1334 erwirbt Ludwig Pütrich die Veste Reichertshausen und 1380 hat die Familie auch schon Stegen inne. Kurz nach der Mitte des 15. Jahrhunderts, als im Jahr 1469 die Ligsalz Ascholding erwerben,[93] kommt die Entwicklung zu einem vorläufigen Abschluß. Nach diesem Zeitpunkt haben von den alten, ratsfähigen oder patrizischen Familien, die seit dem 13./14. Jahrhundert in der Stadt nachweisbar sind, nur die Rudolf noch keinen Landsitz.

Die lange Reihe der Erwerbungen ist eindrucksvoll. Nach den Bart (vor 1273) und Pütrich (1334) erwirbt 1369 Hans Katzmair den Wörthsee,[94] wo die Familie später ein Schloß errichtet, 1371 kauft Ulrich Stupf Sedl (Sitz), Gericht und Zubehör zu Sulzemoos.[95] Franz Impler erwirbt 1375 das

Dorfgericht Albersbach in der Klosterhofmark Indersdorf, das er allerdings 1385 wieder verkauft.[96] 1389 bringt Sighart Hudler die Dorfgerichte mit Zubehör (Höfen, Burgstall, Tafernen usw.) zu Einsbach und Rottbach an sich.[97] Er behält sie bis 1402. Ein Münchner Bürger Stätzlinger besitzt 1390 Eisolzried.[98] 1393 nennt sich Ulrich Tichtl – der «Revolutionär» – nach seinem Sitz «zu Windeck» und erwirbt am 5. Juni 1398 – mitten in der Aufruhrzeit von 1397/1403 – die Hofmark Poing und das Dorf Rudertshausen. Sie werden später enteignet und von der Stadt sofort weiter verkauft.[99] 1399 kommt Matheis Sendlinger an das Schloß Pähl mit Zubehör,[100] 1410 besitzt er auch Sulzemoos.[101] Die Veste Nannhofen kam noch vor 1403 an einen anderen Zweig der Sendlinger, an Heinrich und Barbara, welch letztere sie 1403 bzw. 1405 an Herzog Ludwig den Gebarteten von Bayern-Ingolstadt verkaufte.[102]

Der Münchner Pfändermeister Heinrich Weissenfelder nennt sich 1401 und 1402 «von Egenhofen».[103] Hans Schluder lebt 1404 bereits in Weilbach, wohin der Rat in diesem Jahr einen Boten mit einer Nachricht zu ihm schicken muß.[104] Noch vor 1409 hatte Jörg Tömlinger Planegg erworben und verkaufte es im selben Jahr bereits wieder an den Herzog Wilhelm III.[105] Michael Schrenck nennt sich am 27. April 1416 erstmals «von Notzing»,[106] zum Wilbrecht schickt die Stadt 1420 einen Boten «gen Pasenbach», wegen seiner Hauptmannschaft in dem Feldzug gegen Riedenburg.[107] Die Astaler besitzen 1425 Wildegg und Fußstein;[108] Franz Pötschner hat schon 1427 Pellheim an sich gebracht und erhält 1440 noch das Dorfgericht Kemnathen, das heutige Nymphenburg, hinzu.[109] 1435 kauft ein Münchner Bäckermeister – Hans Eschelbacher – von Erasmus von Tor zu Eisenhofen zwei Höfe zu Weyhern in der Gemeinde Niederroth mitsamt dem Dorfgericht, der Widdumsvogtei, Taferne, Ehaftrechten und Burgstall.[110] Ein anderer Münchner Bürger – Wetzel – hat 1440 das Dorfgericht zu Poigern in Besitz.[111] Peter Schluder erwirbt 1448 Gericht und Widdumsvogtei zu (Unter-)Lappach als Lehen.[112] 1459 erhält Georg Ridler Lehen zu Schönbrunn übertragen, die 1480 ausdrücklich als «Sitz» bezeichnet werden. 1496 kommt Johanneskirchen dazu.[113] Noch vor 1468 bekamen die Wilbrecht, die ja schon Pasenbach besaßen, noch Sindelsdorf in die Hand, und Wilhelm Tichtl erhält vor 1469 Ascholding, das er in diesem Jahr bereits wieder an Hans und Karl Ligsalz verkauft.

Damit hatten 1469 die alten Familien fast ausnahmslos ihren Landsitz, wodurch eine sicher schon vor 1273 einsetzende Entwicklung abgeschlossen war. Der Erwerb der Hofmarken und der Zug der Familien auf die Landsitze ist keine Folge des Humanismus, wie es in der Literatur gelegentlich behauptet wird.

Als Nachzügler dürfen wohl die Rudolf angesehen werden. Christoph

Rudolf sitzt 1496 und 1499 zu Nannhofen, wohin man in diesen beiden Jahren Boten mit Briefen des Stadtrats schicken muß.[114] Mit ihm hat nun auch wirklich die letzte der Ratsfamilien noch vor 1500 ihren Landsitz.

Der Hang zum Landleben hat Rückwirkungen auf das Leben in der Stadt. Je mehr und je länger sich die Herrn auf ihren Landgütern aufhalten, desto beschwerlicher wird der Verwaltungsweg. Sie sitzen ja im Stadtrat und haben zahlreiche Aufgaben innerhalb dieses Amtes zu erfüllen. Wenn sie gebraucht werden, müssen erst Boten losgeschickt werden, um sie in die Stadt herein zu bitten oder ihre schriftlichen bzw. mündlichen Stellungnahmen einzuholen.

Es ist bereits darauf hingewiesen worden: 1404 muß man zum Hans Schluder einen Boten nach Weilbach schicken, 1420 einen zum Wilbrecht nach Pasenbach. Der Wilbrecht ist immerhin Viertelhauptmann des Graggenau-Viertels und soll das Aufgebot der Stadt aus diesem Viertel als Feldhauptmann in den Krieg führen.

Die Eintragungen in den Kammerrechnungen über die Ausgaben für Botenlöhne zur Benachrichtigung von Stadträten auf ihren Landgütern ziehen sich durch das ganze Jahrhundert. 1491 wird zweimal nach Stegen zum Bernhardin Pütrich geschickt, einmal direkt, um ihn «herein zu fordern».[115] 1492 schickt man in einer Streitsache um das Mühlgericht wiederholt nach Hans Katzmair «in See», das heißt in den Wörthsee bzw. «gen Stegen und in See», im gleichen Jahr zum Jörg Schluder nach Weilbach[116] und mehrmals zum Hans Schluder nach Erching,[117] nach beiden und an beide Orte auch wieder 1493.[118] Im folgenden Jahr läßt sich Bartlme Schrenck in Egmating aufsuchen,[119] und auch nach Ludwig Pötschner muß ein reitender Bote ausgeschickt werden. Im Jahr 1495 gar schickt man zum Schrenck nach Egmating, dann nach Weilbach (zum Schluder), nach Pasenbach (zum Wilbrecht), nach Weilheim, wo sich Franz Tichtl aufhält («von seins ambts wegen geschickt») und nach Nannhofen zu Christoph Rudolf «mit ains rats brief».[120] Zu Ludwig Pötschner wird 1497 ein laufender Bote geschickt.[121] 1499 schickt man nach Bartlme Schrenck nach Schwaz und Innsbruck, Jörg Schluder (nach Weilbach), Alex Ridler gen Pellheim, Hans Schluder gen Erching, Bartlme Schrenck gen Egmating «mit zwen briefen», zu Hans Wilbrecht nach Pasenbach, nach Nannhofen zu Christoph Rudolf «zu der ratswal ze komen».[122] Selbst zur Stadtratswahl müssen die Herrn also eigens in die Stadt zitiert werden. Auf großes Interesse an diesem Amt läßt das nicht mehr schließen, und man beginnt den Landesherrn zu verstehen, wenn er später dem Münchner Rat Saumseligkeit, ja geradezu Faulheit vorwirft und ihn bei Androhung drastischer Strafen zur regelmäßigen und pünktlichen Abhaltung seiner Ratssitzungen verpflichtet.

Allmählich sehen diese Bürger die Lage wohl selbst ein und geben – wie die Pütrich um 1500 – das Bürgerrecht auf und verlassen die Stadt endgültig. Auch andere Familien folgen in den nächsten Jahrzehnten diesem Beispiel. Sie übernehmen Ämter aus der Hand des Landesherrn und werden Rentmeister, Pfleger, Landrichter draußen auf dem Land: Jörg Pütrich von Reichertshausen († um 1427/28) war Pfleger von Wolfratshausen, sein Neffe Jakob Pütrich, der sich auch als Dichter einen Namen gemacht hat, war Richter zu Landshut, sein Sohn Gamuret († 1514) war Richter zu Ilmmünster, sein Vetter Jakob († um 1516) war Richter zu Kranzberg, später Rentmeister zu Burghausen und Pfleger zu Kling. Der letzte Pütrich – Hieronimus, † 1595 – war Landrichter zu Berchtesgaden.

Ein ähnliches Bild bietet sich bei allen Münchner Familien dieser Zeit. Die Gründung der Universität in Ingolstadt im Jahr 1472, der ersten bayerischen Landesuniversität, förderte die Neigung der Familien, ihre Söhne zum Studium zu schicken. Jetzt mußte man nicht mehr bis nach Bologna, Wien oder Heidelberg auf die Universität ziehen, sie lag vor der Haustüre. Auch das Studium führte sie unweigerlich dem landesherrlichen Beamtenapparat zu und trug im 16. und 17. Jahrhundert weiter zur Herauslösung der Familien aus dem Bürgerverband der Stadt bei.[123]

Von den Söhnen von Franz II. Pütrich starb Hieronimus I. vor 1500 noch als Student in Ingolstadt, ein weiterer Sohn, Jakob († um 1516) war offensichtlich ursprünglich Geistlicher, bevor er Richter zu Kranzberg wurde. Der mutmaßliche einzige Sohn eines weiteren Bruders der beiden wurde 1565 als Chorherr an der Münchner Frauenkirche ermordet. Der vorletzte Pütrich starb als Propst des Stifts Berchtesgaden. Die Familie Pütrich ist letztlich über lauter «Studierte» ausgestorben, fast hundert Jahre nach der Aufgabe des Bürgerrechts in München.

Zusammenfassend läßt sich feststellen: Sowie der Ausbau von Verfassung und Verwaltung, das heißt der Ausbau der Stadt im Innneren, 1403 abgeschlossen ist, vollzieht die Stadt auch den äußeren Ausbau mit einer erstaunlichen Baulust, die sich über das ganze 15. Jahrhundert erstreckt. Mit dem Ende des Jahrhunderts ist auch diese Phase abgeschlossen: die bürgerliche Stadt ist nun sozusagen «fertig». Ohne es recht zu merken, hat das «bürgerliche Zeitalter» damit auch seinen Zenit durchlaufen. Fast im Verborgenen bahnt sich während dieser Zeit bereits eine Umstrukturierung innerhalb der Trägerschaft dieses Ausbaus an, eine Umschichtung in der Führungsgruppe der Bürgerschaft. Dieser Rückzug der tragenden Gewalt aus der Stadt erfolgt – wie dargestellt – auf verschiedenen Ebenen: Aussterben, Abwanderung, Rückzug auf die Landgüter, Einzug in die landesherrliche (Staats-)Verwaltung, förmlicher Übertritt in den Adel. Die bisherigen Träger von Stadtpolitik, Stadtverwaltung und Stadtwirtschaft verlassen ihre

Positionen und geben neuen Kräften die Möglichkeit nachzustoßen: Kräften, die aus niedrigeren Schichten (Handwerker) nach oben drängen, Kräften, die von außen zuwandern. Die neuen Familien können nicht mehr diesen Rang einnehmen und das Ansehen gewinnen, das die alten hatten: das soziale Niveau der städtischen Führungsschichten ist seit dem 16. Jahrhundert insgesamt deutlich niedriger.

Das ermöglicht aber auch zwei bereits am Ort sitzenden anderen Mächten, sich schrittweise aufzubauen und das Heft in der Stadt stärker in die Hand zu nehmen bzw. die bürgerliche Führungsschicht zu überlagern. Dies ist einerseits die Kirche, andererseits und in noch viel stärkerem Maße der landesherrliche Hof.

Der Aufstieg der Kirche

Zu Beginn des 15. Jahrhunderts ist auch im Bereich der Kirche die innere Organisation längst abgeschlossen. Die Teilung der bisher einzigen Pfarrei von St. Peter im Jahr 1271 hat die Grenzen festgelegt und die bisherige Kapelle Unserer Lieben Frau zu einer Pfarrkirche mit voll ausgebauter Pfarrei gemacht, ausgestattet mit allen nötigen Einrichtungen (Friedhof, Schule usw.). Das Heiliggeistspital bildet innerhalb der Peterspfarrei eine eigene Pfarrei, später sogar mit eigenem Friedhof. Das Verhältnis der Pfarrer von St. Peter und Unser Lieben Frau wird 1428 von Bischof Nikodemus von Freising dahingehend geklärt, daß künftig der Pfarrer von Unserer Lieben Frau dem Dekan von St. Peter als seinem Vorgesetzten Ehre und Gehorsam zu erzeigen habe, «zu Kirchen und zu Straßen».[124] Die beiden Pfarrer sind also im Rang nicht gleichgestellt, der Pfarrer von Unserer Lieben Frau ist dem von St. Peter nachgeordnet. Dies ändert sich jedoch am Ende des Jahrhunderts, als die Frauenkirche 1492 durch die Gründung eines Kollegiatsstifts im Rang weit über St. Peter hinausgehoben wird. Kirche und Pfarrei von Unserer Lieben Frau wurden übrigens diesem Stift einverleibt, das auf die Güter der aufgehobenen Chorherrnstifte Ilmmünster und Schliersee fundiert war. An der Spitze standen ein Propst und ein Dekan. Von den 14 Kanonikern (einschließlich Propst und Dekan) sollten fünf vom Adel sein, weitere fünf sollten Doktoren und Licentiaten der Theologie oder des kirchlichen bzw. weltlichen Rechts sein, die übrigen vier aus ehrbaren Bürgergeschlechtern. Der erste Propst des Münchner Stifts war Dr. Johann Neuhauser (ein natürlicher Bruder des Herzogs).

Aus dem aufgelösten Chorherrnstift Ilmmünster wurden 1495 auch die Gebeine des heiligen Arsacius unter großem Protest der örtlichen Bevölkerung nach München geholt. Man fand schließlich einen recht mittelalterlichen Kompromiß und ließ Teile des Heiligen in Ilmmünster zurück. In München wurden seine Reliquien in einem kostbaren Schrein auf dem Kreuzaltar an den Stufen zum Chor aufgestellt und lange Zeit hoch verehrt,[125] später jedoch so gut wie vergessen.

Nicht immer war das Verhältnis von Stadt und Kirche ungetrübt. Mehrere Male in diesem Jahrhundert sah sich die Stadt im Kirchenbann, so 1406 und 1423, im letzteren Fall wegen eines Leibgedingstreites mit dem Kaplan der Ligsalz-Messe, den die Stadt in den Ratsturm hatte sperren lassen. Entweder in der Gefangenschaft oder bald danach war er gestorben. Im Jahre 1485 mußte der Stadtschreiber zweimal nach Rom reisen, um die Aufhebung eines Interdikts über die Stadt zu erreichen. 1487 sahen sich der Bürgermeister und mehrere Stadträte im Kirchenbann.[126]

Eine bereits im 14. Jahrhundert einsetzende Entwicklung wird im 15. Jahrhundert schließlich fast zu einer Modeerscheinung; Bürgerfamilien verschaffen den Benefiziaten oder Kaplänen ihrer Messe ein eigenes Wohnhaus. Die Kaplanshäuser werden später ein wesentlicher Bestand des geistlichen Besitzes in der Stadt, Besitzes in der «toten Hand», wie man sagt, weil er meist jahrhundertelang dem Immobilienmarkt entzogen und von den bürgerlichen Pflichten (Steuern!) befreit ist.

Das Steuerbuch von 1431 führt in der Pfarrei von St. Peter 26 und in der von Unserer Lieben Frau weitere 14 Häuser auf, die sich im Besitz von Klöstern, Landpfarrern usw. befinden. Elf von diesen vierzig Häusern sind Kaplanshäuser, also etwa ein Viertel. Im Jahre 1462 ist die Zahl auf insgesamt 55 (St. Peter 25, Frauenpfarrei dreißig) gestiegen. Nunmehr sind es 33 Kaplanshäuser. Das sind nicht ganz zwei Drittel.

Sie treten vor allem in der Frauenpfarrei stark konzentriert auf, nämlich in der heutigen Maxburgstraße. Etwa zwanzig dieser Häuser, einschließlich des Klosterhofs von Schäftlarn mit Nebengebäuden, sind Ende des 16. Jahrhunderts in den großen Baukomplexen der Jesuiten und der Karmeliten sowie der Herzog-Maxburg aufgegangen. Es mag die Situierung dieser Gebäudekomplexe sogar erleichtert haben, daß hier eine so große Zahl von Häusern bereits der Kirche gehörte. Die Bürger des 15. Jahrhunderts hatten damit – ohne es zu ahnen oder gar zu wollen – zur Entbürgerlichung des Kreuzviertels den Grundstein gelegt, ein Umstand, der nicht wenige ihrer Nachfahren dann so erzürnte. Wenngleich die Pütrich und die Ridler schon 1284 bzw. 1295 mit der Gründung je eines «Seelhauses» vorausgegangen waren,[127] ist es doch wiederum eine Eigenheit des 15. Jahrhunderts geworden, daß sich eine Reihe weiterer Familien mit der Gründung solcher Häuser einen Namen machten. Seelhäuser sind eine Art Privatklöster, die sich bald dem Dritten Orden der Franziskaner anschlossen und die dazu dienten, unverheirateten Bürgerstöchtern eine Versorgung zu ermöglichen, wobei diese Nonnen, Seelnonnen oder Seelschwestern genannt, eine Reihe wichtiger, aber «undankbarer» Aufgaben im Gemeinwesen einer Stadt übernahmen. Ihnen oblag besonders im Fall von ansteckenden Krankheiten die Krankenpflege und der Leichenfrauendienst: Waschen und Bekleiden von Leichen, Totenwache, Gebetsverrichtung usw. Die Seelhäuser waren für eine unterschiedliche Zahl von Nonnen gestiftet: im Ridler-Seelhaus lebten um 1425 acht Jungfrauen, im Pütrichschen elf.[128]

Offenbar kein langes Leben hatte ein nur 1338 genanntes Seelhaus am Anger, das Offmei (Euphemia) von Eirinspurch und die Moosburgerin gestiftet hatten.[129] Heinrich Mäusel hatte ein Seelhaus im Krotten- oder Rosental errichtet, das seine Tochter am 17. April 1420 ihren Oheimen Hans, Peter und Heinrich Rudolf übertrug.[130] Als Rudolf-Seelhaus ist es deshalb dann auch bekannter geworden.[131] Da Heinrich Mäusel 1380 gestorben ist und es danach keinen Heinrich in dieser Familie mehr gab, muß die Seelhaus-Stiftung aus der Zeit vor 1380 stammen. Das Sendlinger-Seelhaus am Altheimer Eck wird 1397 erstmals genannt.[132] Im Jahr 1411 stiftete Clara Pienzenauer das nach ihr benannte Pienzenauer-Seelhaus an der Löwengrube.[133] Um 1425 wird ein Seelhaus des Schiet mit drei Frauen genannt, das sonst jedoch nicht mehr erwähnt wird und von dessen Lage auch nicht mehr bekannt ist, als daß es in der Frauenpfarrei lag.[134] Die Schluder haben schon um 1425 ein Seelhaus mit zehn Frauen am heutigen Promenadeplatz.[135] Es war im Jahr 1451, als die Gebrüder Hans und Peter Schluder, die Enkel des Gründers Hans Schluder, dem Haus, das in der Augustinerstraße gegenüber dem Pfarrhof der Frauenpfarrei lag,[136] eine Ordnung gaben. Unklar ist, woher die bisherige Literatur das Gründungsjahr 1431 hat. Ebenso unklar ist die Herkunft des Gründungsjahres 1450 für das zweite Schluder-Seelhaus bzw. Hof-Seelhaus in der heutigen Kardinal-Faulhaber-Straße.[137] Am 3. August 1476 gründete Martin Katzmair in der heutigen Maffeistraße das Katzmair-Seelhaus, das nach 1575 von der Familie Rosenbusch betreut wurde.[138] Im Jahr 1495 nennt auch die Familie Wilbrecht ein Seelhaus unter ihren Stiftungen. Es scheint aber entweder nicht zustande gekommen zu sein oder es ist bald wieder eingegangen, da es sonst nicht mehr erwähnt wird.[139] Mit Ausnahme des erst 1595 gestifteten Seelhauses der Familie Bart in der Herzogspitalstraße ist dies der gesamte Bestand an Seelhäusern, wie er sich dann bis ins 19. Jahrhundert erhalten hat. Fast alle stammen aus dem Ende des 14. und dem 15. Jahrhundert.

Die Familien haben in diesen Klöstern jeweils das Präsentationsrecht, das heißt, sie können die Klosterleiterin, die «Mutter» bestimmen, die möglichst aus der eigenen Familie stammt. Sie sorgen außerdem für die nötigen wirtschaftlichen Voraussetzungen durch Ausstattung, Bauunterhalt, Hausordnung usw. Ein großer Teil der Wohlfahrtspflege der Stadt wird von diesen kleinen Ordensgemeinschaften übernommen, so daß ihnen auf diesem Gebiet eine durchaus bedeutende Rolle zukam, nicht nur innerhalb der Kirchengeschichte der Stadt. Welches Ansehen sie sich erworben hatten, zeigt sich nicht zuletzt daran, daß nach dem Tod des Herzogs Albrecht IV. am 18. März 1508 seine Witwe Kunigunde, die Tochter des Habsburger-Kaisers Friedrich III. und Schwester des Kaisers Maximilian I. in das Pütrich-Seelhaus an der Residenzstraße eintrat und dort bis an ihr Lebensende am 6. August 1520 verblieb.

Gerade das 15. Jahrhundert ist von einer Reihe wichtiger Kirchenbauten geprägt. Schon um 1443 gibt es offenbar größere Umbauarbeiten an der Vorläuferin der heutigen Frauenkirche, weil in diesem Jahr der Patriarch von Aquileja einen Ablaß für alle erteilt, die zum baulichen Unterhalt von Unserer Lieben Frau beitragen.[140] 1449 wird das Langhaus der Augustinerkirche fertiggestellt.[141] Nach der Vertreibung der Juden im Jahr 1442 durch Herzog Albrecht III. wird die ehemalige Synagoge durch die Initiative des Arztes und Gelehrten Dr. Hans Hartlieb in eine Marienkapelle umgewandelt und erlangt später fast die Beliebtheit eines Wallfahrtsortes.[142] Das Gotteshaus beim Siechenhaus zu Schwabing wird 1467 erstmals erwähnt. Daß es das Patrozinium St. Nikolaus hat, erfährt man sogar erst 1486.[143] Da das Siechenhaus aber schon 1386 nachgewiesen ist, ist es unwahrscheinlich, daß nicht von Anfang an auch schon eine Kapelle dazu gehörte. Ein Ausbau oder Umbau im 15. Jahrhundert wäre allerdings denkbar.

Im Jahr 1468 beginnt schließlich die größte mittelalterliche Baumaßnahme in der Stadt, der Bau der Frauenkirche. Sie sollte die größte Hallenkirche Süddeutschlands werden. Den ersten Hinweis auf ein Neubauvorhaben gibt es schon aus dem Jahr 1458.[144] Die Grundsteinlegung fand am 8. Februar 1468 durch Herzog Sigmund statt.[145] Dem Baumeister Jörg von Halspach oder Polling wurde am 20. März das Drangeld («Haftlgeld») bezahlt und damit der Vertrag über seine Anstellung als Stadtmaurer, wie man das bescheiden nannte, besiegelt. Das war erst Wochen nach der Grundsteinlegung.[146] Am 1. August wurde einer der beiden Türme der alten Kirche umgelegt, am 16. Mai 1470 erst der zweite, der Glockenturm.[147] Von da an ging es in geradezu rasantem Tempo weiter, so daß man nach einer Rekordzeit von nur zwanzig Jahren im Jahr 1488 dem eben verstorbenen Baumeister auf den Grabstein schreiben konnte, er habe den ersten, den mittleren und den letzten Stein zu dieser Kirche gelegt. Bis auf die Türme und den Innenausbau war der gewaltige Bau fertig. Unschlüssig war man sich danach noch lange über die Art der Turmbekrönung. Erst 1525 entschloß man sich zu einer endgültigen Lösung und setzte die sog. «welschen Hauben» auf, die man heute geneigt ist von Vorbildern in Venedig oder Augsburg und im weitesten Sinne aus dem Morgenland abzuleiten.

In der Zwischenzeit waren noch zwei weitere Kirchenbauten in Angriff genommen und vollendet worden, die beide heute ebenfalls noch erhalten sind, nämlich die beiden Friedhofskirchen. Die Allerheiligenkirche am Kreuz, die zum Friedhof der Peterspfarrei gehörte und an der heutigen Kreuzstraße lag, war 1485 bereits geweiht worden. Da der Friedhof 1480 angelegt wurde, kommt eine Bauzeit von etwa vier bis fünf Jahren in Frage. Ihr Patrozinium wurde von der Gollirkapelle am Markt übernommen, die im folgenden Jahr 1486 abgebrochen wurde.[148] Der Turm der Allerheiligenkirche wurde offenbar erst später vollendet, da er auf der Stadtansicht der Schedlschen Weltchronik noch fehlt.

Schwieriger zu datieren ist der Bau der Friedhofskirche von Unserer Lieben Frau, der Salvatorkirche oder heutigen griechisch-orthodoxen Kirche. Sie wird dem Nachfolger des Jörg von Halspach, Meister Lucas Rottaler, zugeschrieben. Er hatte noch im Herbst 1488 die Nachfolge angetreten. Eine Urkunde der Kirchpröpste von Unseres Herrn Kapelle, wie ihr Name auch lautete, vom 21. Juli 1492 spricht bereits von «der zeit, als die [Kapelle] vor dem Tor abgeprochen und herein in die Stat ze pawen furgenomen wardt»,[149] das heißt Baubeginn für die innerhalb der Stadt gelegene Salvatorkirche – sie übernahm das Patrozinium von einer beseitigten Salvatorkapelle draußen vor dem Schwabinger Tor – war vor dem 21. Juli 1492. Es wäre sogar denkbar, daß die Kirche jetzt schon vollendet war. Das legt auch der Abbruchtermin der Vorgängerin nahe. Die Erlaubnis zum Abbruch der Kapelle draußen vor dem Stadttor war nämlich um den 20. Mai 1492 eingeholt und der Abbruch um den 31. Mai getätigt worden.[150] In der Pfingstwoche (Pfingstsonntag war am 10. Juni 1492) hielt sich der Bischof von Freising in München auf und erhielt von der Stadt ein großes Wein- und Fischpräsent. Der Anlaß könnte die Weihe der neuen Kirche gewesen sein.[151] Einen Parallelfall bietet die Gollirkapelle am Markt. Auch sie hat man erst abgebrochen, nachdem die neue Kirche, die ihr Patrozinium übernahm, schon fast ein Jahr geweiht war.

Das Erstarken des Hofes

Die zweite Macht, die sich im Laufe des 15. Jahrhunderts mit der Kirche neben dem Bürgertum aufbaut, ist der Hof. Er sollte sich bald als gewaltiger Pfahl im Fleisch der Stadt entwickeln. Gewisse Anzeichen dafür werden früh erkennbar. Auch hier ist es – wie beim Patriziat – einerseits ein sich Abnabeln von der Stadt, ein Rückzug von der Bürgerschaft, ja fast ein Rückzug aus der Stadt, der sich im Inneren wie im Äußeren vollzieht. Seit etwa 1385 beginnt die Verlegung der Hofhaltung aus dem Alten Hof am

Ende der Burgstraße an das äußerste nordöstliche Ende der Stadt. Hier entsteht die sogenannte Neuveste etwa an der Stelle des östlichen Kopfbaues des heutigen Hofgartentraktes der Residenz.

Die Bauten sind anfangs noch bescheiden, werden aber schließlich Bauphase für Bauphase zur Keimzelle der heutigen Residenz.[152] Von ihnen ist nichts mehr erhalten. Mit Beginn des 16. Jahrhunderts hat die Neuveste bereits die Nachfolge des Alten Hofes angetreten, der sich in der Folge immer mehr von der Fürstenresidenz zum Verwaltungssitz entwickelt. Im 15. Jahrhundert ist der Alte Hof aber noch weitgehend Mittelpunkt, mit immer zahlreicher werdenden Nebengebäuden in seiner Nähe, etwa dem Wagenhaus oder Marstall auf dem Gelände der heutigen Hauptpost (Törring-Palais) zwischen Max-Joseph-Platz und Hofgraben. Hier stehen auch seit Kaiser Ludwigs Zeiten die Herzogs- oder Toratsmühle und das Herzogsbad.

Bis in die letzten Jahrzehnte des 15. Jahrhunderts ist die Verbindung zwischen Herzogshaus und Bürgerschaft noch sehr eng. Nicht nur, daß man Feste gemeinsam feiert, gemeinsam im Rathaus tanzt und auf dem Marktplatz turniert, dieselben Bäder und Weinschenken besucht, der Hof ist auch wirtschaftlich stark von der Bürgerschaft abhängig. Die Stadt greift dem Landesherrn nicht nur mit ihrer jährlichen Steuer unter die Arme, die seit 1315 sechshundert Pfund Pfennige pro Jahr beträgt,[153] sie übernimmt auch Bankiersdienste für das Herzogshaus mit Darlehen und außerordentlichen Steuern, wie sie etwa 1415, 1454, 1462, 1486, 1504 geleistet wurden.[154] Ebenso nimmt sie Pfändungen und Fehden auf sich, wenn sich herzogliche Gläubiger an ihr oder einzelnen Bürgern schadlos halten. Wichtige Gläubiger des Herzogshauses waren bis zu ihrer Vertreibung im Jahr 1442 neben den Bürgern stets auch die Juden. Sie konnten nach dieser Zeit erst im 18. Jahrhundert wieder in München Fuß fassen.

Aber auch einzelne Bürger helfen dem Hof im 14. Jahrhundert regelmäßig mit teils beträchtlichen Darlehen aus. Allein bei der Familie Astaler stehen die Herzöge Ernst und Wilhelm bis 1413 mit 10572 Gulden in der Kreide.[155] Herzog Wilhelm III. schuldete dem Hans Pirmeider 1418 für Gewand und Tuche 300 ungarische Gulden und die Herzöge Stephan und Johann dem Hofbäcker Heinrich Simon im Jahr 1391 für Backwaren 1301 ungarische Gulden.[156] Der Hof bezieht alle seine lebensnotwendigen Güter von den Bürgern der Stadt: Fleisch und Brot, Wein und Bier, Textilien und Bekleidung.

Gegen Ende des 15. Jahrhunderts bahnt sich eine grundlegende Veränderung an. Der Hof setzt sich immer nachdrücklicher von der Bürgerschaft ab, macht sich autark, indem er sich zum Beispiel eigene Hofhandwerker schafft, die keine Bürger mehr sind, sondern Angestellte des Hofes. Die

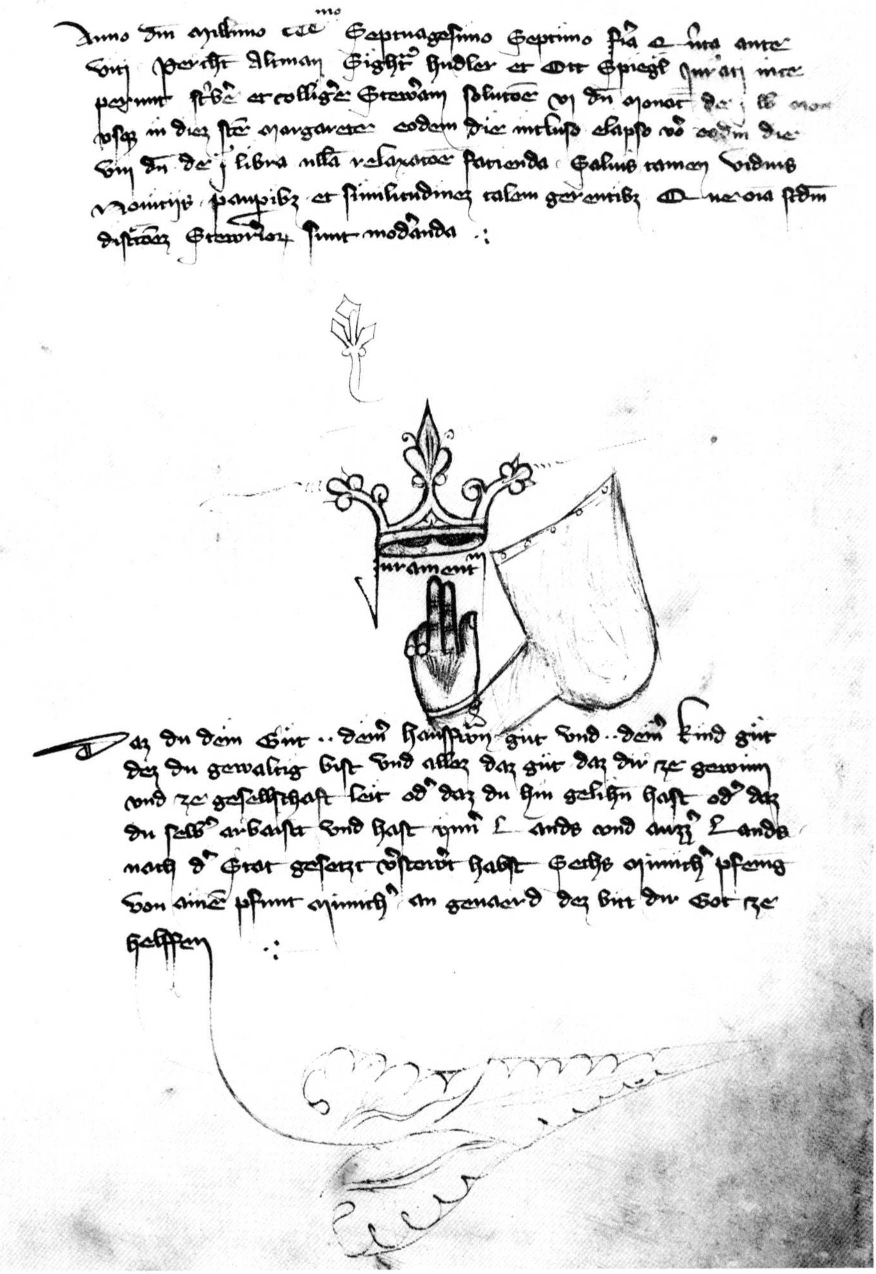

5. *Der von den Bürgern abzulegende Steuereid, Steuerbuch 1377.*

Hienach steend geschrieben der innern vnd aussern rats auch aller der Stat München ambtleut vnd diener aide Vnd zu erst

Der Weller aide

Die ainen innern Rate erwellen sullen schweren. Das sie auss gantzer Stat ainen innern Rate erwellen wen sie versteen der der herschafft vnd der Stat armer vnd reichen nutze vnd gut sey zwelff man die Burger hie sind Vnd sullen des niemand vberheben noch schonen wer ine dartzu gefellet weder durch liebe noch durch layde noch durch kain ander sach wie die genant ist treulich on alle geuarde als es von alter herkomen ist

6. Eidformel für die Wähler des Inneren Rats, Eidbuch 1488.

Umwandlung der alten Toratsmühle unterhalb des Alten Hofes in eine «Hofmühle» und später «Pfistermühle» oder «Hofpfisterei» im Jahr 1492 ist offensichtlich der erste Schritt in diese Richtung. Es folgen bald die Hofmetzgerei, der Hofsattler, Hofschmied usw. Die Hofhaltung kauft jetzt nicht mehr in der Stadt ein, sondern hat ihre eigenen Betriebe, beschäftigt ihre eigenen Handwerker, die sie privilegiert, aus der Bürgerschaft herauslöst (Hofschutz) und ausschließlich an sich bindet. Der Hof wird sozusagen eine Stadt in der Stadt, er braucht die Bürger jetzt nicht mehr, weder als Warenlieferanten und Handwerker, noch als Geldgeber. Der Herzog erschließt sich andere Geldquellen wie zum Beispiel die Steuerabgaben der Landschaft und ist nicht mehr auf einzelne reiche Bürger oder die Stadt als solche angewiesen.

Die Folgen der Emanzipation oder Abschottung des Hofes von der Bürgerschaft bekommt letztere auch bald zu spüren. Schon mehren sich die Versuche der Herzöge, in innere Belange der Bürgerschaft einzugreifen, die seit über hundert Jahren in der alleinigen Zuständigkeit der Stadt waren.

Herzog Sigmund leistete sich 1467 den ersten schweren Übergriff, als er einen in städtischer Haft befindlichen Übeltäter gewaltsam aus der Schergenstube befreite.[157] 1491 wiederholte sich ein solcher Fall.[158] Herzog Albrecht IV. mischte sich 1480 auch erstmals nachweisbar in die Ratswahl ein, indem er einem gewählten Mitglied des Inneren Rats (Balthasar Pötschner) die Bestätigung verweigerte und ihn durch einen anderen ersetzen ließ (Heinrich Bart).[159] Diese Fälle wiederholten sich in den Jahren 1500 und 1515.[160] Im Jahr 1482 mußte der gesamte Innere Rat beim Herzog für seinen Bürgermeister Bartlme Schrenck Abbitte leisten, weil er einen Ritterbürtigen in die städtische Schergenstube gesperrt hatte, statt in den Ratsturm. Der Bürgermeister mußte für dieses vergleichsweise geringe Vergehen für mehrere Monate die Stadt verlassen.[161]

An Demütigungen dieser Art mußten sich die Vertreter der Bürgerschaft in den folgenden Jahrhunderten gewöhnen. Man könnte es in diesem Zusammenhang als «vorauseilenden Gehorsam» bezeichnen, wenn der Rat selbst in den achtziger Jahren des 15. Jahrhunderts eine neue Ratsordnung festlegt, die das Zuspätkommen bei Ratssitzungen mit Bußgeldern und Arreststrafen ahndet, und wenn er 1499 sogar eine eigene Ratsturmordnung für dort arretierte Stadträte erläßt.[162] Zunächst allerdings gelang es noch, einzelne Eingriffe des Landesherrn abzuwehren. 1486 konnte der Stadtrichter die Ausführung des herzoglichen Befehls, jeden, der geringe weiße Heller ausgebe, in herzogliche Strafe (statt in städtische) zu nehmen, zu Gunsten des Rats diplomatisch umgehen.[163] 1516 scheiterte der Versuch Herzog Wilhelms, die Verfassung von 1403 in bezug auf die Bestätigung des neugewählten Rats zu ändern, die traditionsgemäß in München stattzufinden hatte, und 1529 konnte ein Angriff des Herzogs auf das Bürgermeisteramt noch einmal abgewehrt werden.[164] Die ersten Ermüdungserscheinungen setzten allerdings schon vorher ein: im Jahre 1522 zeigte sich der Rat nachgiebig und begab sich zum Herzog nach Grünwald, um sich dort im Ratsamt bestätigen zu lassen. Noch 1516 dagegen hatte sich der Herzog auf den Widerstand des Rats hin eigens von Landshut nach München begeben müssen, um diese Bestätigung vorzunehmen.

Gerade unter Herzog Albrecht IV. gewinnt der Landesherr immer mehr an Macht. Das hängt unter anderem mit der sich anbahnenden Aufgabe des Prinzips der Herrschaftsteilung unter herzoglichen Brüdern zusammen. Albrecht war es nach und nach gelungen, die Ansprüche seiner Brüder auf Mitregierung zurückzudrängen. 1467 hatte Sigmund ihm die Alleinregierung überlassen, die Schwierigkeiten mit den jüngeren Brüdern Christoph und Wolfgang konnten mit einem Friedensschluß auf dem Landtag von 1493 überwunden werden. Sein verbissenster Gegner Christoph starb noch im gleichen Jahr.

Die Auseinandersetzung mit den Brüdern führte schon 1471 zur Gefangennahme Herzog Christophs durch Albrecht[165] und letztlich sogar zum Anschluß Herzog Christophs an den aufständischen Bund der «Löwler» im Jahr 1488. Als daraufhin Albrecht einen erbitterten Krieg gegen Christoph führte, an dem auch die Stadt München 1491/92 mehrmals mit Kontingenten von Soldaten – den ersten für die Stadt tätigen gemieteten Söldnern (Landsknechten) – beteiligt war,[166] schob sich eine weitere neue Kraft in den Vordergrund: die «Landschaft». Diese Versammlung der drei Stände (Adel, Geistlichkeit, Städte) konnte in der Folge ihrerseits Macht und Einfluß neben dem Herzog gewinnen und die Rolle einzelner Städte gegenüber dem Landesherrn zu Gunsten der Gesamtheit der Stände zurückdrängen. Auch eine Stadt wie München handelt von jetzt an mehr als Mitglied der Landschaft, denn als Alleinkämpfer. Die individuelle Rolle der Stadt gegenüber dem Herzog war ausgespielt.

Im Jahr 1487 gelingt es Albrecht IV. auch, die Tochter Kunigunde des Habsburger-Kaisers Friedrich III. gegen dessen Willen zu heiraten und den späteren Kaiser Maximilian I. damit zu seinem Schwager zu machen. 1489, 1490, 1491 und 1500 sieht München glanzvolle Einzüge Maximilians in die Stadt.[167]

Als sich Regensburg am 16. Oktober 1485 in den Schutz des bayerischen Herzogs Albrecht begab, schien dessen Plan geglückt zu sein, die einstige bayerische Hauptstadt und nachmalige reichsunmittelbare, kaiserliche Stadt seinem Herzogtum wieder einzuverleiben. 1487 konnte sogar die päpstliche Erlaubnis zu einer Universitätsgründung in Regensburg erwirkt werden. Dem Unternehmen, das Münchens Rolle als oberbayerische Zentrale und

Herzogsresidenz jäh beendet hätte, war jedoch kein Erfolg beschieden. Zur Universitätsgründung kam es nicht, und die Stadt selbst mußte nach einem Spruch König Maximilians in Augsburg am 25. Mai 1492 wieder an den Kaiser zurückgegeben werden. Erst am 23. August 1496 verzichtete Albrecht endgültig auf alle Ansprüche auf Regensburg.[168]

Von jetzt an lenkte der Herzog sein Augenmerk wieder mehr auf München. Die angestammte Residenz blieb nun die auserwählte. Ihre Bedeutung wurde zunächst dadurch vergrößert, daß Albrecht 1495 die seit 1468 neu erbaute, gewaltig dimensionierte Frauenkirche durch ein Kollegiatsstift mit 14 Kanonikern aufwertete und dieses mit den Gütern zweier gleichzeitig aufgelöster alter Stifte – Ilmmünster und Schliersee – ausstaffierte. Die Überführung der Gebeine des heiligen Bischofs Arsacius von Ilmmünster nach München sollte ein übriges tun und die einstige Pfarr- und jetzige Stiftskirche auch noch zu einem Wallfahrtsort erheben, eine Absicht, die wohl daran scheiterte, daß man Wallfahrten doch nicht so einfach verordnen konnte.

Eine neue Statuserhöhung stand München bevor, als 1503 mit Herzog Georg dem Reichen die Landshuter Herzogslinie ausstarb. Zwei Jahre später gelang es Herzog Albrecht mit Hilfe seines kaiserlichen Schwagers Maximilian, das Herzogtum Bayern-Landshut, freilich nach einem mörderischen Blutvergießen im Landshuter Erbfolgekrieg, mit seinem oberbayerischen Herzogtum zu vereinigen.

Helmuth Stahleder

Um Glaube und Recht
Die «fürstliche» Stadt 1505 bis 1561

Die Ausgangslage

Der Beginn des 16. Jahrhunderts bedeutete für München einen markanten Einschnitt. Das Ende des Landshuter Erbfolgekrieges und die im Kölner Spruch Kaiser Maximilians I. von 1505 getroffene Entscheidung, die zur Vereinigung von Ober- und Niederbayern führte, hatten zur Folge, daß München nun die Hauptstadt des vereinigten Herzogtums wurde. Die um 1500 einwohnerstärkste und größte Stadt Bayerns erfuhr somit einen Bedeutungszuwachs in vielen Bereichen. Gerade der sich unter Herzog Albrecht V. entwickelnde Aufbau der landesherrlichen Zentralverwaltung des Herzogtums änderte auch die innere Struktur Münchens sowohl durch die Herausbildung eines modernen Beamtenapparates als auch durch den sich ständig vergrößernden Hofstaat.

Diese neuen Gegebenheiten hatten in dem Zeitraum nach 1500 ihre konkreten Auswirkungen auf die Bürgerschaft und ihre Vertretung. Im Ringen um die verfassungsrechtliche Stellung Münchens und in der Auseinandersetzung um die konfessionelle Ausrichtung im Zeitalter der Reformation waren Konflikte mit dem Stadt- und Landesherrn unausweichlich. Die neue Rolle Münchens im vereinigten Herzogtum ließ es dem Herzog geboten erscheinen, sich der Zustände in dieser Stadt besonders anzunehmen.

Für die Sozialstruktur der Einwohnerschaft der Stadt war die Anwesenheit der herzoglichen Hofhaltung und Verwaltung ein entscheidender Faktor. Zählte der herzogliche Hofstaat 1508 unter Albrecht IV. nur 162 Personen, so ist für 1552 unter Albrecht V. die Zahl von 384 Hofbediensteten errechnet worden. Im Jahre 1556 hatte sich die Zahl bereits auf 485 erhöht und stieg bis 1571 auf 866 Personen. Dies war nicht nur durch Gründung immer neuer staatlicher Zentralbehörden bedingt, sondern in noch stärkerem Maße durch eine personelle Ausweitung des Hofdienstes.[1] Gerade wegen dieser Personengruppe sollte es zu grundsätzlichen rechtlichen Konflikten zwischen der Stadt und dem Herzog kommen, die erst 1561 durch den Albertinischen Rezeß beigelegt wurden. Das Anwachsen der herzoglichen Behörden und Hofstäbe hatte auch Auswirkungen auf das Münchner Patriziat. Der Hofdienst war jetzt ein erstrebenswertes Berufsziel. Um dort Karriere machen zu können, war es freilich notwendig, die entsprechenden Voraussetzungen in der Ausbildung zu besitzen. Angehörige des Münchner Patriziats lassen sich daher als Studierende an der 1472 gegründeten Landesuniversität in Ingolstadt nachweisen. Häufig wurde das Studium an einer italienischen Universität fortgesetzt, um dort mit einer juristischen Promotion abgeschlossen zu werden. Mit der Zeit führte die enger werdende Verbindung des Patriziats mit dem Hof- und Verwaltungsdienst dazu, daß sich das Patriziat, zum Teil nach erfolgter Nobilitierung, von der Stadt löste. Stationen dieser Entwicklung waren das Studium, der herzogliche Ratsdienst und der landesherrliche Pflegerdienst, also die Übernahme von Verwaltungsfunktionen im Herzogtum.[2]

Die Nähe des herzoglichen Hofes hatte auch Auswirkungen auf das geistige Leben Münchens. Zwar waren in Bayern die Träger der zeitgenössischen humanistischen Strömungen weniger die Städte als vielmehr der Hof und die Klöster. Namen wie Johannes Aventinus, Prinzenerzieher und seit 1517 Landeshistoriograph, oder Philipp Apian, der im Auftrag des Herzogs die erste Landesaufnahme bewerkstelligte, belegen, daß der Herzogshof humanistisch-wissenschaftliche Anregungen aufgriff und förderte. Dazu gehörte auch der Aufbau der fürstlichen Sammlungen, die Münchens Ruhm als Kunststadt begründeten.[3]

Bei den kommunalen Bildungseinrichtungen sind damals zwei Institutionen besonders hervorzuheben: die Ratsbibliothek und das *«Gymnasium poeticum»*, auch Poetenschule genannt. Erste Hinweise auf eine Bibliothek des Rates lassen sich bereits in der Mitte des 15. Jahrhunderts finden, als der Rat vom Stadtpfarrer und Dechant bei St. Peter eine bedeutende Handschriftensammlung erhielt. Diese Sammlung bestand nicht nur aus theologischen, sondern auch aus medizinischen und naturwissenschaftlichen Schriften. Allerdings scheint die systematische Erweiterung dieser Ratsbibliothek erst in der zweiten Hälfte des 16. Jahrhunderts intensiver betrieben worden zu sein. Auch in das 15. Jahrhundert, nämlich bis zum Jahr 1478, reicht das städtische Gymnasium, das «*Gymnasium poeticum*», zurück. Dieses Gymnasium erlebte seine Blütezeit in der ersten Hälfte des 16. Jahrhunderts, als mit Christopherus Bruno, Hieronymus Ziegler und Martinus Balticus namhafte Wissenschaftler und Übersetzer klassischer Schriften dort die Leitung hatten. Nach dem konfessionell bedingten Weggang von Balticus 1559 finden sich als Leiter der Schule keine Wissenschaftler mehr. Das Gymnasium verlor auch seine Bedeutung, da das neue Jesuitengymnasium seine Stellung schnell ausbaute.[4]

Im Zuge der «Katholischen Reform» in Bayern hatte Herzog Albrecht V. die Jesuiten 1559 nach München geholt, um hier ein Kolleg zu errichten. Ende des Jahres nahmen die Jesuiten dann in den Räumen des fast leeren Klosters der Augustinereremiten den Unterricht auf. Neben dem Kolleg in Ingolstadt, das bereits 1555 als erstes Kolleg in Deutschland gegründet worden war, entwickelte sich das Münchner Jesuitenkolleg zur Stütze des Mittelbaues im bayerischen Schulwesen.[5] Die neue Konkurrenz wurde für das städtische Gymnasium schnell spürbar. Bereits 1561 beklagte dessen Rektor Gabriel Kastner gegenüber dem Rat, den «merklichen Abgang der Schueller ... durch die neu aufgericht Jesuitenschuell».[6]

In patrizischen Kreisen wurde in kleineren Zirkeln humanistisches Gedankengut gepflegt. Vor allem Bartholomäus Schrenck versammelte Künstler und Wissenschaftler auch aus dem Umfeld des Hofes um sich. Zu seinem Kreis gehörte der Stadtschreiber Simon Felix Schaidenreisser, der 1537 in Augsburg die «Odyssee» in deutscher Sprache herausgegeben hatte. Das Gebiet der griechischen Literatur war auch der Schwerpunkt der Aktivitäten des Schrenckschen Kreises. Man hat daher die Einbürgerung Homers als die Hauptleistung dieses Gelehrtenkreises bezeichnet.[7]

Eine bedeutende Chronistik hat sich in München bei den Patriziern nicht entwickelt. Hervorzuheben ist die Chronik der Familie Schrenck, die 1492 von Johann Schrenck begonnen wurde. Der Rat selber gab eine Ratschronik in Auftrag, die den Zeitraum von 1229 bis 1545 behandelt und wahrscheinlich Simon Felix Schaidenreisser als Verfasser hat.[8] Freilich bleibt festzustellen, daß sich München hier nicht mit der reichsstädtischen Chronistik, etwa der des benachbarten Augsburg, messen kann.

Reformatorische Bestrebungen in München

Die Reformation Luthers hatte vor dem bayerischen Herzogtum und seiner Residenzstadt München nicht haltgemacht. Luthers Schriften erschienen in München seit 1519 bei dem Drucker Hans Schobser, der zum Beispiel 1521 die bekannte Schrift «An den christlichen Adel deutscher Nation» publizierte, in einer übrigens für diese Zeit sehr hohen Auflage von 1500 Stück. Allerdings kam es aus Anlaß dieses Druckes zu einem landesherrlichen Eingreifen. Die gesamte Auflage mußte eingezogen und vernichtet werden. Schobser selber druckte trotzdem in der Folgezeit noch weitere protestantische Schriften, gab in den Drucken jedoch seinen Namen und den Druckort nicht mehr an.[9] Die landesherrlichen repressiven Maßnahmen gegen Schobser waren der Auftakt einer Religionspolitik der bayerischen Herzöge, die mit dem sogenannten ersten bayerischen Religionsmandat vom 5. März 1522 Luthers Lehre verurteilten. Die Herzöge, die mancher Kritik Luthers an der Kirche zunächst nicht ablehnend gegenüberstanden, trafen mit diesem Mandat eine Entscheidung, die, freilich nicht ohne Widerstand im Land, für Bayern konfessionspolitisch eine eindeutige Weichenstellung für die nächsten Jahrzehnte bedeutete.[10]

1524 wurde ein neues Religionsmandat erlassen, das insbesondere bestimmte, daß ohne herzogliche Erlaubnis keine Bücher gedruckt werden durften. Der Druck, Vertrieb, Verkauf und das Verschenken lutherischer Schriften wurde überhaupt verboten.[11] Damit traf man insbesondere reformatorische Kreise in den Städten, vor allem in München, bei denen aufgrund ihrer gesellschaftlichen Stellung die für die Lektüre theologischer Schriften notwendige Bildung vorhanden war. Die Verbreitung der lutherischen Schriften in München kennzeichnet ein Bericht des sächsischen Gesandten an seinen Kurfürsten im Jahr 1524, wonach Luthers Schriften öffentlich verkauft würden.[12] Eine weitere Verschärfung der herzoglichen Religionspolitik wurde durch zwei Faktoren beeinflußt: durch den Bauernkrieg von 1525 und das Täufertum. Der Bauernkrieg verschonte das bayerische Herzogtum zwar weitgehend, doch war man sich der Ruhe nicht so sicher und ließ sogar im näheren Umland Münchens Streifen patrouillieren.[13] Insbesondere der einflußreiche herzogliche Rat Leonhard von Eck setzte sich unter dem Eindruck des Bauernkrieges für eine Verschärfung der bayerischen Religionspolitik ein.[14] Die Bekämpfung des Täufertums wurde dann in Bayern, wie woanders auch, besonders streng gehandhabt. Zentren des Täufertums in Bayern waren die Städte, neben München auch Landshut und Landsberg am Lech. Die Strenge in der Bekämpfung des Täufertums – immerhin war die Todesstrafe durch ein Mandat vom 15. November 1527 angeordnet worden – hatte auch Gründe, die über den aktuellen Anlaß hinausreichten. Man wollte damit gegen die reformatorische Bewegung grundsätzlich abschreckend vorgehen.[15] Der Theologe und Widersacher Luthers Johannes Eck formulierte es so: «Es wurd kainer ain widertaufer, er sei dann vor Lutterisch.»[16]

Unter diesen durch die Landesherrschaft vorgegebenen Bedingungen war es naturgemäß nicht möglich, daß sich gerade in der Residenzstadt München unter der herzoglichen Aufsicht eine starke reformatorische Bewegung, geschweige denn gar eine Gemeinde, entwickeln konnte. Doch lassen zahlreiche Einzelfälle bestimmte Tendenzen erkennen.

Die reformatorischen Strömungen in München kann man in zwei Zeitabschnitte einteilen: in die Zeit bis 1550 und dann von 1550 bis etwa 1575, als mit der Regierung Herzog Albrechts V. zunächst einmal eine behutsamere landesherrliche Politik in Religionsfragen einsetzte.

Die in München bekannt gewordenen Fälle führen uns in alle gesellschaftlichen Schichten, sowohl in den Bereich der Unterschichten als auch den der patrizischen Oberschicht. Von den Münchner Patrizierfamilien können die Tichtl, Rosenbusch und Bart mit der Reformation in Zusammenhang gebracht werden.[17] Der Fernhändler Bernhard Tichtl hatte geschäftliche und verwandtschaftliche Beziehungen zur Reichsstadt Nürnberg. Seine zweite Tochter Sibylla heiratete 1526 den Nürnberger Patrizier Hieronymus Baumgartner, der nach seinem Wittenberger Studium ein Verfechter der Reformation in Nürnberg war. Durch diese Beziehungen zu Nürnberg, wo zuerst in einer süddeutschen Reichsstadt die Reformation eingeführt wurde, war Tichtl von reformatorischem Gedankengut beeinflußt worden. Tichtl hatte schon vor dem ersten Religionsmandat von 1522 nach eigenen Angaben «gern die lutherischen und anderen schriften gelesen und darinne geredet». Er hatte eine offene Art, seine Meinung zu äußern, was ihn am Herzoghof in Mißkredit brachte. Da er wegen politischer Hilfe beim herzoglichen Hof gut angesehen war, konnte er dies wohl zunächst auch riskieren. Allerdings wurde er einmal sogar von Herzog Wilhelm persönlich aufgefordert, nicht mehr lutherische Schriften zu lesen und schon gar nicht diese öffentlich zu diskutieren. Zum Eklat mit für Tichtl gefährlichen Folgen kam es, als er auf einer Reise mit dem Ingolstädter Juraprofessor Franz Burkhard in eine heftige Diskussion über die Verfolgung der Lutherischen geriet. Burkhard zeigte die dabei gefallenen Äußerungen Tichtls an, was dessen Verhaftung nach seiner Rückkehr nach München zur Folge hatte. Der herzogliche Kanzler Leonhard von Eck verfaßte ein Gutachten des Inhalts, daß Tichtl an den Pranger zu stellen sei. Weiter sei ihm durch beide Backen und die Stirn zu brennen und er im Falkenturm, dem herzoglichen Gefängnis, zu behalten. Diese Strafen waren bereits vorher in den Jahren 1523 und 1526 in anderen Teilen des Herzogtums gegen Anhänger Luthers verhängt worden.

Im Verhör verteidigte Tichtl die lutherische Lehre nicht. Nach über zwei Wochen Haft wurde er entlassen, mußte aber tausend Gulden als Strafe zahlen, ein Betrag, der auch für ihn hoch war.

Im Zusammenhang mit dem Fall Tichtl kam es zu zwei weiteren Verhaftungen. Eine nicht näher bekannte Angehörige der Patrizierfamilie Bart und die Mutter des Jakob Rosenbusch wurden festgenommen. Beide Frauen wurden von Leonhard von Eck verhört, der dem Herzog berichtete, «und ist nit on, sy sein Luterisch, haben auch sein puecher gelesen». Zugunsten der beiden Frauen wurde von der Stadt interveniert, wie Eck weiter mitteilte: «... wiewol die purgerschaft bei uns angehalten, sy aus vengknus zu lassen, ist uns doch solches nit zugestanden.»[18] Hier läßt sich ein Hinweis finden, daß die städtische Politik in Glaubensfragen längst nicht so streng war wie die der Herzöge. Wohl aus Rücksicht auf Sympathien für die neue Lehre in Teilen des Patriziates war für die Stadt eine zurückhaltendere Politik angezeigt. Bei Tichtl und den beiden Frauen handelte es sich offensichtlich nicht um Einzelfälle, denn Eck vermutete durchaus, daß die beiden Frauen bei ihren Aussagen und Schutzbehauptungen durch andere angewiesen worden seien.

Der Rat war bei der Verfolgung von Anhängern Luthers aber nicht nur dann zurückhaltend, wenn es um Angehörige der Oberschicht ging. Die neue Lehre hatte in München auch Verbreitung in den unteren Gesellschaftsschichten gefunden. Einige Verfolgungsfälle zeigen dies deutlich und belegen darüber hinaus die vorsichtige Politik des Rates.

Im Juli 1523 wurde der Bäckerknecht Sebastian Tuschler enthauptet.[19] Er war wenige Monate vorher nach München gekommen und hatte sich dort als «Franzosenarzt» (d. h. er behandelte Syphilisfälle) betätigt.[20] Auf seiner Reise hatte er als Bäcker in Schwaz gearbeitet, wo er auch das reformatorische Gedankengut kennengelernt hatte. Über seine Verurteilung finden wir eine Bemerkung in der Chronik des Augsburger Wilhelm Rem: «... da lies hertzog Wilhalm zu München ainem beckenknecht den kopf abschlagen, darum daß er Lutherisch oder ewangelisch war. Man sagt, er hett unser frauen geschmecht; ob es war was oder nicht, die von München wolten in nicht verurtailen, aber hertzog Wilhalm gebot dem richter, er solt in verurtailen.» Die Verurteilung zum Tode mußte im Fall Tuschler anscheinend gegen den Widerstand der Stadt vom Herzog persönlich durchgesetzt werden. Wie umstritten dieses Urteil war, verdeutlicht der Umstand, daß der bereits genannte Tichtl auch deswegen in Haft genommen wurde, weil er die Verurteilung Tuschlers gegenüber dem an der Ingolstädter Universität lehrenden und für eine harte Strafe gutachtenden Juristen Burkhard angegriffen hatte.

Tuschler gehörte wahrscheinlich zu einem Kreis um den Prädikanten Johann Rott, der auch den Decknamen Locher führte. Rott stammte aus München, zog zeitweise als Wanderprediger umher, wurde in München einmal verhaftet, konnte jedoch entkommen. Vermutlich wurde er in München nach neuerlicher Verhaftung 1524 hingerichtet. Der Kreis um Rott war von endzeitlichen Vorstellungen, wie etwa der Erwartung des Weltunterganges für 1524, bestimmt; auch sozialreligiöse Strömungen lassen sich hier im Vorfeld des Bauernkrieges finden. Vielleicht war dies ein weiterer Grund, weshalb die Strafen bei solchen Fällen so hart ausfielen.

Mit einem Todesurteil wurde auch der spektakuläre Fall des Messerschmiedes Lossenhammer im Jahr 1527 abgeschlossen. Lossenhammer, der von seiner Steuerleistung her zur wirtschaftlich schwächsten Schicht Münchens gehörte, hatte am Gründonnerstag den Gottesdienst in der Frauenkirche gestört. Nach der Predigt rief er dann laut aus: «Gott der allmechtig sey in disem broth nit, man möge es auch khaines wegs anbeten; es sei anders nichts dan ain prot.» Über seine Äußerungen sind wir durch die Chronik des Stadtunterrichters Pernöder, der selber Zeuge des Vorfalls war, informiert.[21] Lossenhammer wurde zum Tode verurteilt, sein Widerruf erschien nicht glaubwürdig. Auch bei seinem Prozeß war der herzogliche Einfluß unverkennbar, und so heißt es in der Chronik des Stadtunterrichters Andreas Pernöder: «die von München haben auch das alles nach rath unseren gnedigen herrn räthe geurthailt, fürgenommen und gehandelt.»

Unerbittlich ging man gegen die Wiedertäufer vor.[22] Um 1526/27 entstand in München eine Täufergemeinde. Ihre Führer waren der Münchner Eichmeister Christoph Feurter und der Geschlachtgewander (Feintuchweber) Jörg Schechner. Schon nach kurzer Zeit zählte diese Gruppe 35 bis 40 Mitglieder. Einflüsse von Augsburg scheinen vorhanden gewesen zu sein. Dies ist vor allem deshalb zu vermuten, weil der Begründer der Münchner Täufergemeinde, der ehemalige Priester Leonhard Dorfbrunner, über Hans Hut zu dem Augsburger Hans Denk, einem führenden Täufer, Verbindung gehabt haben könnte.

Anfang Januar 1528 wurden 29 Mitglieder der Münchner Täufergemeinde verhaftet. Neun von ihnen, darunter drei Frauen, wurden Ende des Monats hingerichtet. Die übrigen zwanzig Inhaftieren widerriefen unter dem Eindruck dieser Strafen ihren Glauben. Sie wurden daraufhin von Herzog Wilhelm begnadigt. Der Rat war offensichtlich erleichtert, daß es nicht zu noch mehr Hinrichtungen gekommen war, denn er verehrte dem Herzog und seiner Gemahlin aus Anlaß der Begnadigungen ein Geschenk. Nicht alle Täufer wurden 1528 festgenommen, einigen gelang noch die Flucht. Sie entfalteten in anderen Städten, wie zum Beispiel Augsburg, noch eine rege Tätigkeit für das Täufertum. Insofern hatte die zahlenmäßig kleine Münchner Täufergemeinde sowohl durch ihre relativ große Zahl an Märtyrern als auch durch ihre Ausstrahlung auf andere Täufergemeinden doch eine starke Wirkung im süddeutschen Raum.

Nach der Zerschlagung der Täufergemeinde lassen sich für viele Jahre kaum noch Aktivitäten nachweisen, die gegen die alte Lehre gerichtet waren. Hie und da scheint es schon zu lutherischen Äußerungen gekommen zu sein, wohl unter dem Einfluß der benachbarten lutherischen Reichsstädte und Territorien. 1530 wurde den Handwerksvierern vom Rat folgendes befohlen: «Und ist in mit hohem ernst furgehalten worden, daz ir yeder sein hantwerch erfordere, den maystern und knechten untersagen soll, daz si der luterischen handlung halben zuchtig seien, auch kaynen Lutherischen knecht setzen, und die gesetzten widerumb urlauben sollten.»[23]

Eine neue evangelische Bewegung in bemerkenswertem Ausmaß setzte erst um 1550 wieder ein. Begünstigt wurde dies durch das Augsburger Interim von 1548 und in den Folgejahren durch den Passauer Vertrag von 1552 und schließlich den Augsburger Religionsfrieden von 1555 als äußere Faktoren. Die protestantische Bewegung erfaßte jetzt verstärkt den Adel in Bayern; die Forderung nach dem Laienkelch, im Augsburger Interim für Protestanten zugestanden, wurde von breiten Bevölkerungskreisen getragen. In Bayern kam noch besonders hinzu, daß 1550 der Regierungswechsel von Wilhelm IV. zu Albrecht V. stattgefunden hatte und in demselben Jahr der für seine betont antilutherische Haltung bekannte Rat Leonhard von Eck gestorben war.[24]

Protestantisches Gedankengut war seit 1550 wesentlich stärker im öffentlichen Leben Münchens vertreten als in den Jahren nach 1520. Mit Adam Barholomäi kam 1554 als Dekan des Kollegiatstiftes zu Unserer Lieben Frau ein Prediger nach München, der sogar eine protestantische Vergangenheit hatte. Im Jahre 1521 war er von Pfalzgraf Ottheinrich nach Neuburg geholt worden, um dort die Reformation einzuführen.[25] Seine Berufung nach München aufgrund des herzoglichen Präsentationsrechtes beim Kanonikatsstift durfte als Anzeichen zu werten sein, daß von seiten des neuen Landesherren eine flexiblere Religionspolitik verfolgt wurde. Gerade in der später eine große Rolle spielenden Frage des Laienkelches wirkte er bei den Münchnern durch seine Predigten, in denen er die Ansicht vertrat, daß die Kommunion unter beiderlei Gestalt dem ausdrücklichen Befehl Christi gemäß sei. Auf solche Äußerungen beriefen sich später zahlreiche Münchner. Die Bereitschaft, sich mit dem lutherischen Gedankengut vertraut zu machen, geht auch daraus hervor, daß viele Eltern die Lehrer der sogenannten deutschen Schulen (in etwa mit unseren heutigen Volksschulen vergleichbar) bedrängten, daß «deutsche Psalme» gesungen würden.[26] Darunter waren lutherische Choräle zu verstehen, die immerhin 1560 noch vier von insgesamt 19 Lehrern singen ließen. Auch lutherische Schriften waren in München wieder zu kaufen. Auf das *«Gymnasium poeticum»*, die städtische höhere Schule, war der Einfluß des Luthertums ebenfalls unverkennbar. Der dort tätige Georg Schwarz mußte 1555 seine Stellung verlassen, weil er nach Augsburg zum Abendmahl ging und auch noch seinen Schülern Melanchthons *«Loci Communes»* erläuterte. Später wurde Schwarz, der sich den Humanistennamen Nigrinus Battimontanus zulegte, als Superintendent in Alsfeld ein engagierter antipäpstlicher Schriftsteller. Auch sein Vorgesetzter, der schon erwähnte Stadtpoet und als Dichter und Dramatiker bekannte Martinus Balticus, der in Wittenberg Schüler von Melanchthon gewesen war, blieb seiner protestantischen Haltung treu. Dies führte dazu, daß er 1559, nachdem die Jesuiten nach München gekommen waren, fortgehen mußte. Seit 1560 war er dann Rektor der Lateinschule in Ulm.

Wie der erwähnte Georg Schwarz gingen anscheinend viele Münchner in protestantische Orte, vornehmlich nach Augsburg, um dort am Abendmahl teilzunehmen. Dieses sogenannte Auslaufen wurde 1562 durch ein herzogliches Mandat verboten, nachdem es schon vorher durch Kontrollen erschwert worden war. Zu diesem Zweck wurden an Sonn- und Feiertagen die Strecken nach Augsburg durch berittene Streifen kontrolliert.[27]

Wie bereits in den Jahren nach 1520 kam es auch jetzt wieder zu spektakulären Vorfällen, die auch zu Auseinandersetzungen zwischen dem städtischen Rat und dem Herzog führten.

Als 1558 in der Augustinerkirche lutherische Lieder gesungen wurden, darunter auch das Lied «Erhalt uns Herr bei Deinem Wort» in der ursprünglichen antipäpstlichen Fassung, kam es darüber hinaus auch zu Störungen der Predigt.[28] Es konnte festgestellt werden, daß sich besonders viele Handwerker, darunter vor allem unverheiratete Personen, in der Nähe der Kanzel aufgehalten hatten. Obwohl einige der Störer sich durchaus identifizieren ließen, konnte man den Vorsinger der lutherischen Lieder trotz einer genauen Beschreibung nicht ermitteln. Der Rat war anscheinend nicht daran interessiert, aus der Angelegenheit eine allzu große Affäre zu machen. Die festgestellten Beteiligten wurden lediglich ermahnt, und das Singen solcher Lieder verboten.

Der Herzog griff jedoch diesen Fall persönlich auf. Er erhob schwere Vorwürfe gegen den städtischen Rat und forderte die Verhaftung von elf namentlich genannten Personen. Der Rat ersuchte ihn, von der angeordneten Verhaftung Abstand zu nehmen und war im übrigen der Meinung, daß man durchaus richtig und ausreichend gehandelt habe. Wie ernst der Rat die Lage nun einschätzte, zeigt die Tatsache, daß er deshalb eine Ratsdelegation zum Sommersitz des Herzogs nach Starnberg entsandte. Der Herzog ließ sich jedoch nicht umstimmen und ging sogar noch einen Schritt weiter, indem er dem Rat auch noch die Fragstücke für das Verhör der zu Verhaftenden geben ließ. Über den Hergang der Gottesdienststörung ließ sich aber dann im Verhör nichts feststellen, was nicht schon vorher bekannt gewesen war. Bemerkenswert ist die Struktur der Störergruppe. Es handelte sich hauptsächlich um Handwerker, die entweder durch das Gesellenwandern oder durch überregionale Geschäftsbeziehungen weit herumgekommen waren. In den protestantischen Gebieten hatten sie den dortigen Glauben kennengelernt und angenommen.

Besondere Aktivitäten entwickelte der Rat, als auf dem Landtag von 1556 Herzog Albrecht V. den Forderungen der Stände nachkommen mußte und die Kommunion unter beiderlei Gestalt nicht mehr unter Strafe stellte.[29] Diese Forderung nach dem Laienkelch war nicht unbedingt lutherisch, jedoch kann man vermuten, daß die Anhänger dieser Bewegung dem Luthertum zumindest innerlich nahestanden. Schon wenige Tage nach dem Zugeständnis des Herzogs berief man in München einen «völligen Rat», also eine Sitzung des Inneren und Äußeren Rates ein, was zeigt, daß der Rat diese Frage für sehr wichtig hielt. Zu einer neuerlichen Sitzung lud man dann die Dekane von St. Peter und Unser Lieben Frau, die jedoch ihr Erscheinen verweigerten und dann auch vom Herzog als dem Lehnsherren der beiden Kirchen keine Genehmigung erhielten. Als schließlich die Druckfassung der herzoglichen Deklaration mit dem Zugeständnis des Laienkelches dem Rat förmlich zugestellt wurde, trat ein Ausschuß von je vier Mitgliedern des Inneren und Äußeren Rates zusammen. Vier Mitglieder des Ausschusses gingen zu den beiden Pfarrern von St. Peter und Unser Lieben Frau und baten, unter Hinweis auf die herzogliche Deklaration, den Laienkelch zuzulassen. Beide Pfarrer lehnten dies jedoch ab. Der städtische Rat wandte sich daraufhin an den Hofrat und den Herzog, um eine Kommunion unter beiderlei Gestalt in München zu ermöglichen, erhielt jedoch nur einen hinhaltenden Bescheid mit dem Hinweis auf Verhandlungen mit dem Erzbischof von Salzburg und den Bischöfen von Augsburg, Eichstätt, Freising, Passau und Regensburg. Diese Verhandlungen hatten jedoch keinen Erfolg. Eine günstige Gelegenheit bot sich schließlich dem Rat, als um die Jahreswende 1556/57 die Pfarrstelle der Heilig-Geist-Kirche frei wurde. Hier stand dem Rat das Präsentationsrecht zu. Von dem auf diese Stelle gesetzten Pfarrer Leonhard Textor/Weber ist bekannt, daß von ihm bis 1560 der Laienkelch gewährt wurde. Wahrscheinlich gab es auch noch einige andere wenige Priester, die in diesem Punkt dem Wunsch des Rates und vieler Gläubigen nachkamen. Allerdings muß man feststellen, daß es seit etwa 1560 in München keine Möglichkeit mehr gab, die Kommunion in beiderlei Gestalt zu erhalten.

Auf dem Landtag in Ingolstadt 1563 versprach der Herzog, den Laienkelch zuzulassen, falls aus Rom keine oder eine ablehnende Entscheidung in dieser Frage käme. Die Führer des protestantischen Adels hatten zwar mehr erwartet, doch lag nun das neuerliche Versprechen des Herzogs vor. München, das bisher gegenüber dem Herzog eher fordernd gewesen war, verhielt sich zunächst neutral und abwartend. Als aber vom Herzog keine Anstalten gemacht wurden, das Versprechen einzulösen, ergriff der Münchner Rat die Initiative. Man überreichte den Landschaftsverordneten der drei Stände ein Schreiben, wonach der Herzog an sein Versprechen zu erinnern sei. München habe ein Interesse an der Einlösung des Versprechens, da in einer so großen Stadt zahlreiche Personen den Laienkelch verlangten. Damit hatte sich der Rat zu weit vorgewagt. Der Herzog erhielt Kenntnis von diesem Schreiben und ließ dem gesamten Rat durch den Kanzler einen «Vorhalt» mitteilen, wobei der Herzog selber und neun seiner Räte anwesend waren. Der Inhalt dieser Klarstellung war, daß der Herzog nie beabsichtigt habe, überall im Land den Laienkelch zu erlauben. Befremdet war der Herzog auch, weil der Rat Neuerungen anregte, anstatt solche zu verhindern, und drohte ihm deshalb mit entsprechenden Konsequenzen. Für den Fall, daß der Rat die Einführung des Laienkelches weiter betreibe, kündigte der Herzog an, seine Residenz von München wegzuverlegen. Eine solche Maßnahme hätte sich für die Stadt wirtschaftlich naturgemäß sehr negativ ausgewirkt, da die herzogliche Hofhaltung mit ihrer Kaufkraft ein wichtiger Wirtschaftsfaktor war. Die Drohung verfehlte auch ihre Wirkung nicht. Auf einer rasch einberufenen Ratsversammlung wurde eine besänftigende Antwort beraten, beschlossen und unverzüglich dem Herzog überreicht. Darin erklärte die Stadt, daß ihr Neuerungen durchaus fern lägen, daß es in München jedoch viele gebe, die nach dem Laienkelch verlangten. Von anderen Städten und Märkten sei München in dieser Sache nicht angegangen worden. Danach hatte der Herzog ausdrücklich fragen lassen. Offensichtlich befürchtete Albrecht V. nach der protestantischen Adelsopposition um Pankraz von Freyberg und Joachim von Ortenburg nun auch eine religiös orientierte Oppositionsgruppe der Städte innerhalb der Landstände.[30]

In der Folgezeit gelang es dem Rat nur noch, außerhalb des Stadtgebietes die sogenannte Kelchkonzession zu erreichen. Dies geschah allerdings erst, als Papst Pius IV. im Frühjahr 1564 in dieser Frage Zugeständnisse gemacht hatte. 1565 wurde, nachdem ursprünglich an Bogenhausen gedacht war, der Laienkelch in dem Ort Markt Schwaben gestattet, so daß die Münchner einen Weg von mehr als zwanzig Kilometer zurücklegen mußten, wenn sie an der Kommunion in beiderlei Gestalt festhalten wollten.

Die ablehnende Reaktion des Herzogs von 1563 war der Höhepunkt einer sich seit 1558 verhärtenden staatlichen Religionspolitik, die auch gegenüber der Stadt München in vielfältiger Weise zum Tragen gekommen war.[31] Zu Beginn des Jahres 1558 hatte man den Rat dringend ermahnt, den

Verkauf ketzerischer Bücher zu verbieten, da in fast allen Buchläden solche zu bekommen seien und der Rat diesem Treiben untätig zuschaue. Dem Rat wurde befohlen, Visitationskommissare einzusetzen, die überraschend die Buchläden durchsuchen sollten. Offensichtlich war der Herzog von der Loyalität der städtischen Räte nicht überzeugt, da zwei herzogliche Räte bei dieser Visitation anwesend sein sollten. Die Visitation hatte keinen Erfolg, wohl weil die Buchhändler vorher Kenntnis erlangt hatten. Der Herzog drohte daraufhin, bei solchem Verhalten in Zukunft selber direkt einzugreifen, ohne die hergebrachten Stadtprivilegien zu beachten. Heikel wurde es für den Rat, als von ihm verlangt wurde, daß namentlich genannte Frauen aus dem Patriziat, die verdächtigt wurden, heimliche Konventikel zu veranstalten, mit dem Ziel der Abschreckung bestraft würden. Der Rat wurde zwar tätig, sah aber von einer Strafe ab, da die Frauen die einzelnen Anklagepunkte leugneten.

Zögernd war der Rat auch bei der Publikation des Religionsmandates von 1558. Hier hatte er allerdings eine rechtliche Handhabe, die angeordnete öffentliche Bekanntmachung hinauszuzögern. In dem Mandat wurden heimliche Schulen, sogenannte Winkelschulen, in denen protestantische Lehren verbreitet wurden, und das «Auslaufen», also die Teilnahme an Gottesdiensten in protestantischen Territorien oder Reichsstädten, verboten. Bei Zuwiderhandlung gegen das Verbot des «Auslaufens» war eine Strafe von hundert Gulden angedroht, die an die herzogliche Regierung zu bezahlen war. Dagegen protestierte der Rat, da Strafgelder von Münchner Bürgern nach den städtischen Privilegien nicht dem Herzog, sondern der Stadt zustanden. Freilich gelang es dem Rat damit nur, die Bekanntmachung des Mandats um einen Monat zu verzögern.

Etwa seit Mitte der sechziger Jahre des 16. Jahrhunderts wurde der Druck auf die Protestanten immer stärker. Mehrmals im Jahr wurden die Buchläden auf ketzerische Schriften durchsucht. Auf herzoglichen Befehl mußte der Rat seit Anfang 1567 durch sogenannte heimliche Jünger, also bezahlte Spitzel, protestantische Umtriebe aufzuspüren versuchen, wobei besonders an die Winkelschulen gedacht war. Für knapp zwei Jahre (1567 bis September 1569) entstanden der Stadt dafür immerhin Kosten von zweihundert Gulden. In den städtischen Dienst durften nur noch Katholiken aufgenommen werden und das Bürgerrecht konnte nur verliehen werden, wenn der Gesuchsteller sich im Bürgereid zur katholischen Religion bekannte. Auch die Wahl zum Rat wurde auf zuverlässige Katholiken beschränkt.[32] Nachdem bereits seit den fünfziger Jahren die Bestattung von sogenannten Sektierern in München vom Herzog verboten worden war, durfte seit 1567 auch die Überführung der Leichname von Protestanten an protestantische Orte nicht mehr vorgenommen werden. Sie sollten in Gärten, Äckern oder anderen Orten verscharrt werden. Aus Besorgnis um die hygienischen Folgen frug der Rat bei der herzoglichen Regierung an, ob nicht wegen der großen Zahl fremder protestantischer Handwerksgesellen ein eigener Friedhof errichtet werden solle. Dies war Anlaß für die Gründung des «Lutherischen Gottesackers», der beim Pestfriedhof angelegt wurde, also etwa beim heutigen Alten Südlichen Friedhof. 1611 wurde dort zum Beispiel ein tödlich verunglückter protestantischer Loderknappe beigesetzt.[33]

Im Dezember 1567 lud der Herzog sechs Mitglieder des Inneren und drei des Äußeren Rates an den Hof. Neben einer Ermahnung wegen mangelnden Eifers in Religionsangelegenheiten wurde den städtischen Ratsmitgliedern dabei eine Liste von Münchnern überreicht, die der Sektiererei verdächtigt waren und ein strenges Verhör des genannten Personenkreises durch die Stadt angeordnet. Nach der Durchführung der Verhöre, die offensichtlich nicht den gewünschen Erfolg hatten, wurde der Rat vom Herzog getadelt, da angeblich die Verhöre so nachlässig durchgeführt worden seien, daß man gleich auf sie hätte verzichten können. Nach Meinung des Herzogs war dies auch nicht verwunderlich, da Mitglieder sowohl des Inneren als auch des Äußeren Rates mit dem Protestantismus sympathisierten. Nun verlangte der Herzog, daß diejenigen, die vom Besuch des lutherischen Abendmahles nicht lassen wollten, innerhalb eines Monats auswandern sollten. Mindestens acht Personen verließen daraufhin München. Nach einem zweiten Religionsverhör im Jahr 1569 gingen 18 Personen aus der Stadt. Im Frühjahr 1571 kam es zu einem dritten Verhör. Im Gegensatz zum zweiten wurde es wieder vom Rat durchgeführt, diesmal allerdings unter der Assistenz eines Jesuiten. Die Folge war die Abwanderung von zwanzig Personen, darunter zum Beispiel zwei Angehörige der Familie Reitmor.[34]

Die genannten Abwanderungen bedeuteten wirtschaftlich einen erheblichen Nachteil für die Stadt, da es sich überwiegend um finanziell bessergestellte Angehörige der Oberschicht handelte.[35] Bei 34 Religionsflüchtlingen lassen sich die Vermögensverhältnisse feststellen. Daraus ergibt sich, daß diese 34 zwar nur knapp ein Prozent der Steuerzahler repräsentierten, aber zusammen mehr als fünf Prozent des Steueraufkommens aufbrachten. Trotz der zu entrichtenden sogenannten Nachsteuer beim Wegzug aus der Stadt bedeutete eine solche Abwanderung einen empfindlichen Kapitalverlust. Umgekehrt bedeutete die Aufnahme solcher Bürger für die Zielstädte erheblichen Kapitalzuwachs. Im Falle Augsburgs kann man die Zahl von etwa 30000 Gulden von allein vier Münchner Religionsflüchtlingen nennen. Der Rat war naturgemäß über diese Entwicklung besorgt; so beklagte er in einem Schreiben vom Dezember 1570 an den Herzog, daß die Auswirkungen nicht nur für die Stadtsteuer, sondern für die gesamte Stadtwirtschaft schädlich seien.[36]

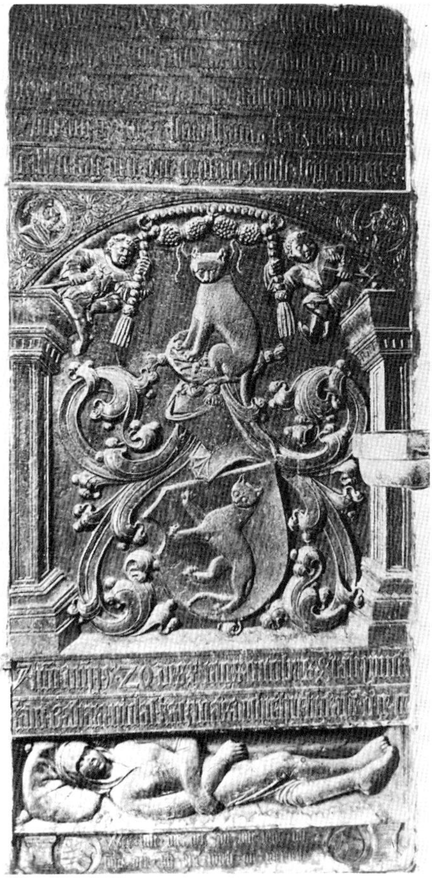

Grabsteine von Ratsfamilien
7. Heinrich Bart († 1362), Epitaph aus der 1. Hälfte des 16. Jahrhunderts in der Peterskirche;
8. Barbara Katzmaier († 1520) und Vorfahren, heute in der Kirche des Altenheims Heiliggeist.

Grabsteine von Ratsfamilien
9. Sebastian Seehofer († 1551) an der Peterskirche;
10. Eustachius Ligsalz († 1576) an der Frauenkirche.

Nach 1571 kann man nicht mehr von einer protestantischen Bewegung in München sprechen. Es bleiben nur noch Einzelfälle, die hauptsächlich von außerhalb stammende Personen betreffen. Erst als im Jahre 1801 der Mannheimer Weinwirt Michel das Bürgerrecht in München erhielt, beginnt wieder ein nennenswertes protestantisches Leben in der Stadt.[37]

Rechts- und Verfassungsentwicklung

In der ersten Hälfte des 16. Jahrhunderts galt weiterhin die 1403 in Kraft gesetzte Ratsverfassung. Der Innere Rat hatte zwölf, der Äußere Rat 24 Mitglieder. Beide Ratsteile stellten je einen Bürgermeister für eine Amtszeit von je einem Monat. Die entscheidende Funktion hatte der Innere Rat und der von ihm gestellte Bürgermeister. Die herzoglichen Rechte gegenüber der Stadt waren beschränkt auf die Erbhuldigung beim Regierungsantritt, die jährliche Bestätigung und den Treueid des Inneren Rates sowie bestimmte Abgaben.[38]

Verfassungsrechtlich bedeutete für München der Albertinische Rezeß von 1561 einen gewissen Einschnitt.[39] Seine Bestimmungen zur Gerichtsbarkeit werden verschiedentlich zum Anlaß genommen, in ihm einen Höhepunkt städtischer Selbstverwaltung zu sehen, bevor dann unter dem späteren Kurfürsten Maximilian I. im 17. Jahrhundert eine systematische Aushöhlung städtischer Rechtspositionen einsetzt.[40] Doch wird man bei der verfassungsgeschichtlichen Bewertung eher zurückhaltend sein müssen.

In erster Linie regelte der Rezeß die Gerichtskompetenz über die zum Herzogshof gehörigen Personen. Da eine genaue Bestimmung über die Exemtion der herzoglichen Beamten und des herzoglichen Hofgesindes von der städtischen Gerichtsbarkeit fehlte, war es immer wieder zu Meinungsverschiedenheiten gekommen. Auch die Steuerpflicht war strittig und mußte geregelt werden. Der Albertinische Rezeß bestimmte nun unter anderem, daß das gesamte Hofgesinde, gleich ob adelig oder nicht, für die Dauer seines fürstlichen Dienstes von der Unterwerfung unter die städtische Obrigkeit befreit sein sollte, so wie es bisher war. Dies galt auch für die Hausfrauen, Kinder, Diener und das Hausgesinde. Bei Ausübung eines bürgerlichen Gewerbes entstand dann aber die Pflicht, auch die bürgerlichen Lasten mitzutragen. Witwen und Waisen mußten um die Aufnahme in das Bürgerrecht nachsuchen. Dies galt allerdings nicht für die Witwen und Waisen der herzoglichen Räte und des adeligen Hofgesindes. Befreit von den städtischen Pflichten waren zudem die außerhalb der Zünfte ein Gewerbe treibenden «Hofschutzverwandten». Dieser Personenkreis war durch Gnaden- und Schutzbriefe des Herzogs privilegiert. Im Albertinischen Rezeß verpflichtete sich Albrecht V., keine weiteren solcher Schutzbriefe mehr auszustellen, ließ die bisherigen aber in Kraft.[41] Gerade bei dieser Regelung wurde später unter dem Herzog und späteren Kurfürsten Maximilian I. wieder eine leichte Korrektur zuungunsten der Stadt in Form einer authentischen Interpretation (siehe unten S. 190) vorgenommen.[42]

Eine Sonderstellung nahmen schon immer die Müller, Kalt- bzw. Kupferschmiede sowie die Bierbrauer ein. Da sie ihr Gewerbe vom Herzog zu Lehen nahmen, hatte es für sie keine völlige Unterwerfung unter die städtische Obrigkeit gegeben. Die niedere Gerichtsbarkeit über die Bierbrauer stand dem herzoglichen Bräuamt zu, für die Müller war ein eigenes landesherrliches Mühlrichteramt geschaffen worden. Die Kupferschmiede hatten für die niedere Gerichtsbarkeit einen eigenen Richter, der vom Herzog eingesetzt wurde. Mit dem Albertinischen Rezeß gingen diese Gerichtsbarkeiten auf den Rat über. Lediglich bei den Müllern war der Rat noch verpflichtet, einen eigenen Mühlrichter zu benennen, der der landesherrlichen Bestätigung bedurfte.[43]

In diesen Zusammenhang gehört auch die herzogliche Anerkennung der wohl schon vorher ausgeübten städtischen Blutgerichtsbarkeit.[44] Bei der Übertragung der Gerichtsbarkeit über die drei genannten Handwerke heißt es nämlich im Albertinischen Rezeß: ...sol Inen doch solchs an dem Malefitzen unnd hallsgerichtlichen Oberkhait, die sy in gemain unnd sowol ob denen so aus disen dreyen zünfften unnd Handtwerchen malefitzisch verprechen alls ob allen anndern Übelthätern und Malefitzischen personen haben, allerding unvergriffen und damit nichts benomen sein.»[45] Das bedeutete, daß die tatsächliche Ausübung der hohen Gerichtsbarkeit durch die Stadt vom Herzog als gegeben hingenommen wurde. So empfing der Stadtoberrichter[46] bereits nach der Stadtoberrichter-Instruktion von 1560 den herzoglichen Blutbann im Beisein von zwei Mitgliedern des Inneren Rates, die durch ihre Anwesenheit die Einbindung des Stadtoberrichters in die städtische Verwaltung symbolisierten.[47]

Betrachtet man die vorgestellten wesentlichen Bestimmungen des Albertinischen Rezesses von 1561, so muß man feststellen, daß grundsätzlich neue und wichtige Rechte der Stadt nicht erteilt worden sind. Vielmehr handelt es sich hier um die Klärung von immer wieder auftretenden Streitpunkten, die typisch für eine Residenzstadt waren. Freilich konnte im Albertinischen Rezeß die Stadt ihre Position verbessern, der Herzog gab nach. Was waren die Ursachen für dieses Nachgeben? Die Antwort auf diese Frage kann nicht nur durch den Rückgriff auf das Verhältnis von München zu seinem Stadt- und Landesherren gefunden werden. Vielmehr muß auch die Politik Albrechts V. gegenüber der Landschaft, also den in ihr zusammengefaßten drei Landständen (Adel, Städte, Geistlichkeit) berücksichtigt werden. Entscheidend ist hier das Jahr 1557 mit seinem Landtag zu Landshut, bei dem Herzog Albrecht V. den Ständen Zugeständnisse hatte machen müssen. Bei der anstehenden Schuldentilgung, u. a. für die hohen Kosten der Hofhaltung, erkaufte sich der Herzog die Hilfe der Stände durch die Verleihung der Edelmannsfreiheit an den Adel und durch die Gewährung von Privilegien zugunsten der Städte und Märkte.[48] Der Rat der Stadt München begann dementsprechend bald darauf mit den Verhandlungen über die einzelnen Regelungen des späteren Albertinischen Rezesses. Ausdrücklich berief man sich gegenüber dem Herzog auf dessen Versprechungen auf dem Landtag in Landshut.[49] Ebenso erwähnte auch der Herzog im Rezeß den besagten Landtag. Der Albertinische Rezeß ist also im Zusammenhang mit einer Politik Albrechts V. gegenüber der Landschaft zu sehen, bei der er in einer konkreten und für ihn finanziell schwierigen Lage zu Zugeständnissen bereit sein mußte. Dies wurde von München ausgenützt, um einige Streitpunkte endgültig im Sinne der Stadt zu regeln.

Unrichtig interpretiert, im Gegensatz zum Albertinischen Rezeß in der rechtlichen Bedeutung aber eher unterschätzt, werden auch die zwischen dem 15. und 17. Jahrhundert von der Stadt bei den deutschen Kaisern immer wieder eingeholten Bestätigungen der städtischen Privilegien. Im einzelnen wurden solche Bestätigungen von folgenden Herrschern vorgenommen: König Friedrich III. 1445, Kaiser Maximilian I. 1502, Kaiser Karl V. 1522, Kaiser Ferdinand I. 1559, Kaiser Maximilian II. 1565, Kaiser Rudolf II. 1578, Kaiser Ferdinand II. 1623 und Kaiser Ferdinand III. 1641.[50]

Erklärt wurden diese Privilegienbestimmungen bisher mit der Vermutung, bei Rat und Bürgerschaft habe bis in die Zeiten des Absolutismus die Erinnerung nachgewirkt, «daß die Stadtfreiheit und die Vorzugsstellung Münchens einstens eng mit dem deutschen Königtum verbunden war».[51] In diese Richtung geht auch die Ansicht, daß die Freiheiten der Stadt denen einer Reichsstadt ähnlich gewesen seien, was eine kaiserliche Bestätigung plausibel machen soll.[52]

Es trifft sicher zu, daß kaiserliche Privilegienbestätigungen für Landstädte – im Gegensatz zu den Reichsstädten – eher selten waren. Doch ganz alleine steht München mit seinen Bestätigungen nicht da. So erlangte Ingolstadt mehrfach in der Zeit von 1433 bis 1623 kaiserliche Bestätigungen seines ihm von den bayerischen Herzögen verliehenen Pfändungsrechts, also des Rechtes, außerhalb des städtischen Burgfriedens gegen Schuldner zu vollstrecken, ein Recht, das München übrigens nicht nur für das Umland, sondern allmählich für das gesamte Herzogtum erreichen konnte.[53] Auch die bayerischen Landstände ließen sich ihre vom Landesherren in den sogenannten Freiheitsbriefen zugestandenen Freiheitsrechte teilweise von den Kaisern bestätigen.[54]

Angesichts eines solchen Befundes ist nach einer anderen Erklärung für die kaiserlichen Bestätigungen der Münchner Stadtrechtsfreiheiten zu suchen. Eine bloße historische Reminiszenz an Kaiser Ludwig den Bayern anzunehmen, dürfte wohl unzulässigerweise ein modernes historisches Denken für die damalige Zeit voraussetzen. Auch muß man berücksichtigen, daß die hohen Kosten, die für die Ausstellung einer solchen Privilegienbestätigung anfielen, von der Stadt sicher nur verausgabt wurden, wenn die Privilegienbestätigungen eine im Rechtsleben der Zeit relevante Funktion hatten.[55] Ein Hinweis zur Erklärung der kaiserlichen Bestätigungen findet sich darin, daß gerade bei den späteren Privilegienbestätigungen nicht nur global die Münchner Rechte und Freiheiten bestätigt wurden, sondern daß zwei Privilegien der Stadt besonders hervorgehoben werden. Es handelt sich zum einen um das Recht, daß der Salzhandel zwischen Landshut und dem Gebirge über München abgewickelt werden mußte, zum anderen um das sogenannte Pfändungsrecht, das schon erwähnt wurde. Beiden Bestimmungen ist gemeinsam, daß sie Wirkungen über den Burgfrieden der Stadt hinaus entfalteten. In Streitfällen war es durchaus möglich, daß außerhalb der Stadt die Geltung dieser Bestimmungen ganz oder teilweise bestritten wurde. So konnte bei einem Rechtsstreit vor dem Reichskammergericht eine kaiserliche Privilegienbestätigung von unschätzbarem Vorteil sein. Dieses Gericht hatte lokale Rechte und Statuten auf ihre Geltung zu prüfen. Bei Vorlage einer kaiserlichen Bestätigung entfiel diese Prüfungspflicht. Das kaiserlich bestätigte Recht wurde für die Entscheidung des Rechtsfalles ohne besondere Prüfung zugrunde gelegt.[56] Außerdem war im Falle der Verletzung kaiserlicher Privilegien die Zuständigkeit des Reichskammergerichts von vornherein gegeben.[57] Gerade bei den in wirtschaftlicher und rechtlicher Hinsicht wichtigen Bestimmungen über den Salzhandel und das Pfändungsrecht war demnach eine kaiserliche Bestätigung für München aus prozeßrechtlicher Sicht von großer Wichtigkeit. Auch nach der Aufhebung der Salzsenderzunft und der Begründung des herzoglichen Salzhandelsmonopols 1587 (siehe unten S. 172f.) hatte die Stadt ein Interesse, daß der Salzhandel zumindest über München und nicht über andere Städte abgewickelt wurde. Der Herzog beabsichtigte auch nicht, das Niederlagsrecht und den Handelsweg über München aufzuheben.[58] Insofern war es durchaus sinnvoll, sich dieses Recht weiterhin vom Kaiser bestätigen zu lassen, um die Geltung auch außerhalb des Burgfriedens behaupten zu können. Beim Pfändungsrecht, das die Stadt München im 16. Jahrhundert für das gesamte Herzogtum erhalten hatte,[59] kam die Funktion der kaiserlichen Bestätigung für die Geltung des Privilegs vor Gericht ebenfalls zum Tragen.[60]

Die kaiserlichen Privilegienbestätigungen hatten aber auch noch eine andere Funktion, die nicht minder wichtig war. Sie sollten auch vor einer einseitigen Änderung oder gar einem Widerruf der Privilegien durch den Landesherrn schützen. Im 17. Jahrhundert zeigte sich dann unter dem Herzog und späteren Kurfürsten Maximilian I., der die Privilegien der Städte auf ihre Geltung hin überprüfen ließ, daß solche Befürchtungen nicht unbegründet waren.[61] Freilich haben dann in der politischen Praxis gerade unter Kurfürst Maximilian I. die kaiserlichen Privilegienbestätigungen die Aushöhlung der kommunalen Freiheiten nicht verhindern können, wenn auch mehrfach angedrohte formelle Aufhebungen der Privilegien nicht in die Wirklichkeit umgesetzt wurden.

Hans-Joachim Hecker

Zeiten der Teuerung
Versorgungsprobleme in der zweiten Hälfte des 16. Jahrhunderts

Die Stadt im Modell und die Zahl ihrer Einwohner

Das München der Jahre 1550 bis 1600 erschließt sich dem heutigen Betrachter nur zögerlich, nicht zuletzt wegen des auffälligen Mangels an wissenschaftlichen Darstellungen. Um so dankbarer sind wir, wenn uns die konkreten Elemente dieser Stadt, ihre Kirchen und Häuser, Mauern und Türme, Plätze und Gassen in einem 1570 geschaffenen Holzmodell plastisch entgegentreten. Es handelt sich um eine Arbeit, die der Straubinger Drechsler Jakob Sandtner für den bayerischen Herzog Albrecht V. anfertigte. Sandtner hatte zuvor bereits ein Modell für Straubing (1568) geschaffen und in den nachfolgenden Jahren ließ er noch Landshut (1571), Ingolstadt (1572) und Burghausen (1574) entstehen.[1] Der Herzog veranlaßte, daß dem «Jacob Sandner ... von wegen des gemachten Werckhs der Statt München» im Jahr 1571 131 Gulden ausgezahlt wurden.[2] Die Stadtbildforschung hat für die von Sandtner gefertigten Modelle ein beachtliches Maß an mathematisch-realistischer Ausrichtung nachgewiesen, wobei die Größe des Münchner Modells 199 mal 189 Zentimeter beträgt und der Maßstab mit 1 zu 616 berechnet werden konnte. Signifikante Bauwerke und dominante Straßenlinien übersteigen in ihrer Größe beziehungsweise Breite allerdings die zugrundegelegte Proportionalität. Als Erwerbungen des Herzogs gelangten die Sandtnerschen Modelle in die Kunstkammer des Fürsten, zu Beginn des 19. Jahrhunderts wurden sie in der Hofbibliothek untergebracht und seit Mitte unseres Jahrhunderts haben sie ihren Platz im Bayerischen Nationalmuseum gefunden.[3] Das Modell hat die Zeiten seit seiner Entstehung unbeschadet überdauert; die wenigen Ergänzungen, um die es erweitert wurde, sind augenfällig: es handelt sich um Angleichungen an die reale Bausubstanz des beginnenden 17. Jahrhunderts. Hierher gehören vor allem die herzogliche Residenz, wie sie in den Jahren nach 1560 im Anschluß an die «Neuveste» erweitert wurde, und St. Michael mit dem anschließenden Jesuitenkolleg, das anstelle der früheren kleinteiligen Einzelbebauung hinzugefügt wurde. Die historische Modellform läßt eine Scheidung zwischen der hochmittelalterlichen «Inneren Stadt», und der spätmittelalterlichen «Äußeren Stadt» erkennen. Mit dem das Modell umschließenden Mauerring ist tatsächlich die bis in das 19. Jahrhundert fixierte Begrenzung festgelegt, wobei die Wehrhaftigkeit der Stadt durch Maximilian I. noch verstärkt und ausgebaut werden wird. Die Bürgerhäuser sind zum überwiegenden Teil traufseitig gestellt.[4]

Die Beschränkung Sandtners auf das klassische städtische Terrain blendet die schon existierenden Erweiterungen zur Isar hin aus. Dort lagen das Gewerbegebiet des Lehels und die Taglöhnersiedlung in der Au. Jenseits des Flusses und außerhalb des Burgfriedens hatten sich zuerst die Müller und Fischer entlang dem Mühlbach angesiedelt. Ihnen folgten Häusler und Tagwerker, Holzhacker und Kleinhändler, die alle angewiesen waren auf die Nähe der Stadt.[5] Es entstand ein bescheidenes Refugium für jene, die am Rande der Stadt ihre Existenz bestritten. In sogenannten Herbergen (Kleinhäusern mit Stockwerkseigentum) fanden sie ihr Unterkommen, nicht selten in der Nachbarschaft von Münchner Familien, die seit dem 15. Jahrhundert in der Au Gärten erworben hatten, sie mit Villen bebaut und sich sogar eine erste Ausstattung für spätere Edelsitze gesichert hatten.[6] Noch diesseits der Isar und innerhalb des Burgfriedens lag das Lehel mit der Hauptlände, hier bestimmten Holzstapelplätze, Mühlen und Hammerwerke, Wäscherhütten und Bleichen das Bild.

Die Zahlenangaben, wie viele Menschen in dem realen Vorbild des Jakob Sandtner gelebt haben mögen, gehen weit auseinander, zumal sie zwangsläufig auf Schätzungen und Vermutungen basieren. Gleichwohl stimmen sie in ihren groben Zügen überein. Für den Beginn des 16. Jahrhunderts greift die Forschung mit einer Schätzung von weit über 10 000 Münchner Einwohnern wohl zu hoch; für das Jahr 1580 nimmt man ausgehend vom Sandtnerschen Modell an, daß in 1265 Häusern etwa 20 000 Menschen gelebt haben müßten.[7] Die Zählung der die Bürgersteuer leistenden Münchner ergab für ausgewählte Jahre von 1560 bis circa 1600 ein Anwachsen der Steuerzahler von 3050 auf etwa 4000 Personen. Die in der Forschung daraus hochgerechnete Einwohnerzahl, die jedem Steuerzahler jeweils vier weitere Personen hinzurechnet, hat natürlich hypothetischen Charakter.[8] 1620 steigt die Zahl weiter auf circa 20000 an und es wird bis zum Ende des Jahrhunderts dauern, bis die durch die Wirren des Dreißigjährigen Krieges gefallene Einwohnerzahl wieder den alten Stand erreicht hat. Im vergleichbaren Zeitraum zählt man in Augsburg um 1550 etwa 40000, um das Jahr 1600 46000 und 1620 schließlich 48000 Einwohner, eine Menge, die nach gewaltigen Rückschlägen erst im 19. Jahrhundert wieder erreicht werden wird. Im noch wesentlich kleineren München hat sich die Einwohnerzahl im 16. Jahrhundert immerhin nahezu verdoppelt, wobei diese demographische Wachstumskurve ihren stabilen Charakter erst durch die kriegsbedingten Rückschläge im 17. Jahrhundert verliert.

Das von Sandtner dargestellte Areal der ummauerten Stadt mußte seine Bewohner gegen Ende des 16. Jahrhunderts zunehmend beengen. Aus heutiger Sicht drängt sich die Frage nach den Versorgungsmöglichkeiten für eine derart angewachsene Menschenzahl auf, aber es muß gefragt werden, ob und in welcher Form sie auch den damaligen Rat beschäftigte. Um welche Probleme kreisten die Sitzungen dieses Rates? Auf der einen Seite erkennt man die vom Landes- und Stadtherrn vorangetriebenen Einschnitte in die stadtbürgerliche Bausubstanz durch fürstliche und kirchliche Neubauten, der auf der anderen Seite eine anwachsende städtische Einwohnerschaft, die Vielfalt der vor allem kleinen Handwerksbetriebe und interne zünftische Empfindlichkeiten gegenüberstehen, eben all die Probleme, welche die Alltagsarbeit der städtischen Ratsgremien bestimmten. Die zeitgenössische Chronistik kommt als Hilfsmittel für diese Zeitspanne leider nur marginal in Betracht.[9] So ist man direkt auf die Zeugnisse und Hinterlassenschaften der städtischen Einrichtungen selbst angewiesen, und man muß zu den überlieferten Bänden der Ratsprotokolle greifen, die allerdings hinsichtlich ihrer Regelmäßigkeit und Informationsfülle im 16. Jahrhundert noch von höchst unterschiedlicher Qualität sind. Noch fehlt es der städtischen Verwaltung und ihrer Aktenführung an der erst gegen Ende des Jahrhunderts stärker zu beobachtenden Aufsicht der zunächst sich selbst erst entwickelnden staatlichen Organe. Dem schriftlichen Verwalten und damit auch der historischen Überlieferung mangelt es im München des späten 16. Jahrhunderts noch an Kontinuität.

Das Geld der Stadt

Eine solche unsystematische amtliche Berichterstattung steht im Gegensatz zur Gewissenhaftigkeit, mit der die Stadt ihre Rechnungen führte. Die lange und gleichförmige Reihe der Kammerrechnungen darf nicht darüber hinwegtäuschen, daß wir es nicht mit einer straff organisierten, einheitlichen Kassenverwaltung zu tun haben, sondern daß die Bürger der spätmittelalterlichen Stadt mit vielen Nebenkassen, beziehungsweise deren Gebührenbüchsen, in die sie ihre Pfennige bezahlten, konfrontiert waren. Hinsichtlich des Gesamtvolumens des städtischen Etats dominieren auf der Einnahmenseite drei Haushaltsposten: die von den steuerpflichtigen Stadtbürgern zu entrichtende Bürgersteuer, die Gesamtheit der verschiedenen Einzelzölle und schließlich der Betrag, den die jeweiligen Kämmerer als «Startkapital» in Form eines nicht unbedeutenden Übertrages von ihren Vorgängern übernehmen konnten. Ab Mitte des 15. Jahrhunderts hatten die Zollgelder die Bürgersteuer als Hauptquelle des städtischen Wohlstandes abgelöst. Der den Kämmerern jeweils bei Amtsübernahme zur Verfügung stehende Sokkelbetrag erreichte nicht selten zwanzig Prozent des Gesamtetats. Ausgaben und Einnahmen der einzelnen Titel des Etats sind nicht deckungsgleich, vielmehr wachsen, bedingt durch die stetig steigenden Übernahmebeträge, die Überschüsse auf der Habenseite während der Jahre von 1550 bis 1600 ganz beträchtlich. 1550 wird als *«Summa»* der gesamten Einnahmen ein Betrag von 27208 Gulden, 3 Schilling und 22½ Pfennigen ausgewiesen, übernommen aus dem Vorjahr sind davon 12660 Gulden, 3 Schilling und 5 Pfennige.[10] Im Jahr 1570 erreichen die Einnahmen 47743 Gulden, unterliegen in den nachfolgenden Jahren merklichen Schwankungen, um ab 1588 stetig zu steigen. In den 1590er Jahren haben sie wieder die Spitzenwerte von 1567 und 1575 erreicht: 1595 liegen sie bei 56795 und im Jahre 1600 bei 74397 Gulden, wobei jetzt bereits 38793 Gulden aus der Übernahme zu berechnen sind. Wollte man für das gesamte 16. Jahrhundert die Werte des städtischen Haushaltes graphisch ausdrücken, so würde sich die Kurve zu Beginn dieser Periode zwischen 15000 und 20000 Gulden bewegen, dann leicht abfallen und bis 1540 wieder langsam ansteigen. Bis 1570 bewegen sich die Zahlenwerte deutlicher nach oben, gleiten in den nachfolgenden Jahren etwas ab, um etwa ab 1590 steil empor zu klettern: im Jahr 1615 haben sie bereits 100000 Gulden überschritten. Damit ist allerdings zunächst nur der offensichtliche Zuwachs der Geldmenge in der Kommune über die Jahre hinweg beschrieben. Bei der Untersuchung des tatsächlichen Goldwertes der Münchner Währung im 16. Jahrhundert kommt die Forschung zu dem Resultat eines stetigen Kursverlustes des Münchner Pfennigs.[11] Damit wird natürlich die Höhe der oben angesprochenen Haushaltszahlen in ein anderes Licht gerückt. Die Steigerung des absoluten Etatvolumens ist jedoch auch trotz der angezeigten inflationsbedingten Wertminderung deutlich: das Jahr 1600 beschert den Kämmerern nämlich immer noch Rücklagen in einer Höhe, die um 1500 nicht einmal die Gesamteinnahmen ausmachten.

Die städtischen Zolleinnahmen überstiegen im 16. Jahrhundert in der Regel deutlich die Einnahmen aus der Bürgersteuer, wobei man allerdings von den Jahren der Doppelbesteuerung absehen muß. Innerhalb der verschiedenen Einzelzölle profitierte die Stadt hauptsächlich von den Salzabgaben. Nachdem Herzog Albrecht IV. sich 1509 aus fiskalischem Interesse das Reichenhaller Produktionsmonopol gesichert hatte, gerieten die Vorschriften über den Verlauf der Salzstraßen zunehmend in den Brennpunkt herzoglicher Verordnungen und städtischer Bemühungen. So gelingt es München in Konkurrenz zu dem Moosburger Isarübergang, daß der Herzog den Moosburgern eine Beeinträchtigung des Münchner Salzhandels verwehrte.[12] Insbesondere das «reiche» Salz wollten sich die Münchner sichern, während Moosburg nur mehr die Durchfahrt des «armen» Halleiner Salzes verblieb, dies zudem mit der Maßgabe, den Ausbau zu einer Salzniederlage zu unterlassen.

Wie wichtig dem Rat die Kontrolle des in einem Vertragswerk von 1561 erzielten Status war, zeigt uns die aus dem gleichen Jahr überlieferte Salzbereiterordnung.[13] Die Hauptaufgabe eines als Salzbereiter tätigen Söldners bestand darin, die Zulieferung «reichen» Salzes nach Moosburg zu verhindern. Gleichfalls mußte er mögliche Ausweichübergänge im Blick haben, das heißt die Brücken bei Freising, Mertling und Isareck kontrollieren. Die Verwendung des als «zollfraisig» vom Salzbereiter aufgebrachten Salzes läßt auf der einen Seite erkennen, daß die Entlohnung dieses Söldners aus Besoldung und einer Prämierung gemischt war, die aus den Konfiskationserträgnissen aufgebracht wurde, und wirft andererseits auch ein Licht auf die Verquickung städtischer und herzoglicher, daneben aber auch berufsständischer Interessen der Salzsender. Die eine Hälfte des Salzes geht an den Herzog, die Stadt beansprucht von dem ihr zustehenden zweiten Teil nur ein Drittel, ein weiteres Drittel fällt dem Salzbereiter zu und die verbleibende Menge erhält schließlich die Zunft der Salzsender als Ausgleich dafür, daß sie die Besoldung dieses «Beamten» übernommen hat. Daß dieser die auf ihn gesetzten Hoffnungen nicht erfüllen konnte, liegt in der Natur der Sache: die von den Münchnern angestrebte Verhinderung einer konkurrenzfähigen Salzsenderzunft in Moosburg und die damit verbundene Überwachung des Salzhandels in einem derart weit gespannten Raum überstieg die Möglichkeiten des auf sich allein gestellten Salzbereiters bei weitem. Es dauerte somit kein Jahrzehnt, bis im Jahre 1569 das Amt des Salzbereiters neu definiert,[14] allerdings die für die Salzsender mißliche Situation keineswegs verbessert wurde. Hatten sich die der Salzsenderzunft verbundenen Familien im 14. und 15. Jahrhundert dank dieses einträglichen Gewerbes klangvolle Namen erworben, so wurde doch schon im 15. Jahrhundert das Münchner Monopol im Salzhandel durch Herzog Ernst gebrochen.[15] Auch die Salzstößler, die ebenfalls das auf Plachenwagen transportierte «Plachsalz» führten, wurden bereits im 15. Jahrhundert von den Salzsendern als Konkurrenz empfunden.

Und gleichfalls beunruhigend für die Salzsender wurden aus dem ländlichen Bereich die Bauern, denen Vieh und Wagen es gerade in den nicht mit Ackerarbeiten ausgelasteten Monaten am ehesten erlaubten, den Salzhandel an München vorbei zu betreiben. Bei der Neuregelung der Aufgaben des Salzbereiters klingt dies drastisch an, denn er soll ausgestattet sein «mit ainem zimblichen gueten starckhen Roß ..., damit er den Paurn, die ime etwo enntfliehen wolten, nacheylen» könne.[16] Die Bauern, auf deren Hilfe die Salzsender besonders beim Plachsalz angewiesen waren, suchten sich einen Ausgleich für die von ihnen als zu gering empfundenen Fuhrlöhne zu schaffen. Deren Höhe war derart umstritten, daß es Aufgabe der landesherrlichen Zöllner wurde, sie je nach Witterungs- und Straßenbedingungen neu festzusetzen. Das Handeln der fürstlichen Beamten konnte sich über diese eher neutrale, schiedsgerichtliche Funktion hinaus steigern: bereits in der ersten Hälfte des 16. Jahrhunderts besaß der fürstliche Großzöllner Strafgewalt über die städtische Zunft der Salzsender. Es ist nicht verwunderlich, daß diese unübersichtliche Situation zwischen Rat, Salzsendern, deren Organisation und den fürstlichen Räten immer wieder zu Auseinandersetzungen führen mußte. Zwar zeigte die Stadt häufig Verständnis für Maßnahmen, mit denen Verfehlungen und Übertretungen von Zunftangehörigen geahndet werden sollten, aber grundsätzlich – und dennoch erfolglos – suchte sie Eingriffe der fürstlichen Verwaltung in ihre Zuständigkeit abzuwehren.[17] Allerdings dürfte es für die städtische Seite auch nicht ohne Belang gewesen sein, daß sich die alten, begüterten und traditionsreichen Familien mittlerweile aus der Salzsenderei zurückgezogen hatten. Das Verhalten der städtischen Führungsschichten hatte sich entsprechend den wirtschaftlichen Gewinnmöglichkeiten verlagert, Prestige und Einflußvermögen der ehedem so renommierten Zunft waren offensichtlich geschwunden. Die Zunftordnung verlor zunehmend an Schärfe und die Zunft selbst zeigte sich immer weniger durchsetzungsfähig. Dies vor allem dann, wenn es darum ging, unliebsamen Bewerbern die Zulassung zu verwehren oder auch, wenn sie in Auseinandersetzungen um Fuhr- und Kreditregelungen die eigenen Interessen bei Ratsentscheidungen nicht mehr zu wahren vermochte.

Auch gegenüber den Salzsendern anderer Städte hatte man an Boden verloren. Das ursprüngliche Weiterführen des in München umgeschlagenen Salzes als ein den heimischen Zunftgenossen vorbehaltenes Privileg mußte den herzoglichen Salzregelungen weichen, die den Einheimischen nur noch den Transport nach München hin vorbehielten.[18] Die Versorgung Schwabens mit Salz war zunehmend den westlicher gelegenen Städten in die Hände gefallen. Als im Jahre 1561 der Salzüberfluß in Reichenhall es auch auswärtigen Händlern erlaubte, das Salz direkt vom Produktionsort auszuführen, geschah dies zwar in Anknüpfung an frühere Ausnahmefälle, entwickelte sich aber zum Aufheben der Niederlagsrechte und damit zum Indiz einer ungünstiger gewordenen Situation. So entglitt den Münchner Salzsendern ihr Handels- und Transportprivileg, und selbst an der Erhebung eines Niederlagsgeldes konnte sich die Zunft nur kurzfristig erfreuen. 1570 mußte man eine Modifizierung der ursprünglichen Regelung hinnehmen, die der Zunft jetzt nur noch ein Drittel dieses Geldes beließ, während der größere Rest an die Stadt floß. Auch wenn die Zunft Widerstand zu leisten versuchte, 1574 mußte sie sich eine rückwirkende Abrechnung der letzten vier zurückliegenden Jahre gefallen lassen.[19] Doch noch gelang es ihr, im Rat Fürsprecher gegen den herzoglichen Großzöllner zu finden. Ihren Beschwerden jedoch, die die Stadt 1579 und 1583 der Landschaft vortrug, blieb der Erfolg versagt, sie bezeugen vielmehr, in welch schwache Position die Zunft und letztlich in rechtlicher Hinsicht auch die Stadt selbst geraten waren. Sie wird gewußt haben, daß dieser Kampf schon verloren war und der bayerische Herzog bei der Mobilisierung seiner Ressourcen nur den Zeichen der Zeit folgte. In Österreich, in Schlesien und auch in Sachsen hatten sich die Fürsten bereits den Salzhandel gesichert. Die Hofkammer, 1550 eingerichtet, um den Finanzbedarf des Hofes zu befriedigen, hatte sich nicht umsonst sehr bald der Regelung des Salzabsatzes angenommen. Ein eigens in Auftrag gegebenes Rechtsgutachten bereitete den letzten Schritt Wilhelms V. vor, nämlich die Monopolisierung des Salzhandels zugunsten des Staates. Die hauptsächlichen Einwendungen der Stadt, die auf die empfangenen Privilegien und Freiheiten und das «lang herkhomen und innhaben» hinwies, werden durch das herzogliche Dekret resolut entkräftet, indem es auf das Recht «der herren und landsfürsten» zu freier Disposition über die bislang gewährten Freiheiten verweist.

Damit ist jedweder städtischen Argumentation die Grundlage entzogen; statt dessen erinnert hier der Fürst unverhohlen daran, daß es ja erst die von ihm selbst erwiesene Gnade gewesen war, die die Stadt in die von ihr behauptete Position gebracht hat. Dennoch ist dem Herzog an der wirtschaftlichen Wohlfahrt seiner fürstlichen Hauptstadt sehr wohl gelegen.[20] Die im Dekret vom 1. Januar 1587 und wenige Monate später nochmals bestätigten Regelungen sichern München Zoll- und Stadeleinkünfte, die – wie auch die Kammerbücher der weiteren Jahre bestätigen – die städtischen Finanzen deutlich verbessern. Gerade die von der Stadt abgetretene Nutzung des Salzstadels (bei verbleibender Unterhaltspflicht) entwickelt sich für die Bürgerstadt durch eine am Salzumsatz orientierte Beteiligung zu einer lukrativen Lösung. In den Jahren von 1586 bis 1600 kann sie den Herzögen mehrere Darlehen in einer Höhe von zusammen knapp 100000 Gulden gewähren, womit sie dem Hof in der zweiten Jahrhunderthälfte insgesamt über 200000 Gulden bereitgestellt hat.[21] So klingt es mehr nach Resignation als nach Protest gegen die Beschneidung der überkommenen städtischen Privilegien, wenn im Rat am 14. Januar 1587 protokolliert wird: «wan der salzhandel nit mehr durch ihre f. Gnaden oder derselbigen nachkhomen gefuret werden solte, das mans eben in dem stand wie mans an ietz hinweg nimpt, widerumben burgermaister vnd rath vnd sonst niemand geben vnd zustellen welle.»[22]

Neben den Zöllen waren es die von den Bürgern erhobenen Steuern und das auf dem Wein lastende «Ungeld», die der Stadt die höchsten Einkünfte brachten. Überblickt man die Beträge, mit denen die städtischen Steuerer in der zweiten Hälfte des 16. Jahrhunderts den Etat sicherten, so fallen neben den durch Doppelbesteuerung erzielten Spitzenwerten der 1560er Jahre Steigerungen der Nominalbeträge auf. Bewegt sich um die Jahrhundertmitte die Einnahme aus der Bürgersteuer noch um circa 3000 Gulden, so steigt diese vor 1600 auf Werte um circa 7000 Gulden. Sicherlich spielt bei dieser Anhebung die schon angesprochene Inflation eine nicht zu unterschätzende Rolle, zumindest eine größere als die Zunahme der Steuerbürger, die nicht mit den wachsenden Einwohnerzahlen Schritt halten konnte. Die Zahl jener stieg, legt man die Steuerbücher aus den Jahren 1560 und 1599 zugrunde,[23] in der hier behandelten Zeitspanne von circa 3520 auf circa 3760 pflichtige Bürger, wobei diese Zahlen angesichts der Quellengattung eo ipso nur Näherungswerte sein können. Der von den Steuerern an die Kämmerei abgeführte Betrag nahm von 3645 Gulden auf 7562 Gulden zu. Der Anstieg der Steuerbürger um circa sieben Prozent wird also von einer Verdoppelung des aufgebrachten Steuervolumens begleitet.

Eine intensivere Betrachtung der eingebrachten Summen zeigt, daß sich die Erträge aus der Bürgersteuer insgesamt, zumal wenn man den Zeitraum von 1500 bis 1615 als Maßstab nimmt,[24] nach oben bewegten. So leisteten die Bürger im Jahre 1500 1958 Gulden, 1530 bereits 2612 Gulden und im Jahre 1550 3127 Gulden. Das Jahr 1600 erbrachte Steuereinkünfte von 7580 Gulden, die 1610 auf 9028 und 1615 auf 10052 Gulden anstiegen. Es wird deutlich, daß die hohen Steigerungsbeträge nur zu einem sehr geringen Teil von der langsam wachsenden Zahl der Steuerleistenden funktional abhängig sind. Deren Belastbarkeit erprobte die Stadt ganz massiv in den sechziger Jahren, als man sich 1564, 1566 und 1567[25] veranlaßt sah, die Bürger doppelt zu besteuern, so daß die Kämmerer in ihren Jahresabrechnungen Steuerbeträge von über 7000 Gulden vermerken konnten.[26] Damit ist allerdings der Geldbedarf noch nicht gestillt, denn nur zehn Jahre später sieht sich die Stadt gezwungen, die im Jahre 1560 angefertigte Steuerordnung «in etlichen articuln der Notturfft nach ze anndern, ze bessern vnnd zu erleutern», wie es einleitend in dem neuen Dokument von 1577 formuliert wird.[27]

Der grundlegende Tenor dieser «Statsteurordnung» zielt auf eine generelle Erhöhung der Steuerquoten; besonders augenfällig wird dies bei der Leistung derer, die mit ihrer Steuer die niedrigsten Beträge zu erbringen haben. So heißt es schon einleitend, daß hinsichtlich der Almosenempfänger künftig eine Steuerpflicht von zwei Schillingen (= sechzig Pfennige) gilt. Die zweite Schicht der Zahlenden, die mit ihrer Steuerleistung die vier Schilling Pfennige (= 120 Pfennige) nicht überschreiten, fallen unter die Habnit-Regelung, deren Betrag sich damit gegenüber früheren Zeiten verdoppelt. Neugeregelt wurden auch die Sätze der Getreidesteuer. Mußten 1561 für ein Schäffl Weizen zwölf Schilling Pfennige geleistet werden, so erhöhte sich dieser Satz 1577 auf drei Gulden (= 21 Schilling Pfennige) und sollte in den Bestimmungen der 1606 erlassenen Steuerordnung abermals ansteigen.[28] Auch die auf Roggen, Gerste und Hafer erhobenen Beträge erhöhten sich in gleicher Relation. Selbst eine 1561 noch nicht genannte, auf Silber und sonstige Pretiosen erhobene Besteuerung wurde in den Abgabenkatalog aufgenommen.

Am 6. November 1577 trat diese reformierte Steuerordnung in Kraft, und knappe drei Wochen später, am 26. November, begannen die Steuerer mit ihrer das Steuerjahr 1577 beschließenden Erhebung der Bürgersteuer. Der erforderliche Umgang durch die Münchner Straßen mit der Auflistung der Steuerpflichtigen beanspruchte die städtischen Beamten drei Tage lang,[29] anschließend erfolgte die Entrichtung der geschuldeten Beträge. Schon die Gesamtsumme der so erzielten Bürgersteuer zeigt die Auswirkungen der neuen Besteuerung an. Bewegte sich in den 1570er Jahren der Steuerertrag bei circa 3600 Gulden, so steigt er 1577 um fast dreißig Prozent auf 4787 Gulden an. Auch die Abgabensätze der Reichsten stiegen teilweise ganz erheblich: Hainrich Schobinger entrichtet statt der 1576 gezahlten 38 Gulden 5 Schillinge 8 Pfennige ein Jahr später 57 Gulden 2 Schillinge 2 Pfennige, Cristoff Seehofer statt 34 Gulden 5 Pfennige den Betrag von 39 Gulden 29 Pfennigen und Hieronymus Ruepp muß gar eine Verdoppelung von 45 Gulden 6 Schillingen 10 Pfennigen auf 94 Gulden 2 Schillinge hinnehmen.[30] Auch die Versteuerung der vor den Toren der Stadt abgabepflichtigen Personen gewann an Gewicht, hier stiegen die Einkünfte von 54 auf 73 Gulden.[31]

Neben der Bürgersteuer war die Stadt in ganz beträchtlichem Ausmaß auf die Einnahmen aus dem Ungeld angewiesen, das heißt auf die Abgaben, mit denen Wein und Met belastet waren. Bis in die neunziger Jahre überstiegen diese Erträge die von den Steuerern beigebrachten Summen, erst in den letzten Jahren des Jahrhunderts weist die Steuerkurve steiler als die des Ungeldes nach oben. Neben der Stadt profitierte von dieser Verbrauchssteuer auch der Hof, so daß die vierteljährliche Abführung des Geldes und die wöchentlichen Branntweinkontrollen von städtischen und von fürstlichen Beamten gemeinsam durchgeführt wurden. Die tagtägliche Arbeit der Kontrolleure, ihr regelmäßiges Nachprüfen und Registrieren der herangeführten Weinmengen, die in Eimern und Maßen berechnet wurden und mit Sätzen von 7,5 bis zehn Prozent versteuert werden mußten, ließ beim Rat immer wieder die Sorge vor Bestechlichkeit der Ungelter wach werden. Ihr Kontakt mit den Wirten und Fuhrleuten wurde in den Ungeldordnungen der Jahre 1552 und 1578 mit Argwohn verfolgt,[32] die Rechnungsführung der Beamten und der Wirte sowie die Meldepflichten des neu eingetroffenen Weines erfuhren genaue Anleitung. Den Ungeltern wurde «Unfleiß» vorgeworfen, und das Verzeichnis der zu versteuernden Weinfässer mußte sonntäglich «mit mehrerem Vleiß dan bisher» abgeliefert werden.

Der steigende städtische Geldbedarf in den sechziger und siebziger Jahren spiegelt sich in diesen Ungeldordnungen: wurde 1552 der Branntwein noch als «dem Menschen an seinem Leib ain nachthaillig Getrainkh» bezeichnet, der «mit Yberfluß getrunckhen» zur «Trunckheit» und «Lastern» führe, weshalb die Ungelderhebung als ein notwendiges, erzieherisches Instrument anzusehen sei, so entfällt dieser an Fürsorge und Zuwendung orientierte Aspekt in der Fassung von 1578. Neben dieser neuen Ungeldordnung sind es auch die Instruktionen der Landschaft zur Eintreibung des Aufschlags «von allem Getranck»,[33] die sich verstärkt um Abhilfe gegen Unregelmäßigkeiten beim Ausschenken bemühen. So sollen die Ausweichmanöver von Produzenten und Handel, wie etwa das Ausschenken des bayerischen Weines direkt vom Hof des Erzeugers, unterbunden werden. Der Eindruck, den die von der Landschaft in den achtziger und neunziger Jahren und um die Jahrhundertwende verfertigten Vorschriften für Zöllner und Mautner erwecken, zeugt von der Zunahme von Restriktionen und Verkomplizierungen, denen die Betroffenen stets aufs neue zu entweichen suchten. Der behördliche Druck, der auf die davon berührten Gewerbe ausgeübt wurde, schlägt sich auch in internen Differenzen nieder. Die Protokollierung eines Streites unter den Lebzeltern läßt Umfang und Ausmaß des Honighandels und die überraschend hohen Geldinvestitionen deutlich werden, die bei der Verpflichtung von Bauern für die Lieferung des Landhonigs gebraucht wurden und wirft schließlich auch ein Licht auf den sehr zeitaufwendigen Ferntransport.[34]

Die Herzöge, durch ihren steten Kapitalbedarf veranlaßt, überließen der Stadt gegen beträchtliche Kapitalanleihen oft genug die mit der Ungeldbüchse gewonnenen Gelder. So etwa 1579, als Herzog Albrecht zugunsten der Stadt auf die Hälfte des ihm zustehenden Metungeld-Drittels für die Gewährung eines städtischen Darlehens in Höhe von 15000 Gulden verzichtete.[35] Auch Herzog Wilhelm finanzierte in den neunziger Jahren einen städtischen Kredit durch Überlassungen aus seinem Anteil am Ungeld.[36]

Das Beziehungsgeflecht zwischen Fuhrleuten, Weinwirten, dem städtischen Rat und dem die Preisfestsetzungen kontrollierenden Hof mußte im 16. Jahrhundert schon aufgrund der Zwiespältigkeit der Interessen immer wieder zu Konflikten führen. Selbst scheinbar am Rande liegende Dinge wie die Futterversorgung der Pferde durch die städtischen Wirte für die sie beliefernden Weinfuhrleute geraten zum Streitpunkt, in dem die Schenken den Rat um Unterstützung gegen den Fürsten bitten, da dessen in Mandaten vorgegebene Preissätze für die Wirtsleute schmerzliche Verluste bedeuten.[37] Den Räten wiederum werfen die Wirte vor, ihnen durch weltfremde Anordnungen die Geschäfte zu erschweren, so etwa, wenn die Gäste mit ihren Gespannen nur für kurze Ladung in die «innere stat» dürfen, darnach aber die Pferdefuhrwerke «in die Ausserstadt» gebracht werden mußten. Die Wirte befürchten Umsatzverluste gerade bei dem Kundenkreis aus der Sphäre des Hofes, der Rat hingegen sieht Plätze und Straßen angesichts des lebhaften Marktgeschehens bedrohlich beengt. Das Problem entbehrt nicht eines aktuellen Bezuges. Herzog und Hof erwarten von der Stadt bei «Staatsaktionen», so dem Besuch des Kaisers 1559 oder der Hochzeit Wilhelms V. mit Renata von Lothringen 1568, eine dem prächtigen Anlaß angemessene Darstellung der «fürstlichen Hauptstadt»,[38] während der Rat angesichts der täglichen Reibereien im städtischen Mikrokosmos einmal als Puffer (wie hier bei der Regelung von Markt und Verkehr[39]), dann wieder als Herrschaftsorgan laviert. Gerade ihre von der Stadt diktierten hohen Steuersätze führen die Wirtsleute an, als sie 1598 den Rat ersuchen, beim Herzog wegen offener Rechnungen von fürstlichen Gästen vorzusprechen. Um die gleiche Zeit wehren sich die Gastgeben gegen die vom Hof unter Androhung von Inhaftierung geforderte Fremdenmeldung,[40] da sie das Geschäft erschwere und überdies in der geforderten Pünktlichkeit nicht zu leisten sei.[41]

11. Das Sandtnersche Stadtmodell von 1570. In der Bildmitte der Bereich um St. Peter mit dem Hauptplatz (Marienplatz) und dem Rathaus mit Ratsturm. Im Vordergrund das Spital und die Kirche von Hl. Geist.

12. Der Komplex des Alten und des Kleinen Rathauses von Osten. Lavierte Zeichnung um 1840. Im Eckgebäude links unten die Stadtwaage. Drei Fenster im 2. Obergeschoß gehören zum sog. Ratsplenum, das ursprünglich der Versammlungsort des Inneren Rats, dann der gemeinsam tagenden beiden Ratsgremien war. Eine Innenansicht zeigt Abb. 24.

13. Das Kleine Rathaus vom Petersbergl gesehen. Aquarell von Anton Doll, 1843. Hinter den großen Fenstern in der Bildmitte der kleine Rathaussaal. Zunächst Versammlungsort des Äußeren Rats, diente er später hauptsächlich für das bis 1803 existierende Stadtgericht.

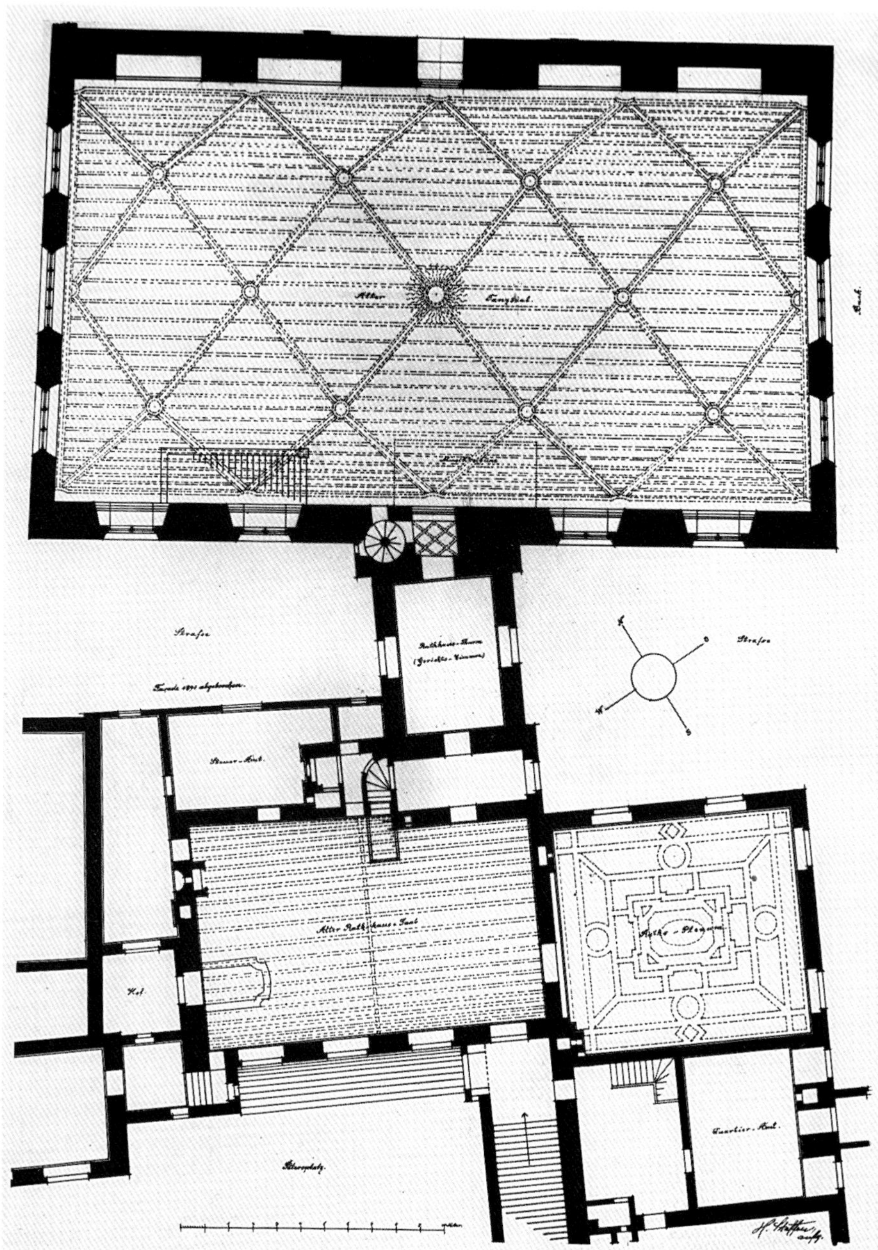

14. Die Gesamtsituation von großem Rathaussaal (Tanzsaal), kleinem Rathaussaal und Ratsplenum. Planzeichnung von Hugo Steffen, um 1900.

15. Der große Rathaussaal (Tanzsaal) nach der Restaurierung von 1934/35.

Folgende Seite oben
16. Der kleine Rathaussaal nach der Restaurierung von 1934/35.

Links unten und rechts
17, 18. Räumlichkeiten des Stadtarchivs in dem an das Kleine Rathaus anschließenden Stadtkammer- und Archivgebäude am Petersbergl, um 1935. Alle auf dieser Doppelseite gezeigten Situationen wurden im Zweiten Weltkrieg zerstört.

19a, b. 1934/35 freigelegte Wandmalereien im kleinen Rathaussaal, die auf Rats- und Gerichtsfunktionen hinweisen. Im Zweiten Weltkrieg zerstört.

Das Brot der Stadt und andere Gewerbe

Bei den Wirten der Innenstadt haben wir es, dank ihrer doch meist solventen Gäste, mit einem insgesamt weniger gefährdeten Berufsstand zu tun. Dramatischer wird es, wenn man die Gewerbe betrachtet, bei denen sich Inflation und Preiskontrolle, die anwachsende Einwohnerzahl und die Lebensmittelverknappung zuerst überlagerten, nämlich die die Versorgung mit Brot und Fleisch leistenden Bäcker und Metzger. Bei diesen kann folgendes Grundmuster der sich wiederholenden Konflikte beobachtet werden: das Bäckerhandwerk leidet insbesondere in den frühen sechziger Jahren des 16. Jahrhunderts unter den «bschwärlichen khumerlichen leuffen»,[42] nicht einmal für das als Zuerwerb so beliebte Mastschwein fällt Getreide ab. Die knappe Nahrung reicht weder für das notwendigste Personal: «so bleibt khainem khain ehehaltt – lauffen den nägsten darvon»,[43] noch glauben die Bäcker selbst an eine Zukunft: «so suecht auch ein iedlicher für sich vnd die seinigen, wie ainer khan vnd mag, hail vnd sicherung».[44]

Bei der allgemeinen Not breiten sich Eigentumsdelikte aus, die gerade das Brotgewerbe treffen. Die ganze Stadt leidet unter Getreidemangel; zu den vorgeschriebenen Sätzen läßt sich Brotgetreide auch überteuert kaum mehr einkaufen. Das Gewerbe wendet sich ein ums andere Mal an den Rat und auch vom Fürsten erwartet man Hilfe. Die Stadt macht sich in Landshut sachkundig, auf welche Weise dort der Getreidekauf organisiert wird. Gegen das Ansinnen, Münchner Bäckern ein Vorkaufsrecht in Landshut einzuräumen, sperrt sich der dortige Rat. Nun wenden sich die das Handwerk vertretenden «Vierer» direkt an den Fürsten und bitten ihn um einen Paß- und Generalbrief für Erwerb und Transport von Getreide aus dem Straubinger Raum. Bei den dortigen Bauern wäre noch Weizen erhältlich, der an der Münchner Schranne so dringend benötigt würde.

In den neunziger Jahren nahmen die Klagen und Mißstände erneut zu. In einer Eingabe an den Rat protestiert das Handwerk, daß «Fürkäufer» (Spekulanten) selbst während der Beichtzeiten Getreide auf- und weiterverkauften,[45] und daß die Backwaren bei dem verbleibenden minderwertigen Getreide Gefahr liefen, die Qualitätskontrollen der Marktbeschau nicht mehr bestehen zu können. Der nächste Schritt in den Auseinandersetzungen zeichnet sich bereits ab. Während es wenigen Händlern und Bäckern noch gelingt, aus der Gegend um Dachau, Landshut und Erding Getreide mit hohem Kapitaleinsatz herbeizuführen, sehen sich gerade diese Betriebe gezwungen, das investierte Geld über Einsparungen bei der Brotzubereitung zu retten. Das Getreide wird weit über das übliche Maß hinaus vermahlen, so daß zwar eine Produktionssteigerung möglich ist, diese allerdings auf Kosten einer den Kunden übervorteilenden Wertminderung. Die Innung suppliziert an den Fürsten, der Herzog verlangt vom Rat Bericht, es wird ermittelt, denunziert, angeblich bestochen, und der Mangel und dessen Verwaltung führt zu akribischen Untersuchungen über die Arbeit der Brotwieger.[46] Bedingt durch die innerstädtischen und innergewerblichen Querelen, die nicht nur das Bäckergewerbe betreffen, zeichnet sich bei Hof der Eindruck einer «hochtrefflichen Vnordnung» ab.[47]

Versucht der Hof in den Jahren vor der Jahrhundertwende noch, die Stadt durch Mandate zum Handeln zu veranlassen, so verstärkt er in den ersten Jahren nach 1600 durch konkrete Maßnahmen den Druck auf die Stadt: Hof und Rat überprüfen gemeinsam die Kosten der handwerklichen Betriebsführung samt der Hauszinse und Lohnaufwendungen.[48] Die Kontrolle und Regulierung durch den Staat wird hier schließlich erwartet und auch gefordert. Dabei liegt es gerade erst vier Jahrzehnte zurück, daß der Stadt das Eingreifen des fürstlichen Rentmeisters höchste Sorge bereitete. Bedingt durch stetes Zuwiderhandeln gegen die Backordnungen und durch die Fruchtlosigkeit der Bußordnungen hatte der Hof in den siebziger Jahren eine disziplinierende Bestrafung der Bäcker angedroht. Damals sah sich der Rat noch genötigt, den Herzog vor den Konsequenzen der Spaltung und der Unruhe in der Bevölkerung zu warnen. Die Bürgerschaft wäre «vngedulltig» und würde die angedrohten Maßnahmen «nit wol tragen». Die fürstliche Einmischung in die städtische Jurisdiktion könnte die Gefahr hervorrufen, daß dafür die Stadt, der Rat, von den Betroffenen verantwortlich gemacht würde.

Die Stadt warnt – und damit wird das Gewicht dieses zunächst peripher anmutenden Zwistes deutlich –, man möge es nicht zu Erhebungen wie vor 170 Jahren kommen lassen. Um dem vorzubeugen, solle der Hof lieber die angezeigten Gravamina (Beschwerden) an die Stadt weiterleiten, damit sie selbst eine Klärung der Verhältnisse erreiche. Stadt und Hof gelang zunächst eine Beruhigung der Lage auf Kosten des Handwerks: in einem Jahrzehnt gaben über fünfzig Jungbäcker auf und tauschten die Zunftzugehörigkeit gegen die Lohnarbeit als Holzhacker und Taglöhner, sei es, daß sie durch das Bußpersonal «mit weib vnnd khind zum Petlstab getrungen wurden» oder durch allzu niedrige Preissätze, «über 30 maister nur in 10 jarn in Verderben vnnd sterben khumen seien».[49]

Neben dem Brot ist die Entwicklung auf dem Fleischmarkt für die Bevölkerung von zentraler Bedeutung. Auch hier spiegelt sich die wirtschaftlich-konjunkturelle Situation gerade bei den obrigkeitlich vorgenommenen Preisfestsetzungen. Mehr noch als bei dem vom Mangel an Brotgetreide betroffenen Bäckerhandwerk überlagert sich bei der Fleischversorgung das Geschehen in der Stadt mit dem auf die Stadt enger bezogenen lokalen und regionalen Markt und dem Fernhandelsgeschehen. Das stetig anwachsende Hofpersonal treibt die benötigten Fleischmengen eminent in die Höhe. Ein aus dem Jahre 1565 überlieferter Abrechnungszettel des Hofmetzgers gibt uns ein sprechendes Beispiel für den Fleischbedarf im Zeitraum von April 1564 bis Anfang Juni 1565: 2197 Kälber, 2710 Lämmer und 142 Rinder werden da für 14 Monate zusammengezählt,[50] wobei die Quelle sich noch über die Zahl der Schweine und des Geflügels ausschweigt. Auch den Verbrauch steigernde Ereignisse, wie die schon angesprochene Hochzeit Herzog Wilhelms oder die in den neunziger Jahren einsetzende Bautätigkeit um St. Michael und die Residenz, gilt es zu berücksichtigen.

Der kaum zu stillende Bedarf zwingt die Metzger und Viehhändler immer wieder, sich in der näheren Region, «in dem Gey», dem Wettbewerb der Augsburger, Aichacher, Friedberger und Landsberger Händler zu stellen.[51] Die 14tägigen Viehmärkte auf dem «Heiligen Perg Andechs» bringen die Münchner Metzger in Koalition mit den Landsberger Metzgern dazu, die Augsburger Praktiken anzuprangern. Diese betreiben Spekulationskauf und sind selbst am Markt noch zu überhöhten Zahlungen bereit, wobei sie freilich auch mit Vorliebe bereits bei den Bauern im Stall kaufen, um dann das Marktgeschehen erst recht zu entwerten. Außerdem bedienen sie sich gern örtlicher Dorfmetzger als williger Zwischenhändler. Den entscheidenden Mißstand sehen die hauptstädtischen Metzger darin, daß der Rat und vor allem der Hof nicht von den relativ niedrigen Münchner Fleischsätzen lassen wollen. Da die Fleischsätze in Landshut, Schwabhausen, Dachau und Bruck den dortigen Metzgern günstigeren Erlös bringen, sind diese finanzkräftiger und können sich besser mit dem immer knapper werdenden Vieh versorgen.

Die für die siebziger Jahre überlieferten Bürgschaftsbriefe des Metzgerhandwerks[52] enthalten eine Klausel, die besonders kapitalschwächere Metzger gefährdete: das an einer kontinuierlichen Fleischversorgung interessierte Stadtregiment konnte, sollte es einem dem Handwerk zugehörigen Metzger binnen 21 Tagen nicht gelingen, eine der beiden Fleischbänke zu beliefern, die Fälligkeit der bis 120 Gulden bemessenen Bürgschaftssumme verlangen. Bei weiterer Säumigkeit mußte dann der Entzug des Handwerks befürchtet werden. So wird es verständlich, daß neben dem Wettbewerb in der engeren bäuerlichen Region das städtische Handwerk zunehmend auch untereinander konkurrierte: schon 1567 hatte man dem Rat gegenüber geklagt, es herrsche «aber im hanndtwerch vnd vnder den Maistern grosse Vnordnung vnd [es] werden sonderlich die armen vnuermuglichen maister hart damit beschwärt vnd vnderdruckht».

Größere Viehmengen waren im oberbayerischen Gebiet kaum noch oder nur unter größten Anstrengungen zu erhalten. Aus politischer Rücksichtnahme hatte man am Hof «den Paß gegen Tyrol» öffnen lassen, und der Innsbrucker Regierung wurde für die tirolischen Metzger über längere Zeit der Einkauf direkt ab Stall in den grenzbenachbarten Gerichten zugestanden.[53] Obendrein gewährte man denjenigen Passierbriefe, die das Vieh herdenweise nach Oberitalien bis Venetien treiben ließen. So mußten sich die Münchner Viehhändler selbst aufmachen, wenn sie nicht gegenüber den auswärtigen Konkurrenten wieder auf verlorenem Posten stehen wollten. Deren Übergewicht begründete Herzog Albrecht im Jahre 1575 mit dem schlichten Unvermögen der einheimischen Metzger und ermunterte seine Landsleute, die Märkte häufiger und engagierter zu besuchen.

Als sich gegen Ende der siebziger Jahre der Fleischmangel am Hof und in der Stadt zuspitzt und sich der Herzog in Sorge um die steigenden Kosten des Hoflagers an den Rat wendet, schießt die Stadt den Viehhändlern 4500 Gulden vor, damit diese ungarische und böhmische Ochsen sowie «wendische Waidrinder» herbeibrächten. Den Metzgern gelingt dieses Unternehmen, 4080 Stück Vieh werden nach München getrieben. Doch nun beklagt der Rat den Fleischüberschuß und verlangt eine Minderung der Preise. Aus Sorge um die Deckung der angeblich ihnen aufgezwungenen Lasten wenden sich die Metzger nun an den Hof, der die Stadt auffordert, «lauttern bericht» zu liefern «vnnd was hierinn Ewr guet bedunkhen, auch ob den Supplicanten dises ir begern zu bewilligen sey».[54] Es zeigt sich, daß die steigenden Preise auch in Ungarn den Händlern die gewinnbringende Kalkulation über die notwendig längeren Zeiträume erschweren, und daß diese sich die erforderlichen Investitionssummen häufig von den Städten vorstrecken lassen müssen, so wie es etwa die Stadt Ulm mit immerhin 24000 Gulden getan hatte. Der Münchner Rat sucht sich selbst sachkundig zu machen und wendet sich an den Hof, der seinerseits recht hilflos auf seine Hofmetzger und Küchenschreiber verweist. Die Meldungen über billige und ausreichend belieferte Märkte in den böhmischen Grenzgebieten sind schnell überholt, und die Ende der neunziger Jahre sich verschärfenden Kriegsereignisse in Ungarn und Österreich gefährden, zumal nach dem Verlust Siebenbürgens, die Fleischversorgung aufs neue. 1599 schrumpft der Wiener Markt; statt wie in früheren Jahren tausend Ochsen werden nur noch hundert Tiere angeboten.

Bereits Mitte der siebziger Jahre waren diese wirtschaftlichen Probleme derart drängend gewesen, daß Differenzen und Absprachen innerhalb des Handwerks in erschreckender Weise zunahmen, so daß der Rat zunächst Ermittlungen anstellen ließ und später beschließen mußte, daß «alle Metzger, die im Handtwerck bei disem pact gewesen, sollen in Turm verschafft werden».[55] Nachforschungen stellten die Ratsherren auch dann an, wenn sie von größeren Viehmengen hörten, deren Verbleib und Vermarktung unsicher erschienen. Es wurden die Futterkosten überprüft und ein Nachweis über den Verbleib des Fleisches verlangt, da ja unter anderem die Gefahr bestand, daß sich «in der Auw wissentlich ... vnd heimblich noch teurer...»[56] ein schwarzer Markt entwickelte, der den städtischen Fleischbänken die Ware entzog. Die Lösungsversuche bewegen sich zwangsläufig im vorgesteckten Rahmen: man wendet sich gegen die vom Handwerk geforderte Fleischsatzerhöhung, will statt dessen den geltenden Sätzen durch intensivere Publizierung eine bessere Wirksamkeit verleihen und durch hohe Strafgelder das Vorkaufverbot durchsetzen: «das die Obrigkhaitt ains yeden orths mit mererm Ernst wie bisher darob hielt vnd nit zu ainem anndern einsehen Vrsach gäbe...»[57]

Es ist die Stadt selbst, die in späteren Zeiten staatliches Eingreifen oft genug beklagen wird, die aber in diesen Jahren den sich entfaltenden Staat nicht nur zu gelegentlichen Maßnahmen ermuntert, sondern ihn bei konkreten Anlässen immer wieder auffordert, einzuschreiten und zu kontrollieren; sie erhofft sich in diesem Sinne den intensiveren Einsatz von fürstlichen Beamten: «so die ambtleutt fleissig wären». Durch Reduzierung der überall im Lande vermehrten Markttage und Einschränkung des Handels der auswärtigen Metzger glaubt man, hier auf die starke fürstliche Hand hoffend, «der furstlichen Hofhaltung vnnd gemainer Burgerschaft» zu nutzen. Und auch der Herzog, der in den umliegenden Pflegschaften den Münchner Metzgern schließlich doch ein Vorkaufsrecht zugesteht, tut dies, «damit wir auch bei vnser hofhaltung vnd gemeiner Stadt mit Fleisch dort stattlicher versehen werden».

Dieser über die Jahre hin sich verschlechternde Zustand vieler Handwerkszweige bedingt auf der einen Seite den Zusammenschluß und das gemeinsame Vorgehen vor allem der ärmeren Meister zur Abwehr gegen die Übervorteilung durch die finanzstärkeren und ökonomisch agressiveren Konkurrenten innerhalb des Handwerks, gleichzeitig aber ist ein gemeinsames Abwehrverhalten des gesamten Handwerks, auch mit Hilfe des Rates, gegen Eindringlinge von außen zu beobachten.[58] Dieser typische Vorgang bekommt immer dann seine besondere Note, wenn Fürst und Hof als die Instanz angerufen werden, mit deren Hilfe die Petenten sich den Zugang zu bereits gefährdeten Handwerksberufen erhoffen und ihn meist trotz erheblicher Gegenwehr der Stadt auch erhalten.

Es bleibt offen, ob es wirklich die «clainen vnerzognen Khindlein», die «8, davon 6 vnerzogne Kinder» sind, die es in «diser teuren Zeit» zu erhalten gelte,[59] die den Hof zum derartigen Eingreifen veranlassen, oder ob ihm nicht eher am Zuzug billiger Handwerker gelegen ist, den er als Stadtherr gerne forciert. Es hilft der Stadt wenig, wenn sie daran erinnert, daß doch «in der alten stat innerhalb der vier turn» ein Ansiedlungsverbot gelte, denn die Bittsteller versäumen ihrerseits nicht, gleichzeitig auf die vielen Ausnahmeentscheidungen zu verweisen. Gerade die Personen, die wie etwa der «gewesste Hofprew» Georg Manhardt schon über Kontakte zum Hof verfügten, wissen diese überaus geschickt zu ihrem Vorteil zu nutzen.[60] Aber auch andere Handwerker verweisen von sich aus auf derartige Beziehungen. So beklagen im Jahre 1567 die Geschlachtgewander (Feintuchweber) in einer Eingabe vor dem Rat, daß es einzelnen, zumal fremden Meistern gelinge, durch Lieferungen an den Hof sie an den Rand des Niedergangs zu drängen.[61] Es sind jeweils die von lukrativen Geschäften Ausgeschlossenen, denen der Handelserfolg ihrer Konkurrenten Anlaß bietet, etwa über den Handel mit unbeschauter Wolle, «wendischer Wolle» und «flämischer Wolle» zu lamentieren. Da beklagt man die Billigimporte der Loder, deren herangeführte, gefärbte Wolle von minderer Qualität sei, da es «das Sieden nit wie die Flämbisch [Wolle] erleiden kann».[62] Der immer enger werdende Markt macht den besorgten Berufsstand gar zum Sachwalter des Gemeinwohls: «sint aigentlich soliche gefärbte loden zum höchsten wider den armen Mann, welicher darmit nit nach der schön, sonnder nach ainem guetten loden fragt, der im lanng wert».[63] Die Vierer der Geschlachtgewander verweisen auf die ungute Entwicklung in Augsburg, Ulm und Regensburg, denn dort stehe die Zunft bereits vor dem Ruin. Auch in diesem Gewerbe appelliert man an die soziale Fürsorge: Betriebe mit bis zu zwölf Knechten, die – in der Stadt und auf dem Lande – Arbeit für sechzig bis siebzig Spinnerinnen bieten können, seien auf Grund der billig eingeführten Stoffe gefährdet.

Der Rat wird aufgefordert, am Hof und vor dem Fürsten diese Zustände zu schildern, damit der Hof endlich das «Hoftuch von vnns alhir nemen» möge. Die vom Hof vergebenen Aufträge sind den davon Ausgeschlossenen ein Dorn im Auge, den Spitzen in Handel und Handwerk bieten sie gleichzeitig die Chance für Absatz und Gewinn. So beklagen sich im Jahre 1579 die Stadt und das Handwerk der Goldschmiede beim Herzog, daß dieser am Handwerk vorbei ledigen Gesellen Arbeit verschaffe oder Meister bevorzuge, die zum einen erst zugezogen seien, zum anderen die Beschäftigung der Gesellen verteuerten.[64] Der Herzog läßt sich davon nicht beirren und hält an «vnnser[m] Steinschneider Valenthin Trausch» fest, so daß dessen Kunstfertigkeit über Zunft und Stadt obsiegte. Die Chance zur Profilierung und eine Gelegenheit, sich durch den Hof handwerkliches Renommee zu verschaffen, bietet sich für den Münchner Kistlermeister Niclas Müller im Dezember 1572, als er von Herzog Albrecht den Auftrag erhält, die Täfelung eines Saales im Dachauer Schloß durchzuführen. Auch hier bleibt der Konflikt nicht aus: Der Rat sieht sich genötigt, auf die

Handwerksvierer einzuwirken, damit Meister Niclas für die Dauer dieser Arbeit mehr als die sonst im Handwerk zugelassenen «Gesellen zugeordnet vnd verschafft» bekommt, andernfalls könne der Meister den ihn auszeichnenden Auftrag nicht annehmen.[65] In den Auseinandersetzungen zwischen den Kistlern und dem Orgelmacher Caspar Sturm, in die sich 1574 Herzog Albrecht einschaltet, versucht die Stadt wenigstens die Auflage durchzudrücken, daß Sturm erst das Bürgerrecht erwerben, andernfalls München verlassen solle.[66]

Gerade gegen die auswärtigen Fachleute mußte sich das um seine Nahrung fürchtende Handwerk wehren. Am 26. März 1597 wendet sich der aus Augsburg stammende und dort von den Fuggern geförderte Wendel Dietrich an den Fürsten, da die Kistler mit einer Klageschrift seine auf fürstlichen Befehl begonnenen Arbeiten am Tabernakel des Hauptaltars von St. Michael behinderten. Aber auch heimische Meister, wie etwa Andre Guethard, der mit mehr als neun Gesellen für die Jesuiten tätig ist, erfahren durch Herzog Wilhelm Rückendeckung, der unmißverständlich dem Handwerk gegenüber verkündet, bei ein und derselben Arbeit nicht mehrere Meister beschäftigen zu wollen, es müßten sowohl die armen und zugleich die «vermiglichen» Meister gefördert werden. Sogar die Stadt selbst kann die von ihr eingeschlagene Linie nicht immer konsequent einhalten: in die vom Herzog und ihr berufene Kommission zur Behebung der Mängel in der Wasserversorgung werden wegen ihrer Fachkenntnisse auch Meister aus anderen Städten zur Leitung des Isarwassers und der Stadtbäche berufen.[67]

Städtische Gesellschaft, Kirche und Hof

Der starke Bevölkerungsdruck in der Stadt und die deutlich zu spürende und von den Menschen immer wieder beklagte Teuerung, die ihren Grund zum einen in den Mißernten der sechziger und siebziger Jahre,[68] zum anderen in der angedeuteten verteilungsbedingten Verknappung der Nahrungsmittel hat, prägt die städtische Gesellschaft, ihre politischen Aktionen auf der Ebene des Rates und nicht zuletzt die Befindlichkeit und das Verhalten der einzelnen Bewohner. Die Nähe des Herzogs bereichert dabei die Einwohnerschaft nicht nur um höfisches Gesinde und Angehörige der fürstlichen Verwaltung, sondern drängt sie selbst in die Rolle des Publikums vor einem in die Stadt drängenden Staat. Ein bizarres Nebeneinander der gesellschaftlichen Bereiche ist zu beobachten, das hier nur in einigen symptomatischen Erscheinungen angesprochen werden soll.

Im Jahre 1577, als der Münchner Rat sich mit der Revision der seit 1561 geltenden Steuerordnung befaßte und zur Sanierung seiner Finanzen eine erstmalige Ungeldbelastung vom Bier beschloß,[69] kam es auf dem heutigen Marienplatz zu einer glanzvollen Aufführung des alttestamentarischen Estherstoffes.[70] Zweitausend Personen waren an diesem drei Tage dauernden Spiel beteiligt; sie nahmen an einem Festzug teil, der sich in der Neuhauserstraße vor dem Jesuitenkolleg formierte und dann durch die Straßen der Innenstadt, durch den Alten Hof zum Isartor und über den Rindermarkt geführt wurde. Der fürstliche Hof und die Fugger hatten, um ein 160 Gerichte umfassendes Schauessen veranstalten zu können, goldenes und silbernes Geschirr gestellt. Der im Lehrstück zur Kontrastierung gezeigte Luxus des persischen Hofes erfüllte den Zweck glanzvoller Repräsentation: das christliche Spiel, zur Seelsorge und Erbauung bestimmt, demonstrierte kirchlichen und profanen Reichtum gleichermaßen.

Die Jesuiten, denen das Münchner Publikum dieses grandiose Schaustück zu danken hatte, weilten noch keine zwei Jahrzehnte in München. 1549 waren die ersten Ordensleute der Societas Jesu dem Ruf der bayerischen Herzöge nach Ingolstadt an die dortige Universität gefolgt,[71] zehn Jahre später kam es zur Gründung des Jesuiten-Kollegs in München. Der Platz für die Patres mußte noch geschaffen werden, zunächst kamen sie im Augustinerkloster unter, und im dortigen Klostergarten wurde mit dem Bau der Schule begonnen. Schon im Dezember 1559 nahmen die der katholischen Erneuerung verpflichteten Ordensbrüder ihre provisorische Lehrtätigkeit auf. Baulich wie kulturell schritt das von herzoglicher Seite geförderte Unternehmen gut voran. Auch mehrere Bürgerhäuser mußten weichen, was der Stadt wegen des geschmälerten «steurintrat» doch bitter ankam,[72] und auch das städtische Ratsgymnasium, die sogenannte Poetenschule, verlor an Zulauf und Förderung.[73]

1576 wurde der Bau des an der Ettstraße gelegenen neuen Gymnasiums abgeschlossen und ab 1581 betrieb Wilhelm V. an der Neuhauserstraße die Errichtung der dem hl. Michael geweihten Kirche.[74] Auch hier waren als erstes schon bebaute Grundstücke zu erwerben und einige Häuser samt dem Schäftlarner Klosterhaus und der St. Nikolaus-Kirche abzureißen, wobei der Hof die Planungen der Patres noch korrigierte, um letztlich auch die Kosten und die Verluste der bestehenden Baustruktur zu begrenzen. 1583 wurde dann der Grundstein gelegt und schon 1586 konnte Richtfest gefeiert werden. Die Stadt lieferte Steine aus den neuen Ziegelwerken, und das Maurerhandwerk wurde zwangsverpflichtet. Die Arbeiten schritten so zügig voran, daß der Herzog 1589 den Steinmetz Wolfgang Miller eigens noch mit einem Extrahonorar prämierte. Kein halbes Jahr später, am 10. Mai 1590, kippte der «herrliche und hohe Thurn an der Jesuiterkirchen» nach Westen und riß den Chor und Teile der Kirche mit ein. Menschenleben waren nicht zu beklagen, aber der zuvor noch gefeierte Steinmetz Miller wurde dennoch für acht Tage in den Falkenturm geworfen.[75] Zunächst behalf man sich mit dem unbeschädigt gebliebenen Langhaus, und im September konnten dort die Altäre geweiht werden. Der nun folgende, zweite Anlauf dauerte dann doch länger, nämlich bis zum 6. Juli 1597, als man die Kirche schließlich angemessen einweihen konnte. Wieder konnte Theater gespielt und das Herzogshaus gefeiert werden: der Kirchenpatron siegte im glanzvollen Triumph über die finsteren Mächte, wie auch der in Bronze gegossene Erzengel den Luzifer in der vergoldeten Nische jener Fassade bezwingt, die selbst zur Schautafel der sich ihrer Stadt präsentierenden Herrscher wird.[76]

1585 hatte man für das neue prächtige Jesuitenkollegium den Grundstein gelegt. Die Kosten veranlaßten den Herzog, den Vorschlägen seiner Hofkammer zur Finanzierung zu folgen und so wurde 1589 mit dem Bau des Hofbräuhauses begonnen.[77] Es war nicht zuletzt das Bestreben der Kammer, die für den rasch wachsenden Hofstaat steigenden Ausgaben zu begrenzen, und sicherlich liegt hier auch ein Grund für den zunehmenden Bierkonsum, eines Getränkes, das gegenüber dem teuer zu importierenden Wein vergleichsweise billig war. 1592 konnte das Bräuhaus seinen Betrieb aufnehmen. In den nachfolgenden Jahren mußte städtische Bausubstanz in der Engen- und in der Kreuz-Gasse, aber auch in der Neuhauser Gasse fürstlichen Neubauten weichen, für die der Hof den Bürgern hohe Entschädigungen zu zahlen hatte. Eine in den Jahren 1594 und 1595 erstellte Auszugsrechnung für Neubauten an 17 Objekten mit Rechten, also Ewiggeld-Ablösungen und Zinsen, beläuft sich auf 30000 Gulden. Aber auch wenn finanzielle Notwendigkeiten einzelne Vorhaben verzögern mochten – wobei die Gefahr spekulativer Preissteigerungen vom Fürsten als *«summum periculum»* empfunden wurde[78] – für die Herzöge und die führenden städtischen Familien[79] war die Stadt der Rahmen eines auf adelige Repräsentation ausgerichteten Lebens.

Die bürgerlichen Familien,[80] die in wirtschaftlich führender Stellung die Ratsgeschäfte entscheidend bestimmt hatten, lösten sich seit dem 15. Jahrhundert zunehmend von ihren stadtpolitischen Aktivitäten und nahmen einen adeligen Lebensstil an. Diesen der städtischen Oberschicht entstammenden «Geschlechtern» wurde der Sitz im Rat zum Ballast, sie hatten Landgüter erworben, strebten nach Edelmannsfreiheit, nach Hofmarksjurisdiktion, nach höfischen Ämtern und Pfründen, um als Rentenbesitzer «mit Ross vnnd Hundt ... das waidtwerch ze treiben»[81] statt städtische Aufgaben übernehmen zu müssen. Die Verleihung des Adelsbriefes brachte zum Ausdruck, daß man sich nicht mehr in gefahrvollen Handelsaktionen um sein steuerpflichtiges Auskommen zu sorgen hatte, sondern jetzt auf den Dienst am Hof Anspruch erheben konnte.

Der Stadt- und Landesherr allerdings wahrte noch den Abstand zwischen den Geschlechtern und dem Adel, verzögerte das patrizische Ansinnen auf Jagdgerechtigkeiten und Aufheben der als einschränkend empfundenen Kleiderordnung. Ab 1570 legten die Angehörigen der Geschlechter Wert darauf, sich «Junker» zu nennen, und 1578 supplizieren sie an den Herzog, in der Jurisdiktion bei Ehebruch wie der Adel behandelt zu werden.[82] Gerade dessen äußere Lebensformen waren richtungweisend für das Auftreten und Verhalten der feudalisierten Patrizier geworden; im Unterschied zum «plebejischen» Bürger orientierte man sich an Gepflogenheiten des Rittertums und suchte dessen höfische Bestätigung.

Brennpunkt der Stadtkultur wurde die sich zur Residenz verwandelnde Neuveste, und die Bedürfnisse der Hofhaltung wurden zur Richtschnur des kommunalen Handelns. Im Jahre 1568 führte die Hochzeit des damaligen wittelsbachischen Erbprinzen Wilhelm mit Renata von Lothringen die Spitzen des Reiches in der Stadt zu einem 18 Tage währenden Fest zusammen. Ein «Verzaichnus, wievil Pfert auf ... herrn herzog Wilhelm ... hochzeit komen sollen»[83], listet die geladenen Kardinäle, Fürsten, Bot- und Gesandtschaften auf: 2540 Pferde hatte die Stadt unterzubringen, allein tausend für die österreichischen Erzherzöge Ferdinand und Karl. Der Fürst stellte sich in seiner Stadt und durch seine Stadt dar. In den Jahren 1563 bis 1567 wurde der Marstall (der spätere Münzhof) gebaut; das Antiquarium entstand in den Jahren von 1568 bis 1572. Beide Gebäude dienten als Stätten, die den nach Italien gerichteten künstlerischen Kontakten den notwendigen Raum bieten konnten. Künstler wie der in Italien ausgebildete niederländische Architekt Friedrich Sustris oder der Leiter der Hofkapelle Orlando di Lasso fanden in München ihr Wirkungsfeld.[84]

Im gleichen Maße, wie fürstlicher Bauwille das Stadtbild veränderte und die vom Herzog gerufenen jesuitischen Lehrmeister der alten Religion zu neuem Glanz verhalfen, griff auch die fürstliche Beamtenschaft von Hof und Kammer immer energischer in städtisches Verwalten ein. Der Befehl der Hofkanzlei, die fürstlichen Privilegien im Original vorzulegen, wurde am 25. September 1598 und am 10. Februar 1599 im städtischen Rat behandelt,[85] doch fehlen in den Protokollen der Stadt weitere Hinweise. Gerade die neunziger Jahre offenbaren, wie intensiv die städtischen Verwaltungsaufgaben von staatlicher Seite beaufsichtigt und letztlich auch wahrgenommen wurden. Bei der Durchsicht der zeitgenössischen Ratsprotokolle ist eine zunehmende Intensität der Kontakte zwischen städtischen und staatlichen Gremien zu erkennen.[86] Es handelt sich dabei nicht nur um Dinge von hervorragender Wichtigkeit, sondern zunehmend versteht es der

Hof, durch und über den Rat die städtische Gesellschaft mit Hilfe seiner Verordnungen zu disziplinieren und den Rat in seinem Handlungsspielraum einzuengen.

Die Protokolle des Rates und seine einschlägigen Ordnungen erlauben es trotz aller sie kennzeichnenden Ungleichgewichtigkeit, auch Alltagsaspekte der Unterschichten wenigstens anzudeuten, deren Leben sich oft in Armut, Krankheit und latenter Kriminalisierung bewegte. Zu drei Bettelordnungen sah sich der Rat in den Jahren 1562[87], 1572[88] und nach langwierigen Beratungen unter Überprüfung durch den Hof 1599[89] angesichts der die Stadt beunruhigenden sozialen Mißstände genötigt. 1562 konstatiert der Rat, daß «in zeithero solches Bettlen in so grosse Unordnung gerathen ... auch von Frembden ... überhand genommen ... vil Mißbräuch eingerissen». Er muß 1572 feststellen, daß «in diser langwerenden Teurung alhie zu München ... sich der Petl ... gemert und gehaufft, die armen leut und blint, die aus der Auw und von etlich orthen» das Leben der Stadt verunsichern, am besten nicht in die Stadt hereingelassen werden sollten: «der gefarlichen Sterbslauff halb» könnten sie «ain Infection heranbringen».

Diese Angst ergreift den Rat nicht nur angesichts der Bettler, sondern bei nahezu allen Personen mit häufigen Außenkontakten, so etwa bei den Stadtpfeifern, die ihre Kunst nicht selten aus den Stadtmauern hinausführte.[90] Da riskiert man auch einmal dem Hof gegenüber ein Widerwort, etwa als bei den Neubauten in der Engen Gasse für die jesuitischen Patres ein eigens für die *«tempora pestis»* vorbehaltenes Haus weichen muß.[91] Die in den Bettelordnungen erläuterten Maßnahmen zielen insgesamt auf eine Verbesserung der mit der Bettelei verbundenen Mißstände, sie suchen den Burgfrieden von Bettlern frei zu halten und beinhalten ein Bettelverbot für Fremde. Gleichwohl soll die Notlage der Betroffenen wie auch deren Zahl gemindert werden. 1562 beschließt man, die Knaben und Mädchen zum Woll- und Garnspinnen zu geben und hat auch noch Verständnis für die, die «gefangen beym Türcken» gewesen waren. 1572 hingegen werden die Torleute angewiesen, fremde Bettler nicht mehr in die Stadt hereinzulassen. Abhilfe gegen Übergriffe der Bettler erhofft man sich durch von der Stadt organisierte Sammlungen zugunsten der besonders gekennzeichneten Armen, durch Verteilung von Almosen und Spenden an die Hungrigen. Nicht zuletzt der Fürst spendet regelmäßig, da doch die Bettler von der Neuveste ferngehalten werden müssen.

Als härteste Strafe für diejenigen, die sich den Verfügungen der Bettelordnung widersetzen, sind Eisen und Arbeit bestimmt; bei den so Bestraften hat weder der Verweis aus der Stadt noch die Haftstrafe im Betteltum gefruchtet.

Zu ähnlichen Strafen greift der Rat auch bei denjenigen, die beim gotteslästerlichen Fluchen ertappt[92] oder die wegen Mißhandlung ihrer Frau belangt werden.[93] Als Hintergrund und Begleiterscheinung der sich stetig wiederholenden Delikte des Randalierens, handgreiflicher Auseinandersetzungen, häuslichen Schlagens von Frau und Kind wird in der Regel Trunkenheit und «unsinniges Verhalten» genannt. Der Rat versucht, durch den Erlaß von Wirtshausverboten, Stadtverweisen und die Verurteilung zum Tragen von Ketten der Situation Herr zu werden, dies gelingt aber kaum. Immer wieder werden vor allem Männer vor den Rat geführt, die «in voller vnd narreter weis ... mit unverstand»,[94] womöglich gar mit «bösen worten gegen die Obrigkeit»[95] sich als renitent erweisen oder zur Arbeit unfähig sind.[96] Sie werden zunächst in die Schergenstube geworfen und dann vor die Stadt geführt.[97] Bei schwereren Delikten, die «Fronfest und gefenkhnis» nach sich ziehen, haben die Verurteilten auch die Wahl, «in Ungarn, oder wo sonst nötig» in den Krieg zu ziehen.[98]

Die Vielzahl der protokollierten Fälle umfaßt das ganze Spektrum zwischen verbaler Brutalität, aggressiver körperlicher Gewalt und der Kriminalisierung von als «Unzucht» abgeurteilten Abweichungen der auf die Ehe reduzierten Sexualität.[99] In einem sich komplizierenden sozialen Klima – der Hof beklagte 1598 die Schwierigkeiten der Fahndung nach dem anwachsenden «Gesindel»[100] – erklärt sich so auch die Freude und Begeisterung an gewalttätigen Belustigungen, wie sie unter anderem Hinrichtungen und Torturen auf dem heutigen Marienplatz lieferten. Von den siebziger bis in die neunziger Jahre wurden in München mehr als ein halbes Hundert Menschen hingerichtet.[101] Die Verurteilungen trafen sowohl Wiedertäufer, Pferdediebe, Kirchenräuber als auch Zauberer und Schwarzkünstler, wie den in Ungnade gefallenen Goldmacher und Günstling Wilhelms V., Marco Bragadino. Zwar war der Rat vom Hof her gehalten, die der Zauberei und Hexerei beschuldigten Personen gehörig zu inquirieren,[102] doch gelang es ihm in diesen Prozessen, eine eher mäßigende Vorgehensweise durchzuhalten,[103] so daß es in München zwar zu einigen wenigen Hexenprozessen kam, aber von einer Ausbreitung in «Hexenbrände» keine Rede sein kann.[104] Hilfe versprach sich die Stadt hier von einem warnenden Bescheid der Ingolstädter Rechtsgelehrten bezüglich der die Stadt treffenden «expensas vnd vncosten». Es muß offen bleiben, inwieweit deren Bericht an den Fürsten mehr von taktischen Überlegungen bestimmt war oder gar doch die maßgebliche Richtschnur kommunalen Denkens offenbart: «des grossen mercklichen Vncostens, so auf die Justificierung, sowol der schon alberaith hingerichten Hexen vnd Vnholden aufgangen, alß etwan noch khünfftiger Zeit auf andere gewendt werden müesste«.[105]

Ingo Schwab

Der Magistrat als Befehlsempfänger
Die Disziplinierung der Stadtobrigkeit
1579 bis 1651

Kampf um Rechtspositionen

Der Albertinische Rezeß von 1561 (siehe oben S. 161f.), in dem sich Herzog und Stadt über lange anstehende Streitfragen geeinigt hatten, war trotz der Bestätigung städtischer Positionen kein Meilenstein auf dem Weg kommunaler Selbstverwaltung; er muß vielmehr als der Beginn einer formalen «Verrechtlichung» des Verhältnisses zwischen Landesherrschaft und bürgerlicher Obrigkeit verstanden werden. Wohin diese Entwicklung, die ja eng mit dem Aufstieg einer am römischen Recht geschulten landesherrlichen Bürokratie zusammenhängt, letzten Endes führte, zeigt eine Beschwerde der Städtekurie auf dem (letzten) Landtag von 1669. Dort führte man Klage über die kurfürstlichen Beamten, die Privilegien systematisch mißachteten und «sie mit gesuchten Distinktionen in einem anderen Verstand torquierten und fast gänzlich fruchtlos machten».[1] Besonders unter den Herzögen Wilhelm V. (1579–1598) und Maximilian I. (1598–1651) wurden die Rechtsgrundlagen der bürgerlichen Selbstverwaltung in München immer wieder grundsätzlich in Frage gestellt. Die sich mehr und mehr durchsetzende absolutistische Auffassung von der Allzuständigkeit des Landesherrn leitete sich nicht zuletzt von dem moralischen Anspruch des «Landesvaters» auf Anleitung bzw. Disziplinierung seiner Untertanen ab.

Damit war eine neue Ausgangslage geschaffen: Bereits 1587 hatte Wilhelm V. anläßlich der Übernahme des Salzhandels (siehe oben S. 172) dem Münchner Rat deutlich gemacht, daß einmal erteilte Freiheiten durchaus zur Disposition des Landesherrn stehen könnten und damit widerruflich waren. Die Berufung der Stadt auf Privilegien und Herkommen wurde daher gegen Ende des 16. Jahrhunderts immer fragwürdiger.

Die Hauptstadt München geriet dabei in die mißliche Lage, nicht nur die Existenz, sondern darüber hinaus auch noch die andauernde Geltung ihrer Privilegien nachweisen zu müssen, da die landesherrlichen Behörden nicht oder nicht mehr ausgeübte Vorzugsrechte als verfallen werteten. Ein diesbezüglicher konkreter Angriff auf die Münchner «Freiheiten» fand 1598 statt.[2] Der neue Herzog Maximilian I. forderte alle städtischen Privilegien an und ließ sie durch Hofrat und Hofkammer überprüfen. Gleiches geschah 1599 mit den Handwerksordnungen.[3] Die Überprüfungen zogen sich endlos hin. 1605 forderte man die Stadt zu Verhandlungen über den Albertinischen Rezeß auf. Dahinter steckte die Absicht, den Rezeß «etwas merers auf Ire Durchlaucht Seiten zu extendieren».[4] Das Ergebnis war dann die in den «Erläuterungen» vom 4. April 1607 noch mehr verdeutlichte Hervorhebung der Exemtion des gesamten Hofstaates und Hofgesindes von jeglicher bürgerlicher Obrigkeit und der Vorbehalt möglicher Hofschutzverleihungen.[5]

Auch wenn man damals letztlich doch von spektakulären Privilegienaufhebungen Abstand nahm, war die Stadt hinsichtlich ihrer Rechtspositionen in die Defensive gedrängt. Die von den Herzögen Wilhelm V. und Maximilian I. erstrebte größere Rechtseinheit Bayerns – hier sei nur an das Landrecht von 1616 erinnert – wurde auch durch zahlreiche Sitten- und Polizeimandate vorangetrieben, die entscheidend in den Alltag und die Privatsphäre aller bayerischen Untertanen eingriffen. Dieser, aus der landesväterlichen Fürsorgepflicht abgeleiteten allgemeinen «Sozialdisziplinierung» konnte sich auch der Münchner Magistrat nicht entgegenstellen, zumal dem 1589 geschaffenen Amt eines fürstlichen Hofoberrichters[6] auch die Beaufsichtigung und sogar der subsidiäre Vollzug von solchen Anordnungen übertragen worden war, die zunächst an den Stadtmagistrat gerichtet waren. Diese Aufgabenzuweisung an den Hofoberrichter wird in einem Schreiben an den Münchner Rat vom 3. August 1590 angekündigt: «Hat unns doch, weil Ir bishers unsern Geschefften wenig, so doch schleffrig nachkhommen, umb mererer Sicher: und Gewishait willen fir rathsam angesehen, Jemants aus unsern Rethen zuverordnen, der insonderhait sein vleissige obacht hab, ob ainem und dem andern gelebt werde. Und da Ir wider unnser Verhoffen die Execution einstellet, das er soliche von unnsret weegen für Handt nemmen und allso bey diser unnser Haubt- und Residenz Statt guetter

Pollicey ain Anfang gemacht werde. Deswegen haben wir unsern Hoffoberrichter, dessen Ambt wir soliches eingebunden, bevolchen, da er wider Eure Burger oder jemandts anders auf Eur Nachlessigkhait, was firnemmen oder abstellen wirdet, weliches wir doch lieber, das Irs selbs thät, sehen, Ir soliches Euren Privilegien nit zu wider oder Euch zu Unghnaden versteen noch deutten wellet.»[7] Als Organ landesherrlicher Polizeiaufsicht personifizierte der Hofoberrichter in der Folge den Prozeß einer sukzessiven Ausdehnung herzoglicher Mitwirkungs- und Mitsprachemöglichkeiten bei vielen bisher rein städtischen Aufgaben. Gerade die jederzeit mögliche «Ersatzvornahme» bei der Durchsetzung von Polizeimandaten gab der Landesherrschaft im 17. Jahrhundert eine neue Autorität in der Stadt und machte den Magistrat in weiten Bereichen zum bloßen Befehlsempfänger.

Aufsicht über die städtische Gerichtsbarkeit und Durchsetzung einer landesherrlichen Polizeigesetzgebung

Zwar hatte der Albertinische Rezeß die städtische Blutgerichtsbarkeit bestätigt, doch war der Stadtoberrichter als höchster städtischer Richter gehalten, sich beim Amtsantritt den Blutbann vom Landesherrn eigens übertragen zu lassen. Diese hochoffizielle Blutbannleihe unterstrich die seit altersher bestehende Doppelbindung des Richters an Stadt und Herzog. Gegen Ende des 16. Jahrhunderts bemühte sich die Landesherrschaft, bei der Auswahl der Bewerber für dieses Amt stärkeren Einfluß zu üben und das bisherige (an den Personalvorschlag der Stadt gebundene) Bestätigungsrecht zu einem freien Ernennungsrecht auszubauen. Der Versuch Wilhelms V., 1586 für das vakante Stadtoberrichteramt einen eigenen Kandidaten durchzusetzen,[8] war von der Stadt unter Hinweis auf ihr bisheriges Präsentationsrecht zurückgewiesen und mit dem Erlaß einer eigenen Stadtgerichtsordnung (21. November 1586) beantwortet worden.[9] Doch bereits bei der 1592 erneut anstehenden Wahl eines Stadtoberrichters hatte der Herzog seine Ansprüche bekräftigt und die landesfürstlichen Behörden zur Untersuchung der Grundsatzfrage angewiesen.[10]

Obwohl schließlich damals ein Ernennungsrecht nicht durchgesetzt wurde – lediglich 1791 wurde der Stadtoberrichter nochmals dem Rat «aufgezwungen» (siehe unten S. 257) –, war die vom Stadtoberrichter ausgeübte Hochgerichtsbarkeit für die landesherrlichen Behörden immer wieder ein willkommener Anlaß, sich in die städtische Rechtsprechung einzumischen. Der Landesherr behauptete nämlich das Recht, jeden wichtigen Kriminalfall an sich zu ziehen und durch den Hofrat abhandeln zu lassen. Dieser Anspruch bestand nach einem Hofratsgutachten von 1611 vor allem bei Verdacht auf Prozeßverschleppung und immer dann, wenn durch den mangelnden Fleiß der zuständigen Stellen «der gemaine Nuz» tangiert war.[11] Den Anlaß für eine derartige Einschränkung der städtischen Gerichtsbarkeit und für das Selbsteintrittsrecht des Landesherrn *«ob causam publicae utilitatis»* hatte ein Hexenprozeß gegeben, der – nach Meinung des Hofrats – vom Stadtgericht allzu nachlässig behandelt worden war. Überblickt man die Reihe der Ermahnungen des Hofrats an die Adresse der Stadt München, so gewinnt man den Eindruck, daß deren Rechtsprechung von den Juristen des Hofrats in der Regel als viel zu moderat eingestuft wurde. Die geringen Strafen, die das Stadtgericht verhängte, wurden auch zum Anlaß genommen, massiv mit dem Entzug der Blutgerichtsbarkeit zu drohen: 1642 warf man der Stadt beispielsweise vor, sie hätte in einem Malefizprozeß die Delinquentin – nach Meinung des Hofrats eine Diebin – nicht so «gering und schlecht» abstrafen sollen. Die Münchner sollten sich in Zukunft vorsehen, «damit man nicht verursacht werde, Inen das Jus gladii ze nemmen».[12]

Auch im Zivilverfahren sah sich das Stadtgericht des öfteren unerfreulicher Kritik und Drohungen ausgesetzt. In Zivilverfahren waren die Überprüfungsmöglichkeiten noch einfacher, da der landesherrliche Hofrat ordentliche Berufungsinstanz war. Verfahrensfehler wurden dabei in recht grober Weise und unter Androhung persönlicher Konsequenzen gerügt, wie etwa 1589 in einem Schreiben des Hofrats an den Stadtoberrichter: «Dann da solches von Dir nit sollte geschehen, werden wir nit umgeen können, gegen Dich und andern Deinen zugeordneten Beisitzern des Stadtgerichts allhie gebührliches Einsehen für die Hand ze nehmen...»[13] Mit dem Verlust der kommunalen Gerichtsbarkeit wird auch dann gedroht, wenn es um die innerstädtische Durchsetzung landesherrlicher Polizeimandate geht. 1622 befiehlt beispielsweise Herzog Maximilian I. dem Hofrat, «die von München vor sich zu erfordern und ihnen iren großen Unfleiß, indem sy ob den ausgegangnen fstl. Mandaten mit so schlechten Eifer halten, zu verweisen». Er (der Herzog) sei gewillt, die Stadt München «irer Jurisdiction gennzlich zu privieren...».[14]

Die meist zurückhaltende Münchner Rechtspraxis machte es dem Stadt- und Landesherrn also nicht allzu schwer, Rat und Stadtgericht unter Berufung auf das Gemeinwohl immer wieder in die Pflicht zu nehmen. Die von Fall zu Fall erneuerte Drohung einer Einschränkung oder Entziehung der dem Magistrat so kostbaren städtischen Jurisdiktion wurde dabei zum wirkungsvollen Druckmittel.

Ebenso wie die Gerichtsbarkeit war auch die Verwaltungspraxis der Stadt Gegenstand ständiger landesherrlicher Kontrolle. Die bürgerliche Obrigkeit der Residenzstadt war allein schon wegen der räumlichen Präsenz der fürstlichen Zentralbehörden dem Zugriff der landesherrlichen Exekutive in besonderer Weise ausgesetzt. Die bayerische Polizeigesetzgebung, die seit der zweiten Hälfte des 16. Jahrhunderts inflationären Charakter annahm, konnte bekanntlich landesweit nur begrenzt durchgeführt werden. Wenn sie dennoch eine politische Wirkung hervorrief, dann jedenfalls in München. Anders gesagt: Der Arm des frühabsolutistischen Herrschers reichte nicht allzu weit, er reichte aber stets bis München. Die Residenzstadt sollte nach dem Willen des Landesherrn den anderen Städten in Bayern als Vorbild dienen. Mit Hilfe des zur Inspektion und Durchsetzung des Polizeiwesens eingerichteten Amtes des fürstlichen Hofoberrichters wollte Maximilian I. vor allem sein religiös-sittliches Reformprogramm primär in München realisiert sehen, obwohl die hiesige Bevölkerung den diesbezüglich sehr hohen Ansprüchen ihres Landesherrn nur bedingt gerecht werden konnte.[15]

In den ersten Jahren des 17. Jahrhunderts bot die Stadt – zumindest in den Augen des Herzogs – ein Bild religiöser Gleichgültigkeit, und der städtische Magistrat vermittelte ihm dementsprechend den Eindruck von Untätigkeit und Unfähigkeit. In einem Dekret an den Hofrat vom 4. Januar 1607 führte Maximilian aus, welche «Unordnungen» in der Stadt sein besonderes Ärgernis erregten.[16] Zuerst monierte er, daß das Gotteslästern und Fluchen bereits solche Verbreitung gefunden haben, «das es schier für kein Sündt mehr gehalten werde». Sodann stellte er fest, daß die Münchner Bevölkerung an Sonn- und Feiertagen der Arbeit wie an gewöhnlichen Werktagen nachgehe. Die Sonn- und Feiertage würden sich nur dadurch von den Werktagen unterscheiden, daß an ihnen besonders übermäßig gezecht würde «und an keinem Tag, sonderlich bei nächtlicher Weill, mehr Unzucht, Singen, Schreyen, Poldern und Zanckhändl auf der Gassen von dem unnitzen Gesindl verübt werdet». Abschließend entrüstet sich der Herzog noch darüber, daß in der Stadt des öfteren unkatholische und ketzerische Lieder gesungen werden, «welche nit allein den Catholischen zu Schimpf angesechen, sondern es werden auch hirdurch andere junge und ainfeltige Leuth verführt».

Bereits 1604 hatte der Herzog feststellen müssen, daß beim Kirchgang der «Sektischen» eine bessere Zucht herrsche, als in der katholischen Residenzstadt München.[17] Immer wieder versuchte man auf den Rat einzuwirken, den Gottesdienstbesuch der Münchner Bürger zu fördern oder zumindest Störungen und Provokationen der Gottesdienstbesucher zu unterbinden. Am 18. Januar 1609 erhält der Hofoberrichter, nachdem die Stadt untätig geblieben war, den Befehl, alle diejenigen zu verhaften, die an Sonn- und

Feiertagen während des Gottesdienstes in den Wirtshäusern «jubilieren», spielen und zechen. Die Bestrafung der Übeltäter solle der Hofoberrichter selbst in die Hand nehmen.[18]

Den städtischen Ratsmitgliedern wurde vorbildliche Frömmigkeit «von Amts wegen» zudiktiert. Seit 1613 mußten sie zusammen mit den Hofbeamten an jedem Donnerstag mit brennenden Fackeln am Kirchumgang in der Frauen- bzw. Peterskirche teilnehmen. Vier Mitglieder des Inneren Rats sollten dabei in der Frauenkirche den Himmel tragen, ein Vorrecht, das anfangs wohl gerne, gegen Ende des Dreißigjährigen Krieges aber immer zögerlicher in Anspruch genommen wurde. Die Mitglieder des Inneren Rates hielten das Tragen des Himmels schließlich für unter ihrer Würde. Der Kurfürst mußte 1648 die Ratsmitglieder unter Androhung von Geldstrafen an ihre religiösen Pflichten und an den Eifer ihrer Vorfahren erinnern; sie sollten sich «dies Falls gegen ihrer Vorfahren nit schämen und mehrers oder höheres achten ...».[19]

Schon bei seinem Regierungsantritt hatte Maximilian im Generalmandat vom 13. März 1598 alle Besitzer von ketzerischen Schriften aufgefordert, diese bei Strafe umgehend bei ihrer Obrigkeit abzuliefern.[20] Die Überwachung dieser Bestimmung war Sache des Geistlichen Rats und des Hofrats. Druckwerke unterlagen nach einem Mandat vom 6. Juli 1616 der Zensur. Das galt auch für die seit 1627 in München erstmals publizierten Zeitungen, die wöchentlich erschienen.[21] In München wurden zur Einhaltung der Bestimmungen von 1598 auch Kontrollen der Bibliotheken durchgeführt.[22] Von sich aus scheint die Stadt allerdings nach wie vor nur ungern in Religionssachen tätig geworden zu sein. Deshalb mußte der Hofrat die Stadt immer wieder ermahnen, gegen ketzerische Schriften vorzugehen, so etwa, als man 1615 bei einem Kramer am Heiliggeistspital ein Traktat gegen die Priesterschaft fand.[23]

Besonders intensiv kümmerten sich die landesherrlichen Behörden (Hofrat und Geistlicher Rat) um die im protestantischen Ausland weilenden «Landeskinder».[24] Um einem Religionswechsel dieser Personen vorzubeugen, erließ man besonders strenge Vorschriften für den Fall, daß der Auswanderer einen Geburtsbrief für die Niederlassung im Ausland anforderte. Ein solcher wurde grundsätzlich nur erteilt, wenn der Antragsteller sich in einem katholischen Territorium niederließ. Der Münchner Magistrat wie auch andere örtliche und regionale Obrigkeiten mußten dem Geistlichen Rat jährlich eine Liste derjenigen Untertanen einschicken, die im nichtkatholischen Ausland weilten. In den Wirren des Dreißigjährigen Krieges vernachlässigte München diese Berichtspflicht. 1649 tauchte dann in der Stadt der in Regensburg lutherisch gewordene Sohn des verstorbenen Zöllners vom Neuhauser Tor auf. Sofort wurde man im Hofrat auf die

Säumigkeit des Magistrats aufmerksam und schickte entsprechende Abmahnungen.[25]

In die privaten Lebensverhältnisse des Münchner Bürgertums griff der Landesherr vor allem durch Kleider- und Hochzeitsordnungen ein.[26] Hinter den Kleiderordnungen stand weniger eine disziplinierende Absicht, sondern – besonders unter Maximilian – das Ansinnen, den Kauf von teuren Luxusgütern aus dem Ausland und den dadurch verursachten Geldabfluß zu verhindern. 1625 fordert Maximilian die Stadt München auf, ein Gutachten darüber zu erstellen, mit welchen Mitteln eine «Moderation und Ordnung» der Kleider durchgeführt werden könnte.[27] Der Herzog beklagt sich bei der Stadt, daß sich derzeit jeder ohne Rücksicht auf seinen Stand nach Belieben einkleide. «darzue nun maistenthails außlendische, seidene und samptine Zeug an sich erkaufft, hierdurch an Parschafft entplöst, das Geltt aus dem Landt und menicher auch wol zum Abschlag und endlichem Verderben kombt».[28] Unter Berücksichtigung des Münchner Gutachtens wird dann die Kleiderordnung vom 26. Juni 1626 erlassen.[29] Verstöße gegen sie sind freilich ebenso häufig wie Verstöße gegen die Hochzeitsordnungen, die meistens Teil der Landesordnungen sind. Interessant ist, daß Ausnahmen von den Beschränkungen der Hochzeitsordnung (etwa wenn mehr Gäste als zugelassen geladen werden) nur durch den Hofrat und nicht durch die städtische Obrigkeit genehmigt werden konnten. Als 1649 der berühmte Stadtarzt Dr. Malachias Geiger bei seiner Hochzeit statt der zulässigen zwei Tische vier Tische für seine Gäste deckte, erkundigte sich der Hofrat interessiert, wer ihm dies denn bewilligt hätte.[30]

Wie wichtig der Schauplatz München für die Polizeigesetzgebung war, läßt sich am Beispiel der sogenannten Leichtfertigkeitsdelikte zeigen. Die «Leichtfertigkeit» (Unzucht) war seit dem 16. Jahrhundert zu einem außerordentlich schwerwiegenden Kriminalvergehen ausgestaltet worden. 1629 machte der Kurfürst die Entdeckung, daß sich in München das «hochverbotene Laster» der Leichtfertigkeit sowohl bei ledigen als auch verheirateten Manns- und Weibspersonen in unerträglicher Weise ausgebreitet habe.[31] Ein unehrbares Kindbett nach dem anderen, häufige Kindesaussetzungen und viele ledige Weiber, die schwanger herumliefen, seien sichtbare Folgen dieses Treibens. Es wird nun die Bildung einer eigenen Kommission aus einem Hofrat und einem Mitglied des Inneren Rats (Friedrich Ligsalz) angeordnet. Die Kommission erhielt die Strafgewalt des Hofrats, der Stadt München und der Hofstäbe zusammen, um die Leichtfertigkeitsdelikte in München abzustrafen. Die Kommissare schickten dem Kurfürsten drei Berichte, ließen aber dann die Sache einschlafen. Maximilian mußte noch einmal anmahnen. Die politischen Ereignisse, insbesondere der Einmarsch der Schweden, ließen diese Frage für eine Weile in den Hintergrund treten.

Doch sobald Ruhe eingekehrt war, nahm sich der Landesherr noch einmal der Angelegenheit an. In einem umfangreichen Mandat vom 20. September 1635 gegen Leichtfertigkeit und Ehebruch, das empfindliche Strafen androhte,[32] griff Maximilian seinen anfänglich auf München zielenden Kampf gegen das Laster landesweit auf. Ein Blick in die Protokolle des Hofrats zeigt, daß dieses hochstilisierte Delikt in München (wie auch im sonstigen Kurfürstentum) ganz entscheidend zur Kontrolle des alltäglichen Lebens und damit zur Disziplinierung der Untertanen beitrug.[33]

Landesherr und kommunale Führungsschichten

Die Neubegründung von Aufsichtsrechten und die Durchsetzung von Ordnungsmaßnahmen durch den Herzog wären ohne eine systematische Einschüchterung der städtischen Obrigkeit nicht möglich gewesen. Wilhelm V. hatte 1580 überraschend den turnusmäßigen monatlichen Wechsel der zwölf patrizischen Inneren Räte im Bürgermeisteramt abgeschafft und die Aufstellung von nur vier Bürgermeistern, die sich quartalsweise ablösen sollten, angeordnet.[34] Mit dieser Reduktion der Bürgermeisterwürde im Inneren Rat entbrannte eine heftige Auseinandersetzung um den Status der magistratischen Führungsspitze, die der Stadt- und Landesherr trotz heftiger Proteste der Kommune in seinem Sinne entschied. Der Herzog ging sogar dazu über, nach Gutdünken die Amtszeit der vier vom Inneren Rat gestellten und von ihm bestätigten Bürgermeister um ein Jahr zu verlängern[35] und war 1597 nur auf inständiges Bitten hin bereit, dem Inneren Rat künftig zwei zusätzliche Bürgermeisterposten zu konzedieren.[36]

Maximilian I. zielte über die vom Vater durchgesetzte Reglementierung der Bürgermeister noch hinaus, als er sich 1598 und 1602 ausdrücklich die «Ernennung» der sechs Inneren Bürgermeister vorbehielt.[37] Die Beschränkung auf vier bzw. sechs Bürgermeister und deren Abhängigkeit vom Wohlwollen des Herzogs bedeutete für die Organisation des Inneren Rats einen tiefen Einschnitt: die Bürgermeisterwürde war nicht mehr eine aus Paritätsgründen rasch wechselnde Funktion für alle Ratsmitglieder, sondern ein vom Landesherrn beeinflußtes und überwachtes Amt. Der Innere Rat war jetzt kein Gremium Gleichberechtigter mehr, sondern ein in Rang und Ansehen differenziertes Kollegium. Die Hervorhebung der – im übrigen jetzt auch besoldeten – Bürgermeister sprengte nicht nur die alte Einheit im Inneren Rat, sondern leistete auch einer separaten Aufgabenerledigung durch spezielle Bürgermeisterkollegien Vorschub, wie wir sie in dem seit 1599 nachweisbaren «Kammerrat» und dem späteren «Seniorat» kennen (siehe unten S. 233f.).

Gegen den Widerstand der bürgerlichen Vertreter setzte Maximilian auf dem Landtag von 1605 die Wahl aller Stadträte auf Lebenszeit durch.[38] Eine Abwahl war nur in begründeten Ausnahmefällen möglich. Damit waren Innere und Äußere Räte behördenmäßige Amtspersonen geworden mit einer für den Landesherrn und seine Berater leichter zu durchschauenden und bequemer zu gängelnden Verantwortungskontinuität. Am 21. Juni 1626 erteilte Maximilian dem Magistrat eine besondere Lektion. Er warf ihm vor, daß in München gar keine Ordnung eines bürgerlichen Wesens gehalten werde.[39] Es genüge nicht, nur im Rat zu sitzen und seinen Privatnutzen zu verfolgen und sich ansonsten an seinen Gärten zu delektieren. Der Innere Rat sei bisher lediglich Mittwoch und Freitag zusammengekommen, um vorwiegend Streitsachen zu behandeln. Angesichts der jetzigen Wirtschaftslage, sei es jedoch höchst angebracht, sich täglich zu treffen und auch andere Angelegenheiten (z.B. Armenpflege, Kleiderordnungen, überhöhte Hausmieten, Preissteigerungen) zu beraten und zu entscheiden. Am 4. September 1649 erhielt die Stadt München einen weiteren Verweis, weil man die Amtsbürgermeister, den Stadtoberrichter und andere Bedienstete, wenn man sie amtshalber benötigte, nie in ihrer Wohnung antreffe und auch niemand wüßte, wo sie sich befänden, «als befelchen wür euch hiemit und wellen, daß ihr bey Eurem Amtbürgermaister und besteltem Stattoberrichter und andern Bedienten die Verfügung machet, damit sye fürtershin, da sye in ihrer Wohnungsbehausung nit anztreffen, wenigisten bey deren Hausgenossen hinterlassen, wo selbige uf begebenden Fahl fürderlich zefinden sein...»[40]

Die durch Reglementierung der Ratsgremien verstärkte Bindung der Ratsmitglieder an die Hof- und Staatsbehörden war nur eine Seite der Möglichkeiten des Landesherrn. Mindestens ebenso stark wie der auf die Organisationsformen der Stadtvertretung ausgeübte Druck wirkte die Attraktivität fürstlicher Gunstbezeugungen für die im Stadtregiment maßgeblichen Familien. Über den besonders im 15. Jahrhundert zu beobachtenden Eintritt der Münchner «Geschlechter» in den Kreis der «Landherrn» – mit Ansitz und Niedergerichtsbarkeit – wurde bereits berichtet (siehe oben S. 135 ff.). Seit der Mitte des 16. Jahrhunderts, genauer gesagt seit dem 1557 erlassenen sechzigsten Freibrief, war dann aber dem alten landsässigen Adel Bayerns mit den Vorzügen der «Edelmannsfreiheit» (erweiterte Gerichts- und Jagdrechte) ein Qualifikationsvorsprung zuteil geworden, der die patrizischen Familien mit Landbesitz zu Grund- und Hofmarkseigentümern zweiter Klasse machte. Jetzt mußte das Patriziat verstärkt versuchen, im Hofdienst aufzusteigen, durch kaiserliche Adelsbriefe die Nobilitierung zu erreichen, um dann durch (teuer bezahlte) Spezialprivilegierung die Edelmannsfreiheit an sich zu bringen. Da man sich dabei nicht klar war, ob dergestalt arrivierte Patrizier auch weiterhin städtische Ämter übernehmen durften, ohne das Erreichte wieder zu gefährden, war eine zunehmende Zurückhaltung dieser Familien bei der Übernahme von städtischen Ämtern die Konsequenz. 1586 bat die Stadt Herzog Wilhelm V. um eine Bestätigung, daß der Sitz im Inneren Rat den erworbenen Adelsrechten nicht nachteilig werden könne, sondern im Gegenteil eine auch für Adelige ehrenhafte Angelegenheit sei.[41] Mit Rücksicht auf solche Fragen der «Ebenbürtigkeit», nahmen die seit ca. 1570 als «Junker» auftretenden Patrizier verstärkt Abschied von Ratstätigkeit und Bürgerrecht. Noch vor 1625 hatten sich die Tichtl, Rosenbusch, Hundertpfund und Schrenck aus der Stadt zurückgezogen. Das Altpatriziat wurde schließlich nur noch durch die Bart, Ligsalz und Ridler repräsentiert.[42]

Bereits 1604 wurde darüber geklagt, daß es aufgrund der Abnahme des Patriziats nicht mehr möglich sei, die diesem auch innerhalb des 24köpfigen Äußeren Rats reservierten sechs Sitze zu besetzen.[43] Die Funktionen im Inneren und Äußeren Rat wurden von immer weniger Ratsfamilien wahrgenommen, was eine wachsende Konzentration auf bestimmte Familien zur Folge hatte. So saßen von 1560 bis 1720 insgesamt 96 Ratsherrn aus 37 patrizischen Familien im Inneren Rat. Dabei stellten die Bart zwölf Ratsangehörige, die Ligsalz elf, die Hörl zehn, die Ridler acht, die Schobinger und die Voglmair fünf.[44] Viele Familien kumulierten jetzt auch Ratssitze, wie beispielsweise die Ligsalz, die 1600 bis 1620 mit drei, 1630 sogar mit vier Mitgliedern im Inneren Rat vertreten waren.[45] Der Rückzug des Patriziats war dem Landesherrn nicht unwillkommen. Neue Kräfte konnten nachrükken, wofür die seit der zweiten Hälfte des 17. Jahrhunderts von den Kurfürsten an verdiente Hof- und Staatsbeamte oder an Aufsteiger und Günstlinge verliehenen «Briefpatriziate» (siehe unten S. 230f.) den Weg ebneten.[46] Diese Diplome glichen bei der Bewerbung um einen Inneren Ratssitz den Mangel des Adels bzw. der ererbten Patrizierwürde aus und beinhalteten daneben auch andere Vorteile und Vorrechte für ihre Besitzer (z. B. Siegelmäßigkeit). Während also die altpatrizischen Münchner Geschlechter innerhalb der Stadt und innerhalb des Stadtregiments abnahmen und in der Folge durch dekretierte «Patrizier» ersetzt wurden, suchten seit Ende des 16. Jahrhunderts immer mehr Angehörige der Ratsfamilien und vermögende Bürger des Handelsstandes den landesherrlichen Dienst, wo sie nach Aufgabe des Bürgerrechts teilweise große Karrieren machten und zu Adel, Ansehen und Einfluß gelangten.

Beginnen wir mit den geadelten Patriziern, die vor allem auf der Ritterbank des Hofrats zu finden sind. 1598 finden sich beim Regierungsantritt Maximilians beispielsweise auf der Ritterbank des Hofrats der Rentmeister Hans Schrenck (1597–1609 im Geheimen Rat, seit 1598 ist er auch Hofkammerpräsident), Hans Albrecht von Tichtl (zu Tutzing und Fußberg) und Albrecht Pronner (zu Tegernau und Kemnathen).[47] Der Sitz Pronners auf der Ritterbank des Hofrats (von 1570 bis zu seinem Tode 1607) zeigt, daß der Landesherr in der Staatsverwaltung damals noch das Patriziat auch ohne Adelsbrief dem Ritterstand gleichstellte. Erst später wurde in diesem Punkt die Praxis etwas strenger. Daß für Pronner[48] der landesherrliche Dienst ein Versuch war, in erster Linie den Rang zu steigern, zeigt seine wirtschaftliche Situation; er konnte im Ratsdienst keine Reichtümer anhäufen, sondern starb verschuldet. Pronners Herkunft aus dem Patriziat machte sich der Landesherr zunutze: er mußte 1599/1600 die Handwerksordnungen der Städte und Märkte bearbeiten, die zur Bestätigung eingereicht waren. Bemerkenswert ist die Karriere des 1630 verstorbenen Bernhard Bart (von Harmating).[49] Von 1592 bis 1601 amtierte er als Stadtoberrichter in München, dann wurde er Rentmeister für das Oberland und bekleidete damit ein Amt, das Mitglieder des Münchner Patriziats häufig wahrnahmen, nachdem sich der alte Adel weigerte, in der wegen des beruflichen Umgangs mit Geld als deklassierend empfundenen Finanzverwaltung (z. B. in der Hofkammer) tätig zu sein. 1606 wurde Bart zum Hofoberrichter ernannt. Zuständig war er jetzt vor allem für die Aufsicht über die Stadt München. 1609 übernahm er dann wieder das Rentmeisteramt. 1616 bat er um seine Entlassung, um für den Herzog noch Visitationen durchzuführen.

Über den landesherrlichen Ratsdienst dürfte die Familie Keiss vom Äußeren in den Inneren Rat und ins Münchner Patriziat gekommen sein. Dr. Hieronymus Keiss[50] war von 1565 bis 1588 im Hofrat auf der Gelehrtenbank und gleichzeitig Vizekanzler; sein Sohn Dr. Wolf Wilhelm Keiss[51] erhielt ebenfalls 1604 eine Hofratsstelle, starb aber schon 1607. Bemerkenswert ist der Aufstieg der Familie Schobinger.[52] Der Handelsmann Heinrich Schobinger (1532–1610) gehörte am Ende des 16. Jahrhunderts zu den reichsten Bürgern Münchens. Sein Sohn Dr. Ottheinrich Schobinger wurde nach seinem Rechtsstudium und der Promotion in Ingolstadt 1606 im Hofrat verpflichtet. Wohl wegen seiner Herkunft aus dem Münchner Handelsstand galt er als Fachmann in Kommerzienfragen und war seit 1616 und erneut ab 1625 im Kommerzienrat tätig. 1623 erhielt er zusammen mit seinem Bruder (anläßlich der Verleihung der Kurfürstenwürde an Herzog Maximilian) von Kaiser Ferdinand II. den Adelsbrief. Damit waren die Schobinger Mitglied des Patriziats geworden. Kurz vor seinem Tode (1633) wurde er von Maximilian noch mit der Verwaltung des Hofoberrichteramts betraut.

Faszinierend ist auch der Aufstieg der Münchner Familie Donnersberger,[53] die ebenfalls über den landesherrlichen Ratsdienst sowohl zahlreiche Landgüter als auch das Adelsprädikat erwarb. Dr. Joachim Donnersberger, der sich seit der Standeserhöhung 1606 von Donnersberg nannte, war der Sohn des Wolf Donnersberger, eines Mitglieds des Äußeren Rats. Dr. Joachim Donnersberger brachte es zum Oberstkanzler und Geheimen Rat und war einer der engsten Vertrauten des Herzogs und Kurfürsten Maximilian. Er wurde Freiherr (1624) und erwarb auch noch vier Hofmarken bzw. bekam sie vom Landesherrn geschenkt.

Die Beispiele ließen sich beliebig vermehren. Sie belegen, daß der Landesherr auf den Sachverstand der Münchner Führungsschichten angewiesen war und «gute Köpfe» – zum Nachteil der Stadtverwaltung – gerne in den Hof- und Staatsdienst übernahm.

Wirtschafts- und Gewerbeüberwachung als politischer Faktor

Versorgungsengpässe, Preistreibereien, Mangel und Hunger waren seit der zweiten Hälfte des 16. Jahrhunderts in Bayern ein Dauerzustand. Immer wieder hatten lokale Autoritäten und die Staatsaufsicht gegeneinander und miteinander versucht, die komplizierte Situation dauerhaft in den Griff zu bekommen: vergeblich. Für den Aufbau und für das Wesen des maximilianischen Staates war deshalb die Intensivierung wirtschaftspolitischer Maßnahmen von besonderer Bedeutung, wobei der Aspekt einer Vermehrung der Staatseinnahmen zugunsten der patriarchalischen Sorge um das Gemeinwohl zurücktrat. Der Einsatz von landesherrlichen Beamten und der Aufwand an Sachmitteln erreichte gerade nach Ausbruch des Dreißigjährigen Kriegs in den dramatischen Krisenjahren 1620 bis 1624 ein vorher unbekanntes Ausmaß. Mit Entsetzen verfolgten der Landesherr und seine Behörden die enormen Preissteigerungen und deren Auswirkungen auf die ärmeren Bevölkerungsschichten.[54]

Diese Entwicklung war hervorgerufen worden durch die Ausprägung minderwertiger Münzen, die den steigenden Geldbedarf der Rüstungsmaschinerie decken sollten (Kipper- und Wipperzeit). Die Bauern begannen ihre Produkte zurückzuhalten und verkauften sie unter Umgehung des Marktzwanges zu weit überhöhten Preisen; ohne Rücksicht auf gute oder schlechte Ernten verteuerte sich das Getreide. Um ein ausreichendes Nahrungsmittelangebot zu sichern, wurden von den Staatsbehörden Exportbeschränkungen (Landessperren) ausgesprochen, Preisfestsetzungen (Taxen) eingeführt und die private Spekulation (der Fürkauf) verfolgt und bestraft. In München wurden der allgemeine Viktualienmangel und die schwindelerregende Teuerungswelle besonders schmerzhaft empfunden, weil hier die meisten Einwohner ihren Lohn in (schlechtem) Geld empfingen. Allerdings garantierte die besondere Verpflichtung des Landesherren für den Hof und das Hofgesinde auch der Stadtbevölkerung stets einen bescheidenen Zufluß, obschon auch hier die festgesetzten Taxen trotz der Aufsicht des Hofoberrichters nicht durchgesetzt werden konnten. Am 12. Oktober 1621 mußte dieser den Tadel des Landesherrn entgegennehmen, daß in München «schier niemandt umb ein gebürliche Bezallung was bekhommen khan, sondern vast ein yeder, der etwas zu verkhauffen, im selbsten nach seinem Gefallen ein Satz machen».[55] Landesherrschaft und Stadt mußten zusammenwirken, um den sich verschärfenden Gegensatz zwischen Produzenten und Abnehmern einzugrenzen und die Bürgerschaft von Ausschreitungen abzuhalten.

Die von den fürstlichen Behörden und der städtischen Obrigkeit veranlaßten, «friedestiftenden» Maßnahmen werden in einer aus den städtischen Akten gezogenen Abhandlung Georg von Sutners aus dem Jahre 1796 besonders hervorgehoben: «Merkwürdig sind die deßhalb erlassenen landesherrlichen Verordnungen vom 31ten October und 12ten November 1622, und man erkennt in selben das mühsame Bestreben, das man anwendete, in dieser heiklen Lage die Mittelstrasse zu erreichen, sowohl die Beschwerden des Bürgers, als des Landmanns zu heben, und die fürchterlichen Szenen eines öffentlichen Aufstandes, und eigenmächtiger Gewaltthätigkeiten zu vermeiden, wovon schon mehrere Städte im Auslande traurige Beyspiele gaben; doch die vorzügliche Wachsamkeit, und die thätigen Vorsichtsregeln, die man gebrauchte, um die ärmeren Einwohner Münchens zu unterstützen, erhielten in dieser Stadt die nöthige Ruhe, und Ordnung. Man zahlte den Metzgern, um den Fleischsatz, wovon damals das Pfund schon auf 9 kr. kam, nicht zu erhöhen, aus dem städtischen Aerario auf jedes Pfund 2 kr; führte aus dem Stadtvorrathskästen Getreid auf die Schrane, wann, wie es vielfältig geschah, kein Getreid vom Lande herbeygebracht wurde, versendete an alle Orte eigene Kommissarien zum Einkauf, und Herbeyschaffung des Getreides; gab den Bäckern Mehl zum Verbacken und theilte ein gleiches unter die bedürftigen Bürger aus.»[56] Nach und nach entspannte sich die Situation und gönnte der Stadtbevölkerung eine kurze Phase der Erholung. Doch die 1628 aufflackernde Pest, die 1632 erfolgte Einnahme Münchens durch die Schweden und schließlich die 1634 ausbrechende große Pestepidemie ließen nur wenig Hoffnung auf eine Konsolidierung der wirtschaftlichen Verhältnisse. Die schweren Bevölkerungseinbußen von 1634/35 verhinderten eine schnelle Regeneration, und die finanziellen Anstrengungen zur Vollendung der Festungswerke seit 1638 laugten die Kraft der Kommune zusätzlich aus.

Bürgerlicher Handel und Gewerbe waren als Rückgrat der Stadtwirtschaft seit dem Regierungsantritt Maximilians I. ein besonderes Beobachtungs- und Reglementierungsobjekt der Landesherrschaft geworden.[57] 1631 hatte der Kurfürst mißbilligend feststellen müssen, daß die Münchner Handwerkerlöhne und die Preise der Gastwirte eine nach den Krisenjahren 1620 bis 1624 kurzfristig eingetretene Entspannung nicht zum Ausdruck brachten und damit den auf Handelsware und Handwerkserzeugnisse der Stadt angewiesenen Bauernstand schädigten. Sofort wurden die landesherrlichen Beamten angewiesen, ihr Augenmerk weniger auf die Preisentwicklung bei Nahrungsmitteln zu lenken, sondern mehr auf die Preise bei Textilien zu sehen und den Löhnen bei Schustern, Schneidern, Sattlern, Wagnern etc. Beachtung zu schenken, «auf das der gemaine Mann aufm Land nit nur wohlfail hinzugeben, sondern auch wohlfail einzukhauffen habe».[58] Um den Handwerkern jedes Argument für ihre übersteigerten Löhne zu nehmen, mußten die Rohmaterialien entsprechend den Viktualienpreisen moderiert werden. Regulierend griff Maximilian I. auch in die Zunftautonomie ein. Die in München seit dem 16. Jahrhundert feststellbare Tendenz der Handwerke, sich durch die Begrenzung der Meisterstellen zu «schließen», wurde von Landesherr und Hofrat grundsätzlich gebilligt, da man der Meinung war, daß die Überfüllung der Zünfte zur Verarmung der Handwerker und zu einem allgemeinen Niedergang der Gewerbe führen mußte.[59] Besonders in den zwanziger Jahren des 17. Jahrhunderts wurden die Zünfte dann als derart überfüllt betrachtet, daß der Hofrat vereinzelt die Zahl der Meister neu festsetzte. Immer öfter geschah es auch, daß Bürger in Handwerks- und Gewerbesachen unter Mißachtung der ausschließlichen Kompetenz der Stadt an den Herzog appellierten.[60]

Von größter Bedeutung sowohl für die Steigerung der wirtschaftlichen Leistungsfähigkeit Münchens als auch für die Kontrolle der Handwerke war in den Augen des Landesherrn und seines Hofrats die vernünftig gehandhabte Neuaufnahme von Bürgern. Der Hofrat ging von dem Grundsatz aus, daß nur solche Bürger aufgenommen werden sollten, die jederzeit die Gewähr dafür bieten konnten, daß sie anderen Bürgern und der Stadt nicht zur Last fielen. Verschiedene Beispiele ließen schon damals erkennen, daß ein städtisches Proletariat im Entstehen war, mit dem sich nicht nur die Stadt, sondern auch der Hof auseinanderzusetzen hatte. In der Rentmeisterinstruktion von 1613 hieß es daher auch: «Bürgerrecht soll man niemand geben, der nicht seine Profession redlich erlernt und der sich so zu nähren im Stand ist, daß er gemeiner Stadt nicht in Säckl falle».[61] Da nach Meinung des Landesherrn besonders in der Stadt München die Aufnahme von mittellosen Menschen zu sorglos geschah und andererseits vermögende Bewerber aus Angst vor Konkurrenz oder aus Neid abgewiesen wurden, befahl man am 13. Oktober 1618 der Stadt, vor jeder Bürgeraufnahme dem Herzog Bericht zu erstatten.[62] Um eventuelle Einwände gegen diesen doch sehr massiven Eingriff in die städtische Autonomie gleich von Anfang an zu entkräften, betonte er der Stadt gegenüber noch ausdrücklich, daß er dazu «wohlbefugt» sei. Die Maßnahme sei «zu Aufnahme und Florierung dieser unser Hauptstadt forderst gemeint...». Als die Stadt heftig protestierte, begnügte sich der Landesherr am 26. Oktober 1618 mit Quartalsberichten.[63] Am 29. Juli 1619 wurde die Stadt angewiesen, bei der Bürgeraufnahme nicht allzu liberal zu sein, damit «nit einem jeden alsobald Tür und Tor geöffnet werde...».[64]

In der Folgezeit überprüften die Hofräte sehr genau die Bürgeraufnahmen und die Ablehnungen. Es war üblich geworden, daß diejenigen, denen man das Bürgerrecht verweigerte, an den Hofrat appellierten. Handelte es sich um vermögende Kaufleute, konnten die Bewerber damit rechnen, daß sie auf Druck des Hofrats dann doch als Bürger aufgenommen wurden. Seit dem 26. Mai 1640 verlangte der Kurfürst die monatliche Übersendung der Listen aufgenommener Bürger.[65] Die Aufnahme durfte nur unter dem Vorbehalt geschehen, daß der Kurfürst die Liste ratifizieren würde. Erst am 7. Dezember 1649 überließ der Landesherr wieder der Stadt die Entscheidung über die Bürgeraufnahme, verlangte aber einen monatlichen Bericht, in dem Name und das Vermögen bzw. das Handwerk des Neuaufgenommenen verzeichnet waren. Der Hofoberrichter hatte darauf zu achten, daß die Stadt ihrer Berichtspflicht nachkam.[66]

Die Voraussetzungen, unter denen nach den Bevölkerungsverlusten von 1634/35 neue Bürger von der Stadt aufgenommen werden konnten und sollten, werden im Befehl Maximilians vom 26. Mai 1640[67] klargestellt: «Danach sind bei den Gewerb- und Handwerkszunften» folgende drei Hauptgruppen zu unterscheiden, die man unterschiedlich behandeln müsse: Einmal diejenigen Gewerbe, durch welche die «commercia in: und ausser Landts befürdert und Gelt oder anders hergegen hereingebracht würdet, als da sind die fürnemers Handlsleith, Loder, Geschlachtgwandter, Weber, Handtschuechmacher und dergleichen». Die zweite Gruppe sind die Gewerbe, die nicht ein- noch ausführen, sondern allein die Stadt und ihre Umgebung versorgen, die dritte Gruppe aber sei die «feihrende, missiggehendte und dem gemainen Wesen wenig nutzliche Handtierung, als da sein die allzu grosse Anzahl der Wirth, Zäpfler, Metschenkhen, Köch, Kiechlbacker, Khäß- und Khornkheuffl, Melber, Salzstessl, auch ander schlechte Huckher und Cramer, welche nur Theurung verursachen und den Leithen zum Schlechten und Verschwendung des Geltes Ursache und Gelegenheit geben». In der ersten Klasse sollen so viele wie möglich, die sich selbst ernähren können, zu Bürgern aufgenommen werden; bei den Gewerben der zweiten Klasse aber solle es, da sich die Bevölkerung so stark vermindert habe, bei der bisherigen Anzahl von Betrieben bleiben. Bei der dritten Klasse sollte die Zahl der Gewerbetreibenden auf eine in einer beiliegenden Liste aufgeführte Zahl beschränkt werden. Bei den Gewerben, die jetzt eine größere Zahl von Gewerbetreibenden aufweisen als vorgesehen, solle man mit der Aufnahme neuer Bürger zuwarten, bis das Gewerbe u. a. durch Absterben die genannte Zahl erreicht habe.

1651 wird eine landesherrliche Visitationskommission dahingehend instruiert,[68] den Magistrat anzuweisen, allen Gewerbetreibenden und Handelsleuten die Niederlassung in München zu ermöglichen, sobald sie bereit sind, die gemeinen Lasten zu tragen und unabhängig davon, ob sie das Bürgerrecht erwerben wollen oder nicht. Keinem Fremden darf es verboten werden, mit Münchner Bürgern «in gemainen Handl und Societet zu stehen und neben denselben gebihrlichen Gewihnn mit Einlegung ihrer Paarschafft zu treiben». Die in der Au, in Haidhausen, Giesing und in anderen Dörfern vor der Stadt ansässigen Handwerker sollten, sobald sie ihr Meisterstück gemacht hatten und sich sonst als brauchbar erwiesen, in die Stadt genommen werden. Dagegen sollte man alle übrigen Handwerksleute aus den genannten Dörfern ausweisen und auch keine neuen mehr aufnehmen. Die Aufnahmebeschränkungen in den Zünften sollen jetzt wegen der allgemeinen Abnahme der Bevölkerung aufgehoben werden. Doch gelte dies nur für Bewerber mit Vermögen, damit die Stadt nicht mit Bettlern angefüllt werde. Die neu aufgenommenen Bürger sollen von der landesherrlichen Deputation examiniert werden. Den Handwerkern solle in jeder nur denkbaren Weise geholfen werden. Bei der Eintreibung ihrer gegen das Hofgesinde bestehenden Forderungen sei ihnen Unterstützung zu gewähren; an den Zoll- und Mautstellen dürfen sie nicht mehr unangemessen lang aufgehalten werden. In Zukunft soll auch die Ausübung mehrerer Gewerbe nebeneinander gestattet werden. Den Hausierern, die sich ins Land geschlichen hatten, sei ihre Tätigkeit zu untersagen. Eine besondere Förderung will die Instruktion den Lodern und Tuchmachern in München angedeihen lassen, indem ihre Produktion auf das Niveau der Vorkriegszeit angehoben werden soll.

Die mit diesen Vorgaben erfolgte Visitation, bei der auch noch eine Reihe anderer Fragen mit der städtischen Obrigkeit zu erörtern war, bestätigte nur den unerfreulichen Zustand der städtischen Gewerbeverfassung (siehe auch unten S. 236f.), wie er bereits in der Instruktion selbst angesprochen worden war. Zum Abschluß der Visitation wurden deshalb die vier Bürgermeister der Stadt mit einer Geldstrafe belegt: wohl der letzte Versuch Maximilians, in seiner Hauptstadt mit Strafsanktionen Wirtschaftspolitik zu machen.[69]

Der Fürst als Bauherr – München als Landesfestung

«So würdt ... in diser Euer fürstlichen Gnaden Statt dermassen so vil ... eingefangen und Hauser abgeprochen, das nit allain gemainer Stadt Jurisdiktion grösslich geschmälert, sonder es würdt dardurch die burgerlich Mannschaft geschwecht, die Steur entzogen und ersaigert...».[70] Diese schweren Vorwürfe erhoben Bürgermeister und Rat im Jahre 1586 gegen den baufreudigen Herzog Wilhelm V., als dieser der Stadt eine neue Baumaßnahme an seinem Zeughaus ankündigte und die Überlassung eines städtischen Turms (Jungfernturms) zur Lagerung von Pulver und Munition verlangte. Was da in den letzten Jahren durch den Landesherrn an «neuem Gepew» in der Stadt errichtet worden sei, bringe die Stadt langsam ins Verderben. Dem Herzog wurden einige einschneidende Eingriffe vorgeworfen: die Entfremdung des gesamten «Jägerpüchls» für Erweiterungen im Bereich der Neuveste und der Abriß der 87 Häuser für Jesuitenkirche, Jesuitenkolleg und «Neue Residenz» (Herzog-Maxburg). Klage war auch darüber zu führen, daß die herzoglichen Baumeister nach Gutdünken bauten und ohne Rücksicht auf die Beschwerden der Bürger immer mehr städtischen Grund und Boden belegen wollten. Damit war ausgesprochen, was im Graggenauer- und im Kreuzviertel bereits sichtbar wurde: München wandelte sich zu einer dem Repräsentationsstreben des Landesherrn verpflichteten Stadt.

Als Maximilian I. das Staatsruder in die Hand nahm, wurde mit den Neu- und Umbauten im Bereich der Residenz und der Anlage des nach Norden vorgeschobenen Hofgartens einer der prächtigsten Fürstensitze des 17. Jahrhunderts geschaffen, ein «triumphierendes Wundergebäu», das der Legende nach der Schwedenkönig Gustav Adolf 1632 am liebsten «auf Walzen» nach Stockholm mitgenommen hätte.[71] Doch es waren nicht allein die bauliche Ausgestaltung und Verschönerung der Residenzstadt, die Wilhelm V. und Maximilian I. am Herzen lagen. Auch die größere Sicherheit der Stadt – die ja ebenso die eigene Sicherheit bedeutete – wurde nun zum Gegenstand fürstlicher Überlegungen. Bereits Wilhelm V., der 1583 einen Kriegsrat ins Leben gerufen hatte, begann Pläne für eine moderne Befestigung Münchens ausarbeiten zu lassen.[72] Die Schulden des Herzogs und die ablehnende Haltung von Stadt und Landschaft verhinderten allerdings die Durchführung des Befestigungsprojekts. Auch war – trotz der mit Aufmerksamkeit verfolgten Türkenkriege – kein unmittelbar bedrohlicher Gegner in Sicht, der eine solche Kraftanstrengung gerechtfertigt hätte.

Maximilian I. verstand es in der Folge etwas besser, seinen Untertanen die Notwendigkeit militärischer Aufrüstung plausibel zu machen. Parallel zur

Neuorganisation des Landesdefensionswerkes (und der Begründung eines Defensionsrates als Nachfolger des eingegangenen Kriegsrates) machte er München zum Rüstungszentrum des Landes. So wurde die Bewaffnung der seit den neunziger Jahren konsequent gemusterten bayerischen Volksmiliz, der «Landfahnen», von München aus geliefert. Das landesherrliche Zeughaus entwickelte sich zur zentralen Deponierungsstelle für Rüstungsgüter. Aus den Protokollen des Defensionsrates geht hervor, wie planmäßig man das landesherrliche Zeughaus mit Waffen, Munition und Pulver auffüllte. Seit 1608 läßt Maximilian dann von verschiedenen Festungsfachleuten Pläne erstellen. Um diese Zeit stand Alexander von Grotta als Oberstzeugmeister in bayerischen Diensten.[73] Seine Pläne[74] konnten jedoch nicht unmittelbar verwirklicht werden, weil sich die Landstände auf dem Landtag von 1612 trotz eindringlicher Beschwörungen Maximilians weigerten, das Projekt zu finanzieren. Erst mit Kriegsausbruch 1618 waren die Würfel gefallen,[75] und noch im selben Jahr wurde mit den Baumaßnahmen in München begonnen.

Das größte Problem waren die Arbeitskräfte. Da nicht genug Taglöhner zur Verfügung standen, fragte Maximilian beim Hofrat in München an, wie viele arbeitsfähige Delinquenten sich im Rentamtsbezirk befänden. Die «Schanzarbeit» beginnt nun für die nächsten Jahrzehnte ein fester Posten im Strafvollzug zu werden. Eine *«condemnatio ad operas»*, das heißt Zwangsarbeit, tritt an die Stelle der Landesverweisung und wird damit zur Vorläuferin der (längeren) Freiheitsstrafe, die ja um diese Zeit dem Strafsystem noch fremd ist. Besonders häufig wird die Zwangsarbeit jetzt bei Delikten des Ehebruchs und der Leichtfertigkeit (Unzucht) verhängt. Auch Bettler und Vaganten sollen nach dem Willen Maximilians für die Arbeiten in München zwangsverpflichtet werden. Man kann sich vorstellen, daß diese zwangsrekrutierten Schanzarbeiter die Stadt vor ein eminentes Sicherheitsproblem stellten. Daneben mußte auch die Versorgung der freiwilligen und unfreiwilligen Arbeiter bewältigt werden. Auf dem Höhepunkt der Bauarbeiten, im Jahre 1639, waren angeblich 30000 auswärtige und 10000 Münchner Schanzer tätig.[76]

Für das äußere Stadtbild brachte der Festungsbau die größte Veränderung seit dem Zwingerbau im 15. Jahrhundert. Noch schwerwiegender aber waren die Konsequenzen für die Bürgerschaft. Die Stadtgemeinde verlor durch die landesherrlichen Verteidigungsanlagen nicht nur Grund und wertvolle Besteuerungsobjekte (Wohnhäuser, Gewerbebetriebe usw.) im Vorfeld der Mauern, sie mußte neben Personalleistungen auch ungeheure finanzielle Opfer erbringen. 1625 hatte die Stadt für den Festungsbau insgesamt schon 25000 Gulden ausgegeben.[77] Bis zum Abschluß der Festungsarbeiten brachten die Münchner noch ein Mehrfaches dieses Betrages auf. Insgesamt soll die neue Befestigung etwa zwei Millionen Gulden gekostet haben,[78] die landesweit durch Sondersteuern hereingebracht wurden. Der Wert der privaten Häuser, Mühlen, Gartenhäuser, Schlößchen usw., die in der entscheidenden Phase 1638 bis 1645 dem Festungsbau geopfert wurden, wird auf etwa 150000 Gulden geschätzt.[79] Als die zum Schanzen aufgebotenen Städter in ihrer Arbeitsmoral nachließen und Vertreter des Magistrats ihrer Aufsichtspflicht nicht ausreichend nachkommen wollten, bestrafte 1638 Kurfürst Maximilian mit einer Ausnahme alle Mitglieder des Inneren und Äußeren Rats wegen unverantwortlicher Nachlässigkeit beim Fortifikationswesen mit zehn Reichstalern Buße, die umgehend an die Hofkasse zugunsten des Schanzenbaues einbezahlt werden sollten. Die Strafe wurde nachträglich allerdings wieder erlassen.[80]

Die erst im Jahr des Westfälischen Friedens 1648 abgeschlossene Münchner Wallbefestigung umgab die Stadt in ihrer seit Ende des 13. Jahrhunderts festgelegten unregelmäßigen Form in voller Länge. Der zwanzig bis dreißig Meter breite Wallgürtel stieg unmittelbar vor der Zwingermauer und dem Stadtgraben an und bildete eine tief gestaffelte und in der Höhe stockwerkartig gegliederte Stellung. Lediglich im Norden löste sich der Festungsgürtel vom mittelalterlichen Mauerring und bezog den Hofgarten mit ein. Die gesamte Wallanlage bestand aus aufgeschütteten Erdmassen; nur Torgänge und Wasserdurchlässe (für die Stadtbäche) waren gemauert. Entsprechend dem damals modernen niederländischen Vorbild gliederte sich das System in den Wallkörper mit vorspringenden Bastionen und Außenwerken, dann den nur teilweise bewässerten Graben, den sogenannten Gedeckten Weg, und schließlich das schräg abfallende Glacis. In der Abfolge des Stadtgrundrisses unterschied man bei der Münchner Wallanlage drei (nach Grundriß und Profil verschieden gestaltete) Segmente: a) einen typisch niederländischen Festungsteil vom Schwabinger Tor um den Hofgarten herum bis zur Bräuhaus-Bastion, b) eine Kette mächtiger Bollwerke an der westlichen Peripherie vom Sendlinger Tor über das Neuhauser Tor zum Schwabinger Tor und c) eine Abfolge kleiner, eng gestalteter Bastionen vom Isartor zum Einlaß und zum Sendlinger Tor.[81] Die neue Wallbefestigung wurde der ausschließlichen Zuständigkeit und Gerichtsbarkeit des Landesherrn unterstellt, während die mittelalterlichen Mauerzüge der Stadt gehörten.

Zum großen Leidwesen von Fürst und Stadt war das «Jahrhundertwerk» beim Anmarsch Gustav Adolfs 1632 noch nicht fertiggestellt, weshalb die Stadt kampflos übergeben werden mußte. Lediglich in der Endphase des Dreißigjährigen Krieges sollte sich der immense Aufwand bezahlt machen. Als im September 1646 die vereinigten französischen und schwedischen Armeen nach Bayern marschierten, schreckten die schon fast vollendeten gewaltigen Anlagen den Feind von einem direkten Angriff auf München ab. Auch beim Einfall der französischen und schwedischen Truppen im Jahre

1648, der für das gesamte Kurfürstentum verheerende Folgen hatte, wagte man keine Attacke gegen die Stadt.

Mit der Fertigstellung der Festungsanlagen 1648 gab es für die «Schanzer» in München keine Arbeit mehr. Als «müßiggehendes Gesindel» bettelten sie in der Stadt. Der Hofrat wies daraufhin den Magistrat an, die vielen Arbeitslosen aus der Stadt zu schaffen und sie auf den Landsberger Festungsbau zu verweisen.[82]

Das Denkmal des christlichen Fürsten: die Mariensäule auf dem Schrannenplatz

Am Sonntag, dem 7. November 1638, wurde im Herzen der Stadt, auf dem Schrannenplatz, unter großen Feierlichkeiten die Mariensäule eingeweiht. Besser als jede schriftliche Äußerung dokumentiert diese Säule das Verhältnis von Stadt und Landesherr und erinnert an das Schicksal Münchens im Dreißigjährigen Krieg.[83]

Die Mariensäule verdankt ihren Ursprung einem Gelübde des Kurfürsten Maximilian. Er wollte ein «gottgefälliges Werk» tun, wenn die Hauptstädte München und Landshut vor der Zerstörung durch die Schweden verschont bleiben würden. Das führt uns ins Jahr 1632 zurück: Im Frühjahr war König Gustav Adolf nach Bayern vorgestoßen und hatte Tilly am 16. April bei Rain am Lech geschlagen. Während Ingolstadt der schwedischen Belagerung widerstand, mußte München, dessen Befestigungsanlagen noch nicht fertiggestellt waren, dem schwedischen König preisgegeben werden. Kurfürst Maximilian weilte ohnmächtig bei seinen Truppen in Regensburg. Die kurfürstliche Familie sowie zahlreiche wohlhabende Adelige, Bürger und Klosterfrauen verließen die Stadt und flüchteten Richtung Salzburg und Tirol. Gustav Adolf wollte an München zunächst Rache für den Tilly zugeschriebenen Brand Magdeburgs (1631) nehmen. Aufgrund der Vermittlung des französischen Gesandten und nach der Fürbitte einer Delegation Münchner Bürger versprach er jedoch, die Stadt gegen die Zahlung einer Brandschatzungssumme von 300000 Talern zu schonen. Am 17. Mai zog der Schwedenkönig von Freising und Ismaning kommend durch das Isartor in München ein. Noch jenseits der Isar hatte er aus den Händen des Bürgermeisters die Schlüssel der Stadt erhalten.[84] Der König bezog in der Residenz Quartier. Unter seinen Truppen hielt er strengste Disziplin. Bis zum Abmarsch der Schweden am 7. Juni brachte die Stadt nur ein Drittel des geforderten Betrages zusammen. Für die fehlende Summe entführten die Schweden bei ihrem Abzug 42 Geiseln, zur Hälfte Geistliche und Ordensmänner, nach Augsburg. Erst am 3. April 1635 kamen sie nach teilweise schmachvoller Gefangenschaft wieder nach München zurück.[85] Ein Votivbild in Maria Ramersdorf erinnert an diese Episode.

Der Abzug der Schweden aus der Stadt 1632 beendete noch nicht das Leid der Münchner Einwohner: Spanische Truppen, die 1634 in München einquartiert wurden, schleppten die Pest ein. Das große Sterben dauerte vom August 1634 bis zum Februar 1635. Mindestens ein Drittel der Bevölkerung fiel der Seuche zum Opfer.[86] Im Mai 1635, nach dem Abflauen der Pest, kehrte Kurfürst Maximilian wieder in seine Residenzstadt zurück. Der Einzug war still und ohne Aufsehen, ganz anders als am 25. November 1620 nach der siegreichen Schlacht am Weißen Berg bei Prag. Damals stiftete Maximilian für die Frauenkirche ein von Peter Candid gemaltes großes Hochaltarbild mit der Himmelfahrt Mariä. Auch jetzt, im Notjahr 1635 war es Maria, die als Helferin und Herrin Bayerns im Mittelpunkt stand. Am 11. September 1635 wurde im Geheimen Rat die Errichtung eines Denkmals auf dem Hauptplatz, in *«loco conspicuo»* beschlossen. Die Einweihung der Säule geschah am ersten Sonntag nach Allerheiligen 1638. Das war der Tag, an dem alljährlich die große Gedächtnisprozession für den Sieg am Weißen Berg (8. November 1620) stattfand. Die goldene Marienfigur, die man auf die Säule setzte, war schon 1593 durch Hubert Gerhard geschaffen worden und hatte dann bis 1620 auf dem Hochaltar der Frauenkirche gestanden, wo sie Candids Bild weichen mußte. Die erst 1639/40 geschaffenen Bronzegruppen auf dem Unterbau der Mariensäule versinnbildlichen den Psalm 90, Vers 13: *«Super aspidem et basiliscum ambulabis et leonem et draconem concalcabis»* (Über die Schlange und den Basilisken wirst Du schreiten und den Löwen und den Drachen wirst Du zertreten). Man bezog diese Worte auf Maria und sah in den genannten Tieren Symbole für die großen Plagen der Zeit: Hunger (Drache), Krieg (Löwe), Pest (Basilisk) und Unglaube (Schlange).

Die Mariensäule erzählt so die Passion des Landes und der Stadt München im Dreißigjährigen Krieg, gleichzeitig ist sie aber ein höchst bedeutungsvolles Denkmal für die Besitzergreifung Münchens durch die Landesherrschaft. Mitten ins Herz der Stadt, auf den belebten Schrannenplatz, über den die Stadt rechtmäßig ganz allein zu verfügen hat, setzt Maximilian – ohne jeden Widerspruch seitens der Bürgerschaft – dieses sein ganz persönliches Monument. Durch die Säule des Landesherrn auf dem Münchner Schrannenplatz wandelt sich dieser vom Herzen der Stadt zum Herzen des Landes, er wird gleichsam «Nabel» des Kurfürstentums. Dort, wo Reichsstädte Rolandssäulen oder Marktkreuze als Zeichen ihrer Freiheit aufrichten, steht in München ein öffentliches Denkmal der Landesherrschaft.

Der Kurfürst selbst bleibt bei seinem Monument freilich im Hintergrund.

Nicht er selbst oder ein Löwe, der ein Wappenschild hält, thront über dem bürgerlichen Platz, sondern Maria. Der christliche Fürst erscheint nur mehr als bloßes Organ, als Vollzieher des Marianischen Willens: Nicht umsonst führt Maria auf der Mariensäule das Szepter in der Hand. Sie ist die Lehensherrin Bayerns, die *«Patrona»*; durch sie und in ihrem Auftrag herrscht Maximilian I. über Land und Stadt. Der absolutistische Landesherr legitimiert so die Kontrolle und Maßregelung der Stadtobrigkeit mit einem zwingenden religiösen Auftrag.

Reinhard Heydenreuter

Die Strukturen einer barocken Residenzstadt München zwischen Dreißigjährigem Krieg und dem Vorabend der Französischen Revolution

Die Erschließung des Umlandes

Der Dreißigjährige Krieg hatte München trotz aller finanziellen und wirtschaftlichen Lasten rein äußerlich unversehrt gelassen. Die Zeit der schwedischen Besatzung und die Pestepidemien der Jahre 1634 und 1635 und von 1649 bis 1651 hatten jedoch der Bevölkerung erhebliche Opfer abverlangt. Die Einwohnerzahl war von etwa 20000 zu Beginn des Krieges auf nicht mehr als etwa 15000 im Jahr 1650 gesunken.[1] Erst allmählich erholten sich die Bevölkerungszahlen. Es dauerte bis zur Jahrhundertwende, bis die Einwohnerzahl wieder auf etwa 20000 angewachsen war. Das 18. Jahrhundert brachte vor allem durch Zuwanderung von außen eine stete und beschleunigte Zunahme der Bevölkerung, so daß in den achtziger Jahren etwa 33000 Menschen innerhalb des Burgfriedens lebten. Hinzu kamen noch die in München stationierten Soldaten, deren Zahl allerdings schwankte. Die zwischen 1771 und 1781 durch den Landshuter Regierungsrat von Dachsberg vorgenommene Volksbeschreibung für das Kurfürstentum Bayern zählte für das Jahr 1781 im Burgfrieden mit Einschluß des Militärs und der in den kurfürstlichen Schlössern Nymphenburg, Schleißheim und Fürstenried lebenden Bediensteten 37840 Einwohner.[2]

Das eigentliche Stadtgebiet innerhalb der Umwallung war seit dem 17. Jahrhundert nicht größer geworden, so daß der Bevölkerungsanstieg in diesem Bereich nur durch eine Verdichtung der Bebauung und ein engeres Zusammenrücken der Menschen in den Häusern zu verkraften war. Tatsächlich erwähnt bereits ein Fortifikationsverzeichnis vom Jahr 1704 die vielen «durchgehenten oder hindern heuser» in der Stadt.[3] An den Straßen war für eine weitere Bebauung kein Platz mehr. Betrug die Häuserzahl in diesem Jahr noch 980, so waren es 1731 bereits 1152, und im Jahr 1781 war ihre Anzahl auf 1488 angestiegen.[4] Die meisten Wohnhäuser gab es 1788 im Graggenauer Viertel mit 338 und im Angerviertel mit 348 Gebäuden. Vergleichsweise reduziert war mit 251 Häusern die Wohnbebauung im Kreuzviertel, in dem vornehmlich der Adel wohnte.[5] Weitaus stärker als die Häuserzahl nahm jedoch die Nutzung des vorhandenen Wohnraums zu; auch die Aufstockungsmaßnahmen von durchschnittlich drei Geschossen pro Haus im 17. Jahrhundert auf vier bis fünf Geschosse im 18. Jahrhundert änderten daran wenig.[6] 1704 wurden in München noch 2266 Haushalte gezählt.[7] 1731 waren es bereits 4614, und im Jahr 1781 war ihre Zahl auf 8829 angestiegen.[8] Während sich die Häuserzahl nur um 73 Prozent erhöht hatte, war die Anzahl der Herdstätten um 289 Prozent gestiegen, sie hatte sich fast vervierfacht. In den Häusern wohnten weitaus mehr Familien als zuvor, der Wohnraum für die einzelne Familie war enger geworden.

Die Residenzstadt beschränkte sich jedoch längst nicht mehr auf das Gebiet innerhalb der Umwallung. Mit dem Anbruch friedlicherer Zeiten nach dem Dreißigjährigen Krieg versuchten die Kurfürsten, dem Beispiel des italienischen Adels und des französischen Königshofs zu folgen, und errichteten sich in der Umgebung Münchens prächtige Landsitze. Zum Dank für den am 11. Juli 1662 geborenen Thronfolger schenkte Kurfürst Ferdinand Maria (1651–1679) seiner Gemahlin Henriette Adelaide von Savoyen 1663 die etwa eine Wegstunde westlich der Stadt gelegene Schwaige Kemnathen, auf der sich die Kurfürstin im folgenden Jahr eine «Villa suburbana» im italienischen Stil errichten ließ, die nach einer ersten Erweiterung von 1702 bis 1704 schließlich ab 1714 von Kurfürst Maximilian I. Emanuel (1679–1726) zur glanzvollen Sommerresidenz Nymphenburg ausgebaut wurde.

Zwei Wegstunden nördlich von München hatten sich bereits Herzog Wilhelm V. (1579–1597) und Kurfürst Maximilian I. (1597–1651) auf der Schwaige Schleißheim seit 1598 eine Schloßanlage errichten lassen, die nun von Ferdinand Maria und Henriette Adelaide erweitert wurde. Ihr Sohn Max Emanuel ließ sich im Osten dieses Komplexes anläßlich seiner Hochzeit mit der Kaisertochter Maria Antonia seit 1684 das Schlößchen Lustheim im Stil eines italienischen Gartencasinos errichten. Im Rahmen seiner Großmachtpolitik, die sogar die Kaiserwürde in erreichbarer Nähe erscheinen ließ, begann Max Emanuel seit 1701 in Schleißheim mit dem Bau einer riesigen, am Pariser Louvre und an Schloß Schönbrunn in Wien orientierten Residenzanlage, die als Neues Schloß Schleißheim bis 1726 allerdings nur in Teilen verwirklicht wurde.

Zwischen 1715 und 1717 wurde auch das westlich von Schleißheim liegende Schloß Dachau als kurfürstlicher Landsitz im barocken Sinne modernisiert. In den gleichen Jahren ließ sich der Kurfürst im Süden Münchens das anderthalb Stunden von der Stadt entfernte Jagdschloß Fürstenried an der Stelle der Schwaige Boschetsried erbauen. Ebenfalls der Jagd dienten ein 1684 entstandenes Schlößchen im Lehel und das Jagdschloß Neuhausen, das Kurfürst Karl Albrecht (1726–1745) 1728 an der Stelle älterer Vorgängerbauten erneuern ließ. Diese Schloßanlagen waren auf vielfältige Weise mit der Residenzstadt und untereinander verbunden, am großartigsten durch ein Kanalnetz von riesigem Ausmaß, das Max Emanuel zwischen 1689 und 1704 errichten ließ.[9] Es stellte schiffbare Verbindungen zwischen den Schlössern Schleißheim und Nymphenburg und der Würm auf der einen sowie dem Schwabinger Bach auf der anderen Seite her und verband Schleißheim mit Dachau durch einen Kanal zur Amper. Auch ein direkter Wasserweg zwischen der Münchner Residenz und Schleißheim war geplant, es kam jedoch nur eine Verbindung zwischen dem Münchner Festungsgraben beim Schwabinger Tor und dem Kanal zwischen Nymphenburg und dem Schwabinger Bach zur Ausführung, der sogenannte Türkengraben, dessen Verlauf noch heute im Straßenverlauf Schwabings ablesbar ist.[10]

Nicht nur die Kurfürsten erschlossen sich in bisher nicht gekannter Intensität das Umland Münchens, die Residenzstadt wurde, nachdem bereits im 15. Jahrhundert die Münchner Patrizier ihre Hofmarken in der Umgebung bezogen hatten, nun auch mit einem Kranz barocker Landgüter und Adelssitze umgeben. So wurde, um nur einige zu nennen, beim Dorf Schwabing zwischen 1715 und 1718 das nach dem zeitweiligen Exilsitz Max Emanuels bei Paris benannte Schloß Suresnes für den geheimen kurfürstlichen Kabinettssekretär Franz Xaver Ignaz von Wilhelm erbaut. In der seit 1684 bestehenden Hofmark Haidhausen erhielt das Schloß des Grafen von Leiblfing ein zeitgemäßes Gewand. Außerhalb der Hofmark baute sich der Reichsgraf von Preysing-Hohenaschau seit 1678 ein Grundstück in Haidhausen zu einem prachtvollen Barockgarten mit einem kleinen Schlößchen aus. Auf der kurkölnischen Hofmark Berg am Laim wurde ab 1690 für Kurfürst Joseph Clemens von Köln, den Bruder Max Emanuels, ein Wasserschloß, die «Josephsburg», erbaut, an dessen Stelle seit 1737 die Hofkirche St. Michael mit den beiden flankierenden Schloßflügeln für Kurfürst Clemens August von Köln, den Bruder Karl Albrechts, entstand.

Seit der Mitte des 18. Jahrhunderts entstanden solche Anlagen auch in unmittelbarer Umgebung der Stadt. So ließ sich etwa der Graf von Törring zu Jettenbach im Jahr 1740 das «Leonischlößchen» im Bereich der heutigen Kanalstraße erbauen. Vor dem Neuhauser Tor entstand 1741 das «Clemens-Schlößchen» für Herzog Clemens Franz von Bayern. In der Nähe des Sendlinger Tors wurde 1748 das «Leopoldischlößl» als Gartenschloß des Patriziers und Bürgermeisters Joseph Anton von Schönberg errichtet. Die kurfürstlichen Residenzen und die adligen Gartenpalais stellen jedoch nur die spektakulärsten Beispiele für ein Herauswachsen Münchens aus seinem bisherigen Siedlungsbereich dar. Bereits Kurfürst Ferdinand Maria überließ hohen Beamten und verdienten Privatpersonen Grundstücke auf den Festungsbastionen als Gärten. Auch die Bürgerschaft bemächtigte sich nach dem Dreißigjährigen Krieg der Befestigungsanlagen und der unmittelbaren Umgebung der Stadt, legte Gärten an und errichtete sich Holz- und Steinbauten, zum Teil sicher als Ausgleich für die enger werdende Bebauung innerhalb der Mauern. Unter Max Emanuel nahm die Vergabe von Festungsteilen solche Formen an, daß deren eigentlicher militärischer Zweck erheblich gefährdet wurde. Die Erschließung des städtischen Umfelds erreichte ein solches Ausmaß, daß sich der Hofkastner Johann Ignaz Härtl von Hartenfels im Jahr 1722 über die fast täglich neu hinzukommenden Bauten beklagte, «indeme man schier nit mehr umb die Statt, wegen zu solchem endte hinweckh nementen Pläz, fahren kann».[11] Wiederholte Verpflichtungen der Grundstückseigner, Gebäude und Gärten im Verteidigungsfall auf eigene Kosten wieder abzureißen, mehrere Räumungsaktionen im Glacisbereich und ein Bauverbot auf allen Festungsteilen durch Kurfürst Karl Albrecht vom 18. März 1728 blieben aber auf Dauer gegen die Zweckentfremdung der Fortifikationen durch Gartenanlagen und Wohnbauten nutzlos. Eine Erhebung über die Besitzverhältnisse auf den Bastionen und dem Glacis zählte im Jahr 1785 insgesamt 180 Grundstücke auf, die 167 verschiedenen Eigentümern gehörten.[12]

München griff jedoch nicht nur mit Gärten in sein Umland hinaus. Festungscharakter und Kriegsereignisse konnten nicht verhindern, daß sich zu den ohnehin schon vor den Mauern liegenden Einrichtungen wie den Floßländen, den Pulvermühlen und den Holzlagern an der Isar oder dem Leprosenhaus auf dem Gasteig weitere Anlagen gesellten, für die in der Stadt selbst kein Platz mehr war. So lag vor dem Neuhauser Tor die Schießhütte. Bereits 1706 standen hier auch erste Salzstadel.[13] Um 1725 begannen die Brauer sowohl auf dem Neuhauserberg im Westen Münchens als auch auf dem östlich gelegenen Gasteigberg, Keller für die Lagerung des

Märzenbieres zu errichten. Über den Gewölben wurden die Bauten für die Aufbewahrung der leeren Fässer angelegt.[14] Vor dem Schwabinger Tor wurde für Kurfürst Ferdinand Maria im Jahr 1660 ein Turnierhaus errichtet, in dem nun die bisher auf dem Schrannenplatz abgehaltenen Turniere stattfinden sollten. Nach einem Umbau wurde es seit 1718 als Reitschule für die Söhne des Adels genutzt. Auch Militäreinrichtungen mußten vor die Festungswälle ausweichen, wie die seit 1705 errichteten Kasernen vor dem Kosttor und auf der Kohleninsel. Vor dem Sendlinger Tor lag in der zweiten Hälfte des 18. Jahrhunderts das von Kurfürst Max Emanuel 1683 in Bogenhausen gestiftete Militärwaisenhaus und -lazarett. Die Kirche verließ etwa mit dem sich 1725 im Lehel ansiedelnden Hieronymitanerkloster, dem seit 1752 vor dem Sendlinger Tor errichteten Kloster der Barmherzigen Brüder oder mit dem seit 1757 erbauten Kloster der Elisabethinerinnen in der heutigen Mathildenstraße ebenfalls den Schutz der Fortifikationsanlagen.

Es ist nach dem bisher Dargelegten kaum verwunderlich, daß sich auch der eigentliche Siedlungsbereich der Stadt stärker als bisher über die Umwallung hinaus erstreckte. In erster Linie ist dabei an das noch innerhalb des Burgfriedens gelegene Lehel zu denken. Dieser zwischen den Festungswällen und der Isar gelegene Bereich mit seinen zahlreichen Mühlen und Hammerschmieden, der unteren Lände und den Triftanlagen verlockte die hier arbeitenden Menschen auch zum Ansiedeln, zumal der Wohnraum hier erschwinglicher war, als innerhalb der Stadtmauern. Die nach dem Festungsbau einsetzende Praxis der Hofkammer und des Hofbauamts, Garten- und Ödland unter Mißachtung städtischer Vorrechte gegen Bodenzins und Laudemium (Besitzwechselabgabe) zum Bau von Wohnungen freizugeben, die schließlich auch vom Adel, der hier Grundbesitz hatte, nachgeahmt wurde, ermöglichte die Niederlassung von Bevölkerungsschichten, denen das Stadtgebiet aufgrund ihrer Armut versperrt geblieben wäre. Besonderes Engagement zeigten hierbei die Grafen von Rheinstein und Tattenbach. Sie gewährten in den Jahrzehnten um 1700 zahlreichen Taglöhnern, kleineren Gewerbetreibenden oder ehemaligen Soldaten das Wohnrecht auf ihrem umfangreichen Grundbesitz, dem «Graf Tattenbachischen Lehel». Um dieses Ansiedelungsgeschäft möglichst ertragreich zu gestalten, wurden jeweils nur Haus- und Grundstücksteile, sogenannte Gemächer oder Herbergen, gegen jährliche Abgaben und das bei einem Besitzwechsel fällige Laudemium verkauft, was natürlich den Vermögensverhältnissen der Käufer entgegenkam.[15] Der Hofrat, dem «die aufrichtung dergleichen wohnungen, wie vast in allen gärtten auf dem Lehen zu geschehen pfleget», mißfiel, «weillen solche leuthe sich hinein sezen, wardurch der petl bey alhiesiger statt nur vermehret werde», konnte 1691 ein Verbot dieser Praxis nicht durchsetzen.[16]

Auf diese Weise wuchs die Einwohnerzahl im Lehel rasch an. Bereits 1696 erhielt es seine eigene Schule. Am 19. März 1725 ersuchten Bewohner der Ansiedlung den Kurfürsten, die Niederlassung von Hieronymitanern vom Walchensee, die auf der Suche nach einem neuen Klosterstandort waren, im Lehel zu genehmigen, da die Bevölkerungszahl inzwischen fast zweitausend Seelen betrage, sich dort aber keine Kirche befinde und der Weg zur Liebfrauenkirche oder zum Paulanerkloster zu weit sei.[17] Der Kurfürst entsprach dieser Bitte.

Die Burgfriedensbestätigung von 1724 stellte die städtische Jurisdiktion über das Gebiet des Lehels wieder vollständig her. Die Verwaltung der Ansiedlung übernahm eine besondere Deputation des Rats. Das Lehel war damit rechtlich zu einer Vorstadt Münchens geworden und unterlag der Kontrolle der Bürgerstadt. Nun war es möglich, die Niederlassung von Personen, die das städtische Gewerbewesen stören könnten, zu unterbinden. Lorenz Westenrieder konnte daher 1782 konstatieren, daß die Einwohner des Lehels «größtenteils ... zünftigen Handthierungen, und andern bürgerlichen Gewerben» nachgingen,[18] auch wenn nach wie vor hauptsächlich ärmere Bevölkerungsteile hier siedelten. Die Ereignisse des Österreichischen Erbfolgekrieges, als österreichische Truppen am 6. Mai 1742 das Lehel plünderten, zwischen zwanzig und sechzig Häuser in Brand steckten und mehrere Bewohner grausam ermordeten, weil sich die Stadt München gegen eine Einnahme wehrte,[19] konnten ein weiteres Anwachsen der Vorstadt nicht behindern. Im Jahr 1781 lebten hier schließlich 2225 Einwohner mit 507 Herdstätten, die sich auf 188 Häuser verteilten.[20]

Unter Einschluß des Lehels befanden sich durch die Ausdehnung des städtischen Siedlungsbereichs in das Umland im Jahr 1731 vor den Mauern, aber innerhalb des Burgfriedensbereichs schon 275 Häuser mit 492 Herdstätten. Einunddreißig Jahre später waren es 360 Häuser und 1030 Herdstätten.[21] Das waren bereits 23 Prozent der Häuser und 13 Prozent der Herdstätten der ganzen Stadt.

Jenseits der Isar hatten sich ebenfalls Vorstädte entwickelt, auch wenn sie nicht zum Jurisdiktionsbereich der Stadt gehörten. Die im Pfleggericht Wolfratshausen gelegene Au hatte noch zu Ende des 16. Jahrhunderts den Charakter eines Müller- und Fischerdorfes. Auch die Gärten der sich hier ansiedelnden Münchner Oberschicht und das Lustschloß Herzog Wilhelms V. in Neudeck änderten daran noch wenig. Ähnlich wie im Lehel ließen sich bald Ansiedler nieder, die sich in der Stadt und ihrer Umgebung Arbeit und ein Auskommen erhofften. Auch hier waren es in erster Linie ländliche Unterschichten, die den strengen Bürgerrechtsbestimmungen der Stadt nicht gerecht werden konnten, oder Stadtbewohner, die die Armut in die billigeren Quartiere vor den Toren getrieben hatte. Hinzu kamen

Handwerker, die von den Zünften in der Stadt aus Angst vor zu großer Konkurrenz nicht zugelassen worden waren, und Bettler, Landstreicher sowie Kriminelle, denen die Tore Münchens verschlossen blieben oder die aus der Stadt vertrieben worden waren.

Der von den Herzögen und Kurfürsten seit dem späten 16. Jahrhundert energisch vorangetriebene Ausbau Münchens ließ in der Au die Bevölkerungszahl rasch wachsen. Maßnahmen der Landesherrn zur Eindämmung des Zuzüglerstroms wie ein Dekret Kurfürst Maximilians I. vom 8. September 1625, das auch in der Au die Niederlassung vermögensabhängig machte, oder ein Verbot Max Emanuels vom 21. April 1679, in der Au ohne Wissen des Kurfürsten Häuser zu bauen,[22] wirkten sich kaum bremsend aus, da das Hofkastenamt als größter Grundbesitzer der Gegend und die zuständigen Gerichtspfleger durch jeden neuen Einwohner ihre Einkünfte zu erhöhen hofften und daher die Restriktionen nur nachlässig handhabten.

Um die Ansiedlung besser kontrollieren zu können und einen direkteren Zugriff auf das dortige Bettelunwesen und die Kleinkriminalität zu erhalten, wurden die Au sowie die ähnlich strukturierten Dörfer Haidhausen und Untergiesing im Jahr 1613 aus dem Pfleggericht Wolfratshausen ausgegliedert und zu einem eigenen «Gericht ob der Au» zusammengefaßt, das dem Münchner Hofoberrichter unterstellt war. Haidhausen kam jedoch 1692 nach der Begründung der Hofmarksherrschaft wieder zum Gericht Wolfratshausen. Am 30. August 1713 wurde schließlich die Lohe mit Obergiesing dem Gericht ob der Au angeschlossen, um auch dort den Zuzug von Fremden und Bettlern von München aus besser überwachen zu können.

Daß die Bewohner der Au von Armut geprägt waren, muß nach dem bisher Gesagten nicht eigens betont werden. Der Hofkastner berichtete dem Kurfürsten am 9. Juli 1686, daß die «meisten aus den Auern ... arme tagwercher» seien, «Und solche Handtarbeiter, welche ... mit ihrer taglichen handarbeith Ir brodt und die nahrung gewünnen; wan es nun ... ankombt, das sie ... kein arbeith nit fünden, ... so sind sie schon arme leuth».[23] Es gebe bereits 150 Leute, die auf die «austheilung des freytag brodts» angewiesen seien. Die ärmliche Situation der Auer Bevölkerung und die Tatsache, daß Bauland nur in sehr begrenztem Maße zur Verfügung stand, hatten zur Folge, daß sich die Zuzügler zumeist keine eigenen Häuser erwerben oder bauen konnten, sondern sich in der Frühzeit lediglich in Häusern oder Hausteilen einmieteten. Im Laufe des 17. Jahrhunderts nahm die Zahl derer zu, die sich in dem Bedürfnis, Besitz und damit eine gewisse soziale Sicherheit sowie das Niederlassungsrecht zu erlangen, ihre Wohnungen käuflich erwarben, so daß im 18. Jahrhundert das Eigentum an solchen «Herbergen» oder «Gemächern» die überwiegende Form des Wohnens wurde. Eine Güterbeschreibung der Au aus dem Jahr 1686 führt 186

Häuser mit 595 Gemächern auf. Bereits sieben Jahre später, 1693, waren es 208 Häuser mit 707 Gemächern.[24] Lorenz Westenrieder zählte im Jahr 1786 schließlich 4793 Bewohner, die in 343 Häusern mit 1307 Herdstätten lebten.[25] Analog der Entwicklung innerhalb der Mauern Münchens ist es auch hier zu beobachten, daß die Zahl der Haushalte weitaus stärker stieg als die Zahl der Häuser. Die im 18. Jahrhundert vor allem durch den Zuzug vom umliegenden Land rasch anwachsende Bevölkerung war nur durch eine immer stärkere Aufteilung der Häuser und Herbergen unterzubringen, so daß die «ungestalteten, in der größten Unordnung angehäuften Häuser, durch welche enge, krumme und meist unreinliche Gäßchen» führten,[26] charakteristisch für diese Ansiedlung wurden.

In dem nördlich der Au gelegenen Dorf Haidhausen ist eine parallele Entwicklung zu beobachten. Auch hier ließen sich seit dem 16. Jahrhundert ländliche und städtische Unterschichten nieder, die auf Verdienstchancen in der Haupt- und Residenzstadt hofften. Die seit 1684 bestehende Hofmarksherrschaft bildete kein Ansiedlungshindernis, sie förderte im Gegenteil eher den Zuzug, da eine intensivere Nutzung der Häuser und eine größere Zahl von Niedergerichtsuntertanen größere Einkünfte aus Abgaben und Gerichtstaxen versprachen. Im Jahr 1706 sind für Haidhausen 233 Familien nachgewiesen, 1760 sind es bereits 279 Familien in 138 Häusern. Ein Steuerregister von 1783 schließlich zählt 302 Familien auf, die in 144 Häusern leben.[27] Geht man dabei von einer ähnlichen Bevölkerungsdichte wie etwa in den vergleichbaren Ansiedlungen des Lehels und der Au aus, dann dürften in Haidhausen zu dieser Zeit etwa 1200 Personen gelebt haben.

Die bayerische Landeshauptstadt hatte damit ihr Siedlungsgebiet bis zum Vorabend der Französischen Revolution weit über ihre Umwallung hinaus ausgedehnt. Die kurfürstlichen Residenzschlösser und die Adelssitze waren zu Vorposten der Stadt geworden, die sie versorgte und von Zeit zu Zeit mit Leben erfüllte, ebenso wie das Lehel, die Au und Haidhausen, deren Bevölkerung größtenteils in und durch München ihr Auskommen fand und ohne die Stadt hier nicht leben konnte. Etwa 45 000 Menschen dürfte dieser weitere Siedlungsbereich in den achtziger Jahren des 18. Jahrhunderts umfaßt haben.

Burgfrieden und Stadterweiterungspläne

Das Jurisdiktionsgebiet der Stadt, der Burgfrieden, hielt mit dieser Entwicklung nicht Schritt. Abgesehen von einer unwesentlichen Burgfriedenserweiterung im Jahr 1654, kam es nur 1724 zu einer nennenswerten Vergrößerung des Stadtgebietes. Zwar hatte Kurfürst Max Emanuel bereits in den

Jahren 1714 und 1715 Stadterweiterungsprojekte betrieben, aber die noch nicht überwundenen Folgen des Spanischen Erbfolgekrieges ließen die Verwirklichung solcher Pläne offenbar nicht zu.

Es waren weniger barocke Planungsbedürfnisse als vielmehr juristische Entscheidungszwänge, die zehn Jahre später doch zu Eingriffen in die Grenzziehung der Stadt führten. Seit dem späten 17. Jahrhundert hatte sich im kurfürstlichen Hofkastenamt, offenbar in allzu großzügiger Auslegung des landesherrlichen Eigentumsvorbehalts bei den Festungsanlagen, die Praxis eingebürgert, nicht in Privatbesitz befindliches unbebautes Land innerhalb des Burgfriedens eigenmächtig zu verkaufen oder zu verschenken und den auf diesem Land liegenden Bodenzins einzufordern. Proteste der Stadt, die ihre Verfügungsgewalt über öffentlichen Grund und ihre Steuerhoheit innerhalb des Burgfriedens gefährdet sah, konnten nicht verhindern, daß sich andere Hofämter diesem Vorgehen anschlossen. Die Auseinandersetzung weitete sich aus, als der Stadt auch die innerhalb der Burgfriedensgrenzen gelegenen Inseln und Anschüttungen im Flußlauf der Isar streitig gemacht wurden. Der Magistrat wandte sich daraufhin an den Hofrat. In einem Bericht vom 22. April 1722 wollte er sich nicht mehr mit einer bloßen Wiederherstellung seiner Rechte zufriedengeben, sondern forderte, daß «wür in der erweislichen und notorischen uralten observanz und possession in dem uns aufgezaigten Burgfriedt» nicht «solten gekhrenket – und uns ein mehrers zuegemuethet – mithin dero haubt- und Residenz Statt deterioris conditionis gemacht werden, als die ybrige der haubt- und ander Stätt, auch so gar theils Markhtfleckhen, da doch der allhiesige Burgfriedt vorhin von so engen gezürkh ist, daß wür ehenter dessen erweiterung, als eine solch zuemuethente restriction uns in underthenigkheit getrösten zu derffen verhoffen».[28] Die innerhalb des Burgfriedensbereichs aufgetretenen Konflikte sollten also gleich zu einer Bereinigung weiterer Unzulänglichkeiten genutzt werden: die Stadt strebte eine Erweiterung ihrer zu eng gewordenen Grenzen an.

Im Kampf um ihre Privilegien wandte sich die Stadt schließlich an den Kurfürsten. Im Entwurf einer Beschwerdeschrift vom 19. Juli 1724 wurden die städtischen Maximalziele formuliert: Neben einer Privilegienbestätigung wurde eine Burgfriedenserweiterung angestrebt, die durch die Einverleibung der Au und der Lohe die Konkurrenz für das städtische Gewerbe und die sozialen Mißstände östlich der Isar unter die Jurisdiktionsgewalt der Stadt bringen sollte. Die Hirschau, ein Waldgebiet südlich von Schwabing, sollte als kurfürstliches Jagdgebiet dagegen aus dem Burgfrieden ausgegliedert werden. Hier kam man offenbar landesherrlichen Wünschen entgegen. Als Ersatz erbat man sich die Eingemeindung der Schwalbensteinermühle, der Au- oder Papiermühle und der Brudermühle.[29]

Inzwischen war bereits eine Burgfriedensvergrößerung erfolgt. Das Kloster Lilienberg in der Au hatte um der besseren steuerlichen Behandlung willen beim Hofrat seine Eingliederung in den Münchner Burgfrieden beantragt. Dieser Wunsch wurde am 30. Juni 1724 bewilligt.[30]

Der Kurfürst war zunächst wohl geneigt, der Stadt die Au zu überlassen, ließ sich dann jedoch offenbar davon überzeugen, daß dies mit zu großen finanziellen Einbußen für die kurfürstlichen Behörden verbunden sei. In der endgültigen Fassung des städtischen Beschwerdeschreibens vom 18. August 1724 war jedenfalls, wohl in sicherer Einschätzung der Aussichtslosigkeit dieses Wunsches, von einer Einbeziehung der Au und der Lohe in den Burgfriedensbezirk nicht mehr die Rede.[31]

Kurfürst Max Emanuel und Kurprinz Karl Albrecht kamen am 7. November 1724 dem Wunsch der Stadt nach und bestätigten das Burgfriedensprivileg von 1460. Mit Ausnahme der Fortifikationsanlagen und der dem Hof und den Hofämtern gehörenden Grundstücke und Gebäude wurde nun der gesamte Grund und Boden innerhalb der Burgfriedensgrenze einschließlich der Inseln und Aufschüttungen der Isar eindeutig der Jurisdiktion der Stadt unterstellt und ihr der Bodenzins und andere Einkünfte aus diesen Grundstücken zugesprochen. Kurfürstliche Privilegien blieben von diesen Regelungen natürlich unberührt. Als Ausgleich für die Ausgrenzung der Hirschau wurden die drei von der Stadt gewünschten Mühlen dem Burgfrieden einverleibt.[32] Das Münchner Stadtgebiet umfaßte nun 1593 Hektar. Das war weitaus weniger, als man sich ursprünglich erhofft hatte und entsprach in keiner Weise der tatsächlichen Ausdehnung des städtischen Siedlungsbereichs.

Aber selbst dieser Erfolg der Stadtgemeinde sollte nicht unumstritten bleiben. Die Stadt und die Hofämter, allen voran die Hofkammer, führten in den folgenden Jahren einen heftigen Kampf um die genaue Position jeder einzelnen Burgfriedenssäule und um jedes einzelne umstrittene Gebäude oder Grundstück und die daraus fließenden Einkünfte. Erst eine erneute Bestätigung der Entschließung vom November 1724 durch den nunmehrigen Kurfürsten Karl Albrecht am 3. Januar 1728 setzte allen Interpretationsversuchen ein Ende, so daß in der Zeit vom 4. bis zum 7. Juni 1728 die Aufstellung der neuen Burgfriedenssäulen und Marksteine durchgeführt werden konnte.

Aber auch damit waren die Auseinandersetzungen um die neue Stadtgrenze noch nicht beendet. Offenbar verärgert über den städtischen Erfolg verzögerte die Hofkammer ganz bewußt die Ausfertigung einer neuen Burgfriedensbeschreibung, ohne die eine endgültige Entscheidung über viele der zwischen der Stadt und den Hofämtern strittigen Grundstücke und Einkünfte nicht möglich war. Erst auf eine Intervention des Hofrats hin schloß sie das notwendige Bestätigungsverfahren ab. So erhielt München endlich am 24. September 1736, fast zwölf Jahre nach der kurfürstlichen Neufestlegung des Burgfriedens, eine schriftliche Fixierung seiner neuen Grenzen.[33]

Der in den Augen des Magistrats und des städtischen Gewerbes lästige Vorort Au unmittelbar vor den Toren der Stadt blieb damit ihrer Kontrolle entzogen. Eine weitere Vorstadt außerhalb des städtischen Einflußbereichs drohte bald nach der Burgfriedenserweiterung im Westen Münchens zu entstehen. Wie viele Monarchen seiner Zeit versuchte auch Kurfürst Karl Albrecht, seiner Herrschaft durch die Gründung einer neuen Stadt zusätzlichen Glanz zu verleihen. So faßte er schon bald nach seinem Regierungsantritt den Gedanken, im östlichen Vorfeld der Sommerresidenz Nymphenburg eine bis ins Detail geplante Stadtanlage zu verwirklichen, für die wohl noch Hofbaumeister Joseph Effner die Entwürfe fertigte. Die neue Stadt sollte den Namen «Karlstadt» erhalten. Als diese Pläne bekannt wurden, zeigten sich die Landstände, allen voran wohl die Vertreter Münchens, bestürzt. Außer den ungeheueren Kosten dieses Projekts fürchtete man vor allem die Konkurrenz weiterer Handwerker und die Zunahme des Bettlerunwesens durch die neue Ansiedlung.[34] Das hinderte den Kurfürsten jedoch nicht, am 29. März 1728 den Grundstein für die Bauarbeiten entlang des Nymphenburger Stichkanals und zwei Tage später den Grundstein für das erste Haus der neuen Stadt am Schloßrondell zu legen.[35] Die projektierte Stadtanlage sollte, offenbar in Anlehnung an den Grundriß Karlsruhes, mit dem Stichkanal als Mittelachse halbkreisförmig vom Schloßrondell ausstrahlen.

Zu ernsthafter Sorge vor einer Konkurrenzstadt bestand in München jedoch kaum Anlaß. Der Kurfürst gab sich alle Mühe, seine Ansiedlung so attraktiv wie möglich zu machen, indem er kostenlos Baugrund zur Verfügung stellte, eine freie Ausübung von Handel und Gewerbe versprach und Künstler und Handelsleute mit dem Hofschutz lockte. Ein allerdings privater Stadtrechtsentwurf stellte für die ersten Jahre sogar die Befreiung «von allen und jeden Landtbeschwörden, ordinari und extra-ordinari-Steuern, Anlagen, Aufschlägen, Einquartierungen, Servisen, Vestungsbau und anderen dergleichen Last und Contributionen» in Aussicht.[36] Dennoch gelang die Ansiedlung von Bürgern in der «Karlstadt» nur sehr schleppend. Die zunehmend vom Blick auf die Außenpolitik und die Kaiserwürde geprägte Regierungszeit Karl Albrechts ließ eine stärkere Forcierung des Stadtprojektes nicht zu. Der Tod des Kurfürsten und deutschen Kaisers am 20. Januar 1745 brachte das Vorhaben endgültig zum Erliegen. Mehr als die zehn Pavillons am Schloßrondell und einige Doppelhäuser an den Auffahrtsalleen wurden nie gebaut. Das letzte Haus der ganzen Stadtanlage, die heutige Porzellanmanufaktur, wurde 1758 im nördlichen Schloßrondell errichtet. Von nun an blieb der Siedlungs- und Jurisdiktionsbereich der Stadt München bis zum Ausgang des Jahrhunderts, als das Bevölkerungswachstum neue Lösungen erforderlich machte, unangetastet.

Verschiebungen im Bevölkerungsaufbau

Die durch den Mauerring symbolisierte Einheit der mittelalterlichen Stadtgemeinde löste sich nach dem Dreißigjährigen Krieg nicht nur äußerlich, durch die Ausdehnung der Siedlung über den Festungsbereich hinaus, sondern auch in bisher nicht gekanntem Ausmaß im Innern, durch die verstärkte Zunahme nichtbürgerlicher Bevölkerungsschichten, zunehmend auf. In München hatte der Klerus schon immer eine wichtige Rolle gespielt. Neben den Pfarrkirchen und ihren Nebenkirchen gab es in der Stadt am Ende des Dreißigjährigen Krieges immerhin vier Männer- und drei Frauenklöster. Mit dem Einzug der durch Kurfürstin Henriette Adelaide und ihr Gefolge vermittelten italienischen Barockkultur erfaßte die Menschen eine Frömmigkeitswelle, die zu zahlreichen neuen Klostergründungen und bis zum Jahr 1745 zum Bau von 29 weiteren Kirchen und Kapellen führte. Die Initiative ging dabei in den meisten Fällen von Hofkreisen aus.

Die Kurfürstin versuchte, neben ihrer heimatlichen Kultur auch die heimatliche Glaubenspflege über die Alpen zu holen. Bereits 1661 berief sie Theatinerpatres unter der Führung ihres Turiner Beichtvaters aus Rom nach München und ließ ihnen seit 1663 gegenüber der Residenz ein Kloster erbauen, das gemeinsam mit der anläßlich der Geburt des Thronfolgers Max Emanuel gelobten Kirche St. Kajetan errichtet wurde. Ebenso holte sie im Jahr 1667 Nonnen vom Orden «de Visitatione Beatae Mariae Virginis» des Franz von Sales aus Vercelli in Piemont nach München, um sie hier Schulunterricht für Mädchen erteilen zu lassen. Die Nonnen wurden zunächst bei der Residenz und seit 1675 im Haus des Klosters Indersdorf bei der St. Anna-Kirche in der heutigen Damenstiftstraße angesiedelt.[37] Auf Anregung des Priesters und Münchner Bürgersohns Johann Georg Seidenbusch ließen sich die Oratorianer der Kongregation St. Philippi Neri 1707 in der Nähe des Josephspitals nieder. Dem Einsatz der vom religiösen Mystizismus des Spätbarock geprägten Kammerherrentochter Maria Anna Lindmayr war es zu verdanken, daß das Vermächtnis Herzog Maximilian Philipps, eines Bruders des Kurfürsten Ferdinand Maria, und seiner Frau Mauritia Febronia de la Tour d'Auvergne erfüllt wurde und die Unbeschuhten Karmelitinnen der hl. Theresia von Avila im Jahr 1711 von der damaligen kaiserlichen Administration aus Prag nach München berufen wurden, obwohl der städtische Magistrat bei den Landständen und beim Kaiser gegen die Vermehrung der Klöster und der Ordenspersonen protestierte.[38] Die städtischen Behörden hatten nämlich bereits im Jahr 1703 anläßlich einer Vermessung des Stadtgebiets errechnen lassen, daß von den 237,5 Tagwerk Grund und Boden innerhalb der Umwallung bereits 38,375 Tagwerk, das war ein Sechstel der Gesamtfläche, im Besitz geistlicher Einrichtungen waren.[39]

Die Verluste der Bürgerstadt an «die tote Hand» gingen jedoch weiter: Kurfürstin Theresia Kunigunde brachte 1715 als Dank für ihre Rückkehr aus dem Exil in Venedig Servitinnen («Dienerinnen Mariae auf dem Berge Senario») mit nach München und ließ ihnen ein Kloster neben der Herzogspitalkirche errichten. Im gleichen Jahr besiedelten Benediktinernonnen aus dem Kloster Niedernburg in Passau das Kloster Lilienberg in der Au, das bereits 1693 von Bürgermeister Johann Maximilian von Alberti gestiftet und mit Paulaner-Tertiarierinnen besetzt worden war. Zwei dieser Paulanerinnen hatten das Kloster bereits 1703 verlassen und unterhalb des Neudecker Gartens das Kloster Lilienthal begründet, das 1737 förmlich bestätigt wurde.

Die im Jahr 1725 erfolgte Ansiedlung der Hieronymitaner vom Walchensee im Lehel geschah – wie bereits ausgeführt – auf Bitten und im seelsorgerischen Interesse der dortigen Bewohner. Möglicherweise im Zusammenhang mit seinen Plänen zur «Karlstadt» begründete Kurfürst Karl Albrecht 1730 die Nymphenburger Niederlassung der Chorfrauen von Notre Dame aus Luxemburg.

Bereits 1723 hatten die Barmherzigen Brüder des hl. Johannes von Gott versucht, sich in München anzusiedeln und eine Krankenanstalt zu begründen. Proteste des Magistrats, daß die Stadt mit Klöstern überfüllt sei, hatten jedoch Kurfürst Max Emanuel zur Ablehnung veranlaßt. Kurfürst Maximilian III. Joseph (1745–1777) genehmigte im Jahr 1750 schließlich doch die Ansiedlung der Brüder, die zwei Jahre später den Grundstein für ihr Kloster und ihr Hospital vor dem Sendlinger Tor legten.[40]

Ebenfalls vor dem Sendlinger Tor errichteten seit 1754 die Elisabethinerinnen der dritten Regel des hl. Franziskus ein Kloster mit einem Spital für weibliche Kranke. Auch dieser Orden hatte bereits 1740 vergeblich versucht, sich in München innerhalb der Stadtmauern niederzulassen, «weihlen diese Stadt Vorhin schon mit Vielen Clöstern überhäufet gewesen, als auch wegen der armuth nach erst überstandenem Krieg».[41]

Die Überlastung der Stadt mit kirchlichen Einrichtungen wurde jedoch nicht nur durch Klöster bewirkt, die in München selbst ihren Sitz hatten. Auch zahlreiche Konvente der weiteren Umgebung unterhielten hier Häuser als Repräsentanz bei Hofe oder als Wirtschaftsniederlassung. Im Jahr

1762 waren mit Ausnahme der Kirchen und Kapellen insgesamt 152 Häuser im Besitz von Klöstern oder geistlichen Stiftungen.[42] Das waren etwa 12,8 Prozent aller in der Stadt vorhandenen Gebäude. Der Flächenanteil dieser Bauten war natürlich weitaus höher. Entsprechend hoch war auch der Anteil der Geistlichkeit an der Stadtbevölkerung. Nachdem acht Jahre zuvor der Jesuitenorden durch den Kurfürsten aufgelöst worden war, erfaßte die Bevölkerungszählung von 1781 in München noch 323 Weltgeistliche, 278 männliche Klosterinsassen sowie 409 weibliche Ordensangehörige und Seelnonnen.[43] Von den 37840 Personen, die damals im Burgfriedensbezirk und in den kurfürstlichen Schlössern lebten, gehörten somit 1010 dem geistlichen Stand an. Hinzu kamen die in den kirchlichen Besitzungen und den Gebäuden milder Stiftungen lebenden Personen, so daß die Gesamtzahl der kirchlicher Jurisdiktion unterstellten Einwohner Münchens 2722 ausmachte, das entsprach etwa 7,1 Prozent der Bevölkerung.

Wie in anderen Barockresidenzen zog es auch in München den Adel an den Hof. Dort allein konzentrierten sich Einfluß- und Karrieremöglichkeiten, dort konnte man sich darstellen, und nicht zuletzt wurden dort Zerstreuung und Amüsement in ganz anderem Maß geboten als auf dem Lande. Vermehrt wurde die Zahl der Adligen noch dadurch, daß die höchsten Hofbeamten seit dem 16. Jahrhundert immer häufiger den Adelstitel trugen und die führenden Geschlechter der Stadt inzwischen ihre Nobilitierung durchgesetzt hatten. Die barocke Titel- und Geltungssucht machte es seit dem 17. Jahrhundert für ein Mitglied des Inneren Rats fast unerläßlich, zum Adel aufzusteigen.[44] Am stärksten konzentrierte sich der Adel auf das Kreuzviertel, die Gegend zwischen Residenz und der als Nebenresidenz genutzten Maxburg, und errichtete sich hier prachtvolle Palais. Im Jahr 1650 befanden sich von den 255 Gebäuden dieses Viertels 26 im Besitz des Adels. Hundert Jahre später waren es bereits 58. Bei 35 Bürgerbauten hatte der Stand der Besitzer gewechselt. Die Gesamtzahl der Häuser war jedoch trotz steigender Bevölkerungszahlen auf 240 gesunken.[45] Die neuen großen Adelspalais hatten viele Gebäude im Viertel verdrängt. In München, das im 18. Jahrhundert einen Anteil von 18,8 Prozent der Gesamtpopulation des Landes hatte, konzentrierten sich schließlich 40,8 Prozent des Adels.[46] Im Jahr 1805 zählte Lorenz Hübner 305 hier lebende Adelspersonen auf, zusammen mit den Familienangehörigen und den Bediensteten dürfte es sich dabei um eine Schicht von mehreren tausend Personen gehandelt haben.[47]

Der weitaus größte Teil aller Gruppen, die nicht der bürgerlichen Stadt angehörten, wurde vom Personenkreis derer gebildet, die im weitesten Sinne im Hof- und Staatsdienst beschäftigt waren. Ein in der Vergangenheit in dieser Weise nicht gekannter Faktor war dabei das Militär, da die Herzöge mit Ausnahme der zu ihrem persönlichen Schutz aufgestellten Mannschaften bisher nur in Kriegszeiten Söldnertruppen unterhalten hatten. Der Dreißigjährige Krieg hatte München mit dem Bau der Festungsanlagen zum ersten Mal eine ständige Garnison gebracht. Nach dem Ende des Krieges entstanden die ersten Kasernenbauten, finanziert von der Stadt, da ja die Quartierspflicht bei der Bürgergemeinde lag. Bereits 1648 wurden vor dem Schwabinger Tor drei Holzhütten für die Reiterei errichtet, und um 1660 erbaute man vor dem Sendlinger Tor zwei Soldatenhäuser. Ihnen folgten nach 1670 an der Stadtmauer beim Josephspital zwanzig Unterkunftsbaracken, die spätere Kreuzkaserne. Im Jahr 1679 waren von den in München in Garnison liegenden sechshundert Mann, zu denen etwa hundert Frauen und zweihundert Kinder kamen, bereits 160 Mann in Kasernen und der Rest in Bürgerquartieren untergebracht.

Die eigentliche Ära Münchens als Garnisonsstadt begann jedoch mit dem Patent Max Emanuels vom 19. Juni 1682, durch das in Bayern ein stehendes Heer errichtet wurde. Die Haupt- und Residenzstadt wurde zum Standort der höchsten Militärverwaltungsstellen, der Garden, des Leib-Regiments und einer Bombardier-Kompanie. Kriegsvorbereitungen Max Emanuels und Karl Albrechts seit 1701 bzw. 1740 vermehrten die in München stationierten Soldaten oft noch um mehrere tausend Mann, die bei der Bürgerschaft einquartiert werden mußten, aber auch zusätzliche Kaufkraft in die Stadt brachten.

Die Garnisonstruppen und die Festungsanlagen, die allerdings durch die Garten- und Hausbauten der Bevölkerung in ihrer Verteidigungsbereitschaft beeinträchtigt waren, boten zu keiner Zeit ausreichenden Schutz vor feindlicher Besetzung. Als die Österreicher nach der Niederlage Max Emanuels im Spanischen Erbfolgekrieg am 15. Mai 1705 vor München standen, ergab sich die Stadt ohne Widerstand, da sie die Vergeblichkeit jeder Abwehrmaßnahme erkannte. Vom 16. Mai 1705 bis zum 23. Januar 1715 stand München nun als «kaiserliche Hauptstadt in Baiern» unter österreichischer Administration. Die Ironie der Geschichte wollte es, daß die Münchner Verteidigungsanlagen im 18. Jahrhundert nur ein einziges Mal und ausgerechnet für die österreichischen Besatzer ihre Funktion erfüllten, als sie am 25. Dezember 1705 ein Eindringen der gegen die Österreicher revoltierenden Bauern des Oberlandes am Isartor verhinderten und damit zur Vernichtung der Aufständischen durch Besatzungstruppen am Glockenbach und bei Sendling in der sogenannten Sendlinger Mordweihnacht, der etwa 1100 Oberländer zum Opfer fielen, beitrugen.[48]

Während der Besatzungszeit waren durchschnittlich 3000 Soldaten in der Stadt einquartiert. Um die Quartierlasten für die Bürgerschaft zu mildern, denn Adel, Hof und Geistlichkeit waren von dieser Last befreit, bemühte sich die Administration verstärkt um die Truppenunterbringung in Kasernen. Seit dem Jahr 1706 wurden neben Kasernenunterkünften im Simeonischen Haus an der Salvatorstraße und dem Bombarda-Haus am Rindermarkt sowie dem Zuchthaus die Kaserne am Kosttor in der Wurzerstraße, die Salzstadelkaserne vor dem Neuhauser Tor, die Seidenhauskaserne am Anger und die Reiterkaserne auf der Kohleninsel in der Isar errichtet. Die Münchner Kasernen boten im Jahr 1715 Unterkunft für insgesamt 1568 Mann.[49] Die erneute Besetzung Münchens durch Österreicher im Österreichischen Erbfolgekrieg vom 14. Februar bis zum 29. April und vom 7. Mai bis zum 6. Oktober 1742 sowie vom 9. Juni 1743 bis zum 15. Oktober 1744 – ihr wurde nur vom 4. bis zum 7. Mai 1742 einiger Widerstand durch die Stadt entgegengesetzt, der zu den bereits erwähnten Verwüstungen im Lehel führte –, brachte wiederum bis zu 6000 Besatzungssoldaten in die Stadt, die auch diesmal zum Teil bei der Bürgerschaft einquartiert wurden.[50]

Auch die Zahl der regulär in München stationierten Soldaten nahm schließlich eine beachtliche Größe an. 1781 lagen in der Stadt neben den Garden noch drei Infanterieregimenter und eine Schwadron Dragonerkavallerie in Garnison. Zusammen mit den Stäben, dem Verwaltungspersonal, einem Artillerie- und Ingenieurkorps und den Pensionisten, für die bereits 1699 ein «Gnadenhaus» errichtet worden war, betrug die Zahl der Militärpersonen im Jahr 1781 insgesamt 4243.[51] Das waren 11,2 Prozent der in der Stadt und den kurfürstlichen Schlössern lebenden Bevölkerung, die der städtischen Jurisdiktion entzogen waren und dem Hofkriegsrat unterstanden. Anders als in den Besatzungsjahren waren die Mannschaften nun allerdings vollständig in Kasernen untergebracht und belasteten die Bürgerschaft nicht mehr durch Einquartierungsverpflichtungen.

Seit dem Albertinischen Rezeß des Jahres 1561, der von Herzog Maximilian I. am 4. April 1607 authentisch interpretiert und in dieser Form durch Kurfürst Max Emanuel und Kurprinz Karl Albrecht am 7. November 1724 im Zusammenhang mit der Bestätigung des Münchner Burgfriedensprivilegs erneuert wurde, war die Sonderstellung der eigentlichen Hof- und Staatsdiener rechtlich verbindlich geregelt. Zusammen mit ihren Familienangehörigen und ihrem Gesinde unterstanden sie der Justizgewalt der Hofstäbe bzw. des Hofrats. Mit Ausnahme des Haus- und Grundbesitzes, der bei eigener Nutzung geringer zu besteuern war, waren sie von den bürgerlichen Steuern und Lasten befreit. Die für den Hof arbeitenden Handwerker waren darüber hinaus vom Zunftzwang befreit, durften dafür aber seit 1682 ohne ausdrückliche Genehmigung durch den Kurfürsten auch kein bürgerliches Gewerbe mehr betreiben.[52]

Auch diese Bevölkerungsgruppe hatte zwischen Dreißigjährigem Krieg und Französischer Revolution einen enormen Zuwachs zu verzeichnen, wobei hier der Anteil der Staatsdiener sicherlich geringer war, denn die zentralen Landesbehörden wurden alle schon im späten 16. Jahrhundert eingerichtet. Sie übernahmen lediglich mit dem allumfassenden Zuständigkeitsanspruch des absolutistischen Staates immer mehr Aufgaben, die allerdings auch einen erhöhten Personalbedarf zur Folge hatten. Im Jahr 1781 betrug die Zahl der kurfürstlichen Beamten und ihrer Angehörigen einschließlich des Personals der Landschaft 4460 Personen, das waren fast 11,8 Prozent der Einwohner Münchens.

Ähnlich hoch war der Anteil der Hofbediensteten und ihrer Angehörigen, der vor allem in der zweiten Hälfte des 18. Jahrhunderts gewaltig zunahm. Am Ende des Dreißigjährigen Krieges bestand der Hof nur aus etwa 450 Personen. Die Barockkultur mit ihrem ungeheueren Repräsentationsbedürfnis brachte eine rasche Steigerung dieser Zahlen. Die Notwendigkeit, den Adel und die Spitzen des Bürgertums mit einträglichen oder prestigeträchtigen Stellen zu versorgen, um sie so an den Monarchen zu binden und besser kontrollieren zu können, verstärkte diese Tendenz noch. Unter Kurfürst Max Emanuel war der Hofstaat im Jahr 1705 bereits auf 1028 Personen angewachsen.[53] Den größten Zuwachs brachte jedoch die Übersiedlung Kurfürst Karl Theodors (1777–1799) aus Mannheim im Jahr 1778, da ihm der gesamte kurpfälzische Hof mit zweitausend bis dreitausend Personen folgte.[54] Im Jahr 1782 umfaßte der Münchner Hofstaat unter Ausschluß der Garden 4234 Personen.[55] Das waren weitere 11,2 Prozent der Stadtbevölkerung, die außerhalb der Bürgergemeinschaft lebten.

Im weitesten Sinne gehörten auch die sogenannten Hofschutzverwandten zu den Angehörigen des Hofes, auch wenn sie zum Teil in der Stadt einem bürgerlichen Gewerbe nachgingen. Der Kurfürst konnte aus Versorgungsgründen ehemaligen Hofbediensteten oder deren Angehörigen, ausländischen Untertanen oder Gewerbetreibenden, an deren Tätigkeit er ein besonderes Interesse hatte, durch die Verleihung eines persönlichen Privilegs die gleiche Sonderstellung in der Stadt gewähren, wie den eigentlichen Hof- und Staatsbediensteten. Herzog Albrecht V. hatte im Albertinischen Rezeß zwar zugestanden, daß er die Stadt mit derartigen Privilegienverleihungen künftig schonen wolle, in seiner Erläuterung des Rezesses hatte Herzog Maximilian I. 1607 jedoch deutlich gemacht, daß damit keinesfalls ein völliger Verzicht auf die Verleihung des Hofschutzes gemeint sein könne (siehe oben S. 190). Dies sei «juri superioritatis zuwider». Es bedeute allenfalls, «daß dergleichen Verspruch oder Schutz zu billig eurer Beschwerung nicht fürgenommen, oder ohne genugsame Bewegnus, auch von niemand andern dann den regierenden Fürsten geschehen solle».[56]

Kurfürst Max Emanuel machte daraufhin im Rahmen seiner großangelegten Bauvorhaben und seiner intensiven Kunstförderung wieder stärker vom

Recht der Hofschutzverleihung Gebrauch. Im Jahr 1686 gab die Stadt dem Kurfürsten zu bedenken, daß diese Praxis nur dazu führe, «das einem privat burger, wan ihme sein burgerliche obrigkheit nit gleich seinen Kopf erfüllet, frey stehen solle, die burgerrecht nach seinen belieben zu quittieren, und sich under den Hoffschuz zubegeben», und daß dadurch der Stadt notwendige Mittel entzogen werden würden. Der Magistrat protestierte 1696 und 1701 vor den Landschaftsverordneten heftig gegen die «allzu mildreiche» Handhabung des Hofschutzes.[57]

Man darf diese Proteste jedoch nicht überbewerten, denn die Zahl der Hofschutzverleihungen war trotz allem bescheiden. So wurden in der Zeit von 1701 bis 1718 der Stadt insgesamt 99 Hofschutzerteilungen mitgeteilt, das waren jährlich etwa fünf Privilegierungen, wobei kein Unterschied zwischen der kurfürstlichen Zeit und der Zeit der österreichischen Administration zu erkennen ist. Lediglich das Jahr 1716 ragt mit 17 Verleihungen deutlich aus der Liste heraus, offenbar bestand hier doch ein durch die Besatzungszeit hervorgerufener Nachholbedarf. Allein 63 dieser Hofschutzerteilungen gingen an ehemalige Hofbedienstete oder deren Angehörige. Unter den restlichen Hofschutzverwandten befanden sich zwei Lakaien, ein Kammermusikdirektor, ein Soldat und ein Jude, so daß tatsächlich in diesen 18 Jahren lediglich 31 bürgerliche Gewerbetreibende, darunter zwölf Maler und ein Kupferstecher, der städtischen Jurisdiktion entzogen wurden.[58]

Erst unter Kurfürst Karl Theodor setzte offenbar eine Hofschutzprivilegierung in größerem Umfang ein. 1781 wurden in München insgesamt 260 Gewerbetreibende mit Hofschutz gezählt, jedoch zumeist in Berufen, die wie die 136 Bierzäpfler (deren Gerechtigkeiten größtenteils auf dem landesherrlichen Ausschankmonopol für Weißbier beruhten) und die 18 Kaffeesieder gänzlich hofschutzbefreit waren, oder in Berufen des höfischen Bedarfs. So gab es allein 37 Maler, sechs «Fräuleinschneider» und fünf Perückenmacher mit Hofschutz.[59]

Durch die Zunahme all dieser nichtbürgerlichen Bevölkerungsgruppen wurde der Einflußbereich der städtischen Administration immer weiter zurückgedrängt. Im Jahr 1731 steuerten bereits 27 Prozent der Hausbesitzer und 20,2 Prozent der Haushalte an den Kurfürsten und nicht an die Stadt. Nur 31 Jahre später hatten sich diese Zahlen deutlich zu Lasten der Bürgerstadt verschoben. An den Kurfürsten zahlten nun schon 37,8 Prozent der Hausbesitzer und 33,8 Prozent der Haushalte ihre Steuern.[60] Diese Zahlen werden durch die für die achtziger Jahre des 18. Jahrhunderts ermittelten Bevölkerungsanteile von Geistlichkeit, Adel, Hof- und Staatsbediensteten sowie des Militärs bestätigt, die sich auf fast 40 Prozent belaufen. Demgegenüber unterstanden der Jurisdiktion des Magistrats un-

Bitte freimachen

POSTKARTE

Verlag C.H.Beck
Vertrieb / Werbung Allg. Verlag
Postfach 40 03 40

D-8000 München 40

Länderschlüssel

Postleitzahl

Name (beginnend mit dem Familiennamen)

Name

Beruf

Straße

Ort

Datum

Unterschrift

P 2321

ter Einschluß der Juden, Toleranzler und Pfuscher insgesamt 19356 Personen. Das entsprach einem Bevölkerungsanteil von 51,1 Prozent. Am Vorabend der Französischen Revolution machte die Bürgerschaft nur noch etwas mehr als die Hälfte der hier lebenden Bevölkerung aus.

Auch der der städtischen Jurisdiktion unterstehende Teil der Einwohnerschaft zeichnete sich keinesfalls durch ständische oder gar soziale Geschlossenheit aus. So waren zwar die Juden der Gerichtsbarkeit des Stadtoberrichters unterstellt, lebten aber außerhalb des Bürgerverbandes. Sie spielten nur eine sehr bescheidene Rolle, da in München ein Aufenthaltsverbot für alle Juden bestand, die nicht den Hofschutz genossen. Die ersten Juden seit der Vertreibung von 1442 ließen sich unter der österreichischen Administration von 1705 bis 1715 wieder in der Stadt nieder, wurden aber durch ein Dekret Max Emanuels vom 22. März 1715 erneut hinausgewiesen. Erstmals sind wieder in München ansässige Juden (neun Familien mit 32 Personen) in einer Aufstellung des Stadtoberrichteramts vom 22. Mai 1750 nachgewiesen. Unter Kurfürst Karl Theodor nahm ihre Zahl offenbar durch Zuwanderung aus Mannheim und der Kurpfalz sprunghaft zu. Lebten 1781 noch 53 Juden in 23 Familien in München, so waren es fünf Jahre später bereits 119 Personen in insgesamt 26 Familien.[61]

Ähnlich wie die Juden waren auch die zahlreichen Bettler und Landstreicher sowie die städtischen oder ländlichen Unterschichten, die von der Hoffnung nach München gelockt wurden, daß vom Glanz der Residenz und den wirtschaftlichen Möglichkeiten der großen Stadt auch für sie ein Anteil abfallen könnte, eine allenfalls geduldete, jedoch nicht zum Bürgerverband gehörende Schicht. Zwar ließen sie sich zum großen Teil in den östlichen Vorstädten oder in den Gartenhäusern und Gebäuden vor den Festungsteilen nieder,[62] aber auch innerhalb der Mauern bildeten sie einen nicht unbeträchtlichen Bevölkerungsanteil. Regelmäßig mußte der Hofrat die Stadt ermahnen, die Einhaltung der Bettelordnung zu gewährleisten, die fremden Bettlern den Zutritt zur Stadt versagte und den offenen Straßenbettel verbot.[63] Die Dachsbergische Konskription von 1781 erfaßte in München 1526 Bettler und Arme, das waren etwa vier Prozent der Gesamtbevölkerung. In dieser Zahl sind jedoch auch die in Armut geratenen Bürger und Besitzer enthalten, wohingegen sie sicherlich viele nicht erfaßt, die nur vorübergehend irgendwo ihren Unterschlupf gefunden hatten oder in der Illegalität hier lebten, so daß die Konskription nur ein ungefähres Bild vom Bevölkerungsanteil der Bettler und Unterschichten liefern kann.[64]

Ebenfalls nicht mit Bürgerrechten ausgestattet war die Schicht der «Toleranzler» oder «Einwohner», wobei es sich zumeist um Taglöhner oder Hilfsarbeiter handelte, die gegen eine geringe Abgabe das Recht zum Aufenthalt in der Stadt erhielten, aber nur von derArbeit ihrer Hände leben durften. Mit den enormen Bauvorhaben des Hofes, des Adels und der Kirche und mit den immer differenzierteren Aufgabenstellungen für die Wirtschaft und die Verwaltung der Stadt, für die schnell und flexibel einsetzbare Arbeitskräfte benötigt wurden, wuchs vor allem im 18. Jahrhundert ihre Zahl derart an, daß der Stadtoberrichter Toleranzzettel schließlich nur noch mit Genehmigung der kurfürstlichen Armendeputation ausstellen durfte, um die Zahl der möglichen Almosenempfänger nicht durch die unkontrollierte Verleihung von Aufenthaltsberechtigungen übermäßig anschwellen zu lassen. 1781 wurden insgesamt 5228 Toleranzler gezählt, das waren 13,8 Prozent der Gesamtbevölkerung.[65]

Auch das eigentliche Münchner Bürgertum bildete keine Einheit. Es gab zwei Arten des Bürgerrechts. Das sogenannte «kleine Bürgerrecht» oder der «Beisitz» bildete ein Recht minderen Ranges, das seine Inhaber zu einer Gewerbeausübung nur mit Einschränkungen berechtigte, sie durften «kein burgerliches Gewerb zu offenen Kramm und Laden» ausüben,[66] und das sie nicht zu den Ämtern der Bürgergemeinde zuließ. Die Volksbeschreibung von 1781 führt mit Familienangehörigen und Gesinde 3741 Beisitzer auf, das entsprach einem Bevölkerungsanteil von 9,9 Prozent. Weitaus höher war demgegenüber die Zahl der Vollbürger, die allein in den Genuß aller Bürgerrechte kamen, dafür aber auch alle bürgerlichen Lasten mitzutragen hatten. Im Jahr 1781 gehörten 1584 Einwohner zu den Vollbürgern. Zusammen mit ihren Familien und den Dienstboten umfaßte diese Gruppe 9701 Personen, das waren lediglich 25,6 Prozent der gesamten Münchner Bevölkerung.[67]

Auch bei den Inhabern des vollen Bürgerrechts gab es noch Abstufungen, die über soziale Unterschiede hinausgingen. Die führenden Bürger Münchens, die Patrizier, die die Mitglieder des höchsten städtischen Leitungsgremiums, des Inneren Rats, stellten, lebten schon lange in ständischer Abgeschlossenheit gegenüber ihren Mitbürgern. Vor allem seit dem 16. Jahrhundert hatten sie nicht nur adelsgleiche Vorrechte durchsetzen können, sondern größtenteils auch die Erhebung in den Adelsstand erreicht. Sie hatten dadurch eine merkwürdige Zwitterstellung als adelige Führer der Bürgerschaft erhalten. Seit der Mitte des 17. Jahrhunderts wurde dieses Zwittertum noch verstärkt, indem Eingriffe des Kurfürsten, der seinen Einfluß auf den Rat erhöhen wollte, dafür sorgten, daß Mitglieder der Hofgesellschaft in die Reihen der Patrizier aufgenommen wurden. Erstmals verlieh Kurfürst Ferdinand Maria dem Hoflieferanten Georg Gugler im Jahr 1672 die erbliche Patrizierwürde. Damit war die Aufnahme in das Patriziat eine landesherrliche Angelegenheit geworden. Bis zum Ende des 18. Jahrhunderts wurden immer wieder verdiente Angehörige des Hofes oder der städtischen Oberschicht förmlich in den Patrizierstand erhoben, um sie so für Positionen zu qualifizieren, die nur den Angehörigen der führenden Geschlechter Münchens offenstanden, oder um sie durch die Verleihung eines würdevollen, mit Privilegien verbundenen Titels zu belohnen.[68] Auch die Spitzen der Bürgerstadt wuchsen so aus dem bürgerlichen Rechtskreis heraus und in den Jurisdiktionsbereich des Kurfürsten hinein.

Das bedrängte bürgerliche Regiment

Nach dem Dreißigjährigen Krieg blieb die spätmittelalterliche Stadtverfassung Münchens unverändert in Kraft, jedoch ist eine deutliche Veränderung ihrer Strukturen zu registrieren, die das bei der Bevölkerungsentwicklung beobachtete Bild einer Verdrängung des bürgerlichen durch das landesherrlich-höfische Element bestätigt. Die Gemeindevertretung bestand seit dem 15. Jahrhundert nur noch aus einem vom Rat gewählten 36köpfigen Kollegium, in dem de facto auch Angehörige des Patriziats vertreten waren, die dort die wichtigsten Ämter innehatten. Sitzungen der Gemeindevertretung fanden nur noch selten statt, zu politischen Entscheidungen wurde sie so gut wie gar nicht herangezogen.[69] Der Äußere Rat, der in der Vergangenheit seine Gleichberechtigung gegenüber dem Inneren Rat durchgesetzt hatte, wurde zunehmend von der Leitung der politischen Geschäfte verdrängt. In diesem 24köpfigen Gremium, in dem die finanzkräftigsten Vertreter der führenden Berufsgruppen der Stadt saßen, waren im 17. Jahrhundert im Durchschnitt zehn Handelsleute, fünf Gastgeben, zwei Tuchhändler und zwei Eisenhändler vertreten, der Rest gehörte verschiedenen anderen Gewerben an.[70] Der Handelsstand hatte also ein deutliches Übergewicht erhalten und andere Berufsgruppen verdrängt. Um diese Gewichtsverteilung nicht zu gefährden, wurde neben der Höhe des Einkommens vor allem das Gewerbe zum wichtigsten Aufnahmekriterium für den Äußeren Rat.

Mitglieder der Patrizierfamilien waren dagegen im Äußeren Rat seit der zweiten Hälfte des 17. Jahrhunderts nicht mehr zu finden. Die führenden Familien der Stadt schlossen sich gegenüber ihren Ratskollegen ab. Sie nutzten den Äußeren Rat nicht einmal mehr als Einstiegsmöglichkeit für den Inneren Rat. Seit Beginn des 18. Jahrhunderts wurden statt dessen für Patriziersöhne als Anwartschaft auf einen Sitz im Inneren Rat Supernumerarstellen geschaffen, die die Inhaber zum Nachrücken auf freiwerdende Ratsstellen berechtigten. Seit dem Ende des 17. Jahrhunderts schieden einige der alten Patrizierfamilien zum Teil durch Aussterben, zum Teil durch den Rückzug auf den Landbesitz, zum Teil auch, weil der Hofdienst verlockender war, völlig aus dem Rat aus, so die Ridler im Jahr 1706, die Hörl 1709, die Ligsalz 1739 und die Schobinger 1748. An ihre Stelle traten neue Bürgerdynastien. So waren seit 1650 die Pfundmer im Inneren Rat vertreten, seit 1666 die Gugler, seit 1670 die Barbier und die Ossinger. Ihnen folgten 1688 die Reindl, 1691 die Empacher, 1694 die Vacchieri und Alberti sowie 1711 die Delling. Mit den neuen Patrizierfamilien zogen Personen, die sich bisher in erster Linie Verdienste am Hof und im Staatsdienst erworben hatten, in den Inneren Rat ein, der bisher vom Großgrundbesitz, dem Großhandel und dem Bankierstum geprägt worden war. Sie verstärkten die Reihen der juristisch vorgebildeten Ratsmitglieder, deren Zahl sich erst seit dem späten 16. Jahrhundert nennenswert vergrößert hatte. In den siebziger Jahren des 17. Jahrhunderts wurde schließlich eine akademische Vorbildung neben der Herkunft, dem Finanzvermögen und den Verdiensten zu einer gleichgewichtigen Grundbedingung für einen Ratssitz:[71] der Rat verwandelte sich von einer bürgerlichen Honoratiorenversammlung in ein gelehrtes Gremium mit aristokratischen Strukturen.

Zu diesem Wandel trugen Eingriffe der Kurfürsten in die Zusammensetzung der beiden Ratsgremien seit der zweiten Hälfte des 17. Jahrhunderts wesentlich bei. Max Emanuel befahl der Stadt am 24. Dezember 1686, die Listen mit den neugewählten Mitgliedern des Äußeren Rats, die bereits Kurfürst Maximilian I. seit 1642 eingefordert hatte, die damals aber nur widerwillig und nicht regelmäßig an den Hof abgesandt worden waren, «iezt, unnd ins khonfftige, wie vorhin geschehen, iedesmahls gehorsambist einzeschikhen, damit wür hieraus ersechen mögen, wasgestalten Ihr dis Unser genedigstes geschäfft volzogen habt».[72] Auf diese Weise wurde die bloße Kenntnisnahme der Ratszusammensetzung allmählich in ein Bestätigungsrecht umgewandelt. Max Emanuel änderte wiederholt die Zusammensetzung des Äußeren und des Inneren Rats, wenn ihm die Vorschläge der Wahlmänner bedenklich erschienen oder wenn er eine ihm genehme Person in die Reihen des Rats aufgenommen sehen wollte. Um die Wahl des Eisenhändlers Balthasar Hau durchzusetzen, befahl er 1688 sogar, daß ihm das Votum jedes einzelnen Wählers mitgeteilt werde. Proteste des Rats gegen die Person des Hau und seine Einwendungen, «das von unfürdenckhlichen Jahren her die Rhats Wahl nit offentlich durch mündliches votiern, sondern ganz secret per globulos beschehen, und vorbeygangen, damit ein ieder sein gewissen, pflicht, und Aydt unerschrockhen, und ohne verhinderung eines respects, in obacht nemmen khönnen», waren in diesem Fall jedoch erfolgreich, der Kurfürst bestand nicht weiter auf seinem Willen.[73] Aber an eine unbeeinflußte Ratswahl allein durch die Bürgervertreter war in Zukunft nicht mehr zu denken. Das Selbstverständnis eines absoluten Monarchen gestattete eine solche Autonomie vor allem in der Haupt- und Residenzstadt nicht mehr. Bezeichnenderweise übte auch die österreichische Administration der Jahre 1705 bis 1715 anstelle des vertriebenen

Landesherrn wiederholt Einfluß auf die Ratsbesetzung aus.[74] Im 18. Jahrhundert versuchten nicht nur die Kurfürsten die Zusammensetzung der Ratsgremien in ihrem Sinne zu steuern. Auch die Kurfürstinnen und selbst Mitglieder der Hofgesellschaft protegierten ihre Kandidaten. Häufig genug mußten die Vertreter der Stadt derartigen Wünschen nachkommen und durch die Ernennung der Begünstigten zu Supernumerarien zumindest die Anwartschaft auf eine Ratsstelle schaffen, «weill man so zu sagen nit mehr anderst gekönnt».[75]

Das Bürgermeisteramt war bereits seit 1598, als sich Herzog Maximilian I. die Ernennung der Inneren Bürgermeister ausdrücklich vorbehalten hatte, in den landesherrlichen Einflußbereich geraten. Die Kurfürsten besetzten wiederholt das Bürgermeistergremium mit Personen, die ihr besonderes Vertrauen oder ihre Gunst genossen. Kurfürst Ferdinand Maria ernannte so am 22. Dezember 1673 Mathias Barbier anstelle des vorgeschlagenen Ferdinand Bart zum Bürgermeister für 1674, «weil er von sonderen gueten qualiteten ist, unnd sich bishero umb das Stattweesen euffrig angenommen» und erhob ihn in den Rang eines Patriziers.[76] Nachdem sein Vater zwischen 1657 und 1662 die sechste und 1658 sogar die fünfte Bürgermeisterstelle unbesetzt gelassen hatte, da er keinen ihm genehmen Kandidaten gefunden hatte, erhöhte Max Emanuel die Zahl der Bürgermeister 1691 auf jeweils sieben sowohl im Inneren als auch im Äußeren Rat und 1692/93 auf acht, um alle von ihm protegierten Bewerber im Bürgermeisteramt unterbringen zu können. In den Jahren 1699 und 1700 war die Zahl der Bürgermeisterstellen dann erneut auf sechs reduziert.[77] Auch in den folgenden Jahrzehnten gab es beständig Schwankungen in der Bürgermeisterzahl, da Max Emanuel und seine Nachfolger die Besetzungsvorschläge für dieses Amt immer wieder nach eigenem Ermessen abänderten. Kurfürsten und österreichische Administration ernannten gelegentlich auch Bürgermeister auf freigewordenen Stellen, ohne die Vorschläge des Rats abzuwarten.

Die Bürgermeister wuchsen durch die Einflußnahme der Kurfürsten allmählich aus dem Rat heraus und wurden zu übergeordneten Organen mit einem eigenen Kompetenzbereich. Sie bestimmten schließlich die Ratsgeschäfte in weitgehendem Maße. Seit dem Beginn des 17. Jahrhunderts wurden aus dem Inneren Rat nur noch die ältesten Bürgermeister zu Ratswählern gewählt, und seit dem Jahr 1665 stellten auch im Äußeren Rat nur noch die Bürgermeister die Wahlmänner, so daß die Ratswahl schließlich von den Bürgermeistern dominiert wurde.[78]

Bei der Stadtkammer hatte sich seit dem Ende des 16. Jahrhunderts der Kammerrat gebildet. Als ständiger Ratsausschuß, der zunächst wohl nur über Fragen des städtischen Finanzwesens beriet, saßen in ihm Vertreter des Äußeren und des Inneren Rats in gleicher Anzahl. Der Innere Rat war dabei fast ausschließlich durch die Bürgermeister repräsentiert. Bis zum Beginn des 18. Jahrhunderts wurden allmählich die Vertreter des Äußeren Rats aus dem Kammerrat verdrängt, so daß ihm schließlich nur noch die fünf ältesten Bürgermeister des Inneren Rats und die beiden Kämmerer angehörten. Da die Finanzfragen alle Bereiche der städtischen Verwaltung dominierten, entwickelte sich der Kammerrat zu einem Gremium, in dem im 18. Jahrhundert ein großer Teil der Stadtpolitik beraten, vorbereitet und so weit entschieden wurde, daß nur noch die Billigung durch die Ratsgremien ausstand. Aus dem Kammerrat kristallisierten sich schließlich die drei ältesten Bürgermeister, die «Seniores», als engerer Ausschuß heraus, der auch im Rat die Entscheidungsvorbereitung fast aller Geschäfte an sich zog und dabei die Bürgermeister des Äußeren Rats weitgehend abdrängte. Damit hielten im 18. Jahrhundert die ältesten Bürgermeister des Inneren Rats das gesamte bürgerliche Stadtregiment in ihren Händen. Der Äußere Rat wurde durch diese «Senioratsregierung» fast in die Bedeutungslosigkeit verwiesen.[79] Es blieb abzuwarten, ob er sich diesem Machtverlust auf Dauer kampflos beugen würde.

Der Münchner Magistrat konnte allerdings seine Geschäfte im 17. und 18. Jahrhundert bei weitem nicht mehr so autonom erledigen, wie dies noch im Jahrhundert zuvor der Fall gewesen war. Die Kurfürsten und ihre Behörden sprachen in allen der Magistratsverwaltung unterstehenden Bereichen ein gewichtiges Wort mit. Die Eingriffe reichten von der Überwachung der Ausführung landesherrlicher Generalmandate über die Festsetzung der Preistaxen für Lebensmittel oder der Menge des zu brauenden Märzenbieres bis hin zu Anweisungen zum Schneeräumen auf städtischen Straßen oder dem Befehl, dem städtischen Torwart am Kosttor sein freches Verhalten gegenüber den Büchsenmeistern und den Feuerwerkern in der Kosttorkaserne zu verbieten.[80]

Die Kurfürsten höhlten auch das seit dem Dreißigjährigen Krieg ohnehin verschuldete städtische Finanzwesen weiter aus. Da die konjunkturabhängigen Haupteinnahmequellen der Stadt, das Ungeld und die Pflaster-, Waag- und Pfundzölle, nach dem Krieg mit den gestiegenen Ausgaben nicht mehr Schritt halten konnten, gewährte Max Emanuel 1684 aufgrund der unverhältnismäßig hohen städtischen Verpflichtungen für Wehr- und Wasserbauten zwar eine Erhöhung des Pflaster-, Waag- und Pfundzolls, er versah sie allerdings mit einer zeitlichen Befristung. Jede weitere Verlängerung dieser Frist ließ er sich von der Stadt mit hohen Geldsummen vergüten. Zugleich wurde der Magistrat verpflichtet, der Hofkammer die Kosten für die Wehr- und Wasserbauten und ihre außerordentlichen Ausgaben nachzuweisen.[81] Auch wenn die Stadt dieser Verpflichtung nur zögernd und sehr summarisch nachkam, war damit doch ein Schritt zur Überwachung der städtischen Finanzen durch den Staat getan. Hinzu kam, daß die Kurfürsten den Finanzspielraum der Stadt durch Zwangsanleihen einengten, die oft, wie etwa im Jahr 1750 mit einer Höhe von 168 978 Gulden, die realen städtischen Einnahmen, die in diesem Jahr 88 593 Gulden betrugen, um das Zweifache überstiegen, und damit den Magistrat bis zum Ende des 18. Jahrhunderts wiederholt an den Rand der Zahlungsunfähigkeit brachten.[82]

Das weite Vordringen des Staates in die städtische Sphäre war nicht nur im Allzuständigkeitsanspruch des absoluten Monarchen begründet, sondern häufig auch in dem eigenmächtigen Bestreben der Staatsverwaltung, den vermeintlichen Herrscherwillen bis in die letzten Details hinein zu verwirklichen oder auch nur zur Erfüllung persönlicher Macht- oder Profitgelüste auszunutzen. Wie etwa das Beispiel der Grundstücksvergabepraxis durch die Hofämter im Burgfrieden vor 1724 zeigt, waren solche Verletzungen städtischer Privilegien häufig vom Herrscher nicht autorisiert, aber allein die Tatsache, daß die Kurfürsten in diesen Fällen vom Münchner Magistrat um Hilfe gebeten werden mußten, schwächte die Position der Stadt zusätzlich.

Es kam hinzu, daß durch die Ausdehnung des städtischen Siedlungsbereichs über die Burgfriedensgrenzen hinaus und durch die Zunahme der außerhalb der städtischen Jurisdiktion lebenden Bevölkerungsteile der Stadtmagistrat viele Probleme nicht mehr alleine lösen konnte. Bei Differenzen zwischen Bürgern und Angehörigen des Hofes oder Streitigkeiten zwischen Gewerbetreibenden Münchens und Gewerbetreibenden der Au oder Haidhausens hatte der Stadtrat keine Entscheidungsbefugnis, sondern hier mußten die übergeordneten landesherrlichen Instanzen eingeschaltet werden. Das Wachstum Münchens und der starke Anstieg nichtbürgerlicher Schichten verringerten den Handlungsspielraum der Stadt zusätzlich. Die Verwaltung der Bürgerstadt trug durch Unregelmäßigkeiten und Nachlässigkeiten jedoch auch das Ihre dazu bei, daß zusätzliche Eingriffe der Kurfürsten notwendig wurden. So forderte eine Beschwerdeschrift der Bürger vom 3. Juni 1704 den Landesherrn geradezu auf, durch eine stärkere Überwachung des Magistrats «sowoll uns Bürgern als sonsten iedmenniglich die libe iustitiam, welche dermahls bey der Statt ganz vergraben vndt niemandt finden kann, in alle bürgerl. Begebenheiten» zu «erthailen».[83] Vor allem im 18. Jahrhundert wurden weitere unschöne Erscheinungen sichtbar: Inhaber von Ratsstellen und Stadtämtern trachteten danach, ihre Einkommenssituation durch Ämterhäufung zu verbessern, Günstlinge und Verwandte mit einträglichen Positionen zu versehen, oder ihnen zumindest die Anwartschaft auf ein städtisches Amt zu sichern. Im Falle der Ratssitze geschah dies mit Hilfe des Supernumerariats, bei den Amtsstellen wurden Expektanzen, das heißt schriftliche Zusicherungen auf eventuell freiwerdende Stellen, ausgesprochen oder Adjunktpositionen vergeben, die bei formaler Amtsführung durch den bisherigen Inhaber die tatsächliche Aufgabenerfüllung dem vorgesehenen Nachfolger überwiesen. Stellenbesetzungen wurden von einer Flut von Bewerbungen und Empfehlungen begleitet, bei denen auch der Hof nicht zurückstand. Die Vettern- oder Günstlingswirtschaft nahm ein derartiges Ausmaß an, daß selbst führende Ratsmitglieder ihre Kritik nicht zurückhalten konnten. Als der Stadtsyndikus Johann Christian Anton Zech im Jahre 1737 durchsetzen konnte, daß ihm neben seinem älteren Sohn Joseph Albert auch noch sein jüngerer Sohn Kaspar Anton adjungiert wurde, schrieb der damalige Bürgermeister Benno Ferdinand von Reindl verärgert in seine Privatchronik: «O wehe der armmen Burgerschafft und gemeinde! Bey diser affaire habe erst recht gesechen, was vor Ja herrn und placeto Singer im Rhat sützen, welche ihre Pflicht dem Respectuj humano nachsetzen!»[84] Einer geordneten Verwaltungsführung waren solche Verhältnisse sicher nicht dienlich.

Die wirtschaftliche Entwicklung

Wenn der Dreißigjährige Krieg München auch unzerstört gelassen hatte, so hatte er doch nachhaltige Auswirkungen auf das Münchner Gewerbeleben. Die finanziellen Belastungen durch die schwedische Besatzung 1632, die Bevölkerungsverluste durch die Kriegsereignisse und die Pestepidemie von 1634 sowie der Rückgang der Kaufkraft auch bei den Landbewohnern sorgten für einen drastischen gewerblichen Niedergang. Zwischen 1618 und 1649 gingen die Handwerkerzahlen von 1435 in neunzig verschiedenen Gewerben auf 881 in 86 verschiedenen Berufen zurück, das war ein Verlust von 38,64 Prozent.[85]

Die zur Befriedigung des Grundbedarfs absolut notwendigen Nahrungsmittelgewerbe waren am wenigsten vom wirtschaftlichen Verfall betroffen. Sie bildeten mit einem seit 1618 von 20,3 auf 27,3 Prozent gestiegenen Anteil inzwischen die größte Gruppe der Handwerksbetriebe in der Stadt. Gegenüber 1618 war die Zahl der Bäcker lediglich von siebzig auf 65 gesunken. Die Metzger waren von 56 auf 48 zurückgegangen, die Bierbrauer von 69 auf 63 und die Müller von 15 auf 13. Der für die Versorgung mit Lebensmitteln und dem sonstigen täglichen Bedarf ebenso notwendige Gewerbezweig des Handels hatte mit einem Absinken der Handelsleute, der Tuch-, Eisen- und Buchhändler sowie der Viktualienhändler von 176 auf 156 ebenfalls nur vergleichsweise glimpfliche Verluste hinzunehmen.[86]

Den größten Rückgang hatten die Textilgewerbe zu verkraften. Ihr Anteil am städtischen Handwerk reduzierte sich von 33 Prozent auf 25,8

Prozent. Mit einem Absinken ihrer Handwerkerzahlen von 473 auf 238 verzeichneten sie Einbußen von 49,7 Prozent. Vor allem die Leinen- und Wollweber und die Loder, die die blühendsten Gewerbezweige in der Stadt dargestellt hatten, wurden durch den kriegsbedingten Verlust an Kaufkraft und den Rückgang der Schafzucht so nachhaltig geschwächt, daß von den 161 Webern des Jahres 1618 31 Jahre später nur noch 82 und von den 116 Lodern nur noch 46 tätig waren. Wandlungen in der Mode der Zeit sorgten in der Folge dafür, daß dieser Niedergang von Dauer blieb.[87]

Einbußen hatten auch alle übrigen Handwerkszweige hinnehmen müssen, wobei deren Grad von der Bedeutung des jeweiligen Gewerbes für die Deckung des täglichen Bedarfs abhängig war. Vor allem bei Gewerben des gehobenen Bedarfs, wie bei den Bortenmachern, deren Anzahl von 18 auf sieben sank, und den Hutmachern, die sich von 23 auf neun reduzierten, machte der Rückgang zum Teil mehr als 50 Prozent aus.

Um den ökonomischen Wiederaufstieg nach Kriegsende zu beschleunigen, griffen die Kurfürsten im Rahmen ihrer kameralistischen Wirtschaftspolitik stärker als zuvor in die Gewerbeentwicklung Münchens ein. Sie wurden dabei sowohl von dem machtpolitischen Bestreben getrieben, durch eine Belebung von Handel und Handwerk den allgemeinen Wohlstand und damit die Bevölkerungszahlen sowie die für die fürstliche Politik unumgänglichen Staatseinnahmen zu steigern, als auch von der ethischen Verpflichtung des Herrschers für das Wohlergehen der Untertanen. Neben Maßnahmen zur Regulierung der Wirtschaftsverfassung war die gezielte Gründung von Manufakturen ein wesentliches Mittel dieser Politik. Neben der Schaffung von Arbeitsplätzen sollten die Manufakturen in erster Linie den Abfluß von Geldern ins Ausland durch die Produktion von Gütern, die im Lande nicht mehr oder noch nicht hergestellt wurden, verhindern, und darüber hinaus sollten sie ausländisches Kapital nach Bayern locken.

Auf Anregung des umstrittenen kurfürstlichen Rates und Hofmedikus Johann Joachim Becher gründete Kurfürst Ferdinand Maria am 30. November 1665 die «Churbayrische Seidencompagnie», die das Monopol erhielt, roh eingeführte oder im Lande erzeugte Seide zu verarbeiten und im Großhandel zu vertreiben. Die Einfuhr fremder Seide wurde verboten. 1669 ließ man für die Manufaktur ein Haus in der Au errichten. 1670 folgte ein zweites Haus auf dem Anger. Für die Seidenraupenzucht standen die kurfürstlichen Gärten zur Verfügung. Trotz reicher finanzieller Zuwendungen konnte sich die Manufaktur nur unter Mühen bis in die achtziger Jahre des 17. Jahrhunderts halten.[88]

Im Mittelgebäude der östlichen Randbebauung des Hofgartens ließ der Kurfürst eine Gold- und Silberdraht-Manufaktur einrichten, für die 1672 zwei private Unternehmer privilegiert wurden. Diese Manufaktur konnte sich bis zum Ende des 18. Jahrhunderts behaupten.[89]

Unter Ferdinand Marias Sohn und Nachfolger Max Emanuel gelang der 1679 begründeten Manufaktur zur Herstellung von Tuchen, Wollzeug und Strümpfen, der «Churfürstlichen Fabrica», die die Gebäude der Seidenmanufaktur in der Au und auf dem Anger bezog und für die 1693 eine Warenniederlage am Rindermarkt errichtet wurde, eine kurze Blüte, da sie mit ihren Tuchen das bayerische Heer belieferte. Im Jahr 1690 bot sie insgesamt 2000 Personen, vor allem Invaliden, armen Frauen und Kindern und der Bevölkerung der Au Arbeit und beschäftigte auf Verlagsbasis fast sämtliche Wollarbeiter der Stadt und der Umgebung. Ausbleibende Zahlungen des Hofkriegszahlamts, die rücksichtslose Verwendung des Kapitals der Fabrik durch den Kurfürsten, Facharbeitermangel und die dadurch bedingte schlechte Produktqualität führten schließlich doch zu ihrem Niedergang, der mit der Schließung im Jahr 1720 endete.[90]

Auch weitere praktische Gewerbeförderungsmaßnahmen Max Emanuels standen unter keinem glücklichen Stern. Die 1695 befohlene Einrichtung einer Spiegelmanufaktur im Lehel wurde offenbar nie verwirklicht, und die 1703 in Allach begründete Juchtenlederfabrik konnte bis in die zwanziger Jahre hinein keine Gewinne verbuchen.[91]

Erfolgreicher war dagegen eine 1718 gegründete Wandteppichmanufaktur, die für die Gobelin-Ausstattung der kurfürstlichen Schlösser sorgen sollte. Zu diesem Zweck wurden eigens französische Teppichwirker nach München geholt. Auf dem Höhepunkt ihrer Tätigkeit beschäftigte die Manufaktur im Jahr 1722 neun Wirker. Sie war bis 1768 in den Fabrikgebäuden in der Au und anschließend am Rindermarkt untergebracht. Mit dem Wandel des Zeitgeschmacks verlor sie jedoch an Bedeutung, so daß sie schließlich 1802 aufgehoben wurde.[92]

Kurfürst Karl Albrecht setzte die Politik landesherrlicher Manufakturgründungen in München nicht fort, sondern verlieh 1726 einem privaten Konsortium das Privileg der Tuchverarbeitung in den Gebäuden der Auer Fabrik. Dieses Konsortium konnte jedoch aus der heruntergewirtschafteten Manufaktur ebensowenig Gewinne ziehen, wie später die Landschaft, in deren Händen die Tuchfabrik von 1728 bis 1736 lag. Anschließend ging die Manufaktur wieder in private Hände über, in denen sie unter wechselnden Besitzern, seit 1754 als «Kurfürstlich privilegierte Landtuchmanufaktur», verblieb, bis sie am 8. März 1774 mit der nach 1745 in einem Seitengebäude der Fabrik eingerichteten kurfürstlichen Landzeugmanufaktur zu einer privaten Zeugfabrik vereinigt wurde. Nach kurzer Blüte ging dieses Unternehmen jedoch im Jahr 1782 ein.[93]

Unter Max III. Joseph kam es wieder zu bedeutenden Manufakturgründungen. So privilegierte der Kurfürst am 23. September 1747 eine Cotton-Manufaktur, die die bisher aus England und vor allem aus Augsburg eingeführten Baumwollstoffe herstellen sollte. Dank umfangreicher Vorrechte erlebte die im Lehel angesiedelte Manufaktur einen raschen Aufstieg. Auf dem Höhepunkt ihrer Produktion lieferten ihr im Jahr 1793 vierzig bürgerliche Webermeister aus der Stadt die Stoffe, und es fertigten dort etwa 5000 Menschen rund 18000 Baumwolltücher.[94]

Als ähnlich erfolgreich erwies sich die nach vergeblichen Produktionsversuchen in den Jahren 1747 bis 1750 seit März 1752 mit Hilfe von Wiener Fabrikanten im Garten des Schlosses Neudeck in der Au betriebene Porzellanmanufaktur, die seit 1755 als «Churfürstliche Porcelain-Fabrique» firmierte. Ihre qualitativ und künstlerisch hochwertigen Produkte fanden schnell großen Absatz. Im Jahr 1761 zog sie in die seit 1758 eigens errichteten Zirkelbauten in Nymphenburg. Vier Jahre später beschäftigte sie bereits 187 Personen.[95]

Max III. Joseph gründete darüber hinaus eine Seiden-Manufaktur im Hofgarten. Westenrieder erwähnt daneben für das Jahr 1781 noch eine Lederfabrik vor dem Isartor, eine «Tobackfabrik» im Lehel und die ebenfalls im Lehel gelegene Göbelsche Kartenfabrik. In Haidhausen ist seit dem Jahr 1765 eine Farben- und Lackmanufaktur nachweisbar.[96]

All diese Fabriken und Manufakturen bildeten die ersten Ansätze der Entwicklung Münchens zu einer modernen Industriestadt. Trotz einiger beachtlicher Erfolge blieben sie jedoch nur ein sehr bescheidener Faktor im Wirtschaftsleben der Stadt vor der Französischen Revolution, das nach wie vor vom Handel und vom Handwerk geprägt wurde.

Im Jahr 1781 wurden in der bayerischen Haupt- und Residenzstadt 1020 Handwerker in 110 verschiedenen Gewerbezweigen gezählt.[97] Gegenüber dem Jahr 1649 war dies zwar eine Steigerung um 15,7 Prozent, im gleichen Zeitraum war jedoch die Einwohnerzahl der Stadt um etwa 150 Prozent gestiegen. Das Handwerk hatte das allgemeine Wachstum also nicht im gleichen Maße mitgemacht, es hatte noch nicht einmal die Kriegseinbußen wiedergutgemacht. Dies wird auch an der gesunkenen Meisterdichte von 29,4 Meistern pro 1000 Einwohnern deutlich, die sogar noch unter der Meisterdichte der bayerischen Märkte lag.

Mit einem Anteil von 22,5 Prozent bildeten nach wie vor die Nahrungsmittelhersteller, darunter 51 Bäcker, fünfzig Bierbrauer und 59 Metzger, den größten Handwerkszweig. Trotz der gewaltigen Einbußen durch den Dreißigjährigen Krieg folgten ihnen die Textilverarbeiter mit 22,0 Prozent, wobei jedoch weder die Leinen- und Wollweber mit einer Stärke von 62 noch die Loder mit einer Stärke von neun an die Zahlen vom Beginn des 17. Jahrhunderts anknüpfen konnten.

Am deutlichsten war eine wirtschaftliche Erholung seit dem Dreißigjährigen Krieg bei den Gewerben, die dem Luxusbedürfnis und dem Hang zu einem gehobenen Lebensstandard nachkamen, wie etwa die 16 Goldschmiede, 22 Maler, 13 Buchdrucker, 14 Bortenmacher, 16 Perückenmacher und Friseure, elf Zuckerbäcker und sechs Schokoladenmacher. Mit 254 Gewerbetreibenden in 44 verschiedenen Berufen hatten sie etwa einen Anteil von 24,9 Prozent am gesamten Münchner Handwerk. Der kurfürstliche Hof hatte hieran sicherlich nicht nur durch seine Nachfrage, sondern auch durch seinen Vorbildcharakter für die Bürgerschaft einen wesentlichen Anteil. Generell hatte sich das Handwerk seit dem 17. Jahrhundert stärker in hochspezialisierte Berufe wie Uhrgehäusemacher, Brillenmacher oder Regenschirmmacher differenziert, die jedoch meist nur von einigen wenigen Meistern ausgeübt wurden. Die Münchner Betriebsgrößen waren in den achtziger Jahren des 18. Jahrhunderts sehr bescheiden: rund drei Viertel der Meister arbeiteten alleine oder mit höchstens zwei Gesellen, Lehrjungen bildeten nur 40,2 Prozent der Betriebe aus.

Angesichts der geringen Meisterdichte verwundert diese Tatsache etwas, deutet sie doch auf nur geringe Verdienstmöglichkeiten hin. Tatsächlich wird die Zeit seit dem Dreißigjährigen Krieg von Klagen aller Handwerkssparten über ihre finanzielle Situation geprägt. Die durch den Krieg erlittenen Rückschläge, die das Kurfürstentum überfordernde Großmachtpolitik Max Emanuels und Karl Albrechts, die zur Finanzierung ihrer Militärausgaben und ihrer Hofhaltung wiederholt zwei- und dreifache Steuersätze forderten, entzogen der Stadt für eine Konjunkturbelebung allzuviel Kaufkraft. Hinzu kamen die Rückschläge der Stadtbesetzungen durch die Österreicher in den Jahren 1705 bis 1715 und 1742 bis 1744, die neben den Quartierlasten ebenfalls mehrfache Steuersätze, finanzielle Sonderleistungen und Materiallieferungen forderten. So betrugen die städtischen Kriegs- und Einquartierungskosten im Spanischen Erbfolgekrieg insgesamt 151 000 Gulden, das waren etwa 19,9 Prozent der Gesamteinnahmen der Stadt von 757 146 Gulden in diesen Jahren, die fast vollständig auf die Bürgerschaft umgelegt wurden, und damit deren finanzielle Kraft zusätzlich schwächten.

Die städtischen Gewerbetreibenden beklagten sich jedoch vor allem über die zunehmende Konkurrenz durch Hofschutzverwandte, Juden, Manufakturen, Militärhandwerker, Pfuscher und auswärtige Gewerbetreibende, vor allem aus den am Rande des Burgfriedens liegenden Vorstädten, die ihnen ihre durch das Anwachsen von Geistlichkeit, Hof und Adel ohnehin immer kleiner werdende Einkunftsbasis schmälerten.[98] Man muß diese Klagen jedoch kritisch betrachten. Daß Adel und Geistlichkeit einen Großteil vor allem ihrer Luxusbedürfnisse durch Importe befriedigten, ist unbestritten, daß sie aber mit ihrem Gefolge dennoch einen nicht unbeträchtlichen Anteil an der Nachfrage in der Stadt hatten, geht allein schon aus Beschwerden über den wirtschaftlichen Niedergang hervor, als der Hof zur Zeit der Brüsseler Statthalterschaft Max Emanuels von 1692 bis 1701 für längere Zeit von München abwesend war. Die Zahl der Juden und der hofschutzverwandten Handwerker in Bereichen, in denen sie in Konkurrenz zum bürgerlichen Gewerbe standen, war nicht groß genug, um ernsthaft für Ertragseinbußen des Handwerks verantwortlich gemacht werden zu können.

Gravierender war dagegen die Konkurrenz der Pfuscher und der auswärtigen Handwerker, die ohne Zunftzwänge preiswerter produzieren konnten. Im Jahr 1781 wurden in München etwa 324 Personen erfaßt, die ihr Handwerk außerhalb der Zunftzusammenschlüsse ausübten, darunter 91 Schneider, siebzig Schuhmacher und 13 Metzger. Allein in der Au gab es im gleichen Jahr 275 Handwerker, die ihren Absatz auch in der Stadt suchten, darunter 17 Schneider, 22 Schuhmacher und neun Metzger. Für Haidhausen sind für das Jahr 1784 43 Handwerker der verschiedensten Berufe überliefert. Zu ihnen zählten fünf Schneider, vier Schuhmacher und ein Metzger.[99]

Vor allem in den weniger spezialisierten Handwerksberufen und den Gewerbezweigen des Grundbedarfs war die Konkurrenz der Nichtzünftigen in der Stadt und ihren Vororten also erheblich, aber gerade daran trug das Münchner Zunfthandwerk großenteils selbst die Schuld. Trotz des Bevölkerungsanstiegs wehrte es sich nämlich mit Erfolg gegen eine Vermehrung der Handwerksgerechtigkeiten. Zwischen 1618 und 1802 ging die Gesamtzahl aller bürgerlichen Gerechtigkeiten einschließlich der des Handels sogar von 1771 auf 1397 zurück.[100] Im Jahr 1769 erreichten die Handwerker schließlich, daß der Stadtrat die bisherige Praxis, die eigentlich an die Person gebundenen Gerechtigkeiten zu vererben und zu verkaufen, ausdrücklich anerkannte (siehe unten S. 246), auch wenn er die Gerechtigkeiten weiterhin «als ein bloßes Personale et Gratiale» ansah.[101] Dies führte dazu, daß der Erwerb einer Gerechtigkeit immer unerschwinglicher wurde, daß sich vermögende Handwerker Gerechtigkeiten zusammenkauften und ruhen ließen, um die Zahl der Konkurrenten niedrig zu halten. Von 986 Handwerksgerechtigkeiten im Jahr 1781 ruhten immerhin 66, das waren 6,7 Prozent. Auf der einen Seite hatte dies zur Folge, daß Handwerksgesellen oder auswärtige Handwerker, die sich in München niederlassen wollten, fast dazu gezwungen wurden, sich unter den Hofschutz zu stellen, als Pfuscher zu arbeiten oder sich in den Vororten niederzulassen, wo keine Zunftzwänge bestanden. Auf der anderen Seite war das zünftige Handwerk nicht mehr in der Lage, den Bedarf in der Stadt zu befriedigen, ja, es bemühte sich sogar, Angebotsbeschränkungen im Interesse einer gleichmäßigen Einkunftssicherung für alle Zunftangehörigen durchzusetzen, und rief damit die Konkurrenz des nichtzünftigen und auswärtigen Handwerks geradezu hervor. Hinzu kam, daß das Münchner Zunfthandwerk gegenüber neuen Produktionsmethoden und Marktbedürfnissen wenig aufgeschlossen war und sich zu sehr allein auf den städtischen Markt konzentrierte. Auch hierdurch wurden die Einkunftsmöglichkeiten verringert, und eine Reform des Zunftwesens erschien gegen Ende des 18. Jahrhunderts unausweichlich.[102]

Der Münchner Handel hatte mit einer Zunahme bei den Handelsleuten sowie den Tuch-, Eisen-, Buch- und Lebensmittelhändlern von 156 Personen im Jahr 1649 auf 216 im Jahr 1781 eine zahlenmäßige Steigerung von 38,5 Prozent und damit einen weitaus größeren Zuwachs als das Handwerk zu verzeichnen. Diese Zahlen deuten jedoch keinesfalls auf eine wesentlich bessere Situation des Handels hin. Die schlechte verkehrsstrategische Lage Münchens abseits der europäischen Verkehrsströme, eine handelshemmende Wirtschaftspolitik mit Monopolen im Salz-, Tuch- und Tabakhandel und die übermächtige Konkurrenz der reichsstädtischen Kaufleute mit ihren weitverzweigten Geschäftsbeziehungen verhinderten es, daß der Handel der bayerischen Landeshauptstadt überregionale Bedeutung erlangen konnte. Tatsächlich mußten fast alle Lebensmittel- und Spezialhändler und 37 von 78 Handelsleuten im Jahr 1781 ohne einen einzigen Beschäftigten auskommen, lediglich 34 Handelsleute hatten bis zu drei Beschäftigte, und nur einer konnte sieben Angestellte mit Arbeit versorgen. Großkaufleute wie Angelo Sabbadini, der 1792 einschließlich seines Immobilienbesitzes ein Nettokapital von 52696 Gulden 33 Kreuzer verbuchen konnte, und Constantin Miller, der 1784 ein Nettovermögen von 86990 Gulden hinterließ, blieben die Ausnahme. In die Reihe der wenigen Großkaufleute gehört auch Johann Battista von Ruffini, der Bankgeschäfte in großem Stil betrieb und dem bayerischen Staat am Ende des Spanischen Erbfolgekrieges 1,2 Millionen Gulden geliehen hatte, und schließlich auch das Handelshaus Nocker, das vor allem Kurfürst Max III. Joseph wiederholt sechsstellige Kredite gewährte.[103] Es ist bezeichnend, daß es sich in zwei der genannten Fälle um zugewanderte Italiener handelt, wie sie seit dem Ende des 17. Jahrhunderts in großer Zahl nach München gekommen waren,[104] und bei den beiden Finanzhäusern um dem Hof nahestehende Firmen. Das bürgerliche Münchner Handelsgewerbe des 17. und 18. Jahrhunderts dagegen war vorwiegend ein auf die Versorgung des städtischen Marktes beschränktes Einzelhandelsgewerbe. Selbst die Handelsleute konnten sich nur eine sehr eingeschränkte Sortimentspezialisierung erlauben. Erschwert wurde die Situation des Handels durch Pfuscher und durch den Hausierhandel, der sich trotz wiederholter Verbote außerhalb der gefreiten Jahrmärkte nicht kontrollieren ließ, sowie durch Einfuhrprivilegien des Hofes, die dem

Handel und dem Handwerk häufig das Geschäft mit höherwertigen Waren entzogen. Gerade in München, wo der Hof eine dominierende Rolle spielte, waren solche Einbußen nicht zu unterschätzen.

Die Bilanz einer Residenzstadt

Das vor dem Dreißigjährigen Krieg trotz der hier residierenden Landesherrn noch eher spätmittelalterlich-bürgerlich geprägte München hatte bis zum Beginn der Französischen Revolution seinen Charakter verändert. Der Siedlungsbereich der Stadt, ihre Bevölkerung, ihr Wirtschaftsleben hatten die einstige relative Geschlossenheit zugunsten einer größeren Differenzierung verloren. München hatte den Schritt vom Mittelalter in die Neuzeit getan. Diese Tatsache hatte die Stadt vor allem ihrer Funktion als ständige Residenz des Landesherrn zu verdanken. Es gab im 17. und 18. Jahrhundert kaum noch einen Bereich des täglichen Lebens, in dem die Anwesenheit des Hofes nicht spürbar geworden wäre: Die Kurfürsten und ihre Verwaltung holten nichtbürgerliche Schichten in bisher nicht gekannter Stärke in die Stadt, sie unterhöhlten die städtische Selbstverwaltung, sie griffen in das Wirtschaftsleben ein, sie belasteten als Folge einer unglücklichen Außenpolitik die Stadt wiederholt mit feindlichen Besetzungen.

Um gerecht zu sein, muß man jedoch zugeben, daß München unter seiner Residenzfunktion nicht nur zu leiden hatte. Die Kurfürsten und ihr Hof, der als einer der prachtvollsten Europas galt, brachten der Stadt auch eine gewaltige kulturelle Blüte, die ihren deutlichsten Ausdruck in der Baukunst fand. Die kurfürstlichen Schlösser, die Adelspalais im Kreuzviertel und die Kirchenbauten, die in den von 1730 bis 1737 eingerichteten «Reichen Zimmern» der Residenz, der von 1734 bis 1739 erbauten Amalienburg im Nymphenburger Park, dem 1753 vollendeten Alten Residenztheater des Wallonen François Cuvilliés, der St. Johann Nepomukkirche der Brüder Cosmas Damian und Egid Quirin Asam und in der von Johann Michael Fischer von 1737 bis 1758 errichteten St. Michaelskirche in Berg am Laim europäischen Rang erreichten, prägten nun die Stadt und begannen, ihr Gesicht zu verändern. Auch in diesem Bereich wurde der noch vorherrschende spätmittelalterliche Charakter der Stadt durch einen neuzeitlichen, barock-höfischen verdrängt. In diesem Falle nahm jedoch das Bürgertum den höfischen Einfluß bereitwillig auf.

Manfred Peter Heimers

Stadt und Stadtverfassung im Umbruch
Niedergang, Ende und Neubegründung kommunaler Eigenständigkeit 1767 bis 1818

Die Rolle der Landesherrschaft bei innerstädtischen Konflikten

In der zweiten Hälfte des 18. Jahrhunderts war auch in Bayern die territoriale Zentralgewalt bestrebt, dem schwerfälligen Ständestaat eine neue, vereinheitlichende Prägung zu geben. Ein wichtiges Mittel dazu war die beabsichtigte allmähliche Durchsetzung einer staatlichen Verwaltungs- und Justizhoheit, welche die unterschiedlichen regionalen, lokalen und korporativen Observanzen und «Freiheiten» (d. h. Spezialprivilegierungen) ablösen oder zumindest relativieren sollte. Galt die Offensive aufgeklärter Regierungskreise gegen Ende der sechziger Jahre hauptsächlich dem Klerus,[1] der bisher von den wichtigsten staatlichen Pflichten und Lasten weitgehend ausgenommen war, so konnte doch auf die Dauer auch die weitere Zurückdrängung und Nivellierung kommunaler Eigengewalten nicht ausbleiben.

Gerade im Falle der Haupt- und Residenzstadt München, die schon längst unter besonderer landesherrlicher Kontrolle stand, sollten Mittel und Wege gefunden werden, den Einfluß der Staatsaufsicht noch stärker zur Geltung zu bringen. Eingriffsmöglichkeiten eröffnete hier stets die traditionelle bürgerschaftliche Konfliktsituation zwischen dem von einer Minderheit aus Stadthonoratioren beherrschten Entscheidungsorgan, dem «Magistrat», und der seit 1403 mit einer formalen Beteiligung am Stadtregiment abgespeisten Mehrheit der das Bürgerrecht genießenden, überwiegend gewerbetreibenden Bürgergemeinde, der «Gemein». Da obendrein die Kluft zwischen den exklusiv-elitären und briefadeligen Inneren Räten und den überwiegend vom Handelsstand gestellten Äußeren Räten innerhalb des Magistrats immer größer geworden war, hatte die Regierung als Mediator der sich untereinander bekämpfenden drei kommunalen Interessengruppen im Grunde leichtes Spiel.

Der Äußere Rat und die Bürgergemeinde betrachteten es gegen Mitte der sechziger Jahr als einen besonderen Mißstand, daß die «gestrengen Herren» des Inneren Rats über Sondergremien der Bürgermeister (Seniorat, Stadtkammerrat) inzwischen die gesamte Stadtverwaltung nach Gutdünken manipulieren konnten (siehe oben S. 234). Nachdem es deshalb zu Tumulten und Ausschreitungen vor und auf dem Rathaus gekommen war, wurde am 18. Dezember 1767 die Wahlordnung des Magistrats von der Landesherrschaft revidiert, wobei man der «Gemein» für die Bestellung ihres Ratswählers zwölf sogenannte Ausschüsser konzidierte, deren Auswahl freilich zu gleichen Teilen von Innerem und Äußerem Rat vorgenommen wurde.[2] Dieses Entgegenkommen hatte den nicht unerwünschten Nebeneffekt, daß damit die 1403 institutionalisierte 36köpfige Gemeindevertretung nach langem Dahinsiechen nun offiziell abgeschafft war und die Wahrnehmung der Gemeindeinteressen nur noch bei zwölf Bürgern lag. Jahre später, unter Montgelas, konnte man deshalb überspitzt feststellen, daß 1767 die «Munizipalität statt einer temperierten in eine absolute Aristocratie» übergegangen war.[3] Auch die durch eine Hofkommission am 5. Juli 1768 erzielten Vergleichspunkte über die bisherigen Sondergremien des Inneren Rats gaben der Regierung Gelegenheit, kommunale Kurskorrekturen durchzusetzen. Bei der Neuregelung wurde die Position des Äußeren Rats gestärkt (Abschaffung des Seniorats), die Bürgergemeinde hingegen mit belanglosen Zugeständnissen beruhigt. Die angeordnete Zuziehung eines Deputierten der Gemeinde zum Stadtkammerrat war tatsächlich eher eine Farce, da die Gemeindevertreter diesen Beauftragten abwechselnd aus dem Inneren und Äußeren Rat «erkiesen» mußten.[4]

Zugunsten der Bürgergemeinde und gegen den Magistrat entschied die kurfürstliche Regierung in dem ebenfalls 1768/69 ausgetragenen Zwist über den Charakter der Münchner Gewerberechte.[5] Während der Magistrat im Interesse einer einigermaßen flexiblen Gewerbepolitik die Handwerksgerechtigkeiten für «personal» ansah (das heißt auf die Person des Konzessionsinhabers beschränkt), interpretierten die Bürger ihre Gewerbe als «real» (das heißt sie beanspruchten die Verkäuflichkeit und Vererbbarkeit des Handwerks). Diese aus der Gewohnheit erwachsene Auffassung ermöglichte eine selbständige Weitergabe, die insbesondere der Existenzsicherung der Witwen und Waisen von Handwerksmeistern diente. Der durch die Hofkommission vermittelte «Bürgervergleich» vom 15. Dezember 1769 akzeptierte zwar den Grundsatz der Personalität, schrieb aber zugleich für München den gewohnheitsrechtlichen Eigentumscharakter der Gewerberechte fest,[6] ein Kompromiß, der sich in der Praxis noch lange als Hindernis für eine Liberalisierung der Gewerbeordnung erweisen sollte. Geregelt wurden unter anderem auch die Bürgerrechts- und Stadtschutzerteilungen sowie die dafür anfallenden Kosten.

Keine Abhilfe wußten Rat und Staatsaufsicht freilich für die immer wieder angeprangerte unlautere Konkurrenz innerhalb des Handwerks. Ein im Februar 1768 abgeschlossenes, beinahe zweihundert Seiten starkes Beschwerdelibell von 52 Gewerben ist ein beredtes Zeugnis für die damals hochkomplizierte Problematik der Münchner Zünfte.[7] Trotz minutiöser Abgrenzung der Arbeitsbereiche waren unberechtigte Ein- und Übergriffe verwandter Gewerbezweige an der Tagesordnung. Die in den umliegenden Vororten und Dörfern ansässigen Handwerker mißachteten notorisch die generelle Aussperrung ihrer Produkte vom Münchner Markt, und innerhalb des Burgfriedens konkurrierten die privilegierten sogenannten Hofschutzverwandten, die Militärhandwerker und ein schier unzählbares und unkontrollierbares Heer zunftloser «Hantierer oder Pfuscher», die alle bestrebt waren, die Angebotsquoten heraufzuschrauben, wodurch sie natürlich die Verkaufspreise insgesamt drückten. Trotz unentwegt erneuerter Abhilfezusicherungen entwickelte die Regierung in allen Fragen der Handwerksbeeinträchtigung nur Scheinaktivitäten, was nicht verwundern kann, da in vielen Bereichen das Zunfthandwerk den vorhandenen Bedarf nicht decken konnte und im Grunde nur eine völlige Neugestaltung der «versteinerten» Gewerbeverfassung den Gordischen Knoten gelöst hätte. Trocken vermerkte 1782 Stadtoberrichter Michael von Bergmann zu diesem leidigen Kapitel: «Die acta und Schreibereyen, welche dießfalls in einem halben saeculo von Seiten des Raths und dahingehörigen Departements geführet worden sind, wären sicherlich nicht mit vier Pferden von der Stelle zu bringen.»[8]

Besonders während der Regierungszeit des von Mannheim nach München übergesiedelten Kurfürsten Karl Theodor (1777–1799) wurden die Mißstände im bürgerlichen Handwerk als immer drückender empfunden. Schließlich war das Handwerk die Basis einer funktionierenden Stadtverfassung, da ungefähr vier Fünftel der Vollbürger über die Zunftzugehörigkeit zum Bürgerrecht gekommen waren. Unter den laut Bergmann bei der Volkszählung von 1781 festgestellten 37840 Stadtbewohnern waren nur 1479 als Vollbürger im Rechtssinn ausgewiesen,[9] ein normales zahlenmäßiges Mißverhältnis, das freilich in anderen bayerischen Hauptstädten nicht ganz so kraß zutage trat (Landshut: 7869 Einwohner, 728 Bürger; Straubing: 6443 Einwohner, 832 Bürger und Burghausen: 2105 Einwohner, 274 Bürger). Während einerseits die städtische Obrigkeit ihren gewerbetreibenden Bürgern eine ausreichende «Mannsnahrung» garantieren mußte, waren diese wiederum verpflichtet, die wesentlichen Beiträge zu den öffentlichen Lasten der Stadt (Steuer, Quartierwesen, Wasserbau, Wege, Pflaster, Brükken usw.) zu leisten. Da das Einkommen dem bürgerlichen Handel und Handwerk im Durchschnitt nur einen eher dürftigen Lebensunterhalt gewährleistete, konnten schon kleine konjunkturelle Schwankungen in der Stadt Katastrophenstimmung auslösen. Ambivalent war das Verhältnis von Magistrat und Bürgerschaft zu den vielen Angehörigen des Hofs und den Beamtenfamilien der kurfürstlichen Zentralstellen (Karl Theodor brachte 1778/79 allein an die zwei- bis dreitausend Bedienstete nebst Anhang aus der Pfalz und Mannheim mit in die neue Residenzstadt).[10] Diese außerhalb des magistratischen Einflußbereiches stehende wachsende Stadtbevölkerung trug in steigendem Maße zu immer beengteren Wohnverhältnissen bei, war aber zugleich ein wichtiger Abnehmer der bürgerlichen Gewerbeerzeugnisse und Dienstleistungen.

Was den Wohnraummangel betrifft, so hatte 1782 Karl Theodor hundert Dukaten für einen praktikablen Plan zur Anlage einer Vorstadt beziehungsweise Neustadt ausgelobt, doch scheint dieser Wettbewerb – sieht man von einer erhaltenen, lesenswerten Einsendung ab[11] – keinerlei Anklang gefunden zu haben. Im selben Jahr veröffentlichte der Münchner Historiker und Literat Lorenz Westenrieder in seinem «Traum in dreyen Nächten» die Vision einer an der Aufklärung orientierten neuen Sozialverfassung Münchens,[12] ohne daß auch in diesem Fall eine öffentliche Diskussion über Möglichkeiten der Stadtentwicklung die Folge gewesen wäre. Überhaupt schien das seit circa 1775 florierende literarisch-publizistische Leben – stellvertretend für alle Protagonisten seien hier neben Westenrieder noch Lorenz Hübner, Andreas Zaubser und Johann Baptist Strobl genannt – bis Ende der achtziger Jahre keinen Einfluß auf die Bewußtseinslage der Stadtverwaltung zu nehmen, was nicht ausschließt, daß einzelne Ratsangehörige und Gemeindemitglieder heftig mit dem Ideengut der Aufklärung sympathisierten. Besonders die im Äußeren Rat angesiedelten Berufsgruppen der Buchhändler, der Großkaufleute und der Weinwirte zeigten sich den «Fortschritten des Lichts» mehr oder weniger aufgeschlossen, wobei für dieses Engagement wohl die aus Messebesuch, Handel, Wechsel- und Bankgeschäft bzw. Fremdenbeherbergung resultierenden Auslandskontakte ausschlaggebend waren. So gesehen bildeten bestimmte, durch geistige Mobilität und wirtschaftliche Stabilität herausragende Teile der städtischen Oberschichten sogar einen Kristallisationspunkt des sich als neue gesellschaftliche Klasse gerade formierenden «Bürgertums», das über die alte Bürgerschaft hinauswies, indem es erstmals alle zukunftsorientierten Kräfte der gesamten Einwohnerschaft homogenisierte. Die Führungsrolle in dieser nicht mehr durch ständische Vorrechte oder Bürgerrechtsbesitz definierten modernen Stadtgesellschaft und die Trägerschaft der öffentlich-kritischen Meinung fielen dabei in der Regel unbequemen Staatsbeamten und schlecht dotierten Weltgeistlichen zu. Stadtregiment und Stadtverwaltung konnten deshalb zunächst am allerwenigsten von der rund ein Jahrzehnt von der Staatsaufsicht tolerierten Aufbruchsstimmung profitieren. Hier blieb alles in den alten Gleisen: Ungeachtet der negativen Tendenzen in so vielen Lebensbereichen, versagten sich die Ratsmitglieder jedwede Eigeninitiative; zu lange war der Magistrat als bloßes Vollzugsorgan des Herrscherwillens behandelt worden, als daß man in den Ratssitzungen noch selbständige kommunalpolitische Konzepte ausgearbeitet hätte. Man pflegte die Besitzstandwahrung als vornehmsten Daseinszweck und zog sich bei von außen herangetragenen Innovationen stets erschreckt in den Schmollwinkel zurück.

Das kommunale Desinteresse an einer notwendigen Veränderung des Stadtraums und der Stadtverfassung wurde begleitet von einer dem Kleinhandel und Handwerk eigenen Ablehnung neuer Produktions- und Vertriebsmethoden sowie einer bei den meisten Gewerbezweigen praktizierten lähmenden Selbstbeschränkung auf kleine und kleinste Betriebsgrößen mit maximal zwei Gesellen.[13] Doch eine Einsicht in die dem mittelalterlichen Zunftgeist entspringenden Hindernisse konjunkturellen Aufschwungs war der Bürgerschaft nicht möglich: allein die als vielköpfige Hydra beschrieene Konkurrenz der zunftlosen Pfuscher und hofschutzbefreiten Handwerker wurde als Ursache der allgemeinen Misere angeprangert.

Daß es bei einer derart schwierigen Lage der bügerlichen Gewerbetreibenden auch um die Finanzkraft der Stadt notorisch schlecht bestellt war, kann nicht verwundern. 1779 belief sich die Schuldenlast der Stadtkammer auf rund 313 000 Gulden, deren Verzinsung nur teilweise und unregelmäßig abgewickelt werden konnte.[14] Viele dieser Altschulden gingen entweder noch auf die Schwedenzeit zurück oder auf die Kontributionen und Quartierlasten im Spanischen und Österreichischen Erbfolgekrieg; andere waren durch Bauaufwendungen in der Regierungszeit Max III. Josephs (Isarbrücke, Magazinstadel, Hauptwache, Pflasterung) dazugekommen. Eine 1749 der Stadt zugestandene indirekte Steuer auf das gebraute oder eingebrachte Bier, der sogenannte fünfte Bierpfennig, hatte ihr eine zusätzliche Geldquelle von circa 15 000 Gulden erschlossen, was etwa einem Sechstel der regelmäßigen Einnahmen (rentierendes Vermögen, Zölle, Ungeld, direkte Steuern, Gebühren) entsprach. Man kann sich vorstellen, welche Aufregung beim Magistrat im Herbst 1777 herrschte, als die Regierung entschieden hatte, den städtischen Bierpfennig zugunsten der Landschaft abzuschaffen, die zur Übernahme von Staatsschulden bereit war. Obwohl der neue Kurfürst Karl Theodor im Juli 1778 mit Rücksicht darauf, «daß die gemeine Stadt und dero getreue Bürgerschaft in ihrem häuslichen Wesen und Nahrungsstande nicht beeinträchtigt werde», eine Wiedereinführung der städtischen Sondersteuer in Aussicht gestellt hatte, hintertrieb die Regierung bis 1781 die Angelegenheit. In diesem Jahr sah sich die Stadtkammer schließlich gezwungen, die Einstellung aller Zinsendienste anzukündigen, nicht ohne ausdrücklich darauf hinzuweisen, daß diese Maßnahme dem Magistrat und der kurfürstlichen Residenzstadt «zur öffentlichen Schande» gereichen werde. Die von der zuständigen kurfürstlichen Oberlandesregierung im Gegenzug geforderte Sequestration der gesamten städtischen Finanzverwaltung wurde in der Geheimen Konferenz als zu einschneidend verworfen, dafür jedoch dem Magistrat durch ein Rechnungsreskript vom 7. Juni 1781 eine durchgreifende Neuordnung des Haushalts nach detaillierten Vorgaben zur Pflicht gemacht. Dieser schwerwiegende landesherrliche Eingriff in die Finanzhoheit der Kommune war der Preis für die am 18. August der Stadt dann erneut konzedierte Erhebung eines eigenen Bierpfennigs.

In den folgenden Jahren kam es aber deswegen zwischen dem Magistrat und den bürgerlichen Brauern zu ständigen Reibereien. Der Stadtkammer erschien das von der Bräuerschaft anstelle einer sudweisen Erhebung jährlich abgeführte Fixum, die sogenannte Komposition, natürlich stets als zu gering bemessen, während das Brauhandwerk seinen Ruin beklagte. Die Diskussion um die Höhe des Bierpfennigs und das Einzugsverfahren gaben der Oberlandesregierung immer wieder Gelegenheit, sich in das städtische Kammerwesen einzumischen und eine ständige staatliche Rechnungsrevision zu fordern. Seine Kammerrechnungen hätte München im Grunde schon längst vorlegen müssen, da eine Verordnung vom 16. August 1779 dies von allen Städten und Märkten verlangte, doch verschanzte man sich beim Magistrat hinter den städtischen «Freiheiten» und wähnte sich obendrein durch die Haushaltsordnung von 1781 genügend in die Pflicht genommen. Noch 1798 wurde im Zusammenhang mit dem Bierpfennig zwischen Magistrat und Staatsaufsicht um eine Einsichtnahme in die Kammerrechnung gekämpft. Gerade hier zeigte sich das besondere Dilemma des Regierungssystems Karl Theodors, das zwar die Kontrolle der Kommunen beharrlich auszubauen trachtete, im Strudel der außen- und innenpolitischen Schwierigkeiten aber immer wieder von einer konsequenten Durchsetzung der angekündigten Maßnahmen abstehen mußte. Je nach politischer Großwetterlage waren bei den betroffenen Magistraten entweder Unterwerfung, geheuchelte Befolgung, Nichtbeachtung oder gar Widerstand möglich. So wurde die Stadt seit Sommer 1791 mit der Überprüfung beziehungsweise Kassation landesherrlicher Privilegien bedroht,[15] doch führte dieser Vorstoß nach dem üblichen Verwirrspiel lediglich zur Einschränkung der Appellationsprivilegien in Bauangelegenheiten.

Zu einem wirklich grundsätzlichen und folgenschweren Zusammenstoß zwischen Stadt und Stadtherrschaft war es freilich 1788 gekommen,[16] wobei diese heftige Auseinandersetzung dem Magistrat und der Bürgerschaft Gelegenheit gab, den Unmut eines ganzen Jahrzehnts offen auszusprechen. Die Sorgen der Münchner Bevölkerung deckten sich dabei nur bedingt mit der Enttäuschung vieler Altbayern über Karl Theodors territoriale Tauschabsichten und mit der Unruhe der Intelligenz über die nach Entdeckung des Illuminatenordens beginnende Gesinnungsschnüffelei. Der Ärger der Bürgerschaft gründete sich auf existentielle Probleme. Da war – wieder einmal – die leidige Konkurrenz der Pfuscher und Hofschutzbefreiten, da war zum anderen eine angekündigte Stellenreduktion bei der Beamtenschaft (der wichtigsten Kundschaft der bürgerlichen Gewerbetreibenden), und da war schließlich der im Spätsommer auf der Münchner Schranne spürbare Getreidemangel, der von einer Teuerung aller Viktualien begleitet wurde. Am 3. September versammelten sich unzufriedene Bürger vor der Residenz und verlangten – ungeachtet der negativen Erfahrungen in den Teuerungsjahren von 1770 bis 1772[17] – eine sofortige Ausfuhrsperre für bayerisches Getreide. Als die Situation eskalierte und die Menge Miene machte, die Residenztore aufzusprengen, wichen Karl Theodor und sein Ministerium dem Druck der Straße und verfügten die geforderte Sperre. Soviel Nachgiebigkeit ermunterte die Bürgergemeinde, sich am 26. September auf dem Rathaus einzufinden. Man stellte dem Magistrat die allgemeine «Bedrükkung» vor Augen und nötigte ihn zu einer Protestadresse an den Kurfürsten. Bürgermeister und Ratsangehörige mußten sich vor ihre Mitbürger stellen und brachten eine Grundsatzerklärung zu Papier, die an Deutlichkeit nichts zu wünschen übrig ließ: «Unsere Pflicht also, ja unsere Ehre und Gewissen fordern uns auf, all unsere Kräfte aufzubiethen und Eure Churfürstliche Durchlaucht mit größtem Eifer zu bitten, die Bürgerschaft, welche sich ausser dessen ihrem Kummer zu sehr überlassen könnte, doch einmal in ihrem Flehen zu erhören und nicht zuzugeben, daß sie auf so despotische Art, wie bishero behandelt werden dürfe ... Was nützen Privilegien, Bürger-Confirmationen und dergleichen, wenn jedem Fremdem und Hergeloffenen das nemliche und oft noch mehrers als dem berechtigten Bürger zugestanden wird? ... Wenn dem Bürger nur wenige Nahrungswege belassen und endlich auch diese noch vermindert werden, so ist der Untergang dessen unvermeidlich ... Verdruß und Unmut tritt jetzt bey dem Bürger an die Stelle des alten, ehrwürdigen Biedersinnes und allgemeines

Murren an die Stelle des allgemeinen Zutrauens.»[18] Dieses Schreiben wurde am folgenden Tag durch eine Ratsdeputation dem Kurfürsten überreicht, der als erste Maßnahme die Einsetzung einer Untersuchungskommission anordnete.[19] Freilich war Karl Theodor durch die Vorkommnisse höchst irritiert und besonders verärgert zeigte er sich durch den offen geäußerten Vorwurf des Despotismus. So entschloß er sich am 10. Oktober mit seinem ganzen Hofstaat und den Leibgarden der Hartschiere und Trabanten die Münchner Residenz zu verlassen und sich nach seinem geliebten Mannheim zu begeben. Dieser Wegzug des Hoflagers war als demonstrativer Akt höchster Ungnade, ja als Strafmaßnahme zu verstehen, traf er doch den Handelsstand und die Gewerbetreibenden an ihrem Lebensnerv, dem Warenabsatz. Groß war deshalb die allgemeine Genugtuung über die Rückkunft Karl Theodors am 2. Juli 1789, wobei die Jubel- und Vivatrufe kein Ende nehmen wollten.[20] Die angeordnete Untersuchungskommission zeitigte natürlich keine neuen Erkenntnisse und schon gar keine konkreten Abhilfevorschläge, sondern ihre Arbeit verlief, wie bei vielen vor und nach ihr, einfach im Sande. Die von ihr praktizierte Ausforschung aller angeblich in ihrem Nahrungserwerb benachteiligten Bürger zielte nur darauf ab, von jeglicher Mitverantwortung der Regierung abzulenken und den Magistrat öffentlich zum alleinigen Sündenbock zu stempeln.

Ansätze sozialer Reformen unter Graf Rumford

Karl Theodors Mannheimer Aufenthalt hatte einen weitreichenden außen- und innenpolitischen Kurswechsel eingeleitet: die österreichfreundliche Fraktion bei Hof wurde zurückgedrängt und das bayerisch-belgische Tauschprojekt, das die altbayerischen Patrioten so erbittert und in der internationalen Politik soviel Staub aufgewirbelt hatte, wurde vorübergehend zurückgestellt. Das Selbstbewußtsein Pfalzbayerns sollte durch großangelegte Reformen gehoben werden, wobei mit einer Heeresreform der Anfang gemacht wurde. Garant dieser Reform war der seit 1784 in bayerischen Diensten stehende Generalmajor und «Generalleibadjutant» Karl Theodors, der geborene Amerikaner Benjamin Thompson (seit 1792 Reichsgraf Rumford).[21]

Die aus dem reichen Erfahrungsschatz des Amerikanischen Unabhängigkeitskrieges gewonnenen Anregungen Thompsons zielten darauf ab, das heruntergekommene pfalzbayerische Heer zu einem Kader der allgemeinen Landesmelioration und Volksbeglückung (Trockenlegung von Mooren, Verbesserung der Pferdezucht, Kartoffelanbau usw.) zu machen und es als Stabilisierungsfaktor des Kurstaats einzusetzen. Die mit der Militärreform zusammenhängenden Einzelmaßnahmen Thompsons hatten großen Einfluß auf die Entwicklung Münchens, ja sie waren in verschiedenen Bereichen sogar entscheidende Weichenstellungen für die überfällige Veränderung bestimmter Stadtstrukturen.

Am 21. Februar 1789 hatte ein von Mannheim aus erlassenes kurfürstliches Dekret für alle pfalzbayerischen Haupt- und Garnisonsstädte die Anlage von «Militärgärten» vorgeschrieben, die der soldatischen Freizeitertüchtigung dienen sollten. Nebenbei sollten diese Gärten nicht nur die Ernährungslage der jeweiligen Garnison durch selbstgezogenes Obst und Gemüse verbessern, sondern auch «als ein ordentlicher Spaziergang sowohl für das Civile als Militaire» dienen.[22] Von den überall in Angriff genommenen Militärgärten erlebten allerdings nur der Mannheimer und Münchner eine nennenswerte Entwicklung.[23] Was München betrifft, so stieß die hier am 20. Juni 1789 angeordnete Anlage – in völliger Verkennung der positiven Absichten des Initiators – auf dumpfes Unverständnis und krasse Ablehnung durch Magistrat und Bürgerschaft. Anlaß dafür war das harsche Vorgehen der im Juli zusammengetretenen kurfürstlichen Sonderkommission zum Erwerb der notwendigen Grundstücke vor dem Schwabinger Tor. Sie übte auf die bisherigen Eigentümer großen Druck aus und drohte mit Enteignungsverfahren. Ein vom Stadtmagistrat veranlaßtes juristisches Gutachten bestritt den öffentlichen Nutzen solcher Gärten und empfahl, den Fall der Landschaft vorzutragen, «um die Nationalrechte, dann die allgemeine Sicherheit aller Eigenthümer zu verteidigen».[24] Besonders verärgert war man darüber, daß die zunächst aufgekauften Grundstücke westlich der heutigen Königinstraße gar nicht für den angekündigten Militärgarten verwendet wurden. Dieser hochwertige (weil noch auf der nicht überschwemmungsgefährdeten Altstadtterrasse gelegene) Grund wurde nämlich plötzlich für die Anlage einer Gartenvorstadt reserviert und in der Folge nach und nach an interessierte Privatpersonen weiterveräußert. Hier entstand in den Jahren nach 1794 die Kolonie oder Siedlung «auf dem Schönfeld»,[25] der letzte größere «Ausbruch» aus der noch befestigten Stadt vor den Maßnahmen der Montgelas-Zeit. Der eigentliche Militärgarten entstand in der Folge auf einem breiten Geländestreifen westlich des Schwabinger Bachs, reichend von der heutigen Prinzregentenstraße bis zur Veterinärstraße. Die über die Erdbewegungen vor dem Schwabinger Tor keineswegs begeisterten Arbeitssoldaten waren auch nicht durch die von Militärkapellen gespielte «türkische Musik» anzufeuern. «Schon bald herrschte ein allgemeiner Mißmuth unter ihnen, daß sie nun fast keinen Tag für sich frey hätten und in der größten Hitze wie Tagwerker arbeiten müßten; sie bekamen täglich früh und abends eine halbe Maß Bier; doch desertierten mehrere vom Platz oder sonst weg.»[26]

Der als notwendige Ergänzung des Militärgartens vorgesehene große Erholungsbereich im Englischen Stil wurde in den feuchten Wiesen und im sumpfigen Auwaldgelände des kurfürstlichen Jagdreservats «Hirschanger», östlich des Schwabinger Bachs bis hin zur Isar angelegt. Hier gehörten Grund und Boden sowieso der Hofkammer und waren lediglich mit privaten Dienstbarkeiten belastet. Am 13. August 1789 verfügte Karl Theodor, daß er gesonnen sei, «den hiesigen Hirsch-Anger zur allgemeinen Ergözung für dero Residenzstadt München herstellen zu lassen und diese schöne Anlage der Natur dem Publikum in ihren Erholungs-Stunden nicht länger vorzuenthalten».[27] Mit planerischer Unterstützung des Schwetzinger Hofgärtners Friedrich Ludwig Sckell entstand hier in den folgenden Jahren durch die Tatkraft Thompsons die riesige Anlage des inzwischen weltberühmten Englischen Gartens, der damals zu Ehren des Kurfürsten noch «Theodors-Park» hieß. Die in das sorgfältig gestaltete Gelände zunächst integrierten militärischen, veterinärmedizinischen und landwirtschaftlichen Mustereinrichtungen lösten sich nach dem Regierungswechsel in Pfalzbayern 1799 mit Ausnahme der Veterinärschule wieder auf, und auch der in kleine Parzellen unterteilte eigentliche Militärgarten wurde schließlich mit seiner Grundfläche dem Parkbereich zugeschlagen. Die Münchner Bürger blieben allerdings gegenüber dieser gärtnerischen Manifestation der Fürsorge und Zuneigung Karl Theodors noch lange in der Reserve, und immer wieder kam es zu absichtlichen Beschädigungen und Zerstörungen neugepflanzter Bäumchen. Auch das in Mode kommende Spazierengehen galt zunächst als Neuerung der ungeliebten «Mannheimer» und wurde als öffentlicher Müßiggang getadelt.

Bei seinen Reformüberlegungen hatte sich der Philanthrop Thompson auch ein in Bayern besonders augenfälliges Problem vorgenommen: die allseits beklagte öffentliche Unsicherheit durch in Horden umherziehende Bettler.[28] Die Verarmung ländlicher und städtischer Unterschichten hatte in der zweiten Hälfte des 18. Jahrhunderts ein unvorstellbares Ausmaß angenommen, wofür neben den Wirren der Erbfolgekriege auch viele andere Faktoren verantwortlich waren. So trieb unter anderem eine restriktiv gehandhabte dörfliche Heiratslizenzierung viele junge Menschen in die Städte und Märkte, weshalb Hand in Hand mit einem ländlichen Arbeitskräftemangel auch die Zahl der Taglöhnerexistenzen in den Ballungsräumen dramatisch anstieg. Beschäftigungsmangel oder Krankheit ließ dieses vorindustrielle Proletariat schnell ins soziale Nichts abgleiten. Der wachsenden Kriminalität war schließlich auch nicht mit einer drakonischen Strafjustiz beizukommen, wie sie Kreittmayrs Codex Criminalis von 1751 statuiert hatte. Thompsons Pläne für eine sinnvolle und systematische Armenversorgung basierten auf drei Prinzipien: Schaffung von Arbeitsplätzen, Erziehung zur Arbeit und kommunale Unterstützung der Erwerbsunfähigen und Hilflosen. Alle Bettler und die sogenannten Stadtarmen sollten zunächst klassifiziert werden. Wer sich als arbeitsfähig und -willig erwies, konnte in einer eigens eingerichteten «Beschäftigungsanstalt» eine Verdienstmöglichkeit erhalten und sich ebendort auch mit einfachen, aber kräftigenden Suppen verköstigen lassen (Rumford-Suppe!). War jemand trotz körperlicher Tauglichkeit arbeitsunwillig, konnte er erziehungshalber in eine solche Anstalt eingewiesen werden, wo man ihn durch Beispiel und Güte zu «bessern» suchte. Selbstverständlich wurden auch die Armenbeschäftigungsanstalten vom Militär geleitet; als staatlichen Manufakturen war ihnen die Deckung des Heeresbedarfes bei Uniformen und Ausrüstungsstücken übertragen.

Prototyp eines Militärischen Arbeitshauses wurde das Fabrica-Gebäude in der Vorstadt Au, das nach Thompsons Angaben umgebaut und eingerichtet wurde.[29] Auf seinem Giebel prangte die programmatische Inschrift: «Hier wird kein Almosen gegeben.» Trotz des teilweise unfreiwilligen Aufenthaltes vieler Insassen mußte jede Assoziation mit einem Zuchthaus alter Ordnung vermieden werden: kein Armer durfte durch seinen Aufenthalt gesellschaftlicher Ächtung ausgesetzt werden, weshalb auch die Anwendung von Zwangsmitteln streng verboten war. Als die Vorbereitungen für das Münchner Arbeitshaus abgeschlossen waren, ließ Thompson am Neujahrstag 1790 durch die Münchner Garnison eine Razzia auf alle Bettler in der Stadt anstellen. An die 2500 wurden vorübergehend festgehalten und – entsprechend ihrer körperlicher Verfassung – entweder für das Arbeitshaus oder für die öffentliche Armenversorgung vorgemerkt. Beschäftigungspolitische Anfangserfolge des Arbeitshauses, in dem zunächst rund achthundert Personen ihr tägliches Brot verdienten, hielten freilich nicht allzulange an. Die Auftragslage des Betriebes war zu stark auf die Verwirklichung der Thompsonschen Heeresreform ausgerichtet, die aber nach 1793 stagnierte. Auch die Konkurrenzangst der Münchner Zunfthandwerker trug einiges zum Niedergang bei. 1799 wurde das Militärische Arbeitshaus schließlich aufgelöst, da die zur Abnahme der Uniformstücke angehaltenen Regimenter zahlungsunfähig waren und die chronisch überforderte Kriegskasse keine Zuschüsse mehr leisten konnte.

Ein längerer Erfolg war der von Thompson organisierten öffentlichen Wohltätigkeit beschieden.[30] Ehrenamtliche Helfer erhoben mittels Listensammlung von der Bürgerschaft freiwillige Beiträge, die an die Bedürftigen ausgeteilt wurden. Dafür waren das individuelle Almosen und der öffentliche Bettel in der Stadt bei strenger Strafe untersagt. Richtungweisend war die Entscheidung, auch die Bevölkerung der außerhalb des Burgfriedens liegenden Au in diese Armenversorgung mit einzubeziehen, was bei der grundsätzlichen mentalen und sozialen Verweigerungshaltung der Stadtbevölkerung gegenüber den Problemen und Nöten der Vorstadt gewiß kein leichtes Unterfangen war. Noch bis weit ins 19. Jahrhundert hinein hielten in München die «Rumforder-Suppenanstalten» den Namen und die Erinnerung an den philanthropischen Berater Karl Theodors zumindest bei den notleidenden Unterschichten hoch. Der Mehrheit der Münchner Ratsmitglieder war der neuerungssüchtige Amerikaner zu seinen Lebzeiten freilich mehr als verhaßt.

Die Demütigung des Magistrats und die politische Aufwertung der Zünfte

Die 1789/90 einlaufenden Berichte über die Vorgänge in Frankreich schürten auch hier den sozialen Zwist, steigerten den latenten Oppositionsgeist der Bürgerschaft und die Abneigung der Ratsmitglieder gegen die Hofkamarilla Karl Theodors. Um den lauter werdenden Klagen über den Mißbrauch der Fürstenmacht und die Mißachtung der Bürgersorgen die Wirkung zu nehmen, trat Major Thompson im Sommer 1790 die Flucht nach vorne an. Für den ersten Jahrestag des Pariser Bastillesturmes, also genau für den 14. Juli, organisierte er eine öffentliche Dank- und Huldigungsadresse an den Kurfürsten.[31] Er hatte zu diesem Zweck eine Druckschrift vorbereiten lassen, die namens «anonymer» Bürger in äußerst unterwürfigen Formulierungen die Reformmaßnahmen des vergangenen Jahres pries (also Thompsons Schöpfungen) und Karl Theodor als Quelle aller wahrhaft bürgerlichen Glückseligkeit hervorhob. Dieses dem Hof schmeichelhafte Unternehmen hatte nur den kleinen Schönheitsfehler, daß die angeblichen Initiatoren vom Magistrat zu einer solchen Aktion in keiner Weise autorisiert waren und daß eine bereits bei den Zünften zirkulierende zustimmende Unterschriftenliste die magistratische Alleinvertretungskompetenz in Angelegenheiten der Bürgerschaft verletzte. Der Magistrat verwahrte sich in einer Ratsresolution vom 26. Juli gegen diese Rechtsverletzung, sah sich jedoch am folgenden Tag mit einer weiteren von Thompson veranlaßten Druckschrift konfrontiert, die den Undank der Stadträte anprangerte und die Bürgerschaft weiter zu eigenmächtiger Unterstützung der Huldigung zu veranlassen suchte. Nun reagierte der Magistrat in ungewöhnlicher Form. Er ließ am 28. Juli eine Broschüre erscheinen, welche die Intrige aufdeckte, den magistratischen Standpunkt zur Geltung brachte und kühn anklingen ließ, daß anderswo ganze Nationen in Aufruhr seien und neue Gesetze und neue Regierungen erzwingen würden. Diese deutliche und mannhafte Sprache des Magistrats gab Karl Theodor Anlaß, ein Exempel zu statuieren; der gesamte Innere und Äußere Rat wurde vor eine kurfürstliche Spezialkommission gezogen und einzeln verhört. Als bei noch andauernder Untersuchung Ende Dezember 1790 die turnusmäßig fällige Neuwahl der Stadträte vorgenommen wurde, verweigerte Karl Theodor die Bestätigung der Wahlmänner und übertrug bis auf weiteres die Führung der magistratischen Geschäfte einer landesherrlichen Administrationskommission. Um die Stadtspitze schließlich noch mehr zu erniedrigen, wurde die Mehrzahl der Inneren und Äußeren Räte wegen der inkriminierten Broschüre des Majestätsverbrechens für überführt erkannt, worauf die mit Amtsverlust bestraften Magistratsmitglieder in der Herzog-Maxburg vor einem Bild Karl Theodors und einem leeren Thronsessel, wie gewöhnliche Delinquenten, nacheinander kniefällig feierliche Abbitte leisten mußten.

Diese am 21. Mai 1791 vollzogene aufsehenerregende Demütigung des Münchner Magistrats war ein auf die Zeitumstände abgestimmtes Signal: die unvermutete Suspendierung und Kriminalisierung der hauptstädtischen Autoritäten lähmte das sich neu entwickelnde landständische Selbstbewußtsein und offerierte obendrein der Gemeinde, dem natürlichen Widerpart der Ratsverwandten, verlockende Kooperationsperspektiven mit der Staatsmacht. Es konnte deshalb auch nicht ausbleiben, daß zuallererst das Wahlverfahren der Ratsaristokratie und -oligarchie einer grundsätzlichen Revision zugunsten der Gemeinde unterworfen wurde. Die Angst des Ministeriums vor Unruhen zwang dabei zu einer weitreichenden Annäherung an die Interessen der Bürgerschaft, wobei man deren gewerbliche Organisationsformen, die Handwerke/Zünfte, zum politischen Verhandlungspartner machte. Einem kurfürstlichen Reskript vom 3. Mai 1791 entsprechend hatte künftig jede der in München vertretenen 105 Zünfte einen Wahlmann zu benennen, die wiederum in ihrer Gesamtheit – gemäß dem von 1403 datierenden Wahlbrief – 36 sogenannte Ausschüsser bestimmen sollten.[32] Diese, die gesamte Bürgergemeinde repräsentierenden Ausschüsser, die dem Landesherrn (jedoch nicht dem Magistrat!) verpflichtet wurden, hatten zunächst die 24 Äußeren Räte zu wählen, die nach ihrer obrigkeitlichen Konfirmation auch noch den 105 Zunftvertretern vorgestellt werden mußten. Die 24 Äußeren Räte wählten dann gemeinsam mit den 36 Ausschüssern die zwölf Inneren Räte, bei denen «ceteris paribus aber allerdings auf Adel und Patriziat gesehen werden» konnte. Eine kurfürstliche Wahlkommission hatte mit dem Wahlprotokoll der Inneren Räte zugleich gutachtlich einzuberichten, welche vier von den zwölf Inneren Räten Bürgermeister sein könnten.

Besonders empfindlich reduziert wurde die Selbständigkeit des Magistrats durch die nunmehr vom Kurfürsten allein vorgenommene Auswahl des Stadtoberrichters, der als 13. Innerer Rat auf Lebenszeit verpflichtet wurde. Da künftig alle Magistratspersonen jährlich neu gewählt werden sollten (es ging also nicht wie bisher um eine Neubesetzung der vakanten Ratsstellen), war jederzeit ein Reversement der Stadtspitze möglich, was natürlich für die durch keinen bürgerlichen Beruf abgesicherten Inneren Räte existentiell bedrohlich werden konnte. Die erste nach diesen Vorgaben vollzogene Neuwahl nach der Ratsaufhebung bestätigte zwar mit vier Ausnahmen die bisherigen Äußeren Räte, tauschte aber das Gremium der Inneren Räte zur Hälfte aus. Ein ausgesprochener Fehlgriff war der vom Kurfürsten eingesetzte neue Stadtoberrichter Joseph von Speckner, der bereits nach kurzer Amtszeit wegen verschiedener Unregelmäßigkeiten entlassen werden mußte.[33] Die Position der 36 Ausschüsser oder «Repräsentanten», wie sie sich bald mit Vorliebe nannten, wurde am 14. Dezember 1792 noch durch die kurfürstliche Zusicherung verbessert, daß sie neben dem Wahlgeschäft auch in «all und jeden bürgerlichen einzelnen und gemeinen Angelegenheiten» mitwirken könnten.[34]

Die Hinwendung Karl Theodors zur «Gemein» wurde mit ihrer bisherigen Bedrückung durch den Magistrat begründet, die Vermehrung ihrer Vertreter von zwölf auf 36 als Notwehrmaßnahme erklärt: «Dem Landesherrn liegt daran, daß die harte Drückung des armen Bürgers vor seinen Thron gelange, wenn er zu hart besteuert, beym Hochzeitsamt seine Bürgerwerdung, beym Pupillenamte seine Auszeige unrecht oder zögerlich behandelt, beym Kundschaftsamte seine Hausbauart, beym Ewiggeldwesen die Grundbuchs- und Grundrechte etc. erschwert werden. Der Jammer des einzelnen Bürgers vermag dagegen nicht viel, aber desto mehr das Geschrey von 36 seiner Repräsentanten.»[35] Auch eine kurfürstliche Untersuchungskommission zur Abstellung der bürgerlichen Beschwerden hofierte jetzt die auf einer eigenen Stube im Rathaus tagenden Handwerker: «Meine Herren! Sie sehen als Männer von Klugheit und Welterfahrung von selbst ein, daß die Laufbahn, worauf dieser große Commissionsgegenstand sich handelt, vielbedeutend sey...»[36]

Freilich überspannte die «Repräsentation» der bürgerlichen Gewerbetreibenden den Bogen schnell. Als sie selbständig Rechtshändel zwischen Zünften und einzelnen Bürgern schlichtete, eigene Protokolle führte und ein eigenes Siegel beanspruchte (unter dem Monogramm Karl Theodors ein Opferaltar, darauf die Jahreszahl 1791. Darüber: eine brennende Flamme zwischen den Buchstaben RC = *Restauratori Clementissimo*),[37] sah sich der Magistrat zum Existenzkampf gezwungen. Erstaunlicherweise konnte er ihn für sich entscheiden. Das Schreckensregime des Pariser Nationalkonvents ließ der Regierung inzwischen ein allzu großes Selbstbewußtsein der Bürgerrepräsentation gefährlich erscheinen. Ein allerhöchstes Reskript vom 27. November 1793 verwies den 36 Gemeindevertretern ihre «sträfliche Anmaßung»; da der Name «Repräsentanten» sie zu solchen falschen Begriffen verleitet habe, müsse dieser auf der Stelle aufgegeben werden. Den Herren «Ausschüssern» wurde der Gebrauch eines eigenen Siegels untersagt und auch die Ratswahl sollte sicherheitshalber wieder auf die 1767 festgesetzten Normen zurückgeführt werden. Dieser tiefe Sturz wurde in der Stadt entsprechend kommentiert. Im Dezember 1793 liefen Gerüchte um, daß die von der Oberlandesregierung getroffene Entscheidung die Stadtkammer «viel Geld» gekostet habe, und daß für die Bestechungssumme ein Darlehen von 5000 Gulden aufgenommen worden sei.[38]

Die zwischen Härte und Feigheit angesiedelte Regierungsphilosophie Karl Theodors erzürnte mit der Zeit alle Bevölkerungsschichten. Die allgemeine Abneigung machte sich in heimlichen Pasquillen und offenen Schmähreden Luft und konnte bei entsprechenden Anlässen in Trotz und Aufruhr umschlagen. Anfang 1794 war ein Schäfflergeselle, der im Englischen Garten mehrere Bäumchen beschädigt hatte, zur Prangerstrafe verurteilt worden. Die Menge nahm jedoch für ihn Partei und erging sich in Beschimpfungen des Grafen Rumford und der Regierung, so daß man schließlich gezwungen war, die öffentliche Vorstellung des Delinquenten abzukürzen.[39] Weitreichendere Konsequenzen hatte ein Tumult der Schlossergesellen, der Ende November 1794 begann und bereits einen Monat später zu einer regelrechten Zunftrevolte führte. Anlaß war ein Kündigungskonflikt, der den Gemeinsinn aller Schlossergesellen weckte und 59 Arbeitsniederlegungen zur Folge hatte.[40] Die vom Magistrat verfügte Vorladung der Streikenden brachte nur einen Teilerfolg, da neun Gesellen sich kategorisch weigerten, die Arbeit wieder aufzunehmen. Sie wurden daraufhin strafweise zum Militär gesteckt. Diese Maßnahme führte wiederum zu einer grundsätzlichen Beschwerde von Gesellen anderer Gewerbezweige. Sie forderten, daß «die ad militiam abgegebenen Schlossergesellen wieder befreyt werden möchten, damit es ihnen, wenn sie nicht bloße Sclaven ihrer Meister seyn wollten, nicht ebenso ergehen möchte».[41] Eine versprochene Entscheidung des Magistrats verzögerte sich, worauf am 16. Dezember die Gesellenschaften von 34 Zünften den Generalstreik ausriefen. Schon am nächsten Tag eilten die Handwerksmeister ins Rathaus und brachten lauthals den Arbeitskräftemangel zum Ausdruck; die Ratsmitglieder wurden mit Gewalt am Verlassen des Rathauses gehindert. Mit dem einsetzenden Solidarisierungsprozeß der Meister war der offene Aufruhr da: Meister und Gesellen zogen gemeinsam vor die Residenz. Jetzt mußte schnell gehandelt werden. Um sich selbst aus der Affäre zu ziehen, machte die Regierung Bürgermeister und Rat für die Entwicklung verantwortlich, erfüllte die Forderung nach Freigabe der Schlossergesellen vom Militärdienst und verurteilte die Stadt zur Bezahlung der fälligen Auslösesummen.

1795 kam es erneut (wie 1788) zu Unruhen wegen Getreidemangels auf der Schranne.[42] Dieser war in erster Linie von ausländischen Aufkäufern verursacht worden, welche die kriegführenden Armeen belieferten oder über die Schweiz mit Frankreich Handel trieben. Schon im Frühjahr hatte eine Deputation von Räten und Ausschüssern den Kurfürsten um die Verhängung einer Getreidesperre gebeten, die allerdings verweigert wurde. Als im Herbst desselben Jahres nach einer guten Ernte der Mangel an Getreide und anderen Versorgungsgütern anhielt, machte sich die Empörung Luft. Mehrfach zog die Menge vor das Rathaus, doch hatte sich der Magistrat jedesmal rechtzeitig aus dem Staube gemacht. Von der aufgebrachten Einwohnerschaft eskortiert, ging am 24. September eine städtische Abordnung, diesmal gemeinsam mit dem Geheimen Kanzler, Freiherrn von Hertling, und einem Vertreter der Oberlandesregierung in die Residenz. Der Kurfürst versuchte zu beschwichtigen und versprach – wie üblich – die Einsetzung einer besonderen Untersuchungskommission. Jetzt aber griff die Bürgerschaft zur Selbsthilfe: die Häuser der Getreideaufkäufer wurden durchsucht und alle Ware in Beschlag genommen. Der Marktscherge wurde ins Gefängnis gesteckt und ein Bürger übernahm selbst die Marktaufsicht. Noch am selben Tag kapitulierte die Regierung: die Ausfuhr von Getreide, Vieh und anderen Lebensmitteln wurde verboten.

Mit dem Jahr 1793 hatte sich – wie berichtet – der Würgegriff der Regierung gegenüber dem Stadtmagistrat wieder etwas gelockert. Stillschweigend erhielt München seine eigenständige Jurisdiktionsausübung zurückerstattet, da nach der Ablösung Speckners der neubestellte Stadtoberrichter Sedlmayer wieder vom Magistrat gewählt und vorgeschlagen worden war und vom Kurfürsten nur konfirmiert wurde.[43] Die Kommission zur Abstellung der bürgerlichen Beschwerden löste sich auf, ohne daß sie ihrem Zweck nur annähernd gerecht geworden war. Doch die Jahre 1794/95 mit den eben angeführten Widersetzlichkeiten einer vom Fortgang der französischen Umwälzungen nicht unbeeindruckten Bürgerschaft und das gleichzeitige unaufhaltsame Vorrücken der Revolutionsarmeen im Westen stimmten die staatlichen Behörden vorsichtig. Die Regierung mußte sich erneut mit der Bürgergemeinde gutstellen und veranlaßte deshalb den Magistrat zu einer spektakulären Versöhnungsgeste. Dieser hatte am 12. Mai 1795 ein grundsätzliches Einverständnis darüber zu erklären, daß künftig wieder eine «Repräsentantschaft» entsprechend den Festlegungen von 1791/92 an seine Seite treten solle. Im November schloß der Magistrat mit der erst zwei Jahre zuvor abgewerteten Gemeindevertretung darüber sogar einen detaillierten Vergleich, der am 1. Dezember 1795 mittels eines von Karl Theodor erlassenen Wahlbriefes Rechtskraft erlangte.[44] Dieses neue «Fundamentalgesätz der magistratischen Verfassung», das von sich behauptete, es sei eine Rückführung des Stadtregiments auf die «Urkonstitution» von 1403, lieferte alle kommunalen Aufsichts- und Verwaltungsorgane der Kontrolle der Zünfte aus. Die neu eingeteilten 72 Zünfte, deren kleinere jetzt zusammengelegt worden waren, besorgten durch 72 Wahlmänner die Urwahl für 36 Repräsentanten, die zahlenmäßig den wieder auf Lebenszeit zu wählenden Magistratspersonen (24 Äußere und zwölf Innere Räte) gleichgestellt waren. Diese 36, die dem Kurfürsten und dem Magistrat eidlich verpflichtet waren, sollten alle wesentlichen Angelegenheiten der Bürgerschaft und der Zünfte vertreten; die Ratswahl selbst folgte im wesentlichen den Festlegungen von 1791. Mit diesem Wahlbrief war der Magistrat erneut dem Wohlwollen der Bürgergemeinde beziehungsweise der Zünfte unterworfen und von seiner Entscheidungskompetenz blieb nur noch der schöne Schein der alten Ordnung. 1804 wurde in einem Rückblick die Begründung für diese Nachgiebigkeit der Staatsaufsicht geliefert: «Es waren Zeiten der Widersetzlichkeit gegen die Regierung; diese muste sich also um Friede zu erhalten, selbst mit dem tumultuarischen Theile einverstehen und kapitulieren.»[45]

Zum Trost für Bürgermeister und Räte nahm dann die am 12. Januar 1796 in München errichtete kurfürstliche «Polizeyoberdirektion» auf die jahrelangen Ängste des Magistrats vor einer Verstaatlichung der kommunalen Polizeihoheit Rücksicht.[46] Sie war seit 1790 im Gespräch gewesen und hatte den Magistrat seit 1794 zu mehrfachen Vorstellungen und schließlich sogar zur Einschaltung der Landschaft veranlaßt. Als «Oberdirektion» war dem neuen Polizeigremium, dem das Präsidium der Oberlandesregierung, der Stadtkommandant, aber auch der Stadtoberrichter angehörten, eine leitende Aufsicht über das ganze städtische Polizeiwesen übertragen, doch blieb die magistratische Polizeigewalt als erste Instanz und als ordentliche Exekutive erhalten.[47] Drückend war lediglich die Bestimmung, daß die Polizeioberdirektion im Bedarfsfall auf das städtische Polizeipersonal zurückgreifen konnte. In den ersten beiden Jahren ihres Bestehens entfaltete die neue Behörde keine überzeugende Tätigkeit, so daß sich Karl Theodor veranlaßt sah, im Januar 1798 Graf Rumford zum Polizeidirektor zu bestellen. Dieser wiederum entwickelte eine erstaunliche Aktivität, die er in einer eigenen, «Polizey-Erinnerungen» betitelten Zeitschrift sogleich dem Publikum zur Kenntnis brachte.[48] Richtungweisend für München wurde vor allem das von Rumford eingeführte und wegen der ständigen Revolutionsfurcht natürlich perfekt ausgefeilte polizeiliche Meldesystem für Fremde. Da Rumford die ihm übertragene Verantwortung für Ruhe und Sicherheit auch dahingehend verstand, daß er «überall als der Verteidiger von Amts wegen all derjenigen, welche wegen ihrer Armuth oder wegen auffallenden Bedrückungen den Schutz eines Mächtigeren nöthig haben, auftretten dürfe»,[49] scheint er sich endlich auch mit den reaktionären und bigotten «Gewissensräten» Karl

Theodors überworfen zu haben. Im August 1798 bat er den Kurfürsten um Entlassung aus allen Münchner Ämtern und Funktionen, die ihm auch gewährt wurde. Als pfalzbayerischer Geschäftsträger wurde er nach London abgeschoben, wo man ihm (als britischem Untertan) freilich die Akkreditierung verweigerte.

Mit Rumford verschwand eine schillernde und in mancher Hinsicht doch richtungweisende Persönlichkeit vom Münchner Schauplatz, die es verstanden hatte, dem chaotischen Regierungssystem Karl Theodors vorübergehend Halt und Orientierung zu geben. Ohne die alten Formen zu zerbrechen, konfrontierte er die stagnierte Stadtgesellschaft mit dem «Zeitgeist» und riskierte auch ein Mehr an sozialer Gerechtigkeit. Der vom Selbstbehauptungskampf überbeanspruchte Magistrat und die auf das Zunftinteresse ausgerichtete Bürgerschaft brachten für Rumfords Reformeifer freilich kein Verständnis auf. Kurfürst und Ministerium hingegen benutzten die Volksbeglückungsmaßnahmen primär als Attitüde, die ihre wechselnden politischen Überlebensstrategien philanthropisch verbrämen sollte. Doch auch in anderer Hinsicht hat Rumford Münchner Geschichte geschrieben:

Kriegsbedrohung, Revolutionsängste und ein neuer Landesherr

Als im Sommer 1796 beim Vordringen der französischen Rheinarmee unter ihrem Oberbefehlshaber Moreau nach Schwaben die Kriegsgefahr für Bayern wuchs, war es in erster Linie Rumford, der in München den Überblick und einen kühlen Kopf behielt. Karl Theodor hatte Bayern für neutral erklärt und sich mit seiner jungen Gemahlin Maria Leopoldina nach Sachsen abgesetzt. Lorenz Westenrieder notierte in seinem Tagebuch: «Den 22. August in der Frühe um 6½ Uhr ist der Kurfürst fortgereist. Es waren 5–6 sechsspännige Wagen, welche heut bis Altötting kommen. Wiewohl das hiesige Publikum gar nicht traurig bei der Nachricht war, weil man hoffte, daß die zurückgelassene Interimregenten gegen die Bürger Achtung tragen und die entsetzliche Vermehrung der Juden, die Vermehrung der Kaffee- und Bierhäuser, die Volksvermehrung mit Lumpenleuten, das Lumpen und Tanzen und Spazierengehen ... abstellen würden, so haben beim Anblick dieser Abfahrt, die in der That rührend war, einige Leute geweint.»[50] Da alle noch verfügbaren bayerischen Regimenter in München konzentriert wurden, strömten in der Folge an die 14000 Soldaten in der Stadt zusammen.[51] Die «Interimregierung», das heißt ein Landesdirektorium unter der Führung des Geheimen Kanzlers Hertling, war nicht in der Lage, die sich dramatisch entwickelnde Situation zu bewältigen, weshalb das Oberkommando über die Besatzung dem Grafen Rumford übertragen wurde. Sowohl die sich zurückziehende k.k. Armee (die mit einem Corps emigrierter Franzosen unter dem Prinzen Condé vereinigt war), als auch die nachrükkenden Revolutionstruppen respektierten die aufgrund der Neutralität Münchens getroffene Entscheidung Rumfords, daß ihnen jeweils Eintritt und Durchzug verweigert, dafür aber Verpflegung geliefert werde. Kriegshandlungen spielten sich allerdings an der Isarbrücke, im Lehel und auf den Gasteighöhen ab, wobei am 7. September ein Brand beinahe auf die Stadt übergegriffen hätte. Nach Verhandlungen mit den französischen Generälen konnte Rumford Löschmannschaften der Garnison vor die Tore bringen, die das Feuer glücklich eindämmten. Am Ende der vom 31. August bis zum 12. September 1796 dauernden Blockade der Stadt – die Kriegsgefahr war noch nicht gebannt – nahm Rumford sogleich seinen bereits Jahre dauernden Kampf gegen die unter militärischen Gesichtspunkten völlig veraltete Festung München wieder auf.[52]

Um feindliche Armeen leichter um München herumleiten zu können, sollten alle durch die Bastionen gebildeten «unnöthigen Winkel und Krümmungen» der Weg- und Straßenführung abgeschafft werden. Auch Privatgrundstücke im Vorfeld wurden enteignet und abgeräumt, worauf schließlich Soldaten der Garnison das Gelände vor der befestigten Stadt zu einer breiten Ringchaussee umgestalteten. Diese bequeme Erschließungsstraße um den Altstadtbereich sollte zu Beginn des 19. Jahrhunderts das «Rückgrat» der gesamten Stadtentwicklung und Stadterweiterung werden. Rumford knüpfte mit seiner Ringchaussee von 1796/97 an die von ihm 1791 begonnene Umgestaltung der Außenlinie Münchens an. Damals hatte er durchgesetzt, daß im Interesse des Verkehrsflusses die Bastion vor dem Neuhauser Tor abgetragen und eine gerade Trasse zwischen der Neuhauser Gasse und der Pasinger beziehungsweise Dachauer Landstraße hergestellt wurde. Diese exemplarische Freigabe von Festungsareal hatte er zudem dazu genützt, um auf dem neuen Freigelände vor dem Tor Einheitsmietshäuser errichten zu lassen, was als erneuter Fingerzeig zur Behebung der katastrophalen Wohnungsnot dienen sollte. Die charakteristische Anlage der sogenannten Rondellbauten und die 1792 vollzogene Benennung von Tor und Platz in Karlstor beziehungsweise Karlsplatz künden noch heute von diesem wichtigen Versuch einer Ausweitung des Stadtraums.[53] Es kann nicht verwundern, daß auch diese Maßnahme damals die schärfsten Proteste von Magistrat und Bürgergemeinde ausgelöst hatte. Kategorisch wurde die Belassung der Wälle gefordert. Eine Entscheidung Karl Theodors vom 2. Juni 1795, daß München fortan keine Festung mehr sein könne, hatte zwar die Rumfordschen Forderungen nach einer schrittweisen Entfestigung zum Dogma erhoben,[54] doch ließ gerade damals die negative Entwicklung des Reichskrieges gegen Frankreich eine weitere Niederlegung von Festungssegmenten untunlich erscheinen.

Nach dem Rückzug der französischen Truppen im Herbst 1796 blieb die Lage in der Stadt gespannt. Die Revolutionsfurcht des zurückgekehrten Kurfürsten steigerte sich zur Hysterie, und die seit 1795 am Stadtregiment beteiligten Zünfte verstanden sich als zusätzliche Ordnungsmacht. Pflegten doch die 72 Wahlmänner der Zünfte eigene Beratungen abzuhalten und mittels «unmaßgeblicher Erinnerungen» die Korporation der 36 Bürgerrepräsentanten auf Mißstände in der Stadtverwaltung hinzuweisen. So wurde beispielsweise am 7. Februar 1797 nicht allein über den Verfall der milden Stiftungen, das schlechte Pflaster und die unzureichende Straßenbeleuchtung geklagt, sondern auch berichtet, daß die Stadtkammer bei bestimmten Herrschaften und Klöstern Steuerausstände von über 200000 Gulden einzuheben versäume.[55] Der Repräsentantschaft wurde wiederum die formale Vorgesetztenfunktion eines «hochedl und wohlweisen» Magistrats immer lästiger, insbesondere deren exklusive Kontakte zur Landschaft, weshalb im Herbst 1798 der Plan entstand, ein in Permanenz tagendes, paritätisch besetztes «Comitée» aus Innerem und Äußerem Rat und Bürgerrepräsentation einzurichten, dem alle «vorkommende dringende und allenfalls geheimen Gegenstände zur Preparierung oder Verhandlung» übertragen werden sollten. Damit wäre jede Exklusivität magistratischer Meinungsbildung oder Entscheidung endgültig zum Erliegen gekommen. Als im Februar 1799 die jeweiligen Comitéemitglieder bereits benannt waren,[56] verhinderte der Tod Karl Theodors die Realisierung dieses Vorhabens. Damit blieb die Verfassungsentwicklung vorläufig auf dem Stand von 1795 festgeschrieben. Während beim Tod Max III. Josephs (1777) die ganze Stadt in Tränen zerflossen war, wich mit dem Hinscheiden Karl Theodors am 16. Februar 1799 ein schlimmer Alptraum: «Man läutete bey den Theatinern und die ganze Stadt fing endlich an, frey zu athmen ... Man hatte heute nur Eine Gesinnung und man zerstiess sich taumelnd die Gläser in den Händen, um selbe recht zu bekräftigen. Den Mannheimern, die man überlaut hohnneckte, war anders zu Muth. Die meisten verdientens nicht besser, und sie haben uns seit 1779 arg genug mitgespielt.»[57]

Mit herzlicher Freude begrüßten die Münchner den Kurfürsten Max IV. Joseph. Bei seinem ersten Einzug in die Stadt am 20. Februar 1799 machte ihr Jubel die Zugpferde seines Wagens scheu; am Tag seiner feierlichen Einholung, dem 12. März, war die öffentliche Begeisterung nicht geringer. Dabei sollte der Thron- und Regierungswechsel der Bürgerschaft und der ganzen Stadtbevölkerung nur wenig Erleichterung bringen, im Gegenteil: Max Josephs politischer Ratgeber Maximilian von Montgelas hatte bereits feste Programmpunkte einer politisch-gesellschaftlichen Neuorientierung in der Tasche, welche neben einer auf territoriale Abrundung ausgerichteten Außenpolitik durchgreifende innenpolitische Reformen ankündigten.[58] Deren Ziel war die rigorose Durchsetzung der Staatssouveränität, die Gleichheit aller vor dem Gesetz, der Aufbau einer neuen Gerichtsorganisation und Verwaltung, die Einschränkung der Grundherrschaft und die Säkularisation des Kirchenguts. Daß diese Pläne auch für die landständische Verfassung Bayerns und damit für die differenzierten kommunalen Sonderbereiche nicht ohne Konsequenzen bleiben konnten, lag auf der Hand, war aber zunächst nicht näher definiert und sollte der Gesamtentwicklung überlassen bleiben.

Doch die Anfangsschwierigkeiten der neuen Regierung waren unübersehbar: Die Staatskasse erwies sich als leer, und beinahe 110000 österreichische Soldaten hielten Bayern militärisch im Griff. Als ein Jahr später die Franzosen erneut gegen München vorrückten, war die Volksstimmung gegen die verbündeten Kaiserlichen und für die Armee Moreaus. Am 30. Juni 1800 zogen die französischen Truppen in die unverteidigte Stadt ein; der Kurfürst und seine Berater hatten sich schon vorher nach Amberg in Sicherheit gebracht. Der Divisionsgeneral Decaen war über den herzlichen Empfang durch die Bevölkerung überrascht: «il semblait que nous étions plustot des libérateurs que des ennemies.»[59] Es waren nämlich revolutionäre Demokraten und Jakobinerfreunde, die schon seit den Tagen Karl Theodors untereinander Verbindung hielten, die jetzt in der Stadt den Ton angaben;[60] Schmähschriften gegen die Regierung und gegen das noch vor Jahresfrist umjubelte Haus Wittelsbach-Zweibrücken zirkulierten.[61] Man warf Max Joseph vor, durch die Annahme englischer Subsidien Frankreich provoziert und den militärischen Einfall ausgelöst zu haben. Es wäre ein Irrtum anzunehmen, daß die anfängliche Kooperationsbereitschaft gegenüber der Armee Moreaus, die hauptsächlich von der Intelligenz und ultraliberalen Staatsbeamten (dazu gehörte auch der geheime Referendär Joseph von Utzschneider) ausging, allzulange vorgehalten hätte. Denn die «Neufranken» forderten hohe Geldkontributionen nebst kaum aufzutreibenden Naturalienlieferungen und plagten die Bürger überdies durch kostspielige Einquartierungen. Dazu kam für die Mitglieder des Bürgermilitärs die Pflicht zum ständigen Wachestehen, was ja Zeit- und Geldverlust bedeutete, und darüber hinaus eine für die Stadtbewohner empfindliche Teuerung aller Lebensmittel. Nach der für die Österreicher und das mit ihnen verbündete bayerische Korps unglücklichen Schlacht bei Hohenlinden am 3. Dezember 1800 konnte man an den Kolonnen von Verwundeten und Gefangenen die grausame Wirklichkeit der angekündigten «besseren Zeiten» besonders anschaulich erfahren.

Die Münchner hatten sich in den folgenden Jahren überhaupt auf eine nicht abreißende Folge von Kriegen einzurichten, denn die damals allein vom Waffenglück abhängende Entwicklung Europas forderte auch von Bayern einen Tribut aus Eisen und Blut. Im Herbst 1805, als Max Joseph bereits auf die Seite Napoleons übergeschwenkt war, hatte die Stadt erst die Plackereien des österreichischen Durchzugs, dann die Lasten des französischen Einmarsches zu bewältigen.[62] Die Quartierforderungen waren diesmal enorm, manche Hausbesitzer bekamen fünfzig oder sechzig Mann zugewiesen. Auch der wiederholte Anblick des Kaisers Napoleon, der am 24. Oktober und am 30. Dezember 1805 in der Stadt eintraf, entschädigte die Bürgerschaft nur unzureichend für die Belästigungen und Ausplünderungen durch die neuen Verbündeten. Der Schuldenstand der Stadt belief sich Anfang 1806 auf 604000 Gulden.[63] Groß war inzwischen die Enttäuschung über den vermeintlichen Hoffnungsträger Max Joseph. Dessen Proklamation zum König von Bayern am Jahresbeginn 1806 wurde zwar mit Glockengeläute, Paraden und einer nächtlichen Illumination gefeiert, doch hielt sich die Begeisterung in Grenzen, da gerade zu diesem Zeitpunkt zum Schrecken der Einwohnerschaft erneute französische Einquartierung angekündigt war. Verwundert beobachteten die biederen Handwerker die Unterwürfigkeit des Hofes, der Hofschranzen und des von Montgelas handverlesenen neuen Beamtenapparats gegenüber dem großen Alliierten. 1809 wurde die Stadt erneut in das napoleonische «Kriegstheater» einbezogen: vom Frühjahr bis in den Winter dauerten die militärischen Durchzüge von Österreichern und Franzosen, das Einbringen gefangener Tiroler und die Versorgung jämmerlich zugerichteter bayerischer Soldaten.[64]

Als der siegreiche französische Kaiser bei seiner Rückreise von Wien nach Paris am 20. Oktober 1809 wieder durch München kam, war der Jubel für den Protektor dennoch groß. Der sichere Platz an der Seite einer Weltmacht eröffnete Bayern verlockende Perspektiven beim Umbau des alten Europa; Requisitionen und Einquartierungen waren eben der unabdingbare Preis für das Wachstum des Vaterlandes und für die große Ehre Münchens, seit dem 1. Januar 1806 die Hauptstadt eines allseits respektierten Königreiches zu sein. «Nie war in Bayern die Franzosenliebe und die Liebe zu deren Kaiser so hoch gestiegen als damals. Er war der allverehrte Abgott der Menge», notierte aus der Rückschau der damalige Münchner Kadett August von Platen.[65] Ein Jahr später, 1810, ergab sich für die Münchner Gelegenheit, auch der herrschenden Dynastie Wittelsbach, die trotz aller Bedrückungen und Opfer nie erloschene und durch die politischen und militärischen Erfolge erneuerte Anhänglichkeit eindrucksvoll vor Augen zu führen. Anlaß war die Hochzeit des Kronprinzen Ludwig mit der sächsischen Prinzessin Therese. Unter den Festveranstaltungen erfreute sich das auf der großen Freifläche vor dem Sendlinger Berg abgehaltene Pferderennen, das die Kavalleriedivision der Nationalgarde dritter Klasse auf Veranlassung des Majors Andreas Dall'Armi ausrichtete, eines besonders regen Zulaufes. Wurde doch damit die seit 1786 unterbrochene Tradition der in Altmünchen einst so beliebten Scharlachrennen wieder aufgegriffen. Mit dem Rennen vom 17. Oktober 1810 beginnt die Zählung der Münchner Oktoberfeste, und der festliche Schauplatz wurde zu Ehren der Braut umgehend «Theresienwiese» genannt.[66] Nachdem erfolgreiche Wiederholungen des Pferderennens in den nächsten Jahren vom Landwirtschaftlichen Verein organisiert und getragen wurden, mußte seit 1819 die Stadtverwaltung dieses dem regierenden Haus aus ideologischen Gründen so wichtige «Nationalfest» in eigene Regie übernehmen, obschon man mit Rücksicht auf die leeren Kassen von dieser kostspieligen Ehre zunächst gar nicht begeistert war.

Vom Untergang der alten Stadtverfassung bis zum Gemeindeedikt von 1818

Daß seit der Übernahme der Staatsgeschäfte durch Montgelas in Bayern ein anderer Wind wehte, war dem Magistrat und der Bürgerschaft bereits 1799 klargeworden. Die schon acht Jahre währende Diskussion um die angeblich nicht mehr zeitgemäßen «Freiheiten» der Stadt wurde im Juli 1799 abrupt beendet, indem der Staat alle wichtigen Appellationsprivilegien kassierte. Dies bedeutete, daß künftig gegen gerichtliche Urteile des Magistrats eine Berufung an das kurfürstliche Revisorium möglich wurde. Nur in Ewiggeldangelegenheiten blieben dem Magistrat appellationsfreie Entscheidungen provisorisch überlassen.[67] Proteste der Stadt und der Landschaftsvertretung zeigten keine Wirkung. Spektakulärer als diese Beeinträchtigung der juristischen Kompetenz der Stadtverwaltung war freilich ein anderer Eingriff der Staatsgewalt. Im November 1800 hatte die Regierung von Amberg aus bestimmt, daß künftig die katholische Religion nicht mehr als wesentliche Bedingung einer Ansässigmachung im bayerischen Teil des Kurstaates gelte. Im Vertrauen darauf hatte der zur Reformierten Kirche gehörige Lieferant Michel aus Mannheim eine Münchner Weingastgebensgerechtigkeit und damit das Bürgerrecht erwerben wollen.[68] Doch die Münchner Zunftvertreter opponierten und nötigten den Magistrat unter Hinweis auf die bisher in Bayern verfassungsmäßige Exklusivität des Katholizismus zur Einschaltung des Landschaftsausschusses. Dieser spielte den Fall tatsächlich zur Staatsaffäre hoch und ermunterte den Münchner Magistrat, die ganze Angelegenheit «bei dem Landschaftlichen Universali anzubringen, wo wir sodann eben so wenig entstehen werden, nach Inhalt der Landtags-Instruction vom Jahre 1669 zu handeln».[69] Hier offenbarte sich in der Tat ein bizarres Mißverständnis: auf der einen Seite ein verzopft-schwerfälliges, noch immer auf verbürgtes Recht und Observanz vertrauendes System hergebrachter Selbstverwaltungskörper, auf der anderen eine nur auf Vernunftgründe bauende, zielstrebige Staatsautorität, die neben ihrem einmal erklärten Willen keinen anderen Rechtsstandpunkt zu akzeptieren beabsichtigte. Für immer denkwürdig ist deshalb jenes eigenhändige Schreiben Max Josephs vom 29. Juli 1801, mit dem er die Affäre als Autokrator bereinigte. «Nach reifer Überlegung und mit der Gewisheit daß das Recht auf meiner Seite ist», befahl er dem Stadtmagistrat, dem Handelsmann Michel bis zum Ablauf des nächsten Tages das Bürgerrecht zu erteilen, wobei er hinzusetzte: «für den geringsten Exzeß haftet jedes Magistratsmitglied persönlich.»[70]

War schon die Durchsetzung religiöser Toleranz für weite Teile der Münchner Bevölkerung kaum nachvollziehbar, so wurde auch die feindselige Religionspolitik Montgelas' mit ihrer Aufhebung der seit altersher beliebten Bettelordensklöster und der Abwürdigung vieler Feiertage mit noch größerem Unverständnis und Unmut kommentiert. Zu einer ernsthaften Machtprobe mit der Regierung kam es am offiziell abgeschafften Pfingstdienstag des Jahres 1802, als eine aus Andechs zurückgekehrte Prozession der Marianischen Kongregation, an der auch der Stadtkämmerer Franz de Paula Mittermayr und ein Innerer Rat teilgenommen hatten, ihren feierlichen Einzug in die Stadt erzwang, den weder der geschäftige Polizeidirektor Anton Baumgartner noch rasch aufgebotenes Militär verhindern konnten.[71] Am nächsten Tag nahmen die Münchner Handwerksgesellen das gewaltsame Vorgehen von Polizei und Militär zum Anlaß, mittels eines Warnstreiks gegen alle Zwangsmaßnahmen bei Feierwilligen zu protestieren und die Frage nach einem Lohnausgleich für die vermehrten Arbeitstage aufzuwerfen. Die mündliche Zusicherung des zur Hauptwache geeilten Kurfürsten an Deputierte der Gesellenverbände, man wolle die Forderungen berücksichtigen, genügte diesen nicht. Es folgten umfangreiche Arbeitsniederlegungen, gegen die man die bewaffnete Macht – es wurde scharfe Munition ausgegeben – zum Einsatz brachte. 167 Gesellen wurden arretiert und zum Teil mißhandelt. Es folgte eine strenge Untersuchung unter Zuziehung des Stadtoberrichters: zwei Arrestanten wurden zu je 25 Stockschlägen verurteilt, die anderen ins Militärgefängnis gesteckt. Nun trat die Zunftvertretung auf den Plan und forderte von den Gemeindeausschüssern und den Ratsmitgliedern die Einschaltung der Landschaft, was diese tunlichst unterließen. Man setzte sich aber umgehend für die inhaftierten Gesellen ein und erreichte auch ihre Freilassung. Heftige Schuldzuweisungen der Regierung wegen mangelnder magistratischer Vorbeugemaßnahmen, dann wegen fehlender Wachsamkeit, Tätigkeit und

Entschlossenheit, wies man zurück, bewilligte aber gleichzeitig beflissen eine Spende von zweihundert Gulden aus der Stadtkammer für das eingesetzte Militär.

Während die Münchner Ereignisse im Ausland als Indiz für das Scheitern der Religionspolitik der Regierung gewertet wurden, war nun für Montgelas der Zeitpunkt gekommen, die ihm in allen Bereichen hinderliche Stadtverfassung zu reformieren. Ihm ging es dabei nicht allein um einen weiteren Abbau der magistratischen Kompetenz, ebenso vordringlich war die Eindämmung des seit 1791 bedrohlich gewachsenen bürgerschaftlichen Selbstbewußtseins. Dem allmächtigen Minister sekundierte dabei in erster Linie der Generallandesdirektionsrat Karl Sebastian Heller von Hellersberg,[72] der die Grundgedanken über das künftige Verhältnis der Stadtgemeinde zur Landesherrschaft zu Papier brachte.[73] Oberstes Ziel aller Überlegungen war die Trennung von Verwaltung und Justiz, die unmittelbare Überwachung der Magistratsbeschlüsse und die Einschränkung der durch den Wahlbrief von 1795 fixierten Bürger- beziehungsweise Zunftrepräsentation in der Haupt- und Residenzstadt München. Der erste Vorstoß Montgelas' gegen die kommunale Selbstverwaltung war der Erlaß vom 31. Dezember 1802, der allen neu zu bestimmenden hauptstädtischen Magistraten in Bayern die Gerichts- und Polizeihoheit abnahm; es verblieb lediglich die Verwaltung der Kammergefälle und der Kirchen- und Wohltätigkeitsstiftungen.[74] Jedes Jahr war der Regierung gegenüber Rechnung abzulegen und ein jeweils zu den Magistratssitzungen abgestellter landesherrlicher Kommissär hatte die Beschlüsse mit seiner Unterschrift zu bekräftigen.

Der entscheidende Streich war dann die am 14. November 1804 angeordnete Neuorganisation der Münchner Stadtvertretung.[75] An die Stelle von Innerem und Äußerem Rat trat ein einheitliches Ratskollegium mit zwölf Magistratsräten (darunter zwei rechtskundigen Bürgermeistern) und zwölf Ausschüssern der Gemeinde. Die Bestellung dieser Ausschüsser war noch Anlaß für einiges Hin und Her, bis man sich seitens der Regierung 1807 damit zufriedengab, daß ihre Wahl durch die noch lebenden 46 der zuletzt bestellten 72 Wahlmänner vor sich gehen könne. Die Alternative wäre nämlich gewesen, aus mehreren Abteilungen des Stadtgebietes je 100 bis 125 wahlfähige Bürger zur Bestimmung von Wahlmännern aufzurufen, doch ängstigte man sich vor einer alle drei Jahre zu wiederholenden Versammlung der Bürgerschaft (Magistrat und Ausschuß sollten nämlich in dieser Frist je zur Hälfte wieder neu gewählt werden).[76] Während das neue kurfürstliche Stadtgericht, dem auch der bisherige Stadtoberrichter angehörte, 1804 seine Arbeit aufnehmen konnte und bereits 1803 die kurfürstliche Lokalpolizeidirektion die ehemaligen magistratischen Polizeizweige unter sich vereinigt hatte, machte die definitive Neubestellung des beinahe völlig entmündigten

Magistrats noch einige Schwierigkeiten. Die ob der drastischen Kompetenzbeschneidung nach 1802 bestürzten Ratsmitglieder hatten zunächst den Kurfürsten um die Aufrechterhaltung ihrer «so sehr gekränkten Ehre» angefleht, doch war ihnen kalt mitgeteilt worden, daß sie sich wegen der Besorgnis ihrer «geglaubt gekränkten Ehre» beruhigen könnten, und die Landschaftsverordnung, die offizielle Beschwerde über die Maßnahmen eingelegt hatte, wurde auf eine besondere Resolution verwiesen, auf die sie allerdings bis zu ihrer eigenen Auflösung warten durfte.[77]

Bevor noch der in jeder Hinsicht reduzierte Stadtrat seine Neukonstituierung abgeschlossen und seine verbleibenden Tätigkeiten aufgenommen hatte, konnte das Innenministerium einen weiteren Schlag ausführen: 1806 war bestimmt worden, daß die Verwaltung des Gemeinde- und Stiftungsvermögens nur ein gesonderter Teil der Staatsverwaltung sei,[78] ein Grundsatz, der 1808 auch für die gemeindliche Armenpflege ausgesprochen wurde.[79] Die für ganz Bayern gültigen Edikte über das Gemeindewesen vom 28. Juli und 24. September 1808 stellten schließlich die Kommunen völlig unter die Kuratel des Staates:[80] an der Spitze eines von der Polizeidirektion (!) erkorenen «Munizipalrates» mit vier oder fünf Mitgliedern aus dem finanziell vermögendsten Teil der Bürgerschaft stand ein von der Regierung bestellter Administrator, dessen Position dem *maire* der französischen Gemeindeverfassung entsprach. Zur Ausführung dieser Edikte (solange blieb dem alten Stadtrat noch eine Gnadenfrist) wurde am 24. Dezember 1810 festgesetzt, daß mit Wirkung vom 1. Januar 1811 die Haupt- und Residenzstadt München (damals 1964 Häuser, 5919 Familien und rund 48000 Einwohner) nach der neuen Ordnung verwaltet werde.[81] Den in die Funktion von Munizipalräten eingesetzten Bürgern – dies waren Handelsleute und Realitätenbesitzer, die zum Teil schon im bisherigen Rat vertreten waren – wurde als «Kommunaladministrator» der bisherige Bürgermeister Mittermayr vorgesetzt. Damit waren die Übergänge personell zwar fließend, die deprimierende Entmachtung der Stadtvertretung, das völlige Erliegen des kommunalen Eigenlebens waren jedoch traurige Wirklichkeit geworden. Das Schicksal Münchens lag allein in den Händen des Staates. Auch das traditionsreiche Siegel- und Wappenbild Münchens, der Mönch, wurde nun abgeschafft. An seine Stelle trat ein kunstloses Produkt der Kanzleiheraldik. Das neue Stadtwappen bestand aus einem offenen Portal, auf dem eine Königskrone ruhte. Im Portal hielt ein Löwe in der rechten Pranke ein blankes Schwert, in der linken ein Schildchen mit dem Buchstaben M (= Maximilian).[82]

Man darf nicht übersehen, daß die Edikte über das Gemeindewesen von 1808, wie schon die vorhergehenden Bestimmungen, im Vollzug größere Schwierigkeiten machten, als gewöhnlich angenommen. Die Neuordnung wurde durch die Kriegszeiten und die Unlust der Bürgerschaften erschwert, so daß die Munizipalorganisation nur in etwa zwei Dritteln der bayerischen Städte und Märkte zum Vollzug kam und in vielen Landgemeinden mit ihr gar nicht begonnen wurde.[83] Seit 1815 erwog die sich von französischen Verwaltungsmaximen emanzipierende Regierung wieder einen vorsichtigen Rückzug aus dem schwierigen Terrain. Bereits einen Monat nach dem Sturz Montgelas' wurde in der Verordnung vom 6. März 1817 die Erneuerung gewählter Magistrate und die kommunale Selbstverwaltung zumindest des Gemeindevermögens und der Kultus-, Schul- und Wohltätigkeitsstiftungen in Aussicht gestellt.[84]

Das Gemeindeedikt vom 17. Mai 1818 gab dann auch in München den Weg für eine neue Stadtvertretung frei, die künftig aus zwei Kammern, dem Magistrat und dem Kollegium der Gemeindebevollmächtigten, bestand. Zwei durch juristische Ausbildung qualifizierte Bürgermeister,[85] zwölf Magistratsräte und 36 Gemeindebevollmächtigte wurden über Wahlmänner von den Inhabern des Gemeindebürgerrechts gewählt. Dieses Recht war an Grundbesitz und konzessionspflichtige Gewerbeausübung geknüpft und schloß also weiterhin die Mehrheit der Stadtbewohner von einer Beteiligung aus. Da die künftigen Mitglieder von Magistrat und Gemeindebevollmächtigtenkollegium dem höchstbesteuerten Drittel der Bürgerrechtsinhaber angehören mußten, waren die neuen Funktionsträger ausgesprochene Klassenvertreter des Besitzbürgertums. Es liegt auf der Hand, daß die Freude der Münchner Bürgerschaft über den – allerdings noch sehr eingeschränkten – Neubeginn kommunaler Selbständigkeit nicht vom Gros der inzwischen auf rund 54000 Personen angewachsenen Einwohnerschaft geteilt wurde. Insbesondere unter der neubayerischen Beamtenschaft der Haupt- und Residenzstadt rief die allgemeine politische Kehrtwendung nicht nur Erleichterung hervor. Der scharfzüngige Karl Heinrich von Lang, der 1811 von Ansbach als Direktor des neubegründeten Reichsarchivs nach München geholt worden war, beschreibt in seinen Memoiren die Münchner Situation im Jahrfünft zwischen 1813 und 1818 und verbindet damit eine kritische Abrechnung mit der einsetzenden Restauration: «Nun begann auch in München der böse französische Geist zu entweichen und einem brausenden Patriotismus in Schnauzbärten und himmelblauen Röcklein Platz zu machen. Präsidenten, Kanzler und Räthe fingen an zu exerciren; die jungen Herren Grafen und Barone suchten in den Kaffeehäusern und an den Wirthstafeln die alten Franzosenfreunde auf, um vor ihnen ihre Verwünschungen und Flüche auszuschütten, und so ist sie nun mit Gottes Hülfe und um den Preis unsers vielen Blutes wieder da, die schöne alte Zeit der Patrimonialgerichte, der Landsperren, der Siegelmäßigkeit und Steuerprivilegien, der neuen Fideicomisse, der wieder befestigten leibeigenen Gütergebundenheit, der geheiligten Gemeindeordnungen, der Wallfahrten, des Kapuzinerbettels.»[86]

Am 9. November 1818 fanden sich die neuen Magistratsangehörigen und Gemeindebevollmächtigten nach einem feierlichen Hochamt in St. Peter im Großen Saal des Rathauses ein, um angeführt von den Bürgermeistern Mittermayr und Utzschneider den Verfassungs- und Diensteid abzulegen.[87] Wenige Tage später wurde auch das Stadtwappen von 1808 in einem wichtigen Detail geändert und dem von einem Löwen gehaltenen Schildchen statt des Buchstabens «M» (= Maximilian) der Kopf des Stadtmönches aufgelegt. Doch noch weitere 16 Jahre mußten vergehen, bis München wieder den ganzen Mönch in sein Stadtwappen bekam, denn erst 1834/35 wurde erneut an die mittelalterlichen Siegelbilder angeknüpft.[88]

Bei der Übernahme der Vermögensverwaltung von der bisherigen Kommunaladministration wurde der Schuldenstand der Stadt mit 469000 Gulden angegeben (bei einem Aktivvermögen von 324000 Gulden). «Eigentlich konnte auch Niemand ein klares Bild von dem Schattenreiche der Gemeinde der jüngstvergangenen Jahre geben. Dem Magistrate, auf die innere Kraft vertrauend, war aber auch daran nicht viel gelegen, denn er mußte den verlorenen Sohn in seine Arme nehmen, wenn er auch mit zerissenem Kleide erschienen wäre.»[89]

Zum Stadtwachstum nach 1802

Die meisten Wunden hatten dem kommunalen Vermögen die in der Nachfolge der Rumfordschen Ansätze durchgeführte Entfestigung und Erweiterung des Stadtareals zugefügt, die der Vollständigkeit halber hier noch nachgetragen werden dürfen. Eine systematische Ausdehnung Münchens begann 1802/03 nach der Einebnung des Festungsgeländes zwischen Karlstor und Schwabinger Tor[90] mit der Errichtung von Einheitsmietshäusern im einstigen Zwingerbereich, deren verdichtete Bauweise den Charakter der geschlossenen Stadt freilich nicht veränderte und die notwendig gewordene Öffnung des Stadtraumes nicht ausreichend realisierte.[91] Hierfür wurden erst nach 1806 in einem Wettbewerb um die Erschließung des Freigeländes vor dem Maxtor grundsätzliche und verbindliche Vorstellungen und Festlegungen ausgearbeitet. Durch die gemeinsame Planungs- und Entwurfstätigkeit des Hofgärtners Friedrich Ludwig von Sckell und des Architekten Karl von Fischer entstand im Nordwesten längs des Fürstenweges nach Nymphenburg (in etwa der Verlauf der heutigen Brienner Straße) ein musterhaft erschlossenes, in geräumige Quadrate unterteiltes Siedlungsgebiet, das alle Möglichkeiten einer offenen und durchgrünten Bebauung aufzeigte und besonders als Wohngegend für den die Residenznähe schätzenden Hof- und Geldadel geeignet schien. Auch in anderen Bereichen jenseits des alten Befestigungsringes wurde von namhaften Architekten geplant und projektiert. Wie sehr auch immer bei der nachfolgenden Umsetzung der Planung bestimmte Areale vernachlässigt oder bevorzugt wurden, entscheidend waren zunächst der einheitliche Ansatz und der feste Wille, den Glanz der neuen «königlichen» Haupt- und Residenzstadt in den Erweiterungsflächen zur Geltung zu bringen. Ungeachtet der unterschiedlichen Gegebenheiten in den sogenannten Äußeren Stadtvierteln (die alten inneren Stadtviertel gaben zunächst auch das Einteilungsprinzip des neuen Außenterrains vor) waren ein eigentumsrechtlicher Umschichtungsprozeß und verbindliche planerische Vorgaben das Ziel.

Durch Ministerialreskript vom 25. August 1810 wurde ein «Generalplan» gefordert und dabei eine Reihe von Leitvorgaben fixiert. So sollte auf die Aussparung freier und großer Plätze Rücksicht genommen und die Kultur der Gärten gefördert werden, «welche durch Ausdünstung der Erde, der aromatischen Kräuter und des Blüthenduftes zur Luftverbesserung wesentlich beitragen».[92] Eine Rücksicht auf die schon vorhandenen, zerstreut liegenden und willkürlich errichteten Bauten war nicht vorgesehen. Selbst die Stadttore schienen entbehrlich «zur Gewinnung einer freien Aussicht, dann der leichteren Communication zwischen der alten Stadt und der Vorstadt».[93] Der im Singular verwandte Begriff «Vorstadt» verdeutlicht das Gesamtphänomen: die in den Jahren bis 1812 amtlich festgeschriebene Unterteilung des Planungsgeländes in «Maxvorstadt», «Ludwigsvorstadt», «Isarvorstadt», «St.-Anna-Vorstadt» und «Schönfeldvorstadt» ändert daran nichts.

Mit Ausnahme der Maxvorstadt stieß die Erschließungs- und Verschönerungsaktivität der eigens gegründeten «Baukommission» (der Vorläuferin unserer Lokalbaukommission) in der Praxis auf erhebliche Schwierigkeiten, weshalb eine gleichmäßige Regulierung des gesamten Vorgeländes bald ad acta gelegt werden mußte. Nur im Westen und Süden konnten noch die der alten Festungslinie folgenden Trassen der Sonnen-, Müller- und Blumenstraße, das Gelände zwischen Bayer- und Schwanthalerstraße und der Bereich zwischen Sendlinger Torplatz und Allgemeinem Krankenhaus «vorstädtisch» gedeihen. Aber auch die weiträumige und großzügige Ausgangskonzeption Sckells und Fischers für die exemplarisch vorangetriebene Maxvorstadt erfuhr mit der Berufung Leo von Klenzes 1816 zum allmächtigen Bauintendanten eine erhebliche Veränderung: nicht mehr das naturfreundliche, «offene» Pavillonsystem sollte künftig dominieren, sondern die «geschlossene», das heißt unmittelbar (Brandmauer an Brandmauer) aneinanderstoßende Bebauung. Damit begannen sich im maßgeblichen

Wir verordnete und geschworne Führer
des Handwerks der Maurer-Meister in der Churfürstl.
Haupt-und Residentz Stadt München, bekenen, daß gegenwärtiger Gesell
Namens [illegible] von [illegible] geburtig so 22 Jahr alt von
Statur [illegible] auch [illegible] Haaren, ist bey uns allhier – Jahr 6. Wochen in
Arbeit gestanden, und sich solcher Zeit über treu, fleißig, still, friedsam, u. ehrlich, wie es einem
jeglichen Handwerks Gesellen gebühret, verhalten habe, welches wir hiemit also bezeügen, und
deßhalben unsere samtliche mit-Meister diesen Gesellen nach Handwerks Gebrauch überall zu
fordern gezimend ersuchen wollen. Zur Urkund dessen haben wir gegenwartige Kundschaft
mit unserm Handwerks Insigl gefertiget, und von uns Führern eigenhändig unterschrieben
ihm [illegible] ertheilt so geschehen in München den 11 März 1799.

Comissair | Geschworne Meister | Meister wo der Gesell in Arbeit gestanden.

[illegible]

20. *Gesellenbrief des Münchner Maurerhandwerks, ausgestellt 1799, Kupferstich.*

21. Haus und Werkstatt eines Schäfflermeisters am Färbergraben, Kupferstich von Ferdinand Bollinger, 1805.

nordwestlichen Erschließungsgebiet rasch städtische Akzentuierungen durchzusetzen, welche die Mustervorstadt nach und nach zu einer wirklichen «Neustadt» machten.

In wenigen Jahren hatte sich das Erscheinungsbild Münchens gründlich verändert. Im Zentrum, am Platz des alten Franziskanerklosters war ein aufwendiges neues Hoftheater nach den Plänen Fischers entstanden, das dem Repräsentationsbedürfnis der jungen Monarchie gewidmet war, und große Kasernenbauten (Hofgartenkaserne, Neue Isarkaserne und Lehelkaserne) verdeutlichten sinnbildhaft die Grundlagen des neuen Glanzes. Noch fehlte vieles, was für Metropolen von europäischer Geltung als notwendig erachtet wurde, doch war der Weg schon beschritten, der Bayerns Hauptstadt bald einen Ehrenplatz neben den traditionellen Kulturzentren des Kontinents sichern sollte. Wohl keiner der 36 bürgerlichen Gemeindevertreter, welche am 15. Januar 1802 dem Magistrat in einem Beschwerdeschreiben ihre Befürchtung über das Stadtwachstum unterbreitet hatten, konnte damals vorhersehen, daß die spöttisch gemeinten Einleitungssätze eigentlich Prophezeiungen waren: «Seit einigen sehr leicht noch denkbaren Jahren hat sich die Stadt München durch Anlegung einiger Gärten, Gartenhäuser und anderen Gebäuden außer ihren Mauern um ein merkliches erweitert; dieses giebt der Hauptstadt, wenn man sie von einer benachbarten Anhöhe mit flüchtigem Auge überschaut, ein sehr vergrößertes Ansehen, und erzeugt in dem Gehirne so manches kurzsichtigen und mit Neuerungssucht schwanger gehenden sogenannten Menschenbeglückers das eben so gefährliche, als schmeichelhafte Traumbild, München zu der Bedeutendheit eines zweyten Paris oder London emporschwingen zu sehen.»[94]

Richard Bauer

Unter der Kuratel des Staates
Die Stadt zwischen dem Gemeindeedikt von 1818 und der Gemeindeordnung von 1869

Die fünfzigjährige Epoche der Münchner Geschichte nach 1818 darzustellen, heißt, einen Bogen zu schlagen von der alten Residenz- und jungen Königsstadt, die eben begonnen hat, sich vorsichtig zu öffnen, zur stürmisch expandierenden Haupt- und Großstadt der Gründerjahre, von der Bürgerstadt der Händler und Handwerker zum Standort für Dienstleistung und Produktion, vom Mittelpunkt Altbayerns zu einem der herausragenden Zentren Mitteleuropas, von der altväterlichen Stadtregierung zum modernen Gemeindemanagement. Gleichwohl wäre es verfehlt, diese Ära lediglich als Übergang von einem zum andern zu präsentieren und nur nach Wandlung oder Dynamik zu suchen. Sie erhält ihre Kohäsion durch den Rahmen rechtlicher Bestimmungen, die von 1818/25 bis 1868 Gültigkeit hatten. Und sie erhält ihr Gesicht durch die Menschen, die in dieser Epoche leben, den Wandel sehen, ihn mitgestalten und bisweilen in Frage stellen.

Innenansichten einer Bürgergemeinde (1818–1830)

Als am 9. November 1818 Bürgermeister, Magistratsräte und Gemeindebevollmächtigte in den großen Rathaussaal zu ihrer «Einweisung» einzogen, mochten viele von ihnen eher an die Vergangenheit als an die Zukunft denken.[1] Fünfhundert Jahre und mehr hatte der Rat die Stadt regiert, bis

1810 ein machtloser und ungeliebter «Munizipalrat» eingerichtet worden war. Dessen Nachfolger, der nunmehr neugewählte Magistrat, sollte in der Vorstellung vieler wieder an alte Ratsherrlichkeit und Traditionen der städtischen Freiheit anknüpfen und München wenigstens ein Mindestmaß an Autonomie bescheren. Erinnerte nicht die Unterscheidung «rechtskundiger» (hauptamtlicher und juristisch geschulter) von «bürgerlichen» (ehrenamtlichen und gewerbetreibenden) Magistratsräten an die frühere Gliederung in Inneren und Äußeren Rat? War dem die Geschäfte führenden Magistrat nicht wie vordem ein Gremium der Gemeinde beigesellt, nunmehr als «Collegium der Gemeindebevollmächtigten» bezeichnet? Sprach nicht auch das neue Gemeindeedikt selbst von einer «Wiederbelebung der Gemeindekörper»? Und war nicht zuletzt die personelle Kontinuität ein Garant für ein glattes und bruchloses Wiederanknüpfen an vergangene Zeiten? Zwar hatte der Erste Bürgermeister Mittermayr acht Jahre lang auch als «Communal-Administrator» unter der unpopulären Munizipalverfassung gedient. Was aber wog dies gegenüber seinen vorherigen achtzehn Amtsjahren als Innerer Rat und Bürgermeister? Und was wog dies gegenüber der Tatsache, daß immerhin die Hälfte der zwölf bürgerlichen Räte bereits als Äußere Räte oder in sonstigen Ämtern unter der alten Ratsverfassung gedient hatten?

Freilich: die Kompetenzen der städtischen Gremien waren immer noch bescheiden. Die Stadt bekam nach dem neuen Edikt[2] wieder das Recht der Verwaltung des eigenen Vermögens und der Lokalstiftungen, jener zahlreichen Institute der Fürsorge für Arme, Alte und Kranke, dazu das Recht zur Aufnahme neuer Bürger und zur Verleihung von Gewerbegerechtigkeiten und natürlich die Aufgaben der städtischen Infrastruktur: Reinigung, Unterhalt und Beleuchtung der Straßen und die Versorgung der Einwohner mit Wasser. Die größeren Polizeiangelegenheiten hingegen: Wahrung von Sicherheit, Ruhe und Ordnung wurden in München durch eine Königliche Polizeidirektion geregelt. Das war einmalig in Bayern und zeigt, daß die Bedeutung als Haupt- und Residenzstadt eher Ursache zur Beschränkung als zur Ausweitung der kommunalen Autonomie war. Nur die Lebensmittelpolizei – Markt- und Viktualienaufsicht – wurde gemeinschaftlich von Stadt und Staat ausgeübt.[3] Geradezu verletzend aber erschien jener Passus des Gemeindeedikts, der die Gemeinden – gleich unmündigen Kindern – nach wie vor unter die «Kuratel», die Vormundschaft des Staates, setzte. Und genauso sah die Praxis zunächst auch aus: kaum eine Handlung der Stadt, die nicht Einsichtnahme, Rückfrage, Genehmigung erfordert hätte; die Regierung des Isarkreises[4] (seit 1837 Oberbayerns) als staatliche Aufsichtsbehörde war allgegenwärtig. Gerade die großen Städte mit ihren unübersichtlichen Menschenansammlungen einerseits, ihren selbstbewußten Bürgern und Magistraten andererseits, waren in den Augen vieler Staatsbeamter per se verdächtig; selbst die Korrespondenz von Magistraten verschiedener bayerischer Gemeinden untereinander über die gegenseitige Angleichung der Verwaltungsverfahren wurde kurzum für «unstatthaft» erklärt.[5]

Vielleicht wäre all das noch zu verkraften gewesen, und München hätte sich nach und nach mehr Rechte erkämpft. Aber es waren nicht nur die staatlichen Aufsichtsbehörden, die die Stadt behinderten, einengten und gängelten. Nur dreihundert Meter vom Rathaus entfernt gab es ein weiteres Machtzentrum, die Residenz.[6] Magistrat und Bürger waren wohl mit der Rolle Münchens als Hauptstadt der größten deutschen Mittelmacht zufrieden; bisweilen war ihnen die Fünfzigtausend-Einwohnerstadt vielleicht schon zu groß geworden. Nicht zufrieden damit war der Kronprinz Ludwig, der 1825 Max I. auf dem Thron folgte. München sollte größer und schöner werden: eine «Stadt von europäischem Rufe», eher ein Wien als ein Dresden, besser noch ein neues Athen, Rom, Florenz. Er oktroyierte der Hauptstadt in autokratischer Manier ein gewaltig dimensioniertes Bauprogramm, das diese bis an die äußersten Kräfte anspannte und den Konflikt mit dem Magistrat provozieren mußte.

Die Einschränkungen der städtischen Freiheit betrafen ein bürgerliches Gemeinwesen, innerhalb dessen sich im Laufe von Jahrhunderten eine spezifische politische Kultur im Rahmen der stadtbürgerlichen Gesellschaft entwickelt hatte – gewissermaßen ein Gegenmodell zum monarchischen Staat in dessen Zentrum selbst, am Ort der Residenz. Der Magistrat war nicht von Gottes Gnaden wie ein König, er war vom Vertrauen seiner Bürger abhängig. «Ein gewisser republikanischer Geist blickt aus der Bauart und Aneinanderreihung der Häuser», schrieb Eisenmann 1812,[7] und dieser Geist blickte aus allen Winkeln der stadtbürgerlichen Gesellschaft. An den Rechten eines republikanischen Gemeinwesens partizipierten unmittelbar allerdings nur die Inhaber des Bürgerrechts. Bei aller Buntheit der städtischen Bevölkerung stand außer Frage, daß sie im Mittelpunkt standen: Weder Adel und Beamtenschaft noch die unterbürgerlichen Schichten konnten im selben Maß für sich beanspruchen, den eigentlichen Kern der städtischen Gesellschaft zu bilden. Nur der Bürger hatte das Recht, an den Gemeindewahlen teilzunehmen, und wenn er verarmte, hatte er einen Anspruch auf Versorgung durch die Gemeinde. Wer Bürger war, entschied der Magistrat. Voraussetzung war das selbständige Betreiben eines besteuerten Gewerbes oder der Besitz eines besteuerten Grundstücks in der Stadt. Es handelte sich also um Handwerksmeister, Händler und Hausbesitzer. In München waren damals etwa fünf Prozent der Einwohner Bürger,[8] eine Zahl, die sich erschreckend niedrig anhört. Dabei ist zu beachten, daß die

Hälfte der städtischen Einwohnerschaft «exemt» war, das heißt zum staatlichen oder kirchlichen Bereich gehörte. Beamte, Militärs, Adel, Geistlichkeit – sie alle wohnten zwar in der Stadt, waren aber traditionell nichtstädtischen Behörden untergeordnet, und die meisten hätten die Verleihung des Bürgerrechts wohl eher als Zumutung denn als Privileg empfunden.

Innerhalb einer Bürgerfamilie konnte nur der Haushaltsvorstand ins Bürgerrecht gelangen; über ihn – so die von der alten Vorstellung des «ganzen Hauses» geprägte Sichtweise – partizipierte mittelbar auch die Familie einschließlich des Gesindes. Den Frauen war damit der Zugang zum vollen Bürgerrecht prinzipiell verschlossen. Es wäre aber verfehlt zu vermuten, daß eine Verbesserung der Situation der Frau jenseits des Vorstellbaren, jenseits des männlichen zeitgenössischen Horizonts gelegen habe. Immerhin mußte der bayerische Justizreformer Kreittmayr noch 1768 ausführlich erläutern, daß Frauen keine Bürgerinnen mit vollem Rechtsstatus werden können – offensichtlich also keine Selbstverständlichkeit.[9] Kritik an der untergeordneten Position der Frau, an ihrem Ausschluß etwa aus den neuen Vereinen, sei in München häufig zu hören, meinte ein zeitgenössischer Autor: «Warum diese mönchische Klausur? heißt es; warum diese Herabwürdigung des schönen Geschlechts von München? ... Haben sie nicht gleiche Anlagen, gleiche Fähigkeiten, gleiche Wünsche zur Ausbildung und gelehrten Neuigkeiten?»[10]

Die Gemeinschaft der männlichen Bürger im Rechtssinn jedoch bot ein Gesellschaftsmodell, das intern, im Umgang der Bürger untereinander, tatsächlich «republikanisch» war. Das zeigte sich deutlich bei den Gemeindewahlen, die erstmals nach dem neuen Edikt vom 9. September bis 9. Oktober 1818 abgehalten wurden. Jeder Bürger, ob Bankier oder Zeugmacher, hatte das gleiche Stimmrecht zur Wahl der Gemeindebevollmächtigten. «Die hiesige Gemeinde verehrt in ihrer Mitte Glieder, ausgezeichnet durch Rang und noch mehr durch Verdienste: daß diese bei der Gemeindewahl durch persönliche Abgabe ihrer Stimme thätig mitwirkten, vermehrte in bedeutendem Grade das Ansehen der Sache», vermerkt hierzu der Bericht der Kreisregierung.[11] Obwohl der Gedanke der Partizipation der alten Münchner Bürgergesellschaft keineswegs fremd gewesen war, vermochte doch erst die neue Gemeindeverfassung eine solche politische Gleichheit der Bürger und einen realen Einfluß auf die Zusammensetzung der Gemeindegremien zu bewirken. Dabei wählten die Bürger zunächst Wahlmänner, die dann die Gemeindebevollmächtigten bestimmten. Diese wiederum wählten den Magistrat und die beiden Bürgermeister[12] – ein zwar sehr indirektes Verfahren, aber der Aufbau von unten nach oben unterschied sich doch markant von der Situation auf staatlicher Ebene.

Ganz ohne Einschränkung der Gleichheit kam das Wahlverfahren nicht aus: zum Gemeindebevollmächtigten und zum bürgerlichen Magistratsrat konnte nur gewählt werden, wer zum höchstbesteuerten Drittel der Bürgerschaft gehörte. Das waren 1821 beispielsweise 876 Bürger – eine überschaubare Zahl, hinter der sich dennoch ein relativ breites sozialökonomisches Spektrum vom «Häuser- und Fabrikbesitzer» und Zweiten Bürgermeister Josef von Utzschneider, der über 711 Gulden Steuern bezahlte, bis zum Floßmeister Franz Paul Schmidhammer mit zwanzig Gulden Steuerleistung verbarg.[13] Für die Tätigkeit als «rechtskundiger Magistratsrat» und als Erster Bürgermeister war die Absolvierung eines Rechtsstudiums Voraussetzung. Bereits von den Inneren Räten war dies im 18. Jahrhundert verlangt worden. Besitz und Bildung, die Katalysatoren und Indikatoren des bürgerlichen Aufstiegs, wurden somit in verrechtlichter Form auch zu Anforderungen an die städtischen Mandatsträger. Das wurde sehr ernstgenommen, wie sich bei derWahl von 1818 sofort zeigen sollte: Alois Specht, ehemaliger Branntweinbrenner, und der Weinwirt Georg Teufelhardt waren als vormalige Munizipalräte mit den Angelegenheiten der Stadt vertraut und es wurde ihnen bescheinigt, «in den Zeiten des Krieges, der Noth und der Theurung, mit rühmlichem Eifer für das gemeindliche Wohl» gewirkt zu haben. Als sie jedoch zu Gemeindebevollmächtigten gewählt werden sollten und schließlich auch die erforderliche Stimmenzahl erhielten, erfolgte sofort der Hinweis auf ihre geringe Steuerleistung, durch die sie unterhalb des oberen Drittels plaziert waren. Gemeinde wie staatliche Aufsichtsbehörde setzten sich für eine Ausnahmeregelung ein. Die Regierung aber blieb hart: es solle «den beiden würdigen und sehr belobten Bürgern ... auf eine schonende Art» eröffnet werden, daß sie aufgrund ihrer geringen Steuerleistung nicht gewählt werden könnten.[14] In diesem Vorgang spiegelt sich sowohl die steigende Bedeutung des Besitzes als auch die zunehmende Verrechtlichung und damit Berechenbarkeit behördlichen Handelns, aber andererseits läßt er auch die Begrenzung der städtischen Autonomie erkennen.

Der neuen Stadtverwaltung standen nicht nur wegen ihres begrenzten Handlungsspielraums schwere Jahre bevor. Es galt die Erblast der Vergangenheit zu bewältigen. Während und nach den Kriegsjahren der napoleonischen Zeit und dem Hungerjahr 1817 waren die sozialen Verhältnisse großenteils verheerend. Noch im Rechnungsjahr 1819/20 wurde die Anzahl der in den Münchner städtischen Anstalten versorgten Armen mit etwa 1400 angegeben.[15] Die Armenpflege war zwar wieder eine Angelegenheit der Stadt geworden,[16] aber die Staatsverwaltung glaubte sich angesichts dieser Probleme gezwungen, immer mehr Bereiche rechtlich erfassen und normieren zu müssen. Dazu kam eine für die staatlichen Behörden unerträgliche «Sittenlosigkeit» insbesondere der unteren Volksschichten.[17] Die Zahl der unehelichen Geburten erreichte in manchen Jahren in München die der ehelichen,[18] und was von den sogenannten ehelichen zu halten war, sagt ein Polizeibericht von 1816: Man bezweifle in der Münchner Bevölkerung angesichts der «Verhältnisse» in den Kriegsjahren, «ob wohl ein Drittheil der hiesigen Familien-Väter auch Väter ihrer Kinder sey».[19] Der uneheliche Vater oder das schwangere Mädchen müßten beim Stadtoberrichteramt lediglich einen Strafschein kaufen, «der nur ein paar Gulden, oft gar nichts kostet», und man sei «keines Examens oder sonstiger Strafe unterworfen», wurde 1803 vom bayerischen Statistiker Hazzi behauptet.[20] Dessen Landsmann Christian Müller vergleicht 1817 die schlechten Verdienstmöglichkeiten der Münchner Prostituierten mit denen in Dresden: «Das liegt an der zu freien Konkurrenz. ... In Dresden herrscht strenge Sittlichkeit, die an Steifheit gränzt, in den Familien: in München ... herrscht ... mehr Freiheit und südliche Lebenslust!»[21]

Was war zu tun? Viele sahen einen Zusammenhang zwischen den «unsittlichen» Zuständen und den restriktiven Bestimmungen über Ansässigmachung und Verehelichung: Die Gemeinden, die mögliche Sozialausgaben für verarmte Einwohner fürchteten, schlossen sich gegen Zuziehende ab, indem sie Gesuche zur Ansässigmachung und damit die Voraussetzung zur Verehelichung häufig abschlägig beschieden. Auch das Gründen eines Gewerbebetriebes wurde vom Magistrat aus Solidarität mit den Zünften erschwert, wodurch vielen der Aufbau einer Existenz verwehrt, einzelnen Handwerksmeistern dagegen die Vergrößerung zu monopolartigen Riesenbetrieben ermöglicht wurde, deren Dimensionen sich in der Phantasie manches Landtagsabgeordneten ins kaum Ermeßliche steigerten. Abenteuerliche Zahlen geisterten durch die Halle des Plenarsaales: Es gäbe nur fünf Zimmer- und acht Maurermeister in der «üppigen und reichen Stadt» München, unter jenen befänden sich aufgrund ihrer Monopolstellung «halbe Millionärs»; manche hätten bis zu 1500 (!) Gesellen.[22] Die ganze Problematik sollte in einem geregelt werden, eine neue Gesetzgebung für das Heimatrecht und für das Gewerbewesen die soziale und moralische Situation verbessern.

Das Gesetzespaket von 1825 schuf zunächst für jeden bayerischen Einwohner ein Recht auf Heimat in einer Gemeinde des Landes; das Abschieben ungeliebter, verarmter und vagabundierender Menschen von einer Gemeinde zur nächsten sollte damit unterbunden werden.[23] Eine Art veredeltes Heimatrecht stellte das Recht zur Ansässigmachung dar; es bot Sozialschichten, die weit unterhalb des gewöhnlichen Bürgerrechtsinhabers stehen konnten oder in staatlichen Diensten waren, die Heiratsbefugnis und – sehr fortschrittlich im damaligen Deutschen Bund – eine Unterhaltspflicht durch die Gemeinde für den Fall der Verarmung.[24] Besonders wichtig wurde die im Gewerbegesetz getroffene Regelung für die seit Jahrzehnten debattierte Frage nach einer Liberalisierung des Wirtschaftslebens.[25] Der gefundene Kompromiß galt für 43 Jahre, bis Bayern als letztes deutsches Land die Gewerbefreiheit einführte. Einerseits wurden die bestehenden Realrechte geschont und die aufgelösten Zünfte durch Gewerbevereine ersetzt, andererseits trat ein staatliches Konzessionssystem neben die bestehenden Realgewerbe. Mit diesem zurückhaltenden Gesetz war ein Fundament des Münchner Bürgerbewußtseins gesichert; Inhaber eines Realgewerbes zu sein war jetzt mehr noch ein psychologisch als wirtschaftlich bedeutsamer Faktor.

An der hohen Zahl der unehelichen Geburten änderte sich nichts, was die Behörden in moralisierend-anklagender Form vermuten ließ, daß nicht die rechtlichen Bedingungen, sondern eine gewandelte Sexualmoral letztlich den Ausschlag gegeben hatte. «Tanzbelustigungen», «Schriften», «Neigung zu Luxus und Mode», «Schwinden der Religiosität», nicht zuletzt das «schlechte Beispiel der höheren Stände» wurden jetzt als Ursachen genannt.[26] Wie auch immer: die Städte sahen sich wegen der neuen Heimats- und Ansässigkeitsregelung wieder als Verlierer, hatte der Staat doch ihnen die Lösung verschärfter sozialer Probleme aufgebürdet und damit den Handlungsspielraum der Gemeinden erneut eingeschränkt.

Freilich war die politische Gemeinde nur ein Betätigungsfeld für das städtische Bürgertum. Schon die ständische Gesellschaft der Frühen Neuzeit hatte eine Vielzahl von stadtbürgerlichen Zusammenschlüssen gekannt, die trotz einer jeweiligen Hauptfunktion nicht auf einen einzigen Zweck reduzierbar waren: die über hundert Zünfte der Stadt waren mehr als nur Wirtschaftsorganisationen des Handwerks und Handels, Schützengesellschaften, deren erste, die Hauptschützengesellschaft, seit 1406 existierte,[27] dienten nicht allein der städtischen Verteidigung, katholische Bruderschaften, von denen es um 1800 etwa fünfzig gegeben hat,[28] nicht nur der religiösen Erbauung. Immer spielten Geselligkeitsaspekte eine Rolle, durchdrangen sich politische, soziale, wirtschaftliche und religiöse Zielsetzungen, und die stadtbürgerliche Gesellschaft wurde durch solche Korporationen erst eigentlich Realität – und häufig mehr als durch die politische Gemeinde im engeren Sinn.

In diese Welt der ständisch-bürgerlichen Gruppierungen kam seit Beginn des 19. Jahrhunderts Bewegung durch moderne Zusammenschlüsse: die Vereine. Die Idee des Vereins war jung und sie war eine bürgerliche Idee. Es handelte sich nun nicht mehr um Organisationen, die bestimmten Gruppen oder Individuen prinzipiell verschlossen waren, während sie von anderen eine Zwangsmitgliedschaft verlangten.

Wie überall in den deutschen Residenzstädten ging die Initiative überwiegend von den aufgeklärten Kräften unter den Hof- und Staatsbedienten,

Gelehrten, Beamten und Offizieren aus. Die prinzipielle Idee jedoch, jedem Bürger offenzustehen, mußte zumindest auch Teile des Stadtbürgertums ansprechen. Es ist kein Zufall, daß es sich hierbei in erster Linie um Kaufleute und Bankiers handelte: sie verkörperten in herausragender Weise jene Kombination von Besitz und Bildung, die die neuen Vereine mehr oder minder unausgesprochen von ihren Mitgliedern verlangten. Die bedeutenderen unter den Händlern hatten jenen weiten Horizont, der ihnen die Welt der Zünfte bisweilen als reichlich muffig erscheinen lassen mußte, und manche hatten schon zuvor wirtschaftliche Kontakte zum Hof und seinen Bedienten geknüpft. Tatsächlich wuchs den Händlern damit verstärkt eine Rolle zu, die sie schon früher zu spielen begonnen hatten, nämlich die Rolle eines Bindegliedes zwischen den verschiedenen Fraktionen des gewerbetreibenden, des gebildeten und des verbeamteten Bürgertums. Obwohl München keine Handelsstadt von der Bedeutung des benachbarten Augsburg war, stellten die Kaufleute doch den eigentlichen Zentralpunkt der gesamten bürgerlichen Gesellschaft dar, die nun immer weniger nur das Stadtbürgertum umfaßte. Die neuen Vereine boten Kontakt zu einem größeren und doch immer noch bürgerlichen Lebenskreis. So war es eine Selbstverständlichkeit, daß etwa Großhändler wie Dall'Armi oder Sporer sofort Mitglieder in den neuen Vereinen wurden.

Geheime Gesellschaften, insbesondere die in Bayern aktiven Illuminaten, waren wiederholt verboten worden,[29] und noch bis 1800 hatten sich die jeweils neuen Münchner Stadträte gegenüber der Kurfürstlichen Oberen Landesregierung dem sogenannten Illuminateneid zu unterziehen: daß sie «nicht den geringsten Antheil an einer geheimen Verbindung» trügen.[30] Das Klima wurde bald vereinsfreundlicher: zwar handelte es sich bei den ersten Gründungen von 1802/03, dem «Museum» und der «Harmonie», nicht um geheime Verbindungen – kein Zweifel aber, daß sie dem alten Kurfürsten Karl Theodor verdächtig erschienen wären. Immerhin traf sich eine gebildete Gesellschaft, vom Verein wohlversorgt mit den neuesten Journalen des In- und Auslands, informierte sich und debattierte über alle Gegenstände von der Bodenkultur bis zum Bildungswesen. Damit entstand ein politisches Forum, in dem der Staatsminister Thürheim mit dem Kaufmann Riezler, der Tabakfabrikant Maffei mit dem Stadtbaurat Himbsel ihre gegenseitigen Ansichten austauschen konnten.[31] Mit Sicherheit bot sich manchem Händler eine Einflußmöglichkeit, die den geringen Spielraum der Gemeinde München mehr als kompensieren konnte. Zwar waren im sehr elitären «Museum» bis 1819 unter 363 Mitgliedern nur zehn Bankiers und dreizehn Kaufleute, denen 75 Prozent Adelige, Offiziere und Beamte gegenüberstanden.[32] Unter den 509 Mitgliedern der sozial etwas offeneren «Harmonie» waren aber bereits 1812 immerhin schon 45 Kaufleute; im

«Frohsinn», 1813 durch «ein halbes Hundert lustiger Brüder»[33] gegründet, sammelten sich noch breitere Kreise.[34]

Innerhalb weniger Jahrzehnte war praktisch das ganze Bürgertum in solchen Vereinen organisiert; 1840 gab es bereits achtzig von ihnen. Vieles vom schal gewordenen aufklärerischen Bildungspathos blieb bald auf der Strecke. Geselliges und Romantisches war jetzt mehr gefragt; typische Vereinsnamen waren «Erheiterung», «Zufriedenheit» oder «Ressource». «Rittergesellschaften» wurden populär, und neben die Leseräume traten Konzert- und Ballsäle. Aus der Laienschauspielerei des «Frohsinns» sollen etliche professionelle Bühnentalente hervorgegangen sein.[35] Viel Blödelei, Entspannung vom Alltag «im humoristischen Style»,[36] war dabei: In der «Schnurrbartgesellschaft» herrschte Bartpflicht, im «Stink-Adorus» Rauchpflicht, in der «Humpenburg» sollte viel gezecht werden. Und doch gab es auch viel ernstgemeintes Engagement in der Unterstützung Bedürftiger oder in der Förderung von Landwirtschaft und Gewerbe.

Ein wesentliches Ziel mancher Vereine allerdings, die zwanglose Begegnung der Stände, wurde durch eine andere Münchner Institution – gerade weil unprogrammatisch – besser verwirklicht: Durch die Bierkeller, bei deren Anblick Norddeutsche immer wieder in Erstaunen versetzt wurden.[37] Waren die Kaffeehäuser der Stadt deutlicher nach der sozialen Schicht ihrer Besucher zu unterscheiden – ganz oben stand das «Tambosi» am Hofgarten[38] –, fragte im Bierkeller keiner nach Stand und Beruf. Am tollsten ging es im Bockbierkeller zu, «der etwas von einem Hexenpanorama hat, indem alle Stände und Geschlechter bunt und gleich durch einander gemischt sind. Hätte Göthe [sic!] den Bokkeller gekannt, er hätte ihn gewiß in seinem Faust angebracht. Hier findet man Staatsdiener und Offiziere neben Höckerweibern, Schauspieler neben öffentlichen Mädchen, Tonkünstler neben Sakflickerinnen, Fleischerknechte neben elegant gekleideten Frauen, zerlumpte Bettler neben duftenden Süßlingen ... in lustigen Gruppen an kleinen Tischen zusammengedrängt ... Der freie, republikanische Sinn der Münchner nimmt an dieser orgischen Unterwelt und ihrer Ständemischung keinen Anstoß, und welcher Vorurtheilsfreie möchte sie darum tadeln?»[39]

Vergleichsweise vorurteilsfrei war zum damaligen Zeitpunkt das Verhältnis zwischen dem gebildeten Bürgertum und der Künstlerschaft. Hier erhielt die Vereinsidee eine besonders geglückte Umsetzung. Wohl kein Verein wurde für das München, wie es sich im Laufe des 19. Jahrhunderts in seiner unverwechselbaren Eigenart ausformen sollte, charakteristischer als der Kunstverein.[40] 1823 gegründet, wurde er zum Vorbild der meisten nach ihm in Deutschland entstehenden Vereine desselben Typs. Die wirtschaftliche Lage zahlreicher Münchner Künstler war äußerst prekär. Auf der einen Seite hatte Karl Theodor beim Umzug des Hofes 1777 eine ganze Reihe

Künstler nach München mitgebracht, von denen sich manche nicht nur selbst, sondern auch als Stammväter ganzer Künstlerdynastien etablieren konnten: Quaglio, Hess, Kobell, Piloty. Darüber hinaus wurden an der 1808 gegründeten Kunstakademie zahlreiche Künstler ausgebildet, die vielfach in der Stadt blieben.[41] Auf der anderen Seite konnte das Ausmaß öffentlicher Aufträge vor allem der Kirchen, aber auch des Staates bei weitem nicht mit der Angebotsseite mithalten. Zunehmend mußte der bürgerliche Privatinteressent diese Lücken schließen: die Herstellung eines Kontakts zwischen Bürgern und Künstlern wurde für letztere zur Überlebensfrage. Im Kunstverein traf sich der Künstler mit dem «Kunstfreund» und von beiden gab es in München sehr viele, wie sich in der Entwicklung der Mitgliederzahlen bald zeigen sollte. Während es bereits im Gründungsjahr 272 waren, so sollten zwanzig Jahre später, 1844, die 3000 überschritten werden, wobei allerdings wegen der enormen wirtschaftlichen Bedeutung des Kunstvereins nicht nur nahezu alle Münchner, sondern auch zahlreiche Künstler aus anderen bayerischen Städten Mitglied wurden.[42] 1840 sollen in der Stadt «mit den Pygmäen, Zöglingen und Elementarschülern» vierhundert Künstler gelebt haben.[43]

So begrenzt die Rechte der Gemeinde auch waren, so sehr die Inangriffnahme neuer Probleme durch den Staat diese Rechte noch weiter schmälerte, blieben damit doch immer noch andere Betätigungsmöglichkeiten für die Bürger der Stadt. Darüber hinaus – das hatten bereits die Vereinsgründungen gezeigt – konnten sich unter der Decke unveränderter rechtlicher Strukturen doch erhebliche Wandlungen der Gesellschaft vollziehen: die letzten beiden Jahrzehnte der ersten Jahrhunderthälfte sollten dies noch verstärkt offenbaren.

Beharrung und Bewegung vor großer Kulisse (1830–1850)

Wir kennen sie recht gut, die Welt des Münchner Bürgertums im Vormärz. Wir verdanken diese Kenntnis vor allem jenen zahlreichen Schriftstellern und Kunstmalern, die dem Bürgertum entstammten und ihre Umwelt schilderten oder im Bild festhielten. Ein ausführliches Panorama liefert etwa Josef Ruederers «Erwachen», das zwar während des Ersten Weltkrieges im Rückblick geschrieben wurde, aber doch von einem intimen Kenner stammt.[44] Ruederers Großvater war im Vormärz Wirtschaftspächter der Schießstätte, später des Englischen Kaffeehauses; der Vater wurde Kaufmann, Aufsichtsrat der Bayerischen Handelsbank, Mitbegründer der Löwenbrauerei und portugiesischer Generalkonsul. Im «Erwachen» erzählt Ruederer den Beginn dieser Familienkarriere in der Zeit Ludwigs I. Es ist eine Welt der Schützengesellschaften und Zünfte, der Wirtshäuser und Residenzbäcker, der Königsfeiern und Bürgerfeste, der Griechenbegeisterung und des Bayernpatriotismus, der biedermeierlichen Behäbigkeit und des behaglichen Lebensgenusses, die Welt der, wie der Wahlmünchner Gottfried Keller es im «Grünen Heinrich» formulierte, «wohlgenährte[n] Spießbürger hinter gebratenen Gänsen und mächtigen Krügen».[45] Keller war für wenige Jahre nach München gekommen – wie so viele in der Hoffnung, als Maler prosperieren zu können. Schon mehr idealtypische Überzeichnung als Realität präsentieren die ironischen Illustrationen und skurrilen, häufig nicht unkritischen Interpretationen zur Welt des Münchner Klein- und Bildungsbürgertums aus der Feder des bekanntesten Biedermeiermalers Karl Spitzweg – wie Ruederer «eine echt münchnerische Erscheinung».[46] Vater Simon war ein wohlhabender Kaufmann und von 1818 bis 1824 Bürgerlicher Magistratsrat. Nicht nur die Kontakte im Kunstverein, auch die familiäre Situation garantierte eine Nähe zwischen Künstlern und Bürgern, die den Schilderungen des «gemütlichen» Münchner Lebens dieser Epoche, der Mischung aus Bürgersinn, Religiosität und Königsanhänglichkeit, außergewöhnliche Authentizität verleiht. Und tatsächlich erscheinen auch dem Rückblickenden die Jahrzehnte des Vormärz, verglichen mit den Umwälzungen der napoleonischen Epoche oder der wirtschaftlichen Rasanz in der zweiten Jahrhunderthälfte, auf den ersten Blick als eine Ära der Ruhe in einem allenfalls äußerlich rasch sich wandelnden und vergrößernden München.

Trotz aller Ruhe gab es aber auch in der Politik mehr als nur vereinzelte Bewegung, nicht zuletzt an der Spitze der Stadt. 1836 starb der Erste Bürgermeister von Mittermayr nach 45 Jahren in städtischen Diensten, davon über dreißig als Stadtoberhaupt. Noch 1799 war er als einer der letzten zum Patrizier ernannt worden, und in seinen späten Jahren, wenn er, «stärker gebeugt als sonst»,[47] mehr schlecht als recht seinen Pflichten nachzukommen suchte,[48] galt er als Symbol einer untergehenden Epoche. Dem Nachfolger, Joseph von Teng, verblieben nur noch zwei Jahre bis zu seinem Tod. Im Jahre 1838 bekam die Stadt mit dem fünfzigjährigen Jacob Bauer einen Ersten Bürgermeister, dem nichts ferner lag, als dem Konflikt mit Hof und Staat aus dem Weg zu gehen. Wenn 1853, ein Jahr vor Bauers Tod, anläßlich einer weiteren Auseinandersetzung in dem gewöhnlich entschärften Amtsdeutsch der Epoche von einem «Geist der Renitenz» die Rede ist, «welcher bei anderen Gelegenheiten dem Dr. von Bauer schon gerügt werden mußte», so spricht dies Bände.[49]

Was war geschehen? Der Streit drehte sich zunächst um die Finanzierung der vom König initiierten Prachtbauten. Wer das neue München besichtige, glaube durch eine Feenstadt zu wandeln, so lautete der Kommentar eines englischen Besuchers der dreißiger Jahre.[50] Jacob Bauer erschienen weniger die Bauten als die Baukosten märchenhaft – insbesondere jener Teil, den die Gemeinde, mehr oder minder auf Befehl Ludwigs, tragen sollte. Im Projektstadium der Ludwigskirche, noch vor Bauers Amtszeit, hatte der König beispielsweise dem Zweiten Bürgermeister Jakob Klar zu dessen Verwunderung mitgeteilt, die Stadt wünsche eine Kirche in der Ludwigstraße zu bauen, die sie demzufolge auch selbst finanzieren müsse – jeder Widerspruch gegen diese Allerhöchste Behauptung blieb aussichtslos. Am Ende waren allein für die Ludwigskirche mitsamt den Ausmalungen durch Peter von Cornelius 877538 Gulden von der Stadt aufzubringen.[51]

Bereits in seiner Antrittsrede legte Bauer seinen Finger in solche Wunden. Der Prachtausbau Münchens sei schön und gut – »allein mit ernster mütterlicher Stimme», so Bauer, «ruft uns die Hauptstadt entgegen: nur in einem geregelten Haushalte findet ihr das Glück Eurer Familien».[52] Das war, gemessen zumal an den zuvor gehaltenen seicht-langweilig bis künstlich-emphatischen Reden, überdeutlich. Und es beinhaltete eine charakteristische Gleichsetzung des Haushaltsdenkens der Bürgerfamilie mit dem öffentlichen Haushalt der Stadt. Das alles war aber nicht mehr als ein bescheidener Auftakt. Wenige Jahre später hatte Bauer die Idee, die Abfassung des üblichen «Verwaltungsberichts» zum Anlaß einer prinzipiellen Abrechnung zu nehmen. Der Titel «Verwaltungsbericht» ist hier allerdings irreführend: es handelte sich nämlich keineswegs um den trockenen Rechenschaftsbericht einer bestimmten Amtsperiode – das war es streckenweise auch –, es war vielmehr zugleich Verfassungsgeschichte seit der Gründung der Stadt, Baugeschichte seit der Entfestigung, Übersicht über Struktur der Verwaltung, über Einnahmen und Ausgaben, aber auch über die wirtschaftliche Situation Münchens. Das spannendste jedoch war, daß der Bericht gespickt war mit den immer subjektiven und häufig anklagenden Anmerkungen des Verfassers. Von der «Ängstlichkeit» der Regierung in der Frage der Gemeindeautonomie war die Rede, von der «problematische[n] Größe», die München infolge seiner Ausweitung zufalle, von den «Angriffe[n]» der staatlichen Verschönerungskommission «auf die Gemeindekassa», von der «Oberflächlichkeit» und «Unkenntniß des Verwaltungs-Zustandes» in der Schuldentilgungskommission. «Überall zeigt sich die ängstliche Begränzung der Befugnisse, befürchtend, die Gemeinden möchten sich Prärogative der Staatsgewalt aneignen.»[53] Den Maßnahmen der «Verschönerung und Vergrößerung», die vom König ausgingen, wurde entgegengesetzt das vom Magistrat durchgeführte «Nützliche und Nothwendige», die Infrastrukturmaßnahmen in der Altstadt: Brunnen, Wasserleitungen, Getreidemagazin, Brücken und Isareinbettung, daneben die Leistungen der Sozialfürsorge und der «Stiftungen».[54] Bauers Credo lautete: «Wozu eine große Stadt im Sinne eines höheren Städtelebens, wenn die Gassen und Häuser von dürftigen Einwohnern geisterreich durchschattet sind?»[55]

Ein solcher Tonfall mit deutlichen Spitzen in Richtung Residenz war in den meisten Ländern des damaligen Deutschland mindestens inopportun. Nicht anders in Bayern. Bauer beließ es aber nicht bei seinem schriftlichen Bericht, sondern wandte sich an die Öffentlichkeit. Mit Zustimmung des Magistrats ließ er fünfhundert Exemplare einer gekürzten und teilweise entschärften, aber immer noch brisanten Ausgabe drucken.[56] Gewidmet war das Ganze – auch dies programmatisch – «den Bürgern der k. Haupt- und Residenzstadt München». Tatsächlich griffen die Bürger zu; binnen zweier Monate war mehr als die Hälfte verkauft. Dann verordnete die Regierung einen Verkaufsstopp und verlangte die Ablieferung aller noch unverkauften und darüber hinaus die Einsammlung aller bereits verkauften Exemplare.[57] Die Stadt gehorchte. Erneut hatte die Kuratel gewirkt, aber Bauer hatte sich Respekt verschafft. Als im Oktober 1861, sieben Jahre nach seinem Tod, sein Denkmal in den Isarauen errichtet wurde, erklärten sich die geladenen Staatsrepräsentanten – Ministerpräsident, Minister, Regierungspräsident und Ministerialräte – als «verhindert».[58]

Bauer war keineswegs im Stadtbürgertum groß geworden, im Gegenteil: nach Absolvierung seiner theologischen und juristischen Studien und seiner Promotion war er in vielfachen Staatsämtern tätig, vor allem in der Finanzverwaltung, und bezeichnete sich nach seiner Wahl selbst als «einen Fremdling in dem bürgerlichen Leben Münchens».[59] Und er fand durchaus auch Kritik an mancher Unbeweglichkeit des Münchner Gewerbelebens, ja befürchtete dessen «Krisis».[60] All das machte aber seine Einwände gegen staatliche Bevormundung nur um so glaubwürdiger. Es wäre dennoch falsch anzunehmen, daß allein Jacob Bauer Bewegung in das Münchner Biedermeier gebracht hätte. Bauer selbst erkannte sehr klar, wo sich beispielsweise im alten Gewerbe Flexibilität offenbarte, bisweilen seiner Meinung nach sogar eher zu viel als zu wenig: im Braugewerbe. In seinem Entwicklungstempo und seinen Einkommensmöglichkeiten für den Gewerbeinhaber begann es den alten Leitsektor Handel und Banken in der ersten Hälfte des 19. Jahrhunderts zu überflügeln. Bereits um 1800 hinter dem Handel die führende Position einnehmend, verkörperte diese Wirtschaftsbranche während der folgenden Jahrzehnte das Maximum und Optimum dessen, was die neue bürgerliche Gesellschaft und Wirtschaft an rapider Dynamik zu entwickeln in der Lage war: revolutionäre Innovation der Technik, Konzentration und Fusionierung zu Groß- und Größtbrauereien, immense Umsatzsteigerungen, Investierung der Gewinne in neuen Branchen, aber andererseits auch den Niedergang, Konkurs und die Armut der Kleinen und der Unflexiblen. Von den 62 Brauereien im Jahr 1819 waren schon 1842 nach Jacob Bauers Angaben nur noch 38 übriggeblieben.[61] Dafür wurden die überlebenden Brauereien immer größer und reicher; unter den hundert Höchstbesteuerten der Stadt stieg die Anzahl der Brauereibesitzer zwischen 1808 und 1851 von 14 auf 26.[62] Keineswegs alle Brauer waren, wie es ein Zeitgenosse formulierte, von «ächt altem Schrot und Phlegma»;[63] gerade ins Münchner Braugewerbe fanden während des ganzen Jahrhunderts immer wieder technische Neuerungen Eingang. Im Vormärz ermöglichte seit 1830 die Eiskühlung des Bieres in groß angelegten Eiskellern eine Expansion. Bald mußten eigens Eisweiher um München angelegt werden, um den enormen Eisbedarf zu stillen; bisweilen war man sogar auf Eis aus den Alpen angewiesen.[64] 1842 erfolgte die Einführung des Dampfbrauverfahrens, ein Import aus England.[65] Parallel zu diesen Entwicklungen begannen seit 1830 die größeren Brauer vor die Tore der Stadt zu ziehen und dort regelrechte Bierfabriken aufzubauen – aus dem alten Handwerksgewerbe war endgültig eine Fabrikindustrie geworden, für lange Zeit der wichtigste Wirtschaftszweig der Stadt.

Die meisten «Fabriken», von denen zeitgenössische Quellen berichten, waren im Grunde alte Handwerksbetriebe, die so expandierten, daß sie eine bis dahin ungewohnte Größe annahmen.[66] Wie riskant dagegen der Aufbau neuer Industrien sein konnte, verdeutlicht das Unternehmen Joseph Anton von Maffeis, der zum führenden Münchner Fabrikanten der Epoche aufstieg. Die Ursprünge der Familie lagen wie bei vielen der Stadt in Norditalien; bereits der Vater hatte in München eine prosperierende Tabakfabrik errichtet und vererbte dem Sohn 2,7 Millionen Gulden.[67] Der Sohn erwarb 1837 den Lindauerschen Eisenhammer in der Hirschau außerhalb der Stadtgrenzen und kam auf die abenteuerliche Idee, Lokomotiven zu bauen – eine Revolution im Münchner Wirtschaftsleben. 1841 war die erste bayerische Lokomotive, der «Münchner», fertiggestellt; bis 1854 folgten weitere 187.[68] Bereits 1847 beschäftigte Maffei 375 Arbeiter, hatte damit die mit Abstand größte Fabrik der Stadt errichtet und zugleich die Grundlage der Münchner Eisen- und Stahlindustrie gelegt.[69] Maffei war an der Gründung der Hypobank wie an den ersten Eisenbahnprojekten beteiligt und errichtete 1841 das Hotel «Bayerischer Hof». Zugleich war er elf Jahre Landtagsabgeordneter, 48 Jahre Gemeindebevollmächtigter oder Magistratsrat und hatte den Vorsitz in der 1842 gegründeten Handelskammer.[70] Den Zeitgenossen blieb jedoch verborgen, daß seine Fabrik wegen permanenter Illiquidität bedroht war. Maffei sandte einen Hilferuf nach dem andern an die staatlichen Behörden, und diese zeigten sich außerordentlich großzügig in der Unterstützung dieses prestige- und zukunftsträchtigen Projekts[71] – trotz aller Industrialisierungsskepsis, die der König ansonsten an den Tag legte und die ihn durchaus mit weiten Kreisen der Handwerkerschaft verband.

In dieser gemeinsamen Distanz von König und vielen Bürgern gegenüber einer raschen Industrialisierung zeigten sich Elemente der Übereinstimmung, die zahlreicher waren, als man beim ausschließlichen Betrachten des Konflikts zwischen Gemeinde und Residenz um die Finanzierung der Bauten vermuten könnte.[72] Darüber hinaus wurde nach Ludwigs Rücktritt 1848 immer deutlicher, was seine Bauprojekte auch waren: ein gewaltiges Konjunkturprogramm, zunächst für das Baugewerbe und die Künstlerschaft, dann für den Tourismus und damit das Wirtsgewerbe. Waren unter den hundert höchstbesteuerten Münchnern 1808 nur vier aus den Wirts- und Hotelberufen, so hatte sich die Zahl bis 1851 auf zwölf verdreifacht.[73] Im übrigen bot die intensive Bautätigkeit dem wohlhabenden Bürger eine willkommene Möglichkeit der Spekulation, wie sie seit der Entfestigung in München immer größere Bedeutung gewonnen hatte[74] – eine Tendenz, die zugleich auch die alte Bürgergemeinde auflöste. War diese noch sehr stark durch den Beruf des einzelnen geprägt und gegliedert, trat nun mit den steigenden Möglichkeiten spekulativen Erwerbs eine neue Schichtung nach Vermögenskriterien hinzu. Alles in allem ergaben sich genügend neue Alternativen für den gewerbetreibenden Bürger, ohne daß dazu eine forcierte Industrialisierung notwendig gewesen wäre. Selbst Jacob Bauer, der 1842 dem Münchner Gewerbe eine schwarze Zukunft prophezeit hatte, mußte – wohl unter dem Eindruck, daß alles doch nicht so schlimm kam – seine Ansicht zu den Königsbauten revidieren: Ludwig habe, schrieb er 1850, Summen ausgegeben, «welche dem Handarbeiter wie dem Künstler, dem Handelsmanne wie dem Gewerbsmanne in die Hände kamen, und durch diese bis in die ärmsten Schichten herabflossen».[75]

Auch an dem neuen Stadtbild selbst begann man zunehmend Gefallen zu finden und sich an die zunächst ungewohnten Dimensionen und Proportionen zu gewöhnen. Damals fand München eines seiner wichtigsten Themen und Stadtgespräche: die permanente Reflexion über sich selbst, den eigenen Rang, das Stadtbild und den Stadttypus, den man bewahren oder ausbilden möge, ein Dauerbrenner, der für den Rest des Jahrhunderts und noch bis heute genügend Energie bekommt und liefert. Wohl nirgends in Deutschland bekam die «Verschönerung» der Stadt jenen Stellenwert. Und München hatte denn auch einiges zu bieten: das entstehende Image war eine höchst attraktive und fremdenverkehrsfördernde Mixtur aus Alt-München, Künstler-Metropole, Isar-Athen, aus gemütlichem Provinzialismus und hauptstädtischer Weltläufigkeit, wobei das «Bild» unverkennbar die Züge seiner Entstehungszeit behielt: Die meisten Alt-Münchner Spezialitäten, vom Biergarten über die Weißwurst bis zur baulichen Struktur der Altstadt, sind Produkte des 19. Jahrhunderts, die in oder kurz vor dem Zeitraum entstanden, der die Vermarktung des München-Bildes zu seinem Anlie-

Program

über

die Feyerlichkeit der Einweisung des Magistrats

der

königlichen Haupt= und Residenzstadt München.

Montag den 9ten dieß Morgens um halb 9 Uhr versammelt sich der Magistrat im Sessionszimmer (Plenum) auf dem Rathhause, die Gemeinde=Bevollmächtigten im kleinen Rathhaus=Saale.

Der Magistrat erscheint in schwarzen Staatskleidern mit Degen, weissen Strümpfen, und dreyeckigten Hüten mit der National=Cocarde. Die Gemeinde=Bevollmächtigten im feyertägigen Anzuge.

Um drey Viertel auf 9 Uhr empfangen zwey Deputirte des Magistrats und zwey Gemeinde=Bevollmächtigte den königlichen Kommissär an der großen Treppe am Kirchhofe, und begleiten denselben in das Plenum.

Etwas vor 9 Uhr begiebt sich derselbe unter Voraustrettung der Gemeinde=Bevollmächtigten, der bürgerlichen und Litteraten Magistrats=Räthe zwischen den beeden Bürgermeistern in die St. Peters=Pfarrkirche, nimmt mit dem gesammten Magistrat im Presbiterio den Platz auf der Evangelien=Seite, die Gemeinde=Bevollmächtigten auf der Epistel=Seite.

Nach dem Hochamte wird das Salvum fac regem und darauf der ambrosianische Lobgesang angestimmt, wonach in gleicher Ordnung über dieselbe Treppe durch den kleinen Saal und das Thurmzimmer unter Trompeten= und Pauckenschall in den großen Saal gegangen wird.

Hier eröffnet der königliche Kommissär den feyerlichen Einsetzungs=Akt, worauf dann das allerhöchste Rescript über die Nomination des neuen Magistrats durch den Kommissions=Aktuar abgelesen wird.

Jetzt ist der Zeitpunkt, wo den Bürgermeistern die Medaillen umgehangen werden.

Nun wird sowohl von dem Magistrate als den Gemeinde-Bevollmächtigten der Konstitutions-Eid, und nachher auch von den beeden Bürgermeistern der Dienst-Eid abgenommen, sofort von dem ersten Bürgermeister in einer kleinen Rede die erste erwiedert, und der Dank der ganzen Bürgerschaft für die Restauration des Magistrats ausgesprochen.

Hierauf wird in voriger Ordnung in das Plenum gegangen, wo der königliche Kommissär den ersten Bürgermeister einladet, in seiner Gegenwart den Magistrat in Corpore zu verpflichten. Die in dem Vorsaal zurückgebliebenen Gemeinde-Bevollmächtigten werden darauf gleichfalls in das Plenum einberufen, und denselben aufgegeben, unter den Auspicien des Magistrats demnächst ihren Vorsteher und Sekretär zu wählen.

Bey der Entfernung wird der königliche Kommissär wieder bis an die Treppe begleitet.

München den 4. November 1818.

Königliche Magistrats-Wahlkommission.

Von Hofstetten,

königlicher Regierungs-Direktor.

22. Programmzettel für die Amtseinführung des Magistrats 1818.

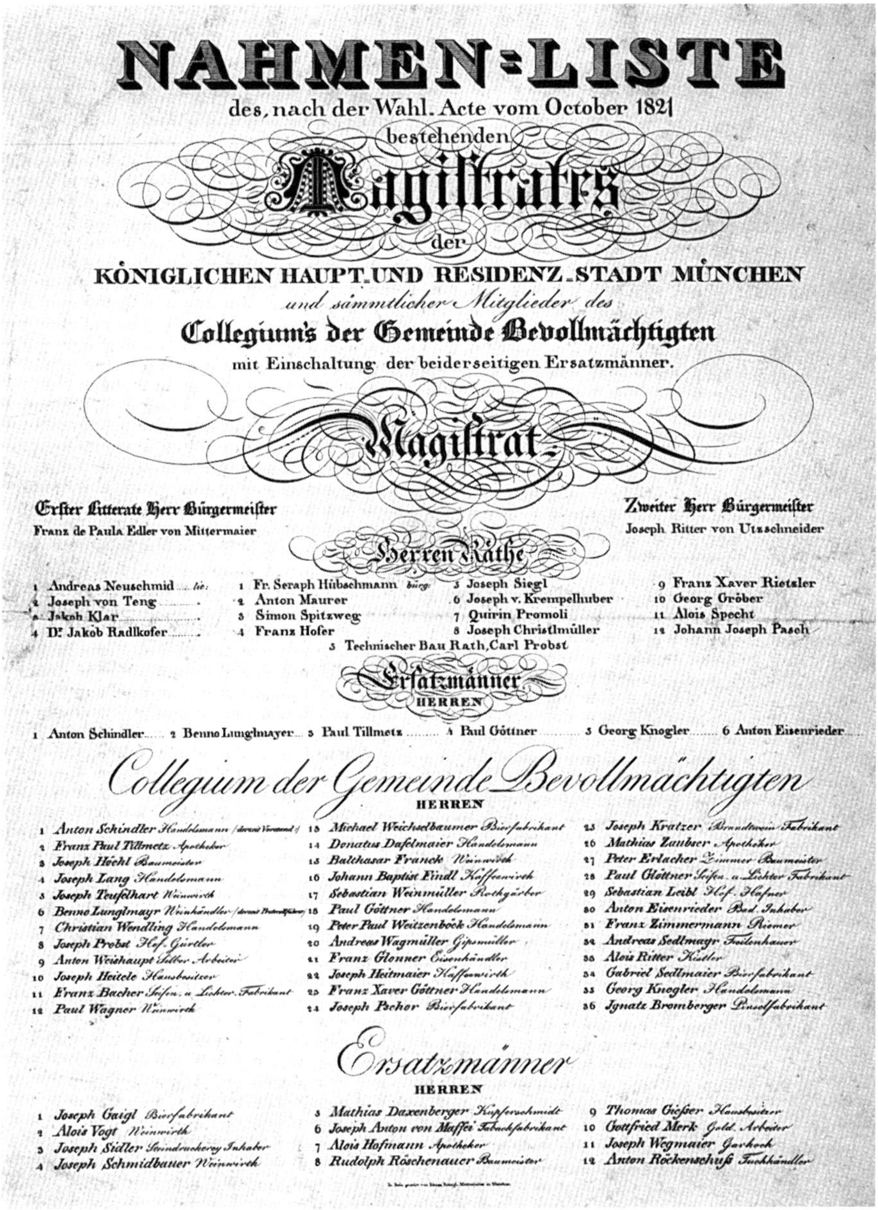

NAHMEN=LISTE

des, nach der Wahl. Acte vom October 1821

bestehenden

Magistrates

der

KÖNIGLICHEN HAUPT.UND RESIDENZ.STADT MÜNCHEN

und sämmtlicher Mitglieder des

Collegium's der Gemeinde Bevollmächtigten

mit Einschaltung der beiderseitigen Ersatzmänner.

Magistrat.

Erster Litterate Herr Bürgermeister
Franz de Paula Edler von Mittermaier

Zweiter Herr Bürgermeister
Joseph Ritter von Utzschneider

Herren Räthe

1 Andreas Neuschmid ... *lit.*
2 Joseph von Teng ...
3 Jakob Klar ...
4 Dr. Jakob Radlkofer ...

1 Fr. Seraph Hübschmann *bürg.*
2 Anton Maurer
3 Simon Spitzweg
4 Franz Hofer

5 Joseph Siegl
6 Joseph v. Krempelhuber
7 Quirin Promoli
8 Joseph Christlmüller

9 Franz Xaver Rietzler
10 Georg Gröber
11 Alois Specht
12 Johann Joseph Pasch

5 Technischer Bau Rath, Carl Probst

Ersatzmänner

HERREN

1 Anton Schindler ... 2 Benno Lunglmayer ... 3 Paul Tillmetz ... 4 Paul Göttner ... 5 Georg Knogler ... 6 Anton Eisenrieder ...

Collegium der Gemeinde Bevollmächtigten

HERREN

1 *Anton Schindler Handelsmann (derzeit Vorstand)*
2 *Franz Paul Tillmetz Apotheker*
3 *Joseph Höchl Baumeister*
4 *Joseph Lang Handelsmann*
5 *Joseph Teufelhart Weinwirth*
6 *Benno Lunglmayr Weinhändler (derzeit Protokollführer)*
7 *Christian Wendling Handelsmann*
8 *Joseph Probst Hof-Gürtler*
9 *Anton Weishaupt Silber Arbeiter*
10 *Joseph Heitele Hausbesitzer*
11 *Franz Bacher Seifen. u. Lichter. Fabrikant*
12 *Paul Wagner Weinwirth*
13 *Michael Weichselbaumer Bierfabrikant*
14 *Donatus Dafelmaier Handelsmann*
15 *Balthasar Franck Weinwirth*
16 *Johann Baptist Findl Kaffeewirth*
17 *Sebastian Weinmüller Rothgärber*
18 *Paul Göttner Handelsmann*
19 *Peter Paul Weitzenböck Handelsmann*
20 *Andreas Wagmüller Gipsmüller*
21 *Franz Glonner Eisenhändler*
22 *Joseph Heitmaier Kaffeewirth*
23 *Franz Xaver Göttner Handelsmann*
24 *Joseph Pschor Bierfabrikant*
25 *Joseph Kratzer Brandtwein Fabrikant*
26 *Mathias Zaubzer Apotheker*
27 *Peter Erlacher Zimmer Baumeister*
28 *Paul Glöttner Seifen. u. Lichter Fabrikant*
29 *Sebastian Leibl Hof. Hafner*
30 *Anton Eisenrieder Bad. Inhaber*
31 *Franz Zimmermann Riemer*
32 *Andreas Sedlmayr Feilenhauer*
33 *Alois Ritter Kistler*
34 *Gabriel Sedlmaier Bierfabrikant*
35 *Georg Knogler Handelsmann*
36 *Ignatz Bromberger Pinselfabrikant*

Ersatzmänner

HERREN

1 *Joseph Gaigl Bierfabrikant*
2 *Alois Vogt Weinwirth*
3 *Joseph Sidler Steindruckerey Inhaber*
4 *Joseph Schmidbauer Weinwirth*
5 *Mathias Daxenberger Kupferschmidt*
6 *Joseph Anton von Maffei Tabackfabrikant*
7 *Alois Hofmann Apotheker*
8 *Rudolph Röschenauer Baumeister*
9 *Thomas Gießer Hausbesitzer*
10 *Gottfried Merk Gold. Arbeiter*
11 *Joseph Wegmaier Garkoch*
12 *Anton Röckenschuß Tuchhändler*

23. Namenliste der Mitglieder des Magistrats und des Gemeindebevollmächtigtenkollegiums, 1821.

24. Das Sitzungszimmer des Magistrats im Kleinen Rathaus. Aquarell von Joseph Resch, 1869. Dieser Raum war das alte Ratsplenum, in dem der Stadtrat bereits seit dem 15. Jahrhundert getagt hatte. Er wurde nach dem Auszug des Magistrats 1874 von 1876 bis zur Kriegszerstörung 1944 als Trauungssaal des Standesamtes München I genutzt.

gen macht. Klar war auch: Den eigentlichen Durchbruch hatte Isar-Athen gebracht, die Bauten Ludwigs I. und die zuziehenden Künstler.[76] Die Künstlichkeit des Geschaffenen war so unüberbietbar wie unzeitgemäß; es war ein Aus-dem-Boden-Stampfen, das zugleich an barocke Herrscherwillkür wie an postmoderne Imageförderung erinnert. In den Reiseführern, die in den ersten Dezennien des 19. Jahrhunderts Legion werden, dominiert als besichtigenswert das neue, das «prächtige» München. Was Wunder, daß angesichts des Neugeschaffenen mancher Zeitgenosse den Blick für die Dimensionen verlor: die Kenntnis von den neuen Bauten Ludwigs zögen «alle Kunstkenner der zivilisirten Erde, besonders aber Albions und Galliens edle Söhne schaarenweise zu den neuen Sitzen der Pallas Athänä»[77] – so und ähnlich klangen die Lobeshymnen auf das «ludovizianische München».[78]

Tatsächlich war die Stadt, die jahrhundertelang zwischen Neuhauser und Isar-, zwischen Schwabinger und Sendlinger Tor gedrängt war, in wenigen Jahrzehnten um mehr als die doppelte Fläche gewachsen, waren mit Ludwig- und Brienner Straße gleich zwei neue Prachtstraßen entstanden, mit der überwiegend dazwischen liegenden Maxvorstadt eine beachtliche Fläche neu erschlossen. Beide Straßen treffen in fast barock anmutender Weise im rechten Winkel an der Residenz aufeinander, wodurch diese erstmals in der Geschichte der Stadt von der Peripherie ins Zentrum zu rücken begann. Dazu kamen die pompösen Bauten: Feldherrnhalle und Odeon, der Königsplatz mit Glyptothek, Kunstausstellungsgebäude und Propyläen, die neuen Residenztrakte mit dem Königsbau, der Allerheiligen-Hofkirche, dem Festsaalbau und dem Apothekenflügel, die Alte und die Neue Pinakothek, die Bauten an der Ludwigstraße: Ludwigskirche, Staatsbibliothek, Universität, Siegestor, und an der Theresienwiese die Ruhmeshalle mit der Bavaria. «Einen Herrscher, der – im Vergleich zur Größe des Landes – so viel bauen ließ wie Ludwig I., gab es in ganz Europa nicht.»[79] Nach Klenze hatte vor allem Friedrich von Gärtner, lange Zeit in dessen Schatten, die architektonische Umsetzung der königlichen Ideen bewerkstelligt. Er fand einen Ausgang aus Klenzes selbstsicherer und starr werdender Klassizismusvorstellung und fungierte somit als ein Bindeglied zur beginnenden Stilunsicherheit der Maximilianszeit, zu Stilsuche und Historismus.[80]

Gärtner war es auch, der den vielleicht bemerkenswertesten Plan jener Zeit entwarf und umsetzte: die Restaurierung des von der mittelalterlichen Befestigung erhalten gebliebenen Isartors. Hier wurde ein Zeichen alter Stadtfreiheit auf Ludwigs Wunsch und gegen den Willen des Magistrats (!) wiederhergestellt.[81] Die Indienstnahme für ästhetische Belange durch jenen König, der die Gemeindeautonomie bedrohte, machte selbst vor den Symbolen der alten Bürgerstadt nicht halt. Mehr noch: das neu zu errichtende

Siegestor am Ende der Ludwigstraße sollte ursprünglich nur das erste Glied einer Kette aus neuen Stadttoren, ja Mauern um den erweiterten bebauten Stadtraum bilden – ein purer Anachronismus, denn neben der Stilisierung der Stadt zum «architektonische[n] Gesamt-Kunstwerk»[82] stand dahinter auch die Absicht, traditionelle Funktionen der Personen- und Warenüberwachung wiederzubeleben.[83]

Bis auf die Errichtung des Siegestors blieb das alles nur ein Plan, der aber vermutlich durchaus Zustimmung bei Teilen des Stadtbürgertums gefunden hätte. Spätestens nach Ludwigs Rücktritt 1848 begann dann ohnehin die Aufwertung des bisher Kritisierten. Kein Zweifel: Nach und nach wurde das königliche Neu-München auch zum Bürger-München und das, was ursprünglich Gegenstand der Auseinandersetzung war und damit ein Element der Veränderung und Bewegung, wurde allmählich, vor allem seit 1850, zum gemeinsamen Fundament, zum Faktor der Stabilität, zum Symbol der Interessenidentität von Königtum und Bürgerschaft.

Es drängt sich nur die Frage auf, inwieweit das noch entscheidend war. Machten denn Bürger und Hof, selbst wenn man zu letzterem sämtliche Staatsdiener rechnete, noch im selben Maß die Stadt aus wie früher? Wo standen die Studenten und Künstler? Wo die Soldaten? Die Gesellen, Dienstboten, Taglöhner, Arbeiter? 1840 hatte die Stadt einschließlich des Militärs 95 000 Einwohner. An der Universität, die 1826 von Landshut in die Hauptstadt verlegt worden war, studierten 1300 Studenten.[84] Die Anzahl der Unselbständigen – Gesellen, Lehrlinge, Dienstboten und Arbeiter – überstieg bereits die 35 000; sie stellten zwei Drittel des erwerbstätigen Teils der Bevölkerung.[85] Der Anteil der Meister an den im Handwerk Tätigen sank in nur 16 Jahren zwischen 1833 und 1847 von 28 auf 20 Prozent.[86] Mancher Bürger mochte sich fragen, wie diese demographische Entwicklung wohl weitergehen mochte, ob das Bürgertum nicht an den Rand gedrängt werden würde. Die Gesellen waren nicht mehr wie einst in die Bürgerfamilie, in das «ganze Haus», eingebunden;[87] sie mußten nun Mieten bezahlen, ohne entsprechende Lohnsteigerungen zu bekommen. Die Stadt wurde in den dreißiger Jahren ungemütlicher. Wenn auch für die unterbürgerlichen Gruppen nicht eine permanente revolutionäre Gesinnung beobachtet werden kann, boten sie doch ein Potential für Unruhen, Krawalle und Aufstände. Dabei ging es um soziale Fragen, die immer zu Zeiten von Lebensmittelverteuerungen besonders akut wurden. Bäcker, Metzger und Bierbrauer – mithin Bürger – bildeten als Produzenten der wichtigsten Lebensmittel die hauptsächliche Zielscheibe.[88] 1830 tauchte die Forderung nach billigerem und besserem Brot auf. In der Nacht vom 1. auf den 2. Mai 1844 beteiligten sich 2000 Einwohner an einem Bierkrawall, dem größten, den die Stadt im Vormärz erlebte. Dreißig Wirtshäuser wurden gestürmt und ihre Einrichtung zerschlagen; die Forderung lautete auf Zurücknahme einer Bierverteuerung. 1846 tauchten Drohbriefe wegen des Gerüchts einer drastischen Bierpreiserhöhung auf: «Sengen und Brennen, Plündern und rauben, daß alles wird geschehen zu den Bäckern und Bräu Gunsten. Alles, alles ist bereit.»[89] Die Kritik an der Preispolitik der Lebensmittelgewerbe verband sich in einer explosiven Mischung mit Angriffen auf den König: «Vater unser, der du bist in Italien und Sizilien, nur nicht in deinem Lande, ... erlöse uns von dem Übel, von deiner Person so bald als möglich. Amen.»[90] Es ist nicht zu übersehen, daß gegen solche Angriffe auf das Königtum in den dreißiger und vierziger Jahren zunehmend ein Bündnis des Monarchen mit den Bürgern beschworen wurde. Wiederholt äußerte Ludwig I. nach Unruhen sein Wohlwollen darüber, «welcher gute Geist für die Erhaltung der öffentlichen Ordnung von den Bürgern Allerhöchstihrer Residenzstadt ... bewiesen worden sey».[91]

Nicht nur die Protestformen unterbürgerlicher Schichten waren es, die die alte bürgerliche Selbstgewißheit in Frage stellen konnten. Erschwerend kam für viele Alteingesessene hinzu, daß die kulturell-religiöse Einheit des Altmünchner Stadtbürgertums zerfiel. Der alte Münchner Bürger des 18. Jahrhunderts war stets Katholik, meist sehr kirchenfest und kannte seine Mitbürger auch vom Kirchgang und von der Bruderschaft. Der erfolgreiche Kaufmann aus Norditalien hatte in der Regel raschen Eintritt in die Münchner Gesellschaft gefunden; der *«acatholicus»* aus Norddeutschland konnte nicht einmal das Bürgerrecht erwerben. Seit dem Beginn des Jahrhunderts hatte sich dies geändert. In wenigen Jahren war eine mehrtausendköpfige Protestantengemeinde entstanden, die formell 1818 vollständige Gleichheit mit den Katholiken erhalten hatte.[92] Darunter waren auch einige, die als Handels- und Gewerbetreibende ins Stadtbürgertum aufgenommen wurden. Wirklich suspekt war vielen alten Münchnern aber der «typische» Protestant: der Preuße, Württemberger, Thüringer, der an der Akademie, an der Universität, in den Ministerien, sprich: außerhalb der städtischen Gesellschaft im engeren Sinn seinen Dienst versah. Er hatte seinen eigenen Lebenskreis, wohnte in den Neumünchner Gebieten nördlich der Altstadt, sprach «preußisch», war gebildet und aufgeklärt, ein «Nordlicht», wie man bald zu sagen pflegte. Obwohl der Staat die Gleichstellung nach 1800 förderte und sich auf die Fachkräfte für Staat, Kunst und Wissenschaft aus dem Norden angewiesen glaubte, begann sich später ein zunehmend antiprotestantisches Regiment unter Ludwig I. zu etablieren. München avancierte zur «Hochburg der katholischen Restauration».[93] Was hier der leitende Minister Abel und der König, immerhin *summus episcopus* der bayerischen Protestanten und außerdem Sohn, Gemahl und Schwiegervater von protestantischen Fürstinnen, an ultramontanem Geist zu verbreiten suchten, fand im alten katholischen Stadtbürgertum wenig Widerstand. Als das erste evangelische Gotteshaus der Stadt 1833 eingeweiht wurde, die Matthäuskirche in der Sonnenstraße, war dies eher Abschluß denn Auftakt einer staatlichen Toleranzphase.

Etwas später als die Aufnahme der Protestanten ins Bürgerrecht begann der noch langwierigere Prozeß der Assimilation von Juden in die Münchner Gesellschaft. Wie überall war die Integration «hauptsächlich durch die Juden zu leisten»;[94] gleichwohl gab es Widerstände aus dem Stadtbürgertum. 1813 erfolgte die Gleichstellung in Gewerbe und politischer Gemeinde,[95] allerdings mit so bedrückenden Bestimmungen wie etwa der Eintragung in eine Judenmatrikel, die die Zahl der ansässigen Juden begrenzte. Diese restriktiven Maßnahmen hatten Erfolg: unter den etwa 80000 Einwohnern waren 1840 nur 1,7 Prozent, nämlich 1423 Juden[96], und von den 3682 Münchner Bügern im Jahre 1844 waren gerade 82 Juden.[97] In anderen großen deutschen Städten – Berlin, Hamburg, Breslau, Frankfurt – betrugen die absoluten wie relativen Zahlen ein Vielfaches.[98] Dennoch hatte sich die jüdische Gemeinde im Vormärz schnell vergrößert, denn die Ausbildungsinstitutionen und die Arbeitsmöglichkeiten machten die Stadt insbesondere seit dem Eisenbahnanschluß zu einem attraktiven Anziehungspunkt für Juden aus ganz Bayern. Sie wohnten mit den Christen unter einem Dach; den Münchner Katholiken erschienen sie aber, sofern sie ihren Glaubensritus kultivierten, «geheimnisvoll».[99] Zwar verlief der Aufnahmeprozeß in die Gremien der Stadtverwaltung nur zäh, so daß es bis 1869 dauerte, als zum ersten Mal Juden zu Gemeindebevollmächtigten gewählt wurden. Sehr erfolgreich war dagegen neben der Armee auch die integrative Leistung des Handelsstandes; bereits 1835 wurde hier mit Lippmann Marx der erste jüdische Vertreter in den Verwaltungsausschuß gewählt.

Das Biedermeiermünchen der vierziger Jahre: hatte es sich nicht doch schon so gewandelt, daß die Bürger eher Ruhe als Veränderung erstrebten? Die Antwort fällt nicht leicht. Denn so distanziert die Ausweitung der Bürgergemeinschaft auch aufgenommen wurde und so groß der Abscheu im Bürgertum vor «tumultuarischen» Begebenheiten auch war, so sehr hatte es doch selbst noch genügend Kritik anzubringen und die Kraft zur Veränderung noch keineswegs verloren; insbesondere in den großen politischen Fragen der Verfassungsordnung und der deutschen Einheit. Freilich war der Zorn des wohlsituierten Bürgers bedeutend weniger schnell zu entfachen als der des hungernden Taglöhners; die Erhöhung des Bierpreises um eineinhalb Kreuzer pro Maß reichte jedenfalls nicht.

Seit der Mitte der 1840er Jahre häuften sich jedoch Ereignisse, die auch die phlegmatischsten unter ihnen in Rage brachten. Der König verliebte sich in Lola Montez, eine Schönheit schottisch-kreolischer Abstammung, die sich nach frühen schlechten Erfahrungen nicht in das Korsett von Ehe und Familie zwängen lassen wollte. Das mußte unter den damaligen Umständen erkauft werden mit einem Lebenswandel, der neue Abhängigkeiten beinhaltete,[100] gleichwohl aber von einer romantischen Aura des «Abenteuerlichen» und «Wilden» umstrahlt war: Umherziehen durch alle Länder Europas, oft an der Seite eines Geliebten, Arbeit an Theatern, Protektionssuche an Höfen. In München gelang der Durchbruch. Gegen alle Anfechtungen nahm Ludwig die Geliebte in Schutz, was den Unmut in der Bürgerschaft wegen ihres tatsächlichen oder vermeintlichen Einflusses nicht verringerte. Zum eigentlichen Stein des Anstoßes wurde Ludwigs Versuch, Lola Montez mittels der Einbürgerung und als «Gräfin Landsfeld» Zutritt zu höheren Gesellschaftskreisen zu verschaffen. Die Stadt verweigerte ihr das Bürgerrecht, was zu erneuten Querelen zwischen dem König und dem Magistrat führte.[101] Da die Angriffe besonders von seiten der damals in Staat und Wissenschaft dominierenden konservativ-katholischen Seite kamen, vollzog Ludwig 1847 gar einen Systemwechsel zu einem liberalen Ministerium. Im Jahr der Revolution 1848 erreichte die Affäre ihren Höhepunkt.

München wurde kein herausragendes Zentrum dieser Revolution wie Berlin, Wien und Frankfurt.[102] Aber es ereignete sich dort mit der Lola-Affäre noch zwei Wochen vor der Pariser Februarrevolution ein Vorspiel, das der Münchner Umwälzung eine eigene Färbung verlieh, die sie von dem nicht sehr variantenreichen Verlaufsmuster der Ereignisse in den mittelstaatlichen Residenzstädten abhebt. Und die bayerische Hauptstadt war der einzige deutsche Schauplatz, der auf dem Höhepunkt der Revolution – Kaiser Ferdinand I. von Österreich dankte bereits im Zeichen der Gegenrevolution ab – den Rücktritt eines regierenden Monarchen eines größeren Staates erlebte.[103]

Als der König am 9. Februar wegen «lolafeindlicher» studentischer Tumulte die Universität kurzerhand schließen ließ, versammelten sich «weit über tausend der achtbarsten Bürger»[104] im Rathaus und erzwangen in einem anschließenden Zug zum König und in weiteren Tumulten die sofortige Wiederöffnung der Universität und die Ausweisung Lolas. Die gesamte Aktion war in einem nur bedingt politischen Bündnis von Studenten und Bürgern erfolgt, denn die Universität bildete einen erheblichen Wirtschaftsfaktor für die städtischen Gewerbetreibenden und Hausbesitzer. Darüber hinaus hatte das Ganze nicht den Charakter eines moralisch-religiös motivierten Protestes verloren, zumal die Ultramontanen, die Partei der Katholisch-Konservativen, dessen Speerspitze bildeten. Es spricht aber für die Allgegenwart und die Wucht der politischen Anliegen des bürgerlichen Liberalismus, daß selbst diese Episode mit ihren teilweise verdrehten Fronten letzten Endes doch nur wie allerorten in die Einforderung ebenjener liberalen Ziele mündete. Was als Resultat der Februarereignisse die Münchner Märzrevolution prägen sollte, war die Erfahrung der Bürger, ihren Willen gegen den Monarchen durchsetzen zu können – wenn auch mit Mitteln, die ihnen an sich fremd, ja verhaßt waren.

Die Münchner «Märzstürme» begannen am 2. und 3. des Monats, wobei insbesondere das badische Beispiel große Wirkung zeitigte. Am 3. März bereits lag eine ausformulierte Adresse an den König im Rathaus zur Unterzeichnung aus. Ähnlich wie im übrigen Deutschland lauteten die Forderungen: Abschaffung der Zensur, Geschworenengerichte, ein neues Wahl- und ein neues Polizeirecht, Ministerverantwortlichkeit, Vereidigung des Heeres auf die Verfassung.[105] Die Bedeutung des Rathauses für die Münchner Bürgergemeinde der damaligen Zeit ist kaum zu überschätzen. Es war das Kommunikationszentrum der Bürger- und Einwohnerschaft und immer wenn diese selbst als Einheit handelnd ins Geschehen eingriff, geschah dort die Abstimmung. So auch diesmal, jedoch war angesichts der gesamtstaatlichen Bedeutung der Vorgänge nicht nur die Münchner Einwohnerschaft, sondern jeder Bayer zur Unterzeichnung aufgerufen. Tatsächlich boten die politischen Forderungen nochmals die Möglichkeit, einen einheitlichen Volkswillen im Sinne einer gesellschaftlich und beruflich weitgespannten Bevölkerung unter der Leitung bürgerlicher Gruppen zu demonstrieren. «Bürger, vom reichen Banquier bis zum ärmlichen Schuhsticker, Reichsräthe, Künstler, Landleute wogten unaufhörlich zu den Tischen und setzten ihre Namen bei.»[106] Zehntausend sollen es am Ende gewesen sein.[107] Im Anschluß erfolgte die Überreichung der Petition an den König durch eine Abordnung des Magistrats und der Gemeindebevollmächtigten sowie durch zwei nichtamtliche Vertrauensmänner der Bürger.

Es kam der aufregendste Tag der Revolution. Der König hatte sich bereit erklärt, die Stände für den 31. Mai einzuberufen – viel zu spät, wie die Mehrheit der Einwohner nach anfänglichem Jubel bald erkannte. Hektische Versammlungen im Rathaus erörterten, was zu tun sei. Die Stimmung wurde immer aufgeheizter, die Reden radikaler und dem meist gemäßigten Bürgertum drohte die Führung der Revolution zu entgleiten. Gerüchte über Regierungsfinten, über den bevorstehenden Einsatz des Militärs, offensichtlich auch über die beabsichtigte Zeughausstürmung durch die «Proletarier der Au»,[108] tauchten auf. Darauf begann sich eine bunte Menge, «vom Künstler und behäbigen Handwerksmeister bis hinab zum ärmsten Proletarier»,[109] in Richtung Zeughaus zu bewegen, um sich zu bewaffnen. In Kürze war es gestürmt, und gerüstet zog die Menge Richtung Dultplatz, der bereits vom Militär besetzt war. Ein Zeitzeuge: «Morgensterne, Spieße, Hellebarden, Flamberge, Schwerter, Pickelhauben, Musketen und Säbel, darunter auch manche Schaufel und Mistgabel dienten zur Wehre, alte

Fahnen wehten voran, Trommeln, mit schnell und roh geschnitzten Schlägeln gerührt, rasselten dazwischen; – es war ein malerischer aber äußerst bedrohlicher Anblick! Eine ungeheuer aufgeregte Menge aus den verschiedenartigsten Elementen der bürgerlichen Gesellschaft unter den Waffen! Eine friedliche Lösung war kaum mehr zu erwarten!».[110] Militär und Volk standen sich bewaffnet gegenüber – die Revolution drohte blutig zu werden. Erst die eintreffende Nachricht, der König bewillige die Einberufung der Ständeversammlung bereits zum 16. März, entspannte die Situation; die Waffen wurden abgeliefert. Eine Bürgerabordnung hatte zuvor den König in der Residenz bestürmt, er möge angesichts der bedrohlichen Situation nachgeben. Die endgültige Bestätigung kam erst am übernächsten Tag: mit der berühmten königlichen Proklamation vom 6. März, in der die Erfüllung der Forderungen durch die Ständeversammlung versprochen wurde.[111] Die Begeisterung der Bevölkerung war groß und «... des weithinschallenden Jubelrufes» wollte «kein Ende nehmen».[112]

Und Ludwig? Konnte ein Monarch wie er, hochsensibel in bezug auf das Ansehen seines Königtums, so ohne weiteres den Gang der Ereignisse verschmerzen? Der König gab sich zufrieden, ging seinen Verpflichtungen weiter nach, mischte sich unter das Volk, wurde bejubelt – und trat nach 14 Tagen zurück. Wenige Tage zuvor hatten die Bürger ein weiteres Mal ihren Willen durchgesetzt: am 17. März wurden der verlangte Rücktritt des Polizeidirektors und das Verbot für Lola Montez, Bayern zu betreten, zugestanden. Eine solche Rolle als Bewilliger jeweiliger Volksforderungen war mit den Herrschervorstellungen Ludwigs unvereinbar. «Nicht Sklave zu werden, wurde Ich Freiherr», soll er damals geschrieben haben.[113]

Nach den spektakulären Anfangserfolgen waren die Ziele des Münchner Bürgertums für die bayerischen Belange erfüllt; und diese Landesinteressen waren hier wichtiger als in anderen deutschen Städten. Bayerischer Landespatriotismus war dem deutschen Nationalbewußtsein in etwa gleichrangig. Als nunmehr die politische Auseinandersetzung durch die nationale Frage nach der Schaffung eines einigen und freiheitlichen Deutschlands bestimmt wurde, zogen für die bayerische Hauptstadt mit dem Ministerialrat von Hermann und dem Universitätsprofessor Fallmerayer zwei sehr gemäßigte Abgeordnete in die Frankfurter Nationalversammlung.[114]

Neben dieser nationalen Frage begann sich jedoch in München im Verlauf des Jahres ein anderes politisches Problem – virulent nicht erst seit Beginn der Revolution – in den Vordergrund zu schieben: Die Frage nach dem Verhältnis des Bürgertums zu unterbürgerlichen Schichten. Bereits im April und Mai kam es zu einem Streik der Schuhmachergesellen, den die Gendarmerie mit rauhen Mitteln unterband. Im September folgte eine Versammlung der radikalen Demokraten, die von etwa tausend Teilnehmern besucht wurde. Im Oktober tobte ein neuer Bierkrawall, bei dem das Mobiliar des Brauers Pschorr kurzerhand durch die Fenster auf die Straße geworfen wurde.[115] Unter diesen Umständen war immer weniger revolutionäres Durchhaltevermögen vom Bürgertum zu erwarten. «Niemals hat Bayerns Metropole solchen Gräuel der Verwüstung geschaut», hieß es in einer Adresse an den König, und: «Das Gefühl der Unsicherheit ist allgemein.»[116] Bei den Landtagswahlen im Dezember entsandte München nur Abgeordnete der Rechten und des rechten Zentrums.[117] Die Dinge in Frankfurt standen ohnehin nicht zum besten – die Verabschiedung von der Revolution war für viele die naheliegende Schlußfolgerung.

Erst in der Reichsverfassungskampagne von 1849 glomm noch einmal Hoffnung auf. Die Mehrheit der Frankfurter Nationalversammlung hatte sich dazu durchgerungen, dem preußischen König als Oberhaupt eines zu gründenden kleindeutschen Reiches die Kaiserkrone anzubieten – eine realistische Aktion, die nicht ohne Chancen war. Als der König schließlich ablehnte, versuchte die Nationalversammlung den Weg über die deutschen Klein- und Mittelstaaten, die Druck auf Preußen hätten ausüben können. Bayern als dem größten unter ihnen kam eine Schlüsselrolle zu. Es galt, alle revolutionären Kräfte für diesen letzten großen Versuch nochmals zu bündeln. Die meisten bayerischen Städte von Augsburg bis Würzburg sandten Adressen zugunsten der Reichsverfassung an den bayerischen König. Der Münchner Magistrat und die Gemeindebevollmächtigten hielten sich hingegen bedeckt. Ihre Hauptleistung war, einen dankbaren Gegenstand für Ironie, Häme und Spott der Flugschriftenautoren abzugeben: «unbegreiflich, wie der Kopf eines Menschen, der einen Pflasterstein da hat, wo er das Hirn haben sollte, bleibt uns immerdar der Magistrat der Residenzstadt. ... Hoher Magistrat! ... Quell der Weisheit, öffne deine Lippen ... Sprich wenigstens ... damit deine Verehrer von Angst und Kummer befreit werden, da sie glauben, unglückliche Zufälle hätten dir die Sprache geraubt.»[118]

Zwar hatte der Magistrat 1848 bisweilen in quasi amtlicher Funktion an der Spitze einzelner Aktionen operiert, etwa bei der Petitionsüberreichung – dies aber in erster Linie, um die Bewegung zu kanalisieren und ihr ein nichtrevolutionäres, legales Gesicht zu verleihen. Bürgerversammlungen seien «dem Gemeindeedikte fern und fremd», hatte etwa der Zweite Bürgermeister von Steinsdorf im Februar 1848 argumentiert.[119] Nunmehr schien die Stadtregierung überhaupt nichts mehr unternehmen zu wollen. Teile des Bürgertums der Stadt hingegen, mittlerweile in politischen Vereinen organisiert,[120] schickten Adressen an die Nationalversammlung, die bayerische Regierung und das Parlament.[121] Schließlich folgte eine von mehreren hundert Unterzeichnern verabschiedete «Mißtrauensresolution gegen den

Magistrat wegen dessen Theilnahmslosigkeit», in der es einleitend hieß: «Wir sind noch dieselben wie im März des Jahres 1848.»[122] Die Politisierung der Einwohnerschaft erreichte einen Höhepunkt; das Bürgertum spaltete sich in Gegner und Befürworter der Verfassungskampagne. Der damalige städtische Archivar Destouches schreibt in seiner Chronik: «Keine Zeit hat in München auf solche Wirren, solche Partheyen, solche Aufregungen geschaut. Die Straßen-Ecken waren überfüllt von Placaten, welche Einladungen zu Versammlungen, Ansprachen, Aufrufe und Addressen enthielten, ja wäre es möglich gewesen, man hätte in dieser Zeit auch an die Engel im Himmel und an die Teufel in der Hölle Addressen gerichtet.»[123] Am 27. April tauchten an den Magistrat gerichtete Flugblätter auf: «Nehmt Euch ein Exempel dran» – ein Hinweis auf die erfolgte Zustimmung des Augsburger Magistrats zur Reichsverfassung.[124] Endlich kam die Antwort des Magistrats und der Gemeindebevollmächtigten: Man wolle die «Eigenschaft von Verwaltungskörpern» wahren und sich «außer die politischen Parteien der Gemeindeglieder stellen»[125] – eine charakteristische Selbsteinschätzung vieler Stadtregierungen bis zum Ende des Jahrhunderts.[126] Weder der Münchner Magistrat noch die bayerische Regierung erkannten die Reichsverfassung an. Der Eindruck drängt sich auf, daß die Mehrheit der Bürger inzwischen ähnlich dachte.[127] Bereits am 4. März 1849 hatte der Germanist Schmeller in sein Tagebuch notiert, am Jahrestag der Münchner Erhebung sei diese «nun fast in eine gegen das damals Errungene umgeschlagen».[128] Die Revolution schlief ein.

Emanzipation einer Großstadt (1850–1868)

Hunderttausend Einwohner – es waren etwa sechzig Jahre vergangen, seit Lorenz von Westenrieder das Horrorgemälde eines Münchens dieser Größe gezeichnet hatte. Damals zählte man gerade 30000 – nun, um 1850, war es soweit: München wurde Großstadt. Nach Berlin, Hamburg und Breslau war es die viertgrößte Stadt im Gebiet des späteren Deutschen Reiches.[129]

Seit dem Ende des 18. Jahrhunderts hatte sich das Wachstum der Stadt gewissermaßen in zwei Dimensionen vollzogen: einmal derjenigen der Bevölkerungsvermehrung durch Geburten oder Zuzug, zum anderen der der baulichen Expansion innerhalb des Burgfriedens, dem städtischen Territorium, das weit über die alten Stadtmauern hinausreichte. Seit 1854 gab es in München jene dritte Wachstumsdimension zu verzeichnen, die die Entwicklung der meisten großen Städte der Epoche kennzeichnet: nicht nur durch eine Vermehrung der Bevölkerung und eine Vergrößerung der Bausubstanz auf dem alten Stadtgebiet, sondern auch infolge einer ausgreifenden Politik der Eingemeindung von benachbarten und meist längst mit der Zentralstadt verschmolzenen Vorstädten und angrenzenden Kommunen stiegen die Einwohnerzahlen binnen kürzester Fristen auf bislang kaum vorstellbare Zahlen. Was Westenrieder wohl zu der halben Million Einwohner gesagt hätte, die nur siebzig Jahre nach seinem Tod um 1900 zu verzeichnen waren?

Mit der Eingemeindung der Au, Haidhausens und Giesings wuchs München 1854 mit einem Schlag um über 20000 Einwohner, davon gut die Hälfte aus der Au; das Gemeindeterritorium verdoppelte sich.[130] Es handelte sich nicht einfach um irgendwelche Münchner Vorstädte:[131] insbesondere die seit 1808 mit Stadtrechten versehene Au war fast ein Münchner Mythos. Südöstlich der Hauptstadt, im Überschwemmungsgebiet der Isar gelegen, war sie Heimat jener Sozialschichten, die keine Chance zur Ansiedlung in München hatten, sich zum großen Teil dort aber als Taglöhner verdingten. Eine spezifisch klein- und unterbürgerliche Sozialstruktur bewirkte einen Kontrast zur benachbarten Residenzstadt, der vor allem angesichts der charakteristischen Herbergshäuser augenfällig wurde. Diese Form des Wohneigentums ermöglichte die Querteilung des Grundbesitzes, wodurch sozusagen Eigentumswohnungen entstanden. Da jeder Bewohner bestrebt war, die ohnehin recht abenteuerlich zusammengezimmerten Anwesen mit einem eigenen Zugang in Form hölzerner Treppenaufgänge zur meist ärmlichen Wohnung zu versehen, ergab sich für den außenstehenden Beobachter ein angenehm regelloser, malerischer und heimeliger Anblick. Bereits manche Münchner Zeitgenossen empfanden die Au als romantisches Idyll, wie sich in Gemälden und Schilderungen widerspiegelt.[132] Die sozialen und hygienischen Umstände waren jedoch katastrophal. Die Sozialfürsorge, die sogenannte Armenpflege der Vorstadt Au, war schon vor der Eingemeindung mit derjenigen Münchens vereinigt. Die Tatsache, daß im Gesamtbezirk München und Au mit insgesamt 4400 anerkannten Armen im Jahre 1850 auf 21 Einwohner ein Unterstützungsbedürftiger kam – bedeutend mehr als in anderen Gegenden Bayerns –, war auch auf den hohen Armenanteil unter den Auern zurückzuführen;[133] die Ausgaben der Münchner Armenverwaltung waren dementsprechend beträchtlich: für die Periode 1818/19 bis 1848/49 betrugen sie fast fünf Millionen Gulden.[134]

Dabei ist zu beachten, daß sich diese «Armenverwaltung», wie generell die Stadtverwaltung, vielfach noch ganz in traditionellen Formen abspielte und die Stadt auf Leistungen durch weitgehend unentgeltliche Mithilfe ihrer Bürger angewiesen war – auf Leistungen mithin, die durch die obige Zahl überhaupt nicht erfaßt sind.[135] Jeder der Distriktsvorsteher, bei denen es sich meist um gestandene Bürger mit einem eigenen, zeitraubenden Betrieb handelte, hatte sich um die Armen seines Distrikts zu kümmern. Noch immer geschah dies auf ähnliche Weise, wie sie 1832 Traugott Ertel, Distriktsvorsteher in der Max-Vorstadt, Inhaber des mathematisch-mechanischen Instituts, Brotgeber für vierzig Arbeiter, Vater von neun Kindern, 53 Jahre alt und nicht von «feste[r] Gesundheit», geschildert hatte: «beinahe täglich und besonders seit einiger Zeit, füllen 20 bis 25 Arme meine Werkstätte, klagend, weinend, verlangen Zeugnisse, stören dadurch mich und meine Leute in der Arbeit... Dazu kömmt noch, daß ich in die Häuser der Bettelleute gehen, und mich von ihrer Armuth überzeugen ... soll.» Es verstand sich fast von selbst, daß Ertels Gesuch um Entbindung von der Tätigkeit als Distriksvorsteher abschlägig beschieden wurde[136] – Bürgerrechte und -pflichten waren nicht trennbar. Eine solche altväterliche Vorstellung von der Sozialfürsorge beinhaltete durchaus die Möglichkeit, bei Verarmung auch den Gang zum Bürgermeister zu machen: Jacob Bauer, der ein beträchtliches Jahresgehalt von 3500 Gulden bezog, klagte 1848 in einem Pensionsgesuch, er habe keine finanziellen Rücklagen, «da ich nicht sparen kann, wenn die Noth der Armen mich um Hilfe anspricht, und daran fehlte es an keinem Tage».[137] Beide, Traugott Ertel wie Jacob Bauer, dürften sich zuweilen Gedanken darüber gemacht haben, wie lange die Gemeinde die wachsenden Probleme mit den traditionellen Mitteln noch zu lösen würde imstande sein.

Eine Eingemeindung, wie sie 1854 durchgeführt worden war, bedeutete nicht einfach nur Vergrößerung des Gebietes und Vermehrung der Einwohner; vielmehr änderte sich dadurch auch das soziale Gesicht einer Stadt. So stellte sich angesichts der Stadterweiterung von 1854 die Frage, ob die zahlreichen nicht sehr vermögenden Herbergsbesitzer alle eine Option für das Bürgerrecht bekommen sollten.[138] Während das Gemeindeedikt von 1818 dies zugelassen hätte, da es ausschließlich die Entrichtung einer Haussteuer gleich welcher Höhe verlangte, wäre nach den Ansässigkeitsbestimmungen von 1825 eine Mindeststeuerleistung von zweieinhalb Gulden erforderlich gewesen – ein Betrag, der von den Herbergsbesitzern regelmäßig nicht erreicht wurde. 1834 war für das alte München eine Regelung zugunsten der liberaleren Bestimmungen von 1818 gefunden worden. Tatsächlich fand man sich auch jetzt dazu bereit, dies auf die neuen Stadtteile zu übertragen, was die Anzahl der Münchner Bürger enorm vergrößerte und deren durchschnittlichen Sozialstatus nach unten drücken mußte. Die Bürgerzahl stieg von etwa 4750 im Jahre 1851 auf über 8000 nach der Eingemeindung; hatte seit Inkrafttreten des Gemeindeedikts von 1818 der Anteil der Bürger an der Einwohnerschaft nie die Fünf-Prozent-Marke überschritten, betrug er nunmehr immerhin 6,2 Prozent.[139] Die Eingemeindung der drei Vorstädte war somit ein Anlaß zu einer faktischen Ausweitung des Kreises der Bürger. In der sozialökonomischen Zusammensetzung der Gesamtbevölkerung gab es durch die Erweiterung zumindest eine leichte Verschiebung zugunsten des Gewerbes. Der Anteil von Adel, Geistlichkeit, Beamten, Literaten und Künstlern an der Gesamtbevölkerung ohne Militär sank zwischen 1854 und 1858 von 29 auf 25 Prozent, so daß die vergrößerte Stadt vorübergehend etwas von ihrem residenzstädtischen Dienstleistungscharakter verlor.[140]

Die permanente Anpassung des Gemeindeterritoriums an die Agglomeration, die von München, verglichen mit anderen Städten, vorbildlich und vorausschauend bewältigt wurde,[141] war beileibe nicht die einzige Herausforderung, die der modernen Großstadt gestellt war. Schon immer war es eine Hauptaufgabe der Städte, angesichts des engen Zusammenlebens für eine hygienische Umwelt zu sorgen, um Epidemien einzudämmen. Im 19. Jahrhundert wurde dieses Problem infolge der sich rasch vermehrenden Bevölkerung und durch den permanenten Zuzug neuer Einwohner aus allen Gegenden immer drängender. Gerade die Eingemeindung der dichtbevölkerten und hygienisch problematischen Au mußte der Stadt ihre steigende Verantwortung zusätzlich verdeutlichen. 1836 war München erstmals von der Cholera heimgesucht worden. Damals starben über neunhundert Einwohner. Die Krankheit verlief gespenstisch rasch: das erste Todesopfer, kein geringerer als der rechtskundige Magistratsrat Neuschmied, verspürte ernsthafte Beschwerden um Mitternacht und war bereits am folgenden Abend verstorben.[142] Die nächste Epidemiewelle erreichte München 1854 – im selben Moment, da sowohl eine großangelegte Industrie- und Gewerbeausstellung im neuen Glaspalast als auch ein nicht minder umfangreich dimensioniertes kulturelles Rahmenprogramm in Form von Theaterfestspielen enorme Menschenmassen in die Stadt lockten. Allein die Besichtigung des 240 Meter langen Glaspalasts im Alten Botanischen Garten, ausschließlich aus Eisen und Glas errichtet und weltweit der zweite Bau seiner Art nach Paxtons berühmtem Vorbild in London, war eine Reise wert.[143] Mitten in dieses überlaufene München platzte die Nachricht von der neuen Cholerawelle.[144] Viele Besucher und Einheimische ergriffen die Flucht. «Im Glaspalast blieben fast nur noch Wärter, Bilder und Gerätschaften.»[145] Die städtischen Behörden waren überfordert, aber die ersten zaghaften, wenngleich unzulänglichen Schritte wurden unternommen. In der Max- und Ludwigsvorstadt wurden Systeme aus sogenannten Sielen, eine Art primitiver Röhrenkanalisation, errichtet.[146] Der Münchner Wissenschaftler Pettenkofer, der sich intensiv der Erforschung der Cholera und ihrer Bekämpfung widmete, wies auf das breite Spektrum notwendiger Hygienemaßnahmen hin. München entwickelte sich zum Zentrum der Hygieneforschung. Den Magistratsräten und Gemeindebevollmächtigten mußte nunmehr eines bewußt werden: auf die Stadt würde eine Reihe von kaum lösbar scheinenden Aufgaben zukommen.[147] Vieles würde zunächst von privaten Unternehmern bewältigt werden müssen, so wie auch die seit 1850 bestehende Gasbeleuchtung durch Verträge des Magistrats mit dem Schweizer Bankier Kohler und später mit der neugegründeten «Gasbeleuchtungs-Gesellschaft» eingeführt worden war.[148]

Die Industrieausstellung von 1854 stand bereits im Zeichen der Ära jener großen Ausstellungen, die die Tendenz zur Heraushebung einzelner europäischer Städte als dominierende Zentren weiter verstärkte. Auch München partizipierte an diesem Prozeß: nach der Eröffnungsausstellung folgte bereits 1858 eine weitere Industrieausstellung und eine Woche darauf die erste «Deutsche Allgemeine und Historische Kunstausstellung».[149] Münchens herausragende Zentralfunktion zumindest für den bayerischen Raum wurde immer unbestrittener, wie sich auch an den Eisenbahnverbindungen – hier noch in Konkurrenz mit Nürnberg – erwies. Bereits 1840 war der Anschluß an Augsburg vollendet;[150] die Stadt wurde damit vom Westen her erschlossen. Nachdem der Urbahnhof auf dem Marsfeld abgebrannt war, entschied man sich auf Anraten Gärtners für eine Lokalisierung vor der alten Schießstätte, in der Verlängerung der alten Ost-West-Handelsroute, der Salzstraße zwischen Isar- und Karlstor, wo auch der erste Durchstich durch die Festung 1791 erfolgt war.[151] Die Bahn prägte das Gesicht des Westends: Fabrikansiedlungen, hauptsächlich der Brauereien, lokalisierten sich um den Zentralbahnhof, der 1849 von Friedrich Bürklein fertiggestellt wurde und den Bewohnern noch vor dem Glaspalast erstmals einen solchen technisch-industriellen Bau auf eigenem Stadtboden vor Augen führte.[152] In den fünfziger Jahren erhielt die Stadt die Eisenbahnverbindung mit Regensburg; 1860 war erstmals eine Fahrt nach Wien möglich.

Die größte und bedeutendste verkehrspolitische Maßnahme nach 1850 stellte jedoch der Bau der Maximilianstraße dar, die, vom südlichen Rand der Residenz ausgehend, in schnurgerader Linie sowohl die Altstadt als auch die neuen Gebiete im Norden mittels eines Brückenschlags über die Isar mit dem Osten zusammenführte.[153] Dabei verband die Maximilianstraße, wie vom König beabsichtigt, stärker als die Ludwigstraße das Ästhetisch-Pompöse mit dem, wie Jacob Bauer es wohl genannt hätte, «Nützlichen und Nothwendigen», denn die Anbindung des Ostens war längst überfällig.[154] Bauer selbst hatte noch das Projekt gutgeheißen,[155] sein Nachfolger von Steinsdorf betonte 1858 die Bedeutung dieser Gesamtrichtung, die damals noch nicht durch die Eisenbahn erschlossen war, und verwies in seiner Ansprache dezent auf das Bedürfnis «größerer räumlicher Ausdehnung» Münchens, für die die Maximilianstraße «die Richtung anzeige».[156] Großzügigkeit war en vogue und trotz aller Provinzialität hielt jetzt doch verstärkt ein weitläufig-urbanes Denken Einzug. Franz Löher, der spätere bayerische Reichsarchivdirektor, sprach im Rathaussaal auf der Festveranstaltung zur Siebenhundert-Jahrfeier der Stadt, die gleichzeitig mit der Grundsteinlegung der Maximiliansbrücke gefeiert wurde, über die Bedeutung der Städte und ging «auf die Charakteristik der modernen Großstädte über, deren riesige Volksmassen den Schwerpunct des Landes und seiner Geschichte in die Hauptstadt allein legen». Damit, so Löher, habe die Gemeinde «als organisches Glied des Staatslebens» eine ungleich höhere Bedeutung gewonnen.[157]

Das klang plausibel: Längst war München nicht mehr in erster Linie Residenz-, sondern viel mehr Hauptstadt des Landes. An die Stelle des Hofes waren schon seit der Montgelaszeit mehr und mehr Ministerien und Verwaltungsbehörden getreten. Konnte Ludwig I. noch in der Tradition Karl Theodors mit der Verlegung der Residenz drohen, hätte ein bayerischer Herrscher in der zweiten Jahrhunderthälfte damit bestenfalls Heiterkeit erzielt. Nunmehr erlitt auch die Staatsverwaltung gegenüber den gesellschaftlichen Kräften, den «riesige[n] Volksmassen», den in politischen Vereinen organisierten Bürgern und Arbeitern, der sich selbst steuernden wirtschaftlichen Entwicklung einen allmählichen Bedeutungsverlust im Hinblick auf die wirtschaftliche und kulturelle Entwicklung der Stadt.

Zwar gelang es Maximilian II. (1848–1864) noch einmal, etliche Entwicklungsimpulse vom Hof ausgehen zu lassen:[158] die Bauten des Glaspalasts oder der Maximilianstraße verdeutlichen es. Zudem setzte er eine Reihe spektakulärer Berufungen durch in der Absicht, die Stadt nun auch noch zu einem herausragenden Wissenschaftszentrum zu machen – es kamen unter anderem Sybel, Giesebrecht, Riehl, Bluntschli und Liebig, außerdem Dichter wie Geibel oder Heyse.[159] An der Akademie der Wissenschaften wurden die Naturwissenschaftlich-Technische und die Historische Kommission gegründet. Eine Akademie für deutsche Sprache und Literatur war geplant.[160] Aber dieses «Wissenschaftsmünchen» wollte nicht so recht verschmelzen mit dem alten Bürgermünchen, bildeten doch unterschiedliche regionale Herkunft und Konfession nach wie vor eine zu große Barriere. Selbst die Künstler der Stadt organisierten sich getrennt von denen, die zugereist waren.[161] Mit wenigen Ausnahmen – dem Allroundgenie Franz Pocci etwa – blieben sie im Schatten der Neumünchner.[162] Im übrigen waren die königlichen Aktivitäten in ihrer wirtschaftlichen Bedeutung für die Stadt nicht mehr vergleichbar mit denjenigen des Vorgängers. Als dann Ludwig II. (1864–1886) München auch noch zu einer Musikmetropole unter Richard Wagners künstlerischem Protektorat erheben wollte, war das Scheitern vorprogrammiert.

Ein vielschichtiger «Emanzipationsprozeß der Stadt von der Residenz»[163] war im Gang. Mehr und mehr lebte die Stadt von sich selbst, von ihren Einwohnern. Das zeigte sich nicht zuletzt bei der ersten großen Stadterweiterung seit der weitgehenden Fertigstellung der Maxvorstadt. Mit dem Gärtnerplatzviertel südöstlich der Altstadt wurde erstmals eine Neubauzone überwiegend in privater Initiative geplant und gestaltet.[164] Einer der reichsten Bürger der Stadt, Karl von Eichthal, griff den Plan seines Vaters Simon, des Hofbankiers und Gründers der Bayerischen Hypotheken- und Wechselbank (1835), wieder auf und begann 1860 mit der Parzellierung des in Familienbesitz befindlichen Geländes und mit der Anlage von Mietsbauten. Sie sollten an bürgerliche Eigentümer zur Weitervermietung verkauft werden. Jener Typus des Münchner Bürgers, den Ruederer um die Jahrhundertwende schildert, der die «Herumtreterei hinter dem Ladentisch» satt hat, mit 45 Jahren sein Geschäft verkauft und sich statt dessen «ein großes Zinshaus mit fünf Stockwerken» zulegt, bekam hier seine Chance.[165] Trotz dieser nunmehr mächtig vordringenden Dominanz privater Wirtschaftsinteressen fügte sich das Ganze vom Gestalterischen her erstaunlich gut in die bestehende Münchner Szenerie: man hatte noch einmal streng klassizistische Formen gewählt, und um dem Einzelinvestor die Anlage in der «Arme-Leute-Gegend» nahe der Isar schmackhaft zu machen, ließ Eichthal das Viertel um den ansprechend gestalteten Gärtnerplatz gruppieren; mit der Gründung des Gärtnerplatztheaters wurde sogar auch noch für kulturelle Infrastruktur gesorgt. So wie das Bild der alten Bürgerstadt sich bisweilen in die Planungsgestaltung der Könige eingeschlichen hatte, so forderte nun die Residenztradition *ihren* Tribut der ästhetischen Form vom neuen Privatinvestor. Das konnte aber nichts ändern am Bedeutungsverlust der Residenz, der sich auch an der Tatsache ablesen läßt, daß in der Altstadt das Aufgreifen gotischer Stilelemente festzustellen war.

Während im Gärtnerplatzviertel noch einmal klassizistisch gebaut wurde, wurde das Alte Rathaus regotisiert,[166] und die Planung des Neuen Rathauses, dessen neugotischer Bau 1867 begann, stand von vornherein unter dem Zeichen der Anknüpfung an das alte Bürgermünchen des Mittelalters.[167] Zahlreiche Ereignisse der fünfziger und sechziger Jahre mußten ohnehin den Blick in jene Epochen der Stadtgeschichte lenken, in denen städtische Freiheit und Autonomie mit einer wirtschaftlichen und politischen Blüte einhergegangen waren. Die historisch bewanderten Zeitgenossen konnten nachempfinden, was es hieß, als die Stadt 1852 ihre uralte Verpflichtung gegenüber dem Freisinger Bischof – seit 1803 in Rechtsnachfolge dem bayerischen Staat – mit 987 Gulden auslöste.[168] 1858 beging München mit aufwendigen Festveranstaltungen seine Siebenhundert-Jahrfeier. Zwar war mit der gleichzeitigen Grundsteinlegung der Isarbrücke auch ein zukunftsweisender Aspekt präsent, viel populärer aber war der historische Umzug, der, nach Jahrhunderten getrennt, die Entwicklung der

Stadt vor Augen führen sollte: das alte Bürgermünchen mit seinen Zünften und Schützengilden neben dem fürstlichen München.[169] Die Münchner waren so bewegt, daß der Wunsch nach einer Wiederholung des ganzen Festzugs während des Oktoberfestes laut wurde.[170] «Wir haben es wahrgenommen, wie sie die Hüte vom Kopf zogen, wie deren viele die Hände falteten, und ihnen das Wasser ins Auge stieg.»[171] Zehn Jahre später folgte ein Jubiläum, das erneut den Blick zurück in die alten Zeiten der vermeintlichen Bürgerherrlichkeit, der blühenden Städte, nicht zuletzt des aufsteigenden Münchens lenken mußte: die Vierhundert-Jahrfeier der Frauenkirche.

In der Gegenwart jedoch herrschte noch immer, trotz des Bedeutungsverlusts des Monarchen, das System der «Kuratel». Die vielfachen neuen Aufgaben aber, die der Großstadt München nunmehr gestellt waren – Eingemeindungen, Hygieneprobleme, neue Dimensionen der Armenfürsorge, Herausforderungen infolge des zentralörtlichen Bedeutungsgewinns[172] – konnten weder mit der patriarchalischen Honoratiorenverwaltung noch unter einer staatlichen Kuratel gelöst werden. Seit der Jahrhundertmitte wurde das Problem verstärkt diskutiert. Die Regierung selbst hatte ein Versprechen von 1848 eingelöst und 1850 eine Revision der Gemeindeordnung vorgeschlagen, die unter anderem – wie der damalige Zweite Bürgermeister von Steinsdorf anerkennend formulierte – eine «freiere Bewegung der Gemeinden in der Verwaltung» und eine «Milderung der Curatel» vorsahen.[173] Insbesondere die liberalen Abgeordneten in der Ständeversammlung, an ihrer Spitze Karl Brater, plädierten für mehr Gemeindeautonomie.[174] Tatsächlich bekam die Stadtverwaltung in einigen Teilbereichen seit 1850 etwas mehr Luft.[175] Die Münchner Baukommission wurde ab 1852 eine rein städtische Behörde[176] und alle bayerischen Gemeinden erhielten 1861 Ausweitungen ihrer Polizeibefugnisse. Eine wirkliche Änderung war jedoch nur möglich mit einem umfassenden Reformkonzept, das, wie 1825, die Gesamtheit der gemeinde-, gewerbe-, heimat- und armenrechtlichen Problematik in Angriff nahm.

Zwar war in der Bevölkerung die Frage der Gemeindeautonomie nicht eben die meistdiskutierte. Es war die Zeit der «großen» Themen; als solche hatte ein Bericht an die Staatsregierung 1863/64 das Problem der deutschen Einigung und die Frage der Gewerbefreiheit ausfindig gemacht.[177] Und das Interesse an den Sitzungen von Magistrat und Gemeindebevollmächtigten, die seit 1848 öffentlich abgehalten wurden, war so gut wie nicht vorhanden. «Selbst dahier in der Haupt und Residenz Stadt München» würden sich nur mehr «Gewerbsconzessionssuchende» und «Heirathslustige» an den öffentlichen Sitzungen beteiligen, «unter letzteren insbesondere das weibliche Geschlecht, welches die Neugierde herbeiführt, ob den Ansäsigmachungs-

Photogr. Druck von J. B. Obernetter München 1896.

DR. JACOB BAUER.

Die Bürgermeister der königlichen Haupt- u. Residenzstadt München.

25. Dr. Jacob Bauer, Erster Bürgermeister 1838 bis 1854.

26. Die Bürgermeister Dr. Alois von Erhardt (rechts) und Dr. Johannes von Widenmayer (links), um 1886. A. v. Erhardt war Erster Bürgermeister 1870 bis 1887, J. v. Widenmayer Zweiter Bürgermeister 1870 bis 1888 und Erster Bürgermeister 1888 bis 1893

27. Die Bürgermeister Dr. Wilhelm G. von Borscht (rechts) und Dr. Philipp Brunner (links), um 1900. W. v. Borscht war Erster Bürgermeister 1893 bis 1919, Ph. Brunner Zweiter Bürgermeister 1893 bis 1914.

28. Eine Sitzung der Magistratsräte im kleinen Sitzungssaal des Neuen Rathauses, um 1900.

und Verehelichungsgesuchen ihrer Geliebten beigestimmt werde oder nicht, nach deren Erledigung auch der Zuhörerraum immer geleert ist».[178]

Gewerbefreiheit und nationale Frage jedoch verbanden sich zu einem hochpolitischen und heißdiskutierten Amalgam. Gerade die nationale Frage der deutschen Einigung mußte die Notwendigkeit einer Anpassung auch der Wirtschaftsverfassung an die anderen deutschen Staaten nahelegen. Seit 1834 war Bayern zusammen mit seinen nördlichen und westlichen Nachbarn, voran Preußen, im Zollverein. In den fünfziger und sechziger Jahren wurden zudem unzählige deutsche Einheitsprojekte geschmiedet.

Auf der anderen Seite waren im Bewußtsein eines Großteils der Münchner Handwerksmeister die 1825 ins Leben gerufenen «Gewerbevereine» zum willkommenen Ersatz der alten Korporationen geworden. Noch Mitte der fünfziger Jahre firmierten sie bei Fronleichnamsprozessionen als «Zünfte».[179] Es waren aber keineswegs in erster Linie emotionale Beweggründe, die die Meister an ihren Traditionen hängen ließen. Die Gewerbevereine sollten die Zulassung zum Handwerk erschweren; die bestehenden Handwerksbetriebe vor neuer Konkurrenz abschotten. Und sie sollten damit die «Realrechte» bewahren, die ein Gutteil des gewerbebürgerlichen Bewußtseins ausmachten. Der Dichter Paul Heyse, gebürtiger Berliner und seit 1854 in München, war der Ansicht, der «gewerbetreibende Bürgerstand genoß eines so reichlichen Lebens- und Nahrungszuschnitts, wie er in dem sparsamen und nüchternen Norden unerhört war. Zweimal, auch wohl dreimal am Tage Fleisch essen, erschien nur als etwas, das der gute Bürger als sein Recht in Anspruch nehmen konnte. Dafür arbeitete er nicht mehr als nötig war, um das nahrhafte, vergnügliche Leben fortzusetzen, und wurde durch strenge Zunftgesetze gegen betriebsamere Konkurrenten geschützt.»[180]

Noch 1860 war vom Münchner allgemeinen Gewerbeverein die Gewerbefreiheit entschieden abgelehnt worden.[181] Auch die städtischen Gremien waren ein Garant für jene katholisch-sozialkonservative Gesinnung, die sie mit der Mehrheit des Stadtbürgertums gegen die Vorstellungen von Gewerbefreiheit verbanden,[182] eine Gesinnung, die nach Meinung eines aufgebrachten zeitgenössischen Kritikers eine «Herrschaft des Klerikalismus und eines ganz übel verstandenen Konservatismus» zur Folge hatte.[183]

Doch war diese Mehrheit nicht starr, sondern durchaus in der Lage, sich notwendigen Zeittrends zu fügen. Sympathisierten innerhalb des wirtschaftenden Bürgertums ursprünglich nur Handel und Industrie mit einem gewerbefreiheitlichen System, so vermerkt der Bericht von 1863/64 ausdrücklich, daß «auch in der gewerbetreibenden Bevölkerung ... eine Wandlung wahrzunehmen» und «bereits ein Theil in das Lager der bedingten Gewerbefreiheit übergetreten» sei.[184] Der «Trieb vorwärts zu dringen und die Lust am ruhigen Beharren», welche Wilhelm Heinrich Riehl, seit 1854 an der Münchner Universität, nebeneinander im Bürgertum beobachtet hatte,[185] waren wohl auch in jedem einzelnen der Münchner Handwerksmeister präsent.

In den sechziger Jahren wurde im Landtag neben der Gewerbefreiheit intensiv über eine neue Gemeindeverfassung, ein neues Heimatrecht und die Armenverwaltung debattiert.[186] Am Ende stand eine umfassende Reformleistung. Die Gewerbefreiheit wurde 1868 weitgehend eingeführt: «Alle Staatsangehörigen ohne Unterschied des Geschlechtes und des Glaubensbekenntnisses sind zum Betriebe von Gewerben im ganzen Umfange des Königreichs berechtigt.» Jeder, ob Mann oder Frau, ob Christ oder Jude, konnte damit grundsätzlich beliebig viele Gewerbeunternehmungen an beliebig vielen Orten in Bayern betreiben. Für Apotheken und Gastwirtschaften blieb allerdings ein Konzessionsystem erhalten. Die Handwerksmeister wurden für den Verlust ihrer Realrechte nicht entschädigt.

Kurz vor der Reichsgründung war damit noch die Angleichung an die Rechtslage in den übrigen Zollvereinsländern erfolgt. Damit begann eine neue Ära der Münchner Gewerbegeschichte. Im selben Jahr noch wurde das Heimatrecht reformiert. Und der nächste Einschnitt, nicht minder bedeutend, folgte bereits 1869: Die Armenpflege erhielt eine neue gesetzliche Grundlage. Vor allem aber bekamen die bayerischen Gemeinden eine Ordnung, die eine zentrale Neuerung von tiefer Symbolkraft brachte: die Kuratel, jenes ungeliebte Erbe der Montgelaszeit, tauchte in ihm nicht mehr auf. Damit schien München – mittlerweile eine Stadt mit 170000 Einwohnern – gerüstet für die Fülle der Aufgaben, die in den kommenden Dezennien zu bewältigen waren.

Ralf Zerback

München als süddeutsche Metropole
Die Organisation des Großstadtausbaus
1870 bis 1914

Bevölkerungszunahme, Sozialstruktur und Sozialtopographie

In den Jahrzehnten zwischen der Reichsgründung und dem Ersten Weltkrieg änderte sich in bisher nicht gekannter Geschwindigkeit die Entwicklung des Städtewesens in Deutschland. In Zusammenhang mit den umwälzenden Strukturänderungen des Wirtschaftsprozesses durch die Industrialisierung erhielten die Städte nicht nur für das Wirtschaftsleben, sondern auch für den Verkehr, im Bereich der Verwaltung und für das gesellschaftliche Zusammenleben allgemein neue Funktionen. Die Tendenz, daß sich die Städte zu Brennpunkten des politischen, wirtschaftlichen, kulturellen und gesellschaftlichen Lebens im Staat entwickelten, erreichte ihren Höhepunkt und bekam noch eine neue Qualität dadurch, daß die städtische Lebensweise zunehmend auch für ländliche Regionen und kleine Gemeinden vorbildhaften Charakter bekam. Die explosionsartig wachsenden Einwohnerzahlen verdeutlichen auf einen Blick das Ausmaß des Entwicklungssprungs, der nicht nur den Umfang der Verwaltungstätigkeit vermehrte, sondern in vielen Bereichen völlig neue oder gründlich veränderte Organisationsaufgaben an die Verwaltungskörperschaften herantrug. Das Zusammenleben der Menschen in den Städten gewann – sofern man es rückschauend in der Gesamtheit erfassen will – beträchtlich an Komplexität durch die vielfältigen Möglichkeiten des Ineinandergreifens alter Traditionen und moderner Lebensformen, durch die wachsende Variationsbreite der Beziehungen wirtschaftlicher, politischer und gesellschaftlicher Art, die zwischen dem alteingesessenen Bürgertum und den neu hinzugekommenen Bevölkerungsschichten geknüpft wurden.

In München traf diese Entwicklung auf eine jahrhundertealte Tradition als bayerische Haupt- und Residenzstadt, auf eine noch jüngere Tradition als Kunst- und Universitätsstadt und auf eine seit jeher differenzierte Wirtschaftsstruktur. Zählte man 1871 im damaligen Burgfriedensbereich der Stadt 169693 Einwohner, so war die Bevölkerung bis zum Ersten Weltkrieg beinahe auf das Vierfache angewachsen. Allein in dem Jahrzehnt zwischen 1880 und 1890 nahm sie, bedingt durch Zuwanderung, Geburtenüberschuß und Eingemeindungen, um über fünfzig Prozent zu. Erst nach der Jahrhundertwende verlangsamte sich dieses Wachstumstempo. Eine ähnliche Bevölkerungsentwicklung verzeichneten etliche Gemeinden des Umlandes, insbesondere diejenigen mit Eisenbahnanschluß, so daß man von einer Bevölkerungsverdichtung und damit einem Verstädterungsprozeß der ganzen Region sprechen kann.[1] Über fünfzig Prozent der Münchner Einwohner im Jahr 1900 waren im Königreich Bayern, aber außerhalb der Hauptstadt geboren, drei Viertel davon in ländlichen oder kleinstädtischen Regionen. Der dortige Geburtenüberschuß und der damit verbundene Mangel an Erwerbstätigkeit veranlaßte sie, in städtischen Regionen auf Arbeitssuche zu gehen.

Viele der meist jungen Zuwanderer verdingten sich zunächst als Taglöhner oder Arbeiter in Handwerksbetrieben und Fabriken, die Frauen oft als Hilfspersonal in Haushalten oder Gastwirtschaften. Gerade diese sozialen Gruppen, die sich mit ihren Einkünften kaum das Existenzminimum sichern konnten, waren von den in Abständen wiederkehrenden Konjunktureinbrüchen besonders stark betroffen. Armut und Proletarierelend mit den typischen Erscheinungsformen wie Arbeitslosigkeit, Unterernährung, Überbelegung von oft ungesundem Wohnraum, Mangelkrankheiten, hohe Kindersterblichkeit waren die Folgen, deren Ausmaß in Münchner Arbeiterwohnvierteln in vielen zeitgenössischen Berichten geschildert und überliefert ist.[2] Die damals geführte Armenstatistik, die einen schwankenden Prozentsatz von ein bis zwei Prozent, nach 1905 dann deutlich über zwei Prozent der Bevölkerung als Arme ausweist, erfaßte nur die Zahl derjenigen, die zum Empfang von Armenunterstützung aus öffentlichen Mitteln berechtigt waren. Viele Zuwanderer, die das Heimatrecht in München noch nicht erworben hatten – man konnte es erst nach zehnjährigem, seit der Gesetzesänderung von 1896 nach siebenjährigem Aufenthalt erwerben –, waren in dieser Situation auf private Wohltätigkeit angewiesen und tauchen in keiner Statistik auf.

Der Anteil der abhängig Beschäftigten innerhalb der Münchner Berufsstruktur erhöhte sich in diesen Jahrzehnten insgesamt, dabei vor allem derjenige der Arbeiterschaft.[3] Daneben bildete eine breite, in sich jedoch recht heterogene Schicht von Handwerksmeistern, Kaufleuten, Beamten, Angestellten, kleinen Unternehmern und Hausbesitzern den sogenannten Mittelstand, der circa 35 bis 40 Prozent der Gesamtbevölkerung umfaßte. Die selbständigen Kleinunternehmer waren ebenfalls stark von den Strukturänderungen der Industrialisierungsphase betroffen. Durch den wirtschaftlichen Konzentrationsprozeß ging ihre Zahl spürbar zurück. Kaufleute und Krämer fühlten sich in ihrer Existenz durch Konsumvereinsketten und Warenhäuser, Handwerksmeister durch billiger produzierende Fabriken bedroht. Auf der anderen Seite stieg die Zahl der Angestellten in den sich zu Großbetrieben erweiternden Unternehmen. Zur Oberschicht, der etwa sieben bis acht Prozent der Einwohnerschaft zuzurechnen waren, gehörten die Industriellen, Großkaufleute, Bankiers, freiberuflichen Akademiker und die leitenden Angestellten.

Der bebaute Grund und Boden Münchens dehnte sich entsprechend der Bevölkerungszunahme in alle Richtungen aus. Durch den ununterbrochenen Zustrom entstanden neue Viertel, deren Sozialgefüge sich ganz unterschiedlich und individuell, teilweise geplant, teilweise in unvorhergesehener Weise ausprägte.[4] Neben den bereits eingemeindeten ursprünglichen Handwerker- und Taglöhnervorstädten rechts der Isar – Au, Haidhausen und Giesing – entstand in der Gründerzeit südlich der Bahnanlagen am Hauptbahnhof ein Industrie- und Arbeiterwohnviertel, das Münchner Westend, das aufgrund seiner Gewerbestruktur und der damit einhergehenden Luftverschmutzung nicht wie in anderen Städten des Reiches, etwa Frankfurt oder Charlottenburg, ein Wohnviertel für das reiche Bürgertum wurde. Als ein nach ästhetischen Gesichtspunkten durchgeplantes Stadtviertel mit symmetrischen Platzanlagen und repräsentativ großstädtischen, dekorativ geschmückten Fassadenfronten entstand zur selben Zeit das sogenannte Franzosenviertel zwischen dem alten Kern Haidhausens und dem 1872 fertiggestellten Ostbahnhof. Die ursprüngliche Planung, die hier ein bürgerliches Wohnviertel mit großzügigen, mehrräumigen Wohnungen konzipiert hatte, erwies sich als Fehlspekulation, einerseits aufgrund von Finanzierungsengpässen in der Gründerkrise seit 1873, hauptsächlich aber aufgrund der Mißachtung der aktuellen Bevölkerungsentwicklung, die eher den Bau von Kleinwohnungen für Arbeiter angezeigt hätte. So war es nur folgerichtig, daß gerade ein Viertel, in dessen unmittelbarer Nachbarschaft schon vorwiegend Arbeiter und Taglöhner in einfachen Behausungen lebten und dessen Nähe zu den Bahnanlagen für Gewerbeansiedlung und Arbeitsplätze sorgte, den bürgerlichen Status nicht halten konnte und die großen Wohnungen oft unter mehreren Arbeiterfamilien aufgeteilt wurden. Eine ähnliche Entwicklung nahm in den achtziger und neunziger Jahren das schon ältere Gärtnerplatzviertel, das bald zu den dichtestbesiedelten Stadtgebieten mit vielfacher Überbelegung der Wohnungen gehörte.

Zu weiteren Wohnvierteln mit ausgeprägter Arbeiterstruktur entwickelten sich nach und nach Sendling, Thalkirchen und Laim. In Sendling, das 1877 eingemeindet wurde, entstand in den neunziger Jahren des 19. Jahrhunderts aus privater Initiative ein Industriegebiet auf dem dortigen Oberfeld. Laim, wo auf genossenschaftlicher Basis ausgedehnte Wohnanlagen für die Arbeiter der Staatseisenbahnen entstanden waren, hatte nach der Berufszählung von 1907 mit 75 Prozent den höchsten Arbeiteranteil in der Stadt überhaupt, gefolgt von Thalkirchen und dem Westend.[5] Die Inbetriebnahme der ersten Teiletappen der Münchner Ringbahn für den Güterverkehr zog dann nach der Jahrhundertwende auch für die Gemeinden im Norden der Stadt die Industrialisierung und die Entstehung von Arbeiterwohnquartieren nach sich. Moosach, Milbertshofen, Oberföhring und das schon früher als Ziegeleistandort wichtige Berg am Laim sind hier zu nennen, die alle im Jahr 1913 eingemeindet wurden. Die räumliche Nähe zwischen Arbeitsplatz und Wohnung gehörte für die Arbeiter in der expandierenden Großstadt zu den Grundvoraussetzungen, solange es keine oder für Arbeitereinkommen nicht erschwingliche Nahverkehrsmittel gab und solange die Dauer und körperliche Belastung der täglichen Arbeit zusätzliche lange Fußmärsche zwischen Wohn- und Arbeitsstätte unmöglich machten.

Sehr stark veränderte sich das Straßenbild des Lehels. Wo bis 1886 noch die Flößer angelegt und Wäscherinnen die Wiesen am Isarufer als Trockenplätze genutzt hatten, entstanden auf dem Areal der heutigen Steinsdorfstraße zunächst große provisorische Holzbauten für die Kunstgewerbeausstellung 1888, später dann auch im weiteren Umkreis eine Mietshausbebauung in geschlossener Bauweise für bürgerliche Ansprüche. Die Überschwemmungsgefahr für dieses Gelände war zuvor durch die Isarregulierung gebannt worden.

In dem nördlichen Vorort Schwabing, das kurz vor der Eingemeindung 1890 noch zur selbständigen Stadt erhoben worden war,[6] übten die Hochschulen und Wissenschaftszentren des südlich angrenzenden Bereichs der Maxvorstadt einen deutlichen Einfluß auf das Sozialgefüge aus. Künstler, Literaten, Gelehrte und Studenten schlugen hier bevorzugt ihr Quartier auf und prägten durch ihren oft unkonventionellen Lebensstil den Ruf des Stadtteils, dem vorher schon die hier wohnenden Arbeiter der Maschinenfabrik Maffei und bürgerliche Kreise einen städtischen Charakter verliehen hatten. Im ehemals ländlichen Neuhausen war es wiederum die Arbeiterbevölkerung, die seit der zweiten Hälfte des 19. Jahrhunderts sehr schnell zunahm, bedingt durch die gewerblichen Niederlassungen, die großen Bierkeller entlang der Isarhangkante, die Betriebe der Staatseisenbahnen und die Kraußsche Lokomotivenfabrik. Dagegen ließen sich im Umkreis der Schloßanlage Nymphenburg eher vornehmere bürgerliche Schichten nieder; in Gern entstanden nach englischem Vorbild die ersten Reihenhaussiedlungen.

Gänzlich dem Bau von großbürgerlichen und aristokratischen Villenanlagen blieb planmäßig ein großes Areal in Bogenhausen zwischen der Sternwarte und der Prinzregentenstraße vorbehalten. Langwierige Verhandlungen zwischen der Stadtverwaltung und den grundbesitzenden Terraingesellschaften über den Intensitätsgrad der Bodenausnutzung waren vorausgegangen, ehe das Areal seit 1905 nach und nach bebaut wurde. Auch das Phänomen der Stadtflucht begüterter Kreise in ländliche und landschaftlich reizvolle Gebiete, die eine bessere Wohnqualität garantierten, läßt sich bei zunehmendem Industrialisierungsgrad der Stadt feststellen. Wohlhabende Münchner bevorzugten das Isartal im Süden der Stadt, wo sie sich von namhaften Architekten Villen auf der Prinz-Ludwig-Höhe bauen ließen, oder sie zogen noch weiter hinaus an die Ufer des Starnberger Sees.

Aber auch für die eigentliche Altstadt hatte das explosionsartige Stadtwachstum weitreichende Folgen. Hier etablierte sich ein modernes Büro- und Geschäftsviertel, eine «City», welche die Wohnbevölkerung allmählich verdrängte. Viele alte Häuser mußten der Verkehrsentwicklung weichen, die einen zurückgesetzten oder kleineren Neubau zugunsten von Straßen- und Platzerweiterungen notwendig machte. Mehrfach wurde sogar der Abbruch der noch erhaltenen Stadttore diskutiert, um dem modernen Großstadtleben den ungehinderten Zutritt in die Altstadt zu ermöglichen.

Münchner Wirtschaftsstruktur im Industriezeitalter

Das wirtschaftliche Leben der königlichen Haupt- und Residenzstadt Bayerns stützte sich auf ganz unterschiedliche Faktoren. Für den Anschluß an die Frühindustrialisierung hatten wichtige geographische Voraussetzungen gefehlt. Stellvertretend sei nur auf die Rohstoffarmut des Umlandes und die sich erst seit dem Ausbau des Eisenbahnnetzes langsam verbessernde Verkehrssituation verwiesen. Auch in der Hochindustrialisierungsphase nach der Reichsgründung eroberte die gewerblich-industrielle Produktion keinen übergewichtigen Anteil an der wirtschaftlichen Lebensgrundlage der

Stadt. Die Zahl der industriellen Großbetriebe blieb im Vergleich mit anderen Städten relativ gering. Dennoch hinterließ die industrielle Revolution mit ihren Folgen für Handwerk, Handel und Verwaltung deutliche Spuren im Stadtbild.[7]

Die Einführung der Gewerbefreiheit 1868, die das schon seit 1862 wesentlich gelockerte Konzessionssystem für gewerbliche Betriebe und Anlagen endgültig beseitigte und die letzten zünftischen Schranken gegen die Anwendung neuer Techniken und Produktionsverfahren niederriß, wurde von der Handels- und Gewerbekammer als «Entfesselung der Arbeit»[8] begrüßt. Der Stadtchronist vermerkte für den 1. Mai 1868: «... und war bereits am heutigen ersten Tage seiner Geltung das magistratische Gewerbebureau förmlich belagert von solchen, die ihre Gewerbeanmeldung vorbringen wollten».[9] Dieser Aufwärtstrend mit einer deutlichen Zunahme der Gewerbebetriebe hielt in den nächsten Jahrzehnten trotz konjunktureller Schwankungen an. Der härter werdende Konkurrenzdruck, den vor allem die Handwerker und Kleingewerbetreibenden schon befürchtet hatten, ließ aber auch die Zahl der Gewerbeabmeldungen auf ein kontinuierlich hohes Niveau steigen. Relativ rasch nahm jetzt die Zahl der Fabrikbetriebe, der klassischen industriellen Produktionsstätten zu.

Großbetriebe entstanden im Maschinenbaubereich und auf dem Brauereisektor, wo Technisierung und Rationalisierung den kleineren Betrieben das Überleben unmöglich machten und den Konzentrationsprozeß schon in der ersten Hälfte des 19. Jahrhunderts eingeleitet hatten. Als Paradebeispiel eines Unternehmens, das in der Gründerzeit entstanden war und bis zum Ersten Weltkrieg auf eine Betriebsgröße von über tausend Beschäftigten expandierte, seien die Gummiwerke von Robert Metzeler genannt. Die schnell wachsende Nachfrage nach den dort entwickelten gummierten Ballon- und Aeroplanstoffen sowie nach den sogenannten Pneumatiks für das schon weitverbreitete Fahrrad und die häufiger werdenden Automobile verhalf der Firma zu ihren Erfolgsbilanzen. Der Bauboom der wachsenden Großstadt kam unter anderem dem Bauunternehmen und den Immobiliengesellschaften des Ingenieurs Jakob Heilmann zugute, der frühzeitig und weitblickend in zukunftsträchtige Sparten investierte. Er war maßgeblich beteiligt am Bau des ersten Wasserkraftwerks an der Isar bei Höllriegelskreuth und initiierte, um Stromabnahmekunden zu finden, das Industrieviertel auf dem Sendlinger Oberfeld, dessen Terrain er angekauft hatte und für diese Zwecke zur Verfügung stellte. Als Universitätsstadt und als Standort einer 1864 gegründeten Polytechnischen Hochschule, an die hervorragende Wissenschaftler auf naturwissenschaftlichem und technischem Gebiet[10] berufen wurden, bot München wichtige Voraussetzungen für die Ansiedlung von technisch hochspezialisierter Industrie, die sich weniger der massenweisen Produktion mit enormem Rohstoffverbrauch, als vielmehr der Herstellung von Präzisionsmaschinen oder feinmechanischen Apparaten sowie der Erforschung komplizierter naturwissenschaftlicher und technischer Verfahren widmete. Carl von Linde beispielsweise, der Erbauer der ersten brauchbaren Kühlmaschinen, kam zunächst als Professor der Technischen Hochschule nach München, bevor er hier unternehmerisch tätig wurde und eine Eisfabrik gründete. Auf Initiative des Münchner Ingenieurs Oskar von Miller fand 1882 im Münchner Glaspalast die erste internationale Elektrizitätsausstellung statt, auf der bereits elf Münchner Firmen mit den von ihnen hergestellten elektrotechnischen Erzeugnissen warben.[11] Das überragende Ereignis dieser Ausstellung war jedoch die erstmals vor den Augen eines größeren Publikums gelungene Fernübertragung elektrischer Energie – von Miesbach über eine 57 km lange Strecke in den Münchner Glaspalast; ein zukunftsweisender Fortschritt, der das Münchner Gewerbe auf lange Sicht unabhängiger von außerbayerischen Kohlevorkommen zur Energiegewinnung machen sollte und die Ausnutzung der oberbayerischen Wasserkräfte bald lukrativ erscheinen ließ. Oskar von Miller gründete 1890 in München ein Ingenieurbüro für Energiewirtschaft und wirkte maßgeblich mit an der ersten Drehstromkraftübertragung auf der Internationalen Elektrotechnischen Ausstellung 1891 in Frankfurt a. M. Später beteiligte er sich auch an der Gründung des Deutschen Museums und am Bau des Walchenseekraftwerks.

Ungeachtet dieser Entwicklungsschritte blieben es gerade die Industriellen, die trotz Gewerbefreiheit über eine Behinderung ihres wirtschaftlichen Engagements in München am heftigsten klagten: Hohe Grundstückspreise, teilweise verbunden mit erheblichen Erschließungskosten, eine Flut von Bauvorschriften aus Feuerschutzgründen und gegen Schadstoffemission, ja sogar Gängelungen in bezug auf die Fassadengestaltung von Firmen- und Fabrikgebäuden für das Straßenbild der sogenannten Kunststadt München in Kombination mit einer umständlichen und schleppenden Antragsbearbeitung von seiten der städtischen Behörden waren nach Aussagen der Arbeitgeberverbände nicht dazu angetan, die Investitionsbereitschaft finanzstarker Unternehmer zu fördern. Zudem fehlte es offensichtlich an gut ausgebildeten Facharbeitern, und es herrschte ein vergleichsweise hohes Lohnniveau. Auch die große Zahl der Feiertage und der von den Arbeitgebern beklagte Mangel an Arbeitsmotivation nach solchen arbeitsfreien Tagen behinderten die Produktivität und damit die Konkurrenzfähigkeit der Industrie.[12]

Seit der Einführung der Gewerbefreiheit entwickelte sich München durch mehrere Neugründungen von Aktienbanken und durch die Errichtung von Filialen norddeutscher Großbanken zu einem wichtigen Bankenstandort für Süddeutschland. Noch ausgeprägter machte sich bald die Konzentration des bayerischen Versicherungswesens in der Hauptstadt bemerkbar. Davon profitierte wiederum die Industrie, da sich in der Folge die Kapitalbeschaffung für Investitionen und Innovationen leichter gestaltete. Es kam zu einer zunehmenden Verflechtung von Kapital und Industrie, von Banken und Wirtschaftsunternehmen: Industrielle saßen in den Aufsichtsratsgremien von Banken und Versicherungen, letztere investierten in Industrieanlagen. Der parallel dazu in fast allen Branchen zu beobachtende, teilweise überregionale Konzentrationsprozeß band die Münchner Wirtschaft zunehmend in gesamtbayerische, gesamtnationale und internationale Märkte ein, so daß reichs- und weltweite konjunkturelle Schwankungen nach der Jahrhundertwende deutlicher spürbar wurden.[13] Andererseits führte dies zu einer wirtschaftlichen Machtkonzentration in den Händen einiger weniger, wie sie zuvor noch nicht dagewesen war. Die Familien Pschorr, Sedlmayr, von Miller, Maffei, Krauss, Heilmann, Finck, Weidert und andere gehörten zu den einflußreichsten Wirtschaftsbürgern Münchens.[14]

Ein Wirtschaftszweig, der besonders hohes Ansehen in München genoß, auch von der Haupt- und Residenzstadtfunktion profitierte und weit über den Burgfriedensbereich hinauswirkte, war und blieb die Kunst, das Kunstgewerbe und der Kunsthandel. Die Bedeutung des Herrscherhauses als Mäzen sowie als Initiator für künstlerische Großprojekte ging zwar zurück; König Ludwig II. ließ Münchner Kunsthandwerker immerhin noch an seinen Bauprojekten verdienen, deren Standorte jedoch weit abseits von der Hauptstadt lagen. Das enger bemessene Jahreseinkommen des Prinzregenten schränkte dessen Möglichkeiten dann stark ein. Die Voraussetzungen für das Weiterleben dieser Tradition waren aber durch den Ausbau der Stadt zur «Kunststadt» und durch ihre Funktion als kulturelle Metropole des Landes mit den entsprechenden Einrichtungen an Theatern, Hochschulen, Akademien und Ausstellungsräumen vorhanden, so daß Künstlerkreise in Eigeninitiative, mit staatlicher Unterstützung und getragen durch bürgerliche Förderung darauf aufbauen und einen nicht zu unterschätzenden Wirtschaftsfaktor daraus entwickeln konnten. Die von der Münchner Künstlergenossenschaft seit 1869 in mehrjährigen Abständen durchgeführten großen Internationalen Kunstausstellungen im Glaspalast, später auch die Jahresausstellungen von Künstlergenossenschaft und Secession, verschafften München eine führende Stellung auf dem deutschen und internationalen Kunstmarkt.[15] Erst in den neunziger Jahren des vorigen Jahrhunderts bildeten Berliner Kunsthändler eine ernsthafte Konkurrenz vor allem auf dem Sektor der avantgardistischen Malerei; nach den Exportzahlen blieb Münchens führende Rolle jedoch unangetastet.[16] Günstige Verkaufsergebnisse wurden zunehmend mit Reproduktionen erzielt: verschiedene Kunstdruck- und photographische Reproduktionsverfahren waren in München entwickelt worden und verhalfen dem graphischen Gewerbe zu einem enormen Aufschwung. Schon Thomas Mann wies in seiner Erzählung «Gladius Dei» auf das blühende Geschäft mit den Nachahmungen hin und ironisierte damit den Kunststadttopos, was spätere Generationen nicht daran hinderte, den einleitenden Satz gerade dieser Erzählung («München leuchtete») als eine Verklärung jener Jahrzehnte umzuinterpretieren. Auch als bereits die Diskussion um die Angemessenheit des Ehrentitels «Kunststadt» für München entbrannt war,[17] galt der Kunst, dem Kunsthandwerk und dem Kunsthandel noch ein großes öffentliches Interesse. Die steil ansteigenden Fremdenverkehrszahlen während der jeweiligen Ausstellungsmonate verhalfen auch anderen Gewerbezweigen zu wachsenden Umsatzzahlen. Dementsprechend hatten künstlerisch angehauchte Gewerbezweige eine breitere Lobby innerhalb der bürgerlichen Kreise als das industrielle Unternehmertum, das das Stadtbild mit Fabrikschloten zu entstellen drohte. «München 1908», die große Jubiläumsausstellung zum 750jährigen Bestehen der Stadt, mit der gleichzeitig der Ausstellungspark auf der Theresienhöhe eingeweiht wurde, geriet in großen Teilen zu einem Darstellungsforum des Münchner Kunsthandwerks mit Möbelproduktion, Einrichtungsgegenständen etc., so daß der Bayerische Industriellenverband anschließend resigniert resümierte: «Schon bei diesen Beratungen [den ersten Vorgesprächen im Herbst 1906] trat deutlich hervor, daß eine solche Ausstellung eigentlich nur für die Kunst und das Kunstgewerbe erwünscht und notwendig war. ... Von vielen Industriellen bekamen wir zu hören, daß es doch eigentlich Aufgabe des Verbandes gewesen wäre, die Ausstellung zu verhindern, statt sie zu fördern. Trotzdem ist es uns gelungen, die größeren Industriefirmen fast ausnahmslos zur Beteiligung an der Ausstellung zu veranlassen.»[18]

Um die Wirtschaftsstruktur Münchens im Vergleich mit anderen Städten des Deutschen Reiches abschließend zu charakterisieren, kann man auf die reichsweit durchgeführten Berufszählungen zurückgreifen.[19] Hierbei zeigt sich, daß die bayerische Hauptstadt auch 1907 noch in die Gruppe der am wenigsten industrialisierten Großstädte Deutschlands gehörte. Stärker als anderswo war der Handelsbereich vertreten und fielen die Metropolfunktionen ins Gewicht; so waren in München viele Einrichtungen – teils staatliche, teils privatwirtschaftliche – zentriert, deren Wirkungsbereich sich auf die Region oder sogar auf das ganze Königreich erstreckte. Banken, Versicherungen, Zeitungs- und Verlagswesen, Hochschulen, militärische Einrichtungen und staatliche Verwaltungsbehörden seien hier nur als Beispiele erwähnt. Die Berufsstruktur Münchens weist mit diesen Tendenzen deutliche Parallelen zu denjenigen anderer regionaler Zentren wie Berlin, Breslau, Stettin, Frankfurt, Köln oder Leipzig auf.

Der Aufbau der kommunalen Leistungsverwaltung

Vermehrte und neuartige Anforderungen stellte die Entwicklung an diejenigen, die das Gemeinwesen zu verwalten hatten. Die 1869 erlassene neue Gemeindeordnung für das Königreich Bayern diesseits des Rheins[20] stärkte im Sinne bürgerlich-liberaler Emanzipationsbestrebungen das kommunale Selbstverwaltungsrecht. Die Zuständigkeit der Gemeindebehörden erstreckte sich nun auf die traditionellen Aufgabenbereiche des Schulwesens, der Armenfürsorge und Stiftungsverwaltung ebenso wie auf Stadtplanung, Verkehrsausbau, Gesundheitswesen und alle weiteren neuen Aufgaben, die infolge der Urbanisierung und des technisch-wissenschaftlichen Fortschrittes entstehen mußten oder konnten. Das staatliche Aufsichtsrecht blieb fortan beschränkt auf die Kontrolle über die Einhaltung der gesetzlichen Vorschriften, über die Finanzverwaltung, die Polizeiverwaltung, die Wahlen und die Anstellung von berufsmäßigen Stadtratsmitgliedern.

Ein Problem, dem sich die Aufmerksamkeit der Stadtverwaltung dringend zuwenden mußte, bildeten die hygienischen Mißstände in der wachsenden und zunehmend dichter besiedelten Stadt. An der Münchner Universität war zwar 1865 der erste Lehrstuhl für Hygiene in Deutschland geschaffen und auch mit einer bald international anerkannten Kapazität dieses noch jungen Wissenschaftszweiges der Medizin, Dr. Max von Pettenkofer, besetzt worden. Die neuen naturwissenschaftlichen Erkenntnisse über die Zusammenhänge von Boden- und Wasserverschmutzung einerseits, Seuchenverbreitung und hoher Sterblichkeitsziffer andererseits wurden allerdings nur zögernd in konkrete Planungen zur Verbesserung der Situation umgesetzt. Münchens Ruf in sanitärer Hinsicht hatte bereits einen derartig tiefen Stand erreicht, daß nicht zuletzt nach der Choleraepidemie von 1873 Wissenschaftler in internationalen Magazinen von einem Besuch der Stadt ausdrücklich abrieten.[21] Der Magistrat reagierte im Januar 1874 endlich mit der Einberufung einer Sonderkommission zur Beratung der Fragen der Wasserversorgung, Kanalisation und Unratabfuhr, der neben Mitgliedern der Gemeindekollegien auch Vertreter der Staatsregierung sowie Pettenkofer und andere anerkannte Sachverständige angehörten. In allen drei Bereichen regte die Kommission entscheidende und für damalige Verhältnisse hochmoderne Planungsschritte an[22], deren Verwirklichung dann in unterschiedlichem Tempo vorangetrieben wurde. Im gleichen Jahr noch lagen erste Pläne für eine neue Wasserversorgung vor, herzuleiten aus dem reichhaltigen Quellgebiet des Mangfalltales. Nach gründlichen Messungen von Wassermenge und -qualität, verschiedenen Überarbeitungsstufen des Projektes, eingehenden Vergleichsuntersuchungen mit konkurrierenden Projekten und nicht zuletzt einem Brautest durch eine der großen Münchner Brauereien fiel im Jahr 1880 die Entscheidung zum Bau der Hochquellwasserleitung. Nach Rekordbauzeit konnte das Wasser aus dem Mangfalltal schon 1883 in das Münchner Leitungsnetz eingespeist werden. Auch als zusätzliche Ausbaustufen notwendig wurden, da die Einwohnerzahl Münchens bald den zunächst zugrundegelegten Stand von 300000 überschritt, konnten die erforderlichen Wassermengen aus diesem Quellgebiet abgeleitet werden. Erstmals gab es dabei 1893 Schwierigkeiten mit Grundbesitzern, die sich gegen eine Abtretung des Bodens zum Leitungsbau sträubten. Nach Inkrafttreten des neuen bayerischen Wassergesetzes 1908, das einen rechtlichen Schutz der durch die Wasserableitung in wirtschaftlicher Hinsicht beeinträchtigten Grundbesitzer und Gewerbetreibenden vorsah, mußte die Stadt schließlich gerichtliche Auseinandersetzungen um Entschädigungen führen.

Die gleiche Kommission sprach sich ebenfalls schon 1874 dafür aus, ein einheitliches Kanalisationssystem für alle Stadtteile zu bauen und die Schwemmkanalisation einzuführen. Gerade letzteres stieß jedoch noch auf erhebliche Widerstände in Fachkreisen.[23] Der Architekten- und Ingenieurverein warnte vor einer Verunreinigung des Bodens, da es technisch unmöglich sei, die Kanäle vollständig abzudichten; der Landwirtschaftliche Verein hingegen trat für ein Tonnen- und Abfuhrsystem ein, um die Fäkalien landwirtschaftlich nutzen zu können. Die Gemeindekollegien fanden eine Kompromißlösung: Sie ließen zusammenhängende Kanäle für die Entwässerung der Grundstücke und gewerblichen Betriebe schaffen, die baulich schon für eine spätere Einführung der Schwemmkanalisation angelegt waren. Anfang der neunziger Jahre war dann der Beweis erbracht, daß die neuen Kanäle ihre Funktion erfüllten, ohne daß es – wie bei den älteren Systemen geschehen – zu unangenehmer Geruchsbelästigung in den Häusern kam. Der Widerstand gegen die Schwemmkanalisation legte sich. Ohne zusätzlichen finanziellen und materiellen Aufwand konnte die Abschwemmung durch die neuerbauten und die bereits bestehenden Kanäle über ein nördlich der Stadt gelegenes Hauptauslaßrohr in die Isar erfolgen. Trotz heftigen Protestes der isarabwärts gelegenen Städte genehmigte das Innenministerium zunächst die Einleitung der ungeklärten Abwässer und drängte erst seit 1902 auf die Ausarbeitung und Vorlage von Plänen für ein zu schaffendes Klärsystem.

Ein Bewußtsein für die gesundheitliche Bedrohung durch die zahlreichen, über die ganze Stadt verteilten Schlachtstätten von Metzgern, Wirten und Garköchen ist schon seit den zwanziger Jahren des 19. Jahrhunderts nachweisbar. Erst 1871 jedoch wurden die entsprechenden Gesetzesvorlagen so eng gefaßt, daß der Magistrat als Ortspolizeibehörde alle in München zum Schlachten berechtigten Gewerbetreibenden zwingen konnte, dies nur noch in einer öffentlichen Anstalt unter der Kontrolle von kommunalen Fleischbeschauern vorzunehmen. Nach der Auswahl eines geeigneten Bauplatzes, auf den zugleich auch der Viehmarkt verlegt werden sollte und für den deshalb eine enge Anbindung an einen Bahnhof unabdingbar schien, konnte der Bau des nach dem damaligen technischen und hygienischen Wissensstand vorbildhaften Schlacht- und Viehhofes zügig vorangetrieben werden. Am 31. August 1878 wurde die von dem städtischen Baurat Arnold Zenetti geplante Anlage eröffnet.[24] Die Durchführung dieser ersten umfassenden Maßnahmen auf hygienischem Gebiet hatte den erhofften Erfolg. Die Seuchenanfälligkeit der Stadt ging spürbar zurück: im Jahr 1880 gab es letztmals über hundert Todesfälle durch Typhus und seit 1890 blieb deren Zahl fast konstant unter dreißig mit noch weiter abnehmender Tendenz.[25] Noch intensivere Formen nahm die öffentliche Fürsorge auf hygienischem Gebiet in den letzten beiden Jahrzehnten vor dem Ersten Weltkrieg an. Durch die Errichtung von öffentlichen Wannen- und Brausebädern sowie Bedürfnisanstalten in zahlreichen Stadtteilen, durch die Organisation einer regelmäßigen Müllabfuhr in kommunalem Auftrag mit einer – wie man heute sagen würde – ökologisch einwandfreien Sortierung und Verwertung des Hausunrates seit 1897,[26] schließlich durch die Bemühungen um die Berücksichtigung gesundheitlicher Mindestanforderungen beim Erlaß neuer Bauvorschriften, bei der Errichtung von Grünanlagen und der Erschließung von Naherholungsgebieten gelang es der einst mühsam um ihren Ruf kämpfenden Stadt, gerade die Gesundheit und Sauberkeit in den Katalog der für München werbenden Aspekte aufzunehmen.[27]

Ein weiterer städtischer Aufgabenbereich, das Werktags- und Fortbildungsschulwesen, erlebte nicht nur in quantitativer Hinsicht einen bis dahin nicht gekannten Aufschwung. Wesentliche Neuerungen standen inhaltlich in Zusammenhang mit den Themen des Kulturkampfes. Durch die 1870 erstmals erfolgte Anstellung eines weltlichen, pädagogisch ausgebildeten Stadtschulrates und durch die Übertragung der Schulaufsicht an Oberlehrer war es dem seit der Reichsgründung ideell gestärkten liberalen Bürgertum in München gelungen, dem weltlichen Einfluß auf das Erziehungswesen ein stärkeres Gewicht zu verleihen und den bis dahin vorherrschenden klerikalen Einfluß zurückzudrängen. Das 1872 erlassene gemeindliche Schulstatut schaffte das Schulgeld ab und leitete Verbesserungen in der Lehrerausbildung und -besoldung sowie in der Klassenorganisation ein. Vielen Schülern war es letztendlich erst jetzt möglich, ihre Schulpflicht zu erfüllen und alle

Klassen zu durchlaufen.[28] In den Jahrzehnten bis zum Ersten Weltkrieg blieb das Volksschulwesen weiterhin ein heiß umkämpftes politisches Thema, wobei sich die gegnerischen Parteien vor allem um die Einführung der Simultanschulen, in denen Kinder aller Konfessionen zusammen erzogen werden sollten, stritten. Die katholisch-klerikale Seite verstand es immer wieder – nicht zuletzt mit Hilfe der kirchlichen Hierarchie und der Zentrumsmehrheit im Landtag –, die diesbezüglichen Initiativen von liberaler Seite abzuwehren. Die Minderheit der protestantischen Kinder mußte weiterhin oft lange Wege zur entsprechenden Konfessionsschule in Kauf nehmen.[29] Die mehrfachen Lehrplanüberarbeitungen dieser Jahrzehnte zielten in ihrer Grundtendenz auf eine Loslösung von der trockenen Wissensvermittlung mit Hilfe von Lehrbüchern und auswendig zu lernenden Texten zugunsten einer stärkeren Berücksichtigung des praktischen Anschauungsunterrichtes. Besonders stark setzte sich dafür der 1895 zum Stadtschulrat gewählte Pädagoge Dr. Georg Kerschensteiner ein. Während seiner Amtszeit wurden die in fast allen Stadtteilen notwendigen Schulhausneubauten mit zusätzlichen Werkstätten, Schulküchen oder -gärten ausgestattet. Die Beschlüsse zur Errichtung von Turnsälen und Brausebädern in allen Schulen waren schon 1874 beziehungsweise 1887 gefallen. Internationale Anerkennung gewann der in München nicht immer unumstrittene Kerschensteiner vor allem durch die Reformierung des Fortbildungsschulwesens. Sein neuartiges Prinzip, die Klassen nach Berufsgruppen zusammenzustellen, wurde nach anfänglichen Widerständen zuerst in München verwirklicht und bald in vielen anderen Städten nachgeahmt.[30]

Im Bereich der öffentlichen Wohlfahrtspflege ist besonders auf zwei Aspekte hinzuweisen. Einen wachsenden Anteil an den Ausgaben nahmen die medizinischen Wohlfahrtseinrichtungen in Anspruch. Das Krankenhauswesen profitierte dabei von dem wissenschaftlich-technischen Fortschritt der Zeit. Mit dem Schwabinger Krankenhaus und dem Harlachinger Sanatorium für Lungenkranke schuf die Stadt München vorbildliche Anlagen. Demgegenüber stieß das bisherige Armenunterstützungs- und Fürsorgesystem durch die Folgen von Industrialisierung und Urbanisierung an seine Grenzen. Die konjunkturellen Einbrüche der Industriegesellschaft mit Massenarbeitslosigkeit, drohender Proletarisierung und Wohnungsnot konnten durch vorübergehende oder dauerhafte Unterstützungszahlungen nicht aufgefangen werden. Maßnahmen einer Sozialpolitik im eigentlichen Sinne, die auf eine Vermeidung von Verarmung und Verelendung abzielten und deren Möglichkeiten beispielsweise in den Schriften des 1873 gegründeten «Vereins für Socialpolitik» diskutiert wurden,[31] konnten im Münchner Stadtmagistrat nur langsam und gegen große Widerstände von konservativer und liberaler Seite durchgesetzt werden. Die ersten Maßnahmen beschränkten sich auf die Errichtung von Ämtern und Auskunftsstellen: Seit 1895 gab es ein kommunales Arbeitsamt, seit 1908 eine Auskunftsstelle für Wohltätigkeit, seit 1912 ein Wohnungsamt mit Wohnungsnachweis. Mehrmals diskutiert, letztendlich aber abschlägig beschieden wurde der Antrag über die Einführung einer Arbeitslosenversicherung auf kommunaler Basis; die Sozialdemokraten konnten lediglich die Finanzierung öffentlicher Notstandsarbeiten in Krisenzeiten durchsetzen.

Zwangsläufig mußten sich die Gemeindekollegien mit der turnusmäßig wiederkehrenden akuten Wohnungsnot auseinandersetzen, von der vor allem die Bevölkerungsschichten mit dem niedrigsten Einkommen betroffen waren. Denn gerade an Kleinwohnungen für Arbeiterfamilien fehlte es, während großzügig angelegte, mehrräumige Wohnungen für die bürgerliche Schicht infolge Überangebots oft leer standen. Die in den siebziger Jahren des vorigen Jahrhunderts errichtete Siedlung für die Arbeiter der Zentralwerkstätten in Neuhausen blieb zunächst eher eine vorbildliche Einzelmaßnahme auf dem Gebiet der Wohnungsfürsorge. Im Zeitalter des Wirtschaftsliberalismus sollte auch dieser Faktor dem sich selbst regulierenden Markt überlassen bleiben. Schließlich waren es die staatlichen Aufsichtsbehörden, die die Gemeindekollegien dazu zwangen, sich mit der Wohnungssituation zu befassen. Da mit einer Verschärfung der Bauvorschriften keine grundlegenden Verbesserungen zu erreichen waren, wie es spätestens die Ergebnisse der in den Jahren 1904 bis 1907 durchgeführten Wohnungsenquete offensichtlich machten,[32] entschloß man sich, in München bestehende Wohnungsbaugenossenschaften durch kostengünstige Überlassung von Bauplätzen und mit Hilfe von Darlehen zu unterstützen.[33] Auch diese Maßnahmen, für die sich vor allem bürgerliche Sozialreformer engagierten, riefen schon geharnischte Proteste des einflußreichen Grund- und Hausbesitzervereins hervor. Die 1909 aus kommunalen Mitteln errichtete Kleinwohnungsanlage an der Thalkirchner Straße blieb ausschließlich städtischen Bediensteten vorbehalten, entlastete den Wohnungsmarkt aber immerhin ein wenig.

Die bauliche Entwicklung Münchens geriet nach dem Rückzug des wittelsbachischen Herrscherhauses aus der Rolle der planenden und gestaltenden Stadtherrschaft gänzlich unter bürgerlichen Einfluß. König Ludwig II., der immerhin noch über ein Einkommen verfügte, das die Verwirklichung architektonischer Träume ermöglichte, verlor das Interesse, nachdem die Pläne zur Errichtung eines Wagner-Festspielhauses nach Entwürfen des Architekten Gottfried Semper gescheitert waren. Für die Entstehung der Prinzregentenstraße schließlich, die dem Namen nach – ähnlich wie Ludwig- und Maximilianstraße – eine dritte nach herrscherlichem Willen gestaltete Prachtstraße sein könnte, standen nur die Interessen

Nr. 2404 V

Urkunde über Verleihung des Bürgerrechtes

Wir beurkunden hiemit, daß wir dem Herrn Wilhelm Rauhenzahner, Elektromonteur, beheimatet dahier, durch Beschluß vom 10. dieses Monats das Bürgerrecht in der Stadtgemeinde München auf Grund des Art: 13 der Gemeindeordnung verliehen haben.

Am 20. März 1914.

Magistrat der Königl. Haupt- und Residenzstadt München.

Bürgermeister: Obersekretär:

Verlagsanstalt vorm. G. J. Manz, Buch- und Kunstdruckerei, Act.-Ges., München-Regensburg.

29. Urkunde über die Verleihung des Bürgerrechts von 1914.
Das gezeigte Formular fand zwischen 1889 und 1916 Verwendung.

SANKT BENNO

URKUNDE

über Verleihung des Bürgerrechts.

Wir beurkunden hiermit daß

durch Beschluß vom

das Bürgerrecht in München auf Grund des Art. der Gemeinde-ordnung verliehen wurde. Am:

Magistrat der Kgl. Haupt- und Residenzstadt München.

Bürgermeister:

Sekretär:

30. Urkunde über die Verleihung des Bürgerrechts. Formular, das von 1916 bis 1918 Verwendung fand.

privater Terrainbesitzer sowie städtischer und staatlicher Planungsbehörden Pate.[34] Die organisatorischen Voraussetzungen ermöglichten schon seit den fünfziger Jahren des 19. Jahrhunderts eine relativ unabhängige kommunale Stadtplanung. Die Lokalbaukommission als ursprünglich gemischt städtisch-staatlich besetzte Baupolizeibehörde unterstand fast nur noch städtischem Einfluß.[35] Mit Bauordnungen, die die Freiheiten der einzelnen Eigentümer im Interesse der Allgemeinheit einschränkten und die Planungshoheit Schritt für Schritt in städtische Hände legten, begegnete man in München vergleichsweise erfolgreich den Auswüchsen ins Extrem getriebener Grundstücksausnutzung mit zu dichter und hoher Mietshausbebauung. In einem relativ umständlichen Verfahren wurden über Jahrzehnte hinweg die Bebauungspläne für Straßenzüge oder Grundstücksparzellen einzeln genehmigt. Der schon erwähnte, sehr rührige Bauunternehmer Jakob Heilmann wies bereits 1881 in einer Denkschrift[36] auf die vorhandenen Mißstände mangels einer Gesamtkonzeption hin. Zehn Jahre später zog der Magistrat die Initiative zur Stadtplanung endgültig als kommunales Aufgabengebiet an sich und schrieb einen Wettbewerb für einen Stadterweiterungsplan aus.[37]

Die etwa zur gleichen Zeit publizierten neuartigen städtebaulichen Konzepte des Architekten Camillo Sitte[38] hinterließen in der Folgezeit deutliche Spuren in den Arbeiten des 1893 unter der Leitung von Theodor Fischer errichteten «Stadterweiterungsbüros». Die Abkehr von symmetrisch-geometrischen Straßenanlagen, wie sie noch das in den siebziger Jahren geplante Franzosenviertel zeigt, und die Bevorzugung gekrümmter Straßenläufe oder asymmetrischer Platzanlagen unter Berücksichtigung der topographischen Gegebenheiten, die dem Verkehrsteilnehmer wohltuende Blicke auf ästhetisch gestaltete Fassaden freigeben sollten, lassen sich in den Erweiterungsgebieten der folgenden Zeit, etwa im Bereich der St.-Anna-Vorstadt, in der Umgebung des Prinzregentenplatzes oder im nordwestlichen Teil Schwabings nachweisen. Das Ergebnis der Arbeit Fischers und seiner Mitstreiter führte schließlich 1904 zum Erlaß der Staffelbauordnung, einer für damalige Verhältnisse fortschrittlichen und einheitlichen Planungsgrundlage, die durch die Zulassung von zehn Staffeln mit unterschiedlichen Maßen für Häusergröße und Bebauungsdichte genügend Variationsbreite zuließ und langweilige, schematische Einteilungen vermied. Nach diesen Vorgaben konnten die Zentren bereits eingemeindeter oder noch einzugemeindender Vororte ebenso wie die Hauptausfallstraßen auch in Randbereichen noch in geschlossener Bauweise mit mehrstöckigen Häusern umrahmt und optisch deutlich von den lockerer bebauten Wohngebieten abgesetzt werden.

Diese und andere Chancen und Möglichkeiten, die eine Großraumplanung unter Einbeziehung der Vororte bot, erkannte man in der Münchner

Stadtverwaltung erst relativ spät, etwa um die Jahrhundertwende. Bis dahin betrieb man eine Eingemeindungspolitik,[39] die lediglich die bereits zusammengewachsenen Areale unter *eine* Verwaltung stellte, so etwa im Fall von Ramersdorf 1864, Sendling 1877, Neuhausen und Schwabing 1890, Bogenhausen 1892 und Nymphenburg 1899. Oftmals strebten die Verwaltungsbehörden dieser Gemeinden, die durch die Großstadtnähe immens gewachsen waren, den Anschluß an die benachbarte Metropole an, um die ungewohnte Aufgabenlast abwälzen zu können, während die Bewohner auf eine dem Münchner Standard angeglichene Verbesserung der Infrastruktur mit den üblichen Versorgungseinrichtungen hofften. Bei den späteren Eingemeindungen (1900 Laim und Thalkirchen, vor allem schließlich 1912 Fürstenried und 1913 Moosach, Milbertshofen, Oberföhring und Berg am Laim) waren schon die Vorteile eines frühzeitigen Zugriffs auf die Gestaltung der jeweiligen Gemeindefluren maßgeblich für die Entscheidung, da nur auf diesem Wege eine für die gesamte Großstadt sinnvolle Einteilung in Wohn- und Gewerbegebiete vorgenommen sowie den Bürgern notwendige Freiflächen als Erholungsgebiete gesichert werden konnten. Die grundlegende Bedeutung einer vorausschauenden Raumplanungspolitik wurde den Beamten des Stadtbauamtes um so häufiger bewußt, je öfter es galt, geeignete Bauplätze für die zahlreichen und immer mehr Fläche beanspruchenden öffentlichen Einrichtungen zu finden. Um im Bedarfsfall nicht überhöhte Preise von Terraingesellschaften oder Grundstücksspekulanten akzeptieren zu müssen, ging die Stadt 1894 mit der Gründung eines eigenen Grunderwerbungsfonds und in der Folgezeit häufigeren Ankäufen in die Offensive.

Drei Gruppen von öffentlichen Bauten oder Einrichtungen seien hier beispielhaft betrachtet. Märkte und Lagerhallen, in denen in zunehmendem Maße Platz für Großhandelsmengen geschaffen werden mußte, brauchten eine verkehrsgünstige Lage, möglichst mit Eisenbahnanschluß. Dies hatte die Verlegung derartiger Einrichtungen aus dem Altstadtbereich zur Folge, wie es schon 1878 mit dem bis dahin an der Herrnstraße abgehaltenen Viehmarkt geschah. Auch die 1852/53 erbaute Schrannenhalle an der Blumenstraße diente nur noch in begrenztem Umfang ihrem ursprünglichen Zweck, da der dortige Marktverkehr schon seit den siebziger Jahren zurückgegangen war und günstiger gelegene Getreidelagerhäuser ihre Funktion übernommen hatten. Lange umstritten war schließlich der Standort für die geplante Großmarkthalle, die München zu einem Hauptumschlagplatz für Obst und Gemüse aus südlichen Ländern werden ließ. Bürgervereine der östlichen Stadtteile plädierten für eine Anbindung an den Ostbahnhof; der Weitertransport der in München verbleibenden Waren zum Viktualienmarkt und zu den übrigen Händlern schien ihnen per Trambahn in den frühen Morgenstunden durchführbar zu sein.[40] Die Gemeindekollegien entschieden sich dagegen 1907 für den Bauplatz an der Thalkirchner Straße.

Die neuen weitflächigen Friedhofsanlagen, die ebenfalls durch das Bevölkerungswachstum notwendig geworden waren, konnten zwar auf günstigerem Grund und Boden am Stadtrand geplant werden, die Erschließung mittels öffentlicher Verkehrsmittel war aber auch hier unabdingbar. Stadtbaurat Hans Grässel setzte neue Maßstäbe im Münchner Friedhofsbauwesen sowohl durch seine monumentalen architektonischen Anlagen des Ost-, Nord- und Westfriedhofs als auch durch das im Waldfriedhof verwirklichte neuartige Konzept des «landschaftsbezogenen grünen Friedhofs».[41]

Abschließend noch ein Hinweis auf den Schulhausbau: Allein 42 Volksschulgebäude wurden in den Jahrzehnten zwischen Reichsgründung und Erstem Weltkrieg in München errichtet, um die wachsende Zahl der Schulkinder unterrichten zu können und dabei nach und nach die Klassenstärken auf unter sechzig Schüler zu senken. Mit diesen Zweckbauten sollten gleichzeitig architektonische Akzente gesetzt und Platzanlagen in allen Stadtteilen durch monumentale Bauwerke aufgewertet werden. In Verbindung mit der nach Kerschensteiners Ideen entwickelten obligatorischen Innenausstattung avancierte der Prototyp des Münchner Schulhauses regelrecht zum «Exportartikel», dessen Modelle auf internationalen Ausstellungen bewundert und dessen Planungsgrundlagen in vielen Städten nachgeahmt wurden.

Zunächst nur am Rande beschäftigten sich Magistrat und Verwaltungsbehörden mit den modernen Versorgungseinrichtungen auf dem Energiesektor, deren Vorteile und Annehmlichkeiten den Bürgern zugute kommen sollten, deren Nutzung jedoch noch nicht als Notwendigkeit im Interesse der Allgemeinheit betrachtet wurde, wie sie etwa beim Anschluß an das Kanalisationssystem gegeben war. Die Gasversorgung der Stadt war schon 1848 und erneut 1863 auf dem Konzessionsweg in die Hände eines privaten Monopolbetriebes gelegt worden. Ebenso verfuhr man 1876 mit dem innerstädtischen Verkehrswesen, als die Ausdehnung der Stadt einen Straßenbahnbetrieb notwendig machte.[42] Bei den Vertragsabschlüssen mit der «Münchner Trambahn AG» legte der Magistrat allerdings schon eine vergleichsweise kürzere Konzessionsdauer fest und sicherte sich bei späteren Zusatzverträgen einen höheren Anteil an den Bruttoeinnahmen und einen größeren Einfluß auf die Linienführung.

Spätestens in den neunziger Jahren machten sich aber auch die Nachteile dieser Politik immer deutlicher bemerkbar. Mit der Trambahn AG konnte keine Einigung mehr erzielt werden, da das Privatunternehmen ausschließlich nach der zu erwartenden Ertragslage plante und nur gegen erhebliche Konzessionsverlängerung bereit gewesen wäre, für den Stadtausbau wichtige neue Linien zu bauen. Magistrat und Gemeindekollegium beschlossen daraufhin, den weiteren Netzausbau unter eigener Regie zu führen.[43] Die Gasgesellschaft boykottierte durch ihre rechtlich abgesicherte Monopolstellung die Elektrifizierung der Münchner Straßenbeleuchtung, die spätestens seit der Elektrizitätsausstellung im Glaspalast allgemein erwünscht war.[44] Erst 1891 war sie zur Kompromißlösung bereit und gestand die Nutzung elektrischer Energie in begrenztem Umfang, zunächst für die Straßenbeleuchtung in der Innenstadt, zu. Kurz zuvor hatten die Gemeindekollegien entschieden,[45] den Vertrag mit der Gasgesellschaft nach seinem Ablauf 1899 nicht mehr zu verlängern, sondern die bestehenden Werke an der Thalkirchner Straße und am Kirchstein als städtische Unternehmen weiterzubetreiben. Die offensichtlichen Nachteile durch private Monopolbetriebe sollten künftig vermieden werden. Auch hatte sich inzwischen in den Gemeindekollegien die Einsicht verbreitet, daß die zu erwartenden Betriebsüberschüsse eine willkommene Einnahmequelle für den in diesen Jahren immer schwieriger zu bilanzierenden städtischen Haushalt bilden konnten. Die wirtschaftstheoretischen Maximen des Liberalismus, nach denen Eingriffe der öffentlichen Hand ins Marktgeschehen zu vermeiden waren, spielten bei diesen Entscheidungen keine Rolle mehr.[46]

Dennoch hatten die Gemeindekollegien zunächst Schwierigkeiten, sich in ihrem neuen Aufgabengebiet als öffentliche Unternehmer mit privatwirtschaftlichen Gewinnabsichten zurechtzufinden. Die ersten Anlagen für die Elektrizitätsversorgung wurden zurückhaltend dimensioniert und die gewinnträchtige und kostengünstige Ausnützung der Wasserkräfte an der Isar zunächst einem Privatunternehmen überlassen, das schon in den neunziger Jahren die Vororte Laim und Thalkirchen mit Strom versorgte. Als die Stadt sich 1904 dann zum Bau eines größeren Kraftwerkes an der Isar nördlich der Menterschwaige entschloß, hatte sie schon gegen zahlreiche Proteste von Natur- und Landschaftsschützern anzukämpfen, die – allerdings vergeblich – die Kanalisierung der Isar zwischen Großhesseloher Brücke und Schinderbrücke zu verhindern suchten.[47] Einmal in die Unternehmerrolle hineingewachsen, bemühten sich die zuständigen Verwaltungsbehörden dann nicht ungeschickt, die Umsätze zu steigern. Recht erfolgreich konnten die Gaswerksdirektion und die Gemeindekollegien den rückläufigen Absatz von Leuchtgas nach der Jahrhundertwende durch die dargebotenen Anreize zur Abnahme von Koch- und Heizgas mehr als ausgleichen.[48] Heftig umstritten waren dagegen die Entscheidungen über die Tarifgestaltung und den Ausbau des Trambahnnetzes. Hier spielten neben fiskalischen Interessen auch sozialpolitische Erwägungen eine Rolle. Ein gut ausgebautes Netz mit für Arbeiter erschwinglichen Fahrpreisen sollte die Schaffung von dezentralen Wohngebieten mit günstigen Mieten anregen und damit zur

Lösung des Wohnungsproblems beitragen. Andererseits stimmten die Magistratsmitglieder noch 1901 gegen die Ausarbeitung eines Generallinienplanes mit dem Argument, der weiteren Bauspekulation in der Nähe der projektierten Linien nicht Tür und Tor öffnen zu wollen.[49]

Tatsächlich kam es in der Folgezeit aber zu einer durchaus gewinnbringenden Zusammenarbeit zwischen Stadtverwaltung und Terraingesellschaften. Nach Milbertshofen, nach Pasing und nach Grünwald wurden sogenannte Garantielinien gebaut, bei denen sich die Stadt durch vorab abgeschlossene Verträge die Übernahme eines eventuell anfallenden Defizits durch jene privaten Interessenten zusichern ließ, denen es um die Erschließung projektierten Baulandes ging. Seither gewann der Trambahnausbau durchaus Einfluß auf die Stadtplanung; zu einem Massenverkehrsmittel für die einkommensschwache Bevölkerung entwickelte sich die Straßenbahn jedoch noch nicht einmal in den Jahren 1900 bis 1903, als für das gesamte Streckennetz der Zehn-Pfennig-Einheitstarif galt. Insgesamt betrachtet ging die Rechnung der Stadtväter auf: 1910 trugen die Gewerbebetriebe mit 17 Prozent zu den kommunalen Einnahmen und damit zur Vorlage eines ausgeglichenen städtischen Haushaltes bei.[50]

In Fragen der Wirtschaftspolitik übten die Gemeindekollegien lange Zeit Zurückhaltung. Allenfalls erhoben sich Stimmen, die gesetzliche Maßnahmen für einen besseren Schutz der Handwerker und des gewerblichen Mittelstandes sowie strenge Auflagen für die gefürchtete Konkurrenz von Konsumvereinen und Warenhäusern forderten. Von einer zunehmenden Industrialisierung befürchtete man nur negative Auswirkungen auf die Attraktivität Münchens als Kunststadt. Höhere Steuereinnahmen wollte man eher durch den oft propagierten Zuzug wohlhabender Familien[51] als durch eine Intensivierung des Gewerbelebens erreichen. Erst durch die Auswirkungen der Konjunkturkrise des Jahres 1901, die das Wirtschaftsleben und den Arbeitsmarkt hier länger beeinträchtigten als in anderen Städten des Deutschen Reiches, schien es einigen Kollegiumsmitgliedern so recht bewußt zu werden, welche Chancen eine fördernde Wirtschaftspolitik bieten konnte und daß ein Wirtschaftswachstum unter bewußter Ausklammerung der Industrie zu diesem Zeitpunkt nicht mehr möglich war. 1904 wurde erstmalig ein Industrieausschuß einberufen, in dem Vertreter der Stadt und der Wirtschaftsverbände gemeinsam künftige Strategien beratschlagten. Bei der Stadtplanung wurde nun die Anlage von geeigneten Industriegebieten stärker berücksichtigt. Die Verhandlungen mit dem Verkehrsministerium und den anliegenden Gemeinden über den Ausbau der Ringbahn für den Güterverkehr von und zu den Industriegebieten in den Stadtrandbereichen nahmen intensivere Formen an, bis schließlich 1909 die wichtigsten Verbindungen hergestellt waren. Schließlich wandten sich die

Münchner Behörden an die Reichsregierung mit der Bitte, die Stadt auch als Produktionsstandort für die Kriegsindustrie in Betracht zu ziehen:[52] Bezeichnenderweise schienen ihnen Aufträge an die Münchner Möbelindustrie für die Innenausstattung der Offiziersräume auf den neuen Kriegsschiffen angemessen. Auch die Schaffung des Ausstellungsparks auf der Theresienhöhe sollte dazu beitragen, München eine größere Bedeutung als Wirtschaftsmetropole zu verleihen.

Wenn die Kritik der Industriellen an der Münchner Wirtschaftspolitik dennoch nicht verstummte, so lag eine der Ursachen sicher in der tendenziellen Bevorzugung des Kunstgewerbes. Für weniges hatte sich der Industrieausschuß so intensiv eingesetzt wie für die Erhaltung der Gobelinmanufaktur[53] mit ihren vergleichsweise wenigen Arbeitsplätzen, und bei der Eröffnung des Ausstellungsparkes mit der großen Selbstdarstellung «München 1908» standen der Industrie nur verschwindend kleine Ausstellungsflächen zur Verfügung. Ein Zitat aus dem Munde des Oberbürgermeisters von Borscht mag abschließend bekräftigen, wie noch 1912 der Wirtschaftsfaktor Münchens innerhalb der Stadtverwaltung eingeschätzt wurde: «München gehört ... nicht zu jenen Städten, welche als Brennpunkte des in gewaltigem Aufschwung begriffenen industriellen Lebens im Deutschen Reiche gelten können ... Und endlich darf ich wohl betonen, daß München dank seiner Eigenschaft als eines der vornehmsten Zentren deutscher Kunstpflege für alle diejenigen Industrien, die sich mit der Erzeugung der uns im täglichen Leben umgebenden Gegenstände befassen, sowohl in anregendem, wie in produzierendem Sinne, von besonderer Wichtigkeit ist, wie unsere erste Bayerische Gewerbeschau Ihnen dartun soll.»[54]

Eine Reihe weiterer Verwaltungsbereiche müssen in dieser kurzen Darstellung unerwähnt bleiben. Dennoch veranschaulicht das bisher Gesagte sowohl das enorme quantitative Wachstum der Aufgaben, als auch den qualitativen Entwicklungsprozeß. Der Ausbau der «kommunalen Leistungsverwaltung», wie der entsprechende Fachausdruck lautet, hatte für die Münchner Bürger zur Folge, daß immer mehr Belange des alltäglichen Lebens von der öffentlichen Hand reglementiert und verwaltet wurden. Der stärkere Zugriff der Bürokratie, der im übrigen zur gleichen Zeit mit zunehmenden staatlichen Interventionen spürbar wurde, wirkte sich jedoch nicht nur nachteilig aus: Wasserversorgung, Kanalisation, Gas- oder elektrisches Licht verbesserten und vereinfachten für viele das häusliche Leben; das allgemeine Niveau der Schulbildung und der Krankenversorgung stieg. Entsprechend wuchsen die Pro-Kopf-Ausgaben der Stadt von unter zwanzig Mark im Jahr 1870 auf über 140 Mark im Jahr 1914.[55] Die steuerzahlenden Bürger mußten deutlich tiefer in die Tasche greifen. Ein großer Teil der Neuinvestitionen wurde darüber hinaus mit Hilfe von öffentlichen Anleihen finanziert, deren Amortisationspläne und Zinsbelastungen oft weit ins 20. Jahrhundert hineinreichten. Sofern Einrichtungen geschaffen wurden, deren zu erwartende Gewinne diese Kosten abdeckten, war die Vorgehensweise unumstritten. Während vieler Jahre wurden aber auch unrentierliche Anlagen wie beispielsweise die Schulhäuser oder die Straßenpflasterung aus Anleihegeldern finanziert und die Kosten damit auf künftige Generationen von Steuerzahlern umverteilt. Die Jahrzehnte zwischen Reichsgründung und Erstem Weltkrieg gelten geradezu als «Epoche der liberalen Schuldenwirtschaft».[56] Alle Städte, die sich um den Aufbau einer modernen Leistungsverwaltung bemühten, schlugen diesen Weg ein.

Weil für den wachsenden Verwaltungsapparat Platz geschaffen werden mußte und die Selbstverwaltungsgremien der Stadt ihre zunehmende Bedeutung in würdigem Rahmen repräsentieren wollten, fiel schon 1865 die Entscheidung für den Bau eines neuen Rathauses. Das Gebäude, das heute den Marienplatz beherrscht, entstand in mehreren Abschnitten; endgültig fertiggestellt wurde es 1908. Der spätmittelalterliche Charakter des Münchner Stadtzentrums, den bis dahin die Vorgängerbauten, stattliche Bürgerhäuser und das Ständehaus, bewahrt hatten, ging dadurch verloren. Weder die Wahl des neugotischen Baustils noch, in der späteren Bauphase, die Entscheidung für den aufwendigen Figurenschmuck an der Hauptfassade, der nicht nur das bürgerliche Selbstbewußtsein, sondern insbesondere die enge Verknüpfung mit dem in unmittelbarer Nähe residierenden wittelsbachischen Herrscherhaus repräsentiert, fanden damals die ungeteilte Zustimmung der Bürgerschaft.[57]

Die personellen Konsequenzen der kommunalen Entwicklung lassen sich, abgesehen von der quantitativen Mehrung der städtischen Beamten, Angestellten und Arbeiter, anhand zweier gegensätzlicher und sich scheinbar widersprechender Phänomene beschreiben. Für immer mehr Verwaltungsbereiche war es notwendig, qualifizierte und spezialisierte Fachbeamte einzustellen, denen die eigentliche Ausarbeitung, Durchführung und Verwaltung der Projekte oblag. Die Professionalisierung des Beamtentums und der Angestellten setzte sich zunehmend bei allen Dienstgraden durch und drängte die Ehrenamtlichkeit auch in der Wohlfahrtspflege und bei der Feuerwehr zurück. Für viele Entscheidungen steckten die von Fachleuten ausgearbeiteten Vorlagen schon einen engen Rahmen ab. In den gewählten und zum großen Teil von ehrenamtlichen Mitgliedern besetzten Ratsgremien, dem Magistrat und dem Gemeindebevollmächtigtenkollegium,[58] machte sich dagegen ein deutlicher Trend zur Politisierung bemerkbar. Den Anstoß zur parteipolitischen Auseinandersetzung hatten die kulturpolitischen Themen der siebziger Jahre gegeben, konkret der Streit zwischen den freisinnigen Liberalen und den konservativ-katholischen Parteigängern, die einen starken kirchlichen Einfluß im gesellschaftlichen Leben bewahren wollten. Eine Verstärkung fand diese Politisierungstendenz durch die Wahl der Sozialdemokraten in die Ratsgremien: 1893 erstmals in das Kollegium der Gemeindebevollmächtigten, 1899 in den Magistrat. Ihre Wahlprogramme mit klaren Forderungen zugunsten des Arbeiterstandes und ihre bei allen Diskussionen und Abstimmungen eingehaltene «Fraktionsdisziplin» zwangen auch die anderen Parteien zu einer konkreteren Interessenpolitik mit ausführlicher Darlegung ihrer Standpunkte und Motivationen. Von Jahr zu Jahr zogen sich deshalb die öffentlichen Beratungen über die Aufstellung des Gemeindehaushalts mehr in die Länge, da hier grundlegende politische Schwerpunkte der künftigen Arbeit festgelegt werden konnten.[59]

Parteipolitik im Rathaus und auf der Straße

Den stärksten politischen Einfluß im Münchner Rathaus besaßen die Liberalen. Das in der Gemeindeordnung festgeschriebene Kommunalwahlrecht, dessen Ausübung an den Erwerb des Bürgerrechts und damit faktisch an einen hohen Zensus gebunden war, bevorzugte deren traditionelle Anhängerschaft aus den Kreisen des Besitz- und Bildungsbürgertums.[60] Nur etwa fünf Prozent der Einwohnerschaft, nach der Ermäßigung der Bürgerrechtsgebühr 1905 dann ungefähr sieben Prozent, besaßen überhaupt das Wahlrecht. Die Erfolge der Liberalen beruhten nicht zuletzt auf der funktionierenden Zusammenarbeit zwischen den unterschiedlichen liberalen Richtungen, so daß nationalliberale und linksliberale Kandidaten sich in den einzelnen Wahlbezirken nicht gegenseitig Konkurrenz machten. Lediglich in den achtziger Jahren des 19. Jahrhunderts mußten sie vorübergehend die Führung an die Ultramontanen beziehungsweise an die inzwischen gegründete Zentrumspartei als deren politischer Vertretung abgeben. Die durch die Presse sensibler gewordene Öffentlichkeit warf ihnen «Parteiterrorismus» und «Günstlingswirtschaft» vor und bescherte ihnen zweimal hintereinander empfindliche Wahlniederlagen. Auch Bismarcks Kurswechsel im Reichstag 1878, wo er künftig die Unterstützung der Konservativen für seine Regierungspolitik suchte, mag ein übriges zum Mehrheitsverlust der Liberalen beigetragen haben. Im Zentrum fanden vor allem der Mittelstand, Gewerbetreibende mit kleinen Betrieben, Handwerker und Kaufleute ihre politische Vertretung. Ihre wirtschaftspolitischen Vorstellungen, die vor allem die ängstliche Verteidigung eigener Positionen zum Inhalt hatten, bildeten bei den Wahlen die Grundlage für das partielle Zusammengehen mit den seit 1891 auch in München bestehenden antisemitischen Parteiorganisationen. Letztere malten mit Vorliebe Schreckensbilder von dem in jüdischer Hand konzentrierten Großkapital an die Wand, das angeblich zum Ruin des Mittelstandes eingesetzt würde. Die Münchner Sozialdemokraten schließlich bekannten sich eindeutig zum revisionistischen Flügel Vollmarscher Prägung. Sie konzentrierten ihre Forderungen auf die nächstliegenden Möglichkeiten und Schritte und nicht auf das klassenkämpferische Endziel. So ertönte bei ihnen immer wieder der Ruf nach weitestgehender Kommunalisierung aller Versorgungsbetriebe bis hin zur Versorgung der Bevölkerung mit Grundnahrungsmitteln durch gemeindlich betriebene Lebensmittelläden, nicht jedoch die Forderung nach einer durchgreifenden Änderung aller Besitzverhältnisse. Die Abschaffung des Mehrheitswahlrechtes, das sich die Liberalen durch manipulierte Wahlkreiseinteilung zunutze gemacht hatten, und die Einführung des Verhältniswahlrechtes 1908 bot den Sozialdemokraten endlich die Möglichkeit, ihren schon vorher beachtlichen Anteil an den Wählerstimmen in eine entsprechende Mandatszahl im Gemeindebevollmächtigtenkollegium umzusetzen. 1911 verloren die Liberalen ihre absolute Mehrheit, 1914 bildeten die Sozialdemokraten erstmals die stärkste Fraktion. Nicht berücksichtigt wurden bis 1919 ihre Parteigänger bei der Besetzung der berufsmäßigen Ratsstellen im Magistrat. Die Berufung als Bürgermeister oder rechtskundiger Magistratsrat erforderte eine staatliche Bestätigung: Die bayerische Landesregierung hielt damit die Waffe in der Hand, um die führende Beamtenschaft von SPD-Mitgliedern freizuhalten.[61] Nur ein geringer Prozentsatz der Münchner Bevölkerung konnte also mit Hilfe des Wahlrechts Einfluß auf die Zusammensetzung der Stadtratsgremien und damit auf die Kommunalpolitik nehmen. Die große Masse der Ausgeschlossenen suchte bald andere Formen, um ihrem politischen Willen Ausdruck zu verleihen und ihre Interessen durchzusetzen. 1869 waren die ersten sozialdemokratischen Parteigründungen in München erfolgt.[62] Die Sozialistengesetze konnten deren Anwachsen nur bremsen, aber nicht gänzlich verhindern. Linksliberale Vereine boten zu dieser Zeit auf ihren Versammlungen den Sozialdemokraten häufig Gelegenheit, ihre Wahlprogramme und politischen Forderungen vorzustellen.[63] Oftmals endeten jedoch solche stark überwachten und häufig von der Polizei unterbrochenen Versammlungen mit Tumulten und zwangsweiser Auflösung. Noch vor Aufhebung der Sozialistengesetze gewann im Jahr 1884 mit Georg von Vollmar erstmals ein Sozialdemokrat das Reichstagsmandat für den Wahlkreis München II. Im Unterschied zum Kommunalwahlrecht gab es bei den Reichstagswahlen keine Beschränkung des Wählerkreises durch einen Zensus; deshalb konnten fast fünfmal so viele Einwohner ihre Stimme abgeben, was den Vertretern der Arbeiterbewegung zugute kam. Die sozialdemokratische Gewerkschaftsbewegung erlebte vor allem seit ihrer Neugründung 1890 starken Zulauf. Entsprechend der Münchner Wirtschaftsstruktur erstarkten besonders die handwerklich ausgerichteten Berufsgruppen. Finanziell unterstützt von den reichsweiten Zentralorganisationen, setzten in der Folgezeit die Handwerker und Arbeiter aus den Münchner Mittel- und Großbetrieben das Kampfmittel des Streiks immer wieder ein, um ihren Forderungen nach kürzerer Arbeitszeit, höheren Löhnen und dem Abschluß von Tarifverträgen Nachdruck zu verleihen. Der größte Arbeitskampf in Bayern vor dem Ersten Weltkrieg begann 1905 in München. Metallarbeiter der Maschinenindustrie legten die Arbeit nieder, um die Verlängerung und den Neuabschluß von Tarifverträgen zu erzwingen. Die Arbeitgeber, inzwischen ebenfalls organisiert im Verband Bayerischer Metallindustrieller, reagierten kategorisch mit Aussperrung, um die Gewerkschaften finanziell auszubluten. Dennoch währte dieser Arbeitskampf mehr als zwei Monate, endete allerdings mit nur geringfügigen Zugeständnissen der Arbeitgeber.[64]

Als Massenbewegung verschaffte sich auch der politische Katholizismus Geltung, der ebenfalls nur geringen Einfluß auf die liberale Staatsbürokratie und auf die Politik des Münchner Stadtmagistrats ausüben konnte. Der Kampf gegen die gefürchtete Verweltlichung des Zeitgeists, zu dem nicht zuletzt der Papst aufgerufen hatte, und gegen das Zurückdrängen des katholischen Einflusses auf das öffentliche Leben ließ den Bayerischen Katholikentag von 1889 in München zu einer unerwarteten Massendemonstration werden, getragen im wesentlichen von engagierten katholischen Laien und nur wenig unterstützt von der offiziellen kirchlichen Hierarchie Bayerns.[65] Da diese Massenbewegung ebensowenig ins offizielle Staatskonzept paßte wie die sozialdemokratische, verhinderten staatskonservative Kreise mit Unterstützung des Prinzregenten die für 1890 geplante Abhaltung des Deutschen Katholikentages in München. Nur partiell gelang die Einbindung der katholischen Arbeiterschaft in eine gesamtkatholische Interessenpolitik. Die um 1890 gegründeten katholischen Arbeitervereine stagnierten nach anfänglich starkem Zulauf schon bald in ihrer Mitgliederzahl. Die Arbeit der «roten Kapläne» und vieler engagierter Arbeitersekretäre fand zu wenig Berücksichtigung in den Zentrumsfraktionen von Stadtrat und Landtag. Der Münchner Arbeitersekretär Heinrich Königbauer kandidierte beispielsweise schon 1905 für das Zentrum auf einen Sitz im Gemeindebevollmächtigtenkollegium, wurde aber nur in einem gänzlich aussichtslosen Bezirk ins Rennen geschickt.[66] Erst 1911 wählte man ihn in den Magistrat. Die Mehrheit der Münchner Arbeiter sahen ihre Interessen besser durch die Sozialdemokratie und die freien Gewerkschaften vertreten.

Den Liberalen gelang es in München nie, die Massen für ihre Ideale und Ziele zu gewinnen. Daran änderte die nach 1900 vollzogene Öffnung nach links mit dem Versuch, sozialpolitische Themen stärker zu integrieren und die organisatorischen Voraussetzungen für eine Massenpartei zu schaffen, ebensowenig wie die vergleichsweise frühe Berücksichtigung der weiblichen Mitgliedschaft bei den Vorstandswahlen, etwa des Demokratischen Vereins.[67]

Großstadtkultur im Industriezeitalter

München schmückte sich mit dem Ehrentitel einer Kunststadt. König Ludwig I. hatte in der ersten Hälfte des 19. Jahrhunderts sein erklärtes Ziel, die bayerische Haupt- und Residenzstadt als solche auszubauen, konsequent verfolgt. Einige Jahrzehnte später, in der letzten Dekade vor dem Ersten Weltkrieg, war es schließlich in erster Linie das städtische Bürgertum, das diesen seither tradierten Anspruch entschieden und tapfer verteidigte, als bereits Berlin der bayerischen Metropole den Rang streitig machen wollte und den Niedergang Münchens als Kunststadt propagierte. Die inzwischen schon jahrzehntelang geführte Diskussion, ob und wann dieser Niedergang einsetzte und München den diesbezüglichen Führungsanspruch unter den deutschen Städten verlor, soll hier nicht weitergeführt, den zahllosen Bewertungsversuchen kein neuer hinzugefügt werden.[68] Einige kurze Hinweise auf die hier arbeitenden und lebenden Künstler dürfen jedoch nicht fehlen, da sie einen nicht unbeträchtlichen Anteil an der Entwicklung einer breitgefächerten großstädtischen Kultur münchnerischer Prägung hatten.[69]

Trotz vieler Bombenzerstörungen und Abbrüche läßt das Stadtbild heute noch erkennen, daß auch nach der ludovizianischen Ära namhafte Architekten für die Entstehung öffentlicher und privater Bauten verantwortlich zeichneten: Gottfried von Neureuther, Friedrich Thiersch, Gabriel und Emanuel von Seidl, Martin Dülfer, Max Littmann und andere. Neben den historisierenden Stilkopien gewann der Jugendstil als eigene Richtung zunehmend an Bedeutung. Ein zeitgenössisches architektonisches Zeugnis, das den damaligen gesellschaftlichen Einfluß der bildenden Künstler in der Stadt repräsentiert, ist das Künstlerhaus am Lenbachplatz. Hier und in der Kunstakademie prägten die arrivierten und erfolgreichen Maler die thematischen und stilistischen Elemente der Münchner Malerei. Nachdem die ältere Generation mit Wilhelm Kaulbach und Karl Piloty abgetreten war, Wilhelm Leibl sich nach wenigen Jahren wieder aus München zurückgezogen hatte, sind vor allem Franz von Lenbach, Eduard Grützner, Franz Defregger und Friedrich August von Kaulbach zu nennen. Seit den neunziger Jahren begehrten immer wieder junge Künstler gegen deren dominierenden Einfluß auf, der sich vor allem im Ausstellungswesen, bei der Zusammensetzung der Jury und der Gemäldeauswahl, bemerkbar machte. Franz von

Stuck war maßgeblich beteiligt an der ersten Münchner Secession von 1892, der noch weitere Abspaltungen folgten. Julius Diez, Bruno Paul, Hugo Habermann und viele andere schlossen sich an. Oft nur vorübergehend hielten sich avantgardistische Maler in München auf, darunter Max Slevogt, Lovis Corinth, Käthe Kollwitz, Emil Nolde und Ernst Barlach. Von der damaligen Öffentlichkeit relativ unbemerkt, für die Malerei des 20. Jahrhunderts aber um so bahnbrechender, malte Wassily Kandinsky in München-Schwabing das erste gegenstandslose Bild und sammelte die Malergruppe «Der Blaue Reiter» um sich. Vom Schaffen der zahlreichen Bildhauer in München zeugen die vielen in diesen Jahrzehnten entstandenen Brunnen und Denkmäler: Wittelsbacher Brunnen, Nornenbrunnen und Hubertusbrunnen, Max-II-Denkmal, Liebig-, Kaiser-Ludwig- und Schmied-von-Kochel-Denkmal sowie die Löwen an der Feldherrnhalle.

Im Bereich der Musik unternahm noch einmal ein Monarch den Versuch, durch Mäzenatentum die Stilentwicklung zu prägen. Die Wagnerbegeisterung Ludwigs II. stieß jedoch im Münchner Publikum auf Widerstand. Es lag allerdings nicht nur an künstlerischen Gegensätzen, sondern auch am persönlichen Verhalten der Beteiligten, daß die Bemühungen des Königs schließlich mit einem Skandal endeten. Wenige Jahrzehnte später war die Wagner-Gemeinde in München dann jedoch so groß geworden, daß die Festspielidee mit dem zu diesem Zweck errichteten Prinzregententheater wieder aufgegriffen werden konnte. Die Staatstheaterintendanten Freiherr von Perfall und Ernst von Possart verstanden es, große Künstler an die Opern- und Schauspielbühnen zu ziehen. Die Aufnahme der Stücke Ibsens, der ebenfalls zeitweise in München lebte, in den Spielplan des Staatsschauspiels leitete seit 1878 eine langsame Öffnung zur Moderne ein, auch wenn sie zunächst Ausnahme blieb. Daneben regte sich spätestens seit den neunziger Jahren ein bürgerlich-kritischer Geist, der nach Ausdrucksformen zur Anprangerung der ungerechten Gesellschaftsordnung, der Rolle von Religion und Kirche in Politik und Gesellschaft, der sexualfeindlichen Sittlichkeitsbewegung und der imperialistischen Weltmachtspolitik des Reiches suchte. Nur auf kleinen privaten Theater- und Kabarettbühnen fanden diese Themen ein Forum – wenn der Zensurbeirat eingeschritten war, konnte sogar nur unter Ausschluß der Öffentlichkeit gespielt werden. Viele der zeitgenössischen Literaten, die für solche Bühnen schrieben oder in der satirischen Münchner Zeitschrift «Simplicissimus» publizierten, machten wegen Majestätsbeleidigung, Gotteslästerung oder Beschimpfung der sittlichen Gebräuche Bekanntschaft mit den Königlich Bayerischen Justizvollzugsanstalten. Die Kunststadt München beherbergte aber nicht nur solch «respektlose» zeitkritische Schriftsteller wie Oskar Panizza, Frank Wedekind, Roda Roda, Josef Ruederer oder Erich Mühsam. Zur gleichen Zeit repräsentierte hier Paul Heyse, der erste deutsche Literaturnobelpreisträger, noch den Münchner Klassizismus aus maximilianeischer Zeit, arbeiteten die Dichter des George-Kreises an ihren kunstvoll arrangierten schöngeistigen Werken, faßte Thomas Mann in München Fuß und überlieferte in vielen seiner meisterhaften Erzählungen Zeitgeist und Atmosphäre der bayerischen Hauptstadt, führten Ludwig Thoma und Ludwig Ganghofer die traditionelle bayerische Heimatdichtung weiter.

Das kulturelle Leben Münchens im Industriezeitalter läßt sich durch die – hier gänzlich unvollständige – Aufzählung von offiziell anerkannten Künstlern und Kunstwerken nicht in seiner Gesamtheit erfassen. Die enorm schnell wachsende Zahl der Vereine und Gesellschaften[70] weist auf das starke Bedürfnis der Bevölkerung hin, in gemeinschaftlichen Aktionen ihr Identitätsbewußtsein, ihre geistige und politische Haltung, ihre Lebensform, kurz *ihre* Kultur zu pflegen und zum Ausdruck zu bringen. Die einzelnen Gruppen wandten sich dabei ganz unterschiedlichen Interessensgebieten zu. Pflege der Geselligkeit, sportliches Training, soziales oder religiöses Engagement, Bildungserwerb, politische oder wirtschaftliche Zusammenschlüsse konnten die Motivation für die Gründung eines Vereins sein. Eine fast unüberbrückbare Kluft bestand dabei zwischen den bürgerlichen Vereinen einerseits, die zum Teil schon auf ältere Traditionen zurückblicken konnten wie beispielsweise die Schützengesellschaften, und den neu hinzukommenden Arbeitervereinen andererseits. Letztere entstanden oft als Tarnorganisationen zur Zeit der polizeilichen Unterdrückung der politischen Arbeiterbewegung. Das Klassenbewußtsein und das den Arbeitern eigene politische und soziale Verhalten verband die Mitglieder dieser Vereine dann auch später noch, als die Freizeitgestaltung im Mittelpunkt der regelmäßigen Treffen stand. Zahlreich waren in München die Arbeitersängervereine, die sich – und das ist ebenfalls ein typisches Merkmal der Arbeiterkultur – den landes- und reichsweiten Gesamtorganisationen anschlossen. Welch glanzvolle Höhepunkte diese eigenständige Arbeiterkultur erreichen konnte, demonstrierten den Münchnern die Bayerischen Arbeitersänger an Pfingsten 1914 mit einer Massenchordarbietung vor dem Ausstellungspark und einem Festzug durch die Stadt, der an Ideenreichtum den bürgerlichen Veranstaltungen dieser Art in nichts nachstand.[71] Großen Zulauf verzeichneten die verschiedenen Sportvereine. In der bürgerlichen Turnerbewegung, die sich in ihren Anfängen ja ebenfalls mit einer fortschrittlichen politischen Zielsetzung identifiziert hatte, später allerdings einen national-konservativen Dachverband gründete, fühlten sich die Arbeiter nicht lange am richtigen Platz. Mit dem Arbeiter-Turnverein München gründeten sie 1893 ihren ersten eigenen Club, dem noch etliche folgten. Ähnlich verhielt es sich mit dem an Attraktivität gewinnenden

Fahrradsport: schon aus finanziellen Gründen rekrutierten die ersten Velocipedisten-Klubs ihre Mitglieder aus bürgerlichen Kreisen. Die Arbeiter zogen nach, als gegen Ende des 19. Jahrhunderts Produktionskosten und Preise sanken; sie gründeten einen eigenen Ortsverein des reichsweiten Arbeiter-Radfahrerbundes «Solidarität».

Von 1883 bis 1899 gehörten «Velociped-Rennen» zu den großen Wettkampfereignissen des Oktoberfestes, auch dies, wie die anderen jährlich wiederkehrenden oder die zahlreichen einmalig stattfindenden Feste und Festzüge,[72] ein wichtiger Bestandteil der Münchner Großstadtkultur. Hierbei trafen und mischten sich allmählich die altmünchnerischen Traditionen mit den neuen Kulturformen, die die Massengesellschaft des Industriezeitalters mit sich brachte.

Wenigstens kurz erwähnt seien noch die Großstadtkritiker, die sich vor allem nach der Jahrhundertwende bemerkbar machten.[73] Auch wenn industrielle Entwicklung und technische Fortschrittsmöglichkeiten in München nie uneingeschränkt vorangetrieben wurden, machten sich die negativen Seiten immer deutlicher bemerkbar: eine starke Rauch- und Rußbelästigung in der Umgebung der Fabrikansiedlungen, enge und finstere Wohnverhältnisse bei dichter Miethausbebauung. Um diesem ungesunden Klima wenigstens am Wochenende zu entkommen, organisierten sich viele wiederum in Vereinen und unternahmen gemeinsame Ausflüge und Wanderungen. Andere kämpften gegen eine weitere Zerstörung der Landschaft und für den Schutz der Natur, so etwa die prominenten Mitglieder des Isartalvereins[74] gegen die Kanalisierung der Isar für das geplante städtische Kraftwerk. Die Lobby der Industrie war jedoch stark genug, um das Projekt bei der Regierung von Oberbayern durchzusetzen und in der Folge das Landschaftsbild im Süden Münchens mit dem einstigen Wildflußcharakter der Isar radikal zu verändern. Der enge Zusammenhang zwischen Wohnverhältnissen und Gesundheit der Bevölkerung veranlaßte schließlich die Gründung von Initiativen zugunsten der Entflechtung des großstädtischen Wohnraums und der Schaffung von Gartenstädten. Die Pläne für ein «Gartenmünchen» mit genossenschaftlichen Eigentumsverhältnissen auf dem Terrain des Perlacher Forstes waren schon relativ weit gediehen,[75] ehe die Ereignisse im August 1914 andere Aufgaben in den Vordergrund drängten.

August 1914: das Ende der «guten alten Zeit»

Der Kriegsbeginn im August 1914, den auch viele Münchner euphorisch begrüßten, wird gemeinhin mit dem Ende der «guten alten Zeit» gleichgesetzt. Das schon vor 1870 und bis in die heutige Zeit gepflegte Klischeebild

Münchens liefert die adäquaten Details zur Ausschmückung dieser nachträglich verklärten Epoche: die gutmütige, leichtlebige und genußfreudige Bevölkerung, die sich in gemütlichen Gaststätten oder riesigen Bierhallen am bayerischen Nationalgetränk labt und dabei tolerant und großzügig Standesunterschiede und Hierarchien übersieht, der vielfach betonte dörfliche Charakter der Stadt, der München von dem hektischen Moloch Berlin unterschied, sowie die rege Anteilnahme am künstlerischen Leben und Schaffen. Dies alles konnte man im München der Jahrhundertwende finden und bei selektiver Wahrnehmung als repräsentativ für das Gesamtbild gelten lassen. Not und Hunger, Massenarbeitslosigkeit und Wohnungselend, die in der Folge des Ersten Weltkriegs massiv über die Stadt hereinbrachen, gehörten aber auch vorher schon zur alltäglichen Realität weiter Bevölkerungskreise. Die wachsende Betriebsamkeit und Geschäftigkeit, die der Zeit als berechenbarem Leistungsfaktor immer stärkere Beachtung schenkte, ließ auch hier das Großstadtleben dichter, lauter und hektischer werden. Zunehmend elektrifizierter und motorisierter Verkehr, Baustellen an allen Ecken und Enden der Stadt, rauch- und rußgeschwängerte Luft zeigten, daß auch München, trotz aller Bemühungen um das Bewahren von Traditionen, die Entwicklung zu einer modernen Großstadt des 20. Jahrhunderts mit Riesenschritten vollzog. So konnten die Folgen von Weltkrieg und Revolution in München ganz unterschiedlich erlebt werden: Für einen Teil der Bevölkerung bedeuteten sie den Zusammenbruch einer als ideal angesehenen individuellen Lebenssphäre und gesamtgesellschaftlichen Ordnung, viele sahen in ihnen jedoch die längst fällige Beseitigung überholter Strukturen.

Elisabeth Angermair

Notjahre
Stadtpolitik in Krieg, Inflation und Weltwirtschaftskrise
1914 bis 1933

Die Verwaltung des Mangels: München im Ersten Weltkrieg

Als im Hochsommer 1914 das Verhängnis des Ersten Weltkriegs seinen Anfang nahm, wurde der Kriegsausbruch in München mit derselben Hochstimmung begrüßt wie überall sonst im Reich. Am 31. Juli 1914 gegen 18 Uhr zogen dreißig Tamboure den Generalmarsch schlagend durch die Stadt und Offiziere verkündeten den Kriegszustand. Die Menschen sammelten sich auf den Straßen, man wartete aufgeregt vor der Redaktion der «Münchner Neuesten Nachrichten» auf die eingehenden Telegramme und zog weiter zum Wittelsbacherpalais, um dichtgedrängt dem König zuzujubeln. Beim Abmarsch der Münchner Garnisonsregimenter in den darauffolgenden Tagen wurden im Überschwang des hoch wogenden Nationalgefühls die «Wacht am Rhein» und das Deutschlandlied angestimmt. Oberbürgermeister von Borscht, auch er ganz erfüllt vom patriotischen Pathos der Stunde, sprach vor den beiden Gemeindekollegien von einem «Sturm nationaler Begeisterung, der alles Trennende hinwegfegt und ... ein einig Volk von Brüdern schuf»; angesichts dessen schweige fortan auch «in diesem Haus der Streit der Parteien».[1] Wer aus dem feindlichen Ausland zu stammen schien, war in diesen Tagen vor Angriffen und Belästigungen nicht mehr sicher, Gerüchte über vergiftetes Leitungswasser gingen um,[2] Polizeidirektion und Stadtverwaltung mußten zu Ruhe und Besonnenheit mahnen.[3] Anonyme Zuschriften forderten die Stadt auf, den Englischen Garten in Deutschen Garten umzubenennen.[4] Die halkyonischen Tage der Prinzregentenzeit waren endgültig vorüber, eine neue Epoche brach an, eine Zeit von sozialer Not und erbitterten politischen Kämpfen, von Bedrohung und Unfrieden, von materiellen und politischen Zerwürfnissen, eine Zeit, von der das im Rückblick eher gespenstisch anmutende Hochgefühl jener Augusttage noch nichts zu ahnen schien.

Um dem im Zeichen des Burgfriedens zum Verstummen gebrachten Parteienstreit keinen Anlaß zu neuerlichem Ausbruch zu geben, faßten Magistrat und Gemeindebevollmächtigte einstimmig den Beschluß, die Staatsregierung möge per Notgesetz eine Verschiebung der noch 1914 anstehenden Gemeindewahlen herbeiführen.[5] Hierzu sollte es freilich nicht kommen. Die Wahlen fanden statt und sahen die SPD in einer der beiden Kammern, dem Gremium der Gemeindebevollmächtigten, erstmals als die stärkste Fraktion hervorgehen; die liberale Mehrheit im Magistrat zerbrach. Eine gemeinsame Liste aller Parteien, welche die zu vergebenden Sitze nach dem bisherigen Besitzstand verteilt hätte, war – im Gegensatz zu anderen bayerischen Städten – in München nicht zustande gekommen. Die 1917 neuerlich anstehenden Wahlen wurden dann allerdings vertagt, der Burgfrieden, so gut es ging, weiter am Leben erhalten.

Auf die Münchner Stadtverwaltung kamen im Krieg neue Aufgaben der Daseinsvorsorge und Existenzsicherung für die Bevölkerung zu. Dem anfänglichen Hochschnellen der Arbeitslosenzahl begegnete der Stadtmagistrat auf Antrag der SPD-Fraktion im Dezember 1914 mit der Einrichtung einer von der Armenpflege getrennten Kriegserwerbslosenfürsorge. Im März 1915 wurden hier immerhin 10074 Fälle kriegsbedingter Arbeitslosigkeit unterstützt. Dann aber ging aufgrund der einsetzenden Rüstungskonjunktur die Zahl der Arbeitslosen zurück und die Arbeitsmarktlage kehrte sich um: spätestens seit Sommer 1916 herrschte in München ein wachsender Arbeitskräftemangel.[6] Wie allerorten stellte sich auch die Münchner Wirtschaft im Laufe des Krieges mehr und mehr auf die Produktion von Rüstungsgütern um. 1916 errichtete Krupp in Freimann ein Zweigwerk, die Bayerischen Geschützwerke, daneben bestanden mit den Maschinenfabriken Krauss und Maffei oder den Neu- beziehungsweise Umgründungen der Bayerischen Flugzeugwerke und der Bayerischen Motorenwerke (BMW) weitere große Rüstungsunternehmen. Etwa ein Drittel des im Krieg in Bayern investierten Kapitals konzentrierte sich auf den Münchner Raum.[7] Um dem Mangel an Arbeitskräften zu begegnen, wurden Tausende Rüstungsarbeiter, vor allem aus dem Ruhrgebiet und Sachsen, nach München geholt. Immer mehr Frauen wurden in der Kriegswirtschaft beschäftigt: Von den 9402 im Frühjahr 1917 in der Münchner Kriegsindustrie beschäftigten Frauen waren nur 19,55 Prozent auch zuvor Fabrikarbeiterinnen gewesen, 28,72 Prozent hatten in häuslichen Diensten gestanden, 20,60 Prozent zuvor keinen Beruf ausgeübt und 8,47 Prozent hatten sich als Tagelöhnerinnen verdingt.[8]

Der Krieg wurde also nicht nur an der militärischen Front geführt, es waren ebenso die Schlachten der Kriegswirtschaft zu schlagen. Und auch eine «soziale Front» wurde eröffnet: «Der Krieg schafft neue Leiden», meinte 1915 der Wohlfahrtsreferent gegenüber dem Magistrat, der Sieg aber «gehört dem Volke mit den stärksten Waffen und der besten sozialen Rüstung».[9] Diese «soziale Rüstung» mußte sich besonders gegenüber den Familien bewähren, die infolge der Einberufung ihrer Ernährer oder aus anderen kriegsbedingten Gründen ihre Existenzgrundlage verloren hatten und nunmehr auf öffentliche Hilfe angewiesen waren. Im Juli 1915 waren das 82600 Personen, zuletzt, im Oktober 1918, mußte die Kriegsfürsorge für nicht weniger als 110000 Unterstützungsfälle Sorge tragen.[10] Da jedoch die auf Rechnung des Reiches gewährten Leistungen den Betroffenen keine angemessene Lebensführung ermöglichten, sah sich die Stadt gezwungen, nochmals Zusatzhilfen in mindestens der gleichen Höhe hinzuzufügen – ein Etatposten, der schon bald die Fortsetzung einer ordnungsgemäßen Haushaltspolitik in Frage stellen sollte.[11]

Zur Kardinalfrage für die Existenzsicherung der städtischen Bevölkerung wurde aber ihre Versorgung mit den Lebensmitteln und Konsumgütern des täglichen Bedarfs. Hier wuchs der Stadtverwaltung eine Aufgabe zu, die im Laufe des Krieges für die Lage an der «Heimatfront» immer wichtiger wurde. Der Weltkrieg verwandelte die öffentliche Verwaltung in ein Laboratorium der umfassenden Planung und Normierung von Lebenshaltung und Lebensführung der Menschen, in ein System der öffentlichen Zwangsregulierung von Produktion, Distribution und Konsum: Die Behörden übernahmen auf Dauer die Verantwortlichkeit für die Bedarfsdeckung an fast allen lebensnotwendigen Gütern. Sie mußten sich dabei, wie einer der leitenden Beamten der Münchner Bewirtschaftungsstellen zu bedenken gab, «zu immer schärferen, in einer vorher unerhörten Weise in das Privatleben des Einzelnen eingreifenden Mitteln» durchringen, die auf Dauer für das Ansehen der Behörden von recht zweifelhafter Wirkung sein sollten.[12] Denn wenn auch die öffentliche Verwaltung sich immer mehr zu einem neuen Leviathan auszuwachsen schien, so trug dieser doch oft nur ein recht hilfloses Antlitz.

Weitaus am wichtigsten war natürlich die Versorgung mit Lebensmitteln. Das Ernährungsproblem, so verlautete es im Februar 1917 aus dem Staatsministerium des Inneren vertraulich, sei «zum Hauptproblem des Heimatkrieges und zum Prüfstein geworden, an dem sich unser Wille und unsere

Kraft zum Aushalten und Durchhalten zu bewähren haben».[13] Die englische Seeblockade, die Abschnürung der Lebensmittelimporte aus dem feindlichen Ausland sowie der Mangel der Landwirtschaft an Betriebsstoffen, Pferden und Arbeitskräften ließen – wie in allen Teilen Deutschlands – über Münchens Ernährungslage nach wenigen Monaten schon dunkle Wolken heraufziehen. Staatliche und städtische Stellen sahen sich veranlaßt, mit einer bald kaum noch zu überschauenden Anzahl von Erlassen und Verordnungen über Erzeuger, Händler und Konsumenten ein dichtes Netz der Lebensmittelbewirtschaftung auszubreiten. Ein eigener, bald mächtig expandierender, oft in improvisierter Eile errichteter städtischer Apparat wurde zu diesem Zweck ins Leben gerufen. Im Oktober 1915 kam es zur Gründung der «Lebensmittelversorgungsgesellschaft München», einer gemeinnützigen Zwecken verpflichteten, aber nach kaufmännischen Kriterien wirtschaftenden GmbH, an der neben dem Stadtmagistrat auch die maßgeblichen Organisationen des Münchner Lebensmittelhandels beteiligt waren. Aufgabe der Gesellschaft war die Abwicklung des kaufmännischen Teils der Nahrungsmittelbeschaffung, also die Regelung von An- und Verkauf, Beschaffung und Verrechnung der zur Versorgung notwendigen Güter. Im Sommer 1918 standen 318 Beamte und Angestellte und in Stoßzeiten bis an die tausend Arbeiter in ihren Diensten. Ihr Warenumsatz erreichte im Geschäftsjahr 1917/18 die Summe von 174 Millionen Mark.[14] Daneben bestand seit 1916 ein eigenes Lebensmittelamt zur Abwicklung der verwaltungstechnischen Obligenheiten der Ernährungsversorgung. Auch hier wurden noch 1919 knapp tausend Angestellte beschäftigt.[15]

Nachdem man sich zunächst auf die Festlegung von Höchstpreisen für die immer knapper werdenden Lebensmittel beschränkt hatte, um so dem ansonsten drohenden ungehemmten Preisanstieg Einhalt zu gebieten, erwies es sich angesichts der dennoch wachsenden Versorgungsnöte sehr bald als notwendig, noch einen Schritt weiter zu gehen und die Lebensmittel reichsweit durch die Ausgabe von Karten zu rationieren. Zuerst wurden im Mai 1915 Mehl- und Brotmarken ausgeteilt, seit dem Frühjahr 1916 gab es auch Butter und Milch, seit Mai 1916 Zucker und Fleisch nur noch gegen Marken. Wiederholt mußten die Rationen gekürzt werden. Die Anfang Dezember 1916 ausgeteilten Markenhefte ermöglichten einem Münchner dann noch den Verbrauch von täglich jeweils zweihundert Gramm Mehl oder 260 Gramm Brot, einem Pfund Kartoffeln, einem Viertelliter Milch, 36 Gramm Fleisch und neun Gramm Butter.[16] Wenn die Zufuhr von außen versiegte, konnten bisweilen aber nicht mal mehr die auf den Marken vermerkten und ohnehin schon spärlichen Mengen verteilt werden. Die der Bevölkerung zugewiesenen Rationen garantierten also nicht das unbedingte Existenzminimum, sondern setzten eher einen Maßstab der Lebensführung, dessen Überschreitung im Interesse der allgemeinen Versorgung unterbunden werden sollte.[17] Die Fleischkarte war anfangs auf achthundert Gramm pro Kopf und Woche bemessen, im Mai 1918 standen den Münchnern dann gerade noch zweihundert Gramm zu. Lange Schlangen von vor den Metzgerläden wartenden Frauen wurden zu einem vertrauten Anblick. Der wöchentliche Fleischverbrauch sank in München pro Kopf von durchschnittlich 1314 Gramm 1914 auf 344 Gramm im Jahre 1918 – und München stand sich hierin noch besser als andere deutsche Großstädte etwa in Sachsen oder im Ruhrgebiet.[18] Ein ähnlicher, wenn auch nicht ganz so drastischer Rückgang des Konsums war auch bei anderen Lebensmitteln nicht zu vermeiden. Während die Preise manchmal bis ins Unerschwingliche stiegen – für ein halbes Kilo Roggenbrot bis zum Jahr 1918 um fünfzig Prozent, für einen Liter Milch um neunzig Prozent, ein halbes Kilo Schweinefleisch um 120 Prozent, ein Ei um 162 Prozent[19] –, nahm die Qualität der Nahrungsmittel rapide ab: das Brot wurde mit Gerste oder Kartoffelmehl verlängert, und immer mehr mußte mit Ersatzstoffen vorliebgenommen werden. Der ärztliche Rat des Lebensmittelamtes München mahnte im Herbst 1917: «Die Nahrungszufuhr aufgrund der Lebensmittelkarten ist, wie schon oft betont, absolut unzureichend und beträgt heute ca. 13–1600 Kalorien. Die Fortdauer der jetzigen Verhältnisse birgt zweifellos die größten gesundheitlichen Gefahren in sich und als Folge davon eben die größten Gefahren in politischer Beziehung.»[20] Schon zu diesem Zeitpunkt war in München bei den Erwachsenen ein Untergewicht von 15 bis 20 Prozent die Regel.[21]

Die Stadtgemeinde und ihre Verwaltung bildeten also die wichtigste Nahtstelle zwischen dem Apparat der öffentlichen Ernährungsbewirtschaftung und der Bevölkerung: Ihr war insbesondere die sensible Funktion der Verteilung aller bewirtschafteten Güter anvertraut. Gleichwohl war ihr Einfluß auf die Bemessung der Rationen und Preise beschränkt, ja mit der Dauer des Krieges immer mehr im Schwinden begriffen. Der 1915 eingerichteten städtischen Preisprüfungsstelle blieb bald nur noch ein sehr begrenzter Teil der Kompetenzen zur Höchstpreisfestsetzung überlassen, insbesondere die Erzeugerpreise wurden vorwiegend von übergeordneten Instanzen festgesetzt. Die wachsende Zentralisierung der Versorgungspolitik und – als andere Seite dieser Medaille – die Reduktion der Stadtgemeinde auf die bloße Rolle einer lokalen Vollzugsagentur rieben sich mit dem überkommenen Ethos kommunaler Selbstverwaltung und weckten den Protest der Gemeindebevollmächtigten.[22] Denn ob verantwortlich für Engpässe und Übelstände oder nicht, den Unmut der Münchner über die unzureichende Versorgungslage bekam immer auch das Rathaus zu spüren.

Es sollte nicht lange dauern, bis nicht mehr die anfängliche Kriegseuphorie, sondern die Versorgungsprobleme des Alltags das Leben und die

Stimmung der Bevölkerung prägten. Das zu Beginn des Krieges übliche Heraushängen der Fahnen beim Bekanntwerden von militärischen Siegesnachrichten kam bald wieder außer Übung. Der bayerische Kriegsminister mußte seinen Kollegen Anfang Februar 1916 mitteilen, man habe «Ende Dezember 1915 und anfangs Januar 1916 in München wiederholt versucht, Flugblätter mit aufreizendem, vornehmlich Frieden heischendem Inhalt, die sich hauptsächlich an die Frauen richteten, öffentlich anzuschlagen und in die Privatwohnungen minderbemittelter Leute einzuschmuggeln».[23] Während die pazifistische Agitation bald wieder verstummte,[24] registrierten die städtischen Behörden eine wachsende Anspannung der Volksstimmung über die mangelhafte Versorgungslage mit Lebensmitteln. Am 17. Juni 1916 kam es zu ersten größeren Hungerprotestzügen vor das Rathaus, Fensterscheiben wurden eingeworfen, und erst durch das Einschreiten von Militär und Polizei konnte die nach zusätzlichen Brotrationen verlangende Menschenansammlung, hauptsächlich Jugendliche und Frauen, zerstreut werden.[25] Aber in Zukunft sollte die mehrmals gefährlich aufbrodelnde Volksstimmung die zuständigen städtischen Stellen immer wieder in Alarm versetzen, etwa als im Oktober 1916 eine der zahlreichen Marken-Verteilungsstellen aufgeregt Mitteilung erstattete, «daß die Leute energisch eine Brotzulage begehren, daß eine große Erregung in der Bevölkerung vorhanden ist, die zu bedrohlichen Ausschreitungen führen wird, wenn nicht sofort Abhilfe getroffen wird».[26]

Einen Höhepunkt erreichten die Versorgungsnöte im Winter 1916/17, der als «Dotschen-Winter» traurige Berühmtheit erlangen sollte. Da war zum einen der eklatante Mangel an Brennmaterialien. Im März 1917 mußte das Stellvertretende Generalkommando in München nicht nur alle Theater, Kinos, Bühnen und Konzertsäle schließen und die Öffnungszeiten der Gastwirtschaften einschränken, zur gleichen Zeit öffneten auch die Volks- und Privatschulen ihre Tore nicht mehr zum Unterricht. Die Münchner Stadtverwaltung überhäufte die zentralen Verteilungsstellen bei der Landesregierung und in Berlin mit ihren Hilferufen, so am 13. März 1917: «Sind in Koks vollständig, in Kohlen nahezu abgebrannt... Es geht jetzt wirklich nur mehr auf Stunden zusammen.» Und neun Tage später: Es sei «ganz unmöglich, mit den heute zugeführten Brennstoffmengen auszukommen. Wir werden sehr bald, wenn auch alles angewendet wird, um die Leute in Ruhe zu halten, unangenehme Erscheinungen voraussichtlich zu registrieren haben».[27] Die Menschen froren, vor den großen Kohlenhandlungen bildeten sich ab zwei Uhr nachts lange Schlangen, und es war, wie der Magistrat besorgt zu bedenken gab, «unschwer sich auszudenken, wie erbittert jene Massen sind, welche trotz Opferns der halben Nachtruhe ohne Brennstoff wieder abziehen müssen».[28] Gleichwohl, die größten Probleme bereitete die Lebensmittelversorgung. Vor allem die für die Ernährung der ärmeren Schichten so wichtigen Kartoffeln wurden aufgrund der schlechten Ernte früh schon rar und drohten im Frühjahr vollends auszugehen. Obwohl die Tagesration der Münchner Bevölkerung – die einmal bei 1,5 Pfund pro Kopf gelegen hatte – seit Anfang Februar auf ein halbes Pfund herabgesetzt und wenig später dann nochmals halbiert worden war, «war es wochenlang ... nicht möglich, auch nur diesen so geringen Bruchteil des Bedarfs bereit zu stellen».[29] Anstelle der Kartoffeln traten mehr und mehr die «Dotschen» (Kohlrüben) – sie wurden bald zu einem Synonym für das ganze Ernährungsdebakel des Ersten Weltkriegs. Im März 1917 mußten in den städtischen Volksküchen, von denen während des Krieges bis zu fünfzig in Betrieb genommen wurden, täglich 32249 Portionen ausgegeben werden.[30] Aber es war nicht nur die Knappheit an sich, welche für Unruhe sorgte. «Die nur allzulange geduldete, leicht vermeidliche, ja sogar ungerechte Art der Lebensmittelverteilung», berichtete im März 1917 die Polizeidirektion München, «ist ein weit schlimmerer Feind für die öffentliche Ordnung und Sicherheit als die Lebensmittelknappheit», und das in München stationierte Stellvertretende Generalkommando fügte dem hinzu, wegen der Ungleichheit in der Lebenshaltung greife nunmehr in «der ärmeren Bevölkerung ... eine immer stärker werdende Gereiztheit und Verbitterung Platz».[31]

Wer konnte, griff angesichts solchermaßen kärglich rationierten Daseins zur Selbsthilfe und unternahm Hamsterfahrten aufs Land; so als einer von vielen auch Thomas Wimmer, seit 1916 Betriebssoldat in der Artilleriewerkstätte München und nach dem Zweiten Weltkrieg Oberbürgermeister der Landeshauptstadt, der für den 30. Januar 1918 seinem Tagebuch eine Beute von 204 Eiern, drei Pfund Schmalz und sieben Pfund Weizenmehl anvertraute.[32] Als die Staatsregierung 1917 zu verschärften Maßnahmen gegen das «Hamstern» schreiten wollte, stieß sie bei der Münchner Stadtverwaltung auf Unverständnis und Gegenwehr. Der Stadtrat erhob energischen Einspruch gegen die vorgesehenen schärferen Kontrollen. Im zu Kriegsbeginn eingerichteten Lebensmittelversorgungsausschuß war man sich einig, «daß, wenn wir das Kleinhamstern unterbinden, wir in absehbarer Zeit einen Krach haben ... Wir müssen froh sein, wenn wir dadurch etwas entlastet werden.»[33] Neben dem Hamstern blühten der Schleich- und der Tauschhandel, auf dem Lande häuften sich die Felddiebstähle. Im Magistratsplenum sah Ende 1917 ein liberaler Magistratsrat als Bilanz von mehr als zwei Jahren Zwangsbewirtschaftung «... allenthalben ein tiefbedauerliches Anwachsen der Immoralität, ein Schwinden der Achtung vor dem Gesetze» sich verbreiten.[34]

Die städtische Kriegswirtschaft hatte im übrigen nicht nur Verteilungsaufgaben, sie organisierte auch umfangreiche und immer neue Sammlungen, zumeist zu Rüstungszwecken: Das reichte von Haushaltsgegenständen aus kriegswichtigen Metallen über Frauenhaare und Küchenabfälle bis hin zu Altpapier und Orgelpfeifen. 1917 wurden in München 35 Prozent der Bronzeglocken enteignet und verhüttet, um sie der Munitionsherstellung zuzuführen.[35] Wie allerdings den Volksstimmungsberichten zu entnehmen ist, ging vielen Münchnern dieses Opfer dann doch zu weit.[36] 1918 wurden nochmals 22 Prozent der Glocken abgenommen. Ihrer Einschmelzung kam noch rechtzeitig das Ende des Krieges zuvor.

Natürlich hatte der Weltkrieg auch in anderen Bereichen des städtischen Lebens gravierende Einschränkungen zur Folge. Im Herbst 1915 waren fünfzig Prozent der städtischen Beamten zum Heer eingezogen, von den unteren Beamten sogar sechzig Prozent.[37] Im Schulwesen reduzierten die Einberufungen die Lehrerschaft von 2195 Volksschul-Lehrkräften im letzten Friedensjahr auf nur noch 1383 Lehrer 1915/16. Da von der Militärverwaltung zugleich Schulgebäude als Massenquartiere oder Lazarette in Beschlag genommen wurden – im Frühjahr 1915 waren dies 29 Münchner Volksschulen –, mußte es unvermeidlich zu einer starken Kürzung der Unterrichtsstunden kommen. Die Schulen liefen zum Teil nur noch auf Viertel-, Drittel- oder Halbbetrieb.[38] In der Lokalschulkommission machte man sich zunehmende Sorgen über die «Verrohung» und «Verwilderung» der Jugendlichen. «Die starke Hand des Erziehers fehlt; der Vater ist eingerückt, die Mutter geht außerhalb des Hauses in Arbeit, der Schulbetrieb ist beschränkt.»[39] Der renommierte Pädagoge und Münchner Stadtschulrat Georg Kerschensteiner befürchtete im Hinblick auf die kriegsbedingten Übelstände im Schulwesen, daß manche der Kinder, «die nach ihrem Lebensalter am meisten von diesen Zuständen betroffen werden, ... vielleicht für ihr ganzes Leben den Schaden nicht ganz verwinden können».[40] Die «vormilitärische Jugenderziehung», wie sie in München im November 1914 von Staatsregierung und Jugendorganisationen ins Leben gerufen worden war, war gewiß kein geeignetes Surrogat zur Füllung jener kriegsbedingten Erziehungslücken. Sie sollte der «Wehrhaftmachung» und «militärischen Ertüchtigung» der männlichen Jugendlichen von 16 bis 20 Jahren dienen, stieß freilich nicht immer auf die von den Initiatoren erhoffte Resonanz.[41]

Das Bild, das sich in München gegen Ende des Krieges bot, stand in einem denkbar grellen Kontrast zu jenen Augusttagen 1914, von denen eingangs die Rede war. Wie in vielen deutschen Städten traten auch in der bayerischen Landeshauptstadt Ende Januar 1918 große Teile der Rüstungsarbeiterschaft in einen dreitägigen Streik. Schon im Herbst 1917 wurde aus München berichtet, die Werbeplakate für die Kriegsanleihen würden «in geradezu systematischer Weise abgerissen und beschädigt».[42] Von einer «inneren Anteilnahme am Kriege» könne bei der arbeitenden Bevölkerung nicht mehr die Rede sein, hieß es dann im Februar 1918 im Monatsbericht des Stellvertretenden Generalkommandos in München; dagegen erwarte man vielfach, «daß nach dem Kriege eine allgemeine Auseinandersetzung kommen muß».[43] Im Sommer wiederholten sich die Hungerzüge demonstrierender Frauen vor das Rathaus, im August gab es antipreußische Krawalle. Die Bevölkerung war ausgezehrt, ihre einzige Hoffnung ein baldiger Friede. 13725 Münchner Soldaten hatten an der Front ihr Leben gelassen. Im Juli konnte man beim Abtransport von Truppeneinheiten zum Zeugen von Tumulten und Unbotmäßigkeiten werden: «Die Soldaten pfiffen, schrien und schimpften, liefen durcheinander und gaben mehrere Schüsse in die Luft ab.»[44] Keine ihnen zujubelnden Mengen mehr am Straßenrand, nichts mehr vom Glanz des Auszugs der ersten Garnisonsregimenter!

«Man kommt aus der Aufregung nicht mehr heraus»:[45] *Revolution und Hitlerputsch*

Die lange ertragenen Versorgungsnöte und das Verlangen nach Frieden bildeten den Nährboden, auf dem erst verhalten, dann seit Oktober 1918 immer lauter werdend der Ruf nach Systemveränderungen, ja nach einem Systemwechsel gedeihen konnte. An die Spitze dieser Bewegung stellte sich die Unabhängige Sozialdemokratische Partei (USP), eine linke Abspaltung der SPD, die in München am 16. Mai 1917 gegründet worden war und fortan das «Sammelbecken für alle revolutionär gesinnten Kreise» bildete.[46] Schon im Januar 1918 konnte man den Führer der Münchner Unabhängigen, Kurt Eisner, auf einem der regelmäßigen USP-Diskussionsabende im «Goldenen Anker» sagen hören, seine Partei «hätte in erster Linie den Wunsch, unbedingt und rückhaltlos die Monarchie zu stürzen und ... den gesamten Militarismus niederzuringen. Dazu gäbe es nur ein Mittel, die heißersehnte, unausbleibliche und bald zu erwartende Revolution.»[47] Am 7. November war es soweit. Das in mehr als vier Jahren Krieg angestaute Gemisch aus Not und Verbitterung kam zur Explosion. Die Ereignisse sind oft geschildert worden: die große Friedenskundgebung auf der Theresienwiese an jenem Tage, der von Eisner angeführte Zug der Arbeiter und Soldaten zu den Kasernen, das Überlaufen der Truppen zu den Aufständischen, die Flucht Ludwigs III., die Gründung des Arbeiter- und Soldatenrates im Mathäserbräu, nachts dann die erste Sitzung der Arbeiter-, Bauern- und Soldatenräte im Landtagsgebäude und die Proklamation der Bayerischen Republik.[48]

Die Bayerische Monarchie schied dahin, ohne daß – so wollte es scheinen – irgendwer für sie die Hand zu rühren bereit war. Und mit ihr ging die alte politische Ordnung. Was aber sollte an ihre Stelle treten, und wie sollte sich der Umsturz auf die Gemeindeverwaltung auswirken? Zunächst eröffnete die Revolution mehr neue Fragen, als daß sie alte beseitigte.

Die Stadtverwaltung stellte sich gleich am 8. November auf den Boden der Tatsachen und unter den Schutz der neuen Autoritäten. Ein Aufruf des Arbeiter-, Bauern- und Soldatenrates forderte seinerseits alle Beamten auf, in ihren Positionen zu bleiben. Die öffentliche Verwaltung durfte angesichts der nun anstehenden Demobilisierung und der Überführung der Kriegs- in die Friedenswirtschaft nicht zum Erliegen kommen. Anders als es in den deutschen Großstädten die Regel war, schenkten die Räte der Münchner Stadtverwaltung zunächst freilich nur marginale Aufmerksamkeit. Der Elan der Revolution konzentrierte sich auf die staatlichen Instanzen; die Stadtgemeinde stand lange im Schatten der Landeshauptstadt.

Dennoch, auch die städtischen Vertretungskörperschaften leisteten den neuen Verhältnissen ihren Tribut. Auf Antrag der sozialdemokratischen Fraktion bildeten die beiden städtischen Kollegien einen gemeinsamen «Arbeitsausschuß», der nun Magistrat und Gemeindebevollmächtigtengremium bis zur Neuordnung der Gemeindeverfassung in den wichtigsten Fragen ersetzte.[49] Im Windschatten der revolutionären Ereignisse konnten die Mehrheitssozialisten (MSP) für sich die Majorität der Ausschußmitglieder durchsetzen. Das ignorierte die bisherigen Mehrheitsverhältnisse. Die Liberalen sprachen deshalb auch von einem Versuch, «eine einseitige Diktatur während des Provisoriums durchzusetzen», mußten aber ebenso wie das Zentrum die handstreichartige Majorisierung hinnehmen.[50] Denn in der Absicht, ein Eingreifen der Räte in die kommunalen Verwaltungsmechanismen abzuwehren, war man sich wieder mit den Sozialdemokraten einig. Durch die Einführung des Achtstundentags und die Anbahnung von Tarifvertragsverhandlungen ging man auf alte und bisher verwehrte Forderungen der städtischen Arbeiterschaft ein – das hatte nicht nur materiellen, sondern auch einen hohen symbolischen Wert.[51]

Indessen trieben die Revolutionsturbulenzen die Ereignisse weiter. Die radikalen Anhänger des Rätegedankens formierten sich im «Revolutionären Arbeiterrat», eine neu entstandene Ortsgruppe der KPD agitierte für das Vorantreiben der Revolution: «Alle Macht den Räten» wurde zur Parole dieser Kräfte. In München sammelten sich Zehntausende von aus dem Heer entlassenen Arbeitslosen – ihre Zahl wurde noch durch die beschäftigungslosen Arbeiter erhöht, die von der stillgelegten Kriegsindustrie auf die Straße gesetzt wurden, bei BMW Mitte Dezember 3400 auf einen Schlag. Die Stadt mußte in Schulen, Hotels und Brauereien, dann auch in Privatquartieren Notunterkünfte einrichten. Die sozialen und politischen Spannungen wuchsen. Am 7. Januar kam es zu einer Demonstration von Arbeitslosen mit anschließenden Straßenschlachten und mehreren Toten, daraufhin zur vorübergehenden Verhaftung radikaler Räteführer. Die Landtagswahlen am 12. Januar 1919, die die Mehrheitssozialisten dem zögernden Ministerpräsidenten Eisner abgetrotzt hatten, erteilten der USP dann allerdings eine vernichtende Abfuhr und erbrachten eine Mehrheit für die bürgerlichen Parteien. Aber nur um so heftiger forderte der Rätekongreß jetzt, den Einbau der Räte in den Volksstaat sicherzustellen. Schließlich kam der 21. Februar 1919: Eisner wurde auf dem Weg zum Landtag ermordet, der Motor der Eskalation neu angetrieben. Die zweite Phase der Revolution brach an.

Auch die Gemeindeverwaltung war inzwischen mehr ins Visier der Räte geraten. Am 25. Januar hatte der Münchner Arbeiterrat beschlossen, drei Delegierte zur Kontrolle sämtlicher Geschäfte des Magistrats zu entsenden. Vertreter aller Parteien sprachen im Arbeitsausschuß ihre entschiedenste Verwahrung gegen dieses Ansinnen aus. Schließlich mußten sich die drei Delegierten des Arbeiterrats mit beratenden Stimmen im Arbeitsausschuß zufrieden geben, alle weiteren Kontrollansprüche wurden abgewehrt.[52] Von irgendeiner maßgeblichen Einflußnahme der Räte auf die Stadtverwaltung war auch fürderhin nichts zu bemerken: insgesamt nur dreimal erschienen die Rätevertreter zu den Sitzungen, allerdings ohne dabei nennenswert in Erscheinung zu treten.[53] Wie hilflos bisweilen die Arbeiterräte den aktuellen Problemen der Verwaltung gegenüberstanden, zeigte sich in der Stellungnahme eines ihrer Vertreter, der am 13. Januar zur Beratung der verzweifelten Ernährungslage im Lebensmittelversorgungsausschuß hinzugezogen worden war: «Der Arbeiterrat hat sich für nicht kompetent erklärt, vielmehr gesagt, nachdem der Stadtmagistrat vier Jahre lang niemand gefragt hat, soll er auch diesmal vorangehen.»[54]

Anfang April erreichten die sich immer mehr zuspitzenden Ereignisse ihren Höhepunkt. Am 7. April wurde vom «Revolutionären Zentralrat» die Räterepublik proklamiert, zunächst geführt von Ernst Toller, Gustav Landauer und Erich Mühsam, vom 13. April an dann von den Kommunisten. Ein zehntägiger Generalstreik wurde jetzt ausgerufen, das Erscheinen der bürgerlichen Presse unterbunden, eine Rote Armee zusammengestellt. Die Gemeindebevollmächtigten nahmen noch in der ersten Phase der Räterepublik in einer gemeinsamen Erklärung unzweideutig Stellung: Nur die vom Landtag eingesetzte und nach Bamberg geflohene Regierung wurde als die gesetzmäßige anerkannt und zugleich die Befürchtung ausgesprochen, daß angesichts der Beschlagnahme der Bankdepots und der angekündigten Sozialisierungsmaßnahmen «der vollständige Zusammenbruch des wirtschaftlichen Lebens in München nicht aufzuhalten» sei.[55] Die Stadtvertreter setzten damit ein in diesen Tagen in der bayerischen Metropole nur rares Signal des öffentlichen Widerspruchs gegen die neuen Verhältnisse.[56] Sorgen bereitete die Lebensmittelversorgung, die Stadt litt unter dem Ablieferungsstop besonders der fränkischen und oberpfälzischen Bauern, der noch durch eine Blockade von seiten der Bamberger Regierung verstärkt wurde. Am Ende des Räteexperiments stand Anfang Mai der «weiße Schrecken», die blutige Niederschlagung der Räteanhänger durch Freikorps und Regierungstruppen. Ein gnadenloses Strafgericht im Zeichen von Denunziation und Standrecht, blinder Vergeltung und brutaler Rache brach über wirkliche und vermeintliche Protagonisten der Räteherrschaft herein. Das Münchner Bürgertum erwachte verstört aus Schock und Apathie – die Erinnerung an Revolution und Räteherrschaft aber half, die bayerische Landeshauptstadt zur Pflanzstätte eines umgekehrten politischen Extrems werden zu lassen, dem Radikalismus Hitlers und der Nationalsozialisten.

Im Juni 1919, die Wunden der Revolution waren noch nicht verheilt, die Opfer gerade erst begraben, standen die ersten Gemeindewahlen nach dem Kriege an. Die neue Gemeindeordnung sah anstelle der bisherigen zwei Gemeindekollegien nur noch ein einziges Vertretungsgremium, den Stadtrat, vor. Durch die Einführung des allgemeinen Wahlrechts ab dem 21. Lebensjahr wuchs die Zahl der Stimmberechtigten von 47155 (1914) auf nunmehr 358018;[57] das aktive und passive Wahlrecht wurde jetzt auch den Frauen zugestanden. Auf der Wahlliste der DDP war 1919 an zweiter und elfter Stelle eine Frau nominiert, bei der BVP an vierter und zwölfter, auf der Liste der MSP, die doch zuvor wie keine andere Partei das Frauenwahlrecht eingefordert hatte, war eine Frau erst auf Rang 17 plaziert, bei der USP auf Rang 13.[58] Maximal zwölf Prozent der Stadträte waren vor 1933 Frauen, ihre Tätigkeit meist auf die sozialen und erzieherischen Aufgaben der Stadt gerichtet – von einer gleichberechtigten Einbeziehung der Frauen in die Stadtpolitik war man gewiß noch weit entfernt.

Im Wahlkampf steckten die Parteien ihren kommunalpolitischen Standort ab. Auf der Linken forderte die USP – allen jüngsten Erfahrungen zum Trotz – den Einbau des Rätesystems auch in die Gemeindeverwaltung, sie machte sich für eine weitgehende Kommunalisierung der lebenswichtigen Gewerbe stark und plädierte für ein Zurückdrängen des konfessionellen Einflusses in Wohlfahrtspflege und Jugendfürsorge. Obschon etwas abgeschwächt, tauchten die letzten beiden Punkte auch im Wahlkampfprogramm der Mehrheitssozialisten auf, die sich jedoch, bei aller klassenkämpferischen Rhetorik, einen moderateren Anstrich zu geben bemüht waren.[59] Die Bayerische Volkspartei (BVP), betont föderalistisch und katholisch, verstand sich zwar als Vertreterin aller Schichten, nahm sich im Wahlkampf aber besonders des Handwerks und Kleingewerbes an. Sie griff deshalb deren Ruf nach einem energischen Abstreifen der Fesseln der Zwangswirtschaft auf, bekämpfte alle weitergehenden Kommunalisierungsbestrebungen und forderte im Namen der mittelständischen Betriebe die Mithilfe der Gemeinden bei Rohstoffbeschaffung und Kreditgewährung. Gegen das sozialistische Ansinnen des Ausbaus und Vorrangs der weltlichen Simultanschule setzte die BVP eine vom christlichen Geist getragene Erziehung in den Konfessionsschulen.[60] Die linksliberalen Demokraten, die DDP, empfahlen sich insbesondere den freien Berufen als Wahrer ihrer Interessen. Nachdrücklicher noch als die BVP machte sie sich für den Abbau der Kriegsämter und der damit verbundenen Zwangswirtschaft stark, plädierte für Sparsamkeit als oberste finanzpolitische Maxime und für eine von den finanziellen Bedürfnissen der Stadtverwaltung unabhängigere Betriebsführung der städtischen Eigenunternehmen. In der Schulpolitik gab es hingegen eher Berührungspunkte mit den Linksparteien.[61]

Das Ergebnis der Wahl war eine handfeste Überraschung: Als stärkste Partei ging mit 32 Prozent der Stimmen die USP hervor, ein überaus verblüffendes Resultat, vergleicht man es mit den gerade fünf Prozent der Münchner Stimmen bei den Landtagswahlen vom Januar desselben Jahres. Dagegen erlebte die MSP einen Absturz von 47 auf 18 Prozent der Stimmen. Es fiel schwer, hierin nicht eine Quittung für das jeweilige Verhalten beider Parteien während der Rätetage zu erblicken. Die DDP konnte 14 Prozent der Stimmen erringen, die BVP wurde mit 28 Prozent zur zweitstärksten Partei. Wie die gesamte bürgerliche Presse führte ihr Organ, der Bayerische Kurier, das Ergebnis auf die geringe Wahlbeteiligung des Bürgertums zurück. Angesichts der «mittelstandsmörderischen Richtlinien» der USP drohe nun dem Bürgertum für seine Wahlmüdigkeit ein «bitteres, hohes Lehrgeld».[62] Die «Münchner Neuesten Nachrichten» schrieben, «das saumselige, pflichtvergessene Bürgertum» habe «sich nun die Rute selbst gebunden ..., die es verdient».[63]

In der Tat besaßen die Sozialisten nunmehr eine Mehrheit im Stadtrat, der sich aus fünfzig ehrenamtlichen und zehn berufsmäßigen Stadträten zusammensetzte. Gleichwohl, die von bürgerlicher Seite ausgesprochene Befürchtung, es werde unter der Führung eines USP-Bürgermeisters jetzt doch zu einer Fortsetzung der roten Experimente in München kommen, erwiesen sich sehr bald als übereilt. Schon die Bürgermeisterwahl deutete an, daß der Zug in eine andere Richtung fuhr. Trotz der zugesicherten Unterstützung durch die Mehrheitssozialisten zog der Kandidat der USP seine Anwartschaft auf das Amt mit der Begründung zurück, «daß die überwiegende Mehrzahl der Wähler in einem Zusammengehen mit der Mehrheitspartei keine Gewähr für eine radikale sozialistische Politik im Sinne der Fortführung der Revolution erblicken würde».[64] Immerhin wurde dann mit Eduard

Schmid ein Mehrheitssozialdemokrat zum Ersten Bürgermeister gewählt, schon das war in den Weimarer Jahren in deutschen Großstädten eine Seltenheit. Schmid, im schwäbischen Jura geboren und gelernter Möbelschreiner, war während seiner Wanderjahre in München ansässig geworden. Über die Gewerkschaftsarbeit und eine Redakteursstelle bei der sozialdemokratischen «Münchner Post» gelangte er zur Kommunalpolitik, wurde 1899 zum ersten Magistratsrat der Münchner SPD bestellt und war seit 1907 auch Mitglied im Landtag.[65] Er galt als geradlinig, arbeitssam und volksverbunden, in der Beschreibung eines zeitgenössischen Kommunalpolitikers als «ein Mann von altbayerischem Gepräge und Münchner Bodenständigkeit».[66] Seine Programmrede vor dem Stadtrat setzte kaum Akzente, sie war überdeckt von der Warnung vor überspannten Erwartungen.[67]

Die folgenden Jahre sozialdemokratischer Herrschaft im Rathaus ließen denn auch nur wenig von radikaler Aufbruchstimmung und tiefgreifenden Erneuerungsimpulsen erkennen. Den Handlungsspielräumen der Stadtpolitik waren durch Finanzkrise und Währungsverfall enge Grenzen gezogen. Sie bekam zu spüren, daß die Gleichgewichte der Finanzverfassung des Reiches 1920 zum Nachteil der Gemeinden verschoben worden waren; mit dem Zuschlagsrecht zur Einkommensteuer hatte die Finanzreform Matthias Erzbergers den Gemeinden einen bisher entscheidenden Posten ihrer Einnahmen entwendet. Bei den jährlichen Haushaltsdebatten des Stadtrats gehörten fortan Klagen über das Mißverhältnis von aufgeladenen Pflichten und überlassenen Finanzressourcen zum *ceterum censeo* der Redner aller Parteien – mal in stärkerer, mal in schwächerer Deutlichkeit, je nachdem, welche Parteien gerade in der Landes- und Reichsregierung vertreten waren. Wie sehr der sozialdemokratische Umbauwillen gebremst wurde, zeigte sich etwa in der Frage der Kommunalisierungen. Trotz weiter reichender Bestrebungen der Sozialisten und lebhafter Befürchtungen des Gewerbes wurden lediglich die Straßenreinigung und der sanitäre Rettungsdienst in kommunale Hände überführt – und zwar unter prinzipieller Zustimmung aller Parteien.[68]

Sehr bald gingen die bürgerlichen Parteien zur Offensive über. Nach dem neuen Selbstverwaltungsgesetz von 1919 konnten Neuwahlen zum Stadtrat durch Volksbegehren herbeigeführt werden, eine Möglichkeit, von der 1920 in München auf Initiative eines konservativen «Bürgerrats» – dahinter stand die BVP – Gebrauch gemacht wurde. Es war dies der erste Anwendungsfall eines Plebiszits im Reich überhaupt. Ein Erfolg blieb den bürgerlichen Parteien nur deshalb versagt, weil Nichtbeteiligung an der Abstimmung eo ipso als Ablehnung gezählt wurde: immerhin erreichten die Betreiber des Begehrens eine Zustimmung von 46 Prozent der Wahlberechtigten, das waren so gut wie hundert Prozent aller abgegebenen Stimmen.[69]

Soziale Probleme wie Wohnungsnot, Arbeitslosigkeit und neue Formen der Armut nahmen seit dem Krieg in erheblichem Maße die Aufmerksamkeit der Stadtverwaltung in Anspruch. Auch die Ernährungssorgen hielten an, ja dramatisierten sich zwischenzeitlich. Im August 1919 schlug das Lebensmittelamt wieder einmal Alarm, da seine Getreide- und Mehlvorräte nur noch für gerade 14 Tage reichten. Lange Schlangen vor den Geschäften gehörten weiterhin zum Alltagsbild und sorgten für Unruhe in der Bevölkerung. Im März 1920 zog trotz eines polizeilichen Verbots eine von der USP unterstützte Hungerdemonstration vor das Rathaus, eine Abordnung der Protestierenden, die größere Brotzuweisungen forderte, wurde von Bürgermeister Schmid nicht empfangen.[70] Der seit 1920 dann verstärkt einsetzende Abbau von Zwangswirtschaft und Höchstpreisbindung enthob die Gemeinde zwar eines großen Teils ihrer bisherigen Aufgaben auf diesem Gebiet. Im übrigen aber führte dies der Bevölkerung nur um so deutlicher das Mißverhältnis zwischen ihren Ernährungsbedürfnissen und den Chancen für deren Befriedigung vor Augen, da jetzt das Davoneilen der Preise gegenüber den Reallöhnen unverhüllt deutlich wurde – auch mit den neuen Wuchergerichten und den Verordnungen gegen die Preistreiberei war dem nur bedingt beizukommen.[71] Immer wiederkehrende Protestzüge und -versammlungen prangerten mit wachsender Verbitterung Wucher, Schiebertum und Teuerung an. Die radikalen Parteien bemühten sich, die anwachsenden Ströme dieses Unmuts auf die Mühlen ihrer Agitation zu lenken. Die Nationalsozialisten forderten zum Beispiel 1923 für Wucherer die Wiedereinführung der öffentlichen Prügelstrafe, für schwere Fälle sogar die Todesstrafe.

Der erste Haushalt unter einem sozialdemokratischen Bürgermeister wurde 1920 noch von einer Mehrheit beschlossen, zu der außer MSP und USP sogar die neue, aus einer Absplitterung von den Unabhängigen hervorgegangene KPD-Fraktion gehörte. Trotz ihrer Zustimmung versäumten die Kommunisten freilich nicht, alle Verantwortung für den Etat abzulehnen, da er den Interessen des Proletariats nicht entspreche – im übrigen, so verkündete ihr Sprecher, habe die Partei sich ohnehin nicht aufgemacht, die bürgerliche Gesellschaft zu sanieren, sondern vielmehr, sie nach dem leuchtenden russischen Vorbild zu liquidieren.[72] Das linke Einheits-Bündnis bei den Etat-Beratungen des Jahres 1920 erlebte denn auch keine Neuauflage mehr. Die KPD begab sich alsbald in die bequemere Rückzugsstellung konsequenter Negation und ebenso die wenigen USP-Stadträte, die 1922 noch übrigblieben, nachdem die überwiegende Mehrheit der Linkssozialisten in den Schoß der Mutterpartei zurückgekehrt war. 1921, 1923 und 1924 waren die Sozialdemokraten deshalb bei der Verabschiedung des Etats auf die Zustimmung der BVP angewiesen, 1922 auf die der Liberalen.

Diese Abhängigkeit von den bürgerlichen Parteien setzte weitere Schranken gegen alle jene Neuerungen, die zu unüberbrückbaren Konflikten zwischen den politischen Lagern hätten führen müssen. So war es nur allzu wahr, wenn der Vertreter der USP bei den Beratungen zum Haushalt 1921 eingestehen mußte, «daß dieser vorgenommene Abgleich noch weit entfernt ist von den Zielen einer sozialistischen Gemeindepolitik».[73]

Die von der Gemeindevertretung verabschiedeten Haushalte spiegelten in immer groteskerer Weise jenen Prozeß wider, der die Jahre vom Kriegsbeginn bis Ende 1923 verband: die zunächst schleichende, sich mehr und mehr beschleunigende, seit 1922 dann in ungekannter Rasanz sich überschlagende Inflation. Immerhin, bis zum Sommer 1922 hatte die Inflation eine durchaus belebende Wirkung auf Konjunktur und Arbeitsmarkt gezeigt: Von dem Höchststand der rund 40000 gemeldeten Erwerbslosen im Februar 1919 war deren Anzahl auf nur noch 1704 Ende 1922 gesunken. Dann aber folgte der Zusammenbruch. Im Haushaltsjahr 1922 waren zur Deckung der gemeindlichen Ausgaben zwölf Nachtragshaushalte in Höhe des neunfachen Betrags des ursprünglichen Voranschlags nötig, dann allein von April bis September 1923 weitere acht solcher Versuche, der Geldentwertung hinterherzueilen. Ab Oktober 1923 schließlich wurden Gebühren und Ausgabenkredite in einem automatischen Berechnungsverfahren an den Währungsverfall angepaßt; der Jahres-Voranschlag erreichte zuletzt die sagenhafte Höhe von 35000000 Billionen Mark. Die Stadthauptkasse mußte nun bei ihren Geschäften mit 22stelligen Ziffern rechnen, zahlreiche zusätzliche Hilfskräfte waren hierfür nötig. Die Steuerüberweisungen des Reiches waren bei ihrem Eingang zunehmend wertlos, so wurde etwa im Oktober 1923 ein Umsatzsteueranteil ausgezahlt, der in wertstabile Goldmark umgerechnet gerade noch acht Goldpfennigen entsprach. Die Liquidität der Gemeinde schwand dahin, man war seit August 1923 zur Ausgabe von Notgeld in Höhe von 800000 Millionen Papiermark gezwungen.[74]

Die erwähnten positiven Effekte der Inflation wichen seit deren Übergang zu einem galoppierenden Tempo zunehmend den negativen Konsequenzen. Die Handelskammer München stellte im Januar 1923 fest: «Die wirtschaftliche Scheinblüte ist längst verwelkt und hat nur noch ... Papierblätter zurückgelassen». In ihrem Monatsbericht für Juni/Juli beobachtete sie zwar ein «Jagen und Hasten in allen Wirtschaftskreisen», eine sich «von Stunde zu Stunde überbietende Nachfrage», sah dies aber «weniger aus Hunger nach Ware, als aus Angst vor den in der Hand zerfließenden Papierwerten» hervorgehen: die Konjunktur sei krank, man wandele am Abgrund.[75] Die Unwägbarkeiten bei Preisbildung und Kalkulation nahmen überhand, immer schwierigere Auseinandersetzungen um die Zahlungsbedingungen traten auf, wachsende Kreditknappheit und Lieferunsicherheiten griffen um sich, ein Ausfall der Auslandsnachfrage, die Aufzehrung der Betriebskapitalien und nun auch drastische Produktionseinschränkungen wurden beklagt. Im Dezember 1923 zählte man in München wieder 60665 Erwerbslose und Kurzarbeiter. Über die Auswirkungen der Hyperinflation im Alltag der Menschen berichtete auf ihrem Kulminationspunkt die Bezirksinspektion des ersten und vierten Stadtbezirks: «...nicht nur die Bezahlung der Lebensmittel ist der großen Masse der Bevölkerung nicht mehr möglich, auch ihre Beschaffung wird von Tag zu Tag schwieriger, selbst für Leute, denen genügend Mittel zur Verfügung stehen. ... Die bodenständigen Wiederverkäufer, besonders die kleineren Händler mit Lebensmitteln und sonstigen Gegenständen des täglichen Bedarfs sehen täglich ihre geringen Vorräte abnehmen und sind nicht mehr in der Lage, die wahnsinnigen Wiederbeschaffungspreise zu erschwingen. ... Besonders die Hausfrauen sind in heller Verzweiflung, wie die tumultuösen Auftritte auf dem Viktualienmarkt häufig ersehen lassen.»[76]

Was Wunder, daß soziale und politische Krisenerscheinungen erneut zusammenfielen. Seit den Tagen der Räterepublik war das politische Klima in München abrupt umgeschlagen. Nun blühte hier der Weizen des rechten Radikalismus. Unter den Auspizien der völkisch-nationalistisch und antisemitischen Thule-Gesellschaft war in München 1919 die Deutsche Arbeiterpartei ins Leben gerufen worden, zunächst nur eine von vielen solcher und ähnlicher Gründungen. Sie sollte dem völkischen Nationalismus in der Arbeiterschaft Anhänger werben. Ihr schloß sich auch eine jener zahlreichen ziellosen Existenzen an, die der verlorene Krieg an Land gespült hatte, Adolf Hitler. Er war bereits 1913 von Wien nach München gekommen, stand dann seit dem August 1914 als Kriegsfreiwilliger an der Front. Hitler fand in der 1920 in Nationalsozialistische Arbeiterpartei umbenannten Partei eine Plattform für seine agitatorische Rednergabe, während die gegenrevolutionäre Stimmung in München einen optimalen Resonanzboden für seine exaltierten Tiraden gegen Marxismus und Judentum, gegen «Novemberverbrecher», «Erfüllungspolitik» und «Versailler Diktat» schuf. Seine fulminanten Versammlungsauftritte rückten bald zu einem bevorzugten Stadtgespräch auf . Hitler genoß die Protektion von Reichswehr und Münchner Polizeipräsidium und gewann Zutritt zu Kreisen der Münchner Gesellschaft, den Häusern des Verlegers Bruckmann und des Pianofabrikanten Bechstein etwa oder dem Salon der Deutschamerikanerin Erna Hanfstaengl, wo er mit Peitsche und Revolver erschien. Im Januar 1923 hielt die Partei in der bayerischen Landeshauptstadt ihren ersten Reichsparteitag ab, die Parteimiliz, die SA, zog zur Standartenweihe voller Selbstbewußtsein durch Münchens Straßen. Hitler war zu einem bestimmenden Faktor im politischen Kräftespektrum der bayerischen radikalen

Rechten aufgestiegen. Im Krisenjahr 1923, als die Autorität des Staates in den Sog des Währungsverfalls geriet, in Bayern die staatlichen Gewalten auf einen scharfen Rechtskurs einschwenkten, als Putschgerüchte und Umsturzpläne Konjunktur hatten und die Hyperinflation die Menschen in wachsende Existenzängste trieb, da sah Hitler die Stunde gekommen für eine Eroberung der Macht im Handstreich. Der Hitler-Putsch vom 8. November endete jedoch, wie bekannt, anderntags im Kugelhagel vor der Feldherrnhalle. Die Putschisten hatten Bürgermeister Schmid und einige linke Stadträte als Geiseln genommen, auf einen LKW verladen und in den Höhenkirchener Forst verschleppt, schließlich aber doch wieder freigelassen. Auf der Fahrt hatte Schmid erfahren müssen, welche Feindseligkeiten ihm und seinen Kollegen aus der Menge entgegenbrandeten: «Auf der ganzen Strecke wurden wir von einer aufgehetzten Menge beschimpft, gestoßen und angespuckt. Nur der Abwehr der Hitler-Gardisten ist es zu verdanken, daß wir von der Volksmenge nicht gelincht wurden.»[77]

Vier Jahre nach dem Ende des Krieges: München hatte das Pendel der politischen Eskalation in einer Radikalität nach beiden Extremen ausschlagen gesehen, wie es so keiner anderen deutschen Stadt vorbehalten gewesen war. Die Isarstadt wurde zum Schauplatz von Revolution und Gegenrevolution, war erst Hoffnung der extremen Linken, dann Hort der radikalen Rechten. Das öffentliche Geschehen hatte sich in einer zuvor unbekannten Weise aus den Parlamenten auf die Straße verlagert. Die Stadtverwaltung erwies sich indessen in all diesen Turbulenzen als ein Pol der Ruhe und Kontinuität. Freilich, wer im Winter 1918/19 kommunalpolitische Aufbruchshoffnungen gehegt hatte, sah sich jetzt mit einer ernüchternden Bilanz konfrontiert.

Zwischen den Stürmen: die Weimarer Mitteljahre

«Die beruhigende Wirkung der Währungsstabilisierung», hieß es in einem Monatsbericht der Handelskammer München zum Jahreswechsel 1923/24, «wird in fast allen Betrieben hervorgehoben. Auch dort, wo sich die Folgen nicht alsogleich in einer wesentlichen Belebung des Geschäftsganges zeigten, ... hat allein die Tatsache, daß wieder ein fester Boden, Vergleichbarkeit und Überblick für die Kalkulation gewonnen war, ... eine sehr fühlbare Erleichterung ausgelöst.»[78] Mit der Währungsstabilisierung, dem Abklingen der politischen Turbulenzen nun auch in Bayern und der Bildung einer dauerhaften BVP-Regierung unter Ministerpräsident Held keimte 1924 neue Hoffnung auf, auch in München endlich in ruhigere politische und soziale Gewässer zu geraten. Der zwei Jahre zuvor in Bayern verhängte

Ausnahmezustand wurde 1925 wieder aufgehoben. Als in diesem Jahre die Einweihung des neuen Deutschen Museums mit einem 1,5 Kilometer langen Festzug begangen wurde, wählte die Münchner Kaufmannschaft ein metaphernschweres Motiv für ihren Wagen: ein vergoldetes Kauffahrteischiff, umgeben von den Emblemen des Handels, trotzt den zornig heranstürzenden Meereswogen. Über dem Schiff aber leuchtet ein Regenbogen: nach dem schweren wirtschaftlichen Seegang der letzten Jahre ein Zeichen der Hoffnung auf eine glücklichere Zukunft.[79]

Auch auf Gemeindeebene änderten sich die politischen Vorzeichen. Für die im Dezember anstehenden Neuwahlen des Stadtrats fand sich unter Führung der BVP eine «Nationale Wahlgemeinschaft» der Mitte-Rechts-Parteien zusammen. Die Verhandlungen mit der DDP über einen Anschluß an das anti-sozialdemokratische Bündnis, so berichtete das Organ der BVP, waren vor allem daran gescheitert, daß die Demokraten sich freie Hand für die Aufstellung von jüdischen Kandidaten und Mitgliedern des republikfreundlichen Reichsbanners auserbeten hatten, die Parteien der Einheitsliste hingegen «die ehrliche Vertretung des nationalen, christlichen Gedankens» verlangten.[80] Die Wahlaufrufe des Bündnisses hatten an positiven Programmaussagen für die Zukunft wenig zu bieten, erbitterter Kampf gegen «jede internationale, undeutsche Gesinnung« wurde versprochen, man berief sich auf die Errungenschaften bürgerlicher Stadtpolitik vor 1914 und darauf, nach 1919 die SPD auf ihrer schiefen Bahn in die sozialistische Mißwirtschaft zum Halten gebracht zu haben.[81] In Erinnerung an das vermeintliche Wahldesinteresse fünf Jahre zuvor schärfte die bürgerliche Presse ihren Lesern ein: «Der Wahl fernbleiben ist Schlappheit und Vaterlandsverrat!»[82]

Die Wahlgemeinschaft ging aus der Wahl zwar mit 21 Sitzen als Sieger hervor, verfehlte aber die absolute Mehrheit. 13 der 21 Mandate fielen der BVP zu. Die Sozialdemokraten schrumpften von zuletzt 22 auf nur noch 13, die Demokraten gar von sieben auf zwei Vertreter im Stadtrat zusammen. Von drei kleineren Gruppierungen konnte sich je ein Kandidat qualifizieren. Neu besetzt wurden die äußeren Flügel des Gemeindeparlaments. Auf der Linken bezog mit fünf Sitzen die KPD Stellung, die rechtskonservative DNVP als Teilhaberin an der Wahlgemeinschaft erlangte sechs, die seit Hitlers Festungshaft in zwei Parteien gespaltenen Nationalsozialisten erhielten jeweils drei Mandate. Das politische Spektrum im Stadtparlament wurde weiter polarisiert, der Ton der politischen Auseinandersetzungen nahm an Schärfe nochmals zu.

Zum neuen Bürgermeister wurde der bisherige Fraktionsvorsitzende der BVP, Karl Scharnagl, gewählt. Der 1881 in München geborene Scharnagl, der nach der Meisterprüfung 1904 den väterlichen Bäckereibetrieb übernommen hatte, war über das katholische Vereinswesen in die Politik hineingewachsen und bereits seit 1911 Mitglied des Bayerischen Landtags. Im Weltkrieg Mitglied der annexionistischen Vaterlandspartei, blieb er, wie er offen bekannte, auch nach dem Zusammenbruch des Kaiserreichs und dem Sturz der Wittelsbacher seiner monarchistischen Grundüberzeugung standhaft treu. Sein Verhältnis zum Weimarer Staat blieb gespalten – wenn auch nicht von der offenen Feindschaft der Rechten geprägt, so doch reserviert und eher hinnehmend als bekennend. Bezeichnend war seine Position in der leidigen Frage der Beflaggung öffentlicher Gebäude. Zum Hissen allein der schwarzrotgoldenen Fahne der Republik konnte Scharnagl sich nicht verstehen – neben ihr, so beteuerte er 1927, habe noch immer die schwarzweißrote Fahne des alten Reiches ihren Platz.[83] Zu den Grundfesten seines Denkens zählte neben einem tief verwurzelten Föderalismus, der allem von Berlin Kommenden mit kernbayerischer Skepsis begegnete, seine Überzeugung, nur durch eine aktive Stützung des Mittelstandes dem Staat eine tragfähige Grundlage geben zu können, und nicht zuletzt seine feste religiöse Gläubigkeit, die sich eine Gesundung des deutschen Volkes nur «durch volle Rückkehr zur Pflege tiefreligiösen Sinnes im Geiste unserer kirchlichen, christlichen Bekenntnisse» zu versprechen hoffte.[84]

Zur Bilanz der Weimarer Mitteljahre zählte für die Stadt München vieles, was hier nur am Rande genannt werden kann: der Ausbau der städtischen Versorgungsbetriebe, die Erweiterung des städtischen Verkehrsnetzes, die Schaffung neuer städtischer Einrichtungen im Sozial- und Gesundheitswesen, der Ausbau des Flughafens auf dem Oberwiesenfeld, der Erwerb der Städtischen Galerie im Lenbachhaus. Und auch in vielen kleinen Einzelheiten veränderte die Stadt in diesen Jahren ihr Gesicht: 1927 zum Beispiel begegnete man erstmals auf Münchens Straßen öffentlichen Fernsprechzellen oder konnte am Bahnhofsplatz die Straße mit Hilfe einer Ampel überqueren. Als erstes Münchner Hochhaus ragte seit 1927/28 in der Blumenstraße das zwölfgeschossige «Technische Rathaus» in den Himmel. Die «Deutsche Stunde in Bayern» strahlte 1924 in der Landeshauptstadt ihre ersten Rundfunksendungen aus, drei Jahre später hatte sie hier schon 45 123 Hörer gewonnen.[85] Die Boten großstädtischer Modernität, Warenhäuser und Kinos, gehörten längst zum gewohnten Straßenbild, 66 Filmtheater wurden 1927 gezählt. 1926 fand sich in München sogar eine erste Jazzband zusammen. Moderne Zeiten also, wenngleich münchnerisch temperiert im Gegenlicht von Bodenständigkeit und traditionsverbundener Behaglichkeit. Allzu Modernem setzte man denn auch Schranken: Lichtreklame auf den Dächern war verboten, Auftritte gar von Josephine Baker wurden polizeilich untersagt.[86]

Im Jahre 1925 wohnten 680704 Menschen in München. Durch den

Rückgang der Geburtenüberschüsse und das Nachlassen des Zuwandererstroms wuchs die Stadt nun deutlich langsamer als in der Vorkriegszeit, immerhin zwischen 1914 und 1933 noch um 85 000 Neu-Münchner, wenn man die Eingemeindungen miteinbezieht. 1925 waren 34 Prozent der Bevölkerung Arbeiter oder lebten in Arbeiterfamilien, weniger als noch 1907 und weniger auch als in den meisten anderen deutschen Großstädten. «Münchens Industrie prahlt nicht mit hohen Schloten und anderen großen Anlagen», hieß es in einem Bericht von 1928;[87] nur zehn Unternehmen hatten mehr als tausend Beschäftigte. Charakteristisch waren neben den Brauereien vielmehr die Klein- und Mittelbetriebe des optischen, graphischen oder feinmechanischen Sektors, des Kunstgewerbes oder der Veredelungsindustrie. Hingegen hatte sich seit 1907 die Zahl der Angestellten und Beamten mehr als verdoppelt und reichte mit 29 Prozent der Bevölkerung nahe an die Stärke der Arbeiterschaft heran. Für ein Fünftel der Bevölkerung war die öffentliche Verwaltung die Quelle ihres Einkommens, ein Zehntel lebte vom Fremdenverkehr.[88] Die Stadtväter sahen Münchens wirtschaftliche Zukunftsperspektiven vor allem in seiner Rolle als «Ein- und Ausfalltor» des Handels mit dem Osten, Südosten und Süden – «ob aber sich München je zu einer Industriestadt großen Stils bei seiner ungünstigen Lage zu den hauptsächlichen Rohstoffgebieten eignen wird», gab 1924 bei einer Pressebesprechung der Zweite Bürgermeister zu bedenken, «erscheint mindestens fraglich, ganz abgesehen davon, ob die Eigenart Münchens dies unter allen Umständen und in jeder Form wünschenswert erscheinen läßt».[89] Viele Zeitgenossen dachten ähnlich und formten dabei, wie Wilhelm Hausenstein 1929, diese Lagebetrachtung der Stadt München noch in eine Charakterbeschreibung ihrer Bewohner um: «Das Phänomen des großbürgerlichen Wirtschaftens, das kapitalistische Phänomen erlebt in München nur eine schmale Existenz. ... Der Erwerbstrieb des echten Münchners ist nicht maßlos.»[90]

Die relative Ruhelage der Weimarer Mitteljahre gab Zeit zum Durchatmen. Und sie gewährte Raum für ein neuerliches Aufleben der bereits um die Jahrhundertwende einmal entflammten Debatte über den «Niedergang Münchens als Kunststadt». Das Gefühl des Zurückbleibens gegenüber Berlin, dem Mekka der Avantgarde, der Fortgang einiger Münchner Geistes- und Kulturgrößen wie Bertolt Brecht, Ödön von Horváth, Paul Klee oder Ricarda Huch, die Sorge vor dem «Provinzialismus als einer geistigen Gefahr und unfreien Gesinnung», wovor bei der Hundertjahrfeier der Universität 1926 ihr Rektor Karl Vossler warnte,[91] das sich ausbreitende Aufbegehren des konservativen Münchens gegen jeden Anflug des Modernen, gegen das Vordringen von «Kulturbolschewismus» und «undeutscher Kunst» – all dies mußte wachsame Kreise der Münchner Kulturwelt in

Alarm versetzen. Ihre Gegenreaktion fand am wirksamsten in einer öffentlichen Veranstaltung von 1926 Ausdruck, bei der vorneweg Thomas Mann, immer mehr ein *praeceptor urbis,* zum «Kampf um München als Kulturzentrum» aufrief.[92] Sein Bruder Heinrich setzte sich dabei auch mit den kulturpolitischen Debatten des Stadtrats kritisch auseinander.

Die Stadt hatte seit dem Krieg den Aktionsradius ihrer Kulturpolitik ausgedehnt, um im Rahmen ihrer begrenzten Möglichkeiten für den Ausfall des wittelsbachischen Mäzenatentums in die Bresche zu springen. Unter anderem wurde seit 1927 ein städtischer Literaturpreis vergeben, zwei Jahre später erstmals ein Musikpreis. Auch in der Kulturpolitik gab es unterschiedliche Konzeptionen: Dem mehr vom Volksbildungsgedanken getragenen Kulturbegriff der SPD stellte die BVP ihr christlich-konservatives Kulturideal entgegen.[93] Scharnagl empfand, man müsse sich in München «von den Beeinflussungen eines nur modischen Zeitgeschmacks», von den «Extravaganzen, die in Mode gekommene Kunststätten aufweisen» tunlichst fernhalten. Er sparte auch nicht mit Kritik an den modernen Elementen im Spielplan der Kammerspiele, die unter Otto Falckenberg zur bedeutendsten Münchner Bühne dieser Jahre geworden waren: das Schauspielhaus, so Scharnagl, habe sich Beschränkungen gerade dort aufzuerlegen, wo sich ein Autor «an Motiven und an Problemen des menschlichen Seelenlebens» versuche, «die an sich nicht erfreuen oder veredeln», denn eben dies, «den Menschen zu erfreuen, Seele und Geist zu veredeln», sei Aufgabe der Kunst.[94] Immerhin unterstützte Scharnagl und mit ihm die Mehrheit des Stadtrats 1929 ein Gastspiel Max Reinhardts in München. Dabei mußte der Oberbürgermeister den Regisseur von Weltruf gegen die antisemitischen Attacken der Nationalsozialisten in Schutz nehmen, deren Fraktionsführer Karl Fiehler sich im Stadtrat zu der Ansicht verstieg, es sei «eine Schande für das deutsche Volk..., daß die Stücke seiner großen Dichter, seiner großen Klassiker von Juden ausgelegt und umgedeutet werden im Sinne einer fremden Rasse».[95]

Der vielleicht wichtigste Bilanzposten der Stadtpolitik jener Jahre war die kommunale Wohnungspolitik. Dem Münchner Wohnungsamt und dem neugeschaffenen Mieteinigungsamt waren seit dem Krieg Aufgaben übertragen worden, die wie in kaum einem anderen Bereich das Anwachsen der Eingriffsbefugnisse der Kommunalverwaltung anzeigten. 1918/19 wurden in Bayern Mietpreissteigerungen ohne behördliche Genehmigung, ja generell der Abschluß oder die Kündigung von Mietverträgen ohne Zustimmung der Behörden untersagt. Wohnungen konnten zum Zwecke der Beschaffung von zusätzlichem Wohnraum beschlagnahmt oder aufgeteilt und durch Anordnung des Wohnungsamtes zwangsweise vermietet werden. Das Amt nahm hierfür 1919 eine planmäßige Besichtigung aller in Frage kommenden

Wohnungen vor. Im Jahre 1920 zum Beispiel wurden durch die zivile Einquartierung 3390 Wohngelegenheiten geschaffen.[96] Dank der amtlich kontrollierten Mietpreisbildung betrug die Miete einer Münchner Wohnung im April 1920 real nur noch 14 Prozent der Vorkriegsmiete, drei Jahre später gerade noch 3,4 Prozent – die niedriggehaltenen Mieten sollten in den Haushaltsbudgets der Bevölkerung den dramatischen Anstieg der sonstigen Lebenshaltungskosten ausgleichen.[97]

Die vor dem Krieg undenkbaren Eingriffe in die private Verfügungsgewalt der Hausbesitzer – der zuständige städtische Rechtsrat gestand, man könne «im gewissen Sinne» von einer «Sozialisierung des Hausbesitzes» sprechen[98] – geschahen nicht ohne Grund: Die Wohnungsfrage war eine der sozialpolitischen Zentralfragen der Weimarer Jahre. «Hier schreit am lautesten die Wohnungsnot» schrieb 1921 der nach München zurückgekehrte Joachim Ringelnatz.[99] Zunächst durch die Einschränkungen der Kriegswirtschaft, dann, nach 1918, aufgrund von Materialmangel, hochschnellenden Baupreisen und unrentablen Mieten war überall in Deutschland der private Baumarkt zusammengebrochen. Im März 1921 waren beim Münchner Wohnungsamt 23 774 wohnungssuchende Haushaltungen gemeldet, der darunter als «vordringlich» anerkannte Bedarf lag bei immerhin 11966 Wohnungen, als «dringlich» eingestuft wurden 5682 Gesuche.[100] Dieser eher noch steigenden Nachfrage stand ein völlig unzureichendes Angebot gegenüber. Elf Prozent der Bevölkerung lebten 1925 in sogenannten «überfüllten» Wohnungen, das heißt Wohnungen mit durchschnittlich mehr als zwei Personen pro Wohnraum.[101] Daß ein Eingreifen der öffentlichen Hand unumgänglich geworden war, galt nach dem Krieg als unstrittig; allein sich auf die freien Marktkräfte zu verlassen, hätte die Not nur noch verschärft. Doch indem die Stadtgemeinde sich des Problems annahm, lastete auf ihren Schultern auch neuer Verantwortungsdruck, lenkte sie die kaum erfüllbaren Hoffnungen der Betroffenen auf sich: wenige städtische Ämter waren so unpopulär wie das Wohnungsamt, da Erwartungen und Möglichkeiten auch nicht im entferntesten in Übereinstimmung zu bringen waren.[102]

Mit dem Ende der Inflation und dem Beginn der Ära Scharnagl begann ein neuer Abschnitt auch in der Wohnungspolitik. Während seit 1924 Mieterschutz und Wohnungszwangsbewirtschaftung gesetzlich immer mehr gelockert wurden, setzte nun von seiten der Stadt eine entschiedenere Förderung des Wohnungsbaus ein. Die Inflation hatte nach und nach die Ankurbelung des Neubaus von Wohnungen zum Erliegen gebracht. Jetzt, 1925, verkündete Karl Scharnagl in seiner Programmrede nach der Bürgermeisterwahl, das Wohnungselend sei «die Hauptnot unseres Volkes» und deren Überwindung seine «größte Sorge und ... vornehmste Aufgabe».

Das könne freilich nur durch eine ungleich stärkere Einspannung der privaten Wirtschaft als bisher gelingen: «Dem Wohnungselend, unter dem nahezu die ganze Mieterschaft leidet, kann nicht durch Rationierung, Einkerkerung und Rechtlosmachung abgeholfen werden, sondern nur durch großzügigste Produktion von Wohnungen.»[103] Die Belebung des privaten Baumarktes versprach zugleich auch eine Linderung des anderen sozialpolitischen Hauptproblems jener Zeit, der auch in den Weimarer Mitteljahren noch außerordentlich hohen Arbeitslosigkeit.

Die Wohnungsbauförderung war also ohne Zweifel der Angelpunkt der gemeindlichen Wohnungspolitik dieser Jahre. Verschiedene Wege wurden hier erprobt: In den ersten beiden Nachkriegsjahren vergab die Stadt à fond perdu Baukostenzuschüsse, die sich aber als äußerst kostspielig erwiesen und zu unrentabler Bauweise verführten. Deshalb sattelte man 1920 auf die Bereitstellung verzinslicher und tilgbarer Darlehen um. Neben diese «ordentlichen» Bauprogramme, die bis zur Weltwirtschaftskrise fortgesetzt wurden, traten seit 1926 sogenannte Sonderbauprogramme, bei denen sich die Stadtverwaltung finanztechnisch auf neues Terrain wagte. Statt zur Kapitaldeckung Baugelder auf Darlehnsbasis zu vergeben, ging man bei den Sonderbauprogrammen dazu über, Zins- und Tilgungszuschüsse für Bank- und Sparkassenhypotheken zu gewähren. Das bedeutete eine langfristige Bindung von Haushaltsmitteln auf Jahre hinaus, ein Grund, warum die SPD zunächst bei diesem Verfahren nicht mitzuziehen bereit war. Als 1927 die Reichswohnungszählung den anhaltend großen Wohnungsfehlbestand in München ans Licht brachte, wurde 1928 auf ähnlicher Basis und nunmehr einstimmig ein neues und imponierendes Sonderprogramm verabschiedet, das in drei Jahren den Bau von 12000 Wohnungen fördern sollte. Diese Zielmarke wurde auch fast erreicht, obwohl das Programm angesichts der katastrophalen Finanzlage der Stadt in der Weltwirtschaftskrise zu einer schweren Belastung wurde. Seit 1931 schied die Stadt wegen finanzieller Erschöpfung als Geldgeber für weitere Bauprogramme denn auch aus. Insgesamt wurden aber zwischen 1924 und 1932 von den 26944 in der bayerischen Landeshauptstadt neugebauten Wohnungen achtzig Prozent öffentlich gefördert, wobei Reich und Länder 16 Prozent der Gesamtkosten bereitstellten, während 17 Prozent, nicht weniger als 56,9 Millionen Reichsmark, auf die Stadt entfielen.[104] Zur Bilanz des Münchner Wohnungsbaus gehört freilich auch – wie Vertreter der sozialdemokratischen Stadtratsfraktion schon früh vorhergesagt hatten –, daß für die meisten dieser Wohnungen eine Miete zu zahlen war, die für die am stärksten dem Wohnungselend ausgesetzten Kreise unerschwinglich blieb.[105]

Die Zeiten der Mietskasernen waren nunmehr endgültig passé. Gebaut wurden in erster Linie drei- bis viergeschossige Stockwerkbauten, die kostenaufwendigeren Flachbauten blieben dagegen in der Minderzahl. Theodor Fischers während der Inflationsjahre im Münchner Norden verwirklichtes Siedlungsprojekt «Alte Heide» ging von der üblichen Randbebauung der Grundstücke zur damals neuartigen und weiträumigeren Zeilenbauweise mit zwischen den Zeilen liegenden Nutzgärten über. Für die Ideen des «Neuen Bauens», für zweckgerichtete Sachlichkeit und nackten Funktionalismus ohne allen Dekor, bestand in München ein nur wenig aufnahmebereites Experimentierfeld, man legte hier mehr Wert auf die architektonische Anbindung an das Bestehende. Bernhard Borsts konservatives Siedlungsmodell, die «Borstei», seit 1924 an der Dachauer Straße entstanden und noch jüngst als die «münchnerischste der Münchner Siedlungen» bezeichnet,[106] galt als eine Art Gegenmodell zu dem auf Kommunität, Vereinheitlichung der Wohnbedingungen und Ausprägung einer kollektiven Identität angelegten Architektur des «Neuen Bauens». Annäherungen an die moderne kubische Bauweise finden sich in Theodor Fischers Ledigenheim aus unverputzten Ziegelsteinen von 1927, am stärksten aber den Idealen des «Neuen Bauen» verpflichtet war die Postgebäude-Architektur Robert Vorhoelzers. Für größere Siedlungsbauprojekte war erst wieder im Rahmen des Sonderbauprogramms von 1928 Platz. Es hinterließ in Münchens städtebaulicher Physiognomie markante Spuren, am gelungensten wohl in der Siedlung Neuhausen von Hans Döllgast, die als typischer Repräsentant des Münchner Mittelweges zwischen Traditionalismus und Avantgarde gelten kann.[107]

Auch dem Gemeindehaushalt war 1929 unschwer abzulesen, daß sich die Stadt seit 1924 einer Periode des Ausbaus und der Investitionen erfreut hatte. Er wuchs auf der Ausgabenseite von 157 Millionen Reichsmark im Jahre 1924 um 51 Prozent auf 237 Millionen 1929. Bedenken erweckte vor allem das Anwachsen des Schuldenbestandes von 54 Millionen auf 230 Millionen Reichsmark im selben Zeitraum – unter anderem mußten für den Ausbau der städtischen Versorgungsbetriebe bei einem New Yorker und einem Londoner Bankhaus zwei große Auslandsanleihen aufgenommen werden.[108] Immer mehr Ausgaben, die man bisher aus den laufenden Einnahmen finanziert hatte, wurden nun auf den Anleihenhaushalt übertragen. Der Zuwachs an Steuereinnahmen hielt dem Anstieg der Ausgaben nicht stand. Der Zweite Bürgermeister, Dr. Küfner, sprach bei den Haushaltsberatungen 1929 von einem «Notetat in des Wortes schlimmster Bedeutung». Hieran trage nicht zuletzt der Staat die Schuld, denn achtzig Prozent der städtischen Ausgaben seien aufgrund gesetzlicher Vorgaben zwangsläufig festgelegt. Auch Stadtrat Dieminger (BVP) sah die Stadtverwaltung auf die Rolle eines bloßen Vollzugsorgans des Staatswillens reduziert. Alle dem Haushalt zustimmenden Parteien gaben zu erkennen, daß sie dies nur unter schweren Bedenken taten.[109] Krisenstimmung machte sich neuerlich breit.

Die Hoffnungen auf einen wirtschaftlichen Aufschwung hatten sich in der Stabilisierungsphase nur in begrenztem Umfang erfüllt, gestiegener Steuerdruck, Exportschwierigkeiten, Kapital- und Kreditknappheit sowie höhere Lohnkosten und vermehrte Sozialabgaben machten den Unternehmen zu schaffen. Die Zahl der gemeldeten Arbeitslosen bewegte sich auch in den Weimarer Mitteljahren auf einem hohen Sockel, und schon 1929 standen beim Arbeitsamt München 132000 neuen Stellengesuchen nur 59000 Stellenangebote gegenüber.[110] Die Risse im Fundament der Wirtschaft waren am Ende der zwanziger Jahre unübersehbar. Die Jahre pragmatischer Aufbauarbeit neigten sich ihrem Ende zu, die Zeit zwischen den Stürmen war vorbei.

Sozialer Niedergang und politische Radikalisierung: die Weltwirtschaftskrise

In den Stadtratsdebatten kündigte 1929 ein schärfer werdender Tonfall die Ende des Jahres anstehenden Wahlen an. Der Wahlkampf selbst ging im Winter dann mit einem bisher unbekannten Aufwand über die Bühne, allein für die SPD wurden in München 150 öffentliche Versammlungen gezählt.[111] Am stärksten ins Zeug legten sich in der Geburtsstadt ihrer Bewegung jedoch die Nationalsozialisten, nicht zuletzt weil zwei Wochen nach der Gemeindewahl auch das Volksbegehren gegen den Young-Plan anberaumt war. Hitler hatte nach seiner Haftentlassung die NSDAP 1925 neu gegründet, er beabsichtigte nun, über die Parlamente den legalen Weg zur Machtergreifung einzuschlagen. Am 1. Dezember zog ein Propaganda-Umzug von 2000 SA-Männern fünf Stunden lang durch Münchens Straßen, nur das unsichere Terrain des «roten Giesing» wurde dabei gemieden. «München wird nationalsozialistisch», verkündete nach diesem Spektakel siegessicher der «Völkische Beobachter».[112] Die Partei wollte sich den Münchner Wählern als eine an Dynamik, Entschlossenheit und öffentlicher Zugkraft allen Konkurrenten überlegene politische Größe präsentieren, sie scheute hierfür weder Mühe noch Kosten. Allein am 3. Dezember, auf dem Höhepunkt der Kampagne, fanden in den Biersälen Münchens zwanzig nationalsozialistische Versammlungen statt. Vierzig der bekanntesten Parteiredner aus dem ganzen Reich sprachen, Hitler eilte von Saal zu Saal und ergriff vor jedem Auditorium kurz das Wort.[112]

Von Kommunalpolitik war im Wahlkampf der NSDAP freilich wenig die Rede, sie war nur eine abhängige Variable der Politik auf höchster Ebene, eine «Keimzelle» für die Eroberung des ganzen Staates.[114] Auch in Hitlers Rede über «Weltanschauung und Kommunalpolitik», am 29. November 1929 im Löwenbräukeller gehalten, ging es einmal mehr nur um die Bekräftigung des nationalsozialistischen Glaubensbekenntnisses, um die Reinerhaltung des Blutes, die notwendige Herrschaft der Stärkeren über die Schwächeren, um die Gefahren, die dem deutschen Volk durch die «Verjudung» drohten. Lediglich am Ende der Rede ließ Hitler die Zuhörer an seiner Vision von der zweifachen «Mission» des künftigen München teilhaben: «München soll nicht nur sein die Stadt der deutschen Kunst, sondern soll werden die Stadt des deutschen Willens», «der Ausgangsort des einstigen deutschen Freiheitskampfes und die Stätte der Verherrlichung der Erhebung der deutschen Nation.»[115]

Hitlers Wunsch, die Stadt bald unter dem Hakenkreuz regiert zu sehen,[116] wurde durch das Wahlergebnis nicht erfüllt. Stärkste Partei war fortan wieder die SPD mit 17 Sitzen, die BVP verlor einen Sitz und stellte zwölf Stadträte, die KPD brachte es auf drei Sitze, Gruppierungen der Mitte behaupteten insgesamt zehn Sitze. Die NSDAP zog mit acht Stadträten in das Rathaus ein, das waren nur zwei mehr als die beiden Vorgängerfraktionen bei den letzten Wahlen erreicht hatten; die «Münchner Post», das Organ der Münchner SPD, sprach – sichtlich erleichtert, aber dennoch übereilt – von einer «Absage Münchens an die Hakenkreuz-Radaupolitik», einer «Absage an die ‹Marxistentöter›, wie sie deutlicher kaum erteilt werden konnte».[117] Bei den sich nun auf Reichsebene in rascher Folge wiederholenden Wahlen erzielte die Partei im katholischen München 1930 zwar noch überdurchschnittliche, 1932 aber dann nur noch deutlich unter dem Reichsergebnis liegende Resultate. Doch obwohl die Partei inzwischen das Erscheinungsbild eines rein bayerischen Phänomens abgelegt hatte und in anderen Regionen größere Erfolge feierte, blieb München dennoch ihr zentraler Stützpunkt. Am 15. Dezember 1931 wurde im ehemaligen Barlow-Palais an der Brienner Straße, dem zum «Braunen Haus» ausgebauten neuen Hauptquartier der Partei, Richtfest gefeiert.

Die wirtschaftliche, soziale und politische Krise der letzten Jahre Weimars bot den radikalen Flügelparteien im Münchner Stadtrat, KPD und NSDAP, reichlich Zündstoff für ihre Agitation; das Gemeindegremium wurde mit allerlei wilden Fensterreden und utopisch überzogenen Anträgen überhäuft und der politische Stil erlitt weitere Einbußen. In der NSDAP-Fraktion etablierte sich eine Arbeitsteilung zwischen dem kommunalpolitischen Experten der Partei, Karl Fiehler, der in den großen Debatten die mehr problembezogenen Ausführungen übernahm, und den polternd-provokativen Auftritten Max Amanns und besonders Hermann Essers, beide, wie auch die Nazi-Stadträte Graf, Schwarz, Weber und Fiehler,

Kampfgefährten Hitlers aus den frühesten Münchner Jahren. Es kam zu Prügelszenen zwischen Kommunisten und Nationalsozialisten, zu wiederholten Sitzungsausschlüssen der NSDAP-Fraktion; im Februar 1932 mußte sogar die Kriminalpolizei bemüht werden, um den renitenten Esser aus dem Sitzungssaal zu werfen. All dies ließ BVP und SPD wieder einen engeren Schulterschluß suchen, die Haushaltsentwürfe wurden von 1930 bis 1932 mit Zustimmung beider Parteien verabschiedet.[118]

Karl Scharnagl war im Dezember 1929 für eine weitere Amtsperiode zum Oberbürgermeister gewählt worden. Seine Programmrede zeichnete die kommunalpolitische Lage in den Farben eines Krisengemäldes: steigende Wohlfahrtsausgaben, mangelnde Finanzausstattung und ein geringer Handlungsspielraum waren die Koordinaten einer künftig zu erwartenden Stadtpolitik, Sparsamkeit ihr erstes Gebot. Neue Projekte wurden nicht angekündigt, Scharnagl signalisierte, man werde sich vorerst auf das Zu-Ende-führen der laufenden Vorhaben in Wohnungsbau, Wasserversorgung und Ausgestaltung der Elektrizitätswerke beschränken müssen.[119]

Auch München wurde nun von der scheinbar unaufhaltsamen Talfahrt ergriffen, in die seit 1929 die ganze deutsche Wirtschaft geraten war – wenngleich in der Landeshauptstadt, dank der krisenmildernden Wirkung ihres vergleichsweise vielseitigen Wirtschaftslebens, der Niedergang weniger bodenlos ausfiel als in mancher deutschen Industriestadt mit ausgeprägter wirtschaftlicher Monokultur.[120] «Wo einmal 3600 Menschen an Maschinen standen und in Werkstätten arbeiteten», war in einem Bericht über die Maschinenfabrik Maffei vom Dezember 1930 zu lesen, «da sind heute noch ein paar hundert, und auch die erwarten alle Tage den schicksalsschweren blauen Brief, der ihnen mitteilt, daß man sie nicht mehr braucht.»[121] Nach einer Umfrage vom Sommer 1931 waren im Bezirk der Industrie- und Handelskammer München seit Beginn der Krise die Aufträge auf dem Baumarkt um nahezu die Hälfte zurückgegangen, ja für die Baumaschinenherstellung bereits völlig versiegt, in der Holzindustrie waren sie auf ein Viertel geschrumpft, und immerhin ein Drittel weniger Aufträge meldete auch die optische Industrie, an sich ein von der Depression weniger schwer betroffener Gewerbezweig.[122] Überall breitete sich endemische Kurzarbeit aus, wurden Arbeiter in Scharen auf die Straße gesetzt. Stellt man für die fünf Münchner Gewerbezweige mit den meisten Beschäftigten die Zahlen der beiden Berufszählungen von 1925 und 1933 gegenüber, ergibt sich ein drastisches Bild: Zwar belief sich im Nahrungsmittelgewerbe der Belegschaftsrückgang lediglich auf zwölf Prozent, im Bekleidungsgewerbe auf 38 Prozent, dafür aber waren 1933, als die Talsohle der Krise schon passiert war, im Maschinen-, Apparate- und Fahrzeugbau 54 Prozent, im Bau- und Baunebengewerbe 58 Prozent und im Holz- und Schnitzstoffgewerbe gar 62 Prozent weniger Erwerbstätige beschäftigt. Verglichen mit den Zahlen von 1927, waren 1931 die Anträge auf Eröffnung eines Konkursverfahrens in München um 81 Prozent gestiegen.[123] Die kollabierende Wirtschaft löste eine nun bis zum Winter 1932/33 nicht mehr zu bremsende Lawine sozialer Not aus, von ihrer zerstörerischen Energie blieb kaum ein Teil der Gesellschaft unberührt.

Im Januar 1933 waren beim Münchner Arbeitsamt 85933 Arbeitssuchende gemeldet – das stellte alles in den Schatten, was man seit Anbruch des Industriezeitalters an Erwerbslosigkeit gekannt hatte.[124] Eine Fülle von zerstörten Existenzen verbarg sich hinter diesen Zahlen, ein Leben zwischen deprimierenden Entbehrungen, wachsender Verbitterung und alltäglicher Verzweiflung. Die städtischen Obdachlosenasyle waren überfüllt, an den Rändern der Stadt entstanden wilde Siedlungen, Barackenquartiere, in denen fast durchweg Menschen hausten, die im Zuge der Wirtschaftskrise Arbeit und Wohnung verloren hatten.[125] In den städtischen Suppenküchen zählte man im November 1931 täglich 37000 Hungrige. Die Zahl der Selbstmorde stieg von 182 im Jahre 1926 auf 321 im Jahre 1932.[126] Trostlosigkeit machte sich breit, «auf allen Bänken der Anlagen hockten ausgehungerte Arbeitslose», erinnerte sich Oskar Maria Graf an den Sommer 1931, «einige boten auch Schnürsenkel und Kämme oder Bleistifte an, die niemand wollte; die meisten würfelten oder spielten Tarock für Pfennige tagaus und tagein. Und manchmal demonstrierten einige Hunderte davon, weil die Unterstützungssätze wieder gekürzt worden waren.»[127]

Mehr noch als zuvor rückte in der Großen Krise die kommunale Wohlfahrtspflege ins Zentrum der Gemeindepolitik. Bereits in den Jahren von 1924 bis 1929 hatten die Nettoausgaben für das Wohlfahrtswesen zwischen 32 und 39 Prozent des gesamten Zuschußbedarfs des städtischen Haushalts verschlungen, in der Krise stiegen sie noch einmal an und erreichten die erschreckende Höhe von 46 Prozent.[128] Auch die personelle Ausstattung des Wohlfahrtsamtes war Zug um Zug ausgebaut worden, von 33 Beamten und vierzig Hilfsarbeitern im März 1919 auf 728 Bamte und 88 weitere Bedienstete im Haushaltsplan für 1932.[129] Dazu kamen dann noch einmal mehr als doppelt so viele ehrenamtliche Wohlfahrtspfleger, ohne deren Hilfe die öffentliche Fürsorge ihrem sicheren Zusammenbruch entgegengesehen hätte. Schon diese Zahlen sagen einiges über den Bedeutungsgewinn der städtischen Wohlfahrtspflege aus – und über das Ausmaß an Armut und Bedürftigkeit, mit der sie zu kämpfen hatte.

Die Grundsätze der kommunalen Fürsorge hatten sich freilich gewandelt: Seit 1918 war nicht nur der diskriminierende Wahlrechtsentzug für die Unterstützten entfallen, man wollte jetzt auch weiter gefaßten Lebensbedürfnissen Rechnung tragen. Nicht mehr Kargheit und Abschreckung sollten die Kennzeichen der Fürsorge sein, sondern aufrichtende Betreuung und Achtung der bedürftigen Persönlichkeit. Die Realität, auf die die städtischen Wohlfahrtspflegerinnen trafen, vertrug sich indessen nur wenig mit den neuen Idealen. Die Fürsorge war permanent überlastet. Weltkrieg und Inflation hatten eine neue Armut hervorgebracht und Bevölkerungsgruppen vor die Schalter des Wohlfahrtsamtes geführt, die zuvor eine solche Abhängigkeit zu großen Teilen nicht gekannt hatten: Kapitalrentner, deren Rücklagen für die Alterssicherung der Währungsverfall zersetzt hatte, Sozialrentner, die ihr Leben allein mit der Alters- und Invalidenrente nicht mehr fristen konnten, Kriegsopfer, deren Versorgungsleistungen die kommunale Fürsorge mit Zusatzhilfen aller Art ergänzen mußte. Insgesamt berührte die Armut nicht mehr nur die Ränder der Münchner Gesellschaft, sondern sie durchdrang alle Schichten. Hatte die Münchner öffentliche Armenpflege 1906 2,8 Prozent der Einwohner materielle Hilfe gewähren müssen, so waren im Laufe des Jahres 1924 9,4 Prozent der Hauptstädter auf vorübergehende und 7,9 Prozent auf dauernde Unterstützung angewiesen, ja auf dem Höhepunkt der Inflation zusammen über ein Fünftel aller Bewohner.[130]

Seit dem Heraufziehen der Weltwirtschaftskrise wurde alle Arbeit des Wohlfahrtsamtes nahezu restlos von dem Problem der Erwerbslosigkeit überdeckt. Das öffentliche Unterstützungssystem für die Arbeitslosen war in drei aufeinanderfolgende Etappen abgestuft: Nach Ablauf des Anspruchs auf Versicherungsleistungen folgte für die Erwerbslosen zumeist die sogenannte Krisenunterstützung, nach deren Beendigung als letztes Auffangnetz die Fürsorge. Hier hatten die Gemeinden die Kosten zu tragen. Die Fürsorge gewährte Hilfe nur nach Prüfung der individuellen «Bedürftigkeit» – das erzeugte manches tiefsitzende Ressentiment gegen das städtische Wohlfahrtsamt und seine Beamten; viele «Befürsorgte» fühlten sich, wie es in einem Beschwerdebrief hieß, als «Bürger 2. und 3. Grades» behandelt.[131] Mit zunehmender Dauer der Krise stieg die Zahl der auf die kommunale Fürsorge angewiesenen «Wohlfahrtserwerbslosen» scheinbar unaufhaltsam von 1404 im Juni 1929 auf 46118 im Dezember 1932, wobei es sich hauptsächlich um Dauerarbeitslose handelte, die nur schwer in neue Arbeit zu vermitteln waren.[132] Beinahe jeder vierte Münchner dürfte im Laufe des Jahres 1932 mit der öffentlichen Fürsorge in Berührung gekommen sein. Das Reich betrieb die kurzsichtige Politik, die angeschlagene Arbeitslosenversicherung zu sanieren, indem es die Hauptlast der Erwerbslosigkeit auf die Schultern der Kommunen lud. Erst 1932 erhielt die Stadt München für die hieraus entstandenen Kosten einen nennenswerten Zuschuß vom Reich und vom Land Bayern, aber immer noch waren das nur 46 Prozent der 18,9 Millionen Reichsmark, die die Stadt für die Unterstützung der Wohlfahrtserwerbslosen aufbringen mußte.[133]

Das Wohlfahrtsamt sah sich deshalb immer mehr gezwungen, in der Unterstützungspolitik zu einer restriktiveren Gangart überzugehen. Die Richtsätze für die Unterstützungsleistungen wurden 1932 nach heftigen Debatten im Wohlfahrtsausschuß erheblich gekürzt;[134] einschneidender aber noch war, daß sie seit Beginn der Krise massiv unterschritten wurden. Die als nicht bedürftig angesehenen Unterstützungsfälle wurden systematisch ‹ausgekämmt›, vor allem der städtische Wohlfahrtsreferent drängte nun auf eine «immer stärkere Ausmerzung der nicht absolut Unterstützungsberechtigten».[135] In einer Sitzung des Wohlfahrtsausschusses gestand er im April 1932 offenherzig ein: «Es wäre nach meinem Dafürhalten ein bedauerlicher Optimismus, wenn man sich vorstellen würde, daß die Gemeinde in der Lage sei, den Notbedarf zu decken; wir können in der Hauptsache nur einen Teil dessen geben, was man zum notwendigen Lebensbedarf braucht.»[136]

Zeitweilig wurde für einen Teil der Arbeitslosen die Unterstützung von Pflichtarbeit abhängig gemacht. Im Rahmen des «Freiwilligen Arbeitsdienstes» versuchte seit 1931 dann der «Münchner Jugenddienst», die erwerbslosen Jugendlichen mit gemeinnützigen Arbeiten zu beschäftigen: gegen ein minimales Entgeld sollten sie so von der Straße geholt und einer größeren sozialen Kontrolle unterstellt werden. In den Wintermonaten, als die Lage der Armen besonders unhaltbar zu werden drohte, starteten seit 1930/31 Wohlfahrtsamt und freie Wohlfahrtsverbände in Zusammenarbeit mit einer Vielzahl von gesellschaftlichen Organisationen eine aufwendige kollektive Hilfsaktion, das «Münchner Hilfswerk», später dann «Münchner Nothilfe» genannt. Wärmestuben und Tagesheime für die Arbeitslosen wurden eingerichtet, großangelegte Spendensammlungen und öffentliche Speisungen veranstaltet. Das war nicht nur eine Ergänzung zu der weitgehend überforderten Fürsorge, sondern auch der Versuch, über das Aufbrechen der gesellschaftlichen Abgründe einen Mantel stadtbürgerlicher Solidarität zu legen. Die Industrie- und Handelskammer rief in ihrem Spendenaufruf sorgenvoll die Tage der Räteherrschaft in Erinnerung, «wo eine hungernde, frierende, arbeits- und hoffnungslose Volksmasse, von falschen Propheten und Agitatoren irregeleitet, das Wirtschaftsleben unserer Stadt zum Stillstand gebracht ... hat. Solche und ähnliche traurige Zustände dürfen nicht noch einmal in München eintreten.»[137]

Zu solcher Furcht vor Protest und Aufruhr gab es einigen Grund. Denn der Not folgten soziale Anspannung und politische Verbitterung auf dem Fuß. Aus den Wohlfahrtsämtern wurde wachsende Unruhe gemeldet. Immerhin kam es in München nicht, wie aus anderen Städten berichtet wurde, zur Erstürmung der Ämter durch die aufgebrachten Befürsorgten.[138] Die KPD versuchte, die Arbeitslosen in sogenannten Erwerbslosenausschüssen zu mobilisieren. Im Februar 1931 rief sie zu einem «Weltkampftag gegen die Erwerbslosigkeit» auf, Tausende von Menschen gingen trotz polizeilichem Demonstrationsverbot auf die Straße, wurden dann aber von berittener Polizei auseinandergetrieben.[139] Aber auch die NSDAP profitierte von der Zuspitzung der sozialen Gegensätze. In den Kolonnen der SA marschierten zahlreiche junge Arbeitslose, und die Angst vor der sozialen Deklassierung führte der NSDAP immer neue Wähler gerade aus dem Mittelstand zu. Wie schon in den Anfangsjahren der Republik verlagerte sich wieder ein Teil der politischen Auseinandersetzung auf die Straße. Die Konfrontationen erreichten dabei jedoch nicht die Schärfe wie etwa in Hamburg oder Berlin. Im Juli 1931 kam es aufgrund von nationalsozialistischen Verstößen gegen das Uniformverbot zu Zwischenfällen und im Juni 1932, nach der Aufhebung des zwischenzeitigen Verbots von SA und SS, zu einem von der Polizei aufgelösten Marsch von 5000 SA-Männern zum Haus von Ministerpräsident Dr. Held. 470 Nazis wurden vorübergehend in Gewahrsam genommen.[140]

Währenddessen geriet der gemeindliche Finanzhaushalt immer mehr aus dem Ruder. Die Steuereinnahmen sanken zwischen 1929 und 1932 um 22,2 Prozent. Verantwortlich hierfür war zuvörderst der krisenbedingte Rückgang der Einnahmen aus der Einkommen- und der Gewerbesteuer, beide zusammen erbrachten 1932 gerade noch zwei Fünftel ihres Ertrags von 1929.[141] Dem standen auf der anderen Seite die «förmlich von Stunde zu Stunde steigenden Wohlfahrtslasten» gegenüber, von denen schon bei den Haushaltsberatungen 1930 der BVP-Stadtrat Dr. Berthold prophezeite, sie würden «nachgerade, um das etwas scharfe Wort zu gebrauchen, den Tod der Selbstverwaltung bedeuten».[142]

Im Jahre 1932 war es dann dem Stadtrat nicht mehr möglich, zu einem Abgleich zwischen Ausgaben und Einnahmen zu kommen, es klaffte im Haushalt ein ungedeckter Fehlbetrag von 16,3 Millionen Reichsmark. Bei allen Etatposten mit Ausnahme der Wohlfahrtspflege waren Kürzungen vorgenommen worden, eine besondere Sparkommission hatte monatelang den Haushalt nach Einsparmöglichkeiten durchkämmt[143] – es half nichts, der Unterstützungsaufwand für die Arbeitslosen fraß alle Einsparungen wieder auf. Die Stadt fühlte sich von den übergeordneten Körperschaften im Stich gelassen, der Finanzreferent stellte resignierend fest, München sei nun «in die Reihe der Städte» eingerückt, «die der Politik der Reichsregierung, tatenlos dem lawinenhaften Anschwellen der Fürsorgelasten der Gemeinde zuzusehen, erliegt».[144] Oberbürgermeister Scharnagl wollte den unabgeglichenen Haushalt als ein Zeichen des Protests gegen die Politik von Reich und Freistaat verstanden wissen.[145] München erging es zuletzt nicht anders wie vielen anderen deutschen Städten auch: Die Staatsaufsichtsbehörde griff in das städtische Finanzgebaren ein und der Haushalt wurde zwangsabgeglichen.[146]

So stand am Ende dieser Epoche Münchner Selbstverwaltung ein Akt der Entmündigung des Stadtrates, ein Akt, der einen vorläufigen Schlußpunkt setzte hinter das Scheitern der Weimarer Politik, zwischen Reich, Ländern und Gemeinden zu einer tragfähigen Aufgaben- und Finanzverteilung zu kommen. Die Jahre des Krieges und der Republik hatten die Lenker der Stadtpolitik vor eine harte Probe gestellt: Die Stadtverwaltung war mit einer Vielzahl neuer Aufgaben der Daseinsvorsorge konfrontiert und wachsenden staatlichen Regulierungsanstrengungen ausgesetzt worden, zugleich saß sie finanzpolitisch nun an dem kürzesten Hebel und wurde zum Kostgänger von Reich und Freistaat. Die politischen Turbulenzen jener aufgewühlten Jahre konnten die Arbeit der Stadtväter nicht unbeeinflußt lassen: die Selbstverwaltung hatte sich «politisiert» und war von dem Einrücken der Massenparteien in die Gemeindeparlamente geprägt worden. Dennoch stand die Gemeinde in der Frühphase der Republik eher als eine Art Ruhepol im Strom der Ereignisse. Was die Mitteljahre dann an pragmatischen Erfolgen gebracht hatten, wurde zuletzt freilich überdeckt vom Kollaps der Weltwirtschaftskrise. Die städtische Selbstverwaltung war bereits von einer schweren inneren Krise befallen, als ihr mit der nationalsozialistischen Machtergreifung auch von außen eine neue und nunmehr letale Bedrohung erwuchs.

Wilfried Rudloff

Das Rathaus unterm Hakenkreuz
Aufstieg und Ende der «Hauptstadt der Bewegung» 1933 bis 1945

Die neuen Führungskräfte

Als sich am Abend des 9. März 1933 die Hakenkreuzfahne am Münchner Rathausturm entrollte, war, aufgerührt von den politischen Ereignissen des Tages, bereits eine riesige Menschenmenge auf dem Marienplatz versammelt. Zwei SS-Männer hatten die Fahne aus den Beständen des «Völkischen Beobachters» geholt und auf den Turm gebracht, um ein Zeichen für den Triumph der nationalsozialistischen Partei zu setzen, deren Siegeszug seit der Berufung Hitlers zum Reichskanzler am 30. Januar 1933 unaufhaltsam geworden war und nun auch Bayern erreicht hatte. Nach dramatischen Szenen um die Ernennung des Generals Ritter von Epp zum Reichskommissar verkündete an diesem 9. März schließlich der nationalsozialistische Stadtrat Max Amann vom Balkon des Rathausturmes die Machtübernahme in Bayern. Die Führung der Stadt allerdings hielten die Nationalsozialisten noch nicht in Händen, auch wenn Amann bewußt diesen Eindruck erwecken wollte. Am 20. März aber mußte Bürgermeister Scharnagl dem Druck der neuen Machthaber nachgeben und – so seine eigenen Worte – «der Gewalt weichen». Der neue starke Mann in Bayern, der Gauleiter und kommissarische Innenminister Adolf Wagner, ernannte am gleichen Tag den nationalsozialistischen Stadtrat Karl Fiehler zum kommissarischen Ersten Bürgermeister der Stadt. Die Münchner Vorgänge folgten damit der nationalsozialistischen Praxis, überall nach der Machtergreifung alte und bewährte Parteigenossen an die Spitze der gemeindlichen Verwaltungen zu stellen.[1] Und doch ist der Münchner Fall gerade wegen der Person Karl Fiehlers auch untypisch. Eine kurze biographische Skizze möge dies erläutern:[2]

Fiehler wurde 1895 in Braunschweig als Sohn eines Baptistenpredigers geboren, zog aber schon im Jahr 1902 mit seinen Eltern nach München. Nach Abschluß der Realschule besuchte er die städtische Kaufmannschule und absolvierte eine kaufmännische Lehre. Zunächst als Handlungsgehilfe tätig, wurde er 1915 einberufen und leistete Heeresdienst, bis er im Juni 1918 eine Beinverletzung erlitt. Nach dem Krieg trat er im März 1919 als Hilfsbeamter in den Verwaltungsdienst der Stadt München ein und arbeitete sich dort durch verschiedene Positionen und Ämter hoch. Zuletzt – vor seiner Ernennung zum Bürgermeister – hatte er die Stellung eines Verwaltungsobersekretärs erreicht. Fiehler war zu Beginn der zwanziger Jahre auch als Stenograph der Gemeindezeitung tätig und protokollierte in dieser Eigenschaft die Ratssitzungen, die er später leiten sollte.[3] Die überlieferten dienstlichen Beurteilungen und Zeugnisse lassen das Bild eines zuverlässigen und strebsamen Gemeindebediensteten erkennen – Fiehler wurde 1922 zum Beamten ernannt –, der seine Vorgesetzten allerdings nicht durch irgendwelche hervorragenden oder außergewöhnlichen Fähigkeiten beeindruckte. «F. ist zu internen Büroarbeiten einschließlich Rechnungsführung sowie im Parteienverkehr gut zu gebrauchen, hat Eigenschaften, die seiner Mittelschulbildung, Kaufmannslehre u. seiner Tätigkeit als Reserveoffizier entsprechen», urteilte man etwa 1920. Seine politischen Überzeugungen führten Fiehler früh in die Reihen Adolf Hitlers. Er nahm an dessen mißglücktem Putschversuch von 1923 teil, was ihm eine Festungshaftstrafe von 15 Monaten, eine zusätzliche Geldbuße und zunächst auch die Entlassung aus städtischen Diensten eintrug. Der Stadtrat beschloß nämlich am 8. Juli 1924, als Dienststrafe gegen Fiehler die Entlassung auszusprechen, weil seine Teilnahme an den Aktionen des Stoßtrupps der NSDAP mit den Pflichten eines städtischen Beamten unvereinbar sei. Fiehler fand mit seinem Einspruch gegen die Entlassung allerdings bei der Regierung von Oberbayern Gehör, die bereit war, gegen einen Täter von rechts Milde walten zu lassen. Sie befand am 19. Januar 1925 eine Geldstrafe von fünfzig Reichsmark als Disziplinarmaßnahme für ausreichend. Auch von seiner Festungshaft verbüßte Fiehler im Sommer und Herbst 1924 nur dreieinhalb Monate in Landsberg. Hier hatte er Gelegenheit, mit seinem Haftgenossen Hitler etwa «über die großen Aufgaben Münchens als Kunststadt»[4] zu sprechen, von denen auch hier noch zu reden sein wird. Im Dezember 1924 wurde Fiehler für den völkischen Block in den Stadtrat gewählt und ließ im gleichen Monat einen Teil seiner Geldstrafe in zwei Tage Haft umwandeln, um sich bei Hitler in Landsberg kommunalpolitische Anweisungen zu holen.[5] 1925 trat er der wiedergegründeten NSDAP (Mitglieds-Nr. 37!) bei, deren Fraktionsführer im Stadtrat er bis 1929 war. Danach hatte er dieses Amt als Stellvertreter inne. Unterdessen etablierte sich Fiehler innerhalb der Partei als kommunalpolitischer Fachmann und erhielt in dieser Eigenschaft schon 1926 von Gottfried Feder den Auftrag zu einer Schrift über «Nationalsozialistische Gemeindepolitik».[6] Mit der zunehmenden Aufwertung des kommunalpolitischen Sachgebiets innerhalb der Partei stieg Fiehler vom Referenten für kommunalpolitische Fragen (1927) zum Leiter des «Hauptamtes für Kommunalpolitik» auf, das 1934 in dieser Form vom Reichsorganisationsleiter Ley konstituiert wurde. Fiehler war außerdem Vorsitzender des Deutschen Gemeindetages, des 1933 geschaffenen, gleichgeschalteten Einheitsverbandes der Gemeinden und Gemeindeverbände.

Bei seiner Ernennung zum kommissarischen Bürgermeister von München gehörte Fiehler also nicht nur zu den ältesten, gewissermaßen kampferprobten Parteigenossen, sondern verfügte auch über ein beträchtliches Maß an kommunalpolitischer Erfahrung, sowohl aus dem Gemeindealltag als auch aus seiner Funktionärstätigkeit innerhalb der Partei, in der er es bis zum «Reichsleiter» gebracht hatte. Zwei Pole bestimmten daher sein politisches Handeln, er blieb «hin- und hergerissen zwischen Sachverstand und Ideologie, zwischen den Grundsätzen einer rechtlich gesicherten Verwaltung und den politischen Zielsetzungen der Partei».[7] Fiehler war – das wurde ihm in seinem Spruchkammerverfahren nach dem Krieg von vielen Zeugen bestätigt – mit Leib und Seele Kommunalpolitiker, und zwar in einem Maße, das ihn beinahe blind machte für Dinge, die außerhalb des gemeindlichen Gesichtsfeldes lagen. Charakteristisch ist dafür die Aussage von Kurt Jeserich, der geschäftsführender Präsident des Deutschen Gemeindetages gewesen war: «Fiehler ist in meinen Augen ein reiner Fachmann, ein reiner Kommunalpolitiker. Seiner Bildung und seiner Tätigkeit nach und auch nach seiner inneren Struktur. Seine Ideen münden alle in dieser Vorstellung, unsere Gespräche liefen alle nur darum. ... Ich habe oft zu meiner Frau gesagt, mir sei es unbegreiflich, wie uninteressiert F. an Politik war oder wie stark sich Fiehler auf seine kommunalen Aufgaben konzentrierte.»[8]

Auch als Münchens neues Stadtoberhaupt stürzte sich Fiehler mit Eifer auf die gemeindlichen Aufgaben und suchte seine kommunalpolitischen Ideen zu verwirklichen, freilich im Sinne der nationalsozialistischen Ideologie. So glaubte er als fanatischer Antisemit, mit als erstes die «Judenfrage» angehen zu müssen und traf entsprechende Maßnahmen schon im März

1933.[9] Die noch laufenden Haushaltsberatungen beendete er am 7. April mit der Vorlage eines abgeglichenen Haushaltsplans, der sich im Zeichen von sparsamer Wirtschaftsführung und Ausgabendrosselung präsentierte. Grundlage seiner Amtsführung war in der Übergangsphase der Artikel 17 der Bayerischen Gemeindeordnung, der dem Bürgermeister die Möglichkeit ließ, auf dem Wege der «dringenden Anordnung» eigenmächtig zu handeln.

Am 26. April 1933 trat dann erstmals der nach dem «vorläufigen Gesetz zur Gleichschaltung der Länder mit dem Reich» neugebildete Stadtrat zusammen.[10] Auch wenn nach der Stimmenarithmetik die Nationalsozialisten nur zusammen mit der deutschnationalen Kampffront «Schwarz-Weiß-Rot» eine ganz knappe Mehrheit hatten, zeigten die Spaliere der SA und das auf den Zuschauertribünen überwiegende Braunhemd deutlich, wer die neuen Machthaber waren. Mit 37 von 43 Stimmen wurde der bisher kommissarische Bürgermeister in seinem Amt bestätigt; ungültige Stimmzettel gaben nur die sechs verbliebenen Sozialdemokraten ab. Zwei Mitglieder ihrer Fraktion hatten es vorgezogen, das sinkende Schiff zu verlassen und unter dem Namen «Deutsche Sozialisten» eine eigene Fraktion zu gründen, die sich zum neuen nationalsozialistischen Staat bekannte und dementsprechend für Fiehler stimmte. Zwei SPD-Räte – Thomas Wimmer und Adolf Dichtl – befanden sich zu diesem Zeitpunkt bereits in Schutzhaft, und die Kommunisten waren ohnehin in dieser Stadtvertretung nicht mehr zugelassen. Sie waren längst in den Untergrund abgetaucht, denn die politischen Betätigungsverbote und Verhaftungsaktionen in der Machtergreifungsphase hatten zuallererst ihrer Partei gegolten.

Als Fiehler in der Sitzung vom 26. April eine pathetische Rede über den Werdegang Adolf Hitlers hielt und der Stadtrat im Anschluß daran beschloß, dem Reichskanzler Hitler und dem Reichsstatthalter in Bayern, Ritter von Epp, das Ehrenbürgerrecht der Stadt München zu verleihen, verließen die Sozialdemokraten den Saal. Dieser deutliche Akt der Opposition lieferte der nationalsozialistischen Fraktion zwei Wochen später den Anlaß, die SPD-Räte gewaltsam aus dem Sitzungssaal zu vertreiben, da die NSDAP – so Stadtrat Amann in einer Erklärung – «jede weitere Zusammenarbeit mit den marxistischen Arbeiterverrätern» ablehne. «Die sozialdemokratischen Stadträte wurden», heißt es in einem Artikel der «Münchener Zeitung» zu den Ereignissen, «im Anschluß an ihre Entfernung aus dem Sitzungssaal sofort durch Hilfspolizei in Schutzhaft genommen.»[11] Zwei Monate später war auch für die mittlerweile zwangsaufgelöste BVP das Ende im Münchner Stadtrat gekommen. Als die BVP-Räte in der Sitzung vom 11. Juli aufgefordert wurden, die Konsequenz aus der Auflösung ihrer Partei zu ziehen, warteten sie weiteres nicht erst ab und verließen den Saal begleitet von den Deutschen Sozialisten, deren «an sich geschmacklose[r] Traum»[12] von einer Zusammenarbeit mit den Nationalsozialisten damit beendet war. Eine Festsitzung des rein nationalsozialistischen Stadtrats[13] am 25. Juli 1933, bei der 17 neue NSDAP-Räte verpflichtet wurden, schloß auch nach außen die Machtergreifungsphase im Münchner Rathaus ab.

Die Vermutung läge nahe, daß die Fraktion sich in Zukunft zu einer überflüssigen Einrichtung entwickelte, denn die NSDAP beherrschte nun ja das ganze Ratsgremium. Doch im Gegenteil sollte in der Folgezeit die Fraktion immer dominanter werden, und nicht selten wurde in ihrer Sitzung am Montag schon beschlossen, was dann am Dienstag in der Ratssitzung nur noch formal abgehandelt wurde. Diese Entwicklung lag zu einem guten Teil in der Person des Fraktionsvorsitzenden Christian Weber begründet, dem nicht nur sein selbstherrliches Auftreten Autorität verlieh, sondern auch die Ämterhäufung, die er betrieb.[14] Vor allem spielte er immer wieder den Trumpf seiner in der «Kampfzeit» begründeten guten Beziehung zu Adolf Hitler aus, denn er wußte, daß die Berufung auf den «Führerwillen» jeden Widerspruch im Keim ersticken mußte. Das ungewöhnlich emotionale Urteil der Spruchkammer charakterisierte Weber als «eine Art Bier-Goering für Bayern», der «gefürchtet wie ein Negerkönig das gesellschaftliche Leben Bayerns und namentlich Münchens regierte», und weiter als großen «Geschäftemacher, Beschützer des Rennsports, des Karnevals, des Theaters, aller heiteren Künste, Künstler und namentlich Künstlerinnen mit seiner Fraß-Figur und seinem Pferdehändlerschnurrbart».[15] Weber disziplinierte die Fraktion durch ein strenges Regiment. Schenkt man der Aussage des berufsmäßigen Stadtrats Jansohn Glauben, so liefen die Sitzungen oftmals in der Form ab, daß die Referenten dort zu erscheinen hatten und vortragen mußten, was am nächsten Tag in die Stadtratssitzung kommen sollte. «Weber hat die Fraktionsbeschlüsse erlassen, die seine Meinung enthielten und hat die Stadträte meist gar nicht gefragt. Den Beschluß gab er dann an den Oberbürgermeister zum Vollzug weiter.»[16]

Fiehler, der sich gegen Weber offenbar nicht durchsetzen konnte, hat vor der Spruchkammer behauptet, daß er sich bei der Diskussion um die Deutsche Gemeindeordnung von 1935 deshalb so für eine starke Position des Oberbürgermeisters einsetzte, weil er die Diktatur der Fraktion und der Partei verhindern wollte. Zwar ist diese Aussage nicht nachprüfbar, fest steht aber, daß mit der neuen Gemeindeordnung, an deren Entstehung Fiehler maßgeblich beteiligt war, tatsächlich das Führerprinzip für die Stadtverwaltung etabliert wurde. «Der Bürgermeister führt die Verwaltung in voller und ausschließlicher Verantwortung», heißt es in Artikel 32. Beschlüsse kamen künftig nicht mehr durch eine Mehrheitsentscheidung des Stadtrats zustande, sondern wurden allein vom Bürgermeister nach vorheriger Beratung mit dem Gremium gefällt. Die Funktion der Gemeinderäte wurde in Artikel 48 der Deutschen Gemeindeordnung zum einen als Vermittlungsinstanz zwischen Stadtverwaltung und Bürgerschaft, zum anderen als diejenige eines eigenverantwortlichen Beratungsgremiums des Bürgermeisters beschrieben. Insofern spiegelt die altertümliche Amtsbezeichnung «Ratsherr», die man künftig gebrauchte, auch den tatsächlichen Machtverlust des Gemeinderates wider, der von nun an nicht mehr gewählter Inhaber eines politischen Mandats und Entscheidungsträger war, sondern eine Art Ehrenbeamter, der dem Bürgermeister beratend zur Seite stand. Die Berufung der Ratsherren erfolgte «im Benehmen mit dem Bürgermeister» durch den Beauftragten der NSDAP für die Gemeinde. Im Falle Münchens war das Hitler selbst, der diesen Akt im Oktober 1935 nicht nur als Formsache auffaßte, sondern tatsächlich die Auswahl der Ratsherren maßgeblich beeinflußte.[17]

Wenn in der Folgezeit die Ratsherren häufig nur noch Statisten auf der kommunalpolitischen Bühne waren, so mag das nicht nur an der neuen Gemeindeordnung, sondern auch an den einzelnen Persönlichkeiten gelegen haben.[18] Sehr bezeichnend scheint hier, was der ehemalige Ratsherr Franz Reichinger im Jahre 1944 – zu diesem Zeitpunkt war er Kreisleiter von Tölz–Wolfratshausen – an Gauleiter Paul Giesler schrieb: «Das Ratsherrenkollegium ... kann am besten damit charakterisiert werden, indem ich es immer als den ‹Rat der Alten› bezeichnete. Alt aber nicht im Sinne des ‹Alten Kämpfers› sondern im Sinne der körperlichen und geistigen Verfassung. Wohl sind es zum überwiegenden Teil Männer, die zu den ältesten Parteigenossen des Führers gehören und unstreitbar sich in der Kampfzeit grosse Verdienste um die Bewegung erwarben. ... Die Tatsache jedoch besteht, dass mit dem Siege des Führers am 30. Jan. 1933 sie ihre Mission als erfüllt betrachteten und sie brachten dann immer weniger mehr die geistige und körperliche Kraft auf, die notwendig ist, um eine weltanschauliche Revolution zum endgültigen Erfolg und zum Siege zu führen ...»[19] In weiteren Teilen seines Briefes beschwert sich Reichinger, daß der Stadtverwaltung München im ganzen der «wirklich nationalsozialistische Schwung» fehle, daß ein Beamtenapparat lediglich seine Pflicht erfülle, wo es auf die Verwirklichung der «revolutionären» nationalsozialistischen Ideologie angekommen wäre.

Dieser Sicht des Nazi-Eiferers entsprechend, gab es in der Tat einige Elemente der Kontinuität zur sogenannten Systemzeit, die die Münchner Stadtverwaltung im Dritten Reich auch kennzeichneten. Obwohl mit Karl Tempel schon im Juli 1933 ein überzeugter Nationalsozialist das Personalreferat übernommen hatte, machten sich die Folgen der nationalsozialistischen Machtergreifung gerade in der mittleren und unteren Beamtenschaft der Stadt nur wenig bemerkbar. Das «Gesetz zur Wiederherstellung des Berufsbeamtentums» vom 7. April 1933 hatte zwar Möglichkeiten für umfangreiche Entlassungsaktionen geschaffen; letztlich lagen seine Wirkungen aber mehr in einer Verschlechterung des Betriebsklimas und Einschüchterung möglicher Opponenten als in tatsächlichen personellen Konsequenzen.[20]

Auch in der Leitung der Sachreferate kam es nach der nationalsozialistischen Machtübernahme im Rathaus nicht zu einer umfassenden Neubesetzung. Ausgeschieden sind im März 1933 zunächst nur der Sozialreferent Karl Schmidt und der Wohnungsreferent Sebastian Preis als Vertreter des sozialdemokratischen Lagers sowie der Stadtschulrat Hans Baier. Zum größeren Teil blieben die berufsmäßigen Stadträte jedoch im Amt, und während sie sich zwar mehr oder weniger den neuen Verhältnissen anpaßten, führten sie aber ihre Referate in der Regel mit Kompetenz und Sachverstand weiter. Die Entwicklung in einzelnen Ressorts kann hier nicht geschildert werden. Es bedarf der Spezialuntersuchungen, um die Grenzen zwischen Verwaltungskontinuität und neuer nationalsozialistischer Politik festzustellen. Oftmals müßte auch der lokale Rahmen übersprungen werden: So wären die augenscheinlichen Erfolge bei der Eindämmung der Erwerbslosenzahl in München nicht ohne die vom Reich getragenen Arbeitsbeschaffungsmaßnahmen, die gesetzlichen Regelungen zum Arbeitseinsatz und die Einführung der Arbeitsdienstpflicht möglich gewesen.[21]

Natürlich rückten schon 1933 und auch bei späteren personellen und strukturellen Veränderungen der Verwaltung überzeugte Nationalsozialisten in die Reihen der Referenten nach. Josef Bauer etwa, der 1933 zum Stadtschulrat ernannt wurde, war bereits seit 1923 Mitglied der NSDAP. Er machte sich während seiner Amtszeit vor allem den Kampf gegen die Bekenntnisschulen zur Aufgabe. 1937 war das mit vehementer nationalsozialistischer Agitation verfolgte Ziel in München trotz des kirchlichen Widerstandes erreicht: Alle Münchner Volksschulen wurden in Gemeinschaftsschulen umgewandelt.[22]

Bereits als NSDAP-Mitglied trat auch der neue Wohnungsreferent Guido Harbers 1933 sein Amt an, der sich aber in seinem Einsatz gegen die Wohnungsknappheit in München durchaus auch in Gegensatz zur Politik der Partei stellen konnte. Ein besonderes Anliegen Harbers' war der Siedlungsgedanke, der auch im nationalsozialistischen Ideengut eine wichtige Rolle spielte. 1934 konnte der Wohnungsreferent in der Mustersiedlung Ramersdorf das von ihm schon längerfristig entwickelte Konzept des kleinen Einfamilienhäuschens für jedermann in die Tat umsetzen.[23]

Als wichtigste Figur unter den neuen berufsmäßigen Stadträten allerdings ist der bereits erwähnte Karl Tempel zu nennen, der 1934 Hans Küfner in der Position des Zweiten Bürgermeisters ablöste. In dieser Eigenschaft und als Leiter des Personalreferats konnte Tempel vor allem die innere Organisation der Verwaltung entscheidend mitbestimmen. Später tat er sich besonders in der Eingemeindungsfrage hervor: Die Eingemeindungsverträge der Stadt mit Pasing, Feldmoching und Großhadern im Frühjahr 1938 und mit Obermenzing, Untermenzing, Allach, Ludwigsfeld und Solln im Herbst des gleichen Jahres kamen wesentlich auf sein Betreiben zustande. In den vorhergehenden Verhandlungen verstand er es, geschickt seine Verbindungen im inneren Parteigeflecht für seine Ziele zu nützen.[24]

Wie Weber wußte auch Tempel, daß die Berufung auf den «Führerwillen» in Entscheidungssituationen niemals ihre Wirkung verfehlte. Dabei muß man sehen, daß die Beziehung der Stadt zu Hitler eine ganz besondere war und als spezifisches Element die Münchner Politik im Dritten Reich prägen sollte. Es scheint daher notwendig, den Stellenwert Münchens in Hitlers Reich einer näheren Betrachtung zu unterziehen.

Die «Hauptstadt der Bewegung»

Am 2. August 1935 verlieh Hitler der Stadt München den Titel «Hauptstadt der Bewegung», der nicht nur schmückendes Beiwerk sein sollte, sondern als offizielle Bezeichnung im Geschäftsverkehr zu führen war. Welche Gründe gab es für eine solche Titelverleihung, die in einer Festsitzung der Gemeinderäte als «größte Auszeichnung» gefeiert wurde, «die einer Stadt zuteil werden konnte»?[25] Welche Rolle spielte München im Nationalsozialismus? Oder anders gefragt: Gab es in dieser Stadt einen besonderen genius loci, der sie zur «Hauptstadt der Bewegung» prädestinierte?

Adolf Dresler, Hauptamtsleiter der Reichspressestelle der NSDAP, bejahte diese letzte Frage schon 1937, als er schrieb: «Keine andere Stadt Deutschlands war so wie München geeignet, die Wiege des Nationalsozialismus zu werden und den Gedanken einer wahren Volksgemeinschaft Wurzeln schlagen zu lassen, denn in keiner anderen Stadt Deutschlands treten die Gegensätze zwischen den einzelnen Ständen so wenig hervor wie in München, wo nicht nur bei offiziellen Veranstaltungen ..., sondern auch im täglichen Leben ... die Volksgemeinschaft sich von jeher verwirklicht hat. Das Volksleben Münchens wird nicht vom Verstand, sondern vom Gemüt beherrscht, und so konnte München am besten den Nährboden für eine Bewegung abgeben, die sich in erster Linie an das Gemüt und an den Glauben wendet.»[26] In die Sicht unserer Tage übertragen könnte das heißen, daß München ein Ort war, «an dem reaktionäre Traditionen, nationalsozialistisches Engagement, bürgerlicher Opportunismus und die

Mobilisierung dumpfer antimoderner Ressentiments in besonderer Weise kulminierten».[27]

Doch läßt man einmal die Frage beiseite, ob ein spezifisch nationalsozialistischer Geist in dieser Stadt geherrscht habe, so gibt es zweifellos Anzeichen, daß sie in der «Bewegung» eine besondere Rolle spielte. Wie sich aus zeitgenössischen Texten ersehen läßt, wurde der Anspruch Münchens auf den Titel «Hauptstadt der Bewegung», der übrigens auch schon vor der offiziellen Verleihung durch Hitler gebraucht wurde, zu einem guten Teil aus der persönlichen Beziehung des Führers zu dieser Stadt abgeleitet. Gern zitierte man die Passage aus «Mein Kampf» (S. 139), in der Hitler seine Liebe zu München bekennt: «Daß ich heute an dieser Stadt hänge, mehr als an irgendeinem anderen Flecken Erde auf dieser Welt, liegt wohl mitbegründet in der Tatsache, daß sie mit der Entwicklung meines eigenen Lebens unzertrennlich verbunden ist und bleibt...»

München war die Geburtsstätte des Nationalsozialismus, hier wurde die Partei gegründet und von hier aus wurde sie nach dem Mißerfolg des Hitler-Putsches wieder aufgebaut bis zur Machtergreifung. In Münchens öffentlichem Leben waren die Parteigenossen Hitlers aus der Kampfzeit, die «Alten Kämpfer», in besonderer Weise präsent und das nicht nur an den Gedenktagen zum Hitlerputsch von 1923. Auch der Stadtrat setzte sich «beinahe zu 100 Prozent aus alten Parteigenossen»[28] zusammen, und wenn es um die Vergabe von Stellen im städtischen Dienst ging, fühlte sich die «Hauptstadt der Bewegung» natürlich verpflichtet, an ihre Alten Kämpfer zu denken.[29]

München blieb auch nach der Machtergreifung Sitz der Reichsleitung der NSDAP, die ihre Zentrale in dem zum Braunen Haus umgebauten Barlow-Palais an der Brienner Straße hatte und deren diverse Verwaltungsämter vor allem entlang der Karlstraße eingerichtet wurden. Im Führerbau und im Verwaltungsgebäude beim Königsplatz schuf sich die Partei weitere Wirkungsstätten. In München verstand es die NSDAP auch immer wieder, Selbstdarstellungen zu inszenieren, die weit über den lokalen Rahmen hinausgingen, so daß «von Woche zu Woche ... neue Parolen, Feste, propagandistische Zwecke das Gesicht der Isarmetropole» bestimmten, wie der «Völkische Beobachter» mit durchaus positiver Wendung für das Jahr 1936 feststellte.[30] Die zahlreichen Gedenk- und Feiertage, wie die Parteigründungsjubiläen, die Veranstaltungen zu den Jahrestagen der nationalsozialistischen «Revolution» in Bayern und vor allem die Erinnerungsfeiern zum 8./9. November 1923, sorgten dafür, daß sich Straßen und Plätze immer wieder mit Massen füllten, daß Appelle und Aufmärsche abgehalten wurden und die Stadt bisweilen in einem Meer von Fahnen und Transparenten zu versinken schien. Bemerkenswert war insbesondere die Inszenierung des 8./9. November. Den Auftakt bildeten stets Hitlers Reden vor seinen

Alten Kämpfern im Bürgerbräukeller, die zu großen Teilen dem Rückblick auf die Anfänge der Partei und dem Umsturzversuch von 1923 gewidmet waren. Besonders spektakulär war der Gedenktag 1935, als am Abend des 8. November die Särge der sogenannten Blutzeugen der Bewegung von den Friedhöfen geholt und in die Feldherrnhalle gebracht wurden. Am nächsten Tag marschierten die Alten Kämpfer unter Trommelwirbel vom Bürgerbräukeller zur Feldherrnhalle. Am Rande des historischen Marschwegs hatte man Feuerpylonen aufgestellt, auf denen in goldenen Lettern die Namen von «gefallenen» Anhängern der Bewegung zu lesen waren. Durch die Spaliere der Aufmarschformationen von SA, SS und anderen Verbänden geleitete man die 16 Särge dann von der Feldherrnhalle zu den neugeschaffenen Ehrentempeln am «Königlichen Platz». Dort wurden die Toten Namen für Namen zum «letzten Appell» aufgerufen, bevor man sie in Sarkophagen beisetzte, damit sie in den Ehrentempeln «ewige Wache» halten könnten.

Die Inszenierungen der Nationalsozialisten in München reichten von einer solch schwülstigen «Auferstehungsfeier» bis hin zum pompös gestalteten Festzug «2000 Jahre deutsche Kultur». Er war Teil der aufwendigen Feierlichkeiten, mit denen man 1937 die Eröffnung des Hauses der Deutschen Kunst beging. Schon 1933 hatte Hitler bei der Grundsteinlegung zu diesem Gebäude keinen Zweifel an der Bedeutung Münchens auf dem Kunstsektor gelassen, als er in seiner Rede ausführte: «Wenn Berlin Hauptstadt des Reiches ist, Hamburg und Bremen die Hauptstädte der deutschen Schiffahrt, Leipzig und Köln Hauptstädte des deutschen Handels, Essen und Chemnitz Hauptstädte der deutschen Industrie, dann soll München wieder werden Hauptstadt der deutschen Kunst.»[31] Mit solchen Worten hob Hitler nicht nur die generelle Bedeutung Münchens für die Kunst hervor, sondern rückte die Stadt in den Mittelpunkt des nationalsozialistischen Kunstverständnisses. Hier sollte die «deutsche Kunst» ihr Zentrum finden, der totalitäre Anspruch auf die «richtige Kunst» verwirklicht werden.[32] Deshalb ist es verständlich, daß Hitler dem von seinem Architekten Troost entworfenen «Haus der Deutschen Kunst» soviel Aufmerksamkeit schenkte. Er selbst hatte ja den Standort am Englischen Garten für diesen Nachfolgebau des 1931 abgebrannten Glaspalastes bestimmt. Und er kümmerte sich auch persönlich um die «Große Deutsche Kunstausstellung», die zur Eröffnung des Neubaus 1937 organisiert wurde und den Besuchern das repräsentative Bild der nationalsozialistischen Kunst vermitteln sollte.[33] Es ist nur folgerichtig, daß München als der Ort, an dem die «richtige Kunst» vorgeführt wurde, auch für die Diffamierung der modernen «Verfallskunst» ausgewählt wurde. Die Ausstellung «Entartete Kunst» wurde im Sommer 1937 parallel zur Großen Deutschen Kunstausstellung in den Hofgarten-Arkaden präsentiert und zog insgesamt weit mehr Besucher als letztere an.[34]

Ein beträchtlicher Teil der Besucher mag allerdings gekommen sein, um sich zu verabschieden von den geschätzten Werken eines Paul Klee, eines Max Beckmann, Emil Nolde, Ernst Ludwig Kirchner, Otto Dix oder Wassily Kandinsky.

Seine Stellung als «Hauptstadt der Deutschen Kunst» mußte sich München einiges kosten lassen. Allein für die seit 1937 jährlich stattfindenden «Tage der deutschen Kunst» wurde der Beitrag der Stadt München 1940 endgültig auf eine Million Reichsmark festgelegt.[35] Auch für andere kulturelle Zwecke mußte tief in den Stadtsäckel gegriffen werden, wobei insbesondere für Fiehler die Wünsche Hitlers eine Verpflichtung waren: «Wenn uns nun der Führer als eine besondere Aufgabe die stellt, die Stadt der Kunst zu sein, dann müssen wir meines Erachtens unter allen Umständen hier grosszügiger verfahren, als das in den letzten Jahren der Fall gewesen ist.» Nach solcher Argumentation entschied er 1938, einen Grundstock in Höhe von einer Million Reichsmark zur besonderen Pflege der bildenden Künste in den Haushalt einstellen zu lassen. Der Stadtkämmerer machte zwar finanzielle Bedenken für die Zukunft geltend, weil man in München im Vergleich mit anderen Großstädten bei den Steuern schon fast überall an der oberen Grenze läge, stellte dann aber fest: «Zum Schicksal der Steuerpflichtigen der zur Zeit lebenden Generation in München gehört es eben, mit Rücksicht auf den Ausbau der Hauptstadt der Bewegung etwas stärker in den Geldbeutel zu greifen.»[36]

Freilich versuchte die Stadt nicht nur auf finanziellem Weg, sich einen Namen als «Stadt der Deutschen Kunst» zu machen. So beschloß der Rat im Juni 1934 ein städtisches Kulturamt einzurichten, um die Voraussetzungen für eine effektive Förderung des Kunst- und Kulturlebens zu schaffen – wohl an sich ein guter Gedanke angesichts der mangelhaften bisherigen institutionellen Verankerung des Kulturellen in der Verwaltung der Stadt.[37] Da Fiehler die Entwicklung des Kultur- und Kunstlebens aber für eine «weltanschauliche Frage»[38] hielt und künstlerische Leistungen offenbar vor allem in der bestmöglichen Umsetzung des «Führerwillens» verwirklicht sah, wurden auf die führenden Positionen des Amtes alte Anhänger der Bewegung berufen, die die Gewähr für einen straff nationalsozialistischen Kurs bieten sollten. An die Spitze stellte man den Stadtrat und Schriftsteller Hans Zöberlein, einen Alten Kämpfer, dem die Stadt 1933 für seinen Kriegsroman «Der Glaube an Deutschland» den Literaturpreis verliehen hatte. Die Abteilung Literatur und Theater führte Stadtrat Max Reinhard, der zwar in den zwanziger Jahren ein Studium der Theaterwissenschaften und Literatur begonnen hatte, aber aus materiellen Gründen abbrechen mußte und sich mit den verschiedensten Tätigkeiten durchschlug. Es darf als Ironie der Geschichte angesehen werden, daß diesen Kulturfunktionär im nationalsozialistischen München, der schon 1928 der Partei beigetreten war, die Namensgleichheit mit dem berühmten österreichischen Regisseur verband, gegen den die Münchner Nationalsozialisten 1929 ihre antisemitischen Attacken geritten hatten.[39] Leiter der Abteilung Bildende Kunst wurde der Stadtrat und Kunstmaler Hans Flüggen, für Musik und Film schließlich war der Kapellmeister Franz Adam zuständig. Obwohl man glaubte, so den Wünschen Hitlers Rechnung zu tragen, kam es bereits ein gutes Jahr später zum Eklat. Auslöser war der Entwurf des Bildhauers Knappe für die Gestaltung des Hoheitszeichens an der neuen Ludwigsbrücke, den Hitler «empört» ablehnte.[40] In diesem Zusammenhang machte er seiner Unzufriedenheit mit der Arbeit des Kulturamtes Luft und veranlaßte eine generelle Umstrukturierung. Künftig wurde das Amt verwaltungsmäßig von Reinhard geführt, während die eigentlich künstlerische Leitung bei den fachlichen Beiräten lag, die im Dezember 1935 berufen und mit damals prominenten Künstlern verschiedener Sparten besetzt wurden.

Hitler ging es in der Kulturamtsauseinandersetzung also – über die konkrete Gestaltungsfrage hinaus – darum, ihm vertraute Künstler an den Schlüsselpositionen in Münchens Kulturleben zu sehen, auf die in Fragen nationalsozialistischen Kunstverständnisses absoluter Verlaß war. Besonders schätzte er die Professoren Gall, Klein und Liebermann, die als Beiräte für Angelegenheiten der bildenden Künste fungierten und außerdem zu Ratsherren berufen wurden. Die Stadträte Zöberlein und Flüggen dagegen mußten nicht nur ihre Position im Kulturamt aufgeben. Sie wußten, daß sie – beim Führer in Ungnade gefallen – nicht mehr für eine Berufung als Ratsherren nach der neuen Gemeindeordnung in Frage kommen würden und baten beide am 6. August 1935, nicht in Vorschlag gebracht zu werden.

Das Beispiel des Kulturamtes zeigt, wie unmittelbar und heftig die Eingriffe Hitlers in die Belange Münchens sein konnten. In künstlerischen und baulichen Fragen hatte München sich strikt nach den Wünschen des Führers zu richten. Da konnte ihn schon in Rage bringen, wenn die Grüninsel hinter dem Friedensengel nicht schnell genug nach seinen Anweisungen gestaltet wurde. Man könne schließlich verlangen, daß, «wenn er als Führer der Nation sich um Einzelheiten kümmere und er nur den Wunsch habe, die Stadt München zu verbessern und zu verschönern, die Hauptstadt der Bewegung seinen geäusserten Wunsch oder seinen Befehl unter allen Umständen sofort ausführe ...».[41]

Das Amt des Parteibeauftragten für die Gemeinde, das durch die Deutsche Gemeindeordnung von 1935 geschaffen und in der Regel vom Kreisleiter ausgeübt wurde, hatte sich Hitler im Falle Münchens selbst vorbehalten. Wenn er die damit verbundenen Aufgaben in der Regel zwar delegierte (Reichsminister Lammers vertrat ihn als München-Beauftragter), so zeigte er mit dieser Entscheidung dennoch, daß er eine besondere Bindung Münchens an die Partei wünschte und über ständige direkte Einflußmöglichkeiten verfügen wollte. Allerdings ging es ihm bei seinen Interventionen fast ausschließlich um Fragen von Kunst, Architektur und Stadtplanung. Auch die Eingemeindungen der Jahre 1938 bis 1942 (Pasing, Feldmoching, Großhadern, Obermenzing, Untermenzing, Allach, Ludwigsfeld, Solln und schließlich Langwied und Aubing), die den Münchner Burgfriedensbereich von 19524 Hektar auf 31154 Hektar vergrößerten, wurden nicht ohne Konsultation Hitlers durchgeführt. Der Wachstumsschub entspricht im Grunde einer seit den zwanziger Jahren von der Stadtverwaltung forcierten Eingemeindungspolitik, die im Fall von Daglfing, Perlach, Freimann und Trudering bereits in den Jahren 1930 bis 1932 zum Ziel geführt hatte. Doch muß die auf dem Verhandlungsweg mit «gleichgeschalteten» Gemeinderäten erzielte großräumige Ausweitung des Münchner Stadtgebietes Ende der dreißiger, Anfang der vierziger Jahre primär in Zusammenhang gebracht werden mit der von Hitler persönlich angeregten gigantischen Neugestaltung Münchens.

Stadtplanung

1938 setzte Hitler den Architekten Hermann Giesler als Generalbaurat für die «Hauptstadt der Bewegung» ein, dessen umfangreiches Erinnerungsbuch von 1977 uns über eine Reihe von Bauvorhaben im nationalsozialistischen München informiert. Allerdings wecken die unverhohlene Bewunderung Gieslers für Hitler, seine ungebrochene Sympathie für den Nationalsozialismus und sein anhaltendes Konkurrenzempfinden gegenüber dem Architekten für Berlin, Albert Speer, Zweifel an der sachlichen Richtigkeit seines Werkes mit dem bezeichnenden Titel «Ein anderer Hitler». Da es für den Bereich der München-Planungen aber auch eine beachtliche Akten-Überlieferung gibt, die vor allem durch das Buch von Hans-Peter Rasp erschlossen wurde, ist man nicht allein auf Gieslers Erinnerungen angewiesen.[42]

Die heute erhaltenen Überreste können nur einen bescheidenen Eindruck von den Gestaltungsplänen Hitlers für die «Hauptstadt der Bewegung» vermitteln, die auch im äußeren Bild ihrem Titel gerecht werden sollte. So war mit den 1937 fertiggestellten Parteibauten an der Arcisstraße der Anfang für ein geplantes Stadtviertel der NSDAP gemacht. Während der Führerbau, das Verwaltungsgebäude der NSDAP und die Ehrentempel den «Königlichen Platz» zum «Aufmarsch- und Kultplatz»[43] erhoben, hatte Hitler auf dem Gelände der ehemaligen Türkenkaserne zwischen Alter Pinakothek und Türkenstraße ein Forum der NSDAP vorgesehen. Südlich davon wurde mit der Errichtung eines Kanzleigebäudes des Braunen Hauses begonnen, von dem nicht mehr als das Kellergeschoß fertiggestellt wurde. An der Ostseite des Forums sollte eine riesige Halle der Partei entstehen, die, folgt man den Ausführungen Gieslers, durch einen Brückengang über die Gabelsbergerstraße mit Hitlers eigenem Mausoleum verbunden gewesen wäre.[44]

Deutlich wird für uns heute aus solchen Plänen und den erhalten gebliebenen Bauten, wie sehr die Architektur in München dazu diente, die Partei und vor allem auch ihren Führer nach außen zu repräsentieren und ihren Herrschaftsanspruch sichtbar zu machen. Auch die Zeitgenossen erkannten in den monumentalen Bauwerken, die ja nur zu einem kleinen Teil zur Ausführung kamen, «Zeugnisse eines starken politischen Machtwillens».[45] Gerade wegen dieser wichtigen ideologischen Funktion der Architektur wollte Hitler die Münchner Stadtplanung in seinem unmittelbaren Einflußbereich sehen,[46] dem Rathaus keinen Gestaltungsspielraum belassen. Schon als nach der Pensionierung Fritz Beblos im April 1936 der Posten des Stadtbaurats neu zu besetzen war, behielt sich Hitler die Auswahl des neuen Amtsinhabers selbst vor und entschied sich schließlich für den Karlsruher Professor Hermann Alker, der zum 1. August 1937 berufen wurde. Mit Alker an der Spitze richtete Fiehler am 22. Januar 1938 eine «Sonderbaubehörde für den Ausbau der Hauptstadt der Bewegung» ein, die als der letzte Versuch der Stadt betrachtet werden kann, die Neugestaltung Münchens unter kommunale Ägide zu bringen. Doch Hitler hatte seine eigenen Pläne: bereits im Juni 1938 führte er den Bruch mit Alker herbei. Der Anlaß war im Grunde so unbedeutend, daß der Verdacht naheliegt, Hitler habe in erster Linie Freiraum gewinnen wollen, um die Stadtplanung nach eigenem Gutdünken zu organisieren.[47] Ein Beleg hierfür ist auch, daß Alker zwar den Stadtbauratsposten verlassen mußte, Hitler aber bei einer Besprechung mit Fiehler hervorhob, daß er Alker nicht wirtschaftlich ruinieren wollte, und seine weitere Beauftragung als Architekt für die Stadt zuließ. In der Besprechung am 4. August 1938 wurde der Stadt auch deutlich gemacht, wohin die Wünsche des Führers gingen: «Der neue Mann wird nicht zum Stadtbaurat ernannt werden, jedoch soll die Hauptstadt der Bewegung den nötigen Apparat zur Verfügung stellen und auch die Bezahlung des Mannes übernehmen.»[48]

Im Winter 1938 fiel schließlich die Entscheidung: Am 21. Dezember ernannte Hitler den Architekten Hermann Giesler zum «Generalbaurat für die Hauptstadt der Bewegung». In einem gleichzeitig bekanntgegebenen Erlaß stellte er klar, welche Aufgaben dieser Generalbaurat hatte: Er war zuständig für die Durchführung der von Hitler angeordneten städtebaulichen Maßnahmen, «die zur Anlage und zum Ausbau sowie zur planvollen Gestaltung der Stadt erforderlich sind». In seiner umfassenden Kompetenz für München, die durch niemand anderen als Hitler selbst eingeschränkt war, kann Giesler durchaus mit dem Generalbauinspekteur für Berlin, Albert Speer, verglichen werden.[49] Er zog die direkte Abstimmung mit dem Führer den Kontakten zur Stadtverwaltung und insbesondere zu den Ratsherren vor. Neben den Beziehungen zu Hitler wußte er aber auch die gesetzlichen Rahmenbedingungen zu nutzen: so erklärte er etwa mehrere Stadtviertel zu «Bereichen im Sinne des Gesetzes über die Neugestaltung deutscher Städte vom 4. Oktober 1937», was ihm dort weitestgehenden Zugriff bis hin zur Enteignung erlaubte.[50] Wenn trotzdem kaum etwas von seinen außerordentlich weitreichenden, von Hitlers Gigantomanie geleiteten Vorhaben über das Planungsstadium hinaustrat, dann deshalb, weil der Krieg ihm keine Gelegenheit zur Ausführung ließ.

Die München-Pläne des Generalbaurats erfaßten alle Bereiche vom Wohnungsbau bis zu den Repräsentationsstätten. In seiner Dienststelle wurde nicht nur an Plänen für monumentale Parteibauten, sondern auch an der Konzeption von Trabantenstädten gearbeitet, wie sie etwa die sogenannte Südstadt mit rund 14 500 Wohneinheiten zwischen Ramersdorf und Giesing dargestellt hätte. Eine ausführlichere Beschreibung solcher Projekte kann hier nicht erfolgen – Rasp hat dies in seinem Buch geleistet. Zumindest erwähnt werden muß aber Hitlers Lieblingsidee in seinen Planungen für München, die ihn so sehr beschäftigte, daß er sie mit Giesler selbst im Führerhauptquartier noch Ende August 1944 diskutierte, als die Alliierten vor Paris standen.[51] Es handelt sich um die Verschiebung des Münchner Hauptbahnhofs nach Westen und die Anlage einer Prachtstraße auf dem freiwerdenden Gelände des Bahnkörpers. Diese Pläne waren der Münchner Bevölkerung schon vor Gieslers Amtsantritt, nämlich am 1. Mai 1938 vorgestellt worden, als die Sonderbaubehörde «auf Befehl des Führers» das Programm für den Ausbau Münchens in der Presse veröffentlichte. Und wieder einmal durften sich die Münchner daran «gewöhnen ..., den unerhört weitausgreifenden Planungen und Plänen des Führers zu folgen».[52]

Unter Giesler wurde das an sich schon alte Grundkonzept, nämlich die Verschiebung des Hauptbahnhofs um zweieinhalb Kilometer nach Westen, weiter ausgearbeitet und verändert. In den Mittelpunkt stellte er die Idee des neuen Bahnhofsgebäudes, einer polygonalen Stahlkonstruktion mit einem Kuppeldach, die sich «wie schwebend» über der Prachtstraße erheben sollte. Entlang der 120 Meter breiten Straße waren Repräsentationsbauten geplant. An der Stelle des alten Hauptbahnhofs sollte sie «mit einem Paukenschlag» beginnen: der Säule der Bewegung. Mit einer Gesamthöhe von 175 Metern und gekrönt vom Hoheitszeichen (Adler und Hakenkreuz) war dieses Denkmal dazu bestimmt, die Herrschaft der Partei weithin sichtbar zu demonstrieren. Unter den Gebäuden, die die Prachtstraße – in der Konzeption Gieslers wurde sie über den neuen Hauptbahnhof hinaus zu einer «Ost-West-Achse» ausgedehnt[53] – säumen sollten, waren einige Kultureinrichtungen vorgesehen, wie insbesondere eine neue Oper mit einem repräsentativen Vorplatz und einem angegliederten Hotel sowie eine Anzahl weiterer Theaterbauten für Operette, Varieté und Kabarett. Auch mit einer großen Biergartenanlage gedachte man offenbar, der Münchner Lebensart Rechnung zu tragen. Vor dem neuen Hauptbahnhof zeigt das erhaltene Modell einander gegenüberliegend die Hochhausbauten eines KdF-Hotels[54] und des Eher-Verlags. Die westliche Fortführung der Straße hinter dem neuen Hauptbahnhof schließlich war der «Bewegung» vorbehalten: Ausgedehnte Gebäudekomplexe der Deutschen Arbeitsfront, mehrere Bauten für die Gliederungen der Partei und schließlich, am Endpunkt der Achse, das Forum der SA sollten hier das Bild bestimmen.[55] Eine große Rolle spielte in Hitlers und Gieslers Überlegungen die verkehrsgerechte Stadtplanung: Deshalb war unterhalb der «Großen Straße» nicht nur eine U-Bahn-Trasse, sondern auch ein eigenes Parkgeschoß vorgesehen.

Ganz abgesehen von den technischen Schwierigkeiten, die die Verwirklichung dieser radikalen, vielfach utopisch anmutenden Umgestaltungskonzepte bereitet hätte, wäre wohl die Finanzierung ein kaum zu überwindendes Hindernis gewesen,[56] hätte nicht der Krieg ohnehin alle Pläne obsolet gemacht. 1943 wurden die Planungen für den Ausbau der «Hauptstadt der Bewegung» eingestellt, die Kriegseinwirkungen stellten existentiellere Forderungen, wie etwa den Bau von Behelfswohnungen, Notunterkünften und anderem mehr. Freilich haben die hier geschilderten Vorhaben auch Spuren in der Gegenwart hinterlassen: Rasp weist etwa darauf hin, daß man im Bereich der Verkehrsplanung zum Teil auf die Ideen der dreißiger Jahre zurückgegriffen habe.[57] Auch der unter Hitler im Mai 1938 begonnene U-Bahn-Bau kam ja schließlich noch zur Ausführung. Auf der Sollseite sind vor allem die Abbrüche zu nennen, die die beginnende Umgestaltung forderte. Von der rücksichtslosen Vorgehensweise gegen Objekte, die der Verkehrs- oder Bauplanung im Wege standen, zeugt an erster Stelle der Abbruch der evangelischen Matthäuskirche an der Sonnenstraße am 13. Juni 1938, den die Münchner nur mit ohnmächtiger Empörung begleiten konnten.[58]

Die Verfolgung der Juden

Der Abbruch der Matthäuskirche wurde wesentlich vom Gauleiter und Innenminister Adolf Wagner betrieben, der wenige Tage zuvor auch dafür gesorgt hatte, daß die jüdische Hauptsynagoge an der Herzog-Max-Straße abgerissen wurde.[59] Letztere Maßnahme fällt in den Bereich der Judenver-

31. Die Hakenkreuzfahne am Turm des Neuen Rathauses, 9. März 1933.

32. Die Militärregierung im Neuen Rathaus, Herbst 1945.

folgung in München, die im Verlauf des Dritten Reiches alle erdenklichen Erscheinungsformen, von solchen Übergriffen bis hin zur systematischen Deportation der Juden in die Vernichtungslager, annahm.

Bereits in der Anfangsphase der nationalsozialistischen Herrschaft in Bayern hatten nicht nur Schikanen und Gewalttätigkeiten der SA und SS gegen einzelne jüdische Bürger, sondern auch gezielte Polizeieinsätze den Beginn der Judenverfolgung in München signalisiert. Schon in der Nacht vom 9. auf den 10. März 1933 wurden die Räume des «Centralvereins deutscher Staatsbürger jüdischen Glaubens» durchsucht und verwüstet. Am 12. Mai nahm die Bayerische Politische Polizei eine «Suchung nach staatsfeindlichem Material» bei allen jüdischen Vereinen und Organisationen vor und zwar «unter Feststellung und Sicherung der Vereinsvermögen». Eine solche Vorgehensweise wurde in der Diktion der Polizeiorgane zum «präventivpolizeilichen Einschreiten», das durch «die grundsätzlich feindliche Haltung des Judentums zur nationalen Erhebung und Befreiung des deutschen Volkes» veranlaßt sei.[60]

Die Politische Polizei begann nach der Machtergreifung in Bayern sofort mit einer großangelegten Verhaftungsaktion, der neben Juden viele Sozialdemokraten, Kommunisten und andere politische Gegner des Nationalsozialismus zum Opfer fielen. Für diese sogenannten Schutzhäftlinge stand bereits seit dem 22. März 1933 das Lager in Dachau zur Verfügung, das als erstes Konzentrationslager in der Münchner Bevölkerung bald zum Inbegriff des nationalsozialistischen Terrors wurde.[61] Die Eröffnung des Konzentrationslagers in Dachau wie überhaupt die Vorgehensweise der Politischen Polizei ist vor allem vor dem Hintergrund des beginnenden Aufstiegs von Heinrich Himmler zu sehen. Seit dem 9. März 1933 bereits kommissarischer Polizeipräsident in München, wurde er kurz darauf zum Politischen Polizeikommandeur Bayerns ernannt. Von dieser Position aus weitete der «Reichsführer SS» unter tatkräftiger Mithilfe seiner «rechten Hand» Reinhard Heydrich seine Herrschaft über die gesamte Polizei im Reich aus.[62] Die Verfolgungsinstrumente der Gestapo zu schildern, die in München im Wittelsbacher Palais ihre Zentrale einrichtete, geht weit über den Rahmen des hier Möglichen hinaus. Ebensowenig können die Lebensumstände der Opfer nationalsozialistischer Gewaltausübung behandelt werden.

Mit Polizeiterror, immer neuen Gesetzen und Verordnungen wurden die Juden Schritt für Schritt aus Wirtschaft und Gesellschaft der Stadt hinausgedrängt, um schließlich isoliert und gettoisiert der «Endlösung» zugeführt zu werden. Die Gesetzgebung schuf für diesen Prozeß ein breites Instrumentarium vom «Gesetz zur Wiederherstellung des Berufsbeamtentums», das unter anderem die Ruhestandsversetzung von nichtarischen Beamten vorsah, bis zur «Kennzeichnungsverordnung» von 1941, die den Juden das Tragen des gelben Sterns zur Pflicht machte. Und wo das Reich in den Augen der Verantwortlichen in München keine ausreichende Handhabe für antijüdische Maßnahmen bereitstellte, da schuf man selbst Abhilfe. Ein Bereich, in dem vor allem die Stadtverwaltung frühzeitig aktiv wurde und sich als «Vorkämpferin für die Ausschaltung und Diskriminierung der Juden»[63] präsentierte, war das Wirtschaftsleben. Schon am 24. März 1933 verfügte Fiehler, daß nicht-deutsche Firmen keine städtischen Aufträge erhalten dürften, wobei er in seine Definition von «nicht-deutsch» alle Betriebe einschloß, die sich im ausschließlichen oder hauptsächlichen Besitz oder unter der verantwortlichen Leitung von Juden befanden.[64] Bei späteren Abänderungen dieser Verfügung schuf man Möglichkeiten, die Ausnahmen für ausländische Firmen zuließen, während sich in der Praxis zeigte, daß in bezug auf jüdische Unternehmen an einer außerordentlich rigorosen Politik festgehalten wurde.[65] Nicht einmal eine Sonderbehandlung von Frontkämpfern im Ersten Weltkrieg und Kindern von Gefallenen (wie zunächst beim Berufsbeamtengesetz) wollte Fiehler zulassen und schwor die Stadträte mit den absurdesten Argumenten auf eine strikt antijüdische Linie ein: «Ausnahmen sollte man meiner Meinung nach nicht machen. Es haben bisher Millionen Deutscher kein Geschäft gemacht und der Jude war nicht sehr rücksichtsvoll, wenn es gegolten hat dem Deutschen die Schlinge um den Hals zu legen.»[66]

Mit seinem extrem antisemitischen Kurs setzte Fiehler auch die schon in der Zeit der Weimarer Republik von der NSDAP-Fraktion vertretene wirtschaftspolitische Linie fort, die sich an einer Mittelstandsideologie orientierte und das «jüdische Großkapital» für alle Krisenerscheinungen verantwortlich machte.[67] Davon zeugt auch seine Begründung für die Verfügung vom 24. März: «Der schwer um seine Existenz ringende deutschstämmige und deutschbewußte Mittelstand hat unbedingt ein Anrecht darauf, daß die Stadt München sich mit allen Mitteln für seine Erhaltung und Förderung einsetzt. Das geschieht am besten dadurch, daß die Stadtverwaltung selbst mit gutem Beispiel vorangeht.»[68] Tatsächlich machte das Beispiel der Stadt Schule. Die Anfragen, ob ein Unternehmen als jüdisch zu betrachten sei, häuften sich beim Gewerbeamt, das solche Auskünfte nicht nur an städtische Dienststellen, sondern auch an Privatfirmen erteilte. Der Ausschaltung und Diskriminierung jüdischer Firmen waren damit alle Möglichkeiten eröffnet, und der Begriff «arisch» etablierte sich als neues Markenzeichen: «fast keine Firma versäumte es, auf ihre ‹arische› Geschäftsführung hinzuweisen, an kaum einer Fensterscheibe fehlte die Aufschrift ‹arisches Geschäft›.»[69] Nationalsozialistische Propaganda und Boykottaktionen taten ein übriges, um die Käufer von jüdischen

Läden fernzuhalten. Dennoch folgte die Münchner Bevölkerung nicht stets den von oben ausgegebenen Parolen. So mußte sich die Polizeidirektion München in ihrem Lagebericht vom 5. Februar 1936 beschweren, daß der alljährliche Inventur-Verkauf in einem jüdischen Stoffgeschäft in der Karmeliterstraße gezeigt habe, «daß noch ein großer Teil der Frauen und Mädchen die vom Führer aufgezeigten Richtlinien zur Lösung der Judenfrage nicht begriffen hat». «Zeitweise stellten sich die kauflustigen Frauen in langen Schlangenlinien, die bis zu 300 Personen zählten, vor dem Geschäfte auf der Straße auf.»[70]

Für die Rassendiskriminierung im öffentlichen Leben wurden die Nürnberger Gesetze vom 15. September 1935 die Grundlage, die die Juden von den Reichsbürgerrechten ausschlossen und ihnen – um die wichtigsten Bestimmungen zu nennen – die Eheschließung und den außerehelichen Verkehr mit Deutschen untersagten. Auch vor Verkündigung dieser Gesetze hatten die Münchner Juden freilich schon ein beträchtliches Maß an gesellschaftlicher Diskriminierung erlitten, die sich etwa in ihrer Verdrängung aus Kultur und Presse oder in erheblichen Einschränkungen für bestimmte Berufsgruppen manifestierte sowie im Verbot für Juden bestand, die öffentlichen Badeanstalten zu benutzen.[71] Hatte sich 1935, als antijüdische Aktionen einzelner außer Kontrolle gerieten, Gauleiter Wagner noch bemüßigt gefühlt, die Verantwortlichen zur Ordnung zu rufen,[72] fiel die Schranke zur sanktionierten Gewaltausübung spätestens in der Nacht vom 9./10. November 1938. In der «Hauptstadt der Bewegung» gab Goebbels bei der traditionellen Versammlung der Alten Kämpfer das Signal zur «Abrechnung» mit den Juden, nachdem das Attentat des Herschel Grynzspan auf den Legationssekretär vom Rath in Paris den Vorwand geliefert hatte. Laut einer ersten Zerstörungsbilanz der Münchner Kriminalpolizei wurden in der Pogromnacht «42 Läden teils beschädigt, teils zerstört, 6 Brände verursacht und 1 Jude tödlich verletzt. Bei den Bränden handelt es sich um den Brand der Synagoge, einen Dachstuhlbrand und 4 Schaufensterbrände. Auch Plünderung eines Goldwaren- und eines Schuhgeschäftes wurde gemeldet.»[73]

Die Unterstützung der Bevölkerung für solche gewalttätigen Ausschreitungen fiel offenbar wesentlich geringer aus, als Goebbels und andere Nationalsozialisten es sich erhofft hatten.[74] Doch gab es andererseits, auch von seiten der Kirchen, keine offiziellen Proteste gegen den antijüdischen Terror. Obwohl Kardinal Faulhaber, etwa mit seinen Adventspredigten über die Werte des Alten Testamentes, seine grundsätzliche Opposition zur nationalsozialistischen Behandlung der Juden demonstriert hatte und Landesbischof Meiser die evangelische Kirche in Bayern während der ganzen Zeit des Dritten Reiches auf bekenntniskirchlichem Kurs steuerte, konnten sich die Kirchenleitungen in München wie anderswo nicht zu einer offiziellen Verurteilung der Judenverfolgung durchringen.[75]

Nach der «Reichskristallnacht» folgte eine Maßnahme auf die andere, um alle Spuren jüdischer Existenz endgültig aus dem öffentlichen Leben zu tilgen. Nicht nur, daß die im Zuge der Pogromaktion geschlossenen Geschäfte nicht wieder geöffnet werden durften, in Umdrehung aller Tatsachen wurden sie sogar für die Kosten der Aktion verantwortlich gemacht und mußten dafür aufkommen.[76] Hatten schon vor der «Reichskristallnacht» viele jüdische Firmeninhaber unter dem Zwang der Verhältnisse aufgegeben, so wurden jetzt gesetzliche Regelungen geschaffen, um jüdische Geschäfte zu liquidieren beziehungsweise zu arisieren. Zur Durchführung dieser Maßnahmen rief Gauleiter Wagner am 22. November 1938 die «Vermögensverwertung München G.m.b.H.» ins Leben. Schon im Frühjahr 1939 gingen die Aufgaben dieser Gesellschaft auf einen staatlichen Treuhänder über, der in einem weiteren Schritt auch zum «Beauftragten des Gauleiters» gemacht wurde. Mit der so entstandenen «Arisierungsstelle» war die Institution geschaffen, die in der letzten Phase der Judenverfolgung in München nicht nur ihre wirtschaftliche Ausschaltung in die Hand nahm, sondern auch über ihre gesellschaftliche und tatsächliche räumliche Gettoisierung wachte.[77] Der Einfluß der Stadtverwaltung war dagegen in dieser Phase geringer, wenngleich auch sie mit speziellen Schikanen dafür sorgte, daß München «den Namen ‹Hauptstadt der Bewegung› zu Recht führt[e]».[78] So durften Juden nur noch in den ihnen zugewiesenen Lebensmittelgeschäften, die oft weit von ihrer Unterkunft entfernt waren, einkaufen.

Eine besondere Rolle in den Bemühungen, die Juden aus München zu verdrängen, spielte ihre «Entmietung». Das hatte für die Verantwortlichen auch einen ganz praktischen Nebeneffekt: Wagner und Fiehler hofften so, Ersatzwohnraum für die «Abbruchmieter» zu beschaffen, deren Wohnungen der Umgestaltung Münchens geopfert werden sollten.[79] Ein Gesetz vom April 1939 über «Mietverhältnisse mit Juden» schuf die Handhabe, jüdische Bewohner aus «arischen» Mietshäusern zu vertreiben. Man ging dazu über, sie in speziellen «Judenhäusern» zusammenzulegen. Von da war es nur noch ein kleiner Schritt zur Gettoisierung. Im Frühjahr 1941 begann an der Knorrstraße der Aufbau der «Judensiedlung Milbertshofen», die als völlig abgeschlossene Anlage mit eigenen Versorgungseinrichtungen Raum für etwa achthundert ständige Bewohner bot. Die Juden mußten das im Herbst 1941 fertiggestellte Lager nicht nur mit ihrer eigenen Hände Arbeit errichten, sondern auch durch erzwungene «Spenden» und «Miet-Entschädigungen» finanzieren. So entwickelte sich das Ganze noch zu einem einträglichen Geschäft: Nachdem das Barackenlager im August 1942 aufgelöst und verkauft worden war, bilanzierte ein Revisionsbericht der Gauleitung einen Gewinn von über 670000 Reichsmark.[80] Als zweite Sammelunterkunft richtete man im Kloster der Barmherzigen Schwestern in Berg am Laim eine sogenannte Heimanlage für Juden ein, in der nochmals rund 275 Personen Platz finden konnten. Wie die Siedlung Milbertshofen stand auch die Heimanlage unter jüdischer Selbstverwaltung, die allerdings durch sogenannte Revisionen der «Arisierungsstelle» einer ständigen Kontrolle unterlag.

Als Hitler und seine Helfer schließlich die «Endlösung» der Judenfrage beschlossen, wurde die Barackensiedlung in Milbertshofen für viele Juden zur letzten Station in München. Seit November 1941 wurde sie als «Auffang-, Kontroll- und Durchgangslager» für die Deportationen nach Theresienstadt oder in die Vernichtungslager des Ostens benutzt.[81] Wie die Vorbereitungen zu einem solchen Transport abliefen, welche psychischen Qualen die Juden erleiden mußten, kann hier nicht geschildert werden. Es sei auf den Bericht von Else Behrend-Rosenfeld verwiesen, die als Wirtschaftsführerin in Berg am Laim das Elend jüdischen Daseins im nationalsozialistischen München miterlebte.[82] Die Deportationen verminderten die Zahl der Juden so rasch, daß sich die Aufrechterhaltung des Lagers in Milbertshofen nicht mehr lohnte. Die verbleibenden 16 Insassen wurden im August 1942 nach Berg am Laim gebracht. Am 1. März 1943 wurde auch diese Unterkunft aufgelöst; wenig später befand selbst die «Arisierungsstelle», daß sie angesichts der geringen Zahl der in München verbliebenen Juden überflüssig sei, und stellte ihre Tätigkeit ein.

Der Krieg

Als die amerikanischen Truppen am 30. April 1945 einmarschierten, fanden sie noch 84 Juden in München vor,[83] die unter unvorstellbar schwierigen Bedingungen die Kriegsjahre überlebt hatten. Nicht nur ihnen, sondern auch den Zwangsarbeitern und Kriegsgefangenen in den verschiedenen Lagern brachten die Amerikaner endlich die langersehnte Befreiung vom nationalsozialistischen Joch. In der Stadt selbst trafen die Amerikaner kaum noch auf Widerstand. Auch die Sprengung der Münchner Isarbrücken, die vor allem Gauleiter Paul Giesler im Rahmen von Verteidigungsmaßnahmen betrieben hatte, war von Einsichtigen verhindert worden. Dieser sinnlose Akt hätte in eine Versorgungskatastrophe führen können, weil damit auch Gas-, Wasser- und Stromleitungen abgeschnitten worden wären.[84] Den Amerikanern bot sich ein Bild der Zerstörung und Verwüstung: die historische Altstadt lag zu großen Teilen in Trümmern, von unzähligen Häusern war nur Schutt und Asche geblieben, wo noch Vorratslager und Geschäfte existierten, wurde geplündert. Wie hatte dieser Krieg begonnen, an dessen Ende die Stadt in einem so jämmerlichen Zustand war?

Als Hitlers Reichstagsrede am 1. September 1939 in den Radios übertragen wurde, war die Bevölkerung im allgemeinen vom Beginn des Krieges gegen Polen nicht überrascht. Schon in der Phase der Massenbegeisterung bei der Machtergreifung Hitlers hatte mancher erkannt, daß dieser Mann Deutschland in einen Krieg treiben würde. Die Umstellung vieler Betriebe auf Rüstungsproduktion und die Wiedereinführung der allgemeinen Wehrpflicht im März 1935 bestätigten solche Befürchtungen. Ganz konkrete Formen nahm die Bedrohung durch einen neuerlichen Krieg mit der Verwirklichung der außenpolitischen Ziele Hitlers an: Der «Anschluß» Österreichs im März 1938, die Sudetenkrise und schließlich der Einmarsch deutscher Truppen in die Tschechoslowakei im Frühjahr 1939 stürzten auch die Münchner immer von neuem in große Besorgnis.[85] Die Spannung solcher Tage entlud sich besonders deutlich nach Abschluß des «Münchner Abkommens» im Führerbau am 29. September 1938. Die Menschen feierten auf den Straßen, weil sie noch einmal einem Krieg entkommen waren. Hitler hingegen, so die Schilderung des Dolmetschers Schmidt, war enttäuscht von «seinen» Münchnern, weil sie sich so gar nicht kriegsbegeistert zeigten. Im Gegenteil bekundeten sie offen ihre Sympathie für Daladier und Chamberlain, die mit ihrer Einwilligung in die Abtretung der sudetendeutschen Gebiete an Deutschland den Frieden fürs erste erhalten hatten.[86] Für einen wurde die Krise, die dem «Münchner Abkommen» vorausging, zum auslösenden Moment: Georg Elser faßte in diesen Tagen den Entschluß, daß die nationalsozialistische Führung beseitigt werden müsse, um ihrer verhängnisvollen kriegstreibenden Politik ein Ende zu machen.[87] In monatelanger, überaus gründlicher Arbeit und unter der ständigen Gefahr, entdeckt zu werden, installierte der schwäbische Tischlergeselle eine ‹Höllenmaschine› im Bürgerbräukeller, die am Abend des 8. November 1939 Hitler und seine engsten Gefolgsleute bei ihrer traditionellen Versammlung töten sollte. Das Attentat mißglückte, weil Hitler den Saal eher als gewöhnlich verließ und damit der Explosion entkam. Wohl viele dürften es sehr bedauert haben, daß Elsers Plan nicht aufgegangen war, und manche sprachen es sogar offen aus.[88] Elser wurde gefaßt und während der gesamten Kriegsjahre offenbar für einen Schauprozeß als besonderer Häftling «bewahrt», schließlich aber, als die militärische Niederlage offensichtlich war, im April 1945 in Dachau schnell und ohne Aufsehen hingerichtet.

Als die Nachricht vom Kriegsbeginn am 1. September 1939 auch in München die Runde machte, herrschte eine gedämpfte Stimmung vor, vielfach auch Bedrückung und Angst, vor allem weil viele Männer bereits

Befehl zum Einrücken erhalten hatten – zu einer mehrwöchigen Übung, wie es offiziell hieß. Im Stadtrat interpretierte man die Bevölkerungsstimmung als «Gefaßtheit», die allemal besser sei als der «Hurrapatriotismus von 1914». Heute wüßten die Menschen, «daß es diesmal restlos ums Ganze geht». Wie richtig diese letzte Aussage war, sollten die nächsten Jahre zeigen.[89]

Zunächst schien alles gut vorbereitet. Als der Krieg anfing, waren die Lebensmittelkarten bereits ausgegeben. Schon vor dem Ausbruch des Krieges hatte der Aufbau eines bürokratisch durchorganisierten Bewirtschaftungs- und Verteilungssystems begonnen. Die Verantwortlichen bewegte vor allem die Angst vor einer erneuten Versorgungskrise wie im Ersten Weltkrieg. Der Schrecken des Hungerns war noch allzu gegenwärtig. Aufgrund einer Verordnung der Bayerischen Landesregierung vom 29. August 1939 richtete auch München ein Ernährungs- und Wirtschaftsamt ein, das für die Verteilung der bewirtschafteten Lebensmittel und Güter des täglichen Bedarfs zuständig war. Lebensmittelmarken und Bezugsscheine für alle möglichen Artikel von Schuhen bis zur Seife sind wohl heute noch im Bewußtsein vieler das Charakteristikum des alltäglichen Wirtschaftens im Zweiten Weltkrieg. Doch ist dabei nicht zu vergessen, daß dieses System schon 1942 so deutliche Lücken aufwies, daß auch die Münchner Bevölkerung dazu überging, sich anderweitig zu behelfen.[90] Hamsterfahrten aufs Land, Schwarzmarktgeschäfte und Tauschhandel kompensierten zunehmend die unzureichende Versorgung amtlicherseits. Gegen Ende des Krieges wurde die Ernährungslage auch für München immer dramatischer: Transportwege waren häufig nicht mehr benutzbar, weil Bahnhöfe und Schienen zerbombt waren, und aus den Agrargebieten des Ostens kamen keine Nahrungsmittel mehr, sondern Massenströme von ausgehungerten Flüchtlingen.[91] Die in dieser Zeit massiv einsetzende Hungerperiode hat dann vor allem die ersten Nachkriegsjahre bestimmt. Für den Alltag der Münchner in der Kriegszeit wurde eine andere Erfahrung noch viel prägender: die Luftangriffe, die das Leben des einzelnen unter permanente Bedrohung stellten.

Zu den nationalsozialistischen Kriegsvorbereitungen hatten auch propagandistisch begleitete Luftschutzübungen für die Zivilbevölkerung gehört, die bereits die Schulkinder mit dem Ernstfall vertraut machen sollten.[92] Doch klafften Theorie und Praxis weit auseinander: Nicht nur, daß viele Münchner die ersten Fliegerangriffe am 4. und 5. Juni 1940 förmlich verschliefen,[93] auch behördlicherseits war man ungenügend gerüstet. Vor allem reichten die vorhandenen Luftschutzräume keineswegs aus. Zunächst allerdings erwies sich das als nicht so dramatisch, weil der Krieg noch vornehmlich an anderen Schauplätzen ausgetragen wurde. 1940/41 tobte die

«Luftschlacht um England», und englische Industriestädte waren den Bombardements der Deutschen ausgesetzt. Erst seit dem Sommer 1942 wurde München Ziel massiver Luftangriffe der Royal Air Force, die die Bevölkerung zunächst nur nachts aufschreckten. Mit dem Beginn der amerikanischen Fliegereinsätze im Frühjahr 1943 ertönten die Sirenen dann aber auch bei Tag.

Ein anonymer Brief an Reichsstatthalter Epp vom 22. September 1942 gibt besonders eindrucksvoll wieder, wieviel Verzweiflung, aber auch Wut auf diejenigen, die diesen Krieg verschuldet hatten, sich anstaute: «Empörend und himmelschreiend ist es, wie man uns wehrlos, ohne die mindesten wirklichen Schutzmassnahmen den Fliegern preisgibt! Da sind Parteibauten und Hitlerjugendheime gebaut worden, die Herren Bonzen haben die schönsten Häuser für sich gebaut, aber wo sind die feuerfesten und bombensicheren *Bunker*??? Da macht man Kriegspolitik und faselt von Luftschutz seit 1933 und wußte ja auch schon damals ganz genau dass man den Krieg wollte, obgleich die verlogenen Reden gewisser Leute das Gegenteil behaupten, aber wo ist die genügende Flakabwehr?»[94]

Obwohl vor allem durch den Bau von Großbunkern versucht wurde, mehr Sicherheit für die Münchner Bevölkerung zu schaffen, blieben als wirksamste Schutzmaßnahme letztlich nur großangelegte Evakuierungen in die weniger gefährdeten Landgebiete. Aufgrund offizieller Evakuierungsmaßnahmen seit März 1943 und privater Abwanderung verließ fast die Hälfte der Münchner Vorkriegsbevölkerung die Stadt. Trotzdem belief sich die Bilanz der über siebzig Luftangriffe zwischen Juni 1940 und April 1945 auf rund 6700 Tote und 15800 Verwundete. Etwa 300000 Einwohner verloren ihr Obdach.[95] Besonders verheerend wirkten sich die Bombardements zwischen dem 11. und 31. Juli 1944 aus, die allein rund 2000 Todesopfer forderten. Die Zerstörungen an Münchens Bauwerken können hier nicht annähernd geschildert werden. In einer einzigen Nacht – beim Angriff vom 25. April 1944 – wurden etwa das Odeon, die Residenz, beide Pinakotheken, das Wittelsbacher Palais, das Alte Rathaus und das Maximilianeum schwer getroffen, die Türme der Heiliggeist- und der Peterskirche gekappt; unzählige weitere Gebäude erlitten Schäden. «München, das alte München als Inbegriff, hat in jener Schreckensnacht vom 24./25. April 1944 aufgehört zu bestehen. Symbolisch dafür ist die Zerstörung des Alten Peter», schrieb Ludwig Rosenberger in sein Kriegstagebuch.[96]

Die Luftangriffe, die sich verschlechternden Frontnachrichten und die Ernährungsschwierigkeiten ließen immer mehr Menschen am Krieg verzweifeln. In München zeigten deutliche Proteste bei einer Ansprache des Gauleiters Paul Giesler[97] zu Anfang des Jahres 1943, der in dreistester Form die Münchner Studentinnen diffamierte, daß die Partei jetzt auch mit offener Ablehnung rechnen mußte. Geradezu als ein Katalysator wirkte die deutsche Niederlage bei Stalingrad im Januar 1943, um die Stimmung gegen das Regime in der Bevölkerung weiter anzuheizen. Unter dem Eindruck dieser Situation entschlossen sich die Geschwister Hans und Sophie Scholl, die in einem studentischen Widerstandskreis bereits seit dem Sommer 1942 aktiv waren, zu einer Flugblattaktion, mit der sie zum Kampf gegen die nationalsozialistische Herrschaft aufrütteln wollten. Am 18. Februar deponierten die Geschwister in großem Umfang Flugblätter in der Universität und warfen den Rest schließlich vom obersten Stock in den Lichthof. Der Pedell der Universität beobachtete sie dabei und lieferte sie der Gestapo aus. Das war das Ende für die «Weiße Rose»: Neben Hans und Sophie Scholl wurden auch die anderen führenden Mitglieder des studentischen Widerstandskreises und ihr Mentor, Professor Kurt Huber, vom Volksgerichtshof zum Tode verurteilt und hingerichtet.[98]

In eine andere Kategorie des Widerstands ist der bewaffnete Aufstand der «Freiheitsaktion Bayern»[99] einzureihen. Nachdem die Niederlage Deutschlands feststand, ging es den Wehrmachtsangehörigen um den Hauptmann Gerngroß darum, eine Verlängerung der sinnlos gewordenen Kampfhandlungen zu verhindern. Unter dem Stichwort «Fasanenjagd» schlugen die Aufständischen in den frühen Morgenstunden des 28. April 1945 los. Es gelang ihnen, die Sender in Erding und Freimann zu besetzen und die Bevölkerung zum Widerstand gegen die Nationalsozialisten aufzurufen. Trotzdem scheiterte der Aufstand, weil es die «Freiheitsaktion Bayern» weder vermochte, den Reichsstatthalter Epp als Verbündeten zu gewinnen, noch die Befehlsstelle des Gauleiters einzunehmen. Die Putschteilnehmer mußten sich zurückziehen und das Feld noch einmal den unbeirrbaren Nationalsozialisten überlassen. Schon am Vormittag des 28. April konnten Gauleiter Giesler und Bürgermeister Fiehler den Sender Freimann wieder für ihre Zwecke nutzen und zu den «Volksgenossen» sprechen.

Zusammen mit dem Generalmajor Hübner ließ Giesler die Aufständischen und ihre Helfer unnachgiebig verfolgen, um Rache zu nehmen. So wurden noch kurz vor Kriegsende in München Stadtinspektor Hans Scharrer und Major Caracciola hingerichtet. Auch anderenorts forderten die Aktionen sogenannter Werwolf-Einheiten noch etliche Opfer unter den Menschen, die den Aufrufen der Freiheitsaktion Bayern gefolgt waren und weiße Fahnen gehißt oder Sperren zerstört hatten. Als die Amerikaner schließlich am 30. April in München einrückten, hatten auch die letzten Gefolgsleute Hitlers ihren Posten verlassen. «Die Stadt lag in Agonie.»[100]

Ulrike Haerendel

«Solang' der Alte Peter...» Die vermeintliche Wiedergeburt Alt-Münchens nach 1945

Das zeitlose Ideal vom alten München

Die Achthundert-Jahr-Feier Münchens nahm der renommierte Verleger und Journalist Werner Friedmann zum Anlaß, sich 1958 zum wiedererstandenen «Fluidum» dieser doch eigentlich «unbeschreiblichen» Stadt zu äußern. «Die Weißwurst und die Blasmusik» zählte er dabei ebenso zu deren Charakteristika wie «die Fischer an der Isar und die Liebespaare im Englischen Garten... Die Studenten, die auf dem Universitätsbrunnen hocken», so Friedmann weiter, «und die saugroben Händlerinnen mit den goldenen Herzen auf dem Viktualienmarkt» dürften schließlich ebensowenig vergessen werden wie «die Weinstuben und Biergärten» und vor allem jener «pastellblaue Himmel über der Theatinerkirche».[1] In einer 1946 erschienenen München-Retrospektive wird beim Stichwort «Donisl» der Münchner «vom alten Schlag» beschworen, «vor sich den Maßkrug und eingehüllt in eine Wolke», und «die Musi spielt Landler und die unvergess'nen Melodien». Zudem erinnert der Band an das einstige Schwabing: «Schwabing! Sehnsucht! Verlorenes Lächeln! In dulci jubilo!»[2] Ebenfalls im ersten Nachkriegsjahr veröffentlichte Wilhelm Zentner seinen «Epilog in Versen», der das München-Bild pathetisch stilisiert: «München! – Kann der Dichter säumen/ mahnst Du ihn zum Preisgesange?/ Welcher Hochgefühle Schäumen/ wallt bei Deines Namens Klange!»[3] In Gottfried Kölwels «Münchner Elegien» aus dem Jahr 1947 steht der Betrachter zwar fassungslos und damit durchaus realitätsbezogen vor den Trümmern der Stadt, und dennoch dominiert hier wie in vielen zeitgenössischen Beiträgen die Erinnerung an das alte, gleichsam bessere München: «Wer, der die Stadt einst sah in ihren friedvollen Zeiten/ Häuser und Türme, von atmendem Licht überschwemmt/ als noch die Straßen führten zu blendenden Läden des Reichtums/ hundert freundliche Türen sich öffneten, als noch die Frauen/ lachend gingen in wehenden Kleidern, ... ach, wer dies sah, er vermag's nicht zu/ fassen, daß alles in Trümmern, in Schutt und Asche jetzt liegt.»[4] Diese Rückwendung in eine heile Monacensia-Welt läßt sich nicht nur in der zeitgenössischen Literatur, sondern auch in der Ruinenmalerei feststellen, wo «die Ruinen nur in den seltensten Fällen als Anklage oder bedrohliche Zeichen einer Zeit gesehen» wurden: So sind verklärende Aquarelldarstellungen erhalten geblieben wie etwa die Frauentürme, deren Kriegsschäden durch Weichzeichnung bis zur Verharmlosung minimalisiert sind, und die schon wieder optimistisch in den weiß-blauen Himmel ragen.[5]

Das vor dem Ersten Weltkrieg geprägte und kultivierte Alt-München-Ideal, das uns heute oftmals klischeeartig erscheint und mittlerweile beinahe zum Zerrbild verkommen ist, hatte also ganz offensichtlich die zwanziger Jahre und den Nationalsozialismus, den Bombenkrieg und die Wiederaufbauphase überdauert. Mehr noch: es erlebte nach Kriegsende eine Renaissance ungeahnten Ausmaßes. Das ist verständlich, denn die stetig gepflegte Erinnerung an das «liebe alte München», an seine traditionsgesättigte wie gleichermaßen liberale Atmosphäre und an seine Kunst- und Kulturbauten vermochte den Bürgern gerade in der «Stunde Null» 1945 Orientierungs- oder gar Überlebenshilfe zu geben. So gesehen stand beim Jubiläum 1958 nicht ausschließlich der Rückblick auf achthundert Jahre Stadtgeschichte im Mittelpunkt. Der Blickwinkel war vielmehr ausgerichtet auf 13 Nachkriegsjahre, die von der Notstandsbewältigung bis hin zum konkreten Wieder- und Neuaufbau reichten, und er war außerdem geprägt vom Stolz auf das Geleistete: in verhältnismäßig kurzer Zeit war es doch gelungen, einen großen Teil des Stadtlebens zu reorganisieren und das Stadtbild weitestgehend wiederherzustellen. Nur die wenigsten hatten 13 Jahre zuvor daran zu glauben vermocht.

Notstandsverwaltung unter amerikanischer Besatzung

Als die Amerikaner am 30. April 1945 in München einmarschierten, waren die «Worte des sog. geliebten Führers, daß wir in 10 Jahren unsere Städte nicht mehr wiedererkennen würden»,[6] auf makabre Weise zur Realität geworden. Die gesamtstädtische Bausubstanz lag zu 45 Prozent in Trümmern, lediglich 2,5 Prozent der Baulichkeiten hatten keinerlei Kriegsschäden davongetragen. Die einzelnen Stadtviertel und -bezirke wiesen dabei einen unterschiedlichen Zerstörungsgrad auf, der beispielsweise in der Altstadt sechzig Prozent, im Gebiet nördlich des Hauptbahnhofes 74 Prozent betrug. Unter Zuhilfenahme einer amtlichen «Zerstörungsskala» lassen sich diese prozentualen Angaben noch weiter konkretisieren. So schlug etwa der Verlust des gesamten Dachstuhls bei einem fünfstöckigen Haus behördlicherseits nur mit fünf Prozent Schaden zu Buche.[7] Gerade an den städtischen Wahrzeichen, nämlich jenen Kunst- und Kulturbauten, die zum festen Bestand des althergebrachten München-Bildes gehörten, konnte man die Wucht der Kriegszerstörung deutlich ablesen. Das Alte Rathaus und die Residenz, das Siegestor und die Pinakotheken sowie das Odeon waren Ruinen; das Deutsche Museum, die Glyptothek und die städtische Lenbachgalerie waren «schwerstens beschädigt». Das National- und das Residenztheater stufte der spätere Stadtbaurat und Wiederaufbaureferent Helmut Fischer in seinem Schadensbericht als «auf Jahre hinaus unbenutzbar» ein. In den Universitäten und Akademien fand man nur «überwiegend oder ganz zerstörte Räume» vor. Mehr als die Hälfte der rund zweihundert Kirchen und Kapellen beider Konfessionen im Stadtkreis hatten «schwerste Schäden» erlitten, darunter die Frauen- und die Peterskirche sowie die Basilika St. Bonifaz. Geborstene Mauern hoben die ehemals wirkungsvolle Optik der Ensemblearchitektur etwa beim Marien- und Odeonsplatz auf. Das Neue Rathaus war – einziger Lichtblick des Schadensberichtes – zu sechzig Prozent erhalten geblieben.[8] «München, einst eine Perle im Kranz der deutschen Städte genannt, hatte in den rund 70 großen Luftangriffen während des Kriegs sein früheres Gesicht verloren» und, so erinnerte sich der zweite Nachkriegs-Oberbürgermeister Thomas Wimmer, es «glich am Ende der Kampfhandlungen mehr einem lebendigen Schutthaufen als einer Wohngemeinde».[9]

Doch nicht nur die Bausubstanz, sondern vor allem die Stadtbevölkerung mußte tiefste Einschnitte hinnehmen. Die Luftangriffe in den Jahren von 1940 bis 1945 hatten rund 6700 Münchner das Leben gekostet und 15800 Verwundete sowie 300000 Obdachlose zurückgelassen.[10] Von den 1939 registrierten 824000 Einwohnern zählte man nach dem 30. April 1945 nur mehr 479000. Bedingt durch Rückkehrer und insbesondere den starken Flüchtlingszustrom stieg die Einwohnerzahl Münchens bis Ende 1945 wieder auf 626736, wobei zugleich rund 117000 Wohnungen fehlten.[11] Der Notstand bei Nahrungsmitteln und Bedarfsgütern ließ den Schwarzhandel, verbunden mit der geheimen Hortung von Lebensmitteln, aufblühen. Infolge mangelnder persönlicher und allgemeiner Hygiene drohten permanent Typhus- und Ruhrepidemien. Auch die Kriminalitätsrate stieg rapide an: Mord, Raub, Plünderungen und Diebstähle, der schon erwähnte «Schwarz- und Schleichhandel» sowie zahlreiche Vergewaltigungen füllten die Statistiken der Münchner Polizei, wobei deren Untersuchungsabteilung bei Schwer- und Sittenstraftaten einen überdurchschnittlich hohen Täteranteil von «Displaced Persons», von im Krieg nach Deutschland zwangsverschleppten Ausländern, registrieren mußte.[12] Der Nachkriegsnotstand, so wie er in die Lebenssituation einer jeden Familie hineinwirkte, gab zugleich den Handlungsrahmen der sich künftig konstituierenden Kommunalverwaltung vor. Nicht der eigentliche Wiederaufbau sollte die Aktivitäten bestimmen, sondern die Notstandsverwaltung, das heißt der Vorsatz, die Lage wenigstens erträglich zu machen, bei Zuspitzung Abhilfe zu schaffen und ansonsten vorausschauend zu planen. Im Versorgungsbereich bedeutete dies die fortdauernde Rationierung der lebensnotwendigen Güter durch ein Markenzuteilungssystem.

Das Selbstverständnis der amerikanischen Besatzungsmacht war dagegen nicht so sehr an den praktischen Lebensbedürfnissen der Bevölkerung orientiert, sondern entstammte einer eher ideellen Motivation. Ihren Aktionsrahmen prägte im wesentlichen die bis März 1945 vom US-Finanz-, Kriegs- und Außenministerium erarbeitete *«Directive Joint Chiefs of Staff»*, kurz: JCS 1067. Aus der Erfahrung mit dem Dritten Reich ergaben sich folgende Richtlinien im amerikanisch besetzten und verwalteten Teil Deutschlands: Das hiesige politische Leben war konsequent zu dezentralisieren, in das Wirtschaftsleben sollte außer zur Erfüllung des Reparationssolls und zur Sicherung der Besatzungsbedürfnisse nicht eingegriffen werden, der deutsche Lebensstandard war so niedrig wie möglich zu halten (Restelemente des Morgenthauplans) und vor allem mußte die Entnazifizierung der *«active supporters of Nazism and Militarism»* betrieben werden. Diese Direktive sollte erst 1947 mit dem aufkeimenden Kalten Krieg durch die mildere Version JCS 1779 abgelöst werden.[13] Die Forderung nach strikter Entnazifizierung wurde durch Maßnahmen zur *Reeducation* flankiert, die zur Umerziehung einer – gemäß amerikanischer Sicht – durch die nationalsozialistische Propaganda gänzlich verdorbenen Gesellschaft beitragen sollte, mit dem Ziel, wahrhaft demokratische Staatsbürger heranzubilden. Das übrigens ebenfalls in diesem Maßnahmenkatalog enthaltene Gebot der *Non-Fraternisation* begann allerdings durch rege zwischenmenschliche Kontakte, die besonders zwischen Besatzungssoldaten und den von ihnen so titulierten «Frauleins» geknüpft wurden, bald aufzuweichen.

Vor dem Hintergrund der bedingungslosen deutschen Kapitulation, des *unconditional surrender*, verfügte die amerikanische Militärregierung in den von ihr besetzten Gebieten über die Kontrolle der neu zu formierenden

Kommunalverwaltungen. So markiert auch in München eine Verfügung des damaligen Stadtkommandanten Major Eugene Keller den Beginn der ersten Phase der Münchner Nachkriegsgeschichte: Franz Stadelmayer, ehemals Würzburger Oberbürgermeister, wurde zum kommissarischen Leiter der Stadtverwaltung bestellt, bevor am 4. Mai 1945 Karl Scharnagl, der auf der Wunschkandidaten-Liste der Amerikaner ganz oben stand, dieses Amt übernahm, bei dessen Führung ihn 36 von der Besatzungsmacht berufene Stadträte unterstützten. Scharnagl, wertkonservativ und pragmatisch zugleich, bis 1933 Münchner Oberbürgermeister, früher bei der Bayerischen Volkspartei politisch beheimatet und nach dem Krieg Mitbegründer der CSU, lenkte bis 1948 als Oberbürgermeister und dann bis zu seinem Rücktritt 1949 als Zweiter Bürgermeister die Geschicke der Stadt entscheidend mit.[14] Seine antinationalsozialistische Einstellung und vor allem seine Erfahrung in Partei- und Kommunalpolitik erschienen der amerikanischen Militärregierung bei der Krisenbewältigung unentbehrlich. Weil er von den amerikanischen Stellen dazu aufgefordert worden war, «die noch bestehenden Verwaltungsbehörden Bayerns wieder arbeitsfähig zu gestalten», fungierte Scharnagl, wenn auch nur für rund vier Wochen, als der wohl mächtigste Münchner Oberbürgermeister der Nachkriegszeit. Mit Einverständnis der Militärregierung die Befugnisse eines Bürgermeisters weit überschreitend, ernannte er unter anderen den Leiter der künftigen bayerischen Landesversicherungsanstalt, den Rektor der Münchner Universität, den Regierungspräsidenten von Oberbayern sowie den Präsidenten des Landesarbeitsamtes Südbayern, ehe er sich wieder sozusagen hinter die Münchner Stadttore zurückzog.[15] Der schon erwähnte Stadelmayer wurde – nach einem kurzen Interim von Otto Hipp – zum Zweiten Bürgermeister berufen, mußte allerdings, nachdem seine NSDAP-Mitgliedschaft pressebekannt geworden war, von diesem Amt zurücktreten. «Sie wissen», schrieb er mit entschuldigendem Unterton an Scharnagl, «was ich alles durch die Partei schon erduldet hatte, bevor ich in einem Augenblick der Müdigkeit dem Druck nachgab.»[16]

«Stunde Null» und Neuanfang?

Mit dem «Fall Stadelmayer» ist die Frage nach den Kontinuitäten beziehungsweise Brüchen zwischen Faschismus und Nachkriegszeit sowie überhaupt die Frage nach der Durchführbarkeit der Entnazifizierung als ein bedeutender Aspekt der Nachkriegsgeschichte ganz allgemein angesprochen. Gerade in der ehemaligen «Hauptstadt der Bewegung» und der von Hitler gehätschelten «Stadt der deutschen Kunst» schien der Entnazifizierung von Menschen, aber auch von Wohnraum, von Straßen- und Platzbenennungen, schien einer das gesamte gesellschaftliche Leben umfassenden Entnazifizierung eine nahezu symbolträchtige Funktion zuzuwachsen. Nach einer ersten Auswertung des «Meldebogens aufgrund des Gesetzes zur Befreiung von Nationalsozialismus und Militarismus vom 5. März 1946» galten einige Ämter der Münchner Stadtverwaltung als bis zu 87 Prozent mit nationalsozialistischen Parteigängern besetzt. Allein schon bis Oktober 1945 mußte Scharnagl auf Anweisung des dafür zuständigen Captain Kurt Baer 3000 der (laut Bestandsrechnung von 1933) rund 14000 Beamten, Angestellten und Arbeiter der Stadt München entlassen.[17] Das Melde- und Entnazifizierungsverfahren, das aufgrund seiner Koppelung mit der Ausgabe der Lebensmittelkarten für den Normalbürger unumgänglich war, suchte zu differenzieren nach «Hauptschuldigen», «Aktivisten», «Militaristen», «Nutznießern», «Belasteten», «Mitläufern» und schließlich «Entlasteten».[18] Doch ob seines hohen Anspruchs erwies es sich als schwer praktizierbar und obendrein als langatmig, angesichts einer Kommunalverwaltung, die 1933 in den Vollzug des nationalsozialistischen «Gesetzes zur Wiederherstellung des Berufsbeamtentums» geraten war. Wie lange ein derartiges Verfahren dauern konnte, zeigt sich am Beispiel des ehemaligen NS-Oberbürgermeisters Karl Fiehler: Fiehler, der einen Tag vor dem amerikanischen Einmarsch spurlos aus dem Rathaus verschwunden war, später aber festgesetzt wurde und in einem Internierungslager in der Nähe des Nordfriedhofes einsaß, sollte erst am 11. Januar 1949 bei der Spruchkammer vorgeladen werden.[19]

Folgt man den Erinnerungen des damaligen Leiters des städtischen Personalreferates, Dr. Josef Zink, hatte die Entnazifizierung nicht die eigentlich dringend erforderliche Reorganisation einer funktionierenden Verwaltung, sondern vielmehr deren Destruktion zum Ergebnis.[20] Der Selbstmord eines hohen Beamten der Bauverwaltung, der wegen Parteimitgliedschaft «freigestellt» worden war, veranlaßte Scharnagl im Juli 1945 zu einer deutlichen Kritik an der Entnazifizierungspraxis: Der Verstorbene, «ein überaus fähiger, fleißiger, pflichtgetreuer Beamter» hatte, so beurteilte ihn wenigstens Scharnagl, «ebensowenig Nazigesinnung, wie ich sie habe». In diesem Zusammenhang warnte Scharnagl die amerikanischen Behörden vor einer zunehmenden Radikalisierung der «Stimmung von Tausenden von Menschen, die sicher brauchbare Staatsbürger» werden könnten oder sich aber, bei Fortführung der harten Linie der Entnazifizierung, zu «Massen von bolschewistisch gesinnten Leuten» entwickelten, «die alles bekämpfen werden, was Recht und Ordnung bieten soll».[21]

Inwieweit dieser Appell zum Umdenken bewogen hat, ist nicht mehr rekonstruierbar. Jedenfalls verständigte man sich Ende 1945 nach langen

Verhandlungen mit Kurt Baer dahingehend, daß die in den einzelnen Ämtern unbedingt benötigten Beamten auf Widerruf weiter zu beschäftigen seien, um den Zusammenbruch der Verwaltungsstrukturen und damit zugleich auch der Versorgung der Bevölkerung zu verhindern. Die Zuteilung der ohnehin kargen Pro-Kopf-Ration von umgerechnet 1500 Kalorien täglich hätte in der Tat nicht gefährdet werden können, ohne daß es – wie von Scharnagl angedeutet – zu Unruhen gekommen wäre.

Anläßlich der sogenannten Entnazifizierung von Wohnraum und den damit einhergehenden Beschlagnahmungsaktionen kam es des öfteren zu schweren Zusammenstößen zwischen *Displaced Persons* und den als NS-belastet eingestuften Wohnungsinhabern. Dieser Umstand machte das Eingreifen der amerikanischen Militärpolizei wie auch der Münchner Polizei, die auf amerikanische Anordnung 1945 der Stadtverwaltung unterstellt worden war, unerläßlich. Aber auch Unbelastete, ja sogar nachweisbare Gegner des Nationalsozialismus, wie der SPD-Stadtrat und Gewerkschaftsfunktionär Gustav Schiefer und der damals Dritte Bürgermeister und SPD-Politiker Thomas Wimmer konnten vor derartigen Wohnraumbeschlagnahmungen nicht sicher sein. Die im Frühjahr 1946 angeordnete Räumung deren beider Häuser in Harlaching wurde jedoch nicht ausgeführt, nachdem Wimmer und Schiefer erklärt hatten, andernfalls ihre Arbeit im Rathaus nicht mehr fortsetzen zu können.[22]

Die schon erwähnte, von den amerikanischen Behörden ebenfalls verfügte Entnazifizierung von Münchner Straßen- und Platzbenennungen glaubte man seitens der Stadtverwaltung am 3. Oktober 1945 abgeschlossen: Der Ritter-von-Epp-Platz hieß von da an wieder Promenadeplatz, die Hermann-Göring-Straße im 33. Stadtbezirk wurde zur Azaleenstraße und die Adolf-Hitler-Allee im 36. Stadtbezirk wurde, einem Kunstmaler zum Gedächtnis, umbenannt zur Diefenbachstraße. Dennoch monierte die «Süddeutsche Zeitung», übrigens die erstlizenzierte Zeitung in München und ganz Bayern, zur Jahreswende 1945/46, daß am Waldfriedhof immer noch eine Anschlagtafel des «Stürmer» hänge, in manchen Münchner Straßenbahnen die «Sparkasse der Hauptstadt der Bewegung» Reklame mache, und sich an den Trambahntüren nach wie vor die Aufschrift: «Vorsicht bei Gesprächen, Feind hört mit!» befinde. Ganz offensichtlich, so die SZ weiter, trete die Entmilitarisierung der Straßennamen und öffentlichen Plätze, die bereits zwei Sachbearbeiter – der erste sinnigerweise Parteimitglied – aufgezehrt habe, auf der Stelle.[23] Nach weiteren Anstrengungen der Stadtverwaltung und auch mit Hilfe der Hausbesitzer wurden bis Mitte 1946 alle derartigen äußerlichen Spuren des Dritten Reiches getilgt. Aus dieser Zeit stammt der neu benannte Geschwister-Scholl-Platz vor dem Hauptgebäude der Universität, gedacht nicht nur den Studierenden

33. Die erste Stadtratssitzung nach Kriegsende am 1. August 1945. Stehend Oberbürgermeister Karl Scharnagl, rechts von ihm Zweiter Bürgermeister Dr. Franz Stadelmayer.

34. Oberbürgermeister Thomas Wimmer in der Stadtratssitzung am 26. April 1960, in deren Verlauf er einen detaillierten «Abschlußbericht» über seine Amtszeit vortrug. Neben ihm sein designierter Nachfolger Dr. Hans-Jochen Vogel.

und Professoren zur Mahnung. Die NS-Architektur freilich, die bei den Bombenangriffen unbeschadet davongekommen war, sollte die Nachkriegsjahre überdauern. Eine Ausnahme bildeten die nationalsozialistischen «Ehrentempel» an der Ostseite des von den Nazis umgestalteten Königsplatzes: Auf amerikanische Anweisung sprengte man sie im Januar 1947 mit der später allerdings wieder verworfenen Nebenabsicht, auf ihren massiven Fundamenten Ausstellungsgebäude zu errichten.[24]

Doch noch einmal zurück zur Ausgangsfrage nach der «Stunde Null» und dem absoluten «Neubeginn» in München, einer Frage, die differenziert zu beantworten ist. Im Bereich der Stadtverwaltung und insbesondere auf dem Personalsektor lassen sich beide Begriffe nicht aufrechterhalten, hier wird man eher von einem Wiederanknüpfen an die Strukturen der Weimarer Republik sprechen müssen. Die sich aus der Notstandsverwaltung ergebenden Sachzwänge zum einen und die Auswahlpolitik der amerikanischen Behörden zum anderen haben einen personellen Neuanfang verhindert. Die Namen Stadelmayer (1949 übrigens wieder Würzburger Oberbürgermeister, später dann Intendant des Bayerischen Rundfunks), Scharnagl und Wimmer weisen zurück in die Weimarer Jahre und setzen zugleich deren positive politische Tradition fort. Das Parteienspektrum der ersten Münchner Gemeindewahlen am 26. Mai 1946 mag diese Tendenz bestätigen: Bei 85 Prozent Wahlbeteiligung entfielen von insgesamt 41 auf die CSU zwanzig, auf die SPD 17 und auf die KPD als erstlizenzierte Partei zwei Sitze im Stadtrat; die Wirtschaftliche Aufbauvereinigung (WAV), als wirkliche Neugründung von Alfred Loritz ins Leben gerufen, und Parteilose erhielten jeweils einen Sitz.[25] Damit überwogen im großen und ganzen wieder die klassischen Weimarer Parteien oder deren Nachfolgeorganisationen. Es waren sogenannte Altpolitiker, Geburtsjahrgänge ab 1880 etwa, die von der amerikanischen Besatzungsmacht dazu berufen wurden, den städtischen Notstand zu verwalten, und die diese Aufgabe – zweifellos erfolgreich – bewältigt haben. Die Jugend zeigte sich, so der Eindruck der Amerikaner, erstaunlich unpolitisch – eine Haltung, die vor dem Hintergrund der Erfahrungen verständlich ist, die die Eltern- und Großelterngeneration mit Politik, gar mit Parteipolitik gesammelt hatten. So scheiterte auch ein interessantes Münchner Experiment, nämlich das Jugendparlament «Junge Stadt», das 1946 vom Jugendreferenten der amerikanischen Militärregierung, Hans Peter Thomsen, und von Stadtschulrat Anton Fingerle initiiert worden war. Desinteresse, Zerstrittenheit, der Drang mancher Jungpolitiker, es den Altparteien nachzutun, vor allem aber größte Skepsis der etablierten Politiker gegenüber einer, wie Thomas Wimmer meinte, «sehr amerikanischen Einrichtung» waren die Gründe dafür.[26] Gerade dieses Beispiel macht deutlich, auf welche, durch eine andere Tradition abgesteckte Grenzen das amerikanische Demokratieverständnis stieß, und daß dieses sich nicht ohne weiteres überallhin übertragen ließ.

Für die Gesamtheit der Münchner Jüdischen Kultusgemeinde markierte das Kriegsende eine besonders tragische «Stunde Null»: Rund 3000 Juden waren aus München in Vernichtungslager deportiert oder bereits während des Transports dorthin ermordet worden; 1945 zählte man unter Einschluß der aus dem europäischen Osten neu hinzugekommenen *Displaced Persons* jüdischen Glaubens nur noch rund 430 Juden in der Stadt. In Zusammenarbeit mit der reorganisierten Kultusgemeinde mußten sie ihr Leben von Grund auf neu einrichten, wobei das 1946 gegründete «Staatskommissariat für die Betreuung der Juden in Bayern» unter Leitung von Dr. Philipp Auerbach schnell und unbürokratisch zu helfen suchte.[27] Trotz der historischen Erfahrung des Holocaust und der Angst vor wieder aufkeimendem Antisemitismus erwies sich München für viele von ihnen bald nicht mehr als bloße «Durchgangsstation» auf dem Weg nach Palästina, sondern als Ort zum Neuanfang. An die alte blühende Kultusgemeinde des 19. Jahrhunderts konnte und wollte man nicht mehr anknüpfen, doch setzte die am 20. Mai 1947 in der Reichenbachstraße eröffnete Synagoge wenigstens ein offizielles Zeichen der Präsenz.

Die Einsicht in die Ungeheuerlichkeit der NS-Verbrechen und der geistige Neubeginn schienen nur möglich in einer, wenn nicht Aufarbeitung, so doch selbstkritischen Betrachtung und Hinterfragung der jüngsten Geschichte, wie sie im künstlerischen, kulturellen und literarischen Bereich angeregt wurde. Die von Franz Josef Bautz herausgegebene Zeitschrift «Ende und Anfang, Zeitung der jungen Generation», dann «Neubau, Blätter für neues Leben aus Welt und Geist» oder «Der Ruf, Unabhängige Blätter der jungen Generation», letztere zeitweilig von dem Schriftsteller Alfred Andersch betreut, sind nur einige Beispiele aus der breitgefächerten Münchner Presselandschaft der Nachkriegszeit. Und doch signalisieren allein schon die Titel ihre Programmatik von kritischem Nachdenken und engagiertem Aufbruch aus altüberkommenen Strukturen.[28]

Das Münchner Musikleben lief, insgesamt betrachtet, in eher konservativen Bahnen weiter. Anders die Theaterszene: Die städtischen Kammerspiele unter ihrem ersten Nachkriegsintendanten Erich Engel und dem Verwaltungsdirektor und Regisseur Harry Buckwitz eröffneten einem trotz der Alltagssorgen ungemein aufgeschlossenen und interessierten Publikum den Zugang zu modernen amerikanischen, englischen und französischen Dramatikern. Bei Stücken von Thornton Wilder, Paul Osborn und Jean Giraudoux zeigte sich – Folge der verordneten Theaterprogramme des Dritten Reichs – ein großer Nachholbedarf und der Wunsch, wieder an den internationalen Standard anschließen zu können. Das Kabarett «Die Schaubude», wiederum nur ein Beispiel für die reichhaltige sogenannte Kleinkunstzene im Nachkriegs-München, galt als Anlaufstelle für zeitkritische Künstler und ebensolches Publikum gleichermaßen: Unter Mitarbeit etwa von Erich Kästner, Axel von Ambesser, Jürgen von Hollander und Ursula Herking wurden hier Programme aufgeführt, die Kabarettgeschichte gemacht haben.[29]

Die architektonische Physiognomie Münchens, die das Lebensumfeld eines jeden einzelnen und aller hier genannten Institutionen und Organisationen bildete, mußte, um die Betrachtungen zum vermeintlichen Einschnitt von 1945 abzurunden, eine eigene «Stunde Null» erfahren. Gerade diejenigen Bauwerke, die das Erscheinungsbild Münchens geprägt hatten, wie die Residenz, die Frauenkirche oder der Alte Peter, lagen in Trümmern. Um ihre künftige Gestaltung entwickelte sich eine heftige Diskussion zwischen der Denkmalpflege auf der einen Seite, die die Bausubstanz getreu der historischen Vorlage wiederhergestellt sehen wollte, und auf der anderen Seite den Verfechtern der Moderne, die auch in jene Traditionsbauten erneuernd einzuwirken suchten. Der damalige Stadtbaurat Karl Meitinger, der übrigens ebenso in der personellen Kontinuität zu den dreißiger Jahren stand wie andere Kommunalbeamte, schuf 1946 mit seiner Denkschrift «Das neue München» einen Kompromiß, der an der Peripherie eine moderne Architektur in Mehrgeschoßbauweise und gleichzeitig eine der Tradition verpflichtete Innenstadt vorsah, die als Identifikationshilfe für die Einheimischen und zur Orientierung der zu erwartenden Touristen gedacht war. Für den Verkehr konzipierte Meitinger ein Straßensystem mit Altstadt- und Mittlerem Ring, wobei er sich noch keine Vorstellung von den späteren Dimensionen des Individualverkehrs machte.[30] «Unsere Kleinwagen, wenn wir sie einmal fahren sollten, brauchen nicht viel Platz», so umschrieb der Stadtplaner und Architekt Fred Raimund die in den ersten Nachkriegsjahren gängige Ansicht über die Zukunft des Autos, und weiter heißt es: «In vielen Köpfen spukt die Vorstellung der mit Autos vollgestopften Straßen. Es wird vermutlich halb so schlimm.»[31]

Diskutieren, Theorie statt Praxis, Planen statt Bauen lautete angesichts der riesigen Trümmerfelder zunächst die Devise, wobei sich unter dem Mangel an Baustoffen und Finanzmitteln die Fronten zwischen der «Wohnstadt» und der «Kunststadt» München zunehmend verhärteten. Neben einem nicht näher dokumentierten, wohl in kleineren Zirkeln gehandelten radikalen Vorschlag, die Trümmerstadt ganz zurückzulassen und München in der Gegend des Starnberger Sees völlig neu aufzubauen, lieferten diverse Entwürfe und Planskizzen zur Gestaltung einzelner Bauwerke und ganzer Ensembles reichlichen Diskussionsstoff.[32] Die 1948 publizierte Denkschrift des Münchner Architekten Richard Friedrich etwa hatte zum Inhalt, die gotischen Gewölbe der Frauenkirche nicht mehr zu rekonstruieren, sondern an deren Stelle eine «Eisenbeton-Rippendecke mit charakteristischem Profil» einzubauen und statt des Altars ein Raumbild mit einer Taube als Friedenssymbol zu schaffen.[33]

Damals auch machte man sich konkrete Gedanken zur Neugestaltung des Herzens der Stadt, des Marienplatzes. Die eingereichten Entwürfe schwankten zwischen kühnem Futurismus in Glas-, Stahl- und Betonbauweise bei Schleifung der historischen Bausubstanz und andererseits allzu deutlichen Reminiszenzen an die Monstrosität der NS-Architektur. Die Vorschläge Hans C. Reissingers, ehedem Hitlers Beauftragter für den geplanten Ausbau Bayreuths, den Platz zugunsten der Verkehrsführung geringfügig zu erweitern und ansonsten historische und neue Baustubstanz nebeneinander anzuordnen, wurden schließlich zur Grundlage des künftigen Wiederaufbaus.[34] Die Meinung der Bürger jedenfalls tendierte mehrheitlich zu den eher historisierenden Lösungen. Mit großem Idealismus und viel Improvisationstalent hatten sich gleich nach Kriegsende viele Münchner bei der Sicherung und Bergung von Kunstschätzen aus den Ruinen der Denkmalbauten engagiert und sich zu Fördervereinen, etwa den «Freunden der Residenz» oder dem «Kulturbaufonds», zusammengeschlossen. Die Tatsache, daß sich die Anhänger einer historisch erneuerten Altstadt in der Praxis schließlich durchsetzen konnten, und daß das schwer beschädigte Alte Rathaus anläßlich der Diskussion um den Marienplatz 1948 nicht abgerissen wurde, lag aber auch begründet im eher klassischen München-Bild des neuen Stadtoberhauptes Thomas Wimmer.

Die zweite Phase der Münchner Nachkriegsgeschichte, der systematische Wiederaufbau, begann 1948 gleichzeitig mit jener «Ära Wimmer», die man an späterer Stelle noch wird kritisch würdigen müssen. Bis dahin war ein Großteil der Trümmer bereits geräumt, wobei manche Zeitgenossen übrigens eine verstärkte «Wüstenbildung» im Stadtterrain festzustellen glaubten.[35] Natürlich: Erst die Trümmerräumung und die dadurch freigelegten Flächen führten dem Betrachter das ganze Ausmaß der Kriegszerstörung vor Augen.

Währungsreform und beginnender Wiederaufbau

Aus der Gemeindewahl vom 30. Mai 1948 ergab sich nun genau der «Parteienwirrwarr», dem Wimmer seit der Weimarer Republik denkbar skeptisch gegenüberstand: zehn der nunmehr fünfzig ehrenamtlichen Stadtratssitze entfielen jetzt auf die CSU – die Partei von Oberbürgermeister Scharnagl hatte kaum die Hälfte der Wählerstimmen von 1946 auf sich vereinigen können. Bei einem Stimmenanteil von 27,5 Prozent und 15 Ratssitzen war die SPD die stärkste Fraktion. Daneben zogen Vertreter der neugegründeten Bayernpartei, überraschend potent mit rund einem Viertel der Wählerstimmen, der KPD, der WAV, der FDP sowie ein parteiloser Katholik ins Rathaus ein. Wimmer, in der eigenen Partei nicht unumstritten, weil betont volkstümlich und deshalb als zu wenig repräsentabel für ein «Kulturzentrum wie München» erachtet, konnte sich erst im zweiten Wahlgang durchsetzen. Das Machtrevirement erwies sich als komplett, als Scharnagl zum Zweiten Bürgermeister gewählt wurde.[36]

Der Führungswechsel im Rathaus und insbesondere die beinahe zeitgleich eintretende Währungsreform von 20. Juni 1948 gaben dem Wiederaufbau die nötige wirtschaftliche Schubkraft. Die Umstellung der Währung schuf zudem die Grundlage für eine solide städtische Finanzplanung, die allerdings die öffentlichen Haushalte zunächst stark belastete, zumal die Stadt München selbst mehr als 430 Millionen alte Reichsmark an Rücklagen abschreiben mußte. Durch steigende Arbeitslosigkeit und wegen der vielen älteren Menschen, die sich nach dem Verlust ihrer Ersparnisse mit einemmal ins gesellschaftliche Abseits gedrängt sahen, stieg die Zahl der Unterstützungsempfänger rapide an. Vor diesem Hintergrund basierte der städtische Haushalt nicht auf einem Plus, sondern vielmehr auf 3,1 Millionen DM Schulden, die die Stadthauptkasse aus ihrem Erstausstattungsfonds von insgesamt 23,1 Millionen DM zur Verfügung stellte.[37] Zugleich löste die Währungsreform die aus der dreijährigen Notstandsverwaltung erwachsene improvisatorische Finanzpolitik ab und führte wieder die strengen Regeln ordentlicher Haushaltung ein. Erwin Hielscher hatte von nun an als Stadtkämmerer über Ausgabendekkung durch Eigeneinnahmen und vor allem über die Einhaltung des Verbotes von Haushaltsdefiziten zu wachen.[38] Gerade die Aufgabe, möglichst einen strikten Sparkurs einzuhalten und gleichzeitig das drängendste Problem, nämlich den Mangel an Wohnraum anzugehen, also das Ausbalancieren dieser beiden Grundforderungen der Wiederaufbauzeit sollte sich als besonders schwierig erweisen.

Seit Januar 1947 stieg die Einwohnerzahl Münchens jährlich um rund 27000 Personen, wobei es sich zumeist um Flüchtlinge aus den Ostgebieten handelte, ein Faktum, das die seit Kriegsende ohnehin schon eklatante Wohnungsnot weiter zuspitzte. Für diese heimatlos gewordenen Menschen richtete die Stadtverwaltung an der Peripherie Barackenlager ein, deren beschämende Notdürftigkeit teilweise bis weit in die fünfziger Jahre fortbestand. Bis 1949 glaubte man, das Flüchtlingsproblem relativ einfach in den Griff bekommen zu können, nämlich mit einer Mischung aus Zuzugskontingentierung, das heißt der Einhaltung des Flüchtlingsanteils von sechs bis acht Prozent der Gesamtbevölkerung, und berufsbezogener Restriktion. Unter den Beamten, Arbeitern und Angestellten der Stadt München konnten im Jahr 1948 nur rund 660 Flüchtlinge festgestellt werden. Die «Arbeitsgemeinschaft Union der Ausgewiesenen» bezeichnete derartige Verhältnisse folgerichtig als «Schande, eine deutsche Schande ohnegleichen».[39] Erst 1949, nachdem die Zuzugsbegrenzungen gelockert worden waren, zeigte sich, wie wichtig der Beitrag der Flüchtlinge zum Wiederaufbau der Wirtschaft und des Wohnungswesens wurde. «Denen muß trotz allem geholfen werden»,[40] diese Äußerung Wimmers gegenüber seinem sudetendeutschen Parteifreund Volkmar Gabert, zeugt von der behördlichen Konzeptionslosigkeit, aber auch von der spontanen Hilfsbereitschaft des bodenständigen Münchnertums.

Mit der weithin berühmt gewordenen «Rama-dama-Aktion» vom 29. Oktober 1949 wollte Wimmer zuallererst die Münchner zur Mitarbeit bei der Trümmerbeseitigung anregen. Der «Münchner Merkur» initiierte zusammen mit dem amerikanischen Stadtkommandanten George Godfrey diese Aktion gemeinsamen Schutträumens, die Schirmherrschaft übernahmen Colonel Wood als Vertreter der US-Armee, der Intendant des Bayerischen Rundfunks, Rudolf von Scholtz, Felix Buttersack als Mitherausgeber und Chefredakteur des «Münchner Merkur» und allen voran Thomas Wimmer. Er verfügte, laut der Erinnerung von Teilnehmern, über große Arbeitsausdauer und den richtigen Umgang mit einer Schaufel. Die sehr aufwendige Aktion, bei der 7000 Menschen mithalfen, 6450 Kubikmeter Schutt wegzuräumen, der immer noch auf den Straßen und Plätzen lagerte, war rein quantitativ gesehen nicht erfolgreich: allein die Tagesmenge der normalen, behördlich durchgeführten Schutträumung belief sich nämlich auf durchschnittlich 8300 Kubikmeter. Wichtiger schien, daß sich «die gesamte Bevölkerung», so der Wiederaufbaureferent Helmut Fischer, «doch wenigstens einmal mit dem Problem der Trümmerräumung befaßt» hatte.[41] Auch für Wimmer persönlich stand dabei nicht unbedingt die Effizienz, sondern der Appell an den Gemeinsinn der Münchner Bevölkerung im Vordergrund. Nur gemeinsam, durch das Zusammenwirken aller Kräfte, werde man den Wiederaufbau bewältigen – das war die der «Rama-dama-Aktion» zugrunde gelegte Programmatik. Ebenso wie bei der von ihm getragenen Holzbeschaffungsaktion von 1946 wußte Wimmer um den Symbolcharakter derartiger Aktionen, die außerdem seine Popularität wirksam zu steigern vermochten.

Durch den Bau von Wohnsiedlungen in Ramersdorf 1949 und die damit einhergehende schrittweise Aufgabe beschlagnahmter Wohnungen versuchten die amerikanischen Behörden ihren Beitrag zur Lösung der Wohnungsfrage zu leisten. Dennoch mußte der Oberbürgermeister in seinem

Bericht zum Jahreswechsel 1949/50 die Wohnungsnot weiterhin als «Problem Nummer 1» deklarieren. Große Sorgen bereitete ihm auch die akute «Schulraumnot für alle Schulen» bei einer um 20000 Personen gestiegenen Schülerzahl, obwohl man, wie Wimmer dazu ausführte, bei der Restaurierung der Schulhäuser große Fortschritte gemacht habe und den Zustand von 1939 bald wieder herstellen könne. Die in den Wintermonaten regelmäßig wiederkehrende Stromknappheit trachtete die Stadtverwaltung durch «Steigerung der Kesselleistung beim Dampfkraftwerk» zu beheben. Zur Beseitigung der Engpässe beim Straßenbahn- und Omnibusverkehr freilich mußten die Bürger – Beginn der Preisspirale beim Personennahverkehr – seit dem 1. Januar 1950 durch höhere Fahrpreise einen Eigen- und Solidarbeitrag berappen.[42] Wie erfolgreich die Stadtverwaltung trotz aller Widrigkeiten zusammen mit ausgebombten Münchner Familien und Flüchtlingen bei der Beschaffung von Wohnraum agierte, zeigte das Beispiel der 1950/51 auf dem ehemaligen Schießplatz im Münchner Norden errichteten Kieferngarten-Siedlung, die der ausgeprägten Eigeninitiative ihrer künftigen Bewohner Rechnung trug.[43] In der Tat näherte man sich zur Jahreswende 1951/52 dem Ziel, die Wohnraumkapazitäten der Jahre vor dem Kriegsbeginn wieder zu erlangen. Doch die bloße Wiederherstellung des status quo ante reichte nicht mehr aus, um den Bedürfnissen im Wohnungs- und Sozialbausektor, bei Schulen und Altenheimen in der mittlerweile drittgrößten westdeutschen Stadt gerecht zu werden. So leitete die Gemeindewahl von 1952 die dritte Phase der Nachkriegsgeschichte ein: Angesichts der allgemeinen wirtschaftlichen Aufwärtsentwicklung, also des einsetzenden Nachkriegs-Wirtschaftswunders, sollte die Bausubstanz Münchens erneuert und erweitert werden.

Die Neubauphase als Höhepunkt der «Ära Wimmer»

Noch vor den bayerischen Kommunalwahlen hatte der Landtag 1952 die neue Gemeindeordnung verabschiedet, deren Kernpunkt die unmittelbare Wahl des Ersten Bürgermeisters durch die Bürger der jeweiligen Gemeinde bildete. Bayernpartei und CSU entschieden darüber hinaus gegen die Stimmen der SPD im Münchner Stadtrat, den künftigen Oberbürgermeister ehrenamtlich und damit nur für vier Jahre, statt sechs Jahren bei Hauptamtlichkeit, zu bestellen. Allgemein wurde dies als deutlicher Schlag gegen den amtierenden Oberbürgermeister gewertet, der wiederum, falls von den Wählern dazu beauftragt, sein Amt berufsmäßig verwalten wollte. Das Ergebnis vom 30. März 1952 bestätigte jedoch mit 60,9 Prozent der Wählerstimmen nicht nur Wimmers bisherigen Arbeitseinsatz, sondern vor allem seine gestiegene Popularität, mit der seine eigene Partei bei einem Stimmenanteil von 38,7 Prozent nicht mitzuhalten vermochte.[44]

Nach dieser Persönlichkeitswahl konnte Wimmer seine zweite Amtsperiode als Münchner Oberbürgermeister auf einer überparteilichen Zustimmung seitens der Bevölkerung gründen, die jedoch im Stadtrat, wie sich bald zeigen sollte, nicht unbedingt geteilt wurde. Nachdem man sich im Rathaus zur ersten großen Kreditaufnahme im Volumen von 130 Millionen DM durchgerungen hatte, wobei sich sogar Wimmer – bekanntermaßen sparsam, wenn nicht gar knausrig – von diesem Schritt überzeugen ließ, wurde das Neubauprogramm zügig in Angriff genommen. Im Jahr 1955, als Wimmer sein zehnjähriges Bürgermeisterjubiläum beging, waren diverse kommunale oder privatwirtschaftliche Projekte im Entstehen oder bereits realisiert, so unter anderem das erste städtische Heizkraftwerk an der Müllerstraße, die Parkstadt Bogenhausen oder die Siemens-Siedlung an der Boschetsrieder Straße, wo der Architekt Emil Freymuth erstmals in München moderne Wohnhochbauten verwirklichte.[45] Dementsprechend hob auch Stadtrat Lutz von der CSU die Verdienste Wimmers hervor, sei es nun bei den schon erwähnten Aktionen zur Selbstversorgung der Bevölkerung, sei es bei der Übernahme des Flughafens München-Riem 1948 durch eine städtisch-staatliche Betriebsgesellschaft, sei es insgesamt bei seinen Bemühungen, «München in verhältnismäßig kurzer Zeit wieder sein altes, liebes Gesicht» zu geben. Wimmer nahm diese Würdigung dankbar an, jedoch nicht ohne den mahnenden Hinweis hinterherzuschicken, daß man gerade beim Neubau von Wohnungen, Schulen und Altenheimen «noch lange nicht über den Berg» sei.[46]

Die Jahre 1952 bis 1955 markierten zweifellos den Höhepunkt im persönlichen Ansehen des «Volksbürgermeisters» Thomas Wimmer. Doch nur wenige Wochen nach dieser Feierstunde begannen dunkle Wolken über dem Rathaus aufzuziehen und die bis dahin wenigstens nach außen hin uneingeschränkte Autorität Wimmers zu trüben.

Im November 1955 überschrieb die «Süddeutsche Zeitung» einen kritischen Kommentar zur Münchner Kommunalpolitik mit der Schlagzeile «Das Trauerspiel im Rathaus» und leitete damit die massive Kritik an der Amtsführung des Oberbürgermeisters ein. Den Oberbürgermeister und dessen Stellvertreter Dr. Walther von Miller traf der Vorwurf, der Aufblähung des städtischen Personalapparates nicht mittels Rationalisierung entgegenzutreten und angesichts der Skandale und Differenzen innerhalb des Stadtrats nicht entschieden genug reagiert zu haben.[47] Die Münchner «Abendzeitung» faßte einen Monat später nach, indem sie noch deutlichere Worte für den Mangel an Wimmers Führungskompetenz fand: München brauche «einen Oberbürgermeister, der nicht nur Anzapfen kann, der nicht nur Musikkapellen beim Münchner Oktoberfest oder am Nockherberg dirigiert». «Wimmer soll abdanken!», in dieser massiven Forderung gipfelte der Bericht der «Abendzeitung».[48]

Obwohl Wimmer eine Gegendarstellung versuchte und an einen längeren eigenen Krankenhausaufenthalt erinnerte, der ihn an der Führung der Amtsgeschäfte gehindert habe, konnte er den Vorwurf fehlender Richtlinienkompetenz zum damaligen Zeitpunkt nicht mehr entkräften.[49] Der Kritik einer anwachsenden und zudem unrationell arbeitenden Verwaltung suchte er noch nachträglich mit der von ihm auch in Stadtratssitzungen bevorzugten Art der Zahlenargumentation zu begegnen: Vor dem Hintergrund des enormen städtischen Wachstums sei, so Wimmer, ein Anstieg von 16 228 hauptamtlichen Dienstkräften 1949 auf 19 142 im Jahr 1958 mehr als vertretbar gewesen.[50]

Das Wahlergebnis vom 18. März 1956 dokumentiert, daß Wimmer trotz aller Bemühungen den Zenit seiner Popularität überschritten hatte. Bei einer deutlich geringeren Wahlbeteiligung als 1952 konnte er mit 58,3 Prozent zwar wieder erstaunlich viele, gemessen an seinem früheren Ergebnis aber doch wesentlich weniger Wählerstimmen verzeichnen, während sich die SPD insgesamt mit 43,1 Prozent im Aufwärtstrend befand. Im Gegensatz zu den Absichten Wimmers, der trotz aller parteilichen Gegnerschaft mit den Bürgermeistern Scharnagl und von Miller eine tragfähige Basis zur pragmatischen Zusammenarbeit gefunden hatte und diese auch fortsetzen wollte, strebte die SPD nach einer Koalition ohne Beteiligung der CSU und desavouierte ihren Kandidaten bei den Koalitionsverhandlungen.[51] Unter Mitwirkung auch der eigenen Partei begann die Demontage des «Volksbürgermeisters». Allmählich zeichnete sich das Ende der «Ära Wimmer» ab, die freilich bis zum Rückzug ihres Hauptakteurs und dessen feierlicher Verabschiedung aus städtischen Diensten im Jahr 1960 nach wie vor durch eine fortgesetzte Erfolgsbilanz, insbesondere auf dem Bausektor, bestimmt wurde.

Aus gebotener historischer Distanz betrachtet, kann man jene zwölf Regierungsjahre des Oberbürgermeisters Wimmer durchaus als eine Ära, als stadthistorische Epoche mit all ihren Höhepunkten und Schwächen bezeichnen. Dabei fällt besonders die Kluft zwischen Wimmers oft mangelnder Wirkungskraft im Stadtrat und seinem großen Ansehen bei den Bürgern auf. Seine zweifellos vorhandene Führungsschwäche und seine Scheu vor harten Auseinandersetzungen resultierte vielleicht auch aus der Strukturveränderung des Stadtrates in den fünfziger Jahren, als das Fachwissen der Referenten und eigenparteiliche Interessen zunehmend in den Vordergrund rückten. Das dabei erforderliche moderne Management einer werdenden Großstadt schien nicht mehr vergleichbar mit dem überparteilichen Idealismus der Notstandsjahre, in denen bereits das versöhnende Gespräch der Kontrahenten einen Konflikt lösen half. Modernes Management war nicht Wimmers Sache. Überdies wollte er, gemäß seiner Herkunft aus der Arbeitertradition und seiner historischen Erfahrung mit der NS-Diktatur, sich selbst nicht als Führungsperson definiert sehen: Jegliche «Führungsversuche» wertete er negativ und versäumte es nicht, bei jeder sich bietenden Gelegenheit im Stadtrat darauf hinzuweisen, daß man ihn allenfalls «als Vollzieher des Willens des Stadtrates» und damit als Vertreter der Bevölkerungsmehrheit, nicht aber «als Führer» betrachten solle.[52] Für wesentlich bedeutsamer als die Demonstration des Führungsanspruchs hielt er es, Kontakt zu den Bürgern zu halten, zahlreiche Briefe aus deren Mitte zu beantworten und in zweimal wöchentlich abgehaltenen Sprechstunden Näheres über deren Sorgen und Nöte und auch deren Anregungen zu erfahren – aus heutiger Sicht eine praktizierte Bürgernähe, die freilich von einigen Stadträten damals als zeitraubend und letztendlich ineffektiv eingestuft wurde.[53] Daß sich Wimmer «mehr als Volksbeauftragter denn als Chef der Stadtverwaltung verstanden» habe,[54] diesem Urteil seines Amtsnachfolgers Hans-Jochen Vogel ist durchaus zuzustimmen. Als Altpolitiker Weimarer Prägung demonstrierte Wimmer gerade am Beispiel der Bürgersprechstunde ein modernes, aus dem amerikanischen Vorbild abgeleitetes Demokratieverständnis. Im Rahmen seiner Möglichkeiten versuchte er hier, den Bürgern die Fähigkeit zum demokratischen Dialog zu vermitteln. Unter diesem Aspekt war Wimmer ein zeitgemäßer Oberbürgermeister oder besser: der richtige Oberbürgermeister zur rechten Zeit. Daß er «Münchner Eigenart» bewahrt und eine «Allerweltsstadt München» verhindert habe,[55] diesen Anspruch allerdings wird man bei genauerer Betrachtung doch etwas relativieren müssen. Nicht erst in den sechziger Jahren, sondern bereits zwischen 1945 und der Währungsreform wurde der Grundstein für wirtschaftliches Wachstum und die damit einhergehende Veränderung im gesellschaftlichen Bereich gelegt. Selbst wenn er wollte, konnte sich Wimmer diesem vorprogrammierten Wandlungsprozeß, der das so oft zitierte «alte, liebe München» bis ins Innerste traf, nicht entziehen. Sein zweites großes Verdienst mag vielmehr darin bestanden haben, allzu rasche Umstrukturierungen gebremst und den Bürgern somit einen halbwegs erträglichen Übergang von der Trümmer- über die Neubau- bis hin zur «Boom- und Wachstumsphase» ermöglicht zu haben. In seiner Person schien sich das Bürgermeisteramt in idealer Weise mit einer ganz und gar volksverbundenen Persönlichkeit zu vereinigen: Dieses persönliche Image des «Wimmer Dammerl», das seine Amtsführung trotz mancher Schwachpunkte verklärt, wirkt bis heute weiter.

Visionen zur Achthundert-Jahr-Feier

Im Jubiläumsjahr 1958 konnte sich München wieder mit einer vorteilhaften Silhouette präsentieren. Rechtzeitig zum Stadtjubiläum hatte man die Bauarbeiten an den markanten Kunst- und Kulturbauten abgeschlossen, so daß die Frauenkirche und der Alte Peter in ihrem historischen Erscheinungsbild erstrahlten und auch die stark zerstörte Residenz in ihrer Bausubstanz abgesichert war. Bei den meisten Denkmalbauten hatte man den Weg der vorlagengetreuen Restauration und Rekonstruktion gewählt. Das ebenfalls 1958 fertiggestellte Siegestor stellt eine der wenigen Ausnahmen dar, bei denen historische Abläufe und der Kriegseinschnitt im Denkmal selbst dokumentiert wurden. Seine in die Ludwigstraße blickende nüchtern-sachlich gestaltete Front und die Inschrift «Dem Sieg geweiht. Vom Krieg zerstört. Zum Frieden mahnend» bieten eine der interessantesten Lösungen zur Frage nach dem «Wie» des denkmalpflegerischen Wiederaufbaus.[56]

Während man die Altmünchner Fassade größtenteils wiederhergestellt hatte, war die mentale Entwicklung der Stadt schon längst, spätestens jedoch seit Kriegsende, in andere Bahnen eingetreten. Die bauliche Renaissance des alten München vermochte es freilich auch, das muß bei aller Kritik angemerkt werden, einen in der Neubau- und Wachstumseuphorie drohenden Identitätsverlust gerade bei den älteren Bürgern zu verhindern. Die vermeintliche Wiedergeburt Alt-Münchens war, betrachtet man sie unter dem Aspekt einer durch den Zweiten Weltkrieg ausgelösten Identitätskrise der Stadtkommune, eigentlich ein Selbstbetrug mit deutlich therapeutischem Effekt. Die Jubiläumsfeierlichkeiten vom 15. Juni bis zum 31. August 1958 mit diversen Veranstaltungen, darunter dem historischen Stadtumzug, sollten bekunden, daß München wieder München war, daß in der Stadt bei allen zeitgemäßen Neuerungen «doch in anderer Weise auch alles beim alten bleiben» werde und daß man deshalb, so der Tenor offizieller Festansprachen, «am 800. Geburtstag dieser Stadt um ihre Zukunft nicht besorgt zu sein» brauche.[57] Die Traditionspflege Münchens baute also auf einem denkbar brüchigen Geschichtsverständnis auf, und dieser Umstand erklärt wohl das Auseinanderklaffen zwischen erwünschter und – dank der florierenden Tourismusbranche – werbeträchtiger «Atmosphäre» einerseits und andererseits der eigentlichen Lebensrealität: eine für uns heute immer augenfälliger werdende Distanz.

Anläßlich des Stadtgründungsfestes machten sich zumeist 13- und 14jährige Schulkinder Gedanken zum Thema «München im Jahr 2000». In Anlehnung an die Science-fiction-Literatur schilderten die einen ein futuristisches Szenario mit «Leberkäspillen» als Münchner Fast food, mit Landeplätzen für Senkrechtstarter, die einmal Trambahn und Omnibus ersetzen würden, mit einem 35stöckigen Atomkraftwerk in der Nähe des Justizpalastes, und einem Hoch- und Tiefstraßensystem, auf dem sich kegelförmige Fahrzeuge mit der «Mindestgeschwindigkeit von 130 Kilometern» fortbewegten. Andere aber zeigten sich – völlig gegensätzlich zur positiven Grundstimmung der Festreden – zutiefst verunsichert über die rasante Entwicklung Münchens und artikulierten demzufolge ihre Zukunftsängste: «Ohne Schallschützer», so umschrieb eine 13jährige Schülerin das drohende Lärm-Problem, «kann man nicht mehr sein. Sobald man ihn abnimmt, zerreißt es einem das Trommelfell.» Überaus realistisch klingt auch die Prognose einer 17jährigen Schülerin hinsichtlich der Luftverschmutzung: «Vom Rande der Stadt kann man München nicht überblicken. Eine Dunst- und Schmutzschicht liegt darüber, wie das bei den heutigen Städten üblich ist.» Nachdem immer mehr Wohnblockviertel in Hochbauweise entstünden, wollten «die Münchner mehr denn je in die ‹freie› Natur hinausstürmen», wo sie sich «so ungezwungen und unordentlich wie möglich austoben» könnten. Deshalb empfahl ein 14jähriger Schüler, den Begriff von der sogenannten Freiheit der Natur schon vorsichtshalber in Anführungszeichen setzend, «die restlichen Wiesen und Wälder in der nächsten Umgebung der Stadt» im Sinne des Naturschutzes «mit einem hohen Drahtgitter zu umgeben, bis die Bevölkerung ihre Fehler einsieht». Ein 13jähriger Schüler schließlich war davon überzeugt, daß die Münchner Innenstadt, «die City – so wird das Stadtzentrum jetzt genannt – nur noch aus Kaufhäusern, Selbstbedienungsläden und Büros» bestehen werde.[58] Viele dieser Schülervisionen zeugen neben einem nachdenklich stimmenden und resignativen Unterton von erstaunlichem Problembewußtsein, wie es bei den Erwachsenen insbesondere im Jubiläumsjahr nicht ohne weiteres festgestellt werden konnte. Noch vor dem Stichjahr 2000 haben sich diese Visionen auf teilweise erschreckende Weise bewahrheitet. Daß Jugendliche vor mehr als dreißig Jahren derart konkrete Prognosen wagten, bezeugt wiederum die offensichtlich schon damals vorhandenen Risse in der Jubiläumsfassade des eben nur vermeintlichen «Alt-München».

Nina Krieg

Die «Weltstadt mit Herz» Ein Überblick 1957 bis 1990

«Millionendorf» mit Wohnungsnot

Der 15. Dezember 1957 markiert ein denkwürdiges Datum der jüngeren Stadtgeschichte. An diesem Tag nämlich wurde in Pasing Thomas Seehaus als einmillionster Münchner geboren. Seine symbolträchtige Patenschaft übernahm Oberbürgermeister Thomas Wimmer, dessen Freude über den jüngsten Bürger aus Fotodokumenten ebenso hervorgeht wie seine Skepsis:[1] München war unwiderruflich zur Millionenstadt geworden, und die von Wimmer einst propagierte Überschaubarkeit, verbunden mit dem direkten Kontakt zum einzelnen, schien endgültig verlorenzugehen. Eine neue Zeit kündigte sich an, wobei man den harten Begriff der «Millionenstadt» mit dem typisch Münchnerischen und etwas heimeligen Kunstwort «Millionendorf» abzumildern suchte. Die Expansion war nicht mehr aufzuhalten, obwohl Wimmer in seinem Abschlußbericht vom 26. April 1960 seiner Stadt kein dynamisches Wachstum, sondern ein eher bescheidenes «weiteres Blühen und Gedeihen» wünschte.[2]

Den wohl einschneidendsten Veränderungen in der Stadtstruktur nach dem Zweiten Weltkrieg ging zwar kein Parteien-, aber doch ein deutlicher Generationswechsel voraus: Am 27. März 1960 wurde der Spitzenkandidat der SPD, Dr. Hans-Jochen Vogel, mit überragenden 64,3 Prozent der abgegebenen Stimmen zum neuen Stadtoberhaupt gewählt. Zwischen dem 34jährigen Karrierejuristen Vogel, zuletzt als Leiter des städtischen Rechtsreferates tätig, und dem Alt-Oberbürgermeister Wimmer lagen nicht nur vierzig Jahre Lebenserfahrung und kommunalpolitische Praxis, sondern beide waren auch durch eine gänzlich unterschiedliche Tradition und Amtsauffassung geprägt. Den älteren Wimmer als einen eher «kleinbürgerlichen», Vogel hingegen als «intellektuellen» Bürgermeistertyp zu charakterisieren, das mag eine, allerdings doch recht schlagwortartige Möglichkeit der Differenzierung sein.[3] Man könnte auch von einem Umschwung in der Arbeitsweise sprechen: von der behäbigen, dennoch immer pragmatisch orientierten Amtsverwaltung, erwachsen aus Arbeitertradition und vermeintlicher Altmünchner Bürgerlichkeit, so wie sie eben Wimmer gekennzeichnet hatte, hin zum technokratisch anmutenden, nichts dem Zufall überlassenden und deshalb alles pedantisch genau einkalkulierenden Führungsstil Hans-Jochen Vogels, der genau der entstehenden modernen Wachstumsgesellschaft entsprach. Angesichts der in den sechziger Jahren steigenden Ausländerzahl in München konnte sich Vogel damals schon eine multikulturale Gesellschaft durchaus vorstellen. Er definierte sich selbst gerne als «Vorsitzender einer Gruppe», als «Leiter einer Projektgruppe, deren Projekt München heißt».[4] Gleich zu Beginn seiner Amtszeit machte er klar, wie wichtig ihm der Arbeitsbegriff «Stadtplanung» war, indem er das Stadtplanungsamt dem Hochbaureferat ausgliedern und der Stadtspitze direkt unterstellen ließ. Von jetzt an wurden Begriffe wie «Planungsleitziel» und «Dynamik», «Wachstum» und «regionaler Verbund», «Verkehrsentwicklung», aber auch «hygienische Auflockerung der Stadt» mittels «Frei- und Grünflächen» zu zentralen Kategorien im kommunalpolitischen Sprachgebrauch. Man glaubte, daß die künftige Entwicklung auf verschiedenen Planungsebenen und in Planungsrealitäten vorherzusehen sei und daß man sie letztlich auch beherrschen könne.

Im November 1960 verabschiedete der Stadtrat den «1. Münchner Plan zur Behebung der Wohnungsnot». Laut offizieller Darstellung hatte dieser Plan das Ziel, «in den 6 Jahren vom 1. Januar 1961 bis zum 31. Dezember 1966 mindestens 48000 öffentlich geförderte Wohnungen zu errichten und dem freifinanzierten Wohnungsbau nach Maßgabe des restlichen Bedarfes Raum zu geben», wobei das Wohnungsdefizit 1960 auf rund 123000 Einheiten geschätzt worden war.[5] Zudem vergrößerte sich die Kluft zwischen sozialem und privatwirtschaftlich finanziertem Wohnungsbau: 1960 kostete ein Quadratmeter unerschlossenen Grundstücks in München noch durchschnittlich vierzig DM, acht Jahre später bereits mindestens 120 DM, und die Baukosten für eine sogenannte «Normalwohnung» stiegen im gleichen Zeitraum von 25000 DM auf 36000 DM an. Der 1968 zu erwartende Mietpreis von rund 3,50 DM pro Quadratmeter Sozialwohnung und der nahezu doppelt so hohe Quadratmeterpreis bei frei finanzierten Wohnungen, die insgesamt preistreibende Tendenz des Münchner Wohnungsmarktes wurde von dem damaligen Stadtbaurat Edgar Luther als «bedenklich» eingestuft.[6] Trotz des stetig wachsenden Bedarfs an günstigem Wohnraum und ungeachtet der infolge zunehmender Bodenspekulation überproportional gewachsenen Baukosten, war es der Stadtverwaltung 1968 mit zwei Jahren Verspätung gelungen, ihr Plansoll von 48 000 neugebauten Sozialwohnungen zu erfüllen.[7] Doch die Wohnungsnot ließ der Stadt keine Atempause, so daß 1969 ein «2. Münchner Plan» nachgeschoben wurde, demzufolge in fünf Jahren weitere 35 000 Sozialwohnungen entstehen sollten. Die großen Wohnsiedlungen in Fürstenried, am Lerchenauer See oder in Neu-Perlach, die mit öffentlichen und privaten Mitteln finanziert wurden, entstanden allesamt in den sechziger Jahren, als man sich bemühte, die Wohnungsnot endgültig in den Griff zu bekommen, letztendlich aber doch nur Etappensiege verzeichnen konnte. Ihr reißbrettartiger Grundcharakter und ihr teilweise monotones Erscheinungsbild zeugen von dem Zeitdruck, unter dem sie entstanden sind. In ihnen spiegelt sich aber auch ein gutes Stück des damaligen Zeitgeschmackes wider, dominiert von in Hoch- und Fertigbauweise errichteten, suburban-eigenständigen Wohn-, Arbeits- und Verwaltungszentren, wie sie in den damaligen Stadtentwicklungsplänen nicht nur in München vorgesehen waren.

Im Jahr 1960 hatte der Münchner Stadtrat seinen eigenen großen «Stadtentwicklungsplan» als Ergänzung des schon vorliegenden «Wirtschaftsplanes» und des ebenfalls fertiggestellten «Generalverkehrsplanes» in Auftrag gegeben. Ein Team aus Stadtplanern, Architekten, Juristen und einem Soziologen machte sich unter der Leitung des von Oberbürgermeister Vogel persönlich favorisierten ehemaligen Stadtbaurates von Kiel, Professor Herbert Jensen, an die Ausarbeitung eines visionären Rundum-Konzeptes. Dieser Plan, nicht Gesetz, aber doch künftige Richtlinie der Kommunalpolitik, der seinen Aktionsradius von Schleißheim bis Pullach, von Germering bis Ebersberg über das klassische Stadtgebiet hinaus erweiterte, war nach dreijähriger Entwicklungsphase soweit ausformuliert, daß er vom Stadtrat genehmigt wurde. Gemäß des nachmals so bezeichneten «Jensen-Planes» sollten die neuen Stadtteile als einzelne lebensfähige Subzentren um das «Kerngebiet» angeordnet sein, wobei das Ganze mit genügend Grün- und Erholungsflächen durchsetzt werden mußte, um die schon erwähnte «hygienische Auflockerung» des Gesamtkomplexes zu gewährleisten. Individual- und öffentlichem Verkehr wollte man künftig gleichen Rang einräumen, einmal durch den Aufbau eines U- und S-Bahn-Systems, und zum anderen dadurch, daß «Auto und Bus» nur mehr gedacht waren, die «dünner bebauten Stadt- und Regionalgebiete» zu erschließen.[8] «Das historisch und organisch gewachsene Gefüge der Stadt muß erhalten werden» und dem Fußgänger seien darin «eigene Bereiche» zuzuweisen, so lautete eine Prämisse des Stadtentwicklungsplans. Die dem Plan zugrunde liegende Leitvorstellung war aber insgesamt die «auf ein hochentwickeltes Zentrum hin orientierte, entlang den Strecken des Massenverkehrsmittels sternförmig in eine Vielzahl von Stadtteilen mit eigenen Nebenzentren gegliederte und mit ihrem natürlichen Umland organisch verbundene Metropole mit Weltstadtcharakter».[9] Der Widerstreit zwischen gemütlicher «Atmosphäre» und eben jener selbstverordneten weltstädtischen «Dynamik», der seit den siebziger Jahren die Diskussionen um München bestimmt, hat seine Wurzeln im Stadtentwicklungsplan von 1963. Derartige Pläne stellten freilich nichts so grundsätzlich Neuartiges dar, wie es vielleicht in ihrer Diktion geklungen haben mag. Ähnliche, auf Stadt- und Unterzentren basierende Konzeptionen hatten beispielsweise schon Karl Henrici und Theodor Fischer Ende des 19. Jahrhunderts für München entwickelt.[10]

Nicht uninteressant ist übrigens der Umstand, daß auch Projekte der nationalsozialistischen Stadtplanung wieder aufgegriffen wurden: etwa das Ringstraßenkonzept, die Trassierung des nördlichen Autobahnrings, der Bau von U- und S-Bahn und die Anlage von Trabantenstädten wie Neu-Perlach als Lösungsversuch für das Problem der Wohnungsnot.[11] Insofern muß man Hans-Jochen Vogels Diktum, wonach es zu Beginn der sechziger Jahre «so gut wie keine Vorbilder» für Stadtplanung gegeben habe,[12] doch etwas relativieren. Sicherlich: aktuelle Vorbilder mögen in einer Zeit des allgemeinen stadtplanerischen Aufbruchs, des Suchens und Experimentierens selten gewesen sein, doch der planerische Druck legte offenbar die Fortführung historischer Konzeptionen nahe, ohne daß diese weiter hinterfragt worden wären.

Große «Planleitbilder», die auf Jahre oder gar Jahrzehnte hinaus in die Zukunft konzipiert sind, bergen, so redlich sie auch angelegt gewesen sein mögen, rückblickend natürlich auch das Risiko der Fehlplanung in sich. Unter diesem Aspekt muß der erste Münchner Stadtentwicklungsplan der heutigen Kritik unterzogen werden. Der Tunnel am Prinz-Carl-Palais beispielsweise, den Vogel zur «verkehrlichen Grundausstattung» zählte,[13] zeugt von der Ambivalenz zwischen Planungsrealität und Planungswirklichkeit. Der ehemalige Münchner Stadtbaurat Emil Högg und mit ihm viele Mitstreiter wandten sich damals gegen die «Ausschließlichkeit» gerade dieses Projektes und warnten vor den «schweren Nachteilen», die dem Stadtbild entstünden, wenn ein Palais-Garten-Ensemble in radikaler Form mit einer Stadtautobahn konfrontiert würde. Dennoch entschloß sich der Stadtrat nach lebhafter Gutachtertätigkeit 1967 zum Bau dieses Tunnels, um den Altstadt-Ring zu komplettieren.[14] Verkehrstechnische Notwendigkeit obsiegte nicht nur in diesem Fall über den ästhetischen Gesamteindruck. Seit der zweiten Hälfte der sechziger Jahre standen offizielle Baumaßnahmen in München freilich schon unter dem Vorzeichen der künftigen «Olympia-Stadt». Sie sollte allen Planungen hin zur «Metropole» nochmals entscheidend Auftrieb geben; von ihr ging allerdings auch ein gewisser Zugzwang aus, der so manche Fehlentscheidung aus heutiger Sicht zumindest teilweise verständlich macht.

Die Phase des «Olympia-Booms»

Georg Brauchle, der von der CSU-Stadtratsfraktion gestellte Zweite Bürgermeister, spielte 1964 im Zusammenhang mit dem Bau eines Großstadions noch recht unverbindlich mit dem Gedanken, daß München zur «Olympia-Stadt» werden könne. Im Oktober 1965 erfuhr dieser visionäre Gedanke mit einemmal konkrete Züge, als der Präsident des Nationalen Olympischen Komitees, Willi Daume, Oberbürgermeister Vogel den Vorschlag machte, München solle sich um die Austragung der Olympischen Spiele 1972 bewerben. Vogel stand, nach eigener Aussage, dem Ansinnen zunächst recht skeptisch gegenüber: Konnte eine deutsche Stadt eingedenk der von den Nationalsozialisten zu Propagandazwecken mißbrauchten Olympischen Spiele 1936 in Berlin einen solchen Schritt überhaupt wagen? Ein weiteres Problem war die damalige deutsche Zweistaatlichkeit, die Frage also, ob die DDR teilnehmen würde, und wenn ja, dann in welcher Repräsentationsform? Und konnten denn die im Stadtentwicklungsplan vorgesehenen Bauprojekte, insbesondere die U- und S-Bahn, fünf Jahre früher und die notwendig werdenden Sportanlagen überhaupt rechtzeitig fertiggestellt werden? Nachdem innerdeutsche Konkurrenten, nämlich Berlin und außerdem Städte des Ruhrgebietes, schließlich zugunsten Münchens plädiert hatten, beschloß der Stadtrat 1965 in einer Sondersitzung, offiziell seine Bewerbung beim Internationalen Olympischen Komitee einzureichen. Vorab war die Zusage der Bundesregierung und des Freistaates Bayern eingeholt worden, wonach beide sich mit je einem Drittel an den zu erwartenden Kosten von rund fünfhundert Millionen DM zu beteiligen gedachten.

Den Ausschlag für die positive Entscheidung gaben die in Aussicht gestellten Finanzmittel und die sich eröffnende Chance, dadurch ohnehin auf die Stadt zukommende Baumaßnahmen wie etwa das Großstadion vorzeitig zu realisieren.[15] Den touristischen Werbeeffekt bezog man natürlich gleich ins Kalkül mit ein. In der Bewerbungsschrift, die Vogel und Brauchle dem IOC-Präsidenten Avery Brundage in Chicago überreichten, dominierten neben den Slogans von den «Olympischen Spielen der kurzen Wege» und der schon erwähnten «Dynamik» der Münchner Stadtentwicklung vor allem die «Kunststadt von internationalem Rang», obendrein nahe der «Schönheit von Bergen und Seen» gelegen, eine Stadt, deren Atmosphäre glücklich sich mische aus «Internationalität, Urbanität und Bodenständigkeit», einem, gemäß Thomas Wolfe, «deutschem Paradies», eine Stadt, die dem geschätzten Zustrom von täglich 100000 Besuchern mit ihren mehr als 50000 Hotelbetten und zusätzlichen privaten Übernachtungsmöglichkeiten durchaus gewachsen sei. Mit dieser Kombination aus weiß-blauer Originalität, Modernität und dem postulierten Organisationstalent gelang es München, seine eigene Vergangenheit als «Hauptstadt der Bewegung» auf internationaler Ebene zu retuschieren und die Mitbewerber Madrid, Detroit und Montreal auszustechen. Am 26. April 1966 war München endgültig zur «Olympia-Stadt» des Jahres 1972 auserkoren worden.[16]

Die olympische Bauplanung konzentrierte sich im wesentlichen auf das nur rund vier Kilometer vom Stadtzentrum entfernte «Oberwiesenfeld», einem im Norden gelegenen ehemaligen militärischen Übungsgelände. Auf ihm entstanden schrittweise die Sportanlagen, Wohnstätten für die Mannschaften sowie ein großes Pressezentrum. Angesichts des immensen Kostenaufwandes hatte man dabei praktischerweise von Anfang an eine «Nachfolgenutzung» bedacht: Das «Olympische Dorf» mit seinen Wohnungen, Studentenwohnheimen, kulturellen und sportlichen Einrichtungen sowie seiner «Besonderheit», der «Verbannung des Autoverkehrs in das überbaute Tiefgeschoß» hat sich mittlerweile als eigener Stadtteil etabliert, obwohl die dortigen Wohnungen, zunächst mit 1600 bis 2000 DM pro Quadratmeter deutlich überhöht angeboten, erst Ende der siebziger Jahre verkauft werden konnten.[17] Den architektonischen Mittelpunkt bildet zweifellos das nach Plänen von Behnisch & Partnern konzipierte Olympiastadion und insbesondere dessen spektakuläre Überdachung mit einer Fläche von 7400 Quadratmetern. Der äußere Rahmen für die «Olympia-Stadt» war damit geschaffen, die Verkehrsanbindung der Sportzentren zur Stadt hatte man durch den zügigen U-Bahn-Ausbau hergestellt, und die innerstädtische «Fußgängerzone» geriet noch zu einem zusätzlichen Attraktionspunkt. Am 26. August 1972 eröffnete Vogels Amtsnachfolger, der SPD-Oberbürgermeister Georg Kronawitter, die XX. Olympischen Spiele, von denen wegen des insgesamt gelungenen Ambientes jeder hoffte, daß sie als «fröhliche Spiele» in die Sportgeschichte eingehen würden. Der Anschlag einer arabischen Terror-Gruppe auf die israelische Mannschaft, die darauf folgende mißlungene Geiselbefreiung am Flughafen Fürstenfeldbruck mit dem Ergebnis von 15 Toten, darunter neun Geiseln und einem Polizisten, machte diesen Wunsch zunichte.[18] Eine Stadt, die sich international zu profilieren suchte, war plötzlich auf tragische Weise zum Schauplatz eines weltpolitischen Konfliktes geworden.

Außen- und innenpolitische Konflikte hatten schon seit längerer Zeit auf die Atmosphäre in München durchgeschlagen. Besonders die Studentenunruhen zwischen 1968 und 1971 entwickelten sich zu einer dauernden Herausforderung der Stadtspitze, die diese dank der Erfahrungen bei den vergleichsweise harmloseren Schwabinger Krawallen vom Sommer 1962 freilich recht geschickt zu nehmen wußte. Die von dem seit 1963 als Polizeipräsident amtierenden Dr. Manfred Schreiber kreierte «Münchner-Linie» zur Eindämmung gewalttätiger Auseinandersetzungen zwischen Demonstranten und Polizei erwies sich durch ihre psychologisch angelegte Strategie als sehr wirkungsvoll und obendrein vorbildhaft für die innere Sicherheit auch anderer Kommunen.[19] Konflikte bestimmten seit 1970 auch das Erscheinungsbild der seit 1948 in München dominierenden SPD und bereiteten das Terrain für den Rückzug Hans-Jochen Vogels aus der Stadtpolitik. Er, der 1966 mit sensationellen 78 Prozent der Wählerstimmen im Amt bestätigt worden war, stand wegen des innerparteilichen Richtungskampfes 1972 nicht mehr für eine Oberbürgermeisterkandidatur zur Verfügung und übernahm von da an bundespolitische Aufgaben.

Rückblickend wird man die Jahre Vogels genauso wie die seines Vorgängers Wimmer als eine ambivalente Ära der Münchner Stadtgeschichte einstufen müssen, einmal aufgrund bewahrter Kontinuitäten, zum anderen wegen der einschneidenden Veränderungen, die sie im Münchner Bewußtsein und in der Münchner Physiognomie hinterlassen hat. Vogel lehnte jene «alte statische Vorstellung der stabilen Stadt» ab. «München ist», so formulierte er es kritisch in seiner letzten Haushaltsrede vom 13. Oktober 1971, «für viele noch immer irgendwie das München von 1914, vielleicht sogar ein München, das es so gar nie gegeben hat, sondern das nur als Wunschbild existierte.»[20] Diesem seit 1945 real existenten Altmünchner «Wunschbild» versuchte er seinen Planungsentwurf überzustülpen, und genau an diesem Punkt war schon während seiner Amtszeit Kritik laut geworden. Der konservative Stadtrat Dr. Ludwig Schmid, übrigens ein hartnäckiger Gegner Vogels, monierte die vorolympische Planungsdynamik, bei der man «ohne Rücksicht auf die eingetretene Entwicklung an der einmal getroffenen Planung» festhalte: «Wir werden», so warnte er, «das gleiche erleben wie die Städte Rom und Tokio. Nach den Olympischen Spielen ist es zunächst einmal einfach aus.»[21]

Mit dieser zugegebenermaßen überspitzten Prognose sollte Schmid so unrecht nicht haben. Der neue «Stadtentwicklungsplan '74» jedenfall konstatierte «nach einer Periode überdurchschnittlichen Wachstums» eine nach den Olympischen Spielen einsetzende «neue Entwicklungsphase», die von dem Bewußtsein bestimmt werde, «daß überdurchschnittliches Wachstum vor allem von historisch gewachsenen Städten einen hohen Preis», nämlich Bodenspekulation, Umweltverschmutzung und eine insgesamt schlechtere

Lebensqualität, einfordere.[22] Deswegen räumte der Plan von 1974 der «Originalität» des Stadtbildes wieder einen vergleichsweise größeren Platz ein und baute verstärkt auf das Mitspracherecht der betroffenen Bürger: «Unsere Zeit hat zwar ein neues Stadtbild entwickelt, eine neue Architektur geformt, aber die zunehmende Kritik, die Erfahrungen und Erkenntnisse lassen Zweifel daran entstehen, ob die neuen Formen und Entwicklungen wirklich den Vorstellungen der Bürger entsprechen, ob nicht über dem zivilisatorischen Fortschritt die menschlichen Bedürfnisse nach Bindungen und Geborgenheit vergessen wurden.»[23]

Nach der Planungseuphorie der sechziger Jahre schlug das Pendel der Stadtentwicklung wieder mehr in Richtung Nostalgie und Tradition aus. Georg Kronawitter und sein Nachfolger Erich Kiesl, mit dem die CSU 1978 erstmals seit dreißig Jahren wieder das Oberbürgermeisteramt besetzen konnte, versuchten praxisorientierte Politik zu betreiben. Das 1981 unter Erich Kiesl eingerichtete städtische Umweltschutzreferat und die heutige Mitarbeit der «Grünen» im Münchner Stadtrat[24] zeugen von dem wachsenden Problembewußtsein hinsichtlich der Umweltthematik sowohl seitens der Kommunalverwaltung als auch seitens der Bürger. Komplexe Themen also, darunter der nach wie vor akute Mangel an Wohnungen, fehlende Kindergartenplätze und Pflegestellen sowie Symptome einer akuten verkehrspolitischen Angina pectoris, sie bestimmen das Leben in der nunmehrigen «High-Tech-Stadt», während man gleichzeitig Altmünchner «Originalität» rekonstruiert: Die 1988 fertiggestellten Platzl-Gassen etwa kann man, je nach persönlichem Standpunkt, als schönen und gelungenen Beitrag zur Traditionspflege oder aber als nostalgisches Versatzstück aus einer Art Münchner Disneyland betrachten. «Historische Substanz», so schrieb 1970 ein Kritiker anläßlich des nicht sonderlich gelungenen, historisierenden Neubaus des 1944 zerstörten Alten Rathausturmes, «kann man pflegen oder verschleudern, aber schaffen kann man sie nicht, und geschichtliches Bewußtsein zeigt sich vor allem darin, daß man sich nichts vormacht.»[25] In diesem Sinne hat das Nachkriegs-München offensichtlich seine Identität noch nicht gefunden.

Der 1984 für eine zweite Amtsperiode wiedergewählte Oberbürgermeister Georg Kronawitter, der 1990 sogar zum dritten Mal mit 61,6 Prozent der abgegebenen Stimmen bestätigt wurde, knüpft bei einem «SZ»-Interview im Dezember 1990 bei der Definition des künftigen Weges Münchens an das – einst belächelte – Rezept Thomas Wimmers an. Münchens Zukunftschancen lägen «zwischen» Tradition und Moderne und könnten nur mit Augenmaß und Behutsamkeit gewahrt werden: «Ich wehre mich», so führt Kronawitter aus, «zwar dagegen, München zu einer Weltmetropole auszubauen. Das würde seine historische Anlage sprengen, ja die Stadt sogar letztlich zerstören. Aber ich wehre mich genauso entschieden dagegen, daß München zu einer Dorfidylle zurückgeführt oder eine Käseglocke über die Stadt gestülpt wird. Doch der historische Kern, der den Charme unserer Stadt ausmacht, darf nicht zerstört werden.»[26] Ob seiner Tradition, aber auch vor dem Hintergrund eines sich neuerlich abzeichnenden Konkurrenzkampfes mit Berlin hat München zweifellos einen schwierigen Stand.

Nina Krieg

Anhang

Abkürzungsverzeichnis

BayHStA	Bayerisches Hauptstaatsarchiv
BuR	Bürgermeister und Rat
Diss.masch.	maschinenschriftliche Dissertation
GA	Gewerbeamt
KR	Kammerrechnungen
MB	Monumenta Boica
MBM	Miscellanea Bavarica Monacensia
MGH	Monumenta Germaniae Historica
MGZ	Münchner Gemeindezeitung
MInn	Ministerium des Inneren
MS masch.	maschinenschriftliches Manuskript
MW	Monumenta Wittelsbacensia
OA	Oberbayerisches Archiv
RP	Ratssitzungsprotokolle
StAM	Staatsarchiv München
StadtAM	Stadtarchiv München
Urk.	Urkunden
ZBLG	Zeitschrift für bayerische Landesgeschichte

Abkürzungen, die nur innerhalb eines Beitrages verwendet werden, sind an der entsprechenden Stelle aufgelöst.

Anmerkungen

Vom Markt zur Stadt

1. MGH, Diplomata Friedrichs I. (DD Fr. I), Nr. 218.
2. MB 29a, S. 347, Nr. 535.
3. Es überrascht nicht, daß der bischöflich-freisingische Archivar Arnpeck im 15. Jahrhundert, ausgehend allein von der Kenntnis des Regensburger Urteilsspruchs von 1180, die Aktion des Welfenherzogs in dessen letztes Regierungsjahr, kurze Zeit vor der Verurteilung, gelegt hat.
4. Hierüber mit den Literaturnachweisen in: L. Maier, Stadt und Herrschaft, München 1989, S. 59ff.
5. E. Schleich, Die St. Peterskirche in München, in: OA 83 (1953), S. 3–90.
6. J. Bärmann, Verfassungsgeschichte Münchens im Mittelalter, München 1938, S. 76ff.
7. R. Bauerreiss, München-Altheim, in: Monachium, München 1958, S. 87–118; ders., Das älteste Mönchsoratorium von München, in: Studien und Mitteilungen des Benediktinerordens 69 (1958), S. 84–89; ders., Die kirchlichen Anfänge Münchens, in: Der Mönch im Wappen, München 1960, S. 79–83.
8. F. Tyroller, Die Anfänge Münchens, Freising 1959.
9. Ich habe u. a. diesen methodischen Weg in der diesem Beitrag weitgehend zugrundeliegenden Arbeit (Maier, Stadt und Herrschaft) beschritten, worin ich die personelle Besetzung der herrschaftlichen Einrichtungen sowie die städtischen Führungsschichten unter herrschafts- und besitzgeschichtlichem Aspekt untersucht habe. So lassen sich oft neue Aufschlüsse erzielen, die über eine bloße Aufzählung von «Münchner» Personen (und einer nicht selten damit in vieler Hinsicht verbundenen Fehleinschätzung) entscheidend hinausgelangen.
10. Die Urkunden des Klosters Schäftlarn, München 1957, Nr. 3; Die Traditionen des Klosters Schäftlarn, München 1953, Nr. 204a.
11. Ausführliche Darlegung mit den Quellennachweisen bei Maier, bes. S. 115ff.
12. Vgl. Maier, bes. S. 117ff.
13. Die Wortbedeutung «Ausmann» («Gäumann») ist umstritten und wohl auch fraglich.
14. Dieser vermacht in seinem Testament von 1213 u. a. den Münchner Leprosen 50 lib. den. Venet. Vgl. W. von Stromer, Bernardus teotonicus und die Geschäftsbeziehungen zwischen den deutschen Ostalpen und Venedig vor Gründung des Fondaco dei Tedeschi, in: Grazer Forschungen zur Wirtschafts- und Sozialgeschichte 3 (1978), S. 1–15.
15. Auf Herzogs- bzw. Königsrecht zurückgehende, räumlich u. U. sehr weitgefaßte Sonderbezirke (hierzu: K. Bosl, Forsthoheit als Grundlage der Landeshoheit in Bayern, in: Zur Geschichte der Bayern, Darmstadt 1965).
16. Vgl. die Nachweise – auch zum Folgenden – bei Maier, bes. S. 176ff.

17. Wegen ihrer Nähe zu den Wolfratshausenern und Andechsern. Vgl. jedoch die folgende Identifizierung der Antdorfer, über meine an anderer Stelle (Maier, bes. S. 119ff.) offen gelassene Zuordnung hinaus.
18. Die Traditionen des Klosters Wessobrunn, München 1984, Nr. 67b (1175).
19. So (bis in die 1170er/80er Jahre hinein) die Gruppe um «*Nortpreht de Sentilingen*». Sie (mit den Herren von Hohenburg in Verbindung gebracht bei F. Tyroller, Genealogie des altbayerischen Adels, Göttingen 1957/67) und eine weitere um den Namen Sigihart sind von unserem welfischen Ortolf von Sendling zu unterscheiden. Hierzu mit den Nachweisen bei Maier, bes. S. 117f. und S. 123–133.
20. Aus Otto von Freising, Gesta Frederici I, 27 geht das klar hervor.
21. MGH, DD Fr. I, Nr. 218.
22. Zur Besitzgeschichte der Freisinger Bischofskirche in Föhring: MGH Ludw. d. K., Nr. 28 (903); MG DD O.I, Nr. 30 (940).
23. Um diese Frage ging es insbesondere Riezler in seiner Kontroverse mit F. L. Baumann: S. v. Riezler, Studien zur ältesten Geschichte Münchens, in: Abhandlungen der K. Bayer. Akademie der Wiss., III. Kl., XXIV Bd., II. Abt., München 1907; F. L. Baumann, Zur Geschichte des Lechrains und der Stadt München, in: Archivalische Zeitschrift Neue Folge 10 (1902), S. 1–92; ders., Zur Geschichte Münchens, in: Archivalische Zeitschrift Neue Folge 14 (1907), S. 189–280. Ausführliche Beschäftigung unter diesem Aspekt in neuerer Zeit bei E. Pitzer, Der Föhringer Streit im Lichte des Rechtes und der Politik, in: Sammelblatt des historischen Vereins Freising 25, 1965.
24. MGH DD Ko.III., Nr. 46. – Ein königliches Privileg für einen täglichen Markt und eine Münzstätte mit Regensburger Währung, deren Erträge an den Bischof fließen sollten, verbunden mit dem königlichen Schutz für die Marktbesucher, besaß die Freisinger Kirche seit 996: MGH O.III, Nr. 197.
25. Hierzu E. Nau, Münzen und Geld in der Stauferzeit, in: Die Zeit der Staufer, Bd. III, Kat. Stuttgart 1977. Zur Einordnung der Vorgänge um München und Föhring vgl. auch Maier, S. 86f.
26. Hierzu bedeutsam: M. Mitterauer, Markt und Stadt im Mittelalter, Stuttgart 1980, S. 267, S. 271 und öfter. W. Schlesinger, Der Markt als Frühform der deutschen Stadt, in: Vor- und Frühformen der europäischen Stadt im Mittelalter Bd. I, Göttingen 1973, ist erhellend für die grundsätzliche Entwicklungstypologie, nicht befriedigend jedoch die Anwendung auf München.
27. MGH, DD Fr. I, Nr. 218.
28. So bezeichnet im Exzerpt der MGH-Edition (siehe Anm. 1). Recht aufschlußreich scheint mir, trotz Unterschieden in der Sache, ein Vergleich mit dem bei Otto von Freising überlieferten Streit um die Utrechter Bischofswahl 1150/51, wo Konrad III. den Parteien zunächst friedliche Einigung, dann aber gerichtliche Entscheidung anbot (Gesta Frederici I, 69). Das Barbarossa-Diplom für München 1158 ist ebenfalls eine, auf Ansuchen der Parteien erfolgte Rechtsentscheidung des Königs. Der Kaiser spricht von seiner *transactio* (Vermittlung).
29. E. Maschke, Die Brücke im Mittelalter, in: Die Stadt am Fluß, Sigmaringen 1978, S. 12f.
30. Nachweise bei J. Sturm, Die Rodungen in den Forsten um München, Frankfurt a.M. 1941, S. 59ff.

31. So auf dem Reichstag in Regensburg (Oktober 1155) gegen den dortigen Bischof Hartwig wegen des unautorisierten Regalienempfangs und wegen der in diesem Zustand von ihm ungültig vorgenommenen Lehensvergaben an Dritte: Gesta Frederici II, 46.
32. So zum Beispiel nur wenig zuvor (22. 4.) im selben Jahr 1158 für Bremen, in: MGH, DD Fr. I, Nr. 213.
33. Im Jahre 1179 etwa privilegierte Friedrich Barbarossa den Bischof von Brixen mit Zollrecht, Gerichtsbann, Mühl-, Markt- und Münzrecht (E. Frhr. v. Schwind/A. Dopsch, Ausgewählte Urkunden zur Verfassungsgeschichte der deutsch-österreichischen Erblande, Innsbruck 1895, Nr. 8).
34. Hierzu immer noch wesentlich: J. Ficker, Über das Eigenthum des Reiches am Reichskirchengute (1872), Neudruck Darmstadt 1967. Zum Regalienrecht vgl. auch I. Ott, Der Regalienbegriff im 12. Jahrhundert, in: Zeitschrift für Rechtsgeschichte, Kanonistische Abteilung, 66 (1948), S. 234–344, hier bes. S. 274ff. und S. 298ff.
35. Darauf hat – auch unter ausdrücklicher Erwähnung der Münchner Marktgründungsurkunde – schon im vergangenen Jahrhundert hingewiesen: K. W. Nitzsch, Ministerialität und Bürgerthum im 11. und 12. Jahrhundert, Leipzig 1859, S. 221f.
36. Ficker, Eigenthum.
37. MW 1, S. 72; erneut (für 1280) MB 36a, S. 284.
38. P. Dirr, Denkmäler des Münchner Stadtrechts, München 1934, S. 163, Nr. 106.
39. W. Kohl, Recht und Geschichte der alten Münchner Mühlen, Diss. München 1969, (MBM 15), hier S. 62f.
40. Faktisch wurde es in München von den Wittelsbacher Herzögen mindestens seit 1241 ausgeübt, ohne daß daraus hervorgeht, ob sie damals schon generell im Besitz des Wasserregal standen.
41. Dafür spricht auch der 1173/74 genannte *«Rodolfus piscator»* (Traditionen Schäftlarn, Nr. 204a).
42. Davon zu unterscheiden ist der Gebrauch der allgemeinen Typusbegriffe «Stadt» bzw. «städtisch», die den urbanen Charakter im Unterschied zu agrarisch-dörflichen Siedlungen erfassen wollen.
43. Hierzu unten S. 38.
44. P. Dirr, Grundlagen der Münchner Stadtgeschichte, München 1937, S. 104, S. 109 und S. 128.
45. Vgl. oben S. 24f.
46. Daß eine solche Untersuchung früher nicht vorgenommen worden ist, lag wohl an der Vorstellung von einem schlechthin nur «leonischen» München zwischen 1158 und 1180.
47. Traditionen Schäftlarn, Nr. 204a.
48. Urk. Schäftlarn, Nr. 3.
49. Vgl. oben S. 16ff.
50. Traditionen Schäftlarn, Nr. 280.
51. Urk. Schäftlarn, Nr. 3.
52. Traditionen Schäftlarn, Nr. 204a.
53. Die Traditionen des Hochstifts Freising, München 1905/09, Nr. 1769c. Zur bischöflich-freisingischen Ministerialität vgl. G. Flohrschütz, Die Freisinger

Dienstmannen im 12. Jahrhundert, in: OA 97 (1973), S. 32–339, hier bes. S. 283f. und S. 309.

54. R. Sellier, Die Münzen und Medaillen des Hochstifts Freising, Grünwald 1966, S. 114f. Die Prägungen unterschieden sich offenbar lediglich durch den Unterschied von Herzogs- und Bischofsfigur auf der Rückseite.
55. Traditionen Schäftlarn, Nr. 154.
56. Einzelnachweise bei Maier, S. 95ff.
57. Umgekehrt deutet sich vage die Möglichkeit an, daß dieser Richter in jenen Familienumkreis gehört, in dem schon frühere Freisinger Richter zu finden waren (wie Anm. 56).
58. Traditionen Schäftlarn, Nr. 138.
59. Urk. Schäftlarn, Nr. 3.
60. Vgl. auch Traditionen Schäftlarn, Nr. 138 (Vorbemerkung); Flohrschütz, S. 122f.
61. Die Überlegung ergibt sich aus der Stellung, in der der Dekan Heribert (in: Urk. Schäftlarn Nr. 3) unter Pröpsten von bischöflich-freisingischen Eigenklöstern erscheint.
62. K. Jordan, Die Städtepolitik Heinrichs des Löwen, in: Hansische Geschichtsblätter 78 (1960), S. 1–36, hier bes. S. 4ff.; ders., Heinrich der Löwe, München 1979, S. 154.
63. Hierzu die Arbeit von D. Oestreich, Die Entstehung des Stadtgrundrisses von München und seine Entwicklung bis zur Mitte des 13. Jahrhunderts, Diss.masch. München 1950. Auch in Anbetracht der abknickenden Führung der sogenannten Nord-Süd-Achse Rosenstraße-Weinstraße muß man die Vorstellung einer geplanten (!) Straßenkreuzanlage jedenfalls mit Fragezeichen versehen.
64. C. Meckseper, Kleine Kunstgeschichte der deutschen Stadt im Mittelalter, Darmstadt 1982, S. 72.
65. E. Keller, Die spätrömischen Grabfunde in Südbayern, München 1971. Vgl. auch Maier, bes. S. 15ff. und S. 35f.
66. Eine alte Wegeführung wird z. B. auch im Bereich der Hangkante gesucht. Vgl. hierzu G. Schneider, Der Werdegang des ältesten Münchner Stadtkerns, in: OA 112 (1988), S. 181–195 (entstanden 1950; freilich unter Heranziehung heute weithin überholter historischer Literatur zur Einordnung der Beobachtungen).
67. StadtAM, Steuerbücher 1368 (unvollständig), 1369ff.
68. Daß er in diesem Fall nicht auf die Epoche der typischen -heim-Ortsnamenbildung zurückgehen würde, stellt jedenfalls keinen prinzipiellen Einwand dar. Als Bezeichnung für ein *suburbium*, d. h. für eine überhaupt erst im Anschluß an die Marktsiedlung entstandene Vorstadt ist der Name keinesfalls plausibel. Zu diesem und weiteren Aspekten der Altheim-Frage ausführlicher bei Maier, S. 37ff.
69. Eine solche Priorität ist jedoch bei den Altsiedelorten der Umgebung, wie besonders dem alten Fiskalort Sendling, anzutreffen. Die von Feldmoching aus südlich verlaufende alte Wegeverbindung trägt dort noch auf den ersten Katasteraufnahmen den Namen «Sendlinger Weg»! Das auf dem weiteren Streckenverlauf liegende Neuhausen (Name!) liegt auf dieser Altstraße Send-

ling–Feldmoching und war (was auch die alten Pfarrverhältnisse bezeugen) jedenfalls eine Ausbausiedlung des alten *locus* Sendling. Falls wir in dem betreffenden Münchner Siedlungsteil einen echten Altheim-Ort sehen müßten, so hätte das Auswirkungen auch auf die Frage, was man unter jenem präurbanen Munichen zu verstehen hätte, zu dem 1158 das *forum* hinverlegt worden ist. Es bestünde dann Erklärungsbedarf, warum der in nächster Nachbarschaft gelegene Marktort den Namen Munichen erhalten hat – eine Frage, die (so sie sich stellt) dann wohl auf eine herrschafts- und siedlungstopographische Differenzierung zwischen «Altheim» und «Munichen» schon vor 1158 hinauslaufen müßte.

70. Auch läßt sich erkennen, daß der Wortgebrauch für einen ganzen Stadtviertelbereich bereits in den ältesten Steuerbüchern vorliegt, während die Einengung auf lediglich einen Straßenzug erst späteren Datums zu sein scheint.
71. Zu der in diesem Zusammenhang geführten Kontroverse vgl. E. Schleich, Die St. Peterskirche in München; ders., «Und München hat doch eine römische Vergangenheit», in: München-Mosaik 3 (1977) Heft 5, S. 4–8; T. Gebhard, in: ZBLG 22 (1959), S. 514–517; E. Wankmüller, Mittelalterliche Bodenfunde, in: Bayerische Vorgeschichtsblätter 41 (1976), S. 150–156; W. Haas, Bauten in München vor der «Stadtgründung» von 1158, in: OA 105 (1980), S. 256–266.
72. Dirr, Grundlagen, S. 154; Oestreich, S. 10, S. 20ff., S. 36, S. 40; R. Schaffer, Die Entwicklung des mittelalterlichen Grundrisses der Stadt München, in: Häuserbuch der Stadt München, Bd. I, München 1958, S. VII.
73. Im Außenbereich der frühesten Stadtbefestigung liegt der Bezirk des Alten Hofes z. B. bei der von Oestreich (siehe Anm. 63) vorgelegten Rekonstruktion des ältesten Marktsiedlungsbereichs.
74. Für den Bezirk um St. Peter glaubte Oestreich im Grundriß der Randbebauung solche Konturen zu erkennen.
75. Man ist versucht, hier (unabhängig von den Resten im Alten-Hof-Gelände) an den offenbar profanen Bauteil des «Alten Raumes» unter der Peterskirche zu denken.
76. Zu diesem Gesamtkomplex siehe künftig Maier, Stadt München (Historischer Atlas von Bayern, in Vorbereitung).
77. Traditionen Schäftlarn, 204a.
78. MB 29a, S. 438, Nr. 535. Zur Relativierung des Aussagegehalts siehe aber im vorliegenden Beitrag oben S. 13f.
79. So etwa bei Dirr, Grundlagen, S. 38 und S. 195f. Diesen Eindruck stützt zweifellos auch die Notiz in den Schäftlarner Annalen (MGH, Scriptores 17, S. 337; MW 2, S. 377) zum Jahr 1180: *«Dux Heinricus privatur, Otto major palatinus loco eius dux constituitur. Munichen destruitur, Feringen reedificatur»*. Jedoch gerade das Gegenteil vermelden für München andere Quellen (dazu anschließend im Text oben mit Anm. 81f.). Zudem ist völlig unklar, ob der Schreiber der Schäftlarner Quelle mit der «Niederreißung» Münchens eine Beseitigung der Siedlung oder vielleicht nur der Befestigung gemeint hat, ob er von einem bereits eingetretenen oder zumindest begonnenen oder nur von einem erwarteten Vorgang spricht.
80. Daß man dies im Bedarfsfall sehr wohl exakt zu formulieren wußte, zeigt ja die

Barbarossa-Urkunde von 1158, wo es heißt: *«Forum, quod esse solebat apud Verigen (...) iam ibidem non erit neque moneta»* (MGH, DD Fr. I, Nr. 218).

81. *«Anno domini 1180 incepit civitas monacensis edificari»* (Chronik des Münchner Angerklosters, um 1424 nach älteren Vorlagen; zitiert nach Baumann, Lechrain, S. 59). Man hat diesbezüglich an eine neue Ummauerung gedacht (Riezler, Studien, wie Anm. 23, S. 327). Sollte dies zutreffen, dann dürfte man sicherlich bereits an eine Erweiterung denken.
82. *«Anno Christi 1180 inceptio civitatis Monaci in Bavaria sub Friderico primo»* (Indersdorfer Annalen, ca. 1450: MGH, Scriptores 17, S. 332).
83. Es werden dort auch zweifelsfrei so nicht zutreffende Zuordnungen von Jahreszahlen, Ereignissen und Namen geboten: Eine für das Jahr 1208 berichtete Gründung des Münchner Spitals konnte niemals durch den ersten Wittelsbacher Herzog Otto I. (gest. 1183) erfolgt sein. Dessen Enkel Otto II. regierte aber erst 1231–1253.
84. Wie Anm. 127.
85. Entgegen einer von W. Schlesinger (Der Markt als Frühform, siehe oben Anm. 26) geäußerten Meinung läßt sich ein solcher Wortgebrauch weder aus der Urkunde von 1158 noch aus der von 1180 entnehmen. Der Ausdruck *forum* bezeichnet beide Male jedenfalls den Wirtschaftsvorgang, vielleicht auch zugleich das Marktgelände; in keinem Fall ergibt sich aus dem Zusammenhang der Quelle heraus die Lesart als «Marktort».
86. Hierzu Maier, Stadt und Herrschaft, S. 148ff.
87. Seine Deutung als Andechser Wappenbild bleibt nach wie vor spekulativ (vgl. dazu aber auch die Ausführungen unten S. 45f.); handelt es sich jedoch um einen originär wittelsbachischen Adler, so ist kein recht plausibler Grund für die spätere Aufgabe dieses Wappenbildes ersichtlich. Manche Beobachtungen werfen überhaupt die Frage auf, ob die Wittelsbacher in ihre Positionen zu München vielleicht als Stellvertreter des Königs gelangt sind oder vielleicht die Nachfolge in königlichen Rechten angetreten haben. Ich erinnere an den *«Bertoldus filius iudicis de Munichen»* (1187/89), der in Gegenwart des Pfalzgrafen in Erscheinung tritt. Zur Diskussion um das Siegelbild siehe L. Morenz, Das Münchner Stadtwappen, in: OA 90 (1968), S. 1–13 (mit weiterer Literatur).
88. Das Cartular des Klosters Ebersberg, München 1879, Teil III Nr. 97 (ca. 1207/10 bis 1215; zur Datierung siehe Maier, Stadt und Herrschaft, S. 407 Anm. 1); Traditionen Neustift, Nr. 64 (ca. 1200–1215/18; vgl. a.a.O.); MB 10, S. 423f. (R. Schaffer, An der Wiege Münchens, München 1950, S. 110, Nr. 20; 1214–1218).
89. MB 6, S. 203 (1222).
90. Traditionen Schäftlarn, Nr. 410a. Kirchen sind im Mittelalter ein typischer Ort für Rechtsakte.
91. Traditionen Schäftlarn, Nr. 415.
92. Dirr, Denkmäler, S. 8, Nr. 3; MW 1, S. 52ff.
93. Vgl. bei E. Pitzer, Der Föhringer Streit, S. 45; Riezler, Geschichte Baierns, Bd. II, Gotha 1880, S. 57f.
94. Schaffer, An der Wiege Münchens, S. 124.
95. Dirr, Denkmäler, S. 61, Nr. 34.

96. Sehr generalisierend: «*omnia bona ... sine thelonei solutione libere transducantur*» (1237; Dirr, Denkmäler, S. 10, Nr. 4) bzw. «*de bonis, que redditibus suis per nostram ducuntur civitatem, nullum penitus solvere debent theloneum*» (1239; Dirr, Denkmäler, S. 11, Nr. 5). Bei Maier, Stadt und Herrschaft, S. 222–262 der ausführliche Versuch einer Identifizierung und Rekonstruktion der verschiedenen Münchner Zölle des späteren Mittelalters. Zusammenfassend bei dems., S. 248ff.
97. Dirr, Denkmäler, S. 34, Nr. 18.
98. Dirr, Denkmäler, S. 35, Nr. 19.
99. Dirr, Denkmäler, S. 34, Nr. 18.
100. In der erwähnten Urkunde für Kloster Tegernsee von 1288 geht es nur (noch?) um den Brückenzoll (Dirr, Denkmäler, S. 35, Nr. 19). Er gehörte auch später noch, so im Ratssatzungsbuch von ca. 1310/12 (Dirr, Denkmäler, S. 232) oder in den Zollordnungen des frühen 15. Jahrhunderts (StadtAM, Zollamt 1259, fol. 6) zum verbliebenen Restbestand bischöflicher Eigentumsrechte in München.
101. Hierzu zusammenfassend bei Maier, Stadt und Herrschaft, S. 397ff.
102. Davon sind natürlich bestimmte Zölle (wie der Pflasterzoll) zu unterscheiden, die der Stadt für bestimmte Zwecke neu gewährt wurden.
103. Traditionen Schäftlarn, Nr. 279b.
104. Traditionen Schäftlarn, Nr. 236b.
105. Siehe oben, S. 20f.

105a. Zuerst: Böhmer, Regesta Imperii V/4, bearb. v. P. Zinsmaier, Köln/Wien 1983, S. 6 Nr. 35; Druck bei Bernd-Ulrich Hucker, Kaiser Otto IV., Hannover 1990, S. 657 Nr. 1 (Schriften d. MGH, Bd. 34): «*notum facimus ... quod majestati nostre placet gratamque gerimus et acceptam compositionem illam, quam dilecti principes nostri, O(tto) Frisingensis episcopus et L(udewicus) dux Bavarie, inter se fecerunt de percipiendis redditibus in burgo Monacum appellato.*»

106. S. Rietschel, Die Städtepolitik Heinrichs des Löwen, in: Historische Zeitschrift 102 (1909), S. 237–276.
107. Tyroller, Anfänge Münchens.
108. So bestimmt die Fosso und Witschit, die Schürfeisen und Sachsenhauser. Hierzu im einzelnen mit den Nachweisen bei Maier, Stadt und Herrschaft, S. 325–389.
109. Dieser wissenschaftliche Terminus technicus bezeichnet die im Einzelfall gegebenenfalls sehr unterschiedlich zusammengesetzte Vorstufe des im engeren Sinne erst der Ratsverfassung zuzuordnenden Patriziats. Eine eigene Quellenbezeichnung für diese politisch-gesellschaftliche Führungsgruppe findet sich für München nicht. Vgl. allgemein H. Planitz, Zur Geschichte des städtischen Meliorats, in: Zeitschrift für Rechtsgeschichte, Germanistische Abteilung, 67 (1950), S. 141–175; C.-H. Hauptmeyer, Vor- und Frühformen des Patriziats, in: Die alte Stadt 6 (1979), S. 8.
110. Hier sei nachgetragen, daß ein an das Kloster Fürstenfeld gelangter Besitz aus der Hand des Ritters Ortolf von Sachsenhausen, d.h. von einer auf Andechs-Wolfratshausener Ministerialität zurückgehenden Familie gekommen ist (Dirr, Denkmäler, S. 38, Nr. 20), so daß konkret dieser Besitz mit dem alten

Wolfratshauser Grundbesitz im präurbanen Kernraum zu tun gehabt haben könnte (beachte auch den Personennamen Ortolf!).

111. Die Traditionen des Klosters Tegernsee, München 1952, Nr. 363. In seiner Eigenschaft als Vogt des Klosters Tegernsee nahm er Zensualen zurück, die dem Kloster durch den Edelfreien Gotpolt von Lochhausen entfremdet worden waren. Hat die Sache selbst soweit ersichtlich auch nichts mit München zu tun, so ist doch gerade die Anwesenheit des Andechsers erklärungsbedürftig.

112. Traditionen Tegernsee, Nr. 380b. Die ganze Angelegenheit hatte früher schon ein Vorspiel auf einem *placitum* in Warngau unter dem Tegernseer Vogt Berthold II. von Andechs erlebt.

113. E. Maschke, Die deutschen Städte der Stauferzeit, in: Die Zeit der Staufer, Bd. III, Kat. Stuttgart 1977, Bd. 3, S. 63.

114. Siehe oben S. 31. Auch 1173/74 (Traditionen Schäftlarn Nr. 204a) ist jeweils eine Gruppe von Zeugen vom Urkundenschreiber mit dem Zusatz «aus München» zusammengefaßt worden. Dies dürfte für den betreffenden Schreiber zwar eher pragmatische Gründe besessen haben, stellt aber immerhin schon eine Kollektivbezeichnung dar.

115. Ablesbar ist dies an seiner Spitzenstellung im Text oder daran, daß er es ist, der die Beurkundung vornimmt. In späteren Jahren rückt er – von zwei Ausnahmen (1266, 1269) abgesehen – stärker in den Kreis der Zeugengruppe (zweimal im Jahre 1279, 1281), und manchmal fehlt er auch schon ganz (1255, 1268, 1271, 1273).

116. Die Urkunden des Klosters Raitenhaslach, München 1959, Nr. 197 und 198; Schaffer, An der Wiege Münchens, S. 150, Nr. 36; BayHStA, Klosterurkunden Frauenchiemsee, Nr. 16/1; MB 18, S. 1, Nr. 1. Hierzu ausführlicher bei Maier, Stadt und Herrschaft, S. 316ff.

117. Instruktive Zugänge zu neuerer Literatur: E. Sestan, Die Anfänge der städtischen Signorien (1961), in: Altständisches Bürgertum Bd. I, Darmstadt 1978, S. 346–379; H. Keller, Adelsherrschaft und städtische Gesellschaft in Oberitalien, Tübingen 1979.

118. Dirr, Denkmäler, S. 11, Nr. 5. *«Coram nobis in iudicio»* bekam das Kloster Rott am Inn seine Zollfreiheiten bestätigt. Die am Schluß der Urkunde genannte Kerngruppe der *«universitas civium»* läßt sich einerseits als Schöffenbank (im Zusammenhang mit dem Richter), andererseits (zusammen mit den übrigen namentlich aufgeführten Leuten von außerhalb Münchens) als Zeugenschaft bezeichnen.

119. BayHStA, Frauenchiemsee, Nr. 16/1; BayHStA, Urk. Scheyern, Nr. 30.

120. Hierzu im einzelnen mit den Nachweisen bei Maier, Stadt und Herrschaft, S. 325–389 (vgl. auch Auflistung im Inhaltsverzeichnis bei dems., S. V).

121. So v. a. F. Frhr. v. Karaisl, Zur Geschichte des Münchner Patriziats, in: Jahrbücher für Nationalökonomie 152 (1940), S. 1–24, bes. S. 8.

122. Dirr, Denkmäler, S. 21, Nr. 9.

123. Daher ist es auch in das «Rudolfinum» (Art. 1) eingeflossen.

124. Dirr, Denkmäler, S. 40, Nr. 22.

125. Dirr, Denkmäler, S. 43, Art. 11.

126. Traditionen Schäftlarn, Nr. 418.

35. München und seine Umgebung auf der Landkarte des Philipp Apian, Holzschnitt von 1568.

München die statt des öbern teütschen lannds an dem fluss der yser gelegen ist vnder der fürsten stetten in teütschen landen hohberümbt vnd in bayerland die namhaftigst. Aber wiewol dise stat für new geachtet wirdt so fürtrift sie doch andere stett an edeln gemaynen vnnd sunderlichen gepewē. dañ alda sind fast schöne behawsungen. weyte gassen vnd garwolgezierte gotzhewßer. Vnnd wiewol dise statt zu den zeitten kayser Otten des ersten den anfang irer vrhabe genomen hat. yedoch ist sie von dem yetzhievorgeschribē kaiser Ludwigen erweitert vnd mit gepewen gezired worden. Als der benant Ott der erst das kaiserthumb in teütschē land nach der geburt cristi. ixc.lxij. iar empfieng do besaße hertzog Heinrich von prawnßwigk auß müterlicher erbschaft einen teil des bayrischen lands. vnd het auff dem schloss veringen sein wonung. Zu derselben zeit wz an demselbē ende ein gemayne straß oder durchfart vber die yser. do hieß derselb hertzog Heinrich ein prugkē vber die yser bey dem münchßhof da dañ yetzo die statt München ligt machē vnd auffrichten vnd verornet daselbst ein gemayne straß zewerden mit ein kleinen stettlein. Aber nach dem bischoff Albrecht von freysingen deßhalb abbruch vnd vermyñderung an seinen zöllen vnd freyheiten empfunde do beclaget er sich des vor kaiser Otten Dem nach schaffet der kaiser die straßen nach alter gewonheit bey Veringen bleiben zelassen. Dazwischē starb hertzog Heinrich vnd ließ einen sun Ernst genant. Vnlang darnach starb auch fraw Odyena kayser Otten gemahel des königs vō engelland tochter. also name kaiser Otto des gestorben hertzog Heinrichs zu bayern gelaßne wittiben frawen Adelhaiden zu der ee. Nw wardt derselben Adelhaiden sun hertzog Ernst von seiner redlichen an vil enden bey eüßern geübten tate wegen dem bemelten kaiser Otten seinem stiefuater fast angeneme. darumb begeret er vom kaiser ime zegestatten auß dem stettlein ein statt mit einer offnen strassen zemachen. also nach allerlay handlung verwilliget der kaiser darein. doch mit der vnderschaide. das deßhalb ierlich fünfzig pfund pfennig gein Freysing bezalt werden solten. In solcher gestalt hat dise statt mit iren königclichen freheyten vnd begnadungen vrsprung gehabt. Vnd als nw dise statt durch hertzog Ernsten anfang genomen het do raichet sie von tag zu tag zu auffung vñ zunemung an volck vnd gepew nach der geburt cristi. M.cc.lxx. iar. Zu der zeit bischoff Cunrats zu Freysingē wardt dise statt in zwū pfarr getailt. vñ vnßer lieben frawen kirch auch zu einer pfarr auffgerichtet. dañ vormals wz sant Peters kirch allain ein pfarr daselbst gewesen. Nachfolgēd zu

München

36. Ansicht der Stadt München von Osten in der Schedelschen ‹Weltchronik› von 1493, Holzschnitt von Anton Koberger, um 1485.

den zeiten hertzog Ludwigs zu bayern vnd des römischen kaisers hat dise statt mercklich vnd gross zugenomen dañ derselb kaiser hat die vorstatt vnd vil andere gepew mit mawrn eingefangen. vnd das alt schloss mit der parfüßer closter. vnd auch das closter Augustiner ordens in der statt auffgepawt. Bey diser statt in vnßer libẽ frawen pfarrkirchen vor dem hohen altar ligt derselb kaiser Ludwig begraben. alda man dann sein kaiserliche kron mit seinem tittel syht. Dise statt München ist in eim wunsamen ort an der yser gepawt. Daselbst haben die kawflewt zuzeiten iren durchzuch auß welschem in teütsch lannd. Alda ist yetzo ein schöns wolgezierts schloss vnd ein fast weyter fürstlicher hoff vnd behawßung mit vil hübschen vnd wunderwirdigen gemachẽ. camern vnd gewelben. Dise statt hat bißher mancherlay herrñ gehabt. aber diser zeit hat der durchleüchtig fürst herr Albrecht hertzog zu bayern kaiser Friderichs des dritten tochterman dise statt innen. vñ neret auß seiner großtatigkeit vil leoben. In diser statt hat ein leobin vil iunger leoblin gewelft.

Freiheit des edeln geschlechts Forestorum

Mapheus bergomensis auß dem alten vnd edeln geschlecht Forestorum genannt geporn beder rechten ein hohgelerter. wolberedter vnd werltgescheider man wardt diser zeit võ seiner woltätigclichkeit wegẽ bey kaiser Ludwigen in großer achtperkeyt gehalten. vnd darumb von ime mit vil großen freyheitẽ begabet für sich vnd sein nachkomen. also das sie vnderm macht haben solten notari zeschöpffen. vneelich personen zeelichen. ordenlich richtere zesetzen vnd der gleichen.

Raynaldus der estensisch marggraff Aldromandini sun hat in disem iar nach seinem bruder die herrschũg zu Ferraria erlangt vnd mitsambt Niclasen seinem bruder vier iar geherrschet. vnnd der gallier besetzung auß der statt vertriben vnd sich irs gewalts entledigt vnd die statt Argentam vndersich gebracht. vnnd der kirchẽ heer damit die statt ferraria belegert wz auß der statt vberfallẽ vñ zerstrewet. Zu letst starb er in gütem frid vñ ließ Obizonem Niclasen seins bruders sun als einen erben vnd nachkomen seiner herrschafft.

Der Begleittext nimmt Bezug auf eine angebliche Stadtgründung unter Kaiser Otto I. im 10. Jahrhundert.

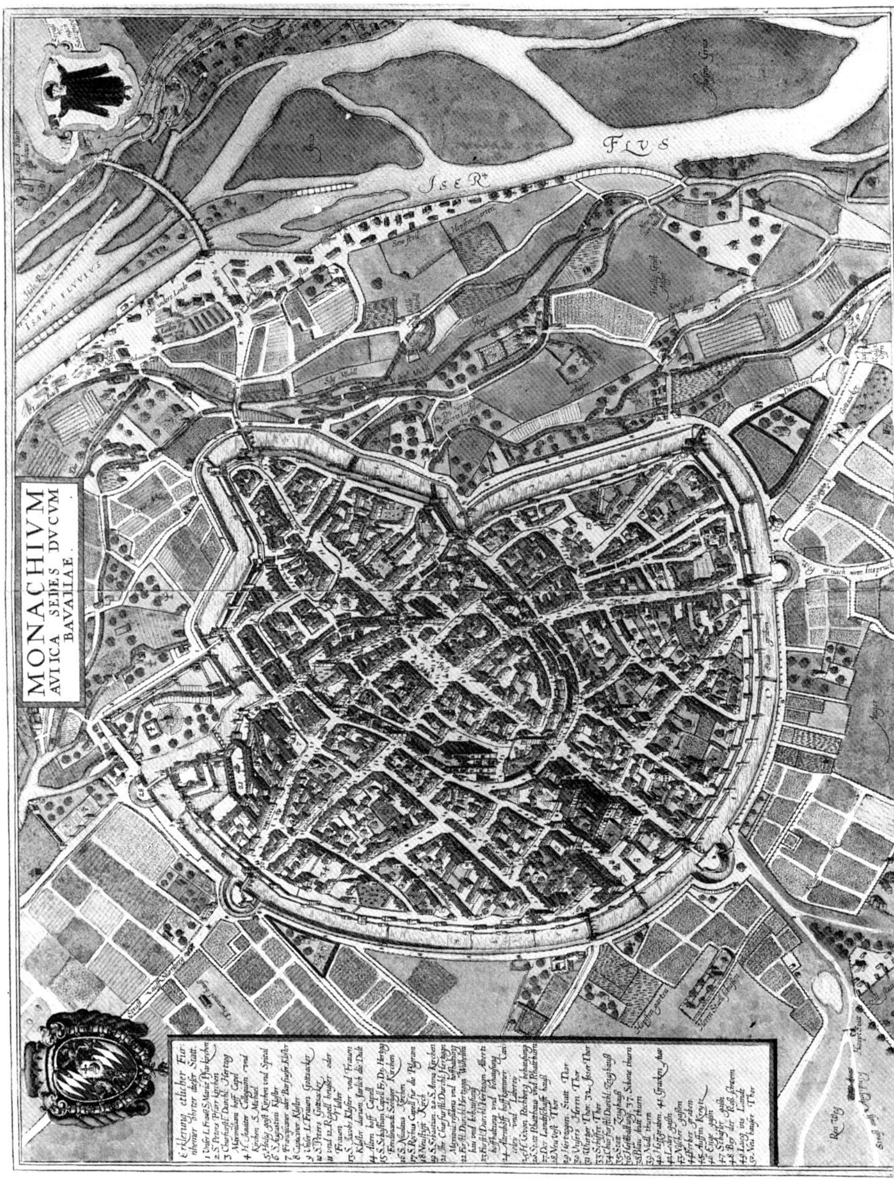

37. Plan von München, 1623, Kupferstich von Wenzel Hollar. Noch fehlen die Verschanzungen Maximilians I.

38. Plan der Festung München, 1741, Kupferstich von Matthäus Seutter.

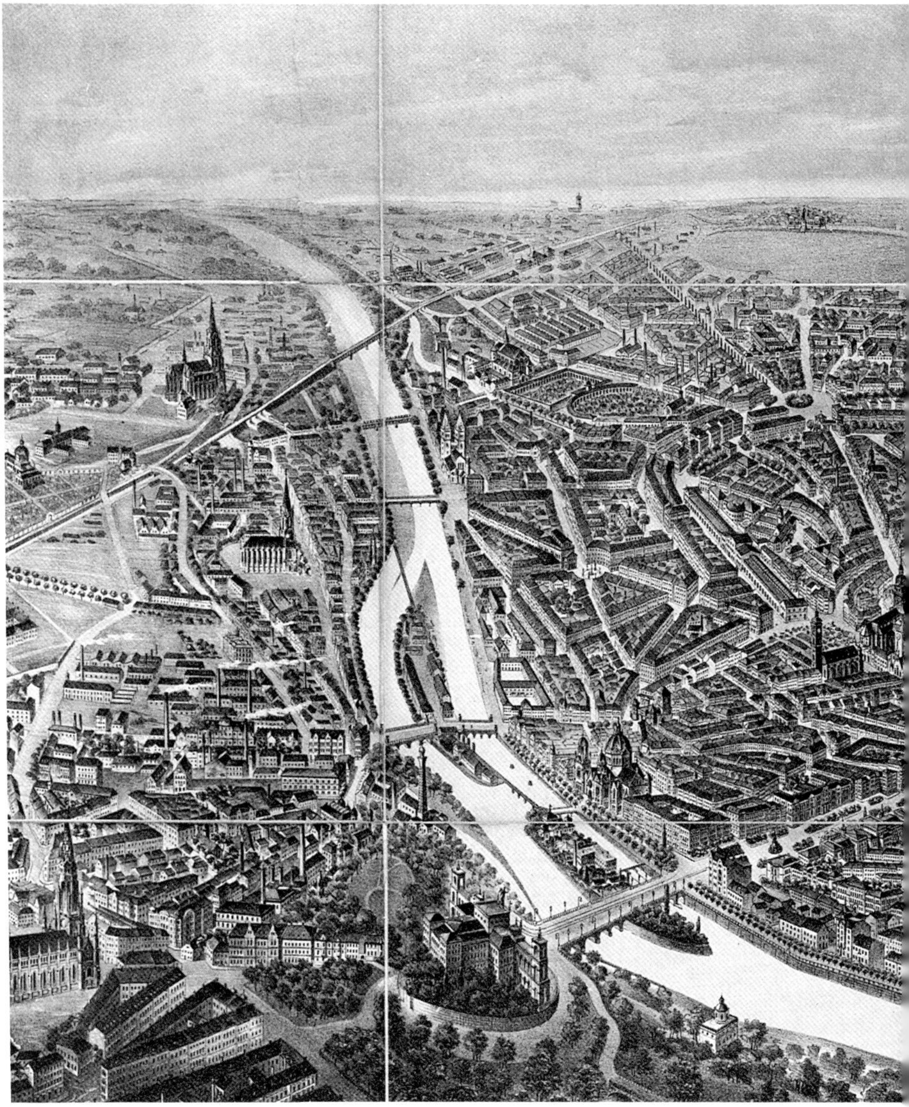

39. Die Großstadt München aus der Vogelschau von Osten, Lithographie, 1895.

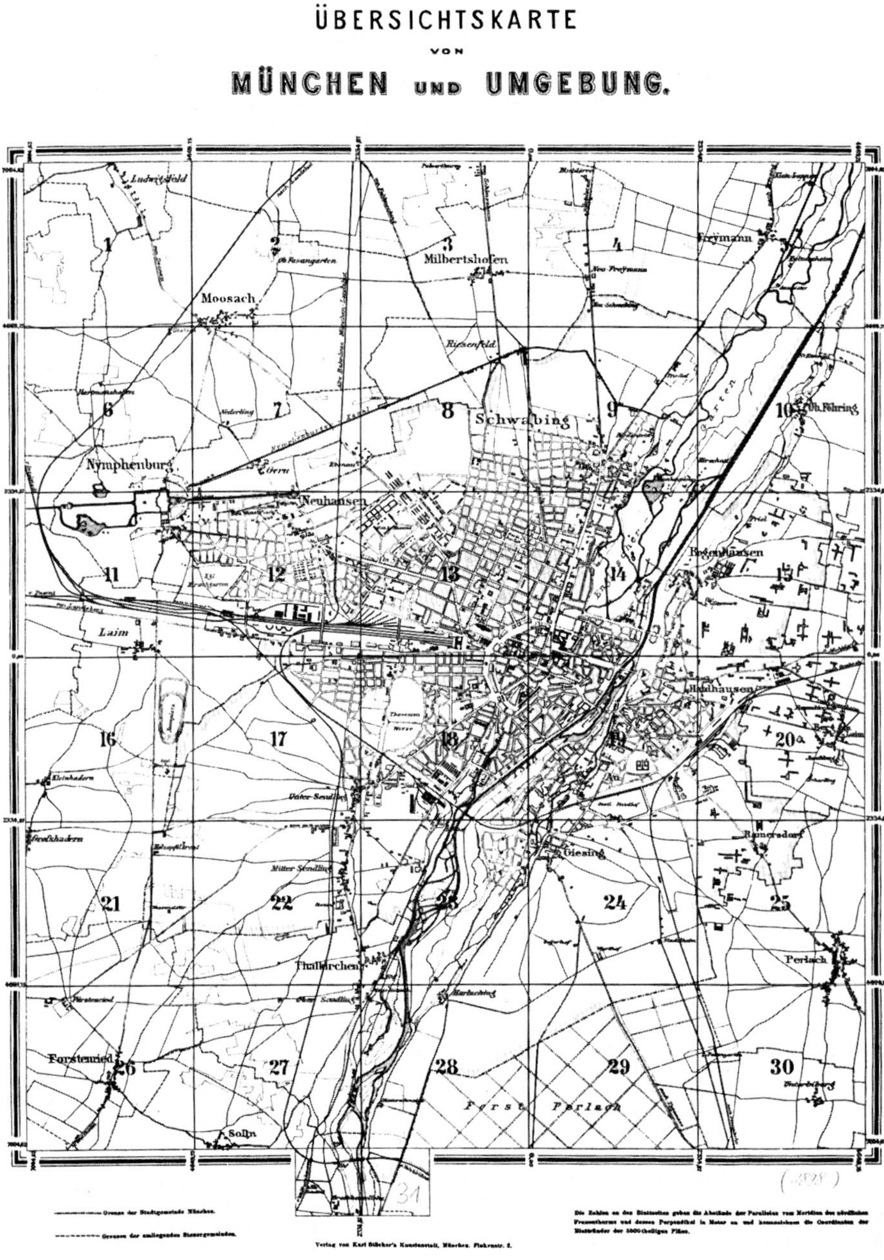

40. *München und Umgebung: Übersichtskarte zum Stücker-Plan, 1898.*

127. Frühester Beleg: Cart. Ebersberg (siehe oben Anm. 88) Teil III Nr. 97 (ca. 1207/10–1215 aufgrund der Belegdaten für die Personen). Nur wenig später (ca. 1214–1217) MB 10, S. 423 (Schaffer, An der Wiege Münchens, S. 110, Nr. 20).
128. Mitterauer, Markt und Stadt, S. 271, spricht im Hinblick auf ältere Städte, die ehedem auf Märkte zurückgingen und für die in der Regel nicht von einer Stadterhebung die Rede ist, von einem langsamen «Wandel in der Größenordnung, im Siedlungsbild und schließlich in der Bezeichnung».
129. Dirr, Denkmäler, S. 85, Nr. 52.
130. Rudolfinum, Art. 2.
131. Dirr, Denkmäler, S. 576, Art. 2.
132. Die Part erscheinen zu Anfang des 14. Jahrhunderts führend in der «Gemein» (1318), einige Jahrzehnte später (1365) auch im Inneren und im Großen Rat. Im zuletzt genannten Gremium traten damals auch die Diener in Erscheinung.
133. Man denke an den *iudex Jordanus* von 1239, den Richter Heinrich von Au von 1253 (Urk. Raitenhaslach, Nr. 197. Identifizierung als Heinrich von Schenkenau; vgl. bei G. Flohrschütz, Machtgrundlagen und Herrschaftspolitik der ersten Pfalzgrafen aus dem Haus Wittelsbach, in: Wittelsbach und Bayern. Bd. II/1, Kat. München 1980, S. 83, Nr. 109) und später den *«iudex dictus Tiwelhart Civitatis Monachii»* von 1285 (MB 18, S. 3, Nr. 2; MB 18, S. 4, Nr. 3).
134. Dirr, Denkmäler, S. 99, Nr. 60.
135. Insofern sind divergierende Wünsche zwischen Gemeinde und einzelnen Familien leicht vorstellbar.
136. Wir wissen zum Beispiel, daß vor 1299/1302 ein Schluder herzoglicher Viztum gewesen war (MB 5, S. 471 f.).
137. Dirr, Denkmäler, S. 43, Art. 7.
138. Dirr, Denkmäler, S. 44f., Art. 15. Ob der städtische Richter dann Aburteilung und Vollstreckung an ein landesherrliches Gericht abzugeben hatte, oder ob der Stadtrichter das Verfahren im Namen und für den Herzog durchführte, ist unklar. Einzelnes spricht allerdings für die zweite Möglichkeit.
139. Dirr, Denkmäler, S. 48, Nr. 23.
140. 1291 und 1292 hatte man je 400 Pfund Pfennige bezahlt (E. Oefele, Rechnungsbuch des Oberen Vitztumamtes, in: OA 26 [1865/66], S. 272ff.). 1315 wurde die Höhe der Stadtsteuer auf jährlich 600 Pfund Pfennige festgelegt (Dirr, Denkmäler, S. 83, Nr. 51).
141. Vgl. Maier, Stadt und Herrschaft, S. 433ff.
142. Daß die Kontrolle über die Münzpolitik eine wichtige Rolle in der Auseinandersetzung zwischen dem herzoglichen Geldbedarf und den sich formierenden Ständen spielte, wird dann 1307 sichtbar, als die Herzoge Rudolf und Ludwig als Gegenleistung für die Gewährung einer allgemeinen Steuer den Ständen die beiden Münzstätten von München und Ingolstadt verpfänden und dabei auch eine Vereinbarung über Währung und Schlagschatz erfolgt (Dirr, Denkmäler, S. 61, Nr. 35).
143. F. Solleder, München im Mittelalter, München 1938, S. 495. Überblick zum Gesamtphänomen A. Patschovsky, Judenverfolgung im Mittelalter, in: Geschichte in Wissenschaft und Unterricht, 41 Jg. (1990), S. 1–16.

144. Allgemein zur Geschichte der Juden im mittelalterlichen Bayern: J. Kirmeier, Aufnahme, Verfolgung und Vertreibung, in: M. Treml/J. Kirmeier, Zur Geschichte der Juden in Bayern, München u. a. 1988.
145. Dirr, Denkmäler, S. 56, Nr. 29.
146. Karte bei M. Spindler/G. Diepolder, Bayerischer Geschichtsatlas, Karte Nr. 43. Bereits im 13. Jahrhundert war das obere Tal bis zur Hochbrückenstraße mit einer Mauer eingefangen worden.
147. Dirr, Denkmäler, S. 22, Nr. 10.
148. Dirr, Denkmäler, S. 4, Nr. 11.
149. Herzog Otto I. von Wittelsbach war bereits 1183 verstorben, Otto II. gelangte erst 1231 zur Regierung; das Jahr 1208 hingegen fällt in die Regierungszeit von Ludwig dem Kelheimer. Man sollte die Jahreszahl 1208 aber nicht von vornherein für hinfällig erklären – und ebensowenig die Namensüberlieferung. Bedenkenswert ist nämlich, daß sowohl der damalige Freisinger Bischof (Otto II.) als auch König Otto IV. und übrigens auch der Andechser Herzog (Otto I.) diesen Personennamen trugen.

Residenz- und Bürgerstadt

1. L. Maier, Stadt und Herrschaft, München 1989, S. 309f.
2. P. Dirr, Denkmäler des Münchner Stadtrechts, München 1934, S. 52*ff.; F. Solleder, München im Mittelalter, München 1938, S. 10; M. Schattenhofer, Die Wittelsbacher als Stadtherren von München, in: OA 109/1 (1984), S. 39–52, vgl. bes. seine Ausführungen S. 40ff.
3. Solleder, S. 10.
4. N. Grass, Reichskleinodien, in: Sitzungsberichte der österreichischen Akademie der Wissenschaften, phil.-hist. Klasse, Bd. 248/4, Wien u. a. 1965, S. 27f.
5. So Schattenhofer, S. 40f.
6. Stadtrechtsbuch (= SRB) von 1340 (‹Versiegeltes Buch›) und Neue Folge zum Stadtrechtsbuch des Gerichtsschreibers Taentzel von 1365 werden ‹*Liber Rufus*› genannt, abgedruckt in: Dirr, S. 305–481.
7. Siehe unten S. 68f.
8. W. Störmer, Stadt und Stadtherr im wittelsbachischen Altbayern des 14. Jahrhunderts, in: Stadt und Stadtherr im 14. Jahrhundert, Linz a. d. Donau 1972, S. 257–273, hier S. 261.
9. F. Koller, Der Eid im Münchner Stadtrecht des Mittelalters, München 1953, S. 51f.; F. Meyer, Das Wirken der landesherrlichen Gewalt in München, Diss.masch. Erlangen 1954, S. 56ff., S. 64f., S. 70ff.
10. Störmer, S. 262; Solleder, S. 223ff.; I. Hörl, Die Zusammensetzung und Schichtung der ältesten Münchner Bevölkerung, Diss.masch. München 1952, S. 69f.
11. W. Volkert, Adel und Landstände, in: Handbuch der bayerischen Geschichte, Bd. 2, München 1969, S. 513; H. Schlosser, Spätmittelalterlicher Zivilprozeß nach bayerischen Quellen, Köln/Wien 1971, S. 74–78, S. 119–129.
12. Münzwesen: Dirr, S. 61ff., Nr. 35; Bruderstreit: MW 2, S. 232–240, Nr. 253.

13. Dirr, S. 80, Nr. 48.
14. Vgl. dagegen: A. Kraus, Geschichte Bayerns, München 1983, S. 141, der die Städte als den Ständen nicht gleichwertig ansieht; der Brandbrief findet sich abgedruckt in: MW 2, S. 517–521, Nr. 362.
15. Vgl. J. Bärmann, Die Verfassungsgeschichte Münchens im Mittelalter, Weimar 1938, S. 158–165; Dirr, S. 604–609, Nr. 2.
16. Bündnis der Landschaft: MW 2, S. 396–401, Nr. 318; vgl. die Zusammenstellung der wechselnden Anzahl der Ratsmitglieder bei M. Schattenhofer, München, in: Bayerisches Städtebuch, Teil 2, Stuttgart u. a. 1974, S. 394–445, hier S. 412.
17. Dirr, S. 26ff., Nr. 60: für die Schuldentilgung wurden der Stadt sechs Jahre Steuerfreiheit gewährt; M. Spindler, Landesherr und Landesadel, in: Handbuch der bayerischen Geschichte, Bd. 2, S. 125f.
18. Dirr, S. 65f., Nr. 52; Solleder, S. 423ff., S. 454f.
19. H. Angermeier, Bayern in der Regierungszeit Ludwigs IV. (1314–1347), in: Handbuch der bayerischen Geschichte, Bd. 2, S. 156–162.
20. A. Schütz, Der Kampf Ludwigs gegen Papst Johann XXII. und die Rolle der Gelehrten am Münchner Hof, in: Wittelsbach und Bayern, Bd. I/1: Die Zeit der frühen Herzöge, Kat. München 1980, S. 388–397, bes. S. 394f.
21. R. Schaffer, Die Entwicklung des mittelalterlichen Grundrisses der Stadt München, in: Häuserbuch der Stadt München, Bd. 1, München 1958, S. VII–XVII, dazu bes. S. XIV und Anm. 56.
22. R. v. Bary, Verfassung und Verwaltung der Stadt München (1158–1560), 3 Bde., MS masch. im Stadtarchiv München 1956, S. 447; Schattenhofer, Die Bauentwicklung Münchens, in: OA 109,1 (1984), S. 55.
23. Schattenhofer, Bauentwicklung, S. 54f.; vgl. dagegen Schaffer, S. Xf.
24. Dirr, S. 56, Nr. 29; S. 85f., Nr. 32.
25. Dirr, S. 157f., Nr. 101.
26. Dirr, S. 74f., Nr. 44.
27. Schaffer, S. XIV.
28. Dirr, S. 40–47, Nr. 22, bes. Art. 2; H. Freilinger, Die Rudolfinische Handfeste, Magna Charta libertatum der Stadt München, in: ZBLG 38 (1975), S. 144–162.
29. Der Begriff Konsul ist für diese Zeit besonders in den oberitalienischen Städteverfassungen gebräuchlich, allg. dazu K.-P. Schroeder, Ratsverfassung, in: Handwörterbuch zur deutschen Rechtsgeschichte (= HRG), Bd. 4, Berlin 1990, Sp. 171–182; der Begriff Meliorat leitet sich ab von den in den Quellen häufig genannten *meliores*, d. h. den nach Gewohnheitsrecht politisch besser gestellten Bürgern, vgl. dazu K.-P. Schroeder, Ratsherr, in: HRG Bd. 4, Sp. 168–171.
30. Die Urkunden des Heiliggeistspitals in München 1250–1500, München 1960, S. 22f., Nr. 13.
31. Dirr, S. 38f., Nr. 20.
32. Dirr, S. 532, Art. 245; Koller, S. 48, bes. Anm. 18 und 19.
33. Liste der Ratsfamilien im 13. Jahrhundert, in: Maier, S. 384.
34. Dirr, S. 238–290 (Satzungsbuch [= SB] B); S. 88f., Nr. 55; S. 91f., Nr. 57; Bärmann, S. 159f.

35. Dirr, Nr. 42–50 (außer Nr. 47).
36. K. Schulz, Wahlen und Formen der Mitbestimmung in der mittelalterlichen Stadt des 12./13. Jahrhunderts, in: Wahlen und Wählen im Mittelalter, Sigmaringen 1990, S. 323–344, hier S. 325.
37. StadtAM, Zimelie 17, fol. 7.
38. Schulz, S. 335 und S. 337.
39. Dirr, S. 89, Nr. 55, Z. 26f.
40. Dirr, S. 182f., Art. 8 und 9 (SB A).
41. Schattenhofer, München, S. 410f.
42. Dirr, S. 181, Art. 3 (SB A)
43. Dirr, S. 299f.
44. Dirr, S. 41f., Nr. 22, Art 2.
45. O. Riedner, Die Rechtsbücher Ludwigs des Bayern, Heidelberg 1911, S. 253, S. 330–334; Dirr, S. 90*–94*.
46. Dirr, S. 91*.
47. Dirr, S. 93ff.
48. Dirr, S. 93, Nr. 57.
49. Dirr, S. 288, Art. 308 (SB B); Koller, S. 54.
50. Dirr, S. 43, Nr. 22, Art. 12.
51. Dirr, S. 230, Art. 234 (SB A).
52. Dirr, S. 216, Art. 173 (SB A); S. 270, Art. 201 (SB B); StadtAM, KR 1332.
53. Zusammenstellung bei Hörl, S. 56ff.
54. Dirr, S. 43f., Nr. 22, Art. 11 und 13.
55. Dirr, S. 91ff., Nr. 57.
56. Dirr, S. 43, Nr. 22, Art. 11.
57. Dirr, S. 44, Nr. 22, Art. 14; S. 159, Nr. 103.
58. Dirr, S. 44, Nr. 22, Art. 13; S. 187, Art. 131 (SB A); Bärmann, S. 126f.
59. Dirr, S. 42, Nr. 22, Art. 4.
60. Dirr, S. 96ff., Nr. 60.
61. Dazu neuerdings Maier, S. 292f.
62. Dirr, S. 170, Nr. 110.
63. Dirr, S. 551ff., Nr. 3.
64. Dirr, S. 80, Nr. 48; W. Schnelbögl, Die innere Entwicklung der bayerischen Landfrieden des 13. Jahrhunderts, Heidelberg 1932, S. 375f. und S. 381f.
65. Dirr, S. 155, Nr. 99.
66. Dirr, S. 118, Nr. 73, Art. 21.
67. Dirr, S. 133f., Nr. 82; W. Schultheiß, Die Münchner Gewerbeverfassung im Mittelalter, München 1936, S. 59–64.
68. Dirr, S. 279, Art. 271 (SB B); S. 136, Nr. 84; Schultheiß, Gewerbeverfassung, S. 64f.
69. Dirr, S. 385, Art. 245 (SRB); Schultheiß, Gewerbeverfassung, S. 65f.
70. Dirr, S. 162, Nr. 105; Schultheiß, Gewerbeverfassung, S. 66f.
71. Dirr, S. 120–123, Nr. 74.
72. Dirr, S. 422f., Art. 371 (SRB).
73. StadtAM, KR 1325, fol. 87v; Solleder, S. 17f. und S. 18, Anm. 1.
74. Dirr, S. 532, Art. 242 und 243.
75. Dirr, S. 288, Art. 308 (SB B).

76. Dirr, S. 419, Art. 360 (SRB) (Brand); S. 577f., Art. 8 (Pfänder); allg. zum Redneramt: Solleder, S. 16; vgl. dagegen Bärmann, S. 166f.
77. Dirr, S. 221, Art. 201 (SB A).
78. Dirr, S. 382, Art. 232 (SRB).
79. Dirr, S. 21f., Nr. 9 (Steuerhoheit); S. 43, Nr. 22, Art. 9 (Gesamtsteuer); Bärmann, S. 208–219.
80. Der Steuereid ist erstmals im Steuerbuch von 1377 festgehalten; allg. zu dem Thema Solleder, S. 196–199.
81. Solleder, S. 424–427; StadtAM, Zimelie 17 (Satzungsbuch III), fol. 145b (1363): Vierteleinteilung; fol. 127b: Hauptmann des Viertel genannt; Dirr, S. 507, Art. 101 (Brände); S. 513, Art. 22 (Befestigung).
82. Dirr, S. 74f., Nr. 44 (Markt); S. 85f., Nr. 52 (Mauer); S. 157f., Nr. 101 (Brandschutz); Art. 135, 281, 349–353, 363, 394 sowie 151 und 472 des ‹*Liber Rufus*› zum öffentlichen Bauwesen.
83. Dirr, S. 202, Art. 100 (SB A); S. 278, Art. 269 (SB B).
84. Dirr, S. 584f., Nr. 4.
85. Dirr, S. 258, Art. 108 (SB B); S. 350, Art. 135 (SRB); M. Schattenhofer, Die Münchner Wasserversorgung bis 1883, in: OA 109/1 (1984), S. 143–154, bes. S. 145.
86. Solleder, S. 299ff. (Bußmeister); Schattenhofer, Bauentwicklung, S. 56 (Baumeister).
87. Solleder, S. 331; O. Mayr, Uhrwerk und Waage, München 1987, S. 20–23.
88. Vgl. die Zahlen bei E. Frhr. Oefele, Rechnungsbuch des oberen Vicedomamtes Herzog Ludwigs des Strengen, in: OA 26 (1865/66), S. 272–344; für München zusammengestellt von Dirr, S. 635f.
89. Vgl. die Ausführungen der Goldenen Bulle von 1332, in: Dirr, S. 139–142, Nr. 87; dazu H. Vietzen, Der Münchner Salzhandel im Mittelalter, München 1936, S. 18–26.
90. Eingehende Regelung der Isarflößerei im Satzungsbuch A: Dirr, S. 189–191, Nr. 41–54; zum Stapelrecht Art. 41; zur Grundruhr: S. 86f., Nr. 53.
91. Dirr, S. 209, Art. 140 (SB A).
92. Dirr, S. 408f., Art. 323 (SRB).
93. Dirr, S. 405, Art. 312 (SRB).
94. Dirr, S. 74f., Nr. 44.
95. Das Bannmeilenrecht wird erst im Stadtrechtsbuch genannt, in: Dirr, S. 440f., Art. 445 (SRB); vgl. auch Landshuts Stadtrecht von 1279, § 6, in: MW 1, S. 316, Nr. 130.
96. Zum Geleit: Dirr, S. 77f., Nr. 46; zur Freiung des Marktes allg. S. 74f., Nr. 44; zur besonderen Jahrmarktssituation: Schultheiß, Gewerbeverfassung, S. 77.
97. Dirr, S. 216f., Art. 178 und 178a (SB A), und S. 222, Art. 207 (Marktzwang aufgehoben); Art. 56a (SB B), S. 251 (Beschauzwang).
98. Allg. zum Fürkauf Dirr, S. 401, Art. 298 (SRB); einzelne Gewerbe: Fisch S. 215, Art. 168 (SB A); Korn S. 205, Art. 122; Schmalz u. a. S. 210, Art. 147; Holz S. 447, Art. 472 (SRB).
99. Verbot der Gesellschaft mit Auswärtigen im SB A, bes. bei Salz und Wein: Dirr, S. 230, Art. 236 (Salz); S. 232f., Art. 23 (allg.), andere Gewerbe siehe Register s. v. «Gast», S. 803, Punkt 2.

100. Dirr, S. 184, Art. 15 (SB A); S. 183, Art. 12 (Pfandklage).
101. Dirr, S. 72f., Nr. 42 (Geleit im Reich); S. 77f., Nr. 46 (Geleit in der Stadt).
102. Dirr, S. 12f., Nr. 6 (Salzburg); S. 32ff., Nr. 16 (Reich).
103. Vgl. den Großzoll (bereits 1231 genannter Haupt-Salzzoll) am Neuhauser Tor, der dem Herzog z.B. im Jahr 1329 rund 4800 Pfund Münchner Pfennige einbrachte.

Vergleich der herzoglichen Zoll- und Steuereinnahmen in München (um 1340), abgedruckt in: Dirr, S. 638 (Auszug des Salbuches des Viztumamtes):

Großzoll	5000 Pfund Münchner Pfennige
Ezoll	300 Pfund Münchner Pfennige
Truckengut	120 Pfund Münchner Pfennige
Stadtwaage und Marktzoll	12 Pfund Münchner Pfennige
Stadtsteuer	600 Pfund Münchner Pfennige
Judenregal	60 Pfund Münchner Pfennige
Stadtgericht	60 Pfund Münchner Pfennige
Brauabgabe	50 Pfund Münchner Pfennige
Mühlen	200 Pfund Münchner Pfennige

104. F. Bastian, Oberdeutsche Kaufleute in den älteren Tiroler Raitbüchern (1288–1370), München 1931, S. 7, S. 67ff. und passim.
105. Vgl. die Behauptung von Solleder, S. 32f.; dagegen sprechen die wenigen Angaben bei H. Simonsfeld, Der Fondaco dei Tedeschi in Venedig und die deutsch-venetianischen Handelsbeziehungen, 2 Bde., Stuttgart 1887; Bd. I: S. 57, S. 81, S. 89, S. 91, S. 96, S. 115, und Bd. II: S. 57.
106. Simonsfeld, Bd. I, S. 91, S. 102f.; Solleder, S. 33; W. v. Stromer, Die Metropole im Aufstand gegen König Karl IV., in: Mitteil. d. Vereins f. d. Geschichte d. Stadt Nürnberg 65 (1978), S. 55–91, zum Thema S. 68–70.
107. Dirr, S. 64ff., Nr. 36 und 37; S. 72f., Nr. 42; S. 106–108, Nr. 67–70; S. 110ff., Nr. 72; S. 130–133, Nr. 79–81; S. 138f., Nr. 86; S. 150–153, Nr. 95–97; S. 158f., Nr. 102.
108. Solleder, S. 35.
109. Bastian, S. 35, S. 152f., S. 155, S. 160, S. 163 (Wadler); Solleder, S. 32 (Dräсhsel-Schrenck).
110. Quellen zur Geschichte des Kölner Handels und Verkehrs im Mittelalter, Bd. I, Bonn 1917, S. 33f.; Solleder, S. 36.
111. Dirr, S. 139–146, Nr. 87–91 (Goldene Bulle, Salzniederlage, Salzhandel auf der Donau, Isarübergang, Straßenzwang); S. 149f., Nr. 94 (Salzhandelsprivileg für anderes als Reichenhaller Salz); S. 167–170, Nr. 109 (Bestätigung des Salzhandelsprivilegs).
112. Dirr, S. 430; eine vollständigere Auflistung liefern die Steuerrechnungen von 1369/70; ausgewertet von G. v. Suttner, Über die Verfassung der älteren städtischen Gewerbs-Polizey in München von ihrem Entstehen bis zum 16. Jahrhunderte, in: Historische Abhandlungen der kgl.-bayerischen Akademie der Wissenschaften, Bd. 2, München 1813, S. 461–548, hier S. 499.
113. Dirr, S. 39f., Nr. 21.
114. Dirr, S. 263, Nr. 154; S. 280, Art. 375 (SB B); S. 385f., Art. 245 und 246 (SRB); Schultheiß, Gewerbeverfassung, S. 61.

115. Dirr, S. 78f., Nr. 47; allg. dazu Schultheiß, Gewerbeverfassung, S. 42–46.
116. Dirr, S. 181–237 (SB A), S. 238–290 (SB B).
117. Schultheiß, Gewerbeverfassung, S. 64–67; Dirr, S. 136, Nr. 84 (Müller); S. 162f., Nr. 105 (Kaltschmiede); S. 556ff., Nr. 6 (Aufhebung des herzoglichen Braumonopols).
118. Dirr, S. 430–479; zu den Gewerbekonzessionen vgl. Schultheiß, Gewerbeverfassung, S. 72f.
119. G. Kisch, Forschungen zur Rechts- und Sozialgeschichte der Juden in Deutschland während des Mittelalters, Zürich 1955, S. 45 und S. 61 (Judenregal); das 4. Laterankonzil (1215/16) gestattete den Juden Darlehensgeschäfte auf Zins, vgl. O. Stobbe, Die Juden in Deutschland während des Mittelalters in politischer, sozialer und rechtlicher Beziehung, Braunschweig 1866, S. 106f.
120. Dirr, S. 48f., Nr. 23 (Buße für die niedergebrochene Münze); S. 61ff., Nr. 35 (Überlassung der Münchner Münze an die Landstände).
121. Burkhard Wadler erinnert bei seinen Geldgeschäften an die Geldgeber Ludwigs des Bayern in verschiedenen Städten: Jakob Knoblauch aus Frankfurt a. M., Konrad Groß aus Nürnberg u. a., siehe dazu die kurze Zusammenstellung bei W. Schultheiß, Geld und Finanzgeschäfte Nürnberger Bürger vom 13.–17. Jahrhundert, in: Beiträge zur Wirtschaftsgeschichte Nürnbergs (= BWGN) 1 (1967), S. 49–116, S. 52ff.; und E.-M. Engel, Finanzielle Beziehungen zwischen deutschen Königen und Städtebürgern von 1250 bis 1314, in: Jahrbuch für Wirtschaftsgeschichte 4 (1975), S. 95–113.
122. Zum Rentengeschäft: Solleder, S. 231–240, bes. S. 244.
123. Solleder, S. 227f. nennt als Beispiel Münchens ältesten Leibrentenbrief: StadtAM, Leibgedinge, Nr. 1–12, Schuldverschreibung Nr. 1–8.
124. Solleder, S. 35.
125. Zur Mittelschicht mittelalterlicher Städte informiert im Überblick der Konstanzer Tagungsband «Untersuchungen zur gesellschaftlichen Struktur der mittelalterlichen Städte in Europa», Sigmaringen 2. Aufl. 1974; für München vgl. die Dissertation von Hörl.
126. Zur Mittelschicht allg. E. Maschke, Mittelschichten in deutschen Städten des Mittelalters, in: Städtische Mittelschichten, Stuttgart 1972, S. 1–31.
127. Solleder, S. 527–538; vgl. jedoch die unterschiedliche Auszählung der Steuerliste von 1369: Solleder, S. 530: Innere Stadt 320 Einwohner; Äußere Stadt 1481 Einwohner. Hörl, S. 116 u. 118: Innere Stadt 411 Einwohner; Äußere Stadt 1738 Einwohner.
128. Vgl. Solleder, S. 538, Anm. 4; A. Müller, Geschichte der Juden in Nürnberg 1146–1945, Nürnberg 1968, S. 33, schätzte Nürnbergs Einwohnerzahl für die 1. Hälfte des 14. Jahrhunderts auf ca. 15000 Einwohner.
129. Hörl, S. 50–58.
130. Zu den Lagemerkmalen und zur sozialen Schicht vgl. Maschke, Mittelschichten, S. 3–10; ders., Die Schichtung der mittelalterlichen Stadtbevölkerung Deutschlands als Problem der Forschung, in: Städte und Menschen (= Vierteljahrsschrift für Wirtschafts- und Sozialgeschichte Beiheft 68), Wiesbaden 1980, S. 157–169; ders., Die Unterschichten der mittelalterlichen Städte Deutschlands, in: Gesellschaftliche Unterschichten in den südwestdeutschen Städten, Stuttgart 1967, S. 1–74.

131. Dirr, S. 192, Art. 55 (SB A) («laeute von der stat»).
132. Dirr, S. 452, Art. 499; S. 455, Art. 515 (SRB).
133. Ausgewertet von Hörl, S. 63; Bürger ist «swer wacht und stewrt und dient mit der gemain zu Muenichen».
134. Hörl, S. 50–55; Dirr, S. 230, Art. 234 (SB A).
135. Errechnet von Solleder, S. 213.
136. Zum Beispiel die Almosenstiftungen des Konrad v. Fronhofen (seit 1279), der eine Mahlzeit für die Stadtarmen spendete, und die Wadlerspende, die dem Heiliggeistspital das Montagsmahl bezahlte und jährlich einmal (1. Mai) Brezen in der Stadt verteilte: Solleder, S. 387.
137. Dirr, S. 112–120, Nr. 73 (Spitalordnung); Solleder, S. 282f.
138. Dirr, S. 153f., Nr. 98.
139. Seel- oder Regelhäuser der beiden Familien: Solleder, S. 385.
140. Dirr, S. 160f., Nr. 104.
141. StadtAM, KR 1320, 1337, 1340, 1345; Solleder, S. 351f.; MB XIX, S. 446 (1271): Bischof Konrad verfügt, daß jede Pfarrei einen Schulmeister zu halten hat.
142. Johannes Turmair's genannt Aventinus Annales Ducum Boiariae, Bd. I/1, München 1881, S. 346; vgl. dagegen die Berechnungen von H. Stahleder, Die Münchner Juden im Mittelalter und ihre Kultstätten, in: Synagogen und jüdische Friedhöfe in München, München 1989, S. 11–34, bes. S. 13.
143. L. Baerwald, Juden und jüdische Gemeinden in München vom 12. bis ins 20. Jahrhundert, in: Vergangene Tage, München/Wien 1982, S. 19–30, hier S. 20; S. Salfeld, Das Martyrologium des Nürnberger Memorbuches, Berlin 1898, S. 241f.
144. Oefele, S. 288 und S. 306.
145. Dirr, S. 81, Nr. 49; Ch. Meyer, Das Stadtbuch von Augsburg, insbesondere das Stadtrecht vom Jahre 1276, Augsburg 1872, S. 52–58, Art. XIX (Augsburger Judenrecht).
146. Oefele, S. 314: Dachaus Juden zahlten 400 Pfund Pfennige.
147. Vgl. die Ausführungen von J. Kirmeier, Aufnahme, Verfolgung und Vertreibung, in: Geschichte und Kultur der Juden in Bayern, München u.a. 1988, S. 95–104.
148. Solleder, S. 131 (Judenpfennig).
149. Vgl. dazu Kirmeier, S. 97f. (durch Judenverfolgung) und M. Toch, Jüdische Geldleihe im Mittelalter, in: Geschichte und Kultur der Juden, S. 89 (Wenzels Judenschuldentilgungen).
150. Solleder, S. 131.
151. MGH Scriptores IX, S. 829; Solleder, S. 229, Anm. 3.
152. Baerwald, S. 20; vgl. dagegen Solleder, S. 496.
153. Dirr, S. 516f., Nr. 37 (SB IV).
154. Bärmann, S. 147; Dirr, S. 434ff., Art. 412–419; Schultheiß, Satzungsbücher und Satzungen der Reichsstadt Nürnberg aus dem 14. Jh. (Quellen z. Geschichte u. Kultur d. Stadt Nürnberg, Bd. 3), Nürnberg 1965, S. 89f., Art. 16–19 (SB III).
155. Dirr, S. 21f., Nr. 9.

156. Zum Beispiel die niederbaierische Hofordnung von 1293, in: MW 2, S. 14ff., Nr. 190
157. Oefele, S. 278 und passim.
158. StadtAM, KR 1325–1346, fol. 83; Solleder, S. 200.
159. Dirr, S. 520, Art. 48 (SB IV).
160. Dirr, S. 452, Art. 515 und S. 455 (SRB), wo festgelegt ist, daß derjenige, der mit den Bürgern nicht wacht und steuert, auch nicht Handwerk treiben soll.
161. Dirr, S. 187, Art. 31 (Asyl); S. 515, Art. 37 (Judenzins); S. 235, Art. 253; Register s. v. «Gast», S. 803, Ziffer 2.
162. Dirr, S. 186, Art. 28 (mietstat); S. 533, Art. 250 (ze taglohn).
163. Dirr, S. 247, Art. 25; S. 415, Art. 415 (Spieler); allg. zu diesem Thema Schattenhofer, Henker, in: OA 109/1 (1984), S. 113–142.

Die große Krise

1. H. Stahleder, Die Münchner Juden im Mittelalter und ihre Kultstätten, in: Synagogen und jüdische Friedhöfe in München, München 1988, S. 11–34, S. 25; J. Kiermeier, Aufnahme, Verfolgung und Vertreibung, in: M. Treml/ J. Kiermeier, Geschichte und Kultur der Juden in Bayern Bd. 2, München 1988, S. 99f.
2. Dokumente ältester Münchner Familiengeschichte 1290–1620, München 1954, S. 190; zur Pest in Oberbayern H. Rubner, Die Landwirtschaft der Münchner Ebene und ihre Notlage im 14. Jahrhundert, in: Vierteljahrsschrift für Wirtschaftsgeschichte (= VSWG) 51 (1964), S. 433–453, S. 442ff.
3. F. Solleder, München im Mittelalter, München 1938, S. 536.
4. Solleder, S. 457f.
5. H. Simonsfeld, Der Fondaco dei Tedeschi in Venedig und die deutsch-venetianischen Handelsbeziehungen, 2 Bde., Stuttgart 1887, hier Bd. I, S. 80, Nr. 192 und S. 89, Nr. 206; H.-H. Vangerow, Vom Stadtrecht zur Forstordnung, München 1976, S. 3.
6. Solleder, S. 32f.
7. Simonsfeld, Bd. I, S. 91, Nr. 209 und S. 117, Nr. 253; vgl. ders., Bd. II, S. 57.
8. Vangerow, S. 3.
9. H. Vietzen, Der Münchner Salzhandel im Mittelalter, München 1936, S. 30; Solleder, S. 154.
10. StadtAM, Zimelie 11, fol. 41; Solleder, S. 304; M. Schattenhofer, Die Jakobi- und Gebnacht- oder Dreikönigsdult, in: ders., Von Kirchen, Kurfürsten & Kaffeesiedern etcetera, München 1974, S. 271f.
11. BayHStA, Kurbayern 16326; Druck MB 35/2, S. 236–242, Nr. 187.
12. StadtAM, GA 1543, o. fol.
13. StadtAM, Zimelie 16, fol. 147; Druck MB 35/2, S. 223–225, Nr. 175.
14. P. Dirr, Denkmäler des Münchner Stadtrechts, München 1934, S. 551, Nr. 3 und S. 561, Nr. 9; L. Maier, Stadt und Herrschaft, München 1989, S. 287f.; M. Schattenhofer, München, in: Bayerisches Städtebuch, Teil 2, Stuttgart u. a. 1974, S. 394–445, S. 408.

15. F. Frensdorff/M. Lexer, Chronik des Burkard Zink, in: Chroniken der deutschen Städte vom 14. bis ins 16. Jahrhundert, Bd. 5, Leipzig 1866, S. 31.
16. Regesta Boica (= RB), Bd. 111; StadtAM, Urk. A VII e 832/1-3.
17. StadtAM, Urk. A VII e 832/9.
18. StadtAM, Urk. A VII e 832/13.
19. StadtAM, Zimelie 17, fol. 98.
20. Vgl. W. Störmer, Vergesellschaftungsformen des Meliorats und des Handwerks in den Städten des bayerisch-österreichischen Raumes, in: B. Schwineköper, Gilden und Zünfte, Sigmaringen 1985, S. 337–375, S. 341f.
21. StadtAM, Urk. A VII e 832/8; MW 6, S. 530–533, Nr. 366 und S. 533–535, Nr. 367; MB 35/2, S. 140, Nr. 113, S. 142, Nr. 114 und S. 145–148, Nr. 117.
22. O. Meitinger, Die baugeschichtliche Entwicklung der Neuveste, in: OA 92 (1970), S. 20; R. Böhmer, Die Vierherzogzeit in Oberbayern-München und ihre Vorgeschichte, München 1937, S. 10.
23. MB 35/2, S. 201, Nr. 160; K. A. v. Muffat, Jörg Kazmairs Denkschrift über die Unruhen zu München in den Jahren 1397–1403, in: Die Chroniken der deutschen Städte vom 14. bis ins 16. Jahrhundert, Bd. 15, Leipzig 1878, S. 411–637, S. 444.
24. B. Kraft, Andechser Studien, in: OA 73/74 (1937/40), S. 144–154; Solleder, S. 409.
25. A. Brackmann, Die Entstehung der Andechser Wallfahrt, in: Abhandlungen der Preußischen Akademie der Wissenschaften, Phil.-hist. Klasse, 1929, S. 4–14.
26. Frensdorff/Lexer, S. 45; Solleder, S. 410.
27. Dokumente ältester Familiengeschichte, S. 189.
28. StadtAM, Urk. A VII e 388; Solleder, S. 486f.
29. Vietzen, S. 72; Solleder, S. 543f.
30. MB 35/2, S. 167f., Nr. 133; StadtAM, Urk. A VII e 688–692. Solleder, S. 244f. und S. 511; K. Lippmann, Das Ewiggeld in München, Dachau 1910, S. 20 und S. 22.
31. F. Blendinger, Münchner Bürger, Klöster und Stiftungen als Gläubiger der Reichsstadt Augsburg im 14. und 15. Jahrhundert, in: Archive und Geschichtsforschung (Festschrift F. Solleder), Neustadt a. d. Aisch 1966, S. 80–109.
32. Forschungsüberblick bei P. Blickle, Unruhen in der ständischen Gesellschaft 1300–1800, München 1988, S. 7–12 und S. 51–58.
33. W. Frhr. v. Stromer, Die Metropole im Aufstand gegen König Karl IV., in: Mitteilungen des Vereins für die Geschichte der Stadt Nürnberg 65 (1978), S. 55–91, S. 61 und S. 70.
34. E. Isenmann, Die deutsche Stadt im Spätmittelalter, Stuttgart 1988, S. 30, geht von einer Familiengröße von 3 bis 5 Personen aus.
35. Mangels besseren Zahlenmaterials nach Solleder, S. 536; zur jüdischen Einwohnerschaft siehe Stahleder, Münchner Juden, S. 13.
36. Solleder, S. 536; U. Dirlmeier, Untersuchungen zu Einkommensverhältnissen und Lebenshaltungskosten in oberdeutschen Städten im Spätmittelalter, in: Abhandlungen der Heidelberger Akademie der Wissenschaften, Phil-hist. Klasse 1978/1, S. 500; wenig ergiebig I. Hörl, Die Zusammensetzung und Schichtung der ältesten Münchner Bevölkerung, Diss.masch. München 1934.

37. Vgl. dazu Th. Fischer, Städtische Armut und Armenfürsorge im 15. und 16. Jahrhundert, Göttingen 1979, S. 23–25 und S. 36–39.
38. StadtAM, Zimelie 17, fol. 76; Schattenhofer, München, S. 411.
39. Dirr, S. 377, Art. 212 von 1355.
40. StadtAM, Steueramt, Steuerbuch 1383/1; Dirr, S. 381, Art. 223.
41. R. v. Bary, Verfassung und Verwaltung der Stadt München (1158–1560) 3 Bde., MS masch. im Stadtarchiv München 1956, S. 742, Tab. 3; v. Muffat, S. 508; StadtAM, Stadtverteidigung, Nr. 225.
42. Dirr, S. 41, Art. 1.
43. Solleder, S. 294 und S. 537.
44. StadtAM, Steueramt, Steuerbücher 1394–1396; Solleder, S. 210.
45. v. Bary, S. 17; Schattenhofer, München, S. 411.
46. StadtAM, Steueramt, Steuerbuch 1394, fol. 1; Zimelie 10, fol. 32 und 40; v. Muffat, S. 474.
47. StadtAM, Steueramt, Steuerbuch 1396, fol. 44; zum Großen Rat vgl. Schattenhofer, München, S. 411f.
48. StadtAM, Urk. A VII e 832, Nr. 20.
49. v. Bary, S. 744–748 Tab. 4a.
50. Schattenhofer, München, S. 411f.; dazu E. Maschke, Städte und Menschen (= VSWG Beiheft 68), Wiesbaden 1980, S. 212.
51. Vgl. M. Schattenhofer, Das Münchner Patriziat, in: OA 109/1 (1984), S. 25–39; zu Familienaltären Chr. Karnehm, Die Erstausstattung der Frauenkirche und ihre barocke Umgestaltung, München 1984, S. 11–16.
52. Zu herzoglichen Schulden siehe BayHStA, Kurbaiern Äußeres Archiv 1166; BayHStA, Kurbaiern Lit. 348; BayHStA, Fürstensachen 1322 1/2; zu herzoglichen Räten K. Frh. v. Andrian-Werburg, Urkundenwesen, Kanzlei, Rat und Regierungssystem der Herzöge Johann II., Ernst und Wilhelm III. von Bayern-München (1392–1438), in: Münchner Historische Studien, Geschichtliche Hilfswissenschaften 10 (1971), S. 141–146.
53. Dirr, S. 594–603.
54. Maier, S. 295f.
55. Dirr, S. 598, Art. 15.
56. Dirr, S. 373–481 und S. 524–536.
57. StadtAM, Zimelie 17 (Ratsbuch III); StadtAM, Zimelie 9 (Ratsbuch IV).
58. StadtAM, Zimelie 10 (Handwerkssatzungen oder Ratsbuch V).
59. StadtAM, Zimelie 26/I–III (Gerichtsbücher), Zimelie 23 (Achtbuch); dazu E. Neuner, Der Liber Malorum Hominum im Münchner Stadtarchiv, Diss. masch. München 1953.
60. StadtAM, Zimelie 34 und 35 (Zinsbücher).
61. StadtAM, Zimelie 10, fol. 61.
62. Dirr, S. 479; W. Schultheiß, Die Münchner Gewerbeverfassung im Mittelalter, München 1936, S. 71–73 und S. 86–88; Schattenhofer, München, S. 408.
63. F. Irsigler, Zur Problematik der Gilde- und Zunftterminologie, in: Schwineköper, S. 53–71, v.a. S. 65–70; Störmer, S. 368–372.
64. Schultheiß, S. 55–57.
65. StadtAM, Zimelie 23, fol. 47f.

66. v. Muffat, S. 463–503; Bayerische Staatsbibliothek München, Oefeleana 308/I-1.
67. Bayerische Staatsbibliothek München, Oefeleana 308/I-1; MB 35/2, S. 223–225, Nr. 175; StadtAM, Zimelie 23, fol. 12ff.
68. StadtAM, Zimelie 16, fol. 147b.
69. Solleder, S. 518.
70. Bayerische Staatsbibliothek München, Oefeleana 308/I-1, fol. 49–51; Andrian-Werburg, S. 52f.; v. Muffat, S. 506f.
71. v. Muffat, S. 465, Kap. 3; StadtAM, Steueramt, Steuerbuch 1396 fol. 44. Zu Jörg Katzmair siehe H. Stahleder, Beiträge zur Geschichte Münchner Bürgergeschlechter, in: OA 113 (1989), S. 195–229, S. 208.
72. v. Muffat, S. 560; Solleder, S. 520f.
73. StadtAM, Steueramt, Steuerbuch 1396, fol. 44; BayHStA, Kurbaiern Äußeres Archiv 1166, fol. 70; v. Bary, Tab. 3.
74. StadtAM, Steueramt, Steuerbuch 1396, fol. 44; v. Muffat, S. 463.
75. H. Stahleder, Bierbrauer und ihre Braustätten, in: OA 107 (1982), S. 103, S. 144 und S. 146.
76. H. Vogel, Die St. Isidor und St. Notburga Bruderschaft in München, in: Beiträge zur Altbayerischen Kirchengeschichte 28 (1974), S. 31–61, S. 39.
77. Zu Simon siehe BayHStA, Kurbaiern Lit. 348; zu U. Fueß siehe v. Muffat, S. 560.
78. M. Schattenhofer, Die Geschichte des Münchner Rats, in: ders., Kaffeesieder, S. 182; ders., Patriziat, S. 30f.
79. Ausführlich Solleder, S. 500–522; I. Schwab, Städtische Kassenführung und revolutionäre Rechnungsprüfung, in: Archiv für Diplomatik 36 (1990), S. 169–186; vgl. Maschke, S. 172.
80. v. Muffat, S. 475f. und S. 477.
81. v. Bary, S. 755; MB 35/2, S. 224 Nr. 175.
82. v. Muffat, S. 482; Annales Matseenses, Continuatio monachorum Sancti Petri, in: MG Scriptores rerum Germanicarum 9, Hannover 1851, S. 837–843, S. 843, Z. 8–10.
83. Dirr, S. 516f., Art. 57a.
84. MB 35/2, S. 236–242, Nr. 187; MB 35/2, S. 243, Nr. 188.
85. v. Muffat, S. 560–567; Solleder, S. 520.
86. Dirr, S. 604–609.
87. Dirr, S. 607, Abs. 11; StadtAM, Zimelie 10, fol. 8, 16, 28 u. ff.
88. Schultheiß, S. 112.
89. Schultheiß, S. 117f.; A. Schlichthörle, Die Gewerbebefugnisse in der Königlichen Haupt- und Residenzstadt München, Erlangen 1844/45, S. 311 und S. 632. Weitgehend unbrauchbar L. Mertl, Das Münchner Zunftwesen bis zum Ausgang des 30jährigen Krieges, MS masch. im Stadtarchiv München, 1919.
90. StadtAM, GA 1543, o. fol.
91. StadtAM, Zimelie 11, fol. 41.

Konsolidierung und Ausbau der bürgerlichen Stadt

1. R. v. Bary, Verfassung und Verwaltung der Stadt München (1158–1560), 3 Bde., MS masch. im Stadtarchiv München 1956, S. 288–322.
2. v. Bary, S. 322–331; F. Solleder, München im Mittelalter, München 1938, S. 229.
3. StadtAM, Stadtgericht, Nr. 917.
4. v. Bary, S. 331, S. 333–335.
5. v. Bary, S. 337–402.
6. Solleder, S. 145.
7. v. Bary, S. 402–454.
8. v. Bary, S. 325.
9. v. Bary, S. 457–497.
10. v. Bary, S. 497–517.
11. H. Vietzen, Der Münchner Salzhandel im Mittelalter 1158–1587, München 1936, S. 32, S. 42 und S. 45.
12. Solleder, S. 308.
13. v. Bary, S. 547–578.
14. v. Bary, S. 578–601.
15. v. Bary, S. 517–547.
16. MB 35/2, S. 430/33; StadtAM, KR 1498/99, fol. 77r; v. Bary, S. 601–607.
17. v. Bary, S. 615–654.
18. StadtAM, KR 1480/81, fol. 92r.
19. Solleder, S. 391 und S. 536f.
20. Solleder, S. 351.
21. v. Bary, S. 658–690.
22. P. Dirr, Denkmäler des Münchner Stadtrechts, München 1934, S. 11f., Nr. 5.
23. v. Bary, S. 690–699; Solleder, S. 353; M. Schattenhofer, Das alte Rathaus in München, München 1972, S. 30.
24. Dirr, S. 38f., Nr. 20.
25. Dirr, S. 41, Nr. 22.
26. StadtAM, Zimelie 26/I = Gerichtsbuch (GB) I 119/5.
27. Die Urkunden des Heiliggeistspitals in München 1250–1500, 1. Teil München 1960, 2. Teil München 1966, Urk. Nr. 162.
28. MB 35/2, S. 358–362, Nr. 253; Dirr, S. 67*.
29. Solleder, S. 404.
30. Vietzen, S. 26.
31. StadtAM, KR 1406/07, fol. 78r (4 Einträge); KR 1407/08, fol. 58v–60v, 65r; Vietzen, S. 57; Solleder, S. 282.
32. StadtAM, KR 1408/09, fol. 60r.
33. StadtAM, KR 1409/10, fol. 56r.
34. StadtAM, KR 1487/88, fol. 91r/vff.
35. StadtAM, KR 1406/07, fol. 45v; v. Bary, S. 1007.
36. M. Schattenhofer, Aus der Geschichte der Isarflößerei, in: OA 109/1 (1984), S. 101.

37. Solleder, S. 277.
38. StadtAM, KR 1491/92, fol. 93ff.; KR 1493/94, fol. 86ff., 91ff.
39. StadtAM, KR 1520/21, fol. 114v, 115r; KR 1521/22, fol. 110r/v–111r; Schattenhofer, Rathaus, S. 11f.; Solleder, S. 377.
40. StadtAM, KR 1412/13, fol. 46v.
41. Schattenhofer, Rathaus, S. 16.
42. StadtAM, KR 1417/18, fol. 48v.
43. Solleder, S. 262.
44. StadtAM, KR 1426/27, fol. 59r–61r; Solleder, S. 253–255.
45. StadtAM, RP 1478, fol. 116r; Solleder, S. 253.
46. Solleder, S. 260.
47. StadtAM, KR 1406/07, fol. 33v.
48. Schattenhofer, Rathaus, S. 30; Solleder, S. 250f. und S. 415.
49. KR ab 1429 jeweils eigener Ausgabentitel; StadtAM, RP 1472, fol. 46v; Solleder, S. 276, S. 337, S. 360 und S. 446.
50. v. Bary, S. 631f. und S. 1007.
51. StadtAM, KR 1429/30, fol. 67r.
52. Solleder, S. 363 und S. 447–449.
53. StadtAM, KR 1478/79, fol. 83r.
54. StadtAM, KR 1479/80, fol. 81r.
55. Solleder, S. 472.
56. StadtAM, KR 1479/80, fol. 68r.
57. StadtAM, KR 1480/81, fol. 82r.
58. J. A. Schmeller, Bayerisches Wörterbuch, 1. Bd. München 1872, 2. Bd. München 1877, hier Bd. 1 Sp. 778.
59. Für die Jahre 1430–1439, 1450–1481 ergeben sich 33800 Pfund. Für die Jahre 1440–1449, von denen die Kammerrechnungen fehlen, wurde ein entsprechender Durchschnittsbetrag eingesetzt.
60. StadtAM, KR 1429/30, fol. 53, Eintrag Fasnacht 1430.
61. MB 35/2, S. 306–311; StadtAM, KR 1436/37, fol. 69v; KR 1437/38, fol. 65r; BayHStA, Privilegienbuch VI, S. 76v–79.
62. GB I 240/4.
63. GB III 42/14 (1405).
64. StadtAM, KR 1484/85, fol. 107v, 108r.
65. MB 35/2, S. 466–468.
66. Solleder, S. 262.
67. StadtAM, KR 1451/52, fol. 70rff.; KR 1452/53, fol. 89r ff.
68. Solleder, S. 263.
69. StadtAM, KR 1464/65, fol. 84v.
70. StadtAM, KR 1498/99, fol. 78r; Solleder, S. 257.
71. M. Schattenhofer, Die Münchner Wasserversorgung bis 1883, in: OA 109/1, München 1984, S. 148f.
72. StadtAM, KR 1467/68, fol. 82vff.; Solleder, S. 369.
73. Schattenhofer, Rathaus, S. 35ff.; Solleder, S. 371f.
74. StadtAM, RP 1484, fol. 20v, Zimelie 21, fol. 1; Solleder, S. 384; v. Bary, S. 770.
75. StadtAM, KR 1485/86, fol. 112r (29. 1. 1486); Solleder, S. 257.

76. Dirr, S. 67*; Solleder, S. 306 und S. 358.
77. Solleder, S. 337.
78. StadtAM, KR 1517/18, fol. 94v, 106r–109v; KR 1518/19, fol. 97r, 104v–106r, 107r, 108v, 111r, 131r.
79. M. Schattenhofer, München, in: Bayerisches Städtebuch, Teil 2, Stuttgart u. a. 1974, Kap. 5b, S. 396.
80. H. Vogel, Chronik des Weinstadl, München o. J. (1951).
81. StadtAM, KR 1563/64, fol. 114r, 120r.
82. Solleder, S. 275.
83. Solleder, S. 400f.
84. Solleder, S. 275 und S. 398; Dirr, S. 507f.; M. Schattenhofer, Die Bauentwicklung Münchens, in: OA 109/1 (1984), S. 56.
85. Solleder, S. 369.
86. StadtAM, RP 1460, fol. 29r.
87. StadtAM, KR 1419/20, fol. 66r–68v; Solleder, S. 362.
88. Solleder, S. 58.
89. Solleder, S. 61ff.
90. Solleder, S. 64.
91. M. Schattenhofer, Das Münchner Patriziat, in OA 109/1 (1984), S. 26ff. und S. 31.
92. H. Lieberich, Mitteilungen für die Archivpflege in Oberbayern, München 1940–1950, hier Nr. 16 von 1943, S. 339.
93. Solleder, S. 71.
94. K. A. v. Muffat, Jörg Kazmairs Denkschrift über die Unruhen zu München in den Jahren 1397–1403, in: Die Chroniken der deutschen Städte vom 14. bis ins 16. Jahrhundert, Bd. 15, Leipzig 1878, S. 452; Solleder, S. 71; M. v. Perfall, Urkundliche Mitteilungen über das Schloß Greifenberg und seine Besitzer, in: OA 107 (1846), S. 326f.
95. P. Fried, Die Landgerichte Dachau und Kranzberg, München 1958, S. 100.
96. F. H. v. Hundt, Die Urkunden des Klosters Indersdorf, in: OA 24 (1863), S. 257, Nr. 644; Fried, S. 221.
97. RB, Bd. X, S. 234; Fried, S. 117.
98. Fried, S. 23.
99. v. Muffat, S. 565.
100. RB, Bd. XI, S. 162.
101. RB, Bd. XII, S. 72; BayHStA, Gerichtsurkunden Dachau 61, 1185.
102. Fried, S. 85.
103. StadtAM, KR 1400/02, fol. 71r/v; KR 1402/03, fol. 106v.
104. StadtAM, KR 1404/06, fol. 70r; KR 1407/08, fol. 53r; Fried, S. 104.
105. Solleder, S. 71.
106. GB III 170/17.
107. StadtAM, KR 1419/20, fol. 58r.
108. H. Stahleder, Beiträge zur Geschichte Münchner Bürgergeschlechter im Mittelalter, in: OA 113 (1989), S. 201.
109. BayHStA, Oberster Lehenhof Nr. 2, S. 85; BayHStA, Lit. 3, fol. 190v, 196v; Solleder, S. 71.
110. Fried, S. 50.

111. Fried, S. 39.
112. Fried, S. 37.
113. BayHStA, Oberster Lehenhof Nr. 2, fol. 91r, Nr. 3, fol. 61v (85v) (1496), 201, 209, 211, 220r; GL Dachau Nr. 1, fol. 32v.
114. StadtAM, KR 1495/96, fol. 76r; KR 1499/1500, fol. 75v.
115. StadtAM, KR 1491/92, fol. 76rff., 77v.
116. StadtAM, KR 1492/93, fol. 69v.
117. StadtAM, KR 1492/93, fol. 70r/v.
118. StadtAM, KR 1493/94, fol. 75r, 76r.
119. StadtAM, KR 1494/95, fol. 77rff.
120. StadtAM, KR 1495/96, fol. 74v, 75r/v, 76r.
121. StadtAM, KR 1497/98, fol. 81r.
122. StadtAM, KR 1499/1500, fol. 74r/75v.
123. Schattenhofer, Patriziat, S. 33/37, auch zum Folgenden.
124. M. Schattenhofer, Die geistliche Stadt, in: ders., Von Kirchen, Kurfürsten & Kaffeesiedern etcetera, München 1974, S. 11, auch zum Folgenden.
125. Schattenhofer, Geistliche Stadt, S. 46.
126. Solleder, S. 321, S. 487 und S. 489.
127. Solleder, S. 385; Schattenhofer, Geistliche Stadt, S. 22f.
128. StadtAM, Steueramt 584, fol. 20r, 24r.
129. MB 21, S. 266.
130. StadtAM, Historischer Verein von Oberbayern, Urk. 2117 (= OA 11, S. 260).
131. MB 21, S. 90 (1427).
132. GB II 129/2.
133. MB 20, S. 139; GB III 105/16.
134. StadtAM, Steueramt 584, fol. 20v.
135. StadtAM, Steueramt 584, fol. 35r.
136. StadtAM, Historischer Verein von Oberbayern, Urk. 4226.
137. MB 20, S. 399.
138. StadtAM, Urk. D I i LXVI e 1; Stahleder, Bürgergeschlechter, OA 113 (1989), S. 209.
139. BayHStA, Klosterurkunden Benediktbeuern 500.
140. Solleder, S. 372.
141. Schattenhofer, Geistliche Stadt, S. 27.
142. H. Stahleder, Die Münchner Juden im Mittelalter und ihre Kultstätten, in: Synagogen und jüdische Friedhöfe in München, München 1988, S. 11–34, hier S. 16ff.
143. StadtAM, Urk. C IX c 8, Nr. 5 (1467); BayHStA, Gerichtsurkunden München Nr. 426 (1486).
144. Schattenhofer, Geistliche Stadt, S. 12.
145. StadtAM, RP 1468, fol. 143r; Solleder, S. 372.
146. StadtAM, KR 1468/69, fol. 73.
147. StadtAM, RP 1470, fol. 20r.
148. Schattenhofer, Geistliche Stadt, S. 15; Schattenhofer, München, S. 395.
149. MB 35/2, S. 423f.
150. StadtAM, KR 1492/93, fol. 69v.
151. StadtAM, KR 1492/93, fol. 67v.

152. O. Meitinger, Die baugeschichtliche Entwicklung der Neuveste, in: OA 92 (1970), S. 26–31.
153. Schattenhofer, München, S. 420.
154. Schattenhofer, Stadtherren, S. 42f.
155. Stahleder, Bürgergeschlechter, OA 113 (1989), S. 201.
156. Schattenhofer, Patriziat, S. 28, auch zum Folgenden.
157. StadtAM, RP 1467, fol. 135r.
158. StadtAM, KR 1491/92, fol. 79v.
159. StadtAM, RP 1480, fol. 139r.
160. StadtAM, RP 1500, fol. 95r; RP 1515, fol. 2r.
161. StadtAM, RP 1482, fol. 168v.
162. v. Bary, S. 47f.; StadtAM, Zimelie 52 (Eidbuch 1488), fol. 25r.
163. StadtAM, RP 1486, fol. 49r.
164. StadtAM, RP 1516, fol. 23v; v. Bary, S. 95f.
165. Solleder, S. 432 und S. 479.
166. Solleder, S. 473f.
167. Solleder, S. 411f.; M. Schattenhofer, München-Archiv M 01029, 02027.
168. Handbuch der bayerischen Geschichte, 2. Bd., 2. Auflage, München 1988, S. 316.

Um Glaube und Recht

1. M. Lanzinner, Fürst, Räte und Landstände, Göttingen 1980, S. 22; B. Stenger, Fürstliche Stadt München (1530) – Fürstliche Hauptstadt (1575), in: Blätter für deutsche Landesgeschichte 123 (1987), S. 127ff. R. Heydenreuter, Rechtspflege im Herzogtum Bayern in der Mitte des 16. Jahrhunderts, in: Rechtsgeschichte in den beiden deutschen Staaten (1988–1990), Frankfurt a. M. 1991, S. 262.
2. A. Schmid, Stadt und Humanismus, in: Humanismus und höfisch-städtische Eliten im 16. Jahrhundert, Bonn 1989, S. 263f.
3. Schmid, S. 242f.
4. Schmid, S. 244ff.
5. A. Seifert, Die «Seminarpolitik» der bayerischen Herzöge im 16. Jahrhundert und die Begründung des jesuitischen Schulwesens, in: Wittelsbach und Bayern, Bd. II/1, Kat. München 1980, S. 128.
6. P. Joachimsen, Aus der Vergangenheit des Münchner Wilhelmsgymnasiums, München 1909, S. 8.
7. Schmid, S. 268ff.; W. Zehetmeier, Simon Minervius Schaidenreisser, Diss. München 1961.
8. Bayerische Staatsbibliothek München, Oefeleana 308/I Nr. 1, Zehetmeier, S. 137ff.
9. H. Rößler, Geschichte und Strukturen der evangelischen Bewegung im Bistum Freising, Nürnberg 1966, S. 17.
10. H. Lutz/W. Ziegler, Die Entscheidung gegen Luther und der Beginn der bayerischen Konfessions- und Reformpolitik (1522–1529), in: Handbuch der bayerischen Geschichte, Bd. 2, München, 2. Aufl. 1988, S. 339ff.; D. Albrecht,

Luthertum und Täufertum, in: ebd., S. 708ff.; W. Ziegler, Bayern, in: A. Schindling/W. Ziegler, Die Territorien des Reichs im Zeitalter der Reformation und Konfessionalisierung, Bd. 1, Münster 1989, S. 56ff.; C.-J. Roepke, Die evangelische Bewegung in Bayern im 16. Jahrhundert, in: Wittelsbach und Bayern, Bd. II/1, Kat. München 1980, S. 101ff.; M. Simon, Evangelische Kirchengeschichte Bayerns, Nürnberg, 2. Aufl. 1952; M. Schattenhofer, Die geistliche Stadt, in: ders., Der Mönch im Wappen, München 1960, S. 39ff.

11. Rößler, S. 7f.
12. Rößler, S. 19.
13. R. Riepertinger, Typologie der Unruhen im Herzogtum Bayern 1525, in: ZBLG 51 (1988), S. 338.
14. E. Metzger, Leonhard von Eck (1480–1550), München/Wien 1980, S. 73ff.
15. Lutz/Ziegler, S. 349.
16. Zitat aus einem Schreiben Ecks an Herzog Georg von Sachsen vom 25. 11. 1527, zitiert nach dem Druck des Schreibens bei K. Rischar, Das Leben und Sterben der Wiedertäufer in Salzburg und Süddeutschland, in: Mitteilungen der Gesellschaft für Salzburger Landeskunde 108 (1968), S. 197ff. Eck charakterisiert in diesem Schreiben die Wiedertäufer als städtische Bewegung: «Dann diese sect wurzelt ein in Stetten.»
17. Rößler, S. 30ff.
18. Rößler, S. 33.
19. Rößler, S. 26ff.; H. Rankl, Gesellschaftlicher Ort und strafrichterliche Behandlung von «Rumor», «Empörung», «Aufruhr» und «Ketzerei» in Bayern um 1525, in: ZBLG 38 (1975), S. 531ff., S. 562ff.
20. Zur Verbreitung dieser Krankheit K. Sudhoff, Syphilis und Pest in München am Ende des 15. und zu Anfang des 16. Jahrhunderts, Sonderdruck aus: Münchener medizinische Wochenschrift, Nr. 26 (1913), S. 1ff. Die Pest suchte im 16. Jahrhundert offensichtlich häufiger München heim. Für die Jahre 1532 und 1533 erließ der Rat deswegen eine detaillierte Ordnung (StadtAM, Gesundheitsamt 3).
21. Bayerische Staatsbibliothek München, cgm 1594; Rößler, S. 34ff.
22. Rößler, S. 36f.; ders., Wiedertäufer in und aus München 1527–1528, in: OA 85 (1962), S. 42ff.; C.-P. Clasen, The Anabaptists in Bavaria, in: The Mennonite Quarterly Review, vol. 39 (1965), S. 243ff.
23. Rößler, Evangelische Bewegung, S. 36.
24. Ziegler, S. 62f.
25. Rößler, Evangelische Bewegung, S. 37ff.
26. Rößler, Evangelische Bewegung, S. 40ff.
27. Rößler, Evangelische Bewegung, S. 39.
28. Rößler, Evangelische Bewegung, S. 43ff.
29. Rößler, Evangelische Bewegung, S. 46ff.
30. S. Weinfurter, Herzog, Adel und Reformation, in: Zeitschrift für historische Forschung 10 (1983), S. 1ff.
31. Rößler, Evangelische Bewegung, S. 51ff.; zur herzoglichen Kontrolle der Kirche siehe A. Landersdorfer, Das Bistum Freising in der bayerischen Visitation des Jahres 1560, St. Ottilien 1986.
32. Rößler, Evangelische Bewegung, S. 59f.

33. Rößler, Evangelische Bewegung, S. 60f.; N. A. Krieg, «Schon Ordnung ist Schönheit», München 1990, S. 6.
34. Rößler, Evangelische Bewegung, S. 61ff.
35. Rößler, Evangelische Bewegung, S. 65f.
36. E. Dorn, Der Sang der Wittenberger Nachtigall in München, München 1917, S. 231ff.
37. Geschichte der ersten Bürgeraufnahme eines Protestanten in München, München 1976 (Nachdruck der Ausgabe 1801).
38. D. Albrecht, Adel, Städte und Bürger, Bauern, in: Handbuch der Bayerischen Geschichte, Bd. 2., München 2. Aufl. 1988, S. 637ff.
39. StadtAM, Urk. A I a, Nr. 26, 1561 Oktober 31; Churpfalzbairisches Regierungsblatt 1802, Sp. 637f., 652ff., 670f.; Dokumente zur Geschichte von Staat und Gesellschaft in Bayern, Abt. 1: Altbayern vom Frühmittelalter bis 1800, Band 3: Altbayern 1550 bis 1651, München 1992, S. 317ff.
40. R. Heydenreuter, Der landesherrliche Hofrat unter Herzog und Kurfürst Maximilian I. von Bayern (1598–1651), München 1981, S. 249f., S. 257ff.
41. A. Wehner, Die Gerichtsverfassung der Stadt München von der Entstehung bis zum Untergange der Rathsverfassung, München 1876, S. 16ff.
42. Heydenreuter, Hofrat, S. 249.
43. Wehner, S. 69ff.; H. Schlosser, Braurechte, Brauer und Braustätten in München, Ebelsbach 1981, S. 13f.; W. Kohl, Recht und Geschichte der alten Münchner Mühlen, München 1969, S. 83ff.
44. F. Meyer, Das Wirken der landesherrlichen Gewalt in München, Diss.masch. Erlangen 1954, S. 64.
45. StadtAM, Urk. A I a, Nr. 26, 1561 Oktober 31; Dokumente S. 321; fehlerhafter Abdruck des Zitats bei Wehner S. 33.
46. Wehner, S. 7ff.; H. Schlosser, Spätmittelalterlicher Zivilprozeß nach bayerischen Quellen, Köln/Wien 1971, S. 121f.; Meyer, S. 56ff.; S. Wetzel, Die Ämter der Stadt München um die Wende des Spätmittelalters zur Neuzeit (1459–1561), Diss.masch. München 1950, S. 26ff.
47. Wehner, S. 22.
48. Lanzinner, S. 288; G. Greindl, Untersuchungen zur bayerischen Ständeversammlung im 16. Jahrhundert, München 1983, S. 123ff., S. 265ff.; G. v. Lerchenfeld, Die altbaierischen landständischen Freibriefe mit den Landesfreiheitserklärungen, München 1853, S. CCCLXXXVI; zum Zusammenhang mit der Religionsfrage Weinfurter, S. 32.
49. StadtAM, BuR 3.
50. D. Hewig, Kaiserliche Bestätigungen von Stadt- und Landrechten, Diss. München 1969, S. 95, S. 114f.
51. P. Dirr, Denkmäler des Münchner Stadtrechts, Bd. 1, München 1934, S. 68*.
52. M. Schattenhofer, Die Wittelsbacher als Stadtherren von München, in: OA 109/1 (1984), S. 40.
53. M. Steiger, Das Pfändungsrecht der bayerischen Städte und Märkte auf dem Land, München 1987, S. 108.
54. Greindl, S. 99.
55. Die Kosten für die Bestätigung von 1623 beliefen sich auf 1080 Gulden; StadtAM, BuR 5.

56. Hewig, S. 117ff.
57. H. Mohnhaupt, Artikel Privileg (neuzeitlich), in: Handwörterbuch zur deutschen Rechtsgeschichte, Bd. 3, Berlin 1984, Sp. 2007.
58. H. Vietzen, Der Münchner Salzhandel im Mittelalter, München 1935, S. 126.
59. Steiger, S. 55.
60. Wegen der Befugnis der Stadt, außerhalb des Burgfriedens Urteile zu vollstrekken, kam es immer wieder zu Rechtsstreitigkeiten mit dem landsässigen Adel, z.T. bis vor das Königliche Hofgericht, siehe dazu Steiger, S. 52.
61. Heydenreuter, Hofrat, S. 248ff.

Zeiten der Teuerung

1. A. v. Reitzenstein, Die alte bairische Stadt in den Modellen des Drechslermeisters Jakob Sandtner, gefertigt in den Jahren 1568–1574 im Auftrag Herzog Albrechts V. von Bayern, München 1967.
2. v. Reitzenstein, S. 7, nach: Staatsarchiv München, Hofzahlamtsrechnungen 1571, fol. 136.
3. v. Reitzenstein, S. 16.
4. v. Reitzenstein, S. 24.
5. M. Schattenhofer, Von den Vorstädten Au, Giesing und Haidhausen, in: ders., Von Kirchen, Kurfürsten und Kaffeesiedern etcetera. Aus Münchens Vergangenheit, München 1974, S. 333–352.
6. J. Freudenberger, Aus der Geschichte der Au, München 1913, S. 13.
7. M. J. Elsas, Umriss einer Geschichte der Preise und Löhne in Deutschland. Vom ausgehenden Mittelalter bis zum Beginn des neunzehnten Jahrhunderts, Leiden 1936, 1. Band, S. 79, und München, Deutsches Städtebuch 5, Bayern, Teil 2.
8. A. Fischer, Die Verwaltungsorganisation Münchens im 16. und 17. Jahrhundert, 2 Teile (Diss.masch.), München 1951, Tabelle VII in Teil 2.
9. M. Trojano, Discorsi delli trionfi, giostre, apparati. Nozza dell'Illustrissimo Signor duca Guglielmo Alb. V., 1568.
10. StadtAM, Kämmerei, KR 1550; auch die nachfolgenden Beträge entstammen, sofern nichts anderes angegeben, den Kammerrechnungen. Die Beträge werden nachfolgend i.d.R. auf Guldenangaben reduziert.
11. Elsas, S. 116f.
12. StadtAM Urk. A I a, Nr. 141.
13. StadtAM, GA 3939, vgl. H. Vietzen, Der Münchner Salzhandel im Mittelalter, München/Berlin 1936 (= Kultur und Geschichte. Freie Schriftenfolge des Stadtarchivs München VIII), S. 94.
14. StadtAM, Urk. A I a, Nr. 143.
15. F. Solleder, München im Mittelalter, München/Berlin 1938, S. 156.
16. StadtAM, Urk. A I a, Nr. 143.
17. Vietzen, S. 107.
18. Vietzen, S. 120.
19. Vietzen, S. 121.

20. StadtAM, BuR 1/4, fol. 521ff.
21. StadtAM, Kämmerei 36, Bd. 11–25 und 38.
22. StadtAM, RP 19 (1587), fol. 10 (Januar 14).
23. StadtAM, Steueramt 312 und 352.
24. StadtAM, Steueramt 275–365.
25. StadtAM, Steueramt 315–321.
26. StadtAM, Kämmerei KR 1564, 1566, 1567.
27. StadtAM, Steueramt 628.
28. StadtAM, Steueramt 633.
29. StadtAM, Steueramt, 330, fol. 115r.
30. StadtAM, Steueramt, 329, fol. 71v, 73v und 74v; 330, fol. 73v, 74v und 76r.
31. StadtAM, Steueramt, 329, fol. 87v; 330, fol. 88v.
32. StadtAM, Steueramt 22 und 26.
33. StadtAM, Steueramt 1133.
34. StadtAM, Steueramt 4.
35. StadtAM, Steueramt 21.
36. StadtAM, Steueramt, 5.
37. StadtAM, Gewerbeamt 1415/1.
38. M. Schattenhofer, Die kurfürstliche Residenzstadt, in: ders., Kirchen, S. 139 bis 176, hier S. 145.
39. StadtAM, RP 16 (1564), fol. 238v.
40. StadtAM, RP 21 (1598), fol. 58v.
41. StadtAM, GA 1415/1.
42. StadtAM, GA 1472.
43. StadtAM, GA 1474.
44. StadtAM, GA 1474.
45. StadtAM, GA 1517.
46. StadtAM, GA 1543.
47. StadtAM, GA 1543.
48. StadtAM, GA 1543 (1618 Sept. 27).
49. StadtAM, 1543.
50. StadtAM, GA 2354/1.
51. StadtAM, GA 2354/1.
52. StadtAM, GA 2354/2.
53. StadtAM, GA 2354/1.
54. StadtAM, GA 2354/2.
55. StadtAM, GA 2354/1; vgl. RP 18, fol. 29r (1579 Juli 21).
56. StadtAM, GA 2354/1.
57. StadtAM, GA 2354/1.
58. StadtAM, GA 1473.
59. StadtAM, GA 1473.
60. StadtAM, GA 1473.
61. StadtAM, GA 1697.
62. StadtAM, GA 1697.
63. StadtAM, GA 1697.
64. StadtAM, GA 1642/1.
65. StadtAM, GA 1654/1.

66. StadtAM, GA 1654/1.
67. StadtAM, Bauamt: Tiefbau 20/1.
68. Elsas, S. 166.
69. F. Solleder, München im 16. Jahrhundert. Ein Kulturbildnis aus der Zeit der Erbauung des Hofbräuhauses, in: 350 Jahre Staatliches Hofbräuhaus München, München 1939, S. 1–72, hier S. 51.
70. K. Pörnbacher, Jesuitentheater und Jesuitendichtung in München, in: K. Wagner/A. Keller, St. Michael in München. Festschrift zum 400. Jahrestag der Grundsteinlegung und zum Abschluß des Wiederaufbaus, München/Zürich 1983, S. 200–219, hier S. 202.
71. G. Schwaiger, Die Kirche Bayerns in den Stürmen des 16. Jahrhunderts, in: Wagner/Keller, S. 175–199.
72. StadtAM, KR 1597, fol. 85r.
73. A. Schmid, Stadt und Humanismus. Die bayerische Haupt- und Residenzstadt München, in: K. Malettke/J. Voss (Hg.), Humanismus und höfisch-städtische Eliten im 16. Jahrhundert, Bonn 1989, S. 239–278, hier S. 247ff.
74. G. Dischinger, Entstehung und Geschichte des Kirchenbaues (1583–1883), in: Wagner/Keller, S. 220–244.
75. Solleder, 16. Jahrhundert, S. 62ff.
76. H. Schade, Die Monumentalisierung des Gewissens und der Kampf zwischen Licht und Finsternis, in: Wagner/Keller, S. 23–80.
77. P. Vielwerth, 350 Jahre Staatliches Hofbräuhaus, in: 350 Jahre Staatliches Hofbräuhaus München, S. 11–22.
78. StadtAM, BuR 62, fol. 29r–30r.
79. Schmid, passim.
80. M. Schattenhofer, Das Münchner Patriziat, in: ders., Beiträge zur Geschichte der Stadt München, in: OA 109 (1984), S. 25–52, hier S. 33f.
81. StadtAM, BuR 99/1.
82. StadtAM, BuR 99/2, 99/3.
83. StadtAM, Stadtverteidigung 159.
84. StadtAM, PR 19, fol. 116v (1595).
85. StadtAM, RP 20, fol. 157v, RP 21, fol. 48v.
86. Schattenhofer, Die kurfürstliche Residenzstadt, in: ders., Kirchen, S. 139–176, hier S. 158f.
87. StadtAM, Polizeidirektion 425.
88. StadtAM, Polizeidirektion 426 und 427.
89. StadtAM, Stadtgericht 951a; RP 21, fol. 85v, 130v und 146v.
90. StadtAM, RP 20, fol. 55v (1598).
91. StadtAM, RP 17, fol. 49v (1567 Juli 3).
92. StadtAM, RP 16, fol. 177r (1560).
93. StadtAM, RP 16, fol. 171r (1560).
94. StadtAM, RP 16, fol. 192r (1562).
95. StadtAM, RP 16, fol. 221r (1563).
96. StadtAM, RP 16, fol. 217r, 220v (1563).
97. StadtAM, RP 16, fol. 208v (1563).
98. StadtAM, Urkunden A VIIe 59/24 (1595 Sept. 29).
99. StadtAM, RP 19, fol. 163v, 172r (1596) und öfter.

100. StadtAM, BuR 62.
101. M. Schattenhofer, Henker, Hexen und Huren im alten München, in: ders., Beiträge zur Geschichte der Stadt München, in: OA 109 (1984), S. 113–142, hier S. 102f.
102. StadtAM, RP 20, fol. 103r und 109r (1598).
103. W. Behringer, Scheiternde Hexenprozesse, Volksglaube und Hexenverfolgung um 1600 in München, in: R. v. Dülmen (Hg.), Kultur der einfachen Leute. Bayerisches Volksleben vom 16. bis zum 19. Jahrhundert, München 1983, S. 42–78.
104. Schattenhofer, Henker, S. 129f.
105. Bayer. HStArchiv, Gerichtsliteralien München 15, fol. 1f.

Der Magistrat als Befehlsempfänger

1. M. Schattenhofer, Die kurfürstliche Residenzstadt, in: ders., Von Kirchen, Kurfürsten & Kaffeesiedern etcetera, München 1974, S. 158.
2. R. Heydenreuter, Der landesherrliche Hofrat unter Herzog und Kurfürst Maximilian I. von Bayern (1598–1651), München 1981, S. 248.
3. BayHStA, Kurbayern Hofrat 43, fol. 152.
4. Bayerische Staatsbibliothek München, cgm fol. 23.
5. K. G. Mayr, Sammlung der Kurpfalz-Bairischen allgemeinen und besonderen Landes-Verordnungen von Polizey- und Landesverbesserungen, Religions-, Kirchen- und Geistlichkeits-, Kriegs- und Vermischten Sachen, Bd. 4, München 1788, S. 971ff.
6. Heydenreuter, S. 53f.
7. StadtAM, Stadtgericht 924.
8. BayHStA, Kurbayern Geheimes Landesarchiv 1505, fol. 305.
9. StadtAM, Stadtgericht 6.
10. BayHStA, Staatsverwaltung 3/4, fol. 27v.
11. M. Kunze, Zum Kompetenzkonflikt zwischen städtischer und herzoglicher Strafgerichtsbarkeit in Münchner Hexenprozessen, in: Zeitschrift der Savigny-Stiftung für Rechtsgeschichte, Germanistische Abteilung, 87 (1970), S. 305 bis 314.
12. BayHStA, Kurbayern Hofrat 275, fol. 62v.
13. BayHStA, Kurbayern Hofrat 7, fol. 145.
14. BayHStA, Staatsverwaltung 1, fol. 270.
15. Vgl. Heydenreuter, S. 247–254.
16. Vgl. dazu und zum folgenden: BayHStA, Staatsverwaltung 1469.
17. BayHStA, Staatsverwaltung 1469, fol. 50ff.
18. BayHStA, Staatsverwaltung 1469, fol. 50ff.
19. BayHStA, Kurbayern Hofrat 302, fol. 23.
20. Vgl. Heydenreuter, S. 242.
21. BayHStA, Staatsverwaltung 1469, fol. 91.
22. G. Heyl, Der Geistliche Rat in Bayern unter Kurfürst Maximilian I. 1598–1651 mit einem Ausblick auf die Zeit bis 1745, Diss.masch. München 1956, S. 186f.;

vgl. auch H. Neumann, Staatliche Bücherzensur und -aufsicht in Bayern von der Reformation bis zum Ausgang des 17. Jahrhunderts, Karlsruhe 1977.
23. BayHStA, Kurbayern Hofrat 122, fol. 96v (27. Januar 1615).
24. Vgl. Heydenreuter, S. 242–244.
25. BayHStA, Kurbayern Hofrat 305, fol. 161.
26. Vgl. Heydenreuter, S. 245 f.
27. BayHStA, Kurbayern Hofrat 197, fol. 109.
28. BayHStA, Kurbayern Hofrat 197, fol. 109.
29. V. Baur, Kleiderordnungen in Bayern vom 14. bis zum 19. Jahrhundert, München 1975.
30. BayHStA, Kurbayern Hofrat 304, fol. 419.
31. BayHStA, Kurbayern Hofrat 227, fol. 301.
32. BayHStA, Kurbayern Mandatensammlung 1635, IX 20.
33. BayHStA, Kurbayern Hofrat 251 ff. (= 1635 ff.).
34. A. Fischer, Die Verwaltungsorganisation Münchens im 16. und 17. Jahrhundert, Diss.masch. München 1951, S. 114.
35. Fischer, S. 115.
36. Fischer, S. 117.
37. Fischer, S. 117.
38. Fischer, S. 22.
39. StadtAM, BuR 62, fol. 1 ff.
40. StadtAM, BuR 62, fol. 33 f.
41. M. Schattenhofer, Das Münchner Patriziat, in: OA 109/1 (1984), S. 36.
42. M. Schattenhofer, Die Geschichte des Münchner Rats, in: ders., Kirchen, S. 197.
43. Schattenhofer, Patriziat, S. 37.
44. Fischer, S. 42.
45. Fischer, S. 43.
46. Schattenhofer, Patriziat, S. 37.
47. Vgl. Heydenreuter, S. 34 f.
48. Vgl. Heydenreuter, S. 312 f.
49. Vgl. Heydenreuter, S. 314.
50. Vgl. Heydenreuter, S. 314.
51. Vgl. Heydenreuter, S. 314.
52. Vgl. Heydenreuter, S. 354.
53. Vgl. Heydenreuter, S. 319 f.
54. Vgl. Heydenreuter, S. 278.
55. BayHStA, Kurbayern Hofrat 170, fol. 44v.
56. G. v. Sutner, München während des dreißigjährigen Kriegs, München 1796, S. 13 f.
57. Vgl. Heydenreuter, S. 289 f.
58. BayHStA, Staatsverwaltung 1469, fol. 123.
59. Vgl. Heydenreuter, S. 291.
60. M. Schattenhofer, Die Wittelsbacher als Stadtherren von München, in: OA 109/1 (1984), S. 49.
61. E. Rosenthal, Geschichte des Gerichtswesens und der Verwaltungsorganisation Baierns, Bd. 2, Würzburg 1906, Neudruck Aalen 1968, S. 125, Anm. 2.

62. StadtAM, BuR 62, fol. 70.
63. StadtAM, BuR 62, fol. 71.
64. StadtAM, BuR 62, fol. 75v.
65. BayHStA, Kurbayern Hofrat 267, fol. 319ff.
66. BayHStA, Kurbayern Hofrat 306, fol. 286.
67. BayHStA, Kurbayern Hofrat 267, fol. 320.
68. BayHStA, Staatsverwaltung 3/4, fol. 731vff., Dekret vom 3. März 1657.
69. Heydenreuter, S. 255.
70. BayHStA, Kurbayern Geheimes Landesarchiv 1505, fol. 292ff.
71. Vgl. H. Stierhof, Zur Baugeschichte der Münchner Residenz, in: Wittelsbach und Bayern, Bd. II/1, Kat. München 1980, S. 269–278.
72. Vgl. hierzu W. Betz, Die Wallbefestigung von München, München 1960, S. 63ff.
73. Vgl. K. Müller, München als befestigte Stadt, in: Das Bayerland 14 (1903), S. 531ff., S. 549ff.
74. Bayerische Staatsbibliothek München, Cgm 3700.
75. Betz, S. 73.
76. Betz, S. 82.
77. StadtAM, Stadtverteidigung 245/a.
78. Müller, S. 531ff.
79. Müller, S. 531ff.
80. Betz, S. 81.
81. Betz, S. 21ff.
82. BayHStA, Kurbayern Hofrat 299 (30. Januar 1648).
83. BayHStA, Gerichtsliteralien 2708, Nr. 568, und M. Schattenhofer, Die Mariensäule in München, München 1970.
84. P. Dirr, Gustav Adolf in München, MS in: StadtAM, Bibliothek Nr. 1415.
85. F. Sigl, Geschichte der Münchner Geißeln, München 1836.
86. Vgl. hierzu Sutner, der sich S. 36ff. ausführlich mit der nur schwer zu berechnenden Todesrate auseinandersetzt.

Die Strukturen einer barocken Residenzstadt

1. H. Mauersberg, Wirtschafts- und Sozialgeschichte zentral-europäischer Städte in neuerer Zeit, Göttingen 1960, S. 66ff.
2. H. Schorer, Münchens Bevölkerung in der zweiten Hälfte des achtzehnten Jahrhunderts, in: Forschungen zur Geschichte Bayerns 11 (1903), S. 148; vgl. L. Westenrieder, Beschreibung der Haupt- und Residenzstadt München (im gegenwärtigen Zustande), München 1782, S. 219.
3. StadtAM, Stadtverteidigung 271a.
4. StadtAM, Steueramt 1035; Westenrieder, S. 219.
5. L. Westenrieder, Gedanken über die heutige Bevölkerung der Haupt- und Residenzstadt München, in: ders., Beyträge zur vaterländischen Historie, Geographie, Statistik und Landwirthschaft, samt einer Uebersicht der schönen Literatur, Bd. 1, München 1788, S. 323.

6. J. Burgholzer, Stadtgeschichte von München als Wegweiser für Fremde und Reisende, München 1796, S. 146.
7. StadtAM, Stadtverteidigung 271a.
8. StadtAM, Steueramt 1035; Westenrieder, Beschreibung der Residenzstadt, S. 219.
9. J. Ponten, Die kurfürstlichen Kanalbauten in der Münchner Landschaft, in: Mitteilungen der Geographischen Gesellschaft in München 21 (1928), S. 316ff.
10. StadtAM, BuR 8/2; der «Türkengraben» trägt seinen Namen zu Unrecht, denn er wurde wohl nicht, wie von Westenrieder, Beschreibung der Residenzstadt, S. 41, erstmals behauptet, von kriegsgefangenen Türken angelegt, sondern wahrscheinlich ebenso wie der «Nymphenburger Kanal» von Soldaten der Münchner Garnison. Die türkischen Gefangenen waren bereits 1699 im Frieden von Carlowitz wieder in die Heimat entlassen worden, vgl. Ponten, S. 324f.
11. StadtAM, BuR 7.
12. P. Grobe, Die Entfestigung Münchens, Diss.masch. München 1964, S. 100ff.
13. StadtAM, Branddirektion 134.
14. W. Heerde, Haidhausen, in: OA 98 (1974), S. 106; vgl. Westenrieder, Beschreibung der Residenzstadt, S. 40 und S. 43.
15. StadtAM, Urk. F II a 2, Nr. 1–45.
16. Zitiert nach R. Bauer/E. Graf, Nachbarschaften, München 1984, S. 15.
17. C. Oppelt, Das alte Lehel nebst Bogenhausen, Brunnthal, Tivoli und Hirschau in Wort und Bild, München 1904, S. 9f.
18. Westenrieder, Beschreibung der Residenzstadt, S. 41f.
19. StadtAM, Stadtverteidigung 281; vgl. Die Reindlsche Chronik von München von 1403, bez. 1580 bis 1756. Zweite Abteilung, das Jahr 1742 umfassend, hrsg. von C. Haeutle, in: Jahrbuch für Münchener Geschichte 4 (1890), S. 275f.
20. Westenrieder, Beschreibung der Residenzstadt, S. 41f.
21. StadtAM, Steueramt 1035 und 1038.
22. W. Dölker, Das Herbergsrecht in der Münchner Au, München 1969. S. 8; J. Freudenberger, Die alte Au, München 1927, S. 164f.
23. Dölker, S. 129.
24. Dölker, S. 9; A. Mitterwieser, Das Rokokovölklein in der Vorstadt Au, in: Heimat und Volkstum 17 (1938), S. 2.
25. L. Westenrieder, Beschreibung des Churf. Gerichts ob der Au nächst München, in: ders., Beyträge zur vaterländischen Historie, Bd. 6, München 1800, S. 326.
26. Westenrieder, Beschreibung der Residenzstadt, S. 236.
27. Heerde, S. 49f.
28. StadtAM, BuR 7.
29. StadtAM, BuR 8/1.
30. StadtAM, RP 339/1 fol. 120v und RP 339/2 fol. 87v.
31. StadtAM, BuR 8/1; J. v. Teng, Der Burgfriede der königlichen Residenzstadt München, in: Das Inland, Nr. 145 vom 28. 5. 1830, S. 593, kannte offenbar nur den Entwurf vom 19. Juli.
32. G. K. Mayr, Sammlung der Kurpfalz-Baierischen allgemeinen und besonderen Landes-Verordnungen von Polizey- und Landesverbesserungs-, Religions-,

Kirchen- und Geistlichkeits-, Kriegs- und Vermischten Sachen, Bd. 4, München 1788, S. 969ff.

33. StadtAM, BuR 6/3.
34. M. Frhr. v. Freyberg, Pragmatische Geschichte der bayerischen Gesetzgebung und Staatsverwaltung seit den Zeiten Maximilian I., Bd. 1, Leipzig 1836, S. 377f.
35. StadtAM, Sammlung Trautmann 84; K. T. Heigel, Das Projekt der Gründung einer Stadt «Karlstadt» zwischen München und Nymphenburg, in: Jahrbuch für Münchener Geschichte 2 (1888), S. 340.
36. Heigel, S. 336.
37. R. v. Bary, Henriette Adelaide, München 1980, S. 192ff.
38. J. M. Forster, Das gottselige München d.i. Beschreibung und Geschichte der kath. Kirchen & Klöster Münchens in Gegenwart und Vergangenheit, München 1895, S. 187f.
39. StadtAM, BuR 6/1.
40. E. v. Destouches, Das ehemalige Spital und die Kirche der Barmherzigen Brüder zu St. Max vor dem Sendlingerthore, in: OA 29 (1869/70), S. 274f.
41. StadtAM, Krankenhaus links der Isar 676; vgl. E. v. Destouches, Das ehemalige Spital und die Kirche der Elisabethinerinnen zu den hl. fünf Wunden vor dem Sendlingerthore, in: OA 29 (1869/70), S. 295ff.
42. StadtAM, Kultusstiftungen 913.
43. M. Schattenhofer, Die kurfürstliche Residenzstadt, in: ders., Von Kirchen, Kurfürsten & Kaffeesiedern etcetera, München 1974, S. 168; vgl. Westenrieder, Beschreibung der Residenzstadt, S. 136, der allerdings leicht abweichende Zahlen nennt.
44. M. Schattenhofer, Das Münchner Patriziat, in: OA 109/1 (1984), S. 34.
45. Häuserbuch der Stadt München, Bd. 2: Kreuzviertel, München 1960.
46. G. Zang, Sozialstruktur und Sozialisation des Adels im 18. Jahrhundert – Exemplarisch dargestellt an Kurbayern, Konstanz 1972, S. 7f.
47. L. Hübner, Beschreibung der kurbaierischen Haupt- und Residenzstadt München und ihrer Umgebungen, verbunden mit ihrer Geschichte, 2. Abteilung: Statistik, München 1805, S. 128ff.
48. E. v. Destouches, Münchener Bürgertreue, München 1880, S. 8ff.; C. Probst, Lieber bayrisch sterben, München 1978, S. 328ff.
49. StadtAM, Branddirektion 134; vgl. K. Müller, Kurbayerische Militärverhältnisse im ersten Viertel des achtzehnten Jahrhunderts (Unter besonderer Berücksichtigung der Garnison München), in: Das Bayerland 14 (1903), S. 309.
50. StadtAM, Stadtverteidigung 281; vgl. Reindlsche Chronik. Zweite Abteilung, S. 307.
51. Schorer, S. 148; vgl. Westenrieder, Beschreibung der Residenzstadt, S. 95.
52. Mayr, S. 972.
53. L. Hüttl, Max Emanuel, München 1976, S. 572ff.
54. K. Bosl, München, Stuttgart/Aalen 1971, S. 73.
55. Westenrieder, Beschreibung der Residenzstadt, S. 85ff.; vgl. E. Herold, Hofdienst und Hofschutz, Ms.masch. München 1956, S. 137.
56. Mayr, S. 972.

57. StadtAM, GA 4337; vgl. S. Riezler, Geschichte Baierns, Bd. 8: Von 1651–1726, Gotha 1914, S. 534ff.
58. StadtAM, GA 4337.
59. C. v. Tyszka, Handwerk und Handwerker in Bayern im 18. Jahrhundert, München 1907, S. 111ff.
60. StadtAM, Steueramt 1035 und 1038.
61. StadtAM, Pol.Dir. 515.
62. StadtAM, RP 333/1 fol. 178r und RP 339/1 fol. 139r.
63. StadtAM, RP 339/1 fol. 8r und RP 352/1 fol. 7v.
64. Schorer, S. 148.
65. Mauersberg, S. 70.
66. W. X. A. Frhr. v. Kreittmayr, Anmerkungen über den Codicem Maximilianeum Bavaricum Civilem, Bd. 5, München 1768, S. 2365.
67. Mauersberg, S. 70.
68. Schattenhofer, Patriziat, S. 37f.; vgl. F. Frhr. v. Karaisl, Zur Geschichte des Münchener Patriziats, München 1938, S. 12f.
69. A. Fischer, Die Verwaltungsorganisation Münchens im 16. und 17. Jahrhundert, Diss.masch. München 1951, S. 137ff.
70. Fischer, S. 80.
71. Fischer, S. 66.
72. StadtAM, BuR 48/13.
73. StadtAM, BuR 48/13.
74. StadtAM, BuR 48/16.
75. Die Reindlsche Chronik von München von 1403, bez. 1580 bis 1756. Erste Abteilung von 1403, bez. 1580 bis inkl. 1731, hrsg. von C. Haeutle, in: Jahrbuch für Münchener Geschichte 3 (1889), S. 431.
76. StadtAM, BuR 48/12.
77. StadtAM, BuR 48/14–15.
78. Fischer, S. 29ff.
79. A. Fischer, Die Verwaltungsorganisation Münchens im 18. Jahrhundert, Ms.masch. München 1966, S. 26; M. Schattenhofer, Die Geschichte des Münchner Rats, in: ders., Kirchen, S. 205.
80. StadtAM, RP 332/1 fol. 171v, RP 333/2 fol. 55v und RP 348/1 fol. 8r.
81. StadtAM, BuR 8/1.
82. Mauersberg, S. 470ff.
83. F. Frhr. v. Karaisl, Beiträge zur Geschichte der Münchener Finanzwirtschaft während der Zeit des Spanischen Erbfolgekrieges, München 1930, S. 38.
84. Reindlsche Chronik. Erste Abteilung, S. 507.
85. U. Puschner, Handwerk zwischen Tradition und Wandel, Göttingen 1988, S. 355ff.; vgl. H. Rost, Bevölkerungs- und Gewerbestatistik Münchens im 17. Jahrhundert, Wörishofen 1902, S. 82ff.
86. M. Edlin-Thieme, Studien zur Geschichte des Münchner Handelsstandes, Stuttgart 1969, S. 68.
87. Vgl. A. Mitterwieser, Aus der Geschichte des Münchener Loderergewerbes, in: Lodenfrey Werk-Zeitung 1937, Nr. 2, S. 10; ders., Das Tuch- und Lodenmacher-Gewerbe in München, in: Lodenfrey Werk-Zeitung 1938, Nr. 2, S. 7.

88. H. Simonsfeld, Johann Joachim Becher und die Seidenmanufaktur in München unter Ferdinand Maria, in: Jahrbuch für Münchener Geschichte 1 (1887), S. 392ff.
89. Hübner, S. 457.
90. Riezler, S. 521ff.
91. Riezler, S. 478ff. und S. 527f.
92. Freudenberger, S. 234ff.; A. Völker, Die Tapisserieankäufe des Kurfürsten Max Emanual und die Anfänge der Münchner Wandteppichmanufaktur, in: Kurfürst Max Emanuel, Bd. 1: Zur Geschichte und Kunstgeschichte der Max-Emanuel-Zeit, München 1976, S. 269.
93. Freudenberger, S. 237ff.; M. Frhr. v. Freyberg, Pragmatische Geschichte der bayerischen Gesetzgebung und Staatsverwaltung seit den Zeiten Maximilian I., Bd. 2, Leipzig 1836, S. 438ff.
94. L. Wagner, Das Lehel, München 1960, S. 269.
95. F. H. Hofmann, Geschichte der Bayerischen Porzellan-Manufaktur München, Bd. 1: Wirtschaftsgeschichte und Organisation, Leipzig 1921, S. 15ff.
96. Westenrieder, Beschreibung der Residenzstadt, S. 130ff. Bei der von ihm ebenfalls genannten Pinselfabrik in Haidhausen dürfte es sich eher um einen Handwerksbetrieb gehandelt haben; vgl. Heerde, S. 68f.
97. Puschner, S. 355ff.
98. StadtAM, GA 34/1.
99. Puschner, S. 407ff.; Heerde, S. 62.
100. Hübner, S. 224.
101. Der Raths-Entschluß oder Bürger-Vergleich von München über die Handwerks-Gerechtigkeiten, die Verleihung der Toleranzen, die Bürgerrechts-Taxen und die magistratischen Amts-Taxen vom Jahre 1769, München 1804, S. 15.
102. Puschner, S. 261ff.
103. Edlin-Thieme, S. 121ff.
104. Vom Ende des 17. bis zum Ende des 18. Jahrhunderts sind etwa 50 italienische und savoyardische Namen in München nachweisbar, die größtenteils als Händler eingezünftet waren, vgl. Edlin-Thieme, S. 70, Anm. 28.

Stadt und Stadtverfassung im Umbruch

1. R. Bauer, Der kurfürstliche Geistliche Rat und die bayerische Kirchenpolitik 1768–1802, München 1971.
2. StadtAM, BuR 44/2; vgl. auch A. Fischer, Die Verwaltungsorganisation Münchens im 16. und 17. Jahrhundert, Diss.masch. München 1951, und ders., Die Verwaltungsorganisation Münchens im 18. Jahrhundert, MS masch. im Stadtarchiv München o.J.
3. BayHStA, MInn 26614.
4. StadtAM, BuR 20/1, 20/3 und 20/4.
5. StadtAM, BuR 20/1, 20/3 und 20/4.
6. Der Raths-Entschluß oder Bürgervergleich von München über die Handwerks-

Gerechtigkeiten, die Verleihung der Toleranzen, die Bürgerrechts-Taxen und die magistratischen Amts-Taxen vom Jahre 1769, München 1804.

7. BayHStA, Generalregistratur (= GR) 21.
8. Gutachten vom 22. 2. 1782, in: StadtAM, GA 9a.
9. Bergmanns Zahlen weichen etwas von den sonst überlieferten ab; vgl. oben S. 230. «Vollbürger» meint nur die Inhaber des großen Bürgerrechts.
10. Diese Angabe macht zumindest E. Vehse, Bayerische Hofgeschichten, zitiert nach der Ausgabe: München 1922, S. 226.
11. H. Lehmbruch, Der «Entwurf eines raisonirten Planes, über die Erweiterung von München» aus dem Jahr 1782, in: OA 114 (1990), S. 137–217.
12. L. Westenrieder, Der Traum in dreyen Nächten, München 1782.
13. U. Puschner, Handwerk zwischen Tradition und Wandel, Göttingen 1988. Zum wirtschaftlichen Strukturwandel und den darauf bezogenen politischen Veränderungen vgl. auch R. Zerback, Zwischen Residenz und Rathaus, Bürgertum in München 1780–1820, in: L. Gall, Vom alten zum neuen Bürgertum, Die Stadt im Umbruch 1780–1820, München (1991 i. Vorber.).
14. Hier und im folgenden W. Tröltsch, Beiträge zur Finanzgeschichte Münchens in der zweiten Hälfte des 18. Jahrhunderts (der städtische sogenannte Bierpfennig), in: Finanz-Archiv von Schanz, Stuttgart 1890, S. 249–315.
15. StadtAM, BuR 4.
16. StadtAM, BuR 24 und GA 34/1.
17. Unterthänigst-gehorsamster Bericht an S. C. D. zu Pfalzbaiern vom Magistrat der churf. Haupt- und Residenzstadt München d. d. 6ten Jul. 1792 in Betreff der Getreidesperren und des freyen Getreidehandels etc., München 1795, S. 9, Anm. 2.
18. StadtAM, GA 34/1.
19. StadtAM, GA 34/1.
20. Aufschlußreich der panegyrische Sammelband: Denkmal der freudigsten Rückkehr des durchlauchigsten Churfürsten Carl Theodors, errichtet von den Studierenden des churfürstl. Schulhauses in München, München 1789.
21. Zur älteren Literatur vgl. Allgemeine Deutsche Biographie (= ADB), Bd. 29. Wichtig insbesondere J. Tyndall, Fragmente, Braunschweig 1895, S. 109–198; zusammenfassend E. Larsen, Graf Rumford, Ein Amerikaner in München, München 1961. Eine neuere wissenschaftliche Biographie fehlt. Zu Rumfords Münchner Jahren siehe B. Pöhlmann, Graf Rumford in bayerischen Diensten (1784–1798) in: ZBLG (1991) S. 369–433.
22. BayHStA, Kriegsarchiv, A XX, 5.
23. J. Mayerhofer, Geschichte des Münchner Englischen Gartens von seinem Beginne (12. August 1789) bis zur Errichtung der Hofgärtenintendanz (9. März 1804), in: Jahrbuch für Münchener Geschichte 3 (1889), S. 1–52; Th. Dombart, Der Englische Garten zu München, München 1972, und R. Bauer, Der Münchner Theodors-Park (Englischer Garten), Stadtbürgertum und nützliche Landschaftsgestaltung gegen Ende des 18. Jahrhunderts, in: B. Kirchgässner/J. B. Schultis, Wald, Park und Garten. Sigmaringen (vorauss. 1992).
24. BayHStA, Kriegsarchiv, A XX, 2.
25. H. Lehmbruch, Ein neues München, Stadtplanung und Stadtentwicklung um 1800, Forschungen und Dokumente, Buchendorf bei München 1987, S. 339f.

26. So ein Eintrag im Tagebuchfragment des Stadtarchivars Georg v. Sutner, StadtAM, BuR 1207.
27. BayHStA, Kriegsarchiv, A XX, 2.
28. J. Pezzl, Reise durch den Bayerischen Kreis, Salzburg/Leipzig 1784, S. 169 bis 171.
29. A. Baumann, «Armuth ist hier wahrhaft zu Haus», vorindustrieller Pauperismus und Einrichtungen der Armenpflege in Bayern um 1800, München 1984.
30. Abhandlungen über das Armenwesen von München, in dem Zeitraum vom 1. Jänner 1790 bis 1812/13 einschlüssig, München 1814.
31. Das über die folgenden Vorgänge vorhandene umfangreiche Material im StadtAM, BuR 25/1 und 45/1, wurde zusammengefaßt von M. Schattenhofer, Der Kniefall des Münchner Rats vor dem Bild des Kurfürsten Karl Theodor, in: ZBLG 27 (1964) S. 302–339.
32. StadtAM, BuR 49/1.
33. A. Wehner, Die Gerichtsverfassung der Stadt München, von der Entstehung bis zum Untergange der Ratsverfassung, München 1876, S. 98.
34. StadtAM, BuR 49/1.
35. StadtAM, BuR 49/1.
36. StadtAM, BuR 49/1.
37. Farbige Abbildung in: StadtAM, BuR 49/1.
38. StadtAM, BuR 30.
39. H. Scheel, Süddeutsche Jakobiner, Klassenkämpfe und republikanische Bestrebungen im deutschen Süden Ende des 18. Jahrhunderts, Berlin 1962, S. 28.
40. Scheel, S. 29. Vgl. im folgenden auch A. Griesinger, Das symbolische Kapital der Ehre, Streikbewegungen und kollektives Bewußtsein deutscher Handwerksgesellen im 18. Jahrhundert, Frankfurt a. M./Berlin/Wien 1981, S. 233–236.
41. Griesinger, S. 243.
42. Scheel, S. 29–32.
43. BayHStA, MInn 26614.
44. StadtAM, BuR 44/3. Der Wahlbrief ist abgedruckt bei G. K. Mayr, Sammlung der Kurpfalz-Bairischen allgemeinen und besonderen Landes-Verordnungen von Polizey- und Landesverbesserungen, Religions-, Kirchen- und Geistlichkeits, Kriegs- und Vermischten Sachen, Bd. 5, München 1797, S. 815 bis 822.
45. So Hellersberg am 1. 9. 1804, BayHStA, MInn 26613/II.
46. Mayr, S. 336.
47. G. Bauschinger, Das Verhältnis von städtischer Selbstverwaltung und königlicher Polizei in München im 19. Jahrhundert, Diss. München 1968, S. 18–25.
48. Polizey-Erinnerungen für die churfürstliche Haupt- und Residenzstadt München vom Jahre 1798, 1. Heft.
49. BayHStA, GR 1178.
50. A. Kluckhohn, Aus dem handschriftlichen Nachlasse L. Westenrieders, 1. Abt. Denkwürdigkeiten und Tagebücher, in: Abhandlungen der königlich bayerischen Akademie der Wissenschaften III, Cl. XVI Bd. II Abt. München 1881, S. 57f.
51. J. M. Forster, Die Franzosen vor München im Jahre 1796, München 1896.

52. Lehmbruch, Ein neues München, S. 365, Nr. 28 (Schreiben an den Stadtmagistrat vom 13. 9. 1796).
53. Lehmbruch, Ein neues München, S. 63–76.
54. Lehmbruch, Ein neues München, S. 352, Nr. 9.
55. StadtAM, RP 419/1.
56. StadtAM, BuR 58.
57. Kluckhohn, Nachlaß 1. Abt., S. 62.
58. E. Weiß, Montgelas 1759–1799, Zwischen Revolution und Reform, München 1971, S. 266–287.
59. Scheel, S. 636.
60. Scheel, S. 641–672; vgl. auch K. Th. Heigel, Die Jakobiner in München, in: Aus drei Jahrhunderten, Wien 1881, S. 159. Vgl. auch H. Fahrmbacher, Aus Münchens Zeiten der Franzosennot. Zur Erinnerung an das schwere Jahr 1800/01. München 1900.
61. «Um solche Schriften vorzüglich unter dem gemeinen Volke nur recht sehr in Umlauf zu bringen, steckten und ließen die Klubbisten solche den Bürgern und Bauern auf der Schranne (Kornmarkte) heimlich in die Säcke stecken», in: Beyträge zur Vaterlandskunde Bayerns, oder freymuthige Schilderung der Geistlichkeit und des Bürgerstandes; auch des Betragens der Franzosen in diesem Lande, 1. Heft, o.O. 1801, S. 17.
62. Kluckhohn, Aus dem handschriftlichen Nachlasse L. Westenrieders, 2. Abt. (Anhang), München 1882, S. 59–66.
63. Tröltsch, S. 309.
64. Kluckhohn, Aus dem handschriftlichen Nachlasse L. Westenrieders. 2. Abt. (Anhang), S. 66–74.
65. A. v. Platen, Tagebücher, zitiert nach der Ausgabe Zürich 1990, S. 42.
66. R. Bauer, Chronik, in: 175 Jahren Oktoberfest 1810–1985, München 1985, S. 11–21.
67. Wehner, S. 103.
68. Geschichte der ersten Bürgeraufnahme eines Protestanten in München, Ein Beitrag zur Charakteristik der Baierischen Landstände; mit Urkunden, o.O. 1801.
69. Geschichte der Bürgeraufnahme, S. 38.
70. Geschichte der Bürgeraufnahme, S. 39.
71. W. Hanseder, Tumultuarische Auftritte, in: OA 113 (1989), S. 231–287, hier S. 270–286. Zu den Klosteraufhebungen in München siehe S. Arndt-Baerend, Die Klostersäkularisation in München 1802/03, München 1986.
72. ADB, Bd. 11, S. 697.
73. BayHStA, MInn 26613/I; vgl. allgemein W. Weiland, Die Auswirkungen der Gemeindereform auf die Haupt- und Residenzstadt München am Anfang des 19. Jahrhunderts (1799–1825), Diss.masch. München 1949.
74. Churpfalzbaierisches Regierungsblatt 1803, Sp. 8ff.
75. BayHStA, MInn 26613/II. Siehe auch die Verordnung «die neue Errichtung des Münchner Magistrats betreffend vom 19. 2. 1805», in: Churpfalzbaierisches Regierungsblatt 1805, Sp. 332.
76. BayHStA, MInn 26658.
77. BayHStA, GR 261.

78. Verordnung vom 29. 12. 1806, in: Königlich-Baierisches Regierungsblatt 1807, Sp. 149.
79. Verordnung vom 4. 3. 1808, in: Königlich-Baierisches Regierungsblatt 1808, Sp. 593.
80. Königlich-Baierisches Regierungsblatt 1808, Sp. 2405 und 2789.
81. BayHStA, MInn 26658.
82. R. Bauer, Ein Jubiläum für den Mönch im Wappen, in: München Mosaik 11 (1985), Heft 3, S. 12–14.
83. H. Reiter, Die geschichtliche Entwicklung der kommunalen Selbstverwaltung in Bayern, Diss.masch. München 1948, S. 35.
84. Königlich-Baierisches Regierungsblatt 1817, Sp. 153.
85. Gesetzblatt für das Königreich Bayern 1818, Sp. 49.
86. K. H. Ritter v. Lang, Skizzen aus meinem Leben und Wirken, meinen Reisen und meiner Zeit, 2. T. Braunschweig 1842, S. 196.
87. StadtAM, BuR 155.
88. R. Bauer, Jubiläum, S. 12.
89. J. Bauer, Grundzüge der Verfassung und Vermögensverwaltung der Stadtgemeinde München, München 1845, S. 39f.
90. Zur Entfestigung siehe P. Grobe, Die Entfestigung Münchens, München 1970.
91. Hier und im folgenden nach R. Bauer, Die Vorstadt – ein Begriff im Wandel, in: Stadt u. Vorstadt, Münchner Architekturen, Situationen und Szenen 1895–1935, fotografiert von Georg Pettendorfer, München 1990, S. 9–21.
92. BayHStA, Gerichtsliteralien 2781/1137.
93. BayHStA, Gerichtsliteralien 2781/1137.
94. StadtAM, GA 10.

Unter der Kuratel des Staates

1. Programm der Feierlichkeiten in: StadtAM, BuR 155. Vgl. auch M. Schattenhofer, Das alte Rathaus in München, München 1972, S. 202f. und S. 211. Ein Beispiel für die hohen Erwartungen, die an die neue Gemeindeverfassung gestellt wurden, liefert R. A. Riederauer, Ueber Munizipal- und Gemeindewesen nach historischen Standpunkten, München 1818.
2. Abgedruckt in: Quellen zum modernen Gemeindeverfassungsrecht in Deutschland, Stuttgart u. a. 1975, S. 138–160; zur Münchner Gemeindeordnung vgl. M. Bock, Die Verfassung der Stadt München von 1818 bis 1919, Diss. München 1967.
3. Überblick über die Kompetenzaufteilung bei G. Bauschinger, Das Verhältnis von städtischer Selbstverwaltung und königlicher Polizei in München im 19. Jahrhundert, Diss. München 1968, S. 45ff.
4. Die «Kreise» entsprechen den heutigen bayerischen bzw. den damaligen preußischen Regierungsbezirken.
5. Ministerium des Innern an sämtliche Kreisregierungen vom 9. 12. 1819, in: BayHStA, MInn 54338.
6. Zur Bedeutung der Residenz für die allgemeine Stadtentwicklung zwischen

1806 und 1864 vgl. A. Kraus, Die Residenz und ihre geistigen, künstlerischen, sozialen und wirtschaftlichen Auswirkungen im 19. Jahrhundert, dargestellt am Beispiel Münchens, in: Blätter für deutsche Landesgeschichte 123 (1987), S. 83–125.

7. J. A. Eisenmann, Beschreibung der Haupt- und Residenzstadt München und ihrer Umgebungen, München 1812, S. 18.
8. 1818 betrug die Zahl der Bürger 2585 (BayHStA, Generalregistratur 2626/29).
9. W. X. A. Frhr. v. Kreittmayr, Anmerkungen über den Codicem Maximilianeum Bavaricum Civilem, 5. Teil, München 1768, S. 2364.
10. J. Hazzi, Statistische Aufschlüsse über das Herzogthum Baiern, aus ächten Quellen geschöpft, Bd. 3, Abt. 1, Nürnberg 1803, S. 372.
11. BayHStA, MInn 57897, Bericht vom 15. 10. 1818.
12. Vgl. zum Wahlverfahren Bock, S. 14f., S. 18f.
13. Höchstbesteuertenliste für die Wahl von 1821, in: StadtAM, Wahlamt 238.
14. BayHStA, MInn 57897.
15. StadtAM, BuR 260/1.
16. Vgl. im einzelnen J. Bauer, Die Armenpflege in Bayern insbesondere in der königlichen Haupt- und Residenzstadt München, München 1850, S. 87ff.
17. Vgl. R. Heydenreuter, Gesetze gegen das Elend – staatliche Regelungen zu Ansässigmachung und Eheschließung, in: Biedermeiers Glück und Ende, München 1987, S. 23–43.
18. Dabei ist zu beachten, daß viele Frauen aus dem Umland zur Entbindung in die Münchner Gebäranstalt kamen; hierzu S. Preußler, Hinter verschlossenen Türen, München 1985.
19. BayHStA, MInn 45773, Bericht vom 6. 4. 1816.
20. Hazzi, S. 336.
21. Chr. Müller, München unter König Maximilian Joseph I., Bd. 2, Mainz 1817, S. 440.
22. Zit. nach Heydenreuter, S. 32f.: Verhandlungen der Kammer der Abgeordneten des Königreichs Bayern 1825, Prot. 5, S. 130ff.
23. Gesetz über die Heimat, in: Gesetzblatt für das Königreich Baiern, 1825, Sp. 103–110.
24. Gesetz über die Ansässigmachung und Verehelichung, in: Gesetzblatt für das Königreich Baiern, 1825, Sp. 112–126.
25. Gesetz, die Grundbestimmungen für das Gewerbewesen betreffend, in: Gesetzblatt für das Königreich Baiern, 1825, Sp. 127–141.
26. Heydenreuter, S. 38.
27. Vgl. I. Tornow, Das Münchner Vereinswesen in der ersten Hälfte des 19. Jahrhunderts, mit einem Ausblick auf die zweite Jahrhunderthälfte, München 1977, S. 87.
28. W. Hanseder, Tumultuarische Auftritte, in: OA 113 (1989), S. 231–297, hier S. 272. Zu Entstehung und Charakter der Bruderschaften in München vgl. M. Schattenhofer, Die geistliche Stadt, in: ders., Von Kirchen, Kurfürsten & Kaffeesiedern etcetera, München 1974, S. 7–97, hier S. 39f.
29. So noch von Max. I. Joseph 1799; Münchner Intelligenzblatt vom 16. 11. 1799, Sp. 755ff.
30. StadtAM, BuR 1225.

31. Beispiele für Mitglieder des «Museums» von 1819, nach: Alphabetisches Verzeichniß der Mitglieder des Museums, 1819.
32. Siehe Alphabetisches Verzeichniß der Mitglieder des Museums, 1819. Zum «Museum» vgl. ferner Tornow, S. 43ff. und 63ff.; U. Puschner, Die Gesellschaft ‹Museum› (1802–1847), in: Börsenblatt für den Deutschen Buchhandel 38 (1982): Buchhandelsgeschichte 1982/2, B 49–B56; ders., «Museum» und «Harmonie» – Zwei gesellig-literarische Vereine in München im frühen 19. Jahrhundert, in: Biedermeiers Glück, S. 213–220; Die Gesellschaft Museum in München (Festschrift zur Hunderjahr-Feier), München 1902.
33. C. Fernau [= S. Daxenberger], Münchener Hundert und Eins, Heft 2, München 1841, S. 75.
34. Vgl. Fernau, Heft 2, sowie Alphabetisches Verzeichniß der Mitglieder der Harmonie, Vom 1. Jänner 1812, und Verzeichniss der Mitglieder des Frohsinns in München, Im Monate Jänner 1833.
35. C. Fernau, Münchener Hundert und Eins, Heft 1, München 1840, S. 32.
36. Fernau, Heft 1, S. 76.
37. Vgl. F. Simhart, Bürgerliche Gesellschaft und Revolution, München 1978, S. 51f.
38. Vgl. M. Schattenhofer, Von den ältesten Kaffeesiedern zum Café Tambosi, in: ders., Kirchen, S. 355–365.
39. Müller, S. 359.
40. Vgl. hierzu Y. Langenstein, Der Münchner Kunstverein im 19. Jahrhundert, München 1983.
41. Zur Entstehung und den ersten Jahren der Kunstakademie vgl. B. Angerer, Die Münchner Kunstakademie zwischen Aufklärung und Romantik, München 1984.
42. Vgl. Angerer, S. 115.
43. Fernau, Heft 2, S. 32.
44. J. Ruederer, Das Erwachen, München 1987.
45. G. Keller, Sämtliche Werke in fünf Bänden, Bd. 2: Der Grüne Heinrich (1. Fassung), Frankfurt a. M. 1985, S. 53.
46. N. Lieb, München, München, 4. Aufl. 1988, S. 533.
47. Nekrolog im Münchener Tagblatt Nr. 208 vom 27. 7. 1836.
48. Bereits 1833 war Mittermayr in einem staatlichen Schreiben als «alt, unthätig und ganz seiner Bequemlichkeit lebend» bezeichnet worden (BayHStA, MInn 57899).
49. Regierung von Oberbayern vom 7. 11. 1853, in: StadtAM, BuR 203/1.
50. Münchener Tagblatt Nr. 268 vom 25. 9. 1836, S. 2095.
51. Vgl. J. Bauer, Verwaltungsbericht 1818–1843, in: StadtAM, BuR 259/2, S. 294a.
52. StadtAM, BuR 203/1.
53. Bauer, Verwaltungsbericht, S. 236a.
54. Bauer, Verwaltungsbericht, S. 298ff.
55. Bauer, Verwaltungsbericht, S. 348bf.
56. StadtAM, BuR 260/5.
57. StadtAM, BuR 260/5.
58. StadtAM, BuR 498.

59. StadtAM, BuR 203/1.
60. Bauer, Verwaltungsbericht, S. 438a.
61. Vgl. Bauer, Verwaltungsbericht, S. 459af.
62. Errechnet nach StadtAM, Steueramt 321 und StadtAM, Wahlamt 237.
63. Die Bierfrage in Bayern im Jahre 1861, München 1861, S. 26.
64. Vgl. E. Heckhorn/H. Wiehr, München und sein Bier, München 1989, S. 24f.
65. Vgl. Heckhorn/Wiehr, S. 26.
66. Vgl. Fernau, Heft 2, S. 12ff.
67. Krauss-Maffei, Kösching 1988, S. 16.
68. Nach K.-J. Hummel, München in der Revolution von 1848/49, Göttingen 1987, S. 406.
69. Hummel, München, S. 416.
70. Auflistung der Maffeischen Beteiligungen, in: Krauss-Maffei, S. 16.
71. Hummel, München, S. 405ff.
72. Zur distanzierten Haltung der Gemeindegremien gegenüber einer Industrialisierung vgl. W. Hardtwig, Soziale Räume und politische Herrschaft, in: Soziale Räume in der Urbanisierung, München 1990, S. 59–153, hier S. 75f.
73. Errechnet nach StadtAM, Steueramt 321 und StadtAM, Wahlamt 237.
74. Vgl. F. Zimmermann, Wohnbau in München 1800–1850, München 1984, S. 24ff., und S. Fisch, Stadtplanung im 19. Jahrhundert, München 1988, S. 112ff.
75. Bauer, Armenpflege, S. 145.
76. Vgl. H. Karch, Das München-Bild und seine Vermarktung, in: München – Musenstadt mit Hinterhöfen, München 1988, S. 316–320.
77. Münchener Tagblatt Nr. 268 vom 25. 9. 1836, S. 2095.
78. Eine kritische Gesamtbewertung der Kunstpolitik Ludwigs I. liefert W. Nerdinger, Weder Hadrian noch Augustus – Zur Kunstpolitik Ludwigs I., in: Romantik und Restauration, München 1987, S. 9–16; positiv in der Bilanz Kraus oder auch bereits M. Spindler, Dreimal München, München 1958, S. 34–61. Ausführliche Darstellung der Bauten bei Lieb, S. 433ff.
79. N. Huse, Kleine Kunstgeschichte Münchens, München 1990, S. 150.
80. Zu Gärtner vgl. O. Hederer, Friedrich von Gärtner 1792–1847, München 1976, und H. Reidel, Friedrich von Gärtner (1792–1847), Architekt und Lehrer, in: Romantik und Restauration, S. 116–119.
81. Vgl. Reidel, S. 195f.
82. M. Wanetschek, Die Grünanlagen in der Stadtplanung Münchens von 1790–1860, München 1971, S. 88.
83. Vgl. H. Lehmbruch, Seit Nero keiner mehr, in: Romantik und Restauration, S. 17–34, hier S. 21f.
84. Nach Hummel, München, S. 72.
85. Nach Fisch, Stadtplanung, S. 5f.
86. Nach M. Birnbaum, Das Münchener Handwerk im 19. Jahrhundert (1799–1868), München 1984, S. 294.
87. Vgl. aus zeitgenössischer Sicht Fernau, Heft 2, S. 17; historische Aufarbeitung bei U. Laufer, Des Handwerks goldener Boden?, in: Biedermeiers Glück, S. 44–55, hier S. 46f.; Hummel, München, S. 476ff.

88. Zu den Unruhen seit 1830 vgl. E. A. Mayring, Krawall, Tumult, Unruhe – soziales und politisches Aufbegehren in München von 1830–1848, in: Biedermeiers Glück, S. 249–253.
89. Zit. nach L. Schrott, Biedermeier in München, München 1963, Neudruck 1987, S. 343.
90. Zit. nach Schrott, S. 339.
91. StadtAM, BuR 325/1.
92. Einen Überblick über die Geschichte der Münchner Protestanten bei A. R. Kitzmann, Das offene Tor, München 1990; und C. J. Roepke, Die Protestanten in Bayern, München 1972.
93. Schattenhofer, Geistliche Stadt, S. 75.
94. H. Kilian, Die jüdische Gemeinde in München 1813–1871, München 1989, S. 192.
95. Das entsprechende Edikt in: Regierungsblatt des Königreichs Baiern, 1813, S. 921 f.
96. Kilian, S. 17.
97. Nach Hummel, München, S. 313 f.
98. Hummel, München, S. 237.
99. So noch, wenn auch aus der Sicht eines Kindes, für die 1860er Jahre J. Adam, Erinnerungen aus dem alten München, in: OA 113 (1989), S. 103–176, hier S. 110.
100. Zu dieser Problematik generell und zur Geschichte der Lola Montez G. Barche, Jenseits der biedermeierlichen Moral, in: Biedermeiers Glück, S. 180–185, hier S. 182.
101. Vgl. M. Doeberl, Entwicklungsgeschichte Bayerns, Bd. 3, München 1931, S. 136.
102. Zur Revolution in München vgl. insbesondere Hummel, München; ereignisgeschichtliche Überblicke des Münchner Schauplatzes bei Schattenhofer, Rathaus, S. 285 ff.; M. Seitz, Die Februar- und Märzunruhen in München 1848, in: OA 78 (1965), S. 1–104; V. Valentin, Geschichte der deutschen Revolution von 1848–49, Bd. 1, Berlin 1930, S. 101–140 und S. 385–397.
103. Rücktritte gab es nur noch in den Zwergstaaten Reuß-Ebersdorf-Lobenstein, Sachsen-Altenburg und Hohenzollern-Sigmaringen.
104. Angabe nach der Denkschrift des Bürgermeisters Kaspar von Steinsdorf, Der Anteil des Magistrates, der Gemeindebevollmächtigten und der Bürgerschaft Münchens an den Ereignissen des 10. und 11. Februar 1848, in: StadtAM, BuR 1422, S. 5.
105. Adresse abgedruckt in: Die Märztage Münchens, München 1848, S. 13 f.
106. Märztage, S. 4.
107. Seitz, S. 53.
108. So die Zeitzeugin Luise von Kobell, zit. nach: Luise von Kobell und die Könige von Bayern, München 1980, S. 170.
109. Märztage, S. 59.
110. Märztage, S. 7 f.
111. Abgedruckt in Märztage, S. 15 f.
112. Märztage, S. 11.
113. Zit. u.a. bei Doeberl, S. 146. Ausführlich zu Hergang und Motiven des

Thronverzichts H. Gollwitzer, Ludwig I. von Bayern, München, 2. Aufl. 1987, S. 706ff.

114. Vgl. Hummel, München, S. 160ff.
115. Vgl. K.-J. Hummel, «Eine neue Richtung hat begonnen!», in: Biedermeiers Glück, S. 263ff.
116. BayHStA, MInn 45609.
117. Hummel, Eine neue Richtung, S. 266.
118. Beilage in der Chronik von Destouches, in: StadtAM.
119. Nach Hummel, München, S. 77.
120. Zu den politischen Vereinen in München 1848/49 vgl. Simhart, S. 136f., und Hummel, München, S. 209ff.
121. Vgl. H. Reiter, Die Revolution von 1849/49 in Altbayern, München 1983, S. 170; Schattenhofer, Rathaus, S. 197.
122. StadtAM, BuR 350.
123. Chronik von Destouches vom 27. April.
124. StadtAM, BuR 350.
125. StadtAM, BuR 350.
126. Vgl. für das spätere München E. Angermair, Münchner Kommunalpolitik, in: München – Musenstadt, S. 36–43, hier S. 38; W. Hardtwig, Großstadt und Bürgerlichkeit in der politischen Ordnung des Kaiserreichs, in: Stadt und Bürgertum im 19. Jahrhundert, München 1990, S. 19–64, hier S. 43.
127. Vgl. Chronik von Destouches vom 27. April, und Simhart, S. 138.
128. Zit. nach «Lauter gemähte Wiesen für die Reaktion», München 1990, S. 270.
129. Vgl. den statistischen Überblick bei J. Reulecke, Geschichte der Urbanisierung in Deutschland, Frankfurt a.M. 1985, S. 203.
130. Einwohnerzahlen für 1852 bei Fisch, Stadtplanung, S. 4. Zur Eingemeindungspolitik vgl. Hardtwig, Soziale Räume, S. 81ff.
131. Zur allgemeinen Geschichte der drei Vorstädte vgl. M. Schattenhofer, Von den Vorstädten Au, Giesing und Haidhausen, in: ders., Kirchen, S. 333–365.
132. Vgl. Biedermeiers Glück, S. 302.
133. Vgl. Bauer, Armenpflege, S. 133f.
134. Bauer, Armenpflege, S. 125.
135. Einen ausführlichen Überblick über die Armenverwaltung bis zur Revolution liefert F. X. Peintinger, Wohlfahrtswesen und Wohlfahrtsrecht in München von 1808–1848, Diss.masch. München 1952.
136. BayHStA, MInn 57889; zu den Aufgaben der Distriktvorsteher in der Armenpflege vgl. Bauer, Armenpflege, S. 91f.
137. StadtAM, BuR 203/1.
138. Vgl. hierzu W. Dölker, Das Herbergsrecht der Münchner Au, München 1969, S. 100ff.; zur Rechtsangleichung vgl. auch Schattenhofer, Von den Vorstädten, S. 341f.
139. Bürgerzahlen ermittelt aus den Listen der Höchstbesteuerten von 1851 und 1854, in: StadtAM, Wahlamt 237.
140. Nach den Statistiken in: BayHStA, MInn 45441.
141. Vgl. hierzu den Überblick bei Fisch, Stadtplanung, S. 2.
142. Nach Schrott, S. 254f.

143. Vgl. E. Roth, Der Glaspalast in München, München 1971; Huse, S. 158ff.; Die andere Tradition (Ausstellungskatalog), München, 2. Aufl. 1982, S. 49ff.
144. Roth, S. 24.
145. Luise von Kobell, S. 201.
146. Vgl. E. Busse, Die Gemeindebetriebe Münchens, Leipzig 1908, S. 18.
147. Zum Problemkreis Stadtverwaltung und Epidemiebekämpfung im 19. Jahrhundert vgl. am Beispiel Hamburgs R. J. Evans, Tod in Hamburg, Hamburg 1990.
148. Vgl. Busse, S. 1; 100 Jahre Gas in München, München 1950, S. 16f.
149. Vgl. Roth, S. 28.
150. Vgl. hierzu A. J. Liebl, Die Privateisenbahn München–Augsburg (1835–1844), München 1982.
151. Zur Auseinandersetzung um die Lokalisierung des Zentralbahnhofes vgl. Hederer, S. 233.
152. Zu dieser Entwicklung vgl. als Überblick Hardtwig, Soziale Räume, S. 73.
153. Vgl. G. Hojer, München – Maximilianstraße und Maximilianstil, in: Die deutsche Stadt im 19. Jahrhundert, München 1974, S. 33–65.
154. Zur stärkeren Miteinbeziehung der städtischen Interessen beim Bau der Maximilianstraße vgl. Kraus, S. 111, Lieb, S. 499, und A. Hahn, Der Maximilianstil in München, München 1982, S. 35f.
155. Hahn, S. 36.
156. Rede in Neue Münchner Zeitung (Morgenblatt) Nr. 232 vom 28. 9. 1858.
157. F. v. Löher, Über die kulturhistorische Bedeutung unserer Städte, München 1858. Vgl. auch K. Hüser, Franz von Löher (1818–1892), Paderborn 1972, S. 95.
158. Die üblichen Periodisierungen der Münchner Entwicklungsgeschichte verlassen denn auch erst mit dem Regierungsantritt Ludwigs II. ihre Orientierung an den Herrscherdaten; vgl. etwa P. Breitling, Die großstädtische Entwicklung Münchens im 19. Jahrhundert, in: Probleme des Städtewesens im industriellen Zeitalter, Köln/Wien 1978, S. 178–196.
159. Zur Kulturpolitik Maximilians vgl. etwa M. Dirrigl, Maximilian II. König von Bayern 1848–1864, 2 Bde., München 1984; Doeberl, S. 280–358.
160. Ausführlich Dirrigl, S. 299f.
161. Vgl. M. Schattenhofer, München unter den Königen Max II. und Ludwig II. (1864[sic!]–1886), in: OA 109/1 (1984), S. 176–185, hier S. 177.
162. Eine kurze Vorstellung der «Einheimischen» bei Doeberl, S. 311ff.
163. Kraus, S. 94.
164. Vgl. H. J. Selig, Münchener Stadterweiterungen von 1860 bis 1910, Diss. München 1978, S. 40ff.; Hardtwig, Soziale Räume, S. 94ff.
165. J. Ruederer, München, in: ders., München, Bierheim und Isar-Athen, München 1987, S. 5–128, hier S. 31f.
166. Vgl. J. Fekete, Denkmalpflege und Neugotik im 19. Jahrhundert, München 1981; zu den Regotisierungen auch Lieb, S. 521.
167. Vgl. W. Nerdinger/B. Stenger, Das Münchner Rathaus – Architektur zwischen Politik, Ehrgeiz und Intrige, in: E. Mai/J. Paul/S. Waetzold, Das Rathaus im Kaiserreich, Berlin 1982, S. 151–177; Angermair, S. 36–43, hier S. 36; S. Fisch, Neue Aspekte der Münchener Stadtplanung zur Zeit Theodor Fischers (1893–1901) im interurbanen Vergleich, in: Soziale Räume, S. 174–191, hier S. 174f.

168. Es ging um das Drittel des Marktzolls, das seit dem Augsburger Schied von 1158 an die Freisinger Kirche abgeliefert werden mußte.
169. Vgl. Neue Münchner Zeitung (Abendblatt) Nr. 233 vom 29. 9. 1858.
170. Vgl. Neue Münchner Zeitung (Abendblatt) Nr. 234 vom 30. 9. 1858.
171. E. Fentsch, Das Münchner Stadtjubiläum im Jahre 1858, abgedruckt in: G. J. Wolf, Ein Jahrhundert München, München 1919, S. 262–264, hier S. 264.
172. München fügt sich damit weitgehend in den allgemeinen Prozeß dieser Jahrzehnte ein, der unter dem Stichwort «Durchbruch der Urbanisierung» gefaßt wird; vgl. Reulecke, S. 36–67; W. Siemann, Gesellschaft im Aufbruch, Frankfurt a. M. 1990, S. 243–249.
173. StadtAM, BuR 156/1, vgl. auch H. Hesse, Die sogenannte Sozialgesetzgebung Bayerns Ende der sechziger Jahre des 19. Jahrhunderts, München 1971, S. 39.
174. Vgl. Hesse, S. 42f.
175. Vgl. Fisch, Stadtplanung, S. 163ff.
176. Vgl. Lieb, S. 519.
177. BayHStA, MInn 54349.
178. Vgl. hierzu BayHStA, MInn 43908 und MInn 54340.
179. Vgl. die der Stadtchronik beigelegten Bekanntmachungen über die Fronleichnamsprozession; erst 1857 taucht der Begriff «Gewerbeverein» auf.
180. P. Heyse, Jugenderinnerungen und Bekenntnisse, Bd. 1, Stuttgart/Berlin, 5. Aufl. 1912, S. 190f.
181. Vgl. G. Schwarz, «Nahrungsstand» und «erzwungener Gesellenstand», Berlin 1974, S. 49ff.
182. Vgl. zur Debatte Birnbaum, S. 329ff.; zur Frontstellung Liberale – Katholiken in München, allerdings extrem tendenziös, L. Lenk, Katholizismus und Liberalismus, in: Der Mönch im Wappen, München 1960, S. 375–408, hier insbesondere S. 384ff.
183. Gemeindliches, Ein Streiflicht auf Münchener Verhältnisse, München 1875, S. 3.
184. BayHStA, MInn 54349.
185. W. H. Riehl, Die bürgerliche Gesellschaft, Frankfurt a. M./Berlin/Wien 1976, S. 160.
186. Ausführliche Aufarbeitung der Debatte bei Hesse.

München als süddeutsche Metropole

1. Die Ergebnisse der Volkszählungen der Jahre 1871, 1880, 1890, 1900 und 1910 für München und teilweise auch für die Region finden sich in den entsprechenden Jahrgängen der Mitteilungen des Statistischen Amtes der Stadt München.
2. E. Conrad, Lebensführung von 22 Arbeiterfamilien Münchens, München 1909; C. Schirmer, Das Wohnungselend der Minderbemittelten in München, München 1899; K. Singer, Die Wohnungen der Minderbemittelten in München und die Schaffung unkündbarer kleinerer Wohnungen, München 1899.
3. Die Berufszählungen von 1895 und 1907 erbrachten jeweils einen Anteil von über 50 Prozent der Erwerbstätigen als Arbeiter, wobei die statistischen

Abgrenzungen einerseits keinen Unterschied zwischen Handwerkern und Industriearbeitern machten, andererseits auch Verkäufer, Handelsgehilfen und untere Beamtengruppen zur Arbeiterschaft zählten. Der Prozentsatz der selbständigen Erwerbstätigen reduzierte sich vor allem in dem Zeitraum zwischen den Zählungen von 1882 und 1895; er ging um mehr als sechs Prozent zurück und stabilisierte sich bis 1907 auf circa 35 Prozent. Die Ergebnisse der Berufszählungen von 1882, 1895 und 1907 sind in den entsprechenden Jahrgängen der Mitteilungen des Statistischen Amtes der Stadt München veröffentlicht.

4. Zu den Stadterweiterungen vgl. H. J. Selig, Münchener Stadterweiterungen von 1860–1910, Diss. München 1978; W. Hardtwig, Soziale Räume und politische Herrschaft, in: Soziale Räume in der Urbanisierung, München 1990, S. 59–153; S. Bleek, Das Stadtviertel als Sozialraum, in: Soziale Räume, S. 217–234.
5. Mitteilungen des Statistischen Amtes der Stadt München, Bd. XXII, Heft 2, Tafel 6, München 1910.
6. Zur Sozialstruktur Schwabings vgl. J. Böddrich, Der Strukturwandel von München-Schwabing seit 1850, Diss. München 1959; G. Huber, Das klassische Schwabing, München 1973.
7. Zur Wirtschaftsgeschichte Münchens vgl. bisher ausschließlich einzelne Angaben bei W. Zorn, Bayerns Gewerbe, Handel und Verkehr 1806–1970, in: Handbuch der Bayerischen Geschichte, Bd. IV/2, München 1975, S. 782–845; sowie Aufsätze zu einzelnen Gewerbezweigen in: Leben und Arbeiten im Industriezeitalter (Ausstellungskatalog), Stuttgart 1985; und: München – Musenstadt mit Hinterhöfen, München 1988.
8. BayHStA, MInn 39790, Jahresbericht der Handels- und Gewerbekammer für Oberbayern 1869, S. 11.
9. Chronik der Stadt München, Band 1868, S. 332.
10. Über das Ansehen der Münchner Hochschulen vgl. H. H. Blotevogel, Kulturelle Stadtfunktionen und Urbanisierung, in: Urbanisierung im 19. und 20. Jahrhundert, Köln/Wien 1983, S. 143–185.
11. H. Turner, Elektrizität und Elektrotechnik, in: Leben und Arbeiten, S. 226.
12. StadtAM, GA 268/3, Schreiben des Bayerischen Industriellenverbandes an den Magistrat vom 20. 1. 1905 sowie Schreiben der Handels- und Gewerbekammer für Oberbayern an den Magistrat vom 19. 3. 1905.
13. G. Eckardt, Industrie und Politik in Bayern 1900–1919, Berlin 1976, S. 47ff.
14. H. Hesselmann, Das Wirtschaftsbürgertum in Bayern 1890 bis 1914, Wiesbaden 1985, S. 260f.
15. A. Grösslein, Die internationalen Kunstausstellungen der Münchener Künstlergenossenschaft im Glaspalast in München von 1869 bis 1888, München 1987.
16. S. v. Möller, Kunsthandel und Kunstexport, in: München – Musenstadt, S. 252.
17. W. Nerdinger, Die «Kunststadt München», in: Die Zwanziger Jahre in München (Ausstellungskatalog), München 1979, S. 93–111.
18. StadtAM, Messen & Ausstellungen 213, Bericht der Sektion München des Bayerischen Industriellen-Verbandes mit Bezug auf die Tätigkeit des Verbandes zu Gunsten der Ausstellung München 1908 an das Gemeindebevollmächtigten-Kollegium vom 14. 10. 1908.

19. Vgl. hierzu ausführlich: H. H. Blotevogel, Methodische Probleme der Erfahrung städtischer Funktionen und funktionaler Städtetypen anhand quantitativer Analysen der Berufsstatistik 1907, in: Voraussetzungen und Methoden geschichtlicher Städteforschung, Köln/Wien 1979, S. 217–269. Exaktes statistisches Datenmaterial zur Wirtschaftsstruktur Münchens, das modernen Erfassungs- und Auswertungskriterien entsprechen würde, fehlt für diesen Zeitraum.
20. Bayerische Gemeindeordnung für die Landestheile diesseits des Rheins, 2 Bde., München 1896.
21. «Die Cholera in München», Medical Times and Gazette vom 25. 4. 1874; in der Übersetzung zitiert in MGZ 3 (1874), S. 380.
22. MGZ 3 (1874), S. 198 f.; sowie I. Bericht über die Verhandlungen und Arbeiten der vom Stadtmagistrat München niedergesetzten Commission für Wasserversorgung, Canalisation und Abfuhr in den Jahren 1874/75. Zur Münchner Wasserversorgung vgl. ferner: Hundert Jahre Münchner Wasserversorgung, München 1983.
23. O. Loesch, Chronik der Stadtentwässerung Münchens, München 1951; sowie die entsprechenden Abschnitte in den jährlichen Verwaltungsberichten der königlichen Haupt- und Residenzstadt München.
24. C. Haeutle, 75 Jahre Schlacht- und Viehhof München 1878 bis 1953, München 1953.
25. K. Singer, Zur Abminderung der Sterblichkeitsziffer Münchens, in: Ärztliche Rundschau Nr. 47, 48, 49, 1895.
26. Fünfzig Jahre Städtische Hausunratabfuhr München, München 1947.
27. Dazu ein Reihe von zeitgenössischen Veröffentlichungen und Darstellungen, z. B.: K. Singer, Hygiene und soziale Fürsorge in München, München 1914; ferner: München unter dem Einflusse der öffentlichen Wohlfahrtspflege, in: Festschrift der 27. Versammlung des Deutschen Vereins für öffentliche Gesundheitspflege, München o.J.; sowie: Die Entwicklung Münchens unter dem Einflusse der Naturwissenschaften während der letzten Dezennien, München 1899.
28. J. Gebele, 100 Jahre der Münchener Volksschule, München 1903, S. 131 ff.
29. StadtAM, Schulamt 4510, Berichte der Bezirksinspektionen über die Schulwege der protestantischen Kinder 1905/06.
30. W. G. Demmel, Feiertagsschule und Fortbildungsschule, München 1978; sowie I. Bock, Pädagogik und Schule, in: München – Musenstadt, S. 213–219.
31. Eines der Gründungsmitglieder, Lujo Brentano, lehrte von 1891 bis 1914 an der Universität München.
32. Die Erhebung der Wohnverhältnisse in der Stadt München 1904–1907, in: Mitteilungen des Statistischen Amtes der Stadt München, Bd. XX, München 1910. Vgl. dazu auch G. Neumeier, Königlich-bayerisch wohnen?, in: München – Musenstadt, S. 119–123.
33. StadtAM, Wohnungsamt 60, Protokolle über die Sitzungen der Wohnungskommission 1908 und 1909.
34. S. Fisch, Die Prinzregentenstraße, in: München – Musenstadt, S. 82–89.
35. Über die Zusammensetzung der LBK siehe Verwaltungsbericht 1882–1887, S. 8.
36. J. Heilmann, München in seiner baulichen Entwicklung, München 1881.

37. Vgl. dazu ausführlich S. Fisch, Stadtplanung im 19. Jahrhundert. Das Beispiel München bis zur Ära Theodor Fischer, München 1988.
38. C. Sitte, Der Städtebau nach seinen künstlerischen Grundsätzen, Wien 1889.
39. D. Bäuml-Stosiek, Großstadtwachstum und Eingemeindungen, in: München – Musenstadt, S. 60–68.
40. StadtAM, Großmarkthalle 15, Eingabe verschiedener Vereine an das Gemeindekollegium vom 8. 2. 1904.
41. N. A. Krieg, «Schon Ordnung ist Schönheit». Hans Grässels Münchner Friedhofsarchitektur (1894–1929), München 1990, S. 151.
42. Hundert Jahre Münchener Straßenbahn 1876–1976, München 1976.
43. MGZ 20 (1891), S. 971 und S. 1022.
44. W. v. Borscht, Denkschrift und Antrag betreffend die künftige Regelung des Beleuchtungswesens von München mit besonderer Berücksichtigung des Vertragsverhältnisses zwischen Gasbeleuchtungsgesellschaft und Stadtgemeinde, München 1889.
45. MGZ 19 (1890), S. 1147.
46. Zu diesem Vorgehen tendierten fast alle Großstädte des Deutschen Reichs in diesem Zeitraum. Dazu ausführlich W. R. Krabbe, Kommunalpolitik und Industrialisierung, Stuttgart u.a. 1985.
47. II. und III. Jahresbericht des Vereins zur Erhaltung der landschaftlichen Schönheiten in der Umgebung Münchens, besonders des Isartales für 1903/1904, S. 4–8.
48. StadtAM, Gaswerke 147, Bekanntmachung, Hebung des Gasverbrauchs betreffend.
49. MGZ 30 (1901), S. 247f.
50. Haushaltsplan für die Gemeinde, Stiftungen und Armenpflege der Königlich-Bayerischen Haupt- und Residenzstadt München im Jahre 1910, S. 1016.
51. MGZ 37 (1908), S. 171.
52. MGZ 35 (1906), S. 1685.
53. StadtAM, Wirtschaftsamt 51, Schriftwechsel und Beratungen des Ausschusses zur Förderung der Industrie.
54. StadtAM, BuR 1433, Rede des Oberbürgermeisters von Borscht anläßlich der Tagung des Zentralverbandes Deutscher Industrieller vom 22. 5. 1912.
55. Zu den Ausgabensteigerungen vgl. die Zusammenstellungen und Übersichten in den Haushaltsplänen.
56. J. Reulecke, Geschichte der Urbanisierung in Deutschland, Frankfurt a.M. 1985, S. 111.
57. W. Nerdinger/B. Stenger, Das Münchner Rathaus – Architektur zwischen Politik, Ehrgeiz und Intrige, in: Das Rathaus im Kaiserreich, Berlin 1982, S. 151–177; sowie L. Hollweck, 100 Jahre Münchner Rathaus, in: Münchner Leben, Heft 6 (1967).
58. Über Wahl und Zusammensetzung der Gemeindekollegien vgl. E. Angermair, Münchner Kommunalpolitik, in: München – Musenstadt, S. 36–43.
59. Veröffentlicht wie die Protokolle aller öffentlichen Sitzungen von Magistrat und Gemeindebevollmächtigten in der Münchner Gemeindezeitung.
60. Verwaltungsbericht 1893, S. 7: Sozialstruktur der wahlberechtigten Vollbürger.

61. A. Schnorbus, Arbeit und Sozialordnung in Bayern vor dem Ersten Weltkrieg 1890–1914, München 1969, S. 88.
62. H. Hirschfelder, Die bayerische Sozialdemokratie 1864–1914, Bd. 1, Erlangen 1979, S. 78f.
63. StAM, Pol.Dir. 384 und 399/1, Verschiedene Berichte der Bezirkskommissare an die Polizeidirektion München über Wählerversammlungen der liberalen Vereine und der Demokraten vor allem aus den Jahren 1884/85.
64. Schnorbus, S. 202ff.
65. K. Möckl, Die Prinzregentenzeit, Wien 1972, S. 286–290.
66. Münchener Neueste Nachrichten Nr. 560 vom 1. 12. 1905, S. 6.
67. StAM, Pol.Dir. 521, 539, 566 und 631 über linksliberale Parteigründungen nach der Jahrhundertwende; sowie StAM, Pol.Dir. 399/4, Schreiben des 1. Schriftführers des Demokratischen Vereins, Schwarzmann, an die Polizeidirektion über die Vorstandswahlen vom 26. 1. 1909.
68. Vgl. dazu Nerdinger, Kunststadt; sowie K.-P. Schuster, München – die Kunststadt, in: München – Musenstadt, S. 226–233; jeweils mit weiterführender Literatur.
69. N. Lieb, München, München 1977; N. Huse, Kleine Kunstgeschichte Münchens, München 1990.
70. H. Groß, Der Verein, in: München – Musenstadt, S. 311.
71. G. Enggasser, Wir wollen frei und einig sein – die Geschichte der Münchner Arbeitergesangvereine, in: Empor zum Licht, München 1987, S. 41ff.
72. Vgl. dazu R. Bauer, Das Münchner Jahr, München im Festschmuck, in: Prinzregentenzeit, München und die Münchner in Fotografien, München 1988, S. 143 und 155f.
73. Vgl. dazu A. Andersen/R. Falter, ‹Lebensreform› und ‹Heimatschutz›, in: München – Musenstadt, S. 295–300.
74. Innenminister Graf von Feilitzsch, Bürgermeister von Borscht, Gabriel von Seidl, Franz von Lenbach und andere.
75. H. E. v. Berlepsch-Valendas, Die Gartenstadt München-Perlach, München 1910.

Notjahre

1. Kumulativsitzung beider Gemeindekollegien am 4. 8. 1914, in: MGZ 43 (1914), S. 1071f.
2. Bekanntgabe des Stadtmagistrats München vom 3. 8. 1914 (Unbedenklichkeit des Leitungswassers), StAM, Pol.Dir. München 4543.
3. Vgl. z.B. L. Schrott, Münchner Alltag in acht Jahrhunderten, München 1975, S. 247; K. A. v. Müller, Mars und Venus, Stuttgart 1954, S. 13ff.; E. Toller, Eine Jugend in Deutschland, Hamburg 1984, S. 39.
4. Bericht des Oberbürgermeisters von Borscht in der Sitzung des Verwaltungssenats am 28. 8. 1914, in: MGZ 43 (1914), S. 1120.
5. Geheime Sitzung des Magistrats am 11. 8. 1914, StadtAM, RP 530/4.
6. A. Bunk, Arbeitslosigkeit und Arbeitslosenfürsorge in München während der letzten 10 Jahre, Diss.masch. München 1921, S. 55ff.

7. Das läßt sich den bei F. Zahn, Bayern in der deutschen Volkswirtschaft vor, in und nach dem Krieg, in: Zeitschrift des Bayerischen Statistischen Landesamtes 50 (1918), S. 175–190, hier S. 181 f., angegebenen Zahlen entnehmen.
8. Statistisches Jahrbuch für den Freistaat Bayern 14 (1919), München 1920, S. 169.
9. Rechtsrat Grieser am 11. 5. 1915, in: MGZ 44 (1915), S. 414.
10. Rechtsrat Dr. Hilble im Magistratsplenum am 15. 10. 1918, in: MGZ 47 (1918), S. 767; Die Verwaltungsaufgaben im Krieg, StadtAM, BuR 268.
11. Vgl. z. B. die Haushaltsberatungen 1917, in: MGZ 46 (1917), S. 467ff. und S. 594ff.
12. Denkschrift Prof. Morgenroth über die Neuorganisation der Lebensmittelversorgung der Stadt München vom 31. 8. 1919, S. 4, StadtAM, Kriegswirtschaftsamt 314.
13. Königliches Staatsministerium des Inneren: Ernährungswirtschaftliche Maßnahmen, StadtAM, Ernährungsamt 136.
14. Lebensmittelversorgungsgesellschaft München GmbH: Bericht über das Dritte Geschäftsjahr 1917/18 (geheim), StadtAM, Kriegswirtschaftsamt 314.
15. Denkschrift: Die Neuorganisation der Lebensmittelversorgung der Stadt München nach der Aufhebung der Blockade, 31. 8. 1919, S. 8, StadtAM, Kriegswirtschaftsamt 314.
16. F. Zahn, Stadt und Land, Bayern und Reich in der Kriegsernährungswirtschaft, in: Zeitschrift des Bayerischen Statistischen Landesamtes 49 (1917), S. 376–387, hier S. 378.
17. U. Daniel, Arbeiterfrauen in der Kriegsgesellschaft, Göttingen 1989, S. 168.
18. Verwaltungsbericht der Landeshauptstadt München 1913–1920, München o. J., S. 104ff.
19. Statistisches Jahrbuch für den Freistaat Bayern 14 (1919), S. 601.
20. Abschrift eines Schreibens des ärztlichen Beirats des Lebensmittelamtes der Stadt München an das Direktorium des Stadtmagistrats vom 20. 8. 1917, BayHStA, ML 1356.
21. Abschrift eines Schreibens von Prof. Dr. Fischler an das Staatsministerium des Inneren vom 27. 9. 1917, BayHStA, ML 1356.
22. Vgl. z. B. die Debatte im Kollegium der Gemeindebevollmächtigten vom 21. 6. 1916, in: MGZ 45 (1916), S. 525ff.
23. Schreiben des Kriegsministers an die übrigen Staatsministerien vom 1. 2. 1916, StAM, Pol.Dir. München 4558.
24. Vgl. K.-L. Ay, Die Entstehung einer Revolution, Berlin 1968, S. 50f.; W. Albrecht, Landtag und Regierung in Bayern am Vorabend der Revolution von 1918, Berlin 1968, S. 131ff.
25. Bericht des Polizeipräsidenten an die Regierung von Oberbayern vom 20. 6. 1916, StAM, RA 65125; vgl. auch BayHStA, MA 97562.
26. Abschrift eines Schreibens der Schule an der Silberhornstraße an das Statistische Amt der Stadt München vom 10. 10. 1916, StadtAM, Ernährungsamt 146.
27. Entwurf eines Telegramms an den bayerischen Bevollmächtigten beim Kriegsamt, abgegangen am 13. 3. 1917, StadtAM, Kriegswirtschaftsamt 270; Schreiben des Stadtmagistrats an das Kriegsamt beim Bayerischen Kriegsministerium vom 22. 3. 1917, ibid.

28. Abschrift eines Schreibens des Stadtmagistrats an das Stellvertretende Generalkommando I. B.A.K. vom 24. 4. 1917, StadtAM, Kriegswirtschaftsamt 270.
29. Bayerisches Kriegsministerium (Pressereferat): Monatsbericht über Volksstimmung und Volksernährung für Februar 1917, BayHStA (Kriegsarchiv), MKr 12843.
30. F. Döhling, Das Problem der Massenspeisung und die Massenspeisungsbewegung in Deutschland, im Speziellen in München, München 1918, hier S. 105.
31. Monatsbericht des Stellvertretenden Generalkommandos I. B.A.K. für März 1917, BayHStA (Kriegsarchiv), MKr 12844.
32. H. M. Hanko, Thomas Wimmer 1887–1964, München 1977, S. 12.
33. Rechtsrat Pfeiffer nach dem Protokoll der Sitzung vom 8. 6. 1917, StadtAM, Kriegswirtschaftsamt 260/I.
34. Dr. Jodlbauer, in: MGZ 46 (1917), S. 1116.
35. Bayern und seine Armee (Ausstellungskatalog Kriegsarchiv), München 1987, S. 257ff.
36. Bayerisches Kriegsministerium (Pressereferat): Monatsbericht über Volksstimmung und Volksernährung für Juli 1917, BayHStA, MKr 19288.
37. Übersicht über die zum Heer eingezogenen Beamten vom 20. 8. 1915, StadtAM, BuR 268.
38. Verwaltungsbericht 1913–20, S. 161ff.
39. Die Verwaltungsaufgaben im Krieg, StadtAM, BuR 268.
40. MGZ 46 (1917), S. 623.
41. Die Verwaltungsaufgaben im Krieg, StadtAM, BuR 268; vgl. auch StAM, Pol.Dir. München 4554.
42. Bayerisches Kriegsministerium (Pressereferat): Monatsbericht über Volksstimmung und Volksernährung für September 1917, BayHStA (Kriegsarchiv), MKr 12845.
43. Monatsbericht des Stellvertretenden Generalkommandos I. B.A.K. für Februar 1918, BayHStA, MKr 12847.
44. Schreiben von Polizeidirektion und Zentralpolizeistelle an das Staatsministerum des Inneren vom 23. 6. und 15. 8. 1918, BayHStA, MInn 66284.
45. Entwurf eines Briefes des Münchner Bürgermeisters Eduard Schmid an einen Genossen vom 17. 8. 1920, StadtAM, Personalakt 11439.
46. Manuskript eines Schreibens des Staatsministeriums des Inneren an die Kreisregierung vom Mai 1918, BayHStA, MInn 66284.
47. Geheimer Bericht der Zentralpolizeistelle Bayern über die USP vom 24. 1. 1918, BayHStA, MInn 66284.
48. Für die umfangreiche Literatur zur Revolution in München vgl. das Literaturverzeichnis, stellvertretend hier nur A. Mitchell, Revolution in Bayern 1918/19, München 1967.
49. Der sozialdemokratische Magistratsrat Eduard Schmid begründete dies als einen Schritt der Prophylaxe: Man müsse «...zu den Ereignissen von innen heraus sofort Stellung nehmen, ehe wir von außen hierzu gezwungen werden». Sitzung des Magistrats vom 12. 11. 1918, in: MGZ 47 (1918), S. 820. Zur Auswirkung der Revolution auf die Stadtverwaltung vgl. die grundlegende Arbeit von P. Steinborn, Grundlagen und Grundzüge Münchener Kommunalpolitik in den Jahren der Weimarer Republik, München 1968, S. 95ff.

50. Der liberale Gemeindebevollmächtigte Kaffl in der Sitzung des Gemeindebevollmächtigtenkollegiums am 14. 11. 1918, in: MGZ 47 (1918), S. 832.
51. Begründung der Tarifvertragsvorlage durch das Referat XI, StadtAM, Kriegswirtschaftsamt 314; hier ist die Rede von einem «Neuaufbau des gesamten Gemeindearbeiterrechts für die Stadt München auf Grundlagen, die ebenso den neuen Zeitverhältnissen entsprechen wie sie durch dieselben bedingt sind».
52. Bericht über die Besprechung zwischen der Abordnung des Arbeiterrats und Vertretern der Stadtverwaltung am 21. 2. 1919, datiert 3. 3. 1919, StadtAM, BuR 387. Vgl. auch die Sitzung des Arbeitsausschusses vom 27. 1. 1919, in: MGZ 48 (1919), S. 118f.
53. Vgl. Hanko, S. 18ff.
54. Protokoll der Sitzung vom 13. 1. 1919, StadtAM, Kriegswirtschaftsamt 260/III.
55. MGZ 48 (1919), S. 421.
56. M. Seligmann, Aufstand der Räte, Grafenau-Döffingen 1989, S. 461.
57. Statistisches Handbuch der Stadt München, München 1928, S. 307 und S. 309.
58. An die Wählerinnen!, in: München-Augsburger-Abendzeitung Nr. 99 vom 14. 6. 1919; Die Gemeindewahlen in Bayern, in: Bayerischer Kurier Nr. 168 vom 16. 6. 1919.
59. Vgl. Steinborn, S. 150ff.
60. Gemeindewähler und -wählerinnen der Landeshauptstadt, in: Bayerischer Kurier Nr. 164 vom 12. 6. 1919; Gemeindeprogramm der Bayerischen Volkspartei, in: Bayerischer Kurier Nr. 156 vom 4. 6. 1919.
61. Münchner Gemeindewahlen. Demokratische Wählerversammlung, in: Münchner Neueste Nachrichten Nr. 228 vom 12. 6. 1919; Rechtsrat Dr. Konrad über die künftige Gemeindepolitik, in: Münchner Neueste Nachrichten Nr. 227 vom 12. 6. 1919.
62. München hat einen roten Bürgermeister, in: Bayerischer Kurier Nr. 179 vom 27. 6. 1919.
63. Der Wahlsonntag, in: Münchner Neueste Nachrichten Nr. 232 vom 16. 6. 1919.
64. MGZ 48 (1919), S. 585.
65. Vgl. z.B.: Genosse Eduard Schmid ein Siebziger, in: Münchner Post Nr. 237 vom 14. 10. 1931.
66. Auf dem Stuttgarter Rathaus 1915–1922. Erinnerungen von Fritz Elsas (1890–1945), hrsg. v. M. Schmid, Stuttgart 1990, S. 204.
67. Sitzung des Stadtrats vom 3. 7. 1919, in: MGZ 48 (1919), S. 586ff.
68. Allgemeiner Gewerbeverein München, in: Allgemeine Handwerker- und Gewerbezeitung vom 15. 12. 1919, StadtAM, GA 161; Mitteilung des Stadtrats an das Bayerische Staatsministerium für Handel, Industrie und Gewerbe vom 24. 1. 1920, ibid.
69. Vgl. hierzu auch Ch. Engeli, Volksbegehren und Volksentscheid im Kommunalverfassungsrecht der Weimarer Zeit, in: Archiv für Sozialgeschichte XXV (1985), S. 299–331.
70. Schreiben des Lebensmittelamtes an das Referat IVa vom 20. 8. 1919, StadtAM, Ernährungsamt 145/6; Pressenotiz der Polizeidirektion vom 12. 3. 1920 und verschiedene Zeitungsausschnitte, StAM, Pol.dir. München 4316.

71. Hierzu jetzt M. H. Geyer, Teuerungsprotest, Konsumentenpolitik und soziale Gerechtigkeit während der Inflation: München 1920–1923, in: Archiv für Sozialgeschichte XXX (1990), S. 181–215.
72. Außerordentliche Sitzung des Stadtrats vom 21. 3. 1921, in: MGZ 50 (1921), S. 639ff.
73. Sitzung des Stadtrats am 19. 8. 1921, in: MGZ 50 (1921), S. 1479.
74. Verwaltungsbericht der Landeshauptstadt München 1921–1923, München o.J., S. 9ff. und S. 35ff.; Der Streit um den 12 Millionen-Ueberschuß, in: Bayerischer Kurier Nr. 260 vom 20. 9. 1924. Am Ende zog die Stadtverwaltung aber auch einen Gewinn aus der Währungskatastrophe: Sie konnte sich bequem ihrer immensen Schulden entledigen, ja verbuchte nach der Währungsreform bei Abschluß des Haushaltsjahrs 1923/24 sogar einen Überschuß von 12 Millionen Reichsmark.
75. Bericht über die Wirtschaftslage im Handelskammerbezirk München für Januar 1923, S. 5; dass. für Juni/Juli 1923, S. 1, StadtAM, GA 273/3.
76. Bericht der Bezirksinspektion vom 28. 8. 1923, StadtAM, Kriegswirtschaftsamt 256.
77. Protokollerklärung bei der Polizeidirektion München vom 13. 11. 1923, StadtAM, BuR 1423; zum Hitlerputsch allg. vgl. stellvertretend H. J. Gordon jr., Hitlerputsch 1923, Frankfurt a. M. 1978.
78. Bericht über die gegenwärtige Wirtschaftslage im Bezirk der Handelskammer München (Dez. 1923/Jan. 1924), StadtAM, GA 273/3.
79. Offizielles Programm zum Festzug anläßlich der Eröffnung des Deutschen Museums am 5. 5. 1925, StadtAM, BuR 490/11.
80. Die Demokraten und Münchener Gemeindewahlen, in: Bayerischer Kurier Nr. 297 vom 27. 10. 1924.
81. Nationale Wahlgemeinschaft, in: Bayerischer Kurier Nr. 279 vom 9. 10. 1924; Münchner! Münchnerinnen! (Aufruf Einheitsliste), StadtAM, Zeitungsausschnitte 1528.
82. Zum 7. Dezember, in: Münchener Zeitung Nr. 337/338 vom 6./7. 12. 1924.
83. Sitzung des Stadtrats vom 30. 8. 1927, in: MGZ 56 (1927), S. 1031.
84. Sitzung des Stadtrats vom 8. 1. 1925, in: MGZ 54 (1925), S. 26; beste Charakterisierung Scharnagls bei Steinborn, S. 345ff.
85. D. Tosch, Der Rundfunk als «Neues Medium» im Spiegel der Münchner Presse 1918–1926, München 1987, S. 186; Statistisches Handbuch der Hauptstadt der Bewegung für die Jahre 1927 bis 1937, München 1938, S. 218.
86. Vgl. hierzu auch: Leben in München von der Jahrhundertwende bis 1933, München 1990, S. 89ff. und S. 109ff.; L. Hollweck, München in den zwanziger Jahren, München 1982.
87. W. Morgenroth, Die Sorge um Münchens wirtschaftliche Zukunft, in: Bayerische Industrie- und Handelszeitung vom 3. 1. 1928, S. 2.
88. Vgl. Die Quellen des Münchener Wirtschaftslebens, München 1930.
89. Vortrag Dr. Küfner vom 13. 2. 1924, StadtAM, BuR 1638.
90. Zit. nach dem Rundfunkmanuskript von H. M. Hanko: Zwischen Heimat und Weltstadt – München in der Weimarer Zeit, München o. J., S. 15f.
91. Zit. nach W. Nerdinger, die «Kunststadt» München, in: Die Zwanziger Jahre in München (Ausstellungskatalog), München 1979, S. 103.

92. J. Kolbe, Heller Zauber, Berlin 1987, S. 389; Kampf um München als Kulturzentrum, München 1926.
93. Vgl. auch H. Hanko, Öffentlicher Mäzen oder Kunstverwalter?, in: Gesellschaftsgeschichte (Festschrift Karl Bosl), München 1988, S. 366–385, bes. S. 368ff.
94. Manuskript der Rede im Rahmen einer kunstpolitischen Vortragsreihe, 8. 4. 1930, StadtAM, BuR 306, 2b.
95. Sitzung des Stadtrats am 27. 3. 1929, in: MGZ 58 (1929), S. 248.
96. Bericht über die Massnahmen der Stadtgemeinde München zur Bekämpfung der Wohnungsnot..., München 1920, S. 10.
97. M. H. Geyer, Wohnungsnot und Wohnungszwangswirtschaft in München 1917 bis 1924, in: Die Anpassung an die Inflation, Berlin/New York 1986, S. 127–162; vgl. auch umfassend die Denkschrift: K. Preis, Die Beseitigung der Wohnungsnot in München, München 1927.
98. Dr. Helmreich im Arbeitsausschuß am 12. 5. 1919, in: MGZ 48 (1919), S. 466.
99. Zit. nach: Im Dunst aus Bier, Rauch und Volk, München, Zürich 1989, S. 199.
100. Verwaltungsbericht 1913–1920, S. 145.
101. W. Morgenroth, Ausschnitte aus der Münchner Wohnungsstatistik, in: Das Wohnungswesen der Stadt München, München 1928, S. 171–187, S. 174f.
102. Vgl. Geyer, Wohnungsnot, S. 137f.
103. Sitzung des Stadtrats vom 8. 1. 1925, in: MGZ 54 (1925), S. 28.
104. Beiträge zur Soziographie Münchens, München o.J., S. 23f.
105. Vgl. Thomas Wimmer in der Sitzung des Stadtrats vom 30. 6. 1926, in: MGZ 55 (1926), S. 763.
106. N. Huse, Kleine Kunstgeschichte Münchens, München 1990, S. 212; vgl. auch K. Weschenfelder, Die Borstei in München, München 1980.
107. Die Zwanziger Jahre in München, S. 385ff. und 445ff.
108. H. Baumann, Der Kommunalkredit seit der Währungsstabilisierung mit Berücksichtigung des Kredits der Stadt München, Diss. Regensburg o.J.
109. Außerordentliche Sitzung des Stadtrats vom 6. 6. 1929, in: MGZ 58 (1929), S. 435ff., Zitat Dr. Küfner S. 446.
110. Kurze statistische Jahresübersicht über die Entwicklung Münchens im Jahre 1929, in: Münchener Wirtschafts- und Verwaltungsblatt 5 (1929/30), S. 71–79, hier S. 78.
111. H. Kral, Die Landespolitik der SPD in Bayern von 1924 bis 1933, München 1985, S. 120.
112. Mit unseren Fahnen durch Münchens Straßen, in: Völkischer Beobachter vom 4. 12. 1929.
113. Auszug aus dem Lagebericht vom 17. 12. 1929, StAM, Pol.dir. München 6766.
114. Vgl. H. Hanko, Kommunalpolitik in der Hauptstadt der Bewegung 1933–1935, in: Bayern in der NS-Zeit, Bd. II, Teil B, München/Wien 1981, S. 329–441, hier S. 342.
115. Weltanschauung und Kommunalpolitik, in: Völkischer Beobachter vom 1./2. 12. 1929, 3. 12. 1929 und 4. 12. 1929.
116. Die letzte Wahlversammlung in München, in: Völkischer Beobachter vom 10. 12. 1929.
117. Glänzender Wahlsieg in München, in: Münchner Post Nr. 285 vom 9. 12. 1929.

118. Vgl. Steinborn, S. 485ff. und 494ff. Zur Charakterisierung der Nazi-Stadträte siehe auch den Beitrag von Ulrike Haerendel.
119. Sitzung des Stadtrats vom 3. 1. 1929, in: MGZ 59 (1930), S. 2ff.
120. Vgl. H. W. Mayer, München und Stuttgart als Industriestandorte mit besonderer Berücksichtigung der Wirtschaftskrise, Stuttgart 1937, S. 105ff.
121. Zit. nach: A. Auer (Hg.), Krauss-Maffei, Kösching 1988, S. 167.
122. H. Winkel, Wirtschaft im Aufbruch, München 1990, S. 102f.
123. Statistisches Handbuch der Hauptstadt der Bewegung, S. 112.
124. Statistischer Bericht über den Monat Februar 1933, in: Münchener Wirtschafts- und Verwaltungsblatt 8 (1932/33), S. 73–79.
125. Polizeidirektion München an Wohlfahrts- und Jugendamt (Abschrift), 17. 8. 1931, StadtAM, Sozialamt 3567.
126. Statistisches Handbuch der Hauptstadt der Bewegung, S. 48.
127. O. M. Graf, Gelächter von außen, München 1983, S. 445.
128. Berechnet nach den in den (gedruckt vorliegenden) Haushaltsplänen von 1926 bis 1934 mitgeteilten Rechnungsergebnissen.
129. Aufstellung: Personalstand am 12. III. 1919, StadtAM, Sozialamt 723; Haushaltsplan der Landeshauptstadt München für das Jahr 1932, München 1932, S. 336 und S. 343.
130. Schreiben des Stadtrats München an die Geschäftsstelle des Bayerischen Städtebundes vom 13. 12. 1923, StAM, Sozialamt 670; H. Reiner, Das bayerische Fürsorgewesen auf Grund der Reichsverordnung über die Fürsorgepflicht im Rechnungsjahr 1924, in: Zeitschrift des Bayerischen Statistischen Landesamtes 58 (1926), S. 168–193, hier S. 171f.; K. Singer, Armenstatistik Münchens, München 1908, S. 8.
131. Beschwerdebrief des T. R. vom 20. 8. 1930, StadtAM, Sozialamt 1978.
132. E. Helbling, Personenkreis der öffentlichen Fürsorge und Fürsorgekosten im 2. Vierteljahr 1929, in: Statistische Vierteljahresberichte des Deutschen Städtetages 2 (1929), Heft 3, S. 155–170; hier S. 158; Kurze statistische Jahresübersicht über die Entwicklung Münchens im Jahre 1932, in: Münchener Wirtschafts- und Verwaltungsblatt 8 (1932/33), S. 39–51, hier S. 48. Im März 1932 war knapp die Hälfte der Münchner Wohlfahrtserwerbslosen (49,3%) seit über zwei Jahren arbeitslos, siehe F. Memelsdorff, Die Bedeutung der Arbeitslosigkeit für die Familie und die Fürsorge für Familien, in: Deutsche Zeitschrift für Wohlfahrtspflege 8 (1932/33), S. 144–156, hier S. 149.
133. Wohlfahrts- und Stiftungsreferat: Tätigkeitsbericht für die Rechnungsjahre 1933, 1934, 1935, S. 17f., Statistisches Amt der Stadt München.
134. Sitzung des Wohlfahrtsausschusses vom 28. 4. 1932, StadtAM, RP 705/13.
135. Amtsleiterbesprechung vom 22. 7. 1931, Niederschrift, StadtAM, Sozialamt 2354.
136. Sitzung vom 28. 4. 1932, StadtAM, RP 705/13.
137. Schreiben an Mitgliedsfirmen vom 15. 1. 1931, IHK-Wirtschaftsarchiv für München und Oberbayern XXIII 524.
138. Vgl. Sturmszenen im Stettiner Wohlfahrtsamt, in: Bayerischer Kurier Nr. 13 vom 13. 1. 1931.
139. 10000 demonstrieren trotz Verbot, in: Neue Zeitung Nr. 37 vom 26. 2. 1931; Erwerbslosen-Demonstration, in: Bayerischer Kurier Nr. 57 vom 26. 2. 1931.

140. G. Pridham, Hitler's Rise to Power, London 1973, S. 256 und S. 278.
141. Verwaltungsbericht der Landeshauptstadt München 1927–29, München o. J., S. 28; Verwaltungsbericht der Landeshauptstadt München 1930–32, München o. J., S. 37 und S. 41.
142. Sitzung des Stadtrats vom 14. 11. 1930, in: MGZ 59 (1930), S. 1282.
143. Sitzungen der Sparkommission, StadtAM, RP 704/17.
144. Sitzung des Haushaltsausschusses vom 4. 4. 1932, in: MGZ 61 (1932), S. 247.
145. Außerordentliche Sitzung des Stadtrats vom 30. 6. 1932, in: MGZ 61 (1932), S. 432.
146. Vgl. Haushaltsplan 1932, S. XXIf.

Das Rathaus unterm Hakenkreuz

1. Zur Machtübernahme der Nationalsozialisten in Bayern siehe J. Klenner, Verhältnis von Partei und Staat 1933–1945, München 1974, Kap. II. Zu München siehe v. a. H. M. Hanko, Kommunalpolitik in der «Hauptstadt der Bewegung» 1933–1935, in: Bayern in der NS-Zeit Bd. III, München/Wien 1981, S. 329–441, der für die folgende Darstellung grundlegend war. Speziell zur Fahnenhissung siehe StadtAM, BuR 452/20. H. Matzerath, Nationalsozialismus und kommunale Selbstverwaltung, Stuttgart u. a. 1970, S. 62–81, schildert die Eroberung lokaler Positionen durch die Nationalsozialisten überall im Reich.
2. Im wesentlichen stützt sich die Kurzbiographie auf die Personalakte Fiehlers 12011/1 und 2 im StadtAM. Auch die zitierte dienstliche Beurteilung ist ihr entnommen. Siehe außerdem StadtAM, BuR 1445 und 1446a.
3. Vor der Spruchkammer führte Fiehler aus, daß er als Stenograph die ungeheuren Schwierigkeiten der Stadtverwaltung in der Inflationszeit kennengelernt habe und dies unter anderem auch ein Beweggrund für seinen Eintritt in die Hitler-Bewegung gewesen sei, vgl. Amtsgericht München, Spruchkammerakte Fiehler, Protokoll der öffentlichen Sitzung am 11./12. Januar 1949 der Hauptkammer München-Stadt.
4. Münchner Neueste Nachrichten Nr. 260 vom 23. 9. 1933.
5. Matzerath (der Fiehler noch persönlich interviewt hat), S. 35.
6. K. Fiehler, Nationalsozialistische Gemeindepolitik, München, 2. Aufl. 1930. Vgl. zu Fiehlers Werdegang als Kommunalpolitiker Matzerath, besonders S. 33–37 und S. 165–170.
7. Hanko, S. 335.
8. Wie Anm. 3. Die Spruchkammer stufte Fiehler am 14. Januar 1949 als Aktivisten ein, verurteilte ihn zu zwei Jahren Arbeitslager, die durch die erlittene Haft als abgebüßt galten, und erlegte ihm weitere Beschränkungen der persönlichen und politischen Freiheit auf.
9. Siehe unten, S. 386.
10. Aufgrund dieses Gesetzes vom 31. März 1933 war der alte Stadtrat mit Wirkung ab 3. April 1933 aufgelöst worden. Nach dem Proporz des Reichstagswahlergebnisses fielen in der neuen Stadtvertretung von insgesamt 44 Sitzen (früher

50) 20 an die NSDAP, 11 an die BVP, 10 an die SPD und 3 an die Kampffront Schwarz-Weiß-Rot. Die 6 der KPD zustehenden Mandate wurden einfach gestrichen. Vgl. Verwaltungsbericht der Hauptstadt der Bewegung München 1933/34–1935/36, München o.J. (1938), S. 50.

11. Ähnlich wie andere Zeitungen berichtete die Münchener Zeitung Nr. 128 vom 10. 5. 1933 unverblümt vom gewaltsamen Vorgehen der NSDAP-Fraktion gegen die SPD-Räte in der Sitzung am 9. Mai.
12. Bayerische Staatszeitung Nr. 158 vom 12. 7. 1933.
13. Die drei deutschnationalen Räte waren als Hospitanten in die NSDAP-Fraktion eingegliedert worden.
14. Neben dem Fraktionsvorsitz hatte er u. a. folgende Ämter inne: Kreistagspräsident, Präsident des Rennvereins Riem, Vorsitzender des Amtes der NSDAP für den 9. November 1923, seit 1937 Sonderbeauftragter für Wirtschaftsangelegenheiten der Stadt.
15. Amtsgericht München, Spruchkammerakte Christian Weber. Das Urteil vom 20. Februar 1948, das Weber in die Gruppe der Hauptschuldigen einreihte, erging allerdings über einen Toten, da Weber bereits am 10. Mai 1945 auf einem Internierungstransport verunglückt war. Die Anspielung auf die «Künstlerinnen» nimmt wohl vor allem auf die von Weber regelmäßig veranstaltete «Nacht der Amazonen» Bezug, deren halb-erotische Inszenierung zu allerhand Gerüchten Anlaß gab. Vgl. v. a. K. Preis, München unterm Hakenkreuz, München, Neuaufl. 1989, S. 72f.
16. Aussage Jansohn in der Spruchkammerakte Fiehler, wie Anm. 3. Vgl. die Spruchkammerakte auch für das Folgende.
17. Siehe dazu weiter unten S. 380. Zu den Bestimmungen der Deutschen Gemeindeordnung vom 30. Januar 1935 siehe etwa die von Fiehler eingeleitete Textausgabe für Bayern, die 1935 im Beck Verlag erschien.
18. Ein Christian Weber fand auch unter den neuen Verhältnissen noch die Möglichkeit, seine Ziele durchzusetzen, und wenn es unter Berufung auf den «Führerwillen» war.
19. StAM, NSDAP 24, die Zeichensetzung folgt dem Original.
20. Zur Personalpolitik ausführlich Hanko, S. 370–402. Ihm zufolge betrug der Gesamtanteil der nach dem Berufsbeamtengesetz Entlassenen schließlich nur etwa 2 Prozent der städtischen Dienstkräfte (398).
21. Vgl. Statistisches Handbuch der Hauptstadt der Bewegung für die Jahre 1927 bis 1937, München 1938, S. 162: Demnach ging die Zahl der Arbeitslosen (Erwerbslose Hauptunterstützungsempfänger) von 75 646 Ende 1932 auf 8131 Ende 1937 zurück.
22. Zum Schulkampf siehe F. Sonnenberger, Der neue «Kulturkampf», in: Bayern in der NS-Zeit Bd. III, S. 235–327.
23. U. Henn, Die Mustersiedlung Ramersdorf in München, München 1987.
24. Zur Eingemeindungsfrage G. Michel, Die Münchener Eingemeindungspolitik in der nationalsozialistischen Zeit, Magisterarbeit München 1986, und unten S. 381. Dem ehrgeizigen zweiten Bürgermeister war keine lange Karriere beschieden, denn er verstarb bereits am 12. Februar 1940 an den Folgen einer Nierenerkrankung.
25. Festsitzung der Gemeinderäte anläßlich der Ernennung Münchens zur Haupt-

stadt der Bewegung vom 6. 8. 1935, Ansprache von Bürgermeister Tempel, StadtAM, RP 708/1.

26. A. Dresler, Das Braune Haus und die Verwaltungsgebäude der Reichsleitung der NSDAP. in München, München, 2. Aufl. 1937, S. 7.
27. So E. Piper, Nationalsozialistische Kulturpolitik und ihre Profiteure, in: «Niemand war dabei und keiner hat's gewußt», München 1989, S. 129–157, hier S. 157. Zur Rezeption des Nationalsozialismus in München jetzt: Irrlicht im leuchtenden München?, Regensburg 1991.
28. Festsitzung der Gemeinderäte vom 6. 8. 1935, Ansprache von Bürgermeister Tempel (vgl. Anm. 25).
29. Siehe besonders StadtAM, Ungeordneter Bestand Personalamt, Schachtel 16, Akte 2.
30. Völkischer Beobachter, Münchener Ausgabe, Nr. 280 vom 6. 10. 1936.
31. M. Domarus, Hitler. Reden und Proklamationen, 1. Bd. Triumph (1932 bis 1938), Würzburg 1962, S. 316.
32. Vgl. auch P.-K. Schuster, München – das Verhängnis einer Kunststadt, in: Nationalsozialismus und ‹Entartete Kunst›, München 1987, S. 12–36, hier S. 17.
33. Das war gar nicht so einfach – wie auch die heftige Auseinandersetzung Hitlers mit der Ausstellungsjury zeigte –, denn die nationalsozialistische Kunstauffassung war bisher vor allem von der Ablehnung und Diffamierung der Moderne bestimmt worden, weniger von der Entwicklung eigener Ansätze. Vgl. M.-A. v. Lüttichau, ‹Deutsche Kunst› und ‹Entartete Kunst›, in: Nationalsozialismus und ‹Entartete Kunst›, S. 83–118, hier S. 84ff.
34. Lüttichau, S. 97f.
35. StAM, NSDAP 101.
36. Auszug aus der Niederschrift über die Sitzung der Beiräte für Verwaltungs-, Finanz- und Baufragen vom 23. 6. 1938, StadtAM, BuR 1662.
37. Vgl. Hanko, S. 426–440, hier S. 428.
38. So Fiehler in der Stadtratssitzung vom 5. 6. 1934, in der die Errichtung des Kulturamtes bekanntgegeben wurde, StadtAM, RP 707/1.
39. Vgl. den Beitrag von Wilfried Rudloff in diesem Band (ein kleiner Unterschied liegt nur in der Schreibweise der Nachnamen).
40. Tempel an den Reichsleiter Bouhler (Kanzlei des Führers) am 13. 8. 1935, StadtAM, BuR 241/3. Zur Kulturamtsproblematik siehe außerdem die Ratssitzung vom 6. 8. 1935 (RP 708/1), die Sitzung der Beiräte für Verwaltungs-, Finanz- und Baufragen vom 17. 12. 1935 (RP 708/4) und die Akte Kulturamt 12, alles im StadtAM. Für die Informationen zu Reinhard außerdem seine Spruchkammerakte im Amtsgericht München.
41. So wird Hitler in einem Auszug aus einer Besprechung vom 1. 6. 1937 zitiert, der als Vormerkung für eine Referentenbesprechung diente, StadtAM, BuR 305/4b.
42. Vgl. H. Giesler, Ein anderer Hitler, Leoni 1977; H.-P. Rasp, Eine Stadt für tausend Jahre, München 1981. Auf das Buch bezieht sich vielfach die folgende Darstellung.
43. Rasp, S. 25. Diesem Zweck diente auch der Granitplattenbelag.
44. Die Ausführungen Gieslers zum Mausoleum, der auch eine Skizze Hitlers als

Beleg anführt, stehen im Widerspruch zu Speers Behauptung, Hitler habe seine Grabstätte in Linz vorgesehen, vgl. Giesler, S. 22–37; vgl. weiter Rasp, S. 68f. und S. 169–174, und A. Speer, Erinnerungen, Berlin, 9. Aufl. 1971, S. 310.

45. Deutsche Allgemeine Zeitung Nr. 358–359 vom 4. 8. 1935. In dem Artikel «Lob auf München. ‹Die Hauptstadt der Bewegung›» sieht man unter den Nationalsozialisten «ein beinahe perikleisches Zeitalter» für München angebrochen.
46. Das gleiche gilt auch für die anderen sog. Führerstädte, vgl. J. Dülffer, J. Thies, J. Henke, Hitlers Städte, Köln/Wien 1978, S. 12.
47. Anlaß für Alkers Ausscheiden am 27. Juni 1938 war ein Artikel im Völkischen Beobachter, der wesentlich auf einem Interview mit Alker beruhte und sich eindeutig gegen eine Überführung der U-Bahn über die Isar aussprach, damit das bisherige Stadtbild nicht zerstört werde. Hitler selbst hatte zu diesem Zeitpunkt die Frage, ob die U-Bahn ober- oder unterhalb der Isar zu führen wäre, noch nicht entschieden und sah deshalb in dieser Veröffentlichung einen «groben Vertrauensbruch». (StadtAM, Personalakte Alker 10998).
48. StadtAM, Hochbauamt 897/5.
49. In dem Buch von Dülffer, Thies und Henke wird zwar bestritten, daß Giesler Speers Rang erhalten habe (S. 22), für Münchens Stadtplanung aber zeigen die Quellen eine so deutliche Dominanz Gieslers, daß der Vergleich gerechtfertigt scheint. Ernennungsurkunde und Führererlaß sind abgedruckt bei Giesler, S. 144 und S. 494; vgl. auch Rasp, S. 109.
50. Vgl. Rasp, S. 112f., und «Gesetz über die Neugestaltung deutscher Städte. Vom 4. Oktober 1937», Reichsgesetzblatt 1937/1, S. 1054.
51. Giesler, S. 282–290.
52. So der Kommentar des Völkischen Beobachter, Münchener Ausgabe Nr. 121 vom 1. 5. 1938.
53. Zu Hauptbahnhof, Denkmal der Bewegung und Ost-West-Achse siehe Giesler, S. 170–184; hieraus auch die wörtlichen Zitate.
54. «Kraft durch Freude» war die Freizeitorganisation innerhalb der Deutschen Arbeitsfront.
55. Beschreibung der Bauten nach Rasp, S. 129–163 und den hier enthaltenen Fotografien vom Modell der Ost-West-Achse.
56. Am 15. November 1938 hatte der Reichsfinanzminister ein Darlehen über 250 Millionen Reichsmark für den Ausbau der Hauptstadt der Bewegung bewilligt, das, wie Kostenschätzungen der Stadt zeigen, aber nur für einen kleinen Teil der auszuführenden Arbeiten gereicht hätte, vgl. StadtAM, Hochbauamt 897/5.
57. Rasp, S. 198–202, auch zu den Auswirkungen des Krieges.
58. Am Abend, als der Abbruch beginnen sollte, war die Kirche noch «gesteckt voll von Besuchern», die dort in einem dreistündigen Gottesdienst Abschied von ihrer Kirche nahmen, StadtAM, Hochbauamt 897/6.
59. Natürlich stand Hitler hinter diesen Abbruchmaßnahmen.
60. BayHStA, Ministerium des Äußeren (= MA) 106410.
61. Vgl. z.B. Preis, S. 104ff.
62. Nachdem Himmler bis 1934 die gesamte politische Polizei außerhalb Preußens in seinen Machtbereich integriert hatte, wurde er im April des gleichen Jahres

auch Inspekteur der preußischen Gestapo. Seit 1936 schließlich kontrollierte er als «Chef der Deutschen Polizei» den Polizeiapparat im ganzen Reich.

63. Hanko, S. 425.
64. Die Verfügung Fiehlers über «Erteilung von städtischen Aufträgen und Lieferungen» vom 24. 3. 1933, der daran anknüpfende Stadtratsbeschluß vom 11. 5. 1933 sowie die Verfügungen über die Vergebung gemeindlicher Arbeiten und Lieferungen vom 19. 12. 1933 und 10. 9. 1934 in: StadtAM, BuR 252/13 und 252/14.
65. Siehe z. B. im StadtAM, Personalamt 405/I den Fall der Papierwarenfabrik Neustätter.
66. StadtAM, RP 706/3, Hauptausschußsitzung vom 11. 5. 1933 (Zeichensetzung folgt dem Originalprotokoll).
67. Vgl. P. Hanke, Zur Geschichte der Juden in München zwischen 1933 und 1945, München 1967, S. 99f. Unterstützt wurde Fiehlers Kurs insbesondere auch vom Kampfbund des gewerblichen Mittelstandes, dessen Gauobmann Georg Sturm bis August 1933 im Stadtrat war.
68. Verfügung Fiehlers vom 24. 3. 1933, StadtAM, BuR 252/13.
69. Hanke, S. 153. Zur Auskunfterteilung über jüdische Firmen durch das Gewerbeamt siehe Verwaltungsbericht 1933/34–1935/36, S. 83.
70. Abgedruckt in: Bayern in der NS-Zeit Bd. I, München/Wien 1977, S. 458.
71. Vgl. dazu auch W. Selig, Richard Seligmann, München 1983, S. 12–29. Im Falle des Bäderverbots vom August 1933 war die Stadt sogar in den Augen des Reichsinnenministeriums einen Schritt zu weit gegangen. Sie mußte das Verbot zurückziehen, konnte es aber 1935 erneut – diesmal widerspruchslos – verhängen.
72. BayHStA, MA 106411; vgl. I. Kershaw, Antisemitismus und Volksmeinung, in: Bayern in der NS-Zeit Bd. II, München/Wien 1979, S. 281–348, hier S. 293f.
73. BayHStA, Reichsstatthalter 823; zur «Reichskristallnacht» auch Hanke, S. 211ff., der für alle Teile der hier gegebenen Darstellung der Judenverfolgung grundlegend ist. Die Hauptsynagoge war ja bereits im Juni zerstört worden, diesmal richtete sich der Vandalismus gegen die Synagogen in der Herzog-Rudolf- und Reichenbachstraße.
74. Vgl. Kershaw, S. 335f., der darauf hinweist, daß im Gegensatz zu Gewaltmaßnahmen antijüdische Gesetze durchaus in der Bevölkerung Zustimmung fanden.
75. Vgl. Kershaw, S. 343. Zum Kirchenkampf im nationalsozialistischen München, der hier nicht behandelt wird, vgl. als neuere Darstellung: Das Erzbistum München und Freising in der Zeit der nationalsozialistischen Herrschaft, 2 Bde., München/Zürich 1984.
76. Vgl. Selig, S. 51, und den Brief der Kreisleitung München der NSDAP an die Ortsgruppenleiter vom 15. 11. 1938, in dem die Ortsgruppen aufgefordert werden, eine Aufstellung der Kosten zu machen, die durch die Pogromaktion entstanden seien, damit man die «zuständigen» jüdischen Geschäfte dafür bezahlen lassen könne (StAM, NSDAP 36).
77. Zu Entstehung und Aufgaben der Arisierungsstelle: Hanke, bes. S. 237f.
78. E. Behrend-Rosenfeld, Ich stand nicht allein, München, 4. Aufl. 1988, S. 75f.

79. StadtAM, Hochbauamt 897/5. Außerdem W. J. Cahnmann, Die Juden in München 1918–1943, in: ZBLG 42 (1979), S. 403–461, hier S. 459f.
80. StAM, NSDAP 38.
81. Hanke, S. 290–296.
82. Behrend-Rosenfeld, bes. S. 121–175. Sie berichtet auch über die von der Deportationsangst ausgelösten Selbstmorde ihrer jüdischen Leidensgenossen.
83. So die Angaben bei Hanke, S. 297.
84. Vgl. J. Brückner, Kriegsende in Bayern 1945, Freiburg 1987, sowie R. Bauer, Die Rettung der Isarbrücken, in: Münchner Stadtanzeiger Nr. 30 vom 19. 4. 1985.
85. Vgl. Im Dunst aus Bier, Rauch und Volk, München 1989, S. 254f., sowie W. Domarus, Nationalsozialismus, Krieg und Bevölkerung, München 1977, S. 55–64.
86. P. Schmidt, Statist auf diplomatischer Bühne 1923–1945, Bonn 1949, S. 417f.
87. A. Hoch/L. Gruchmann, Georg Elser: Der Attentäter aus dem Volke, Frankfurt a.M. 1980.
88. Vgl. die für die Gestapo bestimmte Aussage einer städtischen Kanzleisekretärin vom 9. 11. 1939 (StadtAM, BuR 357), die ihr Gespräch mit einem Vertreter wiedergibt: «Er sprach mit mir über den Fall heute nacht im Bürgerbräukeller. Ich bedauerte es aufrichtig, daß so etwas vorkam. Er sagte darauf mit lachendem Munde, daß es viele Geschäftsleute bedauerten, daß die Explosion nicht eher los ging. Man könnte das, ganz offen in den verschiedenen Geschäften besprechen hören.»
89. StadtAM, RP 712/1, Ratsherrensitzung vom 5. 9. 1939, Rede von Reichinger. Zur Stimmung bei Kriegsausbruch siehe auch Preis, S. 129ff.
90. Vgl. P. Erker, Ernährungskrise und Nachkriegsgesellschaft, Stuttgart 1990, S. 23–36.
91. Vgl. Fiehlers Bericht über die Ernährungslage in der ersten und letzten Sitzung des nationalsozialistischen Rates im Jahr 1945 am 20. März, in: StadtAM, RP 717/1.
92. Siehe dazu und für das weitere R. Bauer, Fliegeralarm, München 1987.
93. E. Berthold/N. Matern, München im Bombenkrieg, Düsseldorf 1983, S. 21.
94. BayHStA, Reichsstatthalter 694/3 (Zeichensetzung wie im Original, ein offensichtlicher Tippfehler wurde korrigiert).
95. Chronik der Stadt München 1945–1948, München 1980, S. 43.
96. L. Rosenberger, Münchner Kriegstagebuch, München o.J., S. 19.
97. Paul Giesler, Bruder des mehrfach erwähnten Generalbaurats, löste Adolf Wagner, der einen Schlaganfall erlitten hatte, im Juni 1942 in seinem Amt als Gauleiter von München/Oberbayern ab.
98. Zu diesen Vorgängen wie überhaupt zum Widerstand in München siehe H. Bretschneider, Der Widerstand gegen den Nationalsozialismus in München 1933 bis 1945, München 1968, bes. S. 179–199.
99. Siehe dazu etwa H. Troll, Aktionen zur Kriegsbeendigung im Frühjahr 1945, in: Bayern in der NS-Zeit Bd. IV, München/Wien 1981, S. 645–689.
100. Preis, S. 212.

«Solang' der Alte Peter...»

1. W. Friedmann, Eine unbeschreibliche Stadt, in: 800 Jahre München, Jubiläumsbeilage der Süddeutschen Zeitung Nr. 142 vom 14. 6. 1958, S. 3.
2. G. Weit, Schwabing, und P. v. Gellert, Marienplatz, in: München, Zwanzig Jahre vorher, Bd. 1, München 1946, hier S. 12ff. und S. 18.
3. W. Zentner, Epilog in Versen, in: Gastfreundliches München, München 1946, hier S. 253.
4. G. Kölwel, Münchner Elegien und andere Gesänge, Berlin 1947, S. 8.
5. B. Buberl, «Die Kunst das Leben zu lieben» – Querschnitt Münchner Graphik 1945–1949, in: Trümmerzeit in München, München 1984, S. 97. Vgl. zudem die Nachkriegspostkartenserie des Münchner Kulturbaufonds.
6. StadtAM, Bauamt Wiederaufbau 1115: Referat Dr. Schmid für die Wiederaufbaukundgebung im Prinzregententheater am 21. 7. 1946, S. 10.
7. H. Fischer, München nach dem Zweiten Weltkrieg, München, Freising 1948, S. 12.
8. Fischer, S. 18–26.
9. Abschlußbericht von Herrn Oberbürgermeister Thomas Wimmer vom 26. 4. 1960, in: Thomas Wimmer und sein München, München 1989, S. 35.
10. Chronik der Stadt München, München 1980, S. 43. Vgl. zudem auch: R. Bauer, Fliegeralarm, München 1987, S. 9–34.
11. Münchener Stadtanzeiger Nr. 1 vom 14. 9. 1945.
12. Grundlegend zur Münchner Kommunalpolitik der Nachkriegsjahre: H. H. Wacker, Nachlaßverwaltung oder demokratische Erneuerung?, in: Trümmerzeit, S. 55. Vgl. weiter: R. Bauer, Ruinen-Jahre, München 1983, S. 7–53.
13. Trümmerzeit, S. 438 (Sachglossar).
14. Trümmerzeit, S. 434 (Personenglossar).
15. F. Heubl, Die staatsrechtliche Entwicklung Bayerns im Jahre 1945, Diss.masch München 1948. S. 37.
16. Süddeutsche Zeitung Nr. 13 vom 16. 11. 1945.
17. Wacker, S. 41.
18. StadtAM, Abt. Sammlungen: Meldebogen mit beigefügter Quittung zur Ausgabe von Lebensmittelkarten.
19. Chronik der Stadt München, S. 42 und S. 415.
20. Wacker, S. 41.
21. BayHStA, MA, Abgabe 19. 7. 1976, Aktenzeichen 2654, Bd. 1: Der Oberbürgermeister der Landeshauptstadt München an den Chef der Militärregierung Oberst Keegan, München 10. 7. 1945.
22. Wacker, S. 57.
23. Münchener Stadtanzeiger Nr. 4 vom 3. 10. 1945; Süddeutsche Zeitung Nr. 11 vom 9. 11. 1945, und Nr. 1, Neujahr 1946.
24. E. Schleich, Die zweite Zerstörung Münchens, Stuttgart 1978, S. 11.
25. Chronik der Stadt München, S. 168.
26. Wacker, S. 58f.
27. J. Wetzel, Jüdisches Leben in München 1945–1951, München 1987, hier insbesondere S. 1–68.

28. Trümmerzeit, S. 439–444.
29. E. Angermair, Theaterleben in den ersten Nachkriegsjahren, in: Trümmerzeit, S. 193–202.
30. K. Meitinger, Das neue München, München 1946 (hier vorliegend der Nachdruck 1982).
31. F. Raimund, Wir bauen unsere Städte auf, in: Bayerische Rundschau Heft 19, 1947, S. 296–298, hier insbesondere S. 297f.
32. N. A. Krieg, München, leuchtend und ausgebrannt... Denkmalpflege und Wiederaufbau in den Nachkriegsjahren, in: Trümmerzeit, S. 77, unter Bezugnahme auf Meitinger, Das neue München, S. 9, und IHK-Wirtschaftsarchiv für München und Oberbayern, AZ XX 95, Bd. 2: J. Hallinger, Gedanken und Vorschläge zum Wiederaufbau der Wohn- und Geschäftshäuser in München als Aufgabe der Stadt und mit Finanzierung durch die Stadt München, 25. 7. 1945.
33. Krieg, München, S. 86.
34. Aufbauzeit (Ausstellungskatalog der Architektursammlung der TU München und des Münchner Stadtmuseums Nr. 5), München 1984, S. 116–119. Zudem: B. und W. Störmer, Der Marienplatz, München 1990.
35. Die Reste des alten München – Abbruch oder Aufbau?, in: Süddeutsche Zeitung Nr. 63 vom 7. 8. 1948.
36. H. Hanko, Thomas Wimmer, 1887–1964, in: Thomas Wimmer und sein München, S. 27f., bezugnehmend auf: H. Hanko, Thomas Wimmer, 1887–1964, München 1977.
37. Abschlußbericht von Herrn Oberbürgermeister Thomas Wimmer, in: Thomas Wimmer und sein München, S. 37.
38. Hanko, S. 29.
39. M. Krauss, «Deutsche sind Deutsche, ... gleichgültig aus welchem Teil Deutschlands sie stammen.», in: Trümmerleben, München 1985, S. 150–155, zitiert S. 155).
40. V. Gabert, Erinnerungen an Thomas Wimmer, in: Thomas Wimmer und sein München, S. 52f.
41. N. A. Krieg, «Rama dama» – «Munich at Work», in: Trümmerleben, S. 175f.
42. Th. Wimmer, Münchens Aufgaben im Jahr 1950, in: Münchener Stadtanzeiger Nr. 52 vom 30. 12. 1949.
43. Thomas Wimmer und sein München, S. 80.
44. Hanko, S. 31.
45. Thomas Wimmer und sein München, Fotodokumente, S. 79–92.
46. Münchener Stadtanzeiger Nr. 37 vom 16. 09. 1955.
47. Süddeutsche Zeitung Nr. 261 vom 1. 11. 1955.
48. Abendzeitung Nr. 299 vom 17. 12. 1955.
49. Der Oberbürgermeister antwortet, in: Süddeutsche Zeitung Nr. 263 vom 5./6. 11. 1955.
50. Abschlußbericht von Herrn Oberbürgermeister Thomas Wimmer, in: Thomas Wimmer und sein München, S. 39.
51. Hanko, S. 31f.
52. StadtAM, RP: Sitzung vom 4. 6. 1952, S. 2337. Vgl. zudem auch Sitzung vom 4. 5. 1954, S. 2357, zitiert Th. Wimmer: «Die meinen immer, bei uns sei es auch

so, daß der Oberbürgermeister einer Stadt der ‹allgewaltige Herrgott› ist. Die Verhältnisse bei uns sind nicht mehr so wie im Dritten Reich.»

53. R. Flügel, Am Schreibtisch des Oberbürgermeisters, in: Münchner Merkur Nr. 192 vom 11./12. 8. 1955.
54. H.-J. Vogel, Die Amtskette, München 1972, S. 18.
55. Hanko, S. 33.
56. N. A. Krieg, Denkmalpflege und Wiederaufbau, in: Trümmerzeit S. 87.
57. Weltstadt München, München 1988, S. 126 (zitiert aus der Festrede Prof. Dr. Heisenbergs).
58. Traumreise ins Jahr 2000, in: 800 Jahre München, hier S. 43ff.

Die «Weltstadt mit Herz»

1. Fotobeleg in: Weltstadt München, München 1988, S. 126. Zudem: Thomas Wimmer und sein München, München 1989, S. 41.
2. Abschlußbericht von Herrn Oberbürgermeister Thomas Wimmer, in: Thomas Wimmer und sein München, S. 45.
3. K. Bosl, München, Stuttgart/Aalen 1971, S. 134.
4. StadtAM 743/1, RP, Sitzung vom 6. 5. 1970, S. 429ff., hier insbesondere S. 439.
5. Gesamtplan zur Behebung der Wohnungsnot in München – 1. Münchner Plan – Abschlußbericht, München 1969, S. 8 (eigene Zählung ab Deckblatt, da ohne Seitenzählung).
6. Gesamtplan, 1. Plan, S. 19.
7. Gesamtplan, 1. Plan, S. 3.
8. E. Mücke, Stadtentwicklungsplan und Gesamtverkehrsplan, in: Bauen in München 1960 bis 1970, München 1970, S. 11–14.
9. Mücke, S. 11.
10. H. Selig, Stadtgestalt und Stadtbaukunst in München 1860 bis 1910, München 1983, S. 124ff.
11. D. Klingbeil, Grundzüge der stadtstrukturellen Entwicklung nach dem II. Weltkrieg, in: München – Ein sozialgeographischer Exkursionsführer, Kallmünz/Regensburg 1987, S. 100.
12. H.-J. Vogel, Die Amtskette, München 1972, S. 41.
13. Vogel, S. 138.
14. E. Schleich, Die zweite Zerstörung Münchens, Stuttgart 1978, S. 115f., zit. E. Högg.
15. Vogel, S. 97.
16. Vogel, S. 106f.
17. B. Bleyer, Milbertshofen, in: München – Ein Exkursionsführer, S. 496.
18. Weltstadt München, S. 132.
19. Vogel, S. 49f. und S. 179ff.
20. Auszug aus der Haushaltsrede am 13. 10. 1971 anläßlich der Vorlage des Entwurfs des Haushaltsplans 1972 (Druckvorlage S. 29).
21. StadtAM, RP 741/1, Sitzung vom 10. 7. 1968, S. 364.

22. Stadtentwicklungsplan '74, München 1974 (Vorwort).
23. Stadtentwicklungsplan '74 (Kap. II-3).
24. Seit 1972 mit 80 ehrenamtlichen Stadträten.
25. R. Bauer/E. Graf, Stadtvergleich, München 2. Aufl. 1988, S. 25.
26. Süddeutsche Zeitung Nr. 293 vom 21. 12. 1990.

Ausgewählte Literatur

Die im folgenden aufgeführten Werke sollen dem Leser über die Anmerkungen hinaus weiterführende Informationen ermöglichen. Mit diesem Verzeichnis – das nur eine Auswahl darstellt – wird in erster Linie auf Monographien hingewiesen. Einzelveröffentlichungen zu Personen, Firmen, Museen, Sammlungen, Schulen, Theatern usw. sind in der Regel nicht enthalten.

Umfassende Nachweise zur München-Literatur bieten die Städtischen Bibliotheken, insbesondere die Monacensia-Abteilung. Ein wichtiges Hilfsmittel, um ältere Literatur zum Thema München aufzufinden, ist der dort 1958 im Druck erschienene Auswahlkatalog «München im Buch» mit seinen bis 1976 aktualisierten Nachträgen.

Die Literatur wurde zusammengestellt von *Christine Schaumaier.*

Das Literaturverzeichnis gliedert sich in die folgenden Abschnitte:

1. Geschichte – Gesamtdarstellungen und Werke zu einzelnen Epochen
2. Verfassung, Verwaltung, Recht
3. Bevölkerungs- und Sozialgeschichte
4. Stadtverteidigung und Kriegsgeschehen
5. Wirtschaft
   5.1 Handwerk und Gewerbe
   5.2 Handel
   5.3 Industrie
   5.4 Verkehr
6. Wissenschafts- und Bildungsgeschichte
7. Kirchen und Kirchengeschichte
8. Fürsorge- und Gesundheitswesen
9. Allgemeine Darstellungen zur Kultur- und Geistesgeschichte
   9.1 Literatur
   9.2 Theater und Musik
   9.3 Medien
   9.4 Vereine
   9.5 Brauchtum
10. Kunst und Kunstgewerbe
11. Naturwissenschaft und Technik
12. Statistik
13. Stadtbild
14. Stadtteile
15. Stadtkunde
16. Periodika mit Beiträgen zur Geschichte Münchens

1. Geschichte – Gesamtdarstellungen und Werke zu einzelnen Epochen

Aspekte der nationalsozialistischen Machtergreifung in München, München 1983 (Zeitgeschichtliche Informationen 1)

Bayern in der NS-Zeit, hrsg. von Martin Broszat. 6 Bde., München/Wien 1977–1983

Bergmann, Michael von, Beurkundete Geschichte der Churfürstlichen Haupt- und Residenzstadt München von ihrem Entstehen, bis nach dem Tode Kaiser Ludwigs des Vierten..., München 1783

Biedermeiers Glück und Ende... die gestörte Idylle 1815–1848, hrsg. von Hans Ottomeyer... Ausstellung im Münchner Stadtmuseum, München 1987

Böhmer, Rudolf, Die Vierherzogzeit in Oberbayern-München und ihre Vorgeschichte, München 1937 (Kultur und Geschichte. Freie Schriftenfolge des StadtAM 11)

Bosl, Karl, München. Bürgerstadt, Residenz, heimliche Hauptstadt Deutschlands, Stuttgart/Aalen 1971

Bretschneider, Heike, Der Widerstand gegen den Nationalsozialismus in München 1933 bis 1945, München 1968 (MBM 4)

Burgholzer, Joseph, Stadtgeschichte von München als Wegweiser für Fremde und Reisende. 2 Bde., München 1796

Die Chroniken der deutschen Städte vom 14. bis ins 16. Jahrhundert, Bd. 15, Leipzig 1878

Chronik der Stadt München 1945–1948, bearb. von Wolfram Selig..., München 1980

Dirr, Pius, Grundlagen der Münchner Stadtgeschichte, München 1937

Doeberl, Michael, Entwicklungsgeschichte Bayerns. 3 Bde., München 1906–1931

Forster, J. M., Die Franzosen vor München im Jahre 1796, München 1896

Gallas, Klaus, München. Von der welfischen Gründung Heinrichs des Löwen bis zur Gegenwart. Kunst, Kultur, Geschichte, Köln 1979

Geidel, Heinrich, Münchens Vorzeit, München, 2. erw. Aufl. 1938 (Kultur und Geschichte. Freie Schriftenfolge des StadtAM 4)

Handbuch der bayerischen Geschichte, hrsg. von Max Spindler. 4 Bde., München 1966–1988

Hanko, Helmut M., Thomas Wimmer 1887 – 1964, München 1977 (MBM 73)

Hillmayr, Heinrich, Roter und weißer Terror in Bayern nach 1918, München 1974 (Moderne Geschichte 2)

Hübner, Lorenz, Beschreibung der kurbaierischen Haupt- und Residenzstadt München und ihrer Umgebungen, verbunden mit ihrer Geschichte. 2 Tle., München 1803–1805

Hummel, Karl-Joseph, München in der Revolution von 1848/49, Göttingen 1987 (Schriftenreihe der Historischen Kommission bei der Bayerischen Akademie der Wissenschaften 30)

Die Inschriften der Stadt und des Landkreises München, bearb. von Rudolf M. Kloos, Stuttgart 1958 (Die deutschen Inschriften 5)

Irrlicht im leuchtenden München? Der Nationalsozialismus in der Hauptstadt der Bewegung, hrsg. von Björn Mensing..., Regensburg 1991

Kronegg, Ferdinand, Illustrierte Geschichte der Stadt München. Mit e. Anh.: Geschichte der Münchener Vorstädte und Vororte, München, 1. Aufl. 1900

Lipowsky, Felix Joseph, Urgeschichten von München. 2 Tle., München 1814–1815

Maier, Lorenz, Stadt und Herrschaft. Ein Beitrag zur Gründungs- und frühen Entwicklungsgeschichte Münchens, München 1989 (MBM 147)

Mitchell, Allan, Revolution in Bayern 1918/19. Die Eisner-Regierung und die Räterepublik, München 1967

Monumenta Boica, hrsg. von der Bayerischen Akademie der Wissenschaften, Vol. 18–21, 35/2, München 1808–1849

München, Musenstadt mit Hinterhöfen. Die Prinzregentenzeit 1886–1912, hrsg. von Friedrich Prinz..., München 1988.

Nationalsozialismus und Entartete Kunst. Die Kunststadt München 1937, hrsg. von Peter-Klaus Schuster, München 1987

Nöhbauer, Hans F., München. Eine Geschichte der Stadt und ihrer Bürger, 1158–1854, München 1982

Obermaier, Franz, Aus Trümmern wächst das neue Leben. Bilder aus der bayerischen Nachkriegszeit, München 1949

Petry, Christian, Studenten aufs Schafott. Die Weiße Rose und ihr Scheitern, München 1968

Preis, Kurt, München unterm Hakenkreuz. Die Hauptstadt der Bewegung: Zwischen Pracht und Trümmern, München 1989

Prinzregentenzeit. München und die Münchner in Fotografien, ausgewählt und erläutert von Richard Bauer, München 1988

Die Prinzregentenzeit. Katalog der Ausstellung im Münchner Stadtmuseum, hrsg. von Norbert Götz..., München 1988

Probst, Christian, Lieber bayrisch sterben. Der bayrische Volksaufstand der Jahre 1705 und 1706, München 1978

Reitzenstein, Alexander von, Frühe Geschichte rund um München, München 1956

Revolution und Räteherrschaft in München. Aus der Stadtchronik 1918/1919, München/Wien 1968 (Neue Schriftenreihe des StadtAM 29)

Riezler, Sigmund, Geschichte Baierns, 8 Bde., Gotha 1880–1914

Schaffer, Reinhold, An der Wiege Münchens, München 1950 (Neue Schriftenreihe des StadtAM 2)

Schattenhofer, Michael, Beiträge zur Geschichte der Stadt München, München 1984 (OA 109,1)

Schattenhofer, Michael, Von Kirchen, Kurfürsten & Kaffeesiedern etcetera. Aus Münchens Vergangenheit, München 1974 (Neue Schriftenreihe des StadtAM 78)

Scheel, Heinrich, Süddeutsche Jakobiner. Klassenkämpfe und republikanische Bestrebungen im deutschen Süden Ende des 18. Jahrhunderts, Berlin 1962 (Schriften des Zentralinstituts für Geschichte. Akademie der Wissenschaften der DDR 13)

Schneider, Ludwig M., Die populäre Kritik an Staat und Gesellschaft in München 1886–1914. Ein Beitrag zur Vorgeschichte der Münchner Revolution von 1918/19, München 1975 (MBM 61)

Scholl, Inge, Die weisse Rose, Frankfurt a.M. 1982

Sigl, Franz, Geschichte der Münchner Geißeln in schwedischer Gefangenschaft vom 7. 6. 1632 bis 3. 4. 1635, hrsg. von Maximilian Joseph Stöger, München 1836
Solleder, Fridolin, München im Mittelalter, München/Berlin 1938
Steinborn, Peter, Grundlagen und Grundzüge Münchener Kommunalpolitik in den Jahren der Weimarer Republik, München 1968 (MBM 5)
Sutner, Georg von, München während des dreyßigjährigen Krieges, München 1796
Thomas Wimmer und sein München. Eine Stadt im Aufbau 1948–1960. Zusammengestellt und ausgewählt von Elisabeth Angermair, München 1989
Thoss, Bruno, Der Ludendorff-Kreis 1919–1923. München als Zentrum der mitteleuropäischen Gegenrevolution zwischen Revolution und Hitler-Putsch, München 1978 (MBM 78)
Die Traditionen des Hochstifts Freising 744–1283, hrsg. von Theodor Bitterauf. 2 Bde., München 1905–1909 (Quellen und Erörterungen zur bayerischen und deutschen Geschichte, N.F. 4/5)
Trümmerzeit in München. Kultur und Geselligkeit einer deutschen Großstadt im Aufbruch 1945–1949, hrsg. von Friedrich Prinz, München 1984
Tyroller, Franz, Die Anfänge Münchens, Freising 1959
Vogel, Hans-Jochen, Die Amtskette. Meine 12 Münchner Jahre, München 1972
Wagner, Ludwig, München. Eine Großstadtuntersuchung auf geographischer Grundlage, München 1931
Wolf, Joseph Heinrich, Ortsgeschichte und Statistik der Kgl. Haupt- und Residenzstadt München. Von der frühesten Zeit bis auf unsere Tage, München 1837
Wolf, Joseph Heinrich, Urkundliche Chronik und geschichtlich-statistisches Sachen- und Personen-Adreß-Buch von München und aller umliegenden Orte. Von der ältesten bis zur neuesten Zeit. 2 Bde., München 1852–1854
Die Zwanziger Jahre in München..., hrsg. von Christoph Stölzl. Ausstellung im Münchner Stadtmuseum, München 1979

2. Verfassung, Verwaltung, Recht

Abel, Hans, Kommunaler Finanzplan und Ausgleichsfonds. Eine Studie in besonderer Beziehung auf die Stadt München, München 1912
Auer, Franz, Das Stadtrecht von München... München 1840
Bärmann, Johannes, Die Städtegründungen Heinrichs des Löwen und die Stadtverfassung des 12. Jahrhunderts, Köln/Graz 1961 (Forschungen zur deutschen Rechtsgeschichte 1)
Bärmann, Johannes, Die Verfassungsgeschichte Münchens im Mittelalter, München 1938
Bauer, Jakob, Grundzüge der Verfassung und Vermögens-Verwaltung der Stadtgemeinde München..., München 1845
Baumgartner, Anton, Münchner Polizey-Uebersicht. 1. Samstag den 9ten Hornung 1805–Nov. 1805, München 1805
Bauschinger, Gerhard, Das Verhältnis von städtischer Selbstverwaltung und königlicher Polizei in München im 19. Jahrhundert, München 1968 (Diss.)
Bock, Manfred, Die Verfassung der Stadt München von 1818 bis 1919, München 1967 (Diss.)

Brunbauer, Wolfgang, Bayerische Skandalchronik. Polizei und Kriminalität im München des frühen 19. Jahrhunderts, Rosenheim 1984
Destouches, Ernst von, Münchens Stadtwappen und das Münchner Kindl, München/Berlin 1905, in: Kunst und Handwerk, Jg. 55, Heft 10
Dirr, Pius, Denkmäler des Münchner Stadtrechts, München 1934 (Bayerische Rechtsquellen 1)
Dölker, Wolfgang, Das Herbergsrecht in der Münchner Au, München 1969 (MBM 18)
Handbuch der bayerischen Ämter, Gemeinden und Gerichte 1799–1980, hrsg. von Wilhelm Volkert, München 1983
Koller, Fritz, Der Eid im Münchner Stadtrecht des Mittelalters, München 1953 (Neue Schriftenreihe des StadtAM 5)
Lippmann, Karl, Das Ewiggeld in München, Dachau 1910 (Diss.)
Müller-Faßbender, Rolf-Peter, Die Rechtsstellung der städtischen Amtsträger in München vom späteren Mittelalter bis zum Beginn des 17. Jahrhunderts, München 1960 (Diss.)
Reinecke, Günther, Münchner Privatrecht im Mittelalter. Beiträge zur Entwicklungsgeschichte des Stadtrechts, München 1936 (Kultur und Geschichte. Freie Schriftenfolge des StadtAM 9)
Sammlung des Münchener Stadtrechts, München 1969ff.
Schels, Ferdinand, Die Entwicklung des öffentlichen Baurechtes der K. Haupt- und Residenzstadt München, München 1915
Schlichthörle, Anton, Die Gewerbsbefugnisse in der K. Haupt- und Residenzstadt München... 2 Bde., Erlangen 1844–1845
Schlosser, Hans, Braurechte, Brauer und Braustätten in München. Zur Rechts- und Sozialgeschichte des spätmittelalterlichen Brauwesens, Ebelsbach 1981
Schultheiß, Werner, Die Münchner Gewerbeverfassung im Mittelalter, München 1936 (Kultur und Geschichte. Freie Schriftenfolge des StadtAM 10)
Steiger, Margarete, Das Pfändungsrecht der bayerischens Städte und Märkte auf dem Land, München 1987 (MBM 141)
Steininger, Hanns Karl, Das Zivilgerichtsverfahren nach den ältesten Münchner Gerichtsbüchern von 1368–1417, München 1965 (Neue Schriftenreihe des StadtAM 16)
Vangerow, Hans-Heinrich, Vom Stadtrecht zur Forstordnung. München und der Isarwinkel bis zum Jahr 1569, München 1976 (MBM 66)
40 Jahre Münchner Bezirksausschüsse 1947–1987, München 1987
Wehner, Anton, Die Gerichtverfassung der Stadt München von der Entstehung bis zum Untergange der Rathsverfassung, München 1876 (Diss.)
Wiedenhofer, Joseph, Die bauliche Entwicklung Münchens vom Mittelalter bis in die neueste Zeit im Lichte der Wandlungen des Baupolizeirechtes..., München 1916

3. Bevölkerungs- und Sozialgeschichte

Bauer, Richard/Eva Graf, Nachbarschaften. Altmünchner Herbergsviertel und ihre Bewohner, München 1984
Baumann, Angelika, Armuth ist hier wahrhaft zu Haus... Vorindustrieller Paupe-

rismus und Einrichtungen der Armenpflege in Bayern um 1800, München 1984 (MBM 132)

Bleek, Stephan, Quartierbildung in der Urbanisierung, Das Münchner Westend 1890–1933, München 1991

Böddrich, Jürgen, Der Strukturwandel von München-Schwabing seit 1850. Eine sozialgeographische Untersuchung, Kallmünz/Regensburg 1959 (Diss.)

Braatz, Thea, Das Kleinbürgertum in München und seine Öffentlichkeit von 1830–1870, München 1977 (MBM 68)

Brunner, Max, Die Hofgesellschaft. Die führende Gesellschaftsschicht Bayerns während der Regierungszeit König Maximilians II., München 1987 (MBM 144)

Denk, Josef, Die Sozialpolitik der Stadtgemeinde München als Arbeitgeberin, München 1930 (Diss.)

Die deutsche Einheits- und Freiheitsbewegung in der Münchner Studentenschaft 1826–1850, München 1930 (Kultur und Geschichte. Freie Schriftenfolge des StadtAM 5)

Empor zum Licht. Arbeitersänger und Arbeitersportler in München vor 1933. Beiträge zur Kulturgeschichte der Münchner Arbeiterbewegung..., München 1987

Fentsch, Eduard, Bavaria. Land und Leute im 19. Jahrhundert. Die kgl. Haupt- und Residenzstadt München, hrsg. von Paul Ernst Rattelmüller, München 1989

50 Jahre Arbeitsamt München im Gebäude an der Thalkirchner Straße 54, München 1964

Ganser, Karl, Sozialgeographische Gliederung der Stadt München aufgrund der Verhaltensweisen der Bevölkerung bei politischen Wahlen, Kallmünz / Regensburg 1966 (Münchner Geographische Hefte 28)

Gleibs, Yvonne, Juden im kulturellen und wissenschaftlichen Leben Münchens in der zweiten Hälfte des 19. Jahrhunderts, München 1981 (MBM 76)

Hanke, Peter, Zur Geschichte der Juden in München zwischen 1933 und 1945, München 1967 (MBM 3)

Im Dunst aus Bier, Rauch und Volk. Arbeit und Leben in München von 1840 bis 1945, hrsg. von Reinhard Bauer..., München/Zürich 1989

Karaisl, Franz von, Zur Geschichte des Münchener Patriziats, München 1938 (Schriften des Bayerischen Landesvereins für Familienkunde. 5.)

Karl, Willibald, Jugend, Gesellschaft und Politik im Zeitraum des Ersten Weltkriegs, München 1973 (MBM 48)

Kempf, Rosa, Das Leben der jungen Fabrikmädchen in München. Die soziale und wirtschaftliche Lage ihrer Familie, ihr Berufsleben und ihre persönlichen Verhältnisse..., Leipzig 1911 (Schriften des Vereins für Sozialpolitik 135/2)

Kilian, Hendrikje, Die jüdische Gemeinde in München 1813–1871, München 1989 (MBM 145)

Leben in München. Von der Jahrhundertwende bis 1933, München 1990

Mauersberg, Hans, Wirtschafts- und Sozialgeschichte zentraleuropäischer Städte in neuerer Zeit. Dargestellt an den Beispielen von Basel, Frankfurt a. M., Hamburg, Hannover und München, Göttingen 1960

München. Ein sozialgeographischer Exkursionsführer, hrsg. von R. Geipel, Kallmünz/Regensburg 1987 (Münchner Geographische Hefte 55/56)

München, Stadt der Frauen, hrsg. von Eva Maria Volland, München, Zürich 1991 (Serie Piper 1006)
Mussner, Franz, Die weiblichen Hausdienstboten in München. Eine Untersuchung über Herkunft, Ausbildung, Dienstzeit und Stellenwechsel..., München 1918 (Diss.)
Plössl, Elisabeth, Weibliche Arbeit in Familie und Betrieb. Bayerische Arbeiterfrauen 1870–1914, München 1983 (MBM 119)
Preis, K. S., Die Beseitigung der Wohnungsnot in München. Denkschrift und Anträge des städt. Wohnungsreferenten vom 24. 12. 1927, München 1927
Preußler, Susanne, Hinter verschlossenen Türen. Ledige Frauen in der Münchner Gebäranstalt 1832–1853, München 1985 (Münchner Beiträge zur Volkskunde 4)
Renauld, Joseph von, Beiträge zur Entwicklung der Grundrente und Wohnungsfrage in München, Leipzig 1904
Rost, Hans, Bevölkerungs- und Gewerbestatistik Münchens im 17. Jahrhundert, Wörishofen 1902
Ruhl, Gernot, Das Image von München als Faktor für den Zuzug, Kallmünz/Regensburg 1971 (Münchner Geographische Hefte 35)
Schneider, Ludwig M., Die populäre Kritik an Staat und Gesellschaft in München 1886–1914. Ein Beitrag zur Vorgeschichte der Münchner Revolution von 1918/19, München 1975 (MBM 61)
Selig, Wolfram, Hauptsynagoge München 1887–1938. Eine Gedenkschrift mit einem historischen Rückblick..., München 1987
Selig, Wolfram, Richard Seligmann. Ein jüdisches Schicksal. Zur Geschichte der Judenverfolgung in München während des Dritten Reiches, München 1983 (Zeitgeschichtliche Informationen 2)
Simhart, Florian, Bürgerliche Gesellschaft und Revolution. Eine ideologiekritische Untersuchung des politischen und sozialen Bewußtseins in der Mitte des 19. Jahrhunderts, München 1978 (Diss.) (Studien zur bayerischen Verfassungs- und Sozialgeschichte 9)
Singer, Karl, Die Wohnungen der Minderbemittelten in München und die Schaffung unkündbarer kleiner Wohnungen. Denkschrift im Auftrag des Magistrats-Direktoriums, München 1899
Spude, Hans-Jürgen, Entwicklung und Bedeutung der Münchener Versorgungsbetriebe, München 1957 (Diss.)
Soziale Räume in der Urbanisierung. Studien zur Geschichte Münchens im Vergleich 1850 bis 1933, hrsg. von Wolfgang Hardtwig..., München 1990
Vergangene Tage. Jüdische Kultur in München, hrsg. von Hans Lamm, München 1982
Die weiblichen Dienstboten in München. Eine Untersuchung ihrer wirtschaftlichen und sozialen Lage nach den amtlichen Erhebungen vom Jahre 1909, München 1912 (Einzelschriften des Statistischen Amtes der Stadt München 10)
Weschenfelder, Klaus, Die Borstei in München, München 1980 (MBM 99)
Westenrieder, Lorenz, Beschreibung der Haupt- und Residenzstadt München im gegenwärtigen Zustande, München 1782 (Nachdruck München 1984)
Wetzel, Juliane, Jüdisches Leben in München 1945–1951, München 1987 (MBM 135)
Wilberforce, Edward, Ein Snob in München. Die erstaunlichen Beobachtungen...

in München, hrsg. von Gerhart Wiesend, München 1990 (Nachdruck der Ausgabe London 1863)
Das Wohnungswesen der Stadt München, hrsg. von Albert Gut, München 1928
Wolf, Georg Jacob, Die Münchnerin. Kultur- und Sittenbilder aus dem alten und neuen München, München 1924

4. Stadtverteidigung und Kriegsgeschehen

Bauer, Richard, Fliegeralarm. Luftangriffe auf München 1940–1945, München 1987
Betz, Walther, Die Wallbefestigung von München, München 1960 (Neue Schriftenreihe der StadtAM 9)
Grobe, Peter, Die Entfestigung Münchens. Kurzfassung, München 1970 (MBM 27)
Heckner, Erwin, München als feste Stadt und Garnison, München 1963
Heusler, Andreas, Zwangsarbeit in der Münchener Kriegswirtschaft 1939–1945. München 1991
Das Münchner Zeughaus, hrsg. von Rudolf H. Wackernagel, München/Zürich 1983

5. Wirtschaft

Mauersberg, Hans, Wirtschafts- und Sozialgeschichte zentraleuropäischer Städte in neuerer Zeit. Dargestellt an den Beispielen von Basel, Frankfurt a. M., Hamburg, Hannover und München, Göttingen 1960
Mayer, Hans Wilhelm, München und Stuttgart als Industriestandorte mit besonderer Berücksichtigung der Wirtschaftskrise, Stuttgart 1937
Die Quellen des Münchner Wirtschaftslebens. Untersuchung über die Wirtschaftsverhältnisse der Stadt München..., München 1930 (Einzelschriften des statistischen Amtes der Stadt München 14)
Solleder, Fridolin. Münchens Stadtwirtschaft im Mittelalter, München 1919 (Diss.)
Winkel, Harald, Wirtschaft im Aufbruch. Der Wirtschaftsraum München-Oberbayern und seine Industrie- und Handelskammer im Wandel der Zeit, München 1990

5.1 Handwerk und Gewerbe

Beiträge zur Geschichte der Münchner Brauerfamilie Sedlmayr, Kallmünz 1962
Behringer, Wolfgang, Löwenbräu. Von den Anfängen des Münchner Brauwesens bis zur Gegenwart, München 1991
Birnbaum, Michael, Das Münchener Handwerk im 19. Jahrhundert. München 1984
Destouches, Ernst von, Fünfzig Jahre Münchener Gewerbe-Geschichte 1848 bis 1898..., München 1898
Fischer, Anton, Zur Geschichte des Münchner bürgerlichen Braugewerbes, Berlin 1958 (Jahrbuch. Gesellschaft für die Geschichte und Bibliographie des Brauwesens 1958)

Frankenburger, Max, Die Alt-Münchner Goldschmiede und ihre Kunst. München 1912
75 Jahre Schlacht- und Viehhof München 1878–1953, bearb. von Christian Haeutle, München 1953
Haenert, Franziska, Preispolitik im Handwerk vom 16. bis 18. Jahrhundert unter besonderer Berücksichtigung der Münchner Verhältnisse, München 1956 (Diss.)
Heckhorn, Evelin / Hartmut Wiehr, München und sein Bier. Vom Brauhandwerk zur Bierindustrie, München 1989
Karaisl, Franz von, ... Beiträge zur Geschichte des bürgerlichen Bräuwesens in München bis um 1800, Berlin 1940 (Beiträge zur Entwicklung des Braugewerbes in den städtischen Gemeinwesen 3)
Kohl, Werner, Recht und Geschichte der alten Münchner Mühlen, München 1969
Das Münchner Reinheitsgebot von 1487. Festschrift zum 500jährigen Jubiläum, München 1987
Puschner, Uwe, Handwerk zwischen Tradition und Wandel. Das Münchner Handwerk an der Wende vom 18. zum 19. Jahrhundert, Göttingen 1988 (Diss.) (Göttinger Beiträge zur Wirtschafts- und Sozialgeschichte 13)
Rank, Tilla, Das Münchner Baugewerbe in der Nachkriegszeit mit besonderer Berücksichtigung der Arbeitsverhältnisse, München 1930 (Diss.)
Rost, Hans, Bevölkerungs- und Gewerbestatistik Münchens im 17. Jahrhundert, Wörishofen 1902 (Diss.)
Schlichthörle, Anton, Die Gewerbsbefugnisse in der K. Haupt- und Residenzstadt München..., 2 Bde., Erlangen 1844–1845
Schlosser, Hans, Braurechte, Brauer und Braustätten in München. Zur Rechts- und Sozialgeschichte des spätmittelalterlichen Brauwesens, Ebelsbach 1981
Schultheiß, Werner, Die Münchner Gewerbeverfassung im Mittelalter, München 1936 (Diss.) (Kultur und Geschichte. Freie Schriftenfolge des StadtAM 10)
Sedlmayr, Fritz, die «prewen» Münchens seit 1363 bis zur Aufhebung der Lehensverleihung durch den Landesfürsten 1814, Nürnberg 1969
Stahleder, Helmuth, Bierbrauer und ihre Braustätten. Ein Beitrag zur Gewerbetopographie Münchens im Mittelalter, Neustadt/Aisch 1982, auch in: OA 107
Wachszieher und Lebzelter im alten München. Sammlung Ebenböck, Münchner Stadtmuseum... Ausstellung..., München 1981
Zu Gast im alten München, Erinnerungen an Hotels, Wirtschaften und Cafés, hrsg. von Richard Bauer..., München 1982

5.2 Handel

Cohen, Arthur/Edmund Simon, Geschichte der Handelskammer München seit ihrer Gründung 1869, München 1926
Edlin-Thieme, Margareta, Studien zur Geschichte des Münchner Handelsstandes im 18. Jahrhundert, Stuttgart 1969 (Forschungen zur Sozial- und Wirtschaftsgeschichte 11)
Hollweck, Ludwig, 350 Jahre Buchhandel in München..., München 1975
150 Jahre Stadtsparkasse München, München 1974
Kahn, Julius, Münchens Großindustrie und Großhandel, München, 2. Aufl. 1913

München, Großmarkt und Umschlagplatz. Eine Denkschrift zum Abschluß der Wiederaufbauarbeiten, Düsseldorf 1959
Ohne Auftrag. Zur Geschichte des Kunsthandels. Bd. 1: München, hrsg. von Rupert Walser, München 1989
Rohmeder, A. F., München als Handelsstadt in Vergangenheit, Neuzeit und Gegenwart..., München 1905
Spenkuch, Georg, Zur Geschichte der Münchner Börse, Leipzig 1908 (Wirtschafts- und Verwaltungsstudien mit besonderer Berücksichtigung Bayerns 30)
Vietzen, Hermann, Der Münchner Salzhandel im Mittelalter 1158–1587, München 1936 (Kultur und Geschichte. Freie Schriftenfolge des StadtAM 8)
Vom Ausstellungspark zum internationalen Messeplatz München 1904 bis 1984, München 1984

5.3 Industrie

Fritz, Carl, München als Industriestadt, Berlin 1913
Kahn, Julius, Münchens Großindustrie und Großhandel, München, 2. Aufl. 1913
Krauss-Maffei. Lebenslauf einer Münchner Fabrik und ihrer Belegschaft, hrsg. von Alois Auer, Kösching 1988 (Schriftenreihe des Archivs der Münchner Arbeiterbewegung 1)
Kustermann, Franz, Die Entwicklung der Eisenindustrie in München, München 1914 (Diss.)
Schroll, Franz, Die Bedeutung der Industrie im Wirtschaftskörper Münchens, Speyer 1938 (Diss.)

5.4 Verkehr

25 Jahre U-Bahn-Bau in München, München 1990
100 Jahre Münchner Straßenbahn 1876–1976. Vom Groschenwagen zur Untergrundbahn, München, 2. Aufl 1976 (Neue Schriftenreihe des StadtAM 60)
Liebl, Anton J., Die Privateisenbahn München–Augsburg 1835–1944, München 1982 (MBM 103)
Süss, Wolfgang, Die Geschichte des Münchner Hauptbahnhofes, Essen 1954
Toussaint, Angela, Der Münchner Hauptbahnhof, Stationen seiner Geschichte, Dachau 1991
Zimniok, Klaus, Eine Stadt geht in den Untergrund. Die Geschichte der Münchner U- und S-Bahn im Spiegel der Zeit, München 1981

6. Wissenschafts- und Bildungsgeschichte

Die Berufsschulen der Stadt München. Organisation und Lehrpläne, 1. Teil für die männliche Jugend. München 1931
Bruch, Rüdiger von/Rainer A. Müller, Erlebte und gelebte Universität. Die Universität München im 19. und 20. Jahrhundert, Pfaffenhofen 1986

Demmel, Walter G., Feiertagsschule und Fortbildungsschule. Ein Beitrag zur Schulgeschichte Münchens im 19. Jahrhundert, München 1978 (MBM 70)
Fleischer-Schumann, Jürgen, Das Bildungs- und Erziehungswesen in München 1945–1976. Die Ära Anton Fingerle, München 1987
Gebele, Joseph, 100 Jahre der Münchner Volksschule, München 1903
Gebele, Joseph, Das Schulwesen der k. b. Haupt- und Residenzsstadt München in seiner geschichtlichen Entwicklung..., München 1896
Hammermayer, Ludwig, Geschichte der bayerischen Akademie der Wissenschaft 1759–1807, 2 Bde., München 1983
Ludwig-Maximilians-Universität. Ingolstadt, Landshut, München. 1472–1972, hrsg. von Laetitia Boehm..., Berlin 1972
Die Matrikel der Ludwig-Maximilians-Universität Ingolstadt, Landshut, München, hrsg. von Götz Frhr. von Pölnitz, München 1937ff.
Prantl, Carl, Geschichte der Ludwig-Maximilians-Universität in Ingolstadt, Landshut, München, 2 Bde., München 1872
Rennschmid, Ludwig, Geschichte der graphischen Schulen der Landeshauptstadt München, München 1965
Sehling, Hans, Die Entwicklung des Münchner kaufmännischen Schulwesens. Von den Anfängen bis zur Neugestaltung unter Kerschensteiner 1770–1920, München 1966
Technische Hochschule München, bearb. von A. Rucker, Basel/Brilon 1954

7. Kirchen und Kirchengeschichte

Archiv des ehemaligen Augustinerklosters München, bearb. von Josef Hemmerle, München 1956 (Bayerische Archivinventare, Reihe Gesamtbayern 4)
Arndt-Baerend, Sabine, Die Klostersäkularisation in München 1802/03, München 1986 (MBM 95)
Baum, Karl, Die Matthäuskirche. Ein Jubiläumsbüchlein vom Werden der ersten protestantischen Kirche in München, München 1933
Bavaria franciscana antiqua. 3. Bd. ... Franziskaner in München, München 1957
Breiter, Otto, Das kirchliche München, München 1951 (Neue Schriftenreihe des StadtAM 4)
Bühler, Anne Lore, Der Kirchenkampf im evangelischen München, Nürnberg 1974 (Einzelarbeiten aus der Kirchengeschichte Bayerns 5)
Dokumente ältester Münchner Familiengeschichte 1290–1620. Aus dem Stifterbuch der Barfüßer und Klarissen in München 1424, München 1954
Dorn, Ernst, Der Sang der Wittenberger Nachtigall in München. Eine Geschichte des Protestantismus in Bayerns Hauptstadt in der Zeit der Reformation und Gegenreformation des 16. Jahrhunderts, München 1917
Eberl, Angelikus, Geschichte der Bayrischen Kapuziner-Ordensprovinz 1593 bis 1902, Freiburg i. Br. 1902
Das Erzbistum München und Freising in der Zeit der nationalsozialistischen Herrschaft, hrsg. von Georg Schwaiger. 2 Bde., München/Zürich 1984

Evangelische Diaspora in München und Altbayern. Geschichte und Gestalten, München 1959
Festgabe des Vereins für Diözesangeschichte von München und Freising zum Münchner Eucharistischen Weltkongreß 1960..., hrsg. von A. W. Ziegler, München 1960 (Beiträge zur altbayerischen Kirchengeschichte 21/3)
Forster, J. M., Das gottselige München d. i. Beschreibung und Geschichte der kath. Kirchen & Klöster Münchens in Gegenwart und Vergangenheit, München 1895
Geiß, Ernest, Geschichte der Stadtpfarrei St. Peter in München, München 1868
Geschichte des Erzbistums München und Freising, 1. Bd. Mass, Joseph, Das Bistum Freising im Mittelalter. 2 Bd. Das Bistum Freising in der Neuzeit. Hrsg. von Georg Schwaiger. 3. Bd. Das Erzbistum München und Freising im 19. und 20. Jahrhundert. Hrsg. von Georg Schwaiger, München 1986–1989
Haltrich, Günter-Alexander, Leo von Klenze. Die Allerheiligenhofkirche in München, München 1983 (MBM 115)
Hartig, Michael, Bestehende mittelalterliche Kirchen Münchens. Mit Ausnahme der Frauenkirche, Augsburg 1928 (Deutsche Kunstführer 21)
Hartig, Michael, München. Stadt und katholische Kirchen, München 1960
Hemmerle, Josef, Geschichte des Augustinerklosters in München, München 1956
Huhn, Adalbert, Geschichte des Spitales, der Kirche und der Pfarrei zum heiligen Geiste in München, München 1893
St. Johann Nepomuk im Licht der Quellen. Richard Bauer..., München 1977
Karnehm, Christl, Die Münchner Frauenkirche. Erstausstattung und barocke Umgestaltung, München 1984 (MBM 113)
Katholische Kirchen in München, hrsg. von Hans Ramisch..., München 1984
Kilian, Hendrikje, Die jüdische Gemeinde in München 1813–1871, München 1989 (MBM 145)
Kitzmann, Armin Rudi, Das offene Tor. Aus der Geschichte der Protestanten in München, München 1990
Koegel, Joseph, Geschichte der St.-Kajetans-Hofkirche, der Theatiner und des königlichen Hof- und Kollegiatstiftes in München, München 1899
Koeppen, Wolfhart, 50 Jahre Evangelisch-reformierte Gemeinde München 1926 bis 1976, München 1976 (Veröffentlichungen der Evangelisch-reformierten Gemeinde München 1)
Kücker, Wilhelm, Das alte Franziskanerkloster in München. Baugeschichte und Rekonstruktion, München 1963 (OA 86)
Mayer, Anton, Die Domkirche zu U. L. Frau in München, München 1868
Mayer, Anton, Statistische Beschreibung des Erzbisthums München-Freising. 3 Bde., München/Regensburg 1874–1884
St. Michael in München. Festschrift zum 400. Jahrestag der Grundsteinlegung und zum Abschluß des Wiederaufbaus, hrsg. von Karl Wagner, München 1983
Der Mönch im Wappen. Aus der Geschichte und Gegenwart des katholischen München, München 1960
Monachium. Beiträge zur Kirchen- und Kulturgeschichte Münchens und Südbayerns anläßlich der 800-Jahrfeier der Stadt München 1958..., hrsg. von A. W. Ziegler, München 1958
Münchens Kirchen. Mit einem chronologischen Verzeichnis der bestehenden Kir-

chenbauten, hrsg. von Norbert Lieb und Heinz Jürgen Sauermost..., München 1973
Pfarrarchiv St. Peter in München. Urkunden, bearb. von Max Joseph Hufnagel..., Neustadt an der Aisch 1972 (Bayerische Archivinventare 35)
Pfister, Peter/Hans Ramisch, Der Dom zu Unserer Lieben Frau in München. Geschichte, Beschreibung, München 1987
Rössler, Hans, Geschichte und Strukturen der evangelischen Bewegung im Bistum Freising 1520–1571, Nürnberg 1966 (Einzelarbeiten aus der Kirchengeschichte Bayerns 42)
Sakellaropulos, M., Die griechische Salvator-Kirche in München, München 1899
Das Salbuch des Heiliggeistspitals in München von 1390 und Register zu Urkunden und Salbuch, bearb. von Hubert Vogel, München 1966 (Quellen und Erörterungen zur bayerischen Geschichte, N. F. 16,2)
Schickel, Gabriele, Neugotischer Kirchenbau in München..., München 1987 (Diss.) (Beiträge zur Kunstwissenschaft 18.)
Schleich, Erwin, Die St. Peterskirche in München. Ihre Baugeschichte und ihre Beziehungen zur Stadt im Mittelalter, München 1958 (Diss.) (OA 83)
Schulz, Adalbert, Die St. Michaels-Hofkirche in München..., München 1897
Selig, Wolfram, Hauptsynagoge München 1887–1938. Eine Gedenkschrift mit einem historischen Rückblick..., hrsg. von Sal Frost, München 1987
Steiner, Peter, Altmünchner Gnadenstätten. Wallfahrt und Volksfrömmigkeit im kurfürstlichen München, München/Zürich 1977
Synagogen und jüdische Friedhöfe in München, hrsg. v. Wolfram Selig, München 1988
Die St. Wolfgang-Kirche zu Pipping. Hrsg. von Adolf Thurner, München 1990
Turtur, Ludwig/Anne Lore Bühler, Geschichte des protestantischen Dekanats und Pfarramtes München 1799–1852..., München 1969 (Einzelarbeiten aus der Kirchengeschichte Bayerns 48)
Die Urkunden des Heiliggeistspitals in München 1250–1500, bearb. von Hubert Vogel, München 1960 (Quellen und Erörterungen zur bayerischen Geschichte N. F. 16,1)

8. Fürsorge- und Gesundheitswesen

Baier, Johann, Armut, Not und Hoffnung am Rande einer Stadt. Haidhausen im Jahrhundert der Cholera-Epidemien, München 1988
Bauer, Jakob, Die Armenpflege in Bayern insbesondere in der königlichen Haupt- und Residenzstadt München, München 1850
Baumann, Angelika, Armuth ist hier wahrhaft zu Haus... Vorindustrieller Pauperismus und Einrichtungen der Armenpflege in Bayern um 1800, München 1984 (MBM 132)
Beetz, Felix, Die Gesundheitsverhältnisse der K. B. Haupt- und Residenzstadt München. Ein hygienischer Führer für Einheimische und Fremde, München 1882
Creuzbauer, August, Die Versorgung Münchens mit Lebensmitteln, München 1903
Döhling, Friedrich, Das Problem der Massenspeisung und die Massenspeisungsbewegung in Deutschland, im Speziellen in München, München 1918 (Diss.)

Die Errichtung von Ortskrankenkassen in München und ihre Entwicklung, München 1926
Fünfundsiebzig Jahre städtische Berufsfeuerwehr München, München 1954
Gordon, J., Die Canalisation der kgl. Haupt- und Residenzstadt München, München 1876
Das Grundwasser in den einzelnen Stadttheilen Münchens. Als Beitrag zur hygienischen Beurtheilung des Untergrundes der Stadt…, hrsg. von Rudolf Sendtner, München 1894
100 Jahre Freiwillige Feuerwehr München, München 1966
100 Jahre Gas in München. Festschrift…, München 1950
Hundert Jahre Münchner Wasserversorgung 1883–1983, Stadtwerke München…, München 1983
100 Jahre Stadtentwässerung München 1885–1985, München 1985
Kerschensteiner, Hermann, Geschichte der Münchner Krankenanstalten…, München 1913, in: Annalen der städtischen allgem. Krankenhäuser zu München 15
Lindhamer, Hedwig, Die Wohlfahrtseinrichtungen Münchens, München 1908
Martin, Anselm, Geschichtliche Darstellung der Kranken- und Versorgungsanstalten zu München…, München 1834
Miller, Ute, Zur Geschichte der Münchner Kinderkrankenhäuser…, München 1964 (Diss.)
Müller-Fassbender, Gerd-Bolko, Das Apothekenwesen der bayerischen Haupt- und Residenzstadt München von seinem Anfang bis zum Ende des bayerischen Kurfürstentums, München 1970 (MBM 22)
München in naturwissenschaftlicher und medicinischer Beziehung. Führer für die Teilnehmer der 50. Versammlung deutscher Naturforscher und Aerzte, Leipzig/München 1877
Pettenkofer, Max, Untersuchungen und Beobachtungen über die Verbreitungsart der Cholera, München 1855
Pettenkofer, Max, Das Kanal- oder Siel-System in München. Gutachten…, München 1869
Preußler, Susanne, Hinter verschlossenen Türen. Ledige Frauen in der Münchner Gebäranstalt 1832–1853, München 1985 (Münchner Beiträge zur Volkskunde 4)
Schläfer, Heinrich, Die Münchner Feuerwehr. Geschichte, Aufgaben, Leistung, München 1979
Singer, Karl, Hygiene & soziale Fürsorge in München, München 1907
Singer, Karl, Armenstatistik Münchens…, München 1908
Die Versorgung der königlichen Haupt- und Residenzstadt München mit Gas und Wasser. Festschrift zur 53. Jahresversammlung des Deutschen Vereins von Gas- und Wasserfachmännern München 1912, München 1912
Wibmer, Carl, Medizinische Topographie und Ethnographie der k. Haupt- und Residenzstadt München, 1862– 1863
Zell, C., Geschichte der Elektrizitätsversorgung Münchens, München 1949

9. Allgemeine Darstellungen zur Kultur- und Geistesgeschichte

Baedeker, Walther, Kulturpflege der Stadt München 1870–1932. Gezeigt an der Geschichte des Stadtarchives, des Historischen Stadtmuseums, der städtischen Bibliotheken und der städtischen Galerie, München 1951 (Neue Schriftenreihe des StadtAM 6)
Beyer, Bernhard, Geschichte der Münchner Freimaurerei des 18. Jahrhunderts, Hamburg 1973
Dirrigl, Michael, Residenz der Musen. München, Magnet für Musiker, Dichter und Denker. Studien zur Kultur- und Geistesgeschichte Münchens, München 1968
Fuchs, Georg, Sturm und Drang in München um die Jahrhundertwende, München 1936
Funk, Philipp, Von der Aufklärung zur Romantik. Studien zur Vorgeschichte der Münchner Romantik, München 1925
Geistiges und künstlerisches München in Selbstbiographien, hrsg. von W. Zils, München 1913
Gleibs, Yvonne, Juden im kulturellen und wissenschaftlichen Leben Münchens in der zweiten Hälfte des 19. Jahrhunderts, München 1981 (MBM 76)
Hohoff, Curt, München, München 1975
Huber, Gerdi, Das klassische Schwabing. München als Zentrum der intellektuellen Zeit- und Gesellschaftskritik an der Wende des 19. und 20. Jahrhunderts, München 1973 (MBM 37)
Krauss, Marita, Nachkriegskultur in München 1945–1954, München 1985
Schaden, Adolph von, Artistisches München im Jahre 1835; oder Verzeichniß... lebender Architekten, Bildhauer, Tondichter, Maler, Kupferstecher, Lithographen, Mechaniker, München 1836
Vergangene Tage. Jüdische Kultur in München, hrsg. von Hans Lamm, München 1982
Wolf, Georg Jacob, Ein Jahrhundert München 1800–1900. Zeitgenössische Bilder und Dokumente, Frankfurt a. M. 1980 (Nachdruck der 3. Aufl. Leipzig 1935)
Wolf, Georg Jakob, Das kurfürstliche München 1620–1800. Zeitgenössische Dokumente und Bilder, München 1930
Wolf, Georg Jacob, Die Münchnerin. Kultur- und Sittenbilder aus dem alten und neuen München, München 1924

9.1 Literatur

Arens, Hanns, Unsterbliches München. Streifzüge durch 200 Jahre literarischen Lebens der Stadt, München/Esslingen 1968
Dirr, Pius, Buchwesen und Schrifttum im alten München 1450–1800. Kulturgeschichtliche Studien, München 1929 (Kultur und Geschichte. Freie Schriftenfolge des StadtAM 3)
Kolbe, Jürgen, Heller Zauber. Thomas Mann in München 1894–1933, Berlin 1987 (Erkundungen. Ausstellung 6)

Die Krokodile. Ein Münchner Dichterkreis, hrsg. von Johannes Mahr, Stuttgart 1987
Die Münchner Moderne. Die literarische Szene in der Kunststadt um die Jahrhundertwende, Stuttgart 1990
Schaden, Adolph von, Gelehrtes München im Jahre 1834 oder Verzeichnis... lebender Schriftsteller und ihrer Werke..., München 1834
Schramm, Wilhelm von, Die Bücherkiste. Das literarische München 1919–1924, München 1979

9.2 Theater und Musik

Boetticher, Wolfgang, Aus Orlando di Lassos Wirkungskreis. Neue archivalische Studien zur Münchner Musikgeschichte, Kassel u.a. 1963
Brunner, Herbert, Altes Residenztheater in München. Cuvilliés-Theater, München 1963
Bücken, Ernst, München als Musikstadt, Leipzig 1923 (Die Musik 7/8)
Festliche Oper. Geschichte und Wiederaufbau des Nationaltheaters in München, München 1964
Geschichte des Münchner Volkstheaters, hrsg. anläßlich der Wiedereröffnung am 24. 11. 1983, München 1983
Henzel, Christoph, München, Laaber 1990 (Musikstädte der Welt)
125 Jahre Gärtnerplatztheater. Vom Actien-Volkstheater zu Münchens anderer Oper, hrsg. von Hellmuth Matiasek..., Burgthann 1990
Kiebranz, Johannes, Münchner Privattheater in Selbstdarstellungen, Manifesten und Bildern, München 1976
Laturell, Volker D., Theater und Jugend in München. Eine Zusammenstellung aus 500 Jahren Münchner Theatergeschichte, München 1970
Littmann, Max, Das Münchner Künstlertheater, München 1908
Meyer, Michael, Theaterzensur in München 1900–1918, München 1982 (MBM 111)
München und das Puppenspiel. Kleine Liebe einer großen Stadt, München 1961
Die Münchner Philharmoniker von der Gründung bis heute, hrsg. von Regina Schmoll gen. Eisenwerth, München 1985
Münchner Theaterzettel 1807–1982. Altes Residenztheater, Nationaltheater, Prinzregenten-Theater, Odeon, ausgewählt von Klaus Schultz, München u.a. 1982
Nösselt, Hans-Joachim, Ein ältest Orchester 1530–1980. 450 Jahre Bayerisches Hof- und Staatsorchester, München 1980
Petzet, Wolfgang, Theater. Die Münchner Kammerspiele 1911–1972, München 1973
Das Prinzregenten-Theater in München, hrsg. von Klaus Jürgen Seidel, Nürnberg 1984
See, Max, Der Volksdichter Franz Prüller (1805–1879) und die Münchner Vorstadtbühnen, München 1932 (Kultur und Geschichte. Freie Schriftenfolge des StadtAM 7)
Straub Eberhard, Repraesentatio Maiestatis oder churbayerische Freudenfeste. Die höfischen Feste in der Münchner Residenz vom 16. bis zum Ende des 18. Jahrhunderts, München 1969 (MBM 14)
Till, Wolfgang, Puppentheater. Bilder, Figuren, Dokumente, München 1986

Ursprung, Otto, Münchens musikalische Vergangenheit. Von der Frühzeit bis zu Richard Wagner, München 1927 (Kultur und Geschichte. Freie Schriftenfolge des StadtAM 2)

Wagner, Hans, 200 Jahre Münchner Theaterchronik 1750–1950, München 1958

Weigl, Eugen, Die Münchner Volkstheater im 19. Jahrhundert 1817–1900, München 1961 (Neue Schriftenreihe der StadtAM 13)

Zenger, Max, Geschichte der Münchner Oper, München 1923

9.3 Medien

Erxleben, Eleonore, Münchner Zeitungsverleger von der Aufklärung bis zum Revolutionsjahr 1848, Würzburg o. J. (Zeitung und Leben Bd. 92)

Freiberger, Maria, Die Anfänge der Zeitung in München (bis zur Entstehung der politischen Presse: 1627–32), München 1962 (Neue Schriftenreihe des StadtAM 14)

Fünfundsiebzig Jahre Münchner Neueste Nachrichten. 1848–1922, hrsg. von Friedrich Trefz, München 1922

Harrer, Charlotte, Die Geschichte der Münchner Tagespresse 1870–1890, Würzburg 1940 (Zeitung und Leben Bd. 75)

Hoser, Paul, Die politischen, wirtschaftlichen und sozialen Hintergründe der Münchner Tagespresse zwischen 1914 und 1933. 2 Bde., Frankfurt am Main... 1990

Langendorf, Ernst/Georg Wulffius, In München fing's an. Presse, Parteien, Rundfunk, München 1985

Piepenstock, Klaus, Die Münchener Tagespresse 1918–1933, München 1935

Simplicissimus. Eine satirische Zeitschrift. München 1896–1944 ... Ausstellung im Haus der Kunst, München 1978

Wolf, Sylvia/Ulrich Kurowski, Das Münchner Film- und Kinobuch, Ebersberg 1988

9.4 Vereine

Langenstein, York, Der Münchner Kunstverein im 19. Jahrhundert, München 1983 (MBM 122)

Pfisterer, Herbert, Der Polytechnische Verein und sein Wirken im vorindustriellen Bayern 1815–1830, München 1973 (MBM 45)

Tornow, Ingo, Das Münchner Vereinswesen in der ersten Hälfte des 19. Jahrhunderts, mit einem Ausblick auf die zweite Jahrhunderthälfte, München 1977 (MBM 75)

9.5 Brauchtum

Beiträge zur Münchner Volkskunde, München 1958 (Bayerisches Jahrbuch für Volkskunde 1958)

Grassl, Ida, Münchner Brauchtum und Leben im 18. Jahrhundert, München 1940

175 Jahre Oktoberfest 1810–1985, zusammengestellt von Richard Bauer und Fritz Fenzl, München 1985

Kapfhammer, Günther, Corbinian J. Lachner, Friderice Derra de Moroda, Der Münchner Schäfflertanz, München 1976
Möhler, Gerda, Das Münchner Oktoberfest. Brauchformen des Volksfestes zwischen Aufklärung und Gegenwart, München 1980 (MBM 100)
Das Oktoberfest. 175 Jahre Bayerischer National-Rausch. Jubiläumsausstellung im Münchner Stadtmuseum, München 1985
Rattelmüller, Paul Ernst, Pompe Funèbre im alten Bayern und seiner Landeshauptstadt München, München 1974
Volkstümliche Bauweise in der Au bei München. Altmünchner Tanzplätze, hrsg. von Franz Zell, Frankfurt a.M. 1908

10. Kunst und Kunstgewerbe

Angerer, Birgit, Die Münchner Kunstakademie zwischen Aufklärung und Romantik. Ein Beitrag zur Kunsttheorie und Kunstpolitik unter Max I. Joseph, München 1984 (MBM 123)
Böttger, Peter, Die Alte Pinakothek in München. Architektur, Ausstattung und museales Programm, München 1972 (Studien zur Kunst des 19. Jahrhunderts 15)
Buchheim, Lothar-Günther, Der Blaue Reiter und die Neue Künstlervereinigung München, Feldafing 1959
Feulner, Adolf, Münchner Barockskulptur, München 1922 (Sammelbände zur Geschichte der Kunst und des Kunstgewerbes 1)
Gallas, Klaus, München. Von der welfischen Gründung Heinrichs des Löwen bis zur Gegenwart: Kunst, Kultur, Geschichte, Köln 1979
Grösslein, Andrea, Die internationalen Kunstausstellungen der Münchner Künstlergenossenschaft im Glaspalast in München von 1869 bis 1888, München 1987 (MBM 137)
Hartig, Otto, Münchner Künstler und Kunstsachen, München 1926–1933 (In: Münchner Jahrbuch der bildenden Kunst N. F. 3–8)
Hauser, Josef, Die Münzen und Medaillen der im Jahre 1156 gegründeten (seit 1255) Haupt- und Residenzstadt München ..., München 1905
Hederer, Oswald, Friedrich von Gärtner 1792–1847. Leben, Werk, Schüler, München 1976 (Studien zur Kunst des 19. Jahrhunderts 30)
Heilmeyer, Alexander, Die Plastik des 19. Jahrhunderts in München, München 1931 (Kultur und Geschichte. Freie Schriftenfolge des StadtAM 6)
Hofmann, Friedrich H., Geschichte der bayerischen Porzellan-Manufaktur Nymphenburg. 3 Bde., Leipzig 1921–1923
Huse, Norbert, Kleine Kunstgeschichte Münchens, München 1990
Karlinger, Hans, München und die deutsche Kunst des XIX. Jahrhunderts, München 1939
Lieb, Norbert, Münchener Barockbaumeister. Leben und Schaffen in Stadt und Land, München 1941 (Forschungen zur deutschen Kunstgeschichte 35)
Lieb, Norbert, München. Die Geschichte seiner Kunst, München, 4. Aufl. 1988
Ludwig, Horst, Kunst, Geld und Politik um 1900 in München. Formen und Ziele der Kunstfinanzierung und Kunstpolitik während der Prinzregentenära 1886 bis 1912, Berlin 1986 (Kunst, Kultur und Politik im Deutschen Kaiserreich 8)

Ludwig, Horst, Münchner Malerei im 19. Jahrhundert. 4 Bde. München 1978–1983
Die Meister des Münchner Jugendstils, hrsg. von Kathryn Bloom Hiesinger. Ausstellung im Münchner Stadtmuseum, München 1988
Mittlmeier, Werner, Die Neue Pinakothek in München 1843–1854. Planung, Baugeschichte und Fresken, München 1977 (Studien zur Kunst des 19. Jahrhunderts 16)
Müller-Meiningen, Johanna, Die Moriskentänzer und andere Arbeiten des Erasmus Grasser für das Alte Rathaus in München, München/Zürich 1984
Münchner Landschaftsmalerei 1800–1850. Ausstellung Städtische Galerie im Lenbachhaus, München 1979
Die Münchner Malerei im neunzehnten Jahrhundert, München 1922–1927 – 1. T. Oldenbourg, Rudolf, Die Epoche Max Josephs und Ludwigs I. – 2. T. Uhde-Bernays, Hermann, 1850–1900
Münchner Maler im 19. Jahrhundert. 4 Bde., München 1981–1983 (Bruckmanns Lexikon der Münchner Kunst)
Die Münchner Schule 1850–1914 ... Ausstellung ... Bayerische Staatsgemäldesammlungen und Haus der Kunst ..., München 1979
Nationalsozialismus und Entartete Kunst. Die Kunststadt München 1937, hrsg. von Peter-Klaus Schuster. Ausstellung ... Dokumentation ..., München 1987
Ohne Auftrag. Zur Geschichte des Kunsthandels. Bd. 1: München, hrsg. von Rupert Walser, München 1989
Otto, Cornelius, Erasmus Grasser und der Meister des Blutenburger Apostelzyklus. Studien zur Münchner Plastik des späten 15. Jahrhunderts, München 1988 (MBM 150)
Rauecker, Bruno, Das Kunstgewerbe in München, Stuttgart/Berlin 1911 (Münchner volkswirtschaftliche Studien 109)
Schaden, Adolph von, Artistisches München im Jahre 1835; oder Verzeichniß ... lebender Architekten, Bildhauer, Tondichter, Maler, Kupferstecher, Lithographen, Mechaniker, München 1836
Schwahn, Britta R., Die Glyptothek in München. Baugeschichte und Ikonologie, München 1983 (MBM 83)
Söltl, Johann Michael, Die bildende Kunst in München, München 1842
Tradition und Widerspruch. 175 Jahre Kunstakademie München, hrsg. von Thomas Zacharias, München 1985
Wesse, Artur, München, Leipzig, 3. Aufl. 1925
Wolf, Georg Jacob, Die Entdeckung der Münchner Landschaft. Bilder und Dokumente aus 2 Jahrhunderten, München 1921
Wolf, Georg Jacob, Münchner Künstlerfeste. Münchner Künstlerchroniken, München 1925
Wolf, Georg Jacob, Münchner Künstlergenossenschaft und Secession, München 1927
Zauner, Franz Paul, München in Kunst und Geschichte, München 1914 (Das bayerische Oberland in Kunst und Geschichte 1)
Zimmermann, Max G., Die bildenden Künste am Hof Herzog Albrechts V. von Bayern, Straßburg 1895 (Studien zur deutschen Kunstgeschichte 5)

11. Naturwissenschaft und Technik

Beiträge zur Stadtgeographie von München, hrsg. von H. Fehn, München 1958 (Landeskundliche Forschungen 38)
Die Entwicklung Münchens unter dem Einflusse der Naturwissenschaften während der letzten Dezennien. Festschrift der 71. Versammlung deutscher Naturforscher und Aerzte ..., München 1899
Francé, Raoul H., München. Die Lebensgesetze einer Stadt. München 1920
Gruber, Chr., Das Münchner Becken. Ein Beitrag zur physikalischen Geographie Südbayerns, Leipzig 1885 (Forschungen zur deutschen Landes- und Volkskunde 1/4)
100 Jahre Städtisches Vermessungsamt 1889–1989. Festschrift, München 1989
Kuhn, Carl, Ueber das Klima von München. Festrede ... Akademie der Wissenschaften ..., München 1854
München. Ein sozialgeographischer Exkursionsführer, hrsg. von R. Geipel, Kallmünz/Regensburg 1987 (Münchner Geographische Hefte 55/56)
München in naturwissenschaftlicher und medicinischer Beziehung. Führer für die Teilnehmer der 50. Versammlung deutscher Naturforscher und Aerzte, Leipzig/München 1877
Reis, Otto M., Die Gesteine der Münchner Bauten und Denkmäler ..., München 1935 (Veröffentlichungen der Gesellschaft für Bayerische Landeskunde 7–12)
Wagner, Ludwig, München. Eine Großstadtuntersuchung auf geographischer Grundlage, München 1931

12. Statistik

1875 bis 1975. 100 Jahre Städtestatistik in München. Statistisches Handbuch der Landeshauptstadt München, München 1975
Dheus, Egon, München. Strukturbild einer Großstadt, Stuttgart u. a. 1968 (Zahl und Leben 8)
Die Einwohnerschaft Münchens und ihr Gewerbebetrieb. Ergebnisse der Volks- und Gewerbe-Zählung vom Jahre 1875, München 1880 (Mittheilungen des statistischen Bureaus der Stadt München 2)
Fischer, Helmut, München nach dem Zweiten Weltkrieg. Ein amtlicher Bericht des Wiederaufbaureferats der bayerischen Landeshauptstadt München, Freising 1948
München. Landeshauptstadt Bayerns, eine Millionenstadt. Im Jahr des 800jährigen Stadtjubiläums 1958 hrsg. vom städtischen Statistischen Amt, München 1958
München aktuell. Sonderheft der Müchner Statistik. Hrsg. vom Statistischen Amt der Landeshauptstadt München, München 1986
Die Quellen des Münchener Wirtschaftslebens. Untersuchungen über die Wirtschaftsverhältnisse der Stadt München ..., München 1930 (Einzelschriften des statistischen Amtes der Stadt München 14)
Rost, Hans, Bevölkerungs- und Gewerbestatistik Münchens im 17. Jahrhundert, Wörishofen 1902 (Diss.)

Singer, Karl, Armenstatistik Münchens ..., München 1908
Statistisches Handbuch der Hauptstadt der Bewegung für die Jahre 1927 bis 1937 ..., München 1938
Statistisches Handbuch der Landeshauptstadt München 1981 ff. Hrsg. vom Statistischen Amt der Landeshauptstadt München, München 1981 ff.
Statistisches Handbuch der Stadt München, München 1928

13. Stadtbild

Alckens, August, Die Denkmäler und Denksteine der Stadt München, München 1936
Alckens, August, München in Erz und Stein. Gedenktafeln, Denkmäler, Gedenkbrunnen, Mainburg 1973
Alckens, August, München in Erz und Stein. Die Epitaphien der Altstadt-Kirchen, Mainburg 1974
Alckens, August, Die Plastiken im Schloßpark Nymphenburg, Augsburg 1938 (Alckens, August: Die Kunst in München)
Alt-München in Bild und Wort, hrsg. von Otto Aufleger und Karl Trautmann, München 1897
Alt-Münchner Bilderbuch. Ansichten aus dem alten München aus der Monacensia-Sammlung Zettler, München 1918
Die andere Tradition. Architektur in München von 1800 bis heute, München 1981
Andres, Helga Marie, Rekonstruktion der Herzog-Maxburg in München, München 1987 (Schriften aus dem Institut für Kunstgeschichte der Universität München 18)
Aufbauzeit. Planen und Bauen München 1945–1950, hrsg. von Winfried Nerdinger, München 1984
Bauen in München 1890–1950. Eine Vortragsreihe in der Bayerischen Akademie der Schönen Künste, München 1980 (Arbeitsheft. Bayerisches Landesamt für Denkmalpflege 7)
Bauen in München. 1960–1970, hrsg. von Baureferat der Landeshauptstadt München, München 1970
Bauer, Richard, Das alte München. Photographien 1855–1912, gesammelt von Karl Valentin, München 1982
Bauer, Richard, Ruinen-Jahre. Bilder aus dem zerstörten München 1945–1949, München 1983
Bauer, Richard/Eva Graf, Stadt im Überblick. München im Luftbild 1890–1935, München 1986
Bauer, Richard/Eva Graf, Stadtvergleich. Münchner Ansichten. Photographien von einst mit Neuaufnahmen von Thomas Koller, München 1985
Bauten und Plätze in Müchen. Ein Architekturführer, hrsg. von Oswald Hederer ..., München, 3. Aufl. 1985
Beblo, Fritz, Neue Stadtbaukunst, München/Berlin u. a. 1928
Biller, Josef H./Hans-Peter Rasp, München. Kunst & Kultur Lexikon. Stadtführer und Handbuch, München 1985

Bistritzki, Otto Josef, Brunnen in München. Lebendiges Wasser in einer großen Stadt, München, 2. überarb. u. erw. Aufl. 1980
Divora, Joseph, Das Rathaus in München, München 1909
Dombart, Theodor, Der Englische Garten zu München. Geschichte seiner Entstehung und seines Ausbaues zur großstädtischen Parkanlage, München 1972
Eggert, Klaus, Friedrich von Gaertner. Der Baumeister König Ludwigs I., München 1963 (Neue Schriftenreihe des StadtAM 15)
Erdmannsdorfer, Karl, Das Bürgerhaus in München, Tübingen 1972 (Das deutsche Bürgerhaus 17)
Fekete, Julius, Denkmalpflege und Neugotik im 19. Jahrhundert. Dargestellt am Beispiel des Alten Rathauses in München, München 1981 (MBM 96)
Fisch, Stefan, Stadtplanung im 19. Jahrhundert. Das Beispiel München bis zur Ära Theodor Fischer, München 1988
Fischer, Gerd, Architektur in München seit 1900. Ein Wegweiser, Braunschweig/Wiesbaden 1990
Habel, Heinrich, Das bayerische Armeemuseum in München. Entstehungsgeschichte und Bedeutung des Gebäudes im Hofgarten, München 1982 (Arbeitsheft. Bayerisches Landesamt für Denkmalpflege 10)
Habel, Heinrich, Das Odeon in München und die Frühzeit des öffentlichen Konzertsaalbaus, Berlin 1967 (Neue Münchner Beiträge zur Kunstgeschichte 8)
Hackelsberger, Christoph, München und seine Isar-Brücken, München 1981
Häuserbuch der Stadt München, hrsg. vom Stadtarchiv München. 4 Bde. und Reg., München 1958–1977
Hahn, August, Der Maximilianstil in München. Programm und Verwirklichung, München 1982
Hederer, Oswald, Die Ludwigstraße in München, München 1942 (Neue Schriftenreihe des StadtAM 1)
Henn, Ursula, Die Mustersiedlung Ramersdorf in München. Ein Siedlungskonzept zwischen Tradition und Moderne, München 1987 (MBM 138)
Hentzen, Kurt, Der Hofgarten zu München. Entwicklungsgeschichte einer historischen Gartenanlage, München 1959 (Kunstwissenschaftliche Studien 29)
Hütsch, Volker, Der Münchner Glaspalast 1854–1931. Geschichte und Bedeutung, München 1980
Die Isar. Ein Lebenslauf, hrsg. von Marie-Louise Plessen. Ausstellung im Münchner Stadtmuseum, München 1983
Koenig, Helmut, München im Wiederaufbau, München, 2. Aufl. 1956
Körner, Alfred, Die gemeinnützige Bautätigkeit in München, München 1929 (Schriften des bayerischen Landesvereins zur Förderung des Wohnungswesens 26)
Krause, Leo, Münchner Geschoßsiedlungen der 50er Jahre, München 1991 (MBM 112)
Krieg, Nina A., Schon Ordnung ist Schönheit. Hans Grässels Münchner Friedhofsarchitektur 1894–1929, ein deutsches Modell? München 1990 (MBM 136)
Die Kunstdenkmale des Königreiches Bayern ... 1. Theil, Bezirksamt München 2. Theil. Stadt München, München 1895–1902
Lachner, Corbinian J., Münchner Glockenspiel. Das Glockenspiel im Münchner Rathausturm, München 1978

Landeshauptstadt München. Ensembles, Baudenkmäler, Archäologische Geländedenkmäler, bearb. von Heinrich Habel ..., 3. verb. u. erw. Aufl. München 1991 (Denkmäler in Bayern I,1)

Lasser, Moriz von, Der neue östliche Friedhof zu München mit einer historischen Einleitung über das Münchner Begräbniswesen und die älteren Münchner Friedhöfe, München 1902

Lehmbruch, Hans, Ein neues München. Stadtplanung und Stadtentwicklung um 1800. Forschungen und Dokumente ..., Buchendorf 1987

Lehmbruch, Hans/Gabriele Dischinger, Der Sendlinger-Tor-Platz in München. Eine Chronik in Bildern, München 1988

Links und rechts der Isar. Bilder aus dem groß- und kleinbürgerlichen München 1895–1935, fotografiert von Georg Pettenkofer, hrsg. von Richard Bauer..., München 1991

Lucks, Kai, Die Münchner Isarbrücken im 19. und frühen 20. Jahrhundert, München 1976 (Diss.)

Megele, Max, Baugeschichtlicher Atlas der Landeshauptstadt München, München 1951 (Neue Schriftenreihe des StadtAM 3)

Megele, Max, Baugeschichtlicher Atlas der Landeshauptstadt München. Die Stadt im Jubiläumsjahr 1958, München 1960 (Neue Schriftenreihe des StadtAM 10)

Megele, Max, Baugeschichtlicher Atlas der Landeshauptstadt München. Westliche Vororte der Stadt, München 1956 (Neue Schriftenreihe des StadtAM 7)

Meitinger, Karl, Das neue München. Vorschläge zum Wiederaufbau, München 1982 (Nachdruck der Ausgabe München 1946)

Meitinger, Otto, Die baugeschichtliche Entwicklung der Neuveste. Ein Beitrag zur Geschichte der Münchner Residenz, München 1970

München 1950–1960. Hochbauten und Bauberatungen der Stadt, bearb. von Franz Henle, München 1961

München im Wandel der Jahrhunderte. Bilder aus der Sammlung Proebst, München 1957

München setzt Stein auf Stein. Das Baureferat der Landeshauptstadt München berichtet über die Bautätigkeit der letzten Jahre, zusammengestellt von Helmut Koenig ..., München 1958

München und seine Bauten, hrsg. vom Bayerischen Architekten- und Ingenieur-Verein, München 1912 (Nachdruck München 1978)

München und seine Bauten nach 1912, hrsg. vom Bayerischen Architekten- und Ingenieur-Verband, München 1984

Münchener Bürgerliche Baukunst der Gegenwart. Eine Auswahl von charakteristischen öffentlichen und privaten Neubauten, München 1898–1909 (Nachdruck München 1985)

Münchner Fassaden. Bürgerhäuser des Historismus und des Jugendstils, München 1974 (Materialien zur Kunst des 19. Jahrhunderts 11)

Der Münchner Hofgarten. Beiträge zur Spurensicherung, hrsg. von Adrian von Buttlar ..., München 1988

Muenchener städtische Baukunst. Aus den letzten Jahrzehnten, München 1912ff.

Rasp, Hans-Peter, Eine Stadt für tausend Jahre. München, Bauten und Projekte für die Hauptstadt der Bewegung, München 1981

Reber, Franz, Bautechnischer Führer durch München, Mittenwald 1978 (Nachdruck der Ausgabe München 1876)
Regnet, Carl Albert, München in guter alter Zeit. Nach authentischen Quellen culturgeschichtlich geschildert ... nebst Erklärungen hiezu aus der Baumgartner'schen Uebersicht von 1805, München 1879 (Nachdruck München 1984)
Reis, Otto M., Die Gesteine der Münchner Bauten und Denkmäler ..., München 1935 (Veröffentlichungen der Gesellschaft für Bayerische Landeskunde 7–12)
Reitzenstein, Alexander, Die alte baierische Stadt in den Modellen des Drechslermeisters Jakob Sandtner, gefertigt in den Jahren 1568–1576..., München 1967
Romantik und Restauration. Architektur in Bayern zu Zeit Ludwigs I. 1825–1848, hrsg. von Winfried Nerdinger... Ausstellung..., München 1978
Schattenhofer, Michael, Das alte Rathaus in München, München 1972
Schattenhofer, Michael, Der Englische Garten, München 1989
Schattenhofer, Michael, Die Mariensäule in München, München/Zürich 1970 (Große Kunstführer 61)
Schleich, Erwin, Die zweite Zerstörung Münchens. Bilder von Eva Dietrich. Historische Aufnahmen aus dem Stadtarchiv München ..., Stuttgart 1978 (Neue Schriftenreihe der StadtAM 100)
Schönes altes München, hrsg. vom Kreis der Freunde Alt-Münchens, München 1965
Selig, Heinz, Stadtgestalt und Stadtbaukunst in München 1860 bis 1910, München 1983
Der Stadtfotograf. Georg Pettendorfers Ansichten von München 1895–1935. Das Stadtzentrum, hrsg. von Richard Bauer ..., München 1989
Stadt und Vorstadt. Münchner Architekturen, Situationen und Szenen 1895–1935, Der Norden und Nordwesten, fotografiert von Georg Pettendorfer, hrsg. von Richard Bauer ..., München 1990
Stimmelmayr, Johann Paul, München um 1800. Die Häuser und Gassen der Stadt ..., hrsg. von Gabriele Dischinger und Richard Bauer, München 1980
Störmer, Bettina/Wilhelm Störmer, Der Marienplatz, München 1990
Thinesse-Demel, Jutta, Münchner Architektur zwischen Rokoko und Klassizismus ..., München 1980 (MBM 90)
Volkstümliche Bauweise in der Au bei München. Altmünchner Tanzplätze, hrsg. von Franz Zell, Frankfurt a. M. 1908
Wanetschek, Margret, Die Grünanlagen in der Stadtplanung Münchens von 1790–1860, München 1971 (MBM 35)
Wasem, Eva-Maria, Die Münchner Residenz unter Ludwig I. Bildprogramme und Bildausstattungen in den Neubauten, München 1981 (MBM 101)
Wenng, Gustav, Topographischer Atlas von München in seinem ganzen Burgfrieden ..., München 1849–1851
Weschenfelder, Klaus, Die Borstei in München, München 1980 (MBM 99)
Wiedenhofer, Joseph, Die bauliche Entwicklung Münchens vom Mittelalter bis in die neueste Zeit im Lichte der Wandlungen des Baupolizeirechtes ..., München 1916
Zimmermann, Florian, Wohnbau in München 1800–1850, München 1984 (MBM 129)

Zuber, Elfi, Der Alte Nördliche Friedhof. Ein Kapitel Münchner Kulturgeschichte, München 1983
200 Jahre Englischer Garten München 1789–1989. Offizielle Festschrift, hrsg. von Pankraz von Freyberg, München 1989

14. Stadtteile

Das Angerviertel, hrsg. von Elfi Zuber, München 1991 (Bürger schreiben für Bürger 4)
Atzenbeck, Aenne, Solln wie es war. Eine Chronik des Dorfes Solln, München 1970
Au, Giesing, Haidhausen. 100 Jahre bei München, hrsg. von Hanns Vogel, München 1954
Auer, Matthias L., Laimer Chronik. Eine Entstehungs- und Entwicklungsgeschichte des Stadtteils Laim von den Anfängen bis zur Gegenwart, München 1983
Bäthe, Kristian, Wer wohnte wo in Schwabing? Wegweiser für Schwabinger Spaziergänge, München 1965
Bauer, Richard/Eva Graf, Nachbarschaften. Altmünchner Herbergsviertel und ihre Bewohner, München 1984
Bleek, Stephan, Quartierbildung in der Urbanisierung. Das Münchner Westend 1890–1933, München 1991
Böddrich, Jürgen, Der Strukturwandel von München-Schwabing seit 1850. Eine sozialgeographische Untersuchung, Kallmünz/Regensburg 1959 (Diss.)
Brauer, Gernot/Dirk Reinartz. Milbertshofen. Ein Portrait aus dem Münchner Norden, München 1991
Brendel, Rüdiger, Das Münchner Naherholungsgebiet im Bereich des Ammersees und des Starnberger Sees. Eine sozialgeographische Studie, München 1967 (Diss.)
Brückl, Josef, 1200 Jahre Trudering, München 1972
Dombart, Theodor, Milbertshofen. Entwicklungsgeschichte eines Münchner Stadtteils, München 1956
Dombart, Theodor, Schwabing, Münchens älteste und schönste Tochter, München 1967
Festschrift anläßlich der Eingemeindung von Obermenzing, Untermenzing, Allach, Ludwigsfeld, Solln am 1. 12. 1938, München 1938
Festschrift anläßlich der Eingemeindung von Pasing, Feldmoching und Großhadern am 1. 4. 1938 ..., München 1938
Filser, Josef/Fritz Mayer, 900 Jahre Hadern, München 1965
Freudenberger, Josef, Die alte Au. Aus der Geschichte der Au (München) ..., München 1927
Freudenberger, Josef, Aus der Geschichte der Au. Hauptsächlich die Geschichte der Au von Beginn des 19. Jahrhunderts bis zur Einverleibung in München ..., München 1913
Giesing. Vom Dorf zum Stadtteil, München, 2. Aufl. 1990
Grad, Andreas, Aus Neuhausens Vergangenheit, München 1959 (Neue Schriftenreihe des StadtAM 8)

Das Graggenauer Viertel, hrsg. von Elfi Zuber, München 1989 (Bürger schreiben für Bürger 3)
Das Hackenviertel, hrsg. von Elfi Zuber, München 1984 (Bürger schreiben für Bürger 1)
Heerde, Walter, Haidhausen. Geschichte einer Münchner Vorstadt, München 1974 (OA 98)
Henn, Ursula, Die Mustersiedlung Ramersdorf in München. Ein Siedlungskonzept zwischen Tradition und Moderne, München 1987 (MBM 138)
Horn, Heinrich/Willibald Karl, Neuhausen. Geschichte und Gegenwart, München 1989
125 Jahre Ramersdorf bei München, München 1989
100 Jahre Eingemeindung Neuhausen, München 1990
Knauer-Nothaft, Christl/Erich Kasberger, Berg am Laim. Von der Hofmark zum Stadtteil Münchens, München 1987
Das Kreuzviertel, hrsg. von Elfi Zuber, München 1987 (Bürger schreiben für Bürger 2)
Lanzhammer, Hans, Alt-Sendling und München, München 1980 (Münchner Texte 3)
Laturell, Volker D., Feldmoching, München 1970
Laturell, Volker D./Georg Mooseder, Moosach. 3 Bde., München 1980–1988
Lebensraum Landkreis München, München 1985
Lipowsky, Felix Joseph, Geschichte der Vorstadt Au bei München, München 1816
Lutz, Fritz, Daglfing, Denning, Englschalking, Johanneskirchen 50 Jahre bei München 1930–1980 ..., München 1982
Lutz, Fritz, Land um die Großstadt, Bd. 1: Von der Naturlandschaft zum modernen Wirtschaftsraum, München 1962
Martin, Anselm, Topographie und Statistik des Kgl. Bayer. Landgerichts Au bei München mit Berücksichtigung der medizinischen Verhältnisse desselben, München 1837
Maurer, Marion, Freimann. Eine Gemeinde im Schatten der Großstadt, Buchendorf 1985
Oppelt, Chr., Das alte Lehel nebst Bogenhausen, Brunnthal, Tivoli und Hirschau in Wort und Bild ..., München 1904
Pasing. Stadt vor der Stadt. Die Entwicklung von 1800 bis 1938, vorgestellt von Richard Bauer ..., Buchendorf 1984
Ramersdorf 100 Jahre bei München, Offizielle Festschrift, hrsg. vom Kulturreferat der Landeshauptstadt München, zusammengefaßt von Hanns Vogel, Ottobrunn 1964
Schaehle, Franz, Die Geschichte der Gemeinde Obermenzing, Obermenzing 1927
Schaehle, Franz, Pasing in Geschichte und Gegenwart, München, 2. Aufl. 1921
Steinbacher, Jos., Aubing. Pfarrdorf bei München, Dießen 1914
Unterföhring 1180–1980. Chronik von Unterföhring, Unterföhring 1980
Wagner, Ludwig, Das Lehel. Die St.-Anna-Vorstadt der Landeshauptstadt Bayerns, München 1960
Zauner, Franz Paul, Münchens Umgebung in Kunst und Geschichte. Eine Beschreibung von 362 Orten links und rechts der Isar ..., München 1911

1200 Jahre Pasing. Offizielle Festschrift, zusammengefaßt von Hanns Vogel ..., München 1963
1200 Jahre Perlach. 790–1990. Entstehungs- und Entwicklungsgeschichte eines Münchner Stadtteils mit den Ortsteilen Perlach, Fasangarten, Michaeliburg, Waldperlach und Neuperlach ..., hrsg. von Georg Mooseder, München 1990

15. Stadtkunde

Behringer, Wolfgang, Rundgang durch das mittelalterliche München. Hrsg. vom Museumspädagogisches Zentrum München in Verbindung mit dem Münchner Stadtarchiv, München 1987
Hollweck, Ludwig, Was war wann in München. Von der Besiedlung der Münchner Gegend bis 1980 in Stichworten erzählt, München, 3. Aufl. 1982 (Stadtgeschichte in Jahresporträts)
Hufnagel, Max Joseph, Berühmte Tote im Südlichen Friedhof zu München ..., München, 4. Aufl. 1983
Jugendbilder, Geschichtswettbewerb 1987, Kindheit und Jugend in München, München 1989
Lebendiges München 1158–1958, München 1958
Mayer, Josef Maria, Münchner Stadtbuch. Geschichtliche Bilder aus dem alten München, München 1868
In München geboren. Von München angezogen. Nach München verschlagen. Geschichtswettbewerb 1989/90, München 1991
Münchens Straßennamen, München 1983
München von A bis Z. Stadtlexikon der bayerischen Landeshauptstadt ..., hrsg. von Joachim Richter, Berg 1968
Rambaldi, Karl von, Die Münchner Straßennamen und ihre Erklärung. Ein Beitrag zur Heimatkunde, München ... 1894
Regnet, Carl Albert, München in guter alter Zeit. Nach authentischen Quellen culturgeschichtlich geschildert ... nebst Erklärungen hiezu aus der Baumgartner'schen Uebersicht von 1805, München 1879 (Nachdruck München 1984)
Reiser, Rudolf, Alte Häuser, große Namen, München. München 1978
Scheibmayr, Erich, Letzte Heimat. Persönlichkeiten in Münchner Friedhöfen 1784–1984, München 1985
Scheibmayr, Erich, Wer, wann, wo? Persönlichkeiten in Münchner Friedhöfen, München 1989
Schrott, Ludwig, Biedermeier in München. Dokumente einer schöpferischen Zeit, München 1963
Schrott, Ludwig, Münchner Alltag in acht Jahrhunderten. Lebensgeschichte einer Stadt, München 1975
Spengler, Karl, Es geschah in München, München 1962
Spengler, Karl, Hinter Münchner Haustüren. Schicksale aus 5 Jahrhunderten, München 1959
Spengler, Karl, Münchner Straßenbummel, 4. Aufl., München 1977
Spengler, Karl, Unterm Münchner Himmel, München 1971

Stadtteilgeschichte, Lebensgeschichten, Geschichtswettbewerb 1988. Vom Glasscherbenviertel zur Schloßstadt, Geschichte der Münchner Stadtteile, München 1990
Trautmann, Karl, Kulturbilder aus Alt-München. 5 Bde., München 1914–1930
Verdunkeltes München. Geschichtswettbewerb 1985/1986. Die nationalsozialistische Gewaltherrschaft, ihr Ende und ihre Folgen, Buchendorf 1987

16. Periodika mit Beiträgen zur Geschichte Münchens

Altbayerische Monatsschrift, hrsg. vom Historischen Verein von Oberbayern. Jg. 1–15, München 1899–1926
Das Bayerland. Illustrierte Wochenschrift für bayerische Geschichte und Landeskunde, München 1890–1990
Beiträge zur altbayerischen Kirchengeschichte, hrsg. vom Verein für Diözesangeschichte von München und Freising, München 1929ff. (Früher unter dem Titel: Beiträge zur Geschichte, Topographie und Statistik des Erzbistums München und Freising. Begründet von Martin von Deutinger, München 1850ff.)
Blätter des Bayerischen Landesvereins für Familienkunde, München 1923ff.
Jahrbuch der bayerischen Denkmalpflege, München 1968ff. (Früher unter dem Titel: Bericht des Bayerischen Landesamtes für Denkmalpflege)
Jahrbuch für Münchener Geschichte, hrsg. von Karl von Reinhardstöttner und Karl Trautmann, Jg. 1–5, München 1887 bis 1894
Jahrbuch des Vereins für christliche Kunst in München, München 1912ff.
Monatsschrift des Historischen Vereins von Oberbayern. Jg. 1–7, München 1892–1898
Münchner Jahrbuch. Kalender für Bureau, Comptoir und Haus, München 1888ff.
Münchner Jahrbuch der bildenden Kunst, München 1906ff.
Oberbayerisches Archiv für vaterländische Geschichte, hrsg. vom Historischen Verein von und für Oberbayern. Bd. 1ff., München 1839ff. (Ab Bd. 84: Oberbayerisches Archiv)
Schönere Heimat. Erbe und Gegenwart, München 1937ff. (Früher unter dem Titel: Volkskunst und Volkskunde und Bayerischer Heimatschutz)
Süddeutsche Monatshefte. Jg. 1–33, München/Leipzig 1904–1936
Unser Bayern. Heimatbeilage der Bayerischen Staatszeitung. Jg. 1ff., München 1952ff.
Zeitschrift für bayerische Landesgeschichte, München 1928ff.
Zeitschrift für bayrische Kirchengeschichte, München u.a. 1926ff.

Register

Erstellt von Bettina Rettner

Personen

Abel, Karl August v. 291
Adalbert (Bischof v. Freising) 37, 47
Adam, Franz 380
Adlstorffer (Familie) 116
Alberti (Familie) 232
Alberti, Johann Maximilian v. 223
Albrecht III. (Herzog v. Bayern) 98, 142
Albrecht IV. (Herzog v. Bayern) 123, 127, 129, 130, 139, 142, 145–147, 149, 170
Albrecht V. (Herzog v. Bayern) 148–150, 152, 155, 157, 158, 162, 163, 166, 176, 180, 182, 183, 227
Albrecht v. Staudach 98
Alker, Hermann 382
Altmann (Familie) 52
Altmann, Hans 134
Amann, Max 362, 369, 372
Ambesser, Axel v. 403
Andechs, Grafen v. 42, 45
Andersch, Alfred 402
Angler, Gabriel 132
Anziger, Ull 125
Apian, Philipp 149
Asam, Cosmas Damian 243
Asam, Egid Quirin 243
Astaler (Familie) 133, 134, 136, 144
Auerbach, Philipp 402
Aventinus, Johannes 149

Baer, Kurt 400
Baier, Hans 375
Baker, Josephine 355
Balticus, Martinus 150, 156
Barbier (Familie) 232
Barbier, Mathias 233
Barlach, Ernst 332
Bart (Familie) 133, 135, 141, 152, 153, 198
Bart, Bernhard 199
Bart, Ferdinand 233
Bart, Heinrich 126, 130, 145
Bartholomäi, Adam 155
Bauer, Jacob 284–286, 288, 299, 301; Abb. 25
Bauer, Josef 375
Baumgartner, Anton 267
Baumgartner, Hieronimus 152
Bautz, Franz Josef 402
Beatrix (dt. Königin) 64
Beblo, Fritz 382
Becher, Johann Joachim 237
Bechstein, Helene 352
Beckmann, Max 379
Berghofer (Familie) 133
Bergman, Michael v. 246
Bernhardus teotonicus 18
Berthold III. (Herzog v. Andechs-Meranien) 46
Bertholt iudex 42
Bismarck, Otto v. 328
Bluntschli, Johann Caspar 302
Bonagratia v. Bergamo 65
Bonifaz IX. (Papst) 104, 105
Borscht, Wilhelm G. v. 326, 336; Abb. 27
Borst, Bernhard 360
Bragadino, Marco 188
Brater, Karl 304
Brauchle, Georg 417
Brecht, Bertolt 356
Bruckmann, Hugo 352

Brundage, Avery 417
Brunner, Philipp Abb. 27
Bruno, Christopherus 150
Buckwitz, Harry 402
Burkhard, Franz 152, 153
Bürklein, Friedrich 301
Buttersack, Felix 406

Candid, Peter 209
Caracciola-Delbrück, Günter 393
Chamberlain, Arthur Neville 390
Chrel (Familie) 115
Christoph (Herzog v. Bayern) 146
Chufringer (Familie) 51
Clemens August (Kurfürst v. Köln) 214
Clemens Franz v. Bayern 214
Condé, Louis Joseph de 262
Corinth, Lovis 332
Cornelius, Peter v. 285
Cuvillies, François 243

Dachsberg, Johann Nepomuk Joseph v. 211
Daladier, Edouard 390
Dall'Armi, Andreas 266, 281
Daume, Willy 417
Defregger, Franz 331
Deininger (Familie) 135
Delling (Familie) 232
Denk, Hans 154
Destouches, Ulrich v. 297
Dichtl, Adolf 372
Dieminger, Eduard 360
Diener (Familie) 133, 134
Diener, Konrad 111
Diener, Konrad 55, 56
Dietrich, Wendel 183
Diez, Julius 332
Dix, Otto 379
Döllgast, Hans 360
Donnersberger (Familie) 199
Donnersberger, Joachim 199
Donnersberger, Wolf 200
Dorfbrunner, Leonhard 154
Drächsel (Familie) 81, 87, 133
Dresler, Adolf 376
Dülfer, Martin 331

Ebener, Ulrich 111
Eck, Johannes 151
Eck, Leonhard v. 151–153, 155
Effner, Joseph 221
Ehinger (Familie) 51, 52
Eichthal, Karl v. 303
Eichthal, Simon v. 303
Eisner, Kurt 344, 346
Elser, Georg 390
Emicho, Münzmeister 57
Empacher (Familie) 232
Endelhauser (Familie) 135
Engel, Erich 402
Epp, Franz Xaver Ritter v. 369, 372, 392, 393
Erhardt, Alois v. Abb. 26
Ernst (Herzog v. Bayern) 111, 117, 119, 120, 128, 144
Ertel, Traugott 299
Erzberger, Mathias 349
Eschelbacher, Hans 136
Esser, Hermann 362, 363
Eßwurm (Familie) 134

Falckenberg, Otto 357
Fallmerayer, Jakob Philipp 295
Faulhaber, Michael v. 387
Feder, Gottfried 371
Ferdinand (Erzherzog v. Österreich) 186
Ferdinand I. (dt. Kaiser) 163, 293
Ferdinand II. (dt. Kaiser) 199
Ferdinand III. (dt. Kaiser) 163
Ferdinand Maria (Kurfürst v. Bayern) 212, 214, 215, 230, 233, 237
Feurter, Christoph 154
Fiehler, Karl 357, 362, 369–373, 379, 382, 386, 388, 393, 399
Finck (Familie) 314
Fingerle, Anton 401
Fischer, Helmut 406
Fischer, Johann Michael 243
Fischer, Karl v. 271–273
Fischer, Theodor 321, 360, 416
Fleckhamer (Familie) 135
Flüggen, Hans 380
Fosso (Familie) 45, 51, 52

Frey, Hertel 125
Freymuth, Emil 408
Friedrich (Herzog v. Bayern-Landshut) 103
Friedrich I. Barbarossa (dt. Kaiser) 13, 14, 23–25, 36
Friedrich II. (dt. Kaiser) 85
Friedrich III. (dt. Kaiser) 142, 146, 163
Friedrich v. Nürnberg 100, 118
Friedrich v. Schwabing 39
Friedrich, Richard 403
Fueß, Ulrich 116
Fuetrer, Ulrich 129, 132
Fugger (Familie) 183

Gabert, Volkmar 406
Gaishofer (Familie) 135
Gall, Leonhard 380
Galler (Familie) 116
Ganghofer, Jörg, *s.* Halspach, Jörg v.
Ganghofer, Ludwig 333
Gärtner, Friedrich v. 289
Geibel, Emanuel 302
Geiger, Malachias 195
Georg der Reiche (Herzog v. Bayern-Landshut) 127, 147
George, Stefan 333
Gerhard, Hubert 209
Gerngroß, Fritz 393
Gerold (Bischof v. Freising) 39, 40
Gienger (Familie) 135
Giesebrecht, Wilhelm v. 302
Giesler, Hermann 381–384
Giesler, Paul 374, 389, 392, 393
Gießer (Familie) 134
Godfrey, George 406
Goebbels, Joseph 387
Gollater/Gollhuter 135
Gollier (Familie) 133
Gottschalk v. Widdersberg 39
Graf, Oskar Maria 364
Graf, Ulrich 362
Grässel, Hans 323
Grasser, Erasmus 129, 132
Gregor IX. (Papst) 39
Grotta, Alexander v. 206
Grützner, Eduard 331
Guethard, Andre 183
Gugler (Familie) 232
Gugler, Georg 230
Gustav Adolf (König v. Schweden) 205, 207, 208

Habermann, Hugo 332
Hainrich iudex 30
Haitvolk, Thoman 101, 114
Halspach, Jörg v. 129, 130, 142, 143
Hanfstaengl, Erna 352
Hantlin (Familie) 52
Harber, Guido 375
Härtl v. Hartenfels, Johann Ignaz 214
Hartlieb, Hans 142
Hau, Balthasar 232
Hausenstein, Wilhelm 356
Hazzi, Joseph Ritter v. 279
Heilmann, Jakob 312, 314, 321
Heinrich (Herzog v. Andechs-Meranien) 46
Heinrich (Herzog v. Kärnten) 86
Heinrich der Löwe (Herzog v. Bayern und Sachsen) 13, 14, 16, 21, 22, 27, 36, 42, 44
Heinrich der Schongauer 17
Heinrich der Stolze (Herzog v. Bayern und Sachsen) 18, 22
Heinrich II. (Graf v. Wolfratshausen) 21, 27
Heinrich v. Eurasburg 30
Held, Heinrich 353, 367
Heller v. Hellersberg, Karl Sebastian 268
Hemmel v. Andlau, Peter 132
Henrici, Karl 416
Henriette Adelaide (Kurfürstin v. Bayern) 212, 222
Heribort decanus 31, 48
Heriman 18
Herking, Ursula 403
Hermann, Benedikt v. 295
Hertling, Freiherr Friedrich v. 259, 261
Hess (Familie) 283

Heydrich, Reinhard 385
Heyse, Paul 302, 305
Hielscher, Erwin 405
Himbsel, Johann Ulrich 281
Himmler, Heinrich 385
Hipp, Otto 398
Hitler, Adolf 347, 352, 361–363, 369, 370, 372–374, 376–381, 383, 384, 389, 390, 398, 404
Högg, Emil 416
Hollander, Jürgen v. 403
Hörl (Familie) 198, 231
Horvath, Ödön v. 356
Huber, Kurt 393
Hübner, Rudolf 393
Hübner, Lorenz 224, 247
Huch, Ricarda 356
Hudler (Familie) 136
Hudler, Sighard 125
Hundertpfund (Familie) 198
Hut, Hans 154

Ibsen, Henrik 332
Impler (Familie) 81, 111, 134, 135
Impler, Franz 115, 116
Impler, Hans 87
Impler, Johann 102, 103, 115

Jansohn, Hermann 373
Jensen, Herbert 415
Jeserich, Curt 371
Joachim v. Ortenburg 158
Johann (Herzog v. Bayern) 102, 103, 111, 116, 117, 128, 144
Johann XXII. (Papst) 65
Johannes v. Eugubio 104
Jordan v. Lengenfeld 41
Jörg v. Nannhofen 116
Jörgner, Wilhelm 116
Joseph Anton v. Schönberg 214
Joseph Clemens (Kurfürst v. Köln) 213

Kandinsky, Wassily 332, 379
Karl (Erzherzog v. Österreich) 186
Karl Albrecht (Kurfürst v. Bayern und dt. Kaiser) 213, 214, 220, 221, 223, 225, 226, 238, 240
Karl Theodor (Kurfürst v. Pfalzbayern) 227–229, 246, 247, 249–251, 255–264, 281, 282, 302
Karl IV. (dt. Kaiser) 81, 104
Karl V. (dt. Kaiser) 163
Kästner, Erich 403
Kastner, Gabriel 150
Katzmair (Familie) 116, 117, 133, 134, 135, 141
Katzmair, Hans 137
Katzmair, Jörg 110, 114
Kaulbach, Friedrich August v. 331
Kaulbach, Wilhelm 331
Keiss, Hieronymus 199
Keiss, Wolf Wilhelm 199
Keller, Eugene 398
Keller, Gottfried 284
Kerschensteiner, Georg 319, 323, 343
Kiesl, Erich 420
Kirchner, Ernst Ludwig 379
Klar, Jakob 285
Klee, Paul 356, 379
Klein, Richard 380
Klenze, Leo v. 272, 289
Knappe, Karl 380
Kobell (Familie) 283
Kollwitz, Käthe 332
Königbauer, Heinrich 330
Konrad der Schongauer 17
Konrad II. (Bischof v. Freising) 59, 65
Konrad III. (dt. König) 18, 22
Konrad v. Eurasburg 30
Konrad v. Ilmmünster 123
Konrad v. Klingenberg (Bischof v. Freising) 65
Krauss (Familie) 314
Kray (Familie) 134
Kreittmayr, Alois Wiguläus v. 253, 277
Kronawitter, Georg 418, 420
Krümmel (Familie) 134
Küchel (Familie) 51
Küfner, Hans 360, 375
Kunigunde v. Österreich (Herzogin v. Bayern) 142, 146

Laimer (Familie) 52
Lammers, Hans Heinrich 380
Landauer, Gustav 346
Lang, Karl Heinrich Ritter v. 270
Lang, Liendl 116
Lasso, Orlando, di 186
Leibl, Wilhelm 331
Leiblfing, Graf v. 213
Lenbach, Franz v. 331
Leopold IV. (Herzog v. Bayern) 22
Ley, Robert 371
Liebermann, Ferdinand 380
Liebig, Justus v. 302
Ligsalz, Eustachius Abb. 10
Ligsalz (Familie) 111, 134–136, 198, 231
Ligsalz, Friedrich 195
Ligsalz, Wilhelm 99
Linde, Carl v. 313
Lindmayr, Maria Anna 222
Littmann, Max 331
Löher, Franz 301, 302
Loritz, Alfred 401
Lossenhammer 154
Ludwig der Bayer (Herzog v. Bayern und dt. Kaiser) 55, 61–66, 69, 70–73, 75, 81–84, 91, 93, 100, 105, 126, 144, 164, 207
Ludwig der Brandenburger (Herzog v. Bayern) 61, 62, 64, 81, 93, 98
Ludwig der Gebartete (Herzog v. Bayern-Ingolstadt) 119, 136
Ludwig der Kelheimer (Herzog v. Bayern) 39, 40, 42
Ludwig der Strenge (Herzog v. Bayern) 53, 55, 83
Ludwig I. (König v. Bayern) 265, 276, 285, 288–293, 295, 302, 331
Ludwig II. (König v. Bayern) 302, 314, 320, 332
Ludwig III. (König v. Bayern) 344
Luitpold (Prinzregent) 314, 330
Luther, Edgar 415

Maffei (Familie) 314
Maffei, Joseph Anton v. 287
Maffei, Peter Paul v. 281
Mäleskircher, Gabriel 132
Manhardt, Georg 182
Mann, Heinrich 357
Mann, Thomas 315, 333, 357
Maria Antonia (Kurfürstin v. Bayern) 212
Maria Leopoldina (Kurfürstin v. Pfalzbayern) 261
Marsilius v. Padua 65
Marx, Lippmann 292
Mauritia Febronia (Herzogin v. Bayern) 222
Mäusel (Familie) 135
Mäusel, Heinrich 141
Max Emanuel (Kurfürst v. Bayern) 212–215, 217, 218, 220, 222, 225–227, 229, 233, 234, 238, 240, 241
Max III. Joseph (Kurfürst v. Bayern) 223, 238, 239, 242, 248, 263
Max IV. (I.) Joseph (Kurfürst und König v. Bayern) 263, 264, 265, 267
Maximilian I. (dt. Kaiser) 132, 142, 146–148, 163
Maximilian I. (Herzog und Kurfürst v. Bayern) 161, 162, 165, 167, 189, 190, 192–210, 212, 217, 227, 232, 233
Maximilian II. (dt. Kaiser) 163
Maximilian II. (König v. Bayern) 302
Maximilian Philipp (Herzog v. Bayern) 222
Meinhard (Herzog v. Bayern) 64, 113
Meiser, Hans 387
Meitinger, Karl 403
Mengas, Hans 116
Metzeler, Robert 312
Michael v. Cesena 65
Miller (Familie) 314
Miller, Constantin 242
Miller, Oskar v. 313
Miller, Walther v. 408, 409
Miller, Wolfgang 184
Minervius *s.* Schaidenreisser, Simon
Mittermayr, Franz de Paula 267, 269, 271, 275, 284

Montez, Lola 292, 293, 295
Montgelas, Maximilian v. 245, 263, 265–268, 270
Moreau, Jean Victor 261, 264
Mühsam, Erich 333, 346
Müller, Christian 279
Müller, Niclas 182

Napoleon I. (Kaiser d. Franzosen) 265
Neuhauser, Johann 139
Neureuther, Gottfried v. 331
Neuschmied, Andreas 300
Nicolaus V. (Papst) 73
Nikodemus (Bischof v. Freising) 139
Nolde, Emil 332, 379
Notwachs, Konrad 128

Occam, William v. 65
Odalscalchus v. München 20
Oefele, Felix Andreas v. 114
Ortolf v. Antorf 19, 20
Ortolf v. München 18–20, 36, 44
Ortolf v. Sendling 18–20
Ossinger (Familie) 232
Ott v. Mittenwald 109
Ottheinrich (Kurfürst v. der Pfalz) 155
Öttlinger, Jörg 101, 114
Otto I. (Bischof v. Freising) 13, 14, 22, 24, 29, 30, 33, 36, 37
Otto II. (Bischof v. Freising) 39, 40, 42
Otto II. (Herzog v. Bayern) 25, 54
Otto IV. (dt. Kaiser) 42, 43

Panizza, Oskar 332
Pankraz v. Freyberg 158
Part(el) Berthold 56
Paul, Bruno 332
Pecel (Familie) 51, 52
Per, Hans 110, 116
Perfall, Freiherr v. 332
Perkofer (Familie) 81
Pernöder, Andreas 154
Pettenkofer, Max v. 300, 316
Pfundmer (Familie) 232
Philipp v. Schwaben (dt. König) 42
Pienzenauer, Clara 141
Pillung (Familie) 52
Piloty (Familie) 283, 331
Pirmeider, Hans 144
Platen, August Graf von 265
Pocci, Franz 302
Pollack, Jan 132
Pöschel, Chunrat 115, 116
Possart, Ernst v. 332
Pötschner (Familie) 134, 135
Pötschner, Balthasar 145
Pötschner, Franz 136
Pötschner, Ludwig 137
Preis, Sebastian 375
Preysing-Hohenaschau, Joseph Maximilian v. 213
Pronner, Albrecht 199
Pschorr (Familie) 314
Purfinger (Familie) 134
Pütrich (Familie) 82, 91, 111, 133, 135, 137, 138, 140
Pütrich, Hans 132

Qualigo (Familie) 283

Raimund, Fred 403
Rauscher (Familie) 51
Reichinger, Franz 374
Reindl (Familie) 232
Reindl, Benno Ferdinand v. 236
Reinhard, Max 379
Reinhardt, Max 357
Reissinger, Hans C. 404
Reitmor (Familie) 135, 160
Reitmor, Anna 115
Rem, Wilhelm 153
Renata v. Lothringen (Herzogin v. Bayern) 176, 186
Ridler (Familie) 91, 100, 133, 135, 136, 137, 140, 198, 231
Ridler, Otmar 132
Riehl, Wilhelm Heinrich 302, 306
Riezler, Joseph 281
Ringelnatz, Joachim 358
Roda Roda, Alexander 333
Rosenbusch (Familie) 141, 152, 198

Rosenbusch, Hans 61, 135
Rosenbusch, Jakob 153
Rott, Johann 153
Rottaler, Lucas 143
Rudolf (Herzog v. Bayern) 49, 54, 57–59, 61, 63, 64, 66, 68–70, 80, 84
Rudolf I. (dt. König) 83
Rudolf II. (dt. Kaiser) 163
Rudolf (Familie) 133, 135, 137, 141
Rudolf, Christoph 136
Rudolf, Hans 111, 115
Ruederer, Joseph 283, 303, 333
Ruepp, Hieronymus 174
Ruffini, Johann Battista v. 242
Rumford, Graf *s.* Thompson, Benjamin

Sabbatini, Angelo 242
Sachsenhauser (Familie) 52
Sandtner, Jakob 166, 167, 168
Schaidenreisser, Simon Felix 114, 150
Scharfzahn (Familie) 132, 133, 135
Scharnagl, Karl 354, 357, 358, 363, 367, 369, 398–401, 404, 405, 409; Abb. 33
Scharrer, Hans 393
Schechner, Jörg 154
Schiefer, Gustav 400
Schiet (Familie) 134, 141
Schluder (Familie) 56, 133, 134, 135, 137, 141
Schluder, Hans 136, 137
Schluder, Konrad 109
Schluder, Peter 136
Schmeller, Johann Andreas 297
Schmid, Eduard 349, 350, 353
Schmid, Ludwig 419
Schmidhammer, Franz Paul 278
Schmidt, Karl 375
Schmözerlin 116
Schobinger (Familie) 198, 199, 231
Schobinger, Hainrich 174
Schobinger, Ottheinrich 199
Schobser, Hans 150, 151
Scholl, Hans 393
Scholl, Sophie 393
Scholtz, Rudolf v. 406
Schreiber (Familie) 134
Schreiber, Manfred 419
Schrenck (Familie) 51, 52, 81, 87, 133, 135, 137, 198
Schrenck, Bartholomäus 115, 132, 145, 150
Schrenck, Hans 198
Schrenck, Johann 150
Schrenck, Michael 136
Schürfeisen (Familie) 52
Schwarz, Franz Xaver 362
Schwarz, Georg 156
Sckell, Friedrich Ludwig v. 253, 271, 272
Sedlmayer, Karl Leonhard v. 259
Sedlmayr (Familie) 314
Seehofer, Cristoff 174
Seehofer, Sebastian Abb. 9
Seidenbusch, Johann Georg 222
Seidl, Emanuel v. 331
Seidl, Gabriel v. 331
Semper, Gottfried 320
Sendlinger (Familie) 133, 134
Sendlinger, Konrad 133
Sendlinger, Matheis 136
Sesselschreiber, Gilg 132
Sigmund (Herzog v. Bayern) 128, 142, 145, 146
Simon der Hofbeck 116
Simon, Heinrich 144
Sitte, Camillo 321
Slevogt, Max 332
Specht, Alois 278
Speckner, Joseph v. 257, 259
Speer, Albert 381, 383
Spitzweg, Karl 284
Sporer, Franz 281
Stadelmayer, Franz 398, 401; Abb. 33
Stätzlinger (Familie) 136
Steinsdorf, Kaspar v. 296, 304
Stephan II. (Herzog v. Niederbayern) 64, 73, 101
Stephan III. (Herzog v. Bayern-Ingolstadt) 102, 103, 105, 117, 119, 144
Stockhamer (Familie) 135

Strobl, Johann Baptist 247
Stromair, Ulrich 114
Stuck, Franz v. 331
Stupf (Familie) 133–135
Sturm, Caspar 183
Sustris, Friedrich 186
Sutner, Georg v. 201
Sybel, Heinrich v. 302

Taentzel, Perwin 71, 84, 112
Tassilo (Herzog v. Bayern) 19
Tattenbach, Grafen v. 215
Tempel, Karl 374, 375
Teng, Josef v. 284
Teufelhardt, Georg 278
Textor, Leonhard 157
Therese v. Sachsen-Hildburghausen (Königin v. Bayern) 265
Theresia Kunigunde (Kurfürstin v. Bayern) 223
Thergeis, Chunrad 116
Thiersch, Friedrich 331
Thoma, Ludwig 333
Thompson, Benjamin 251, 253, 255, 258, 260–262
Thomsen, Peter 401
Thürheim, Friedrich Karl Graf v. 281
Tichtl (Familie) 116, 133, 137, 152, 153, 198
Tichtl, Bernhard 152
Tichtl, Hans Albrecht v. 199
Tichtl, Ulrich 116, 118, 136
Tichtl, Wilhelm 136
Tilly, Johann Tserclaes Graf v. 208
Toller, Ernst 346
Tömlinger (Familie) 134
Tömlinger, Jörg 136
Tor zu Eisenhofen, Erasmus v. 136
Törring zu Jettenbach, Ignaz Franz Graf v. 214
Trausch, Valentin 182
Triener, Konrad 101, 114
Troost, Paul Ludwig 378
Tulbeck (Familie) 134
Tulbeck, Johann 133
Tuschler, Sebastian 153

Ulrich der Kaltschmied 73
Uniger, (Familie) 51, 56
Utzschneider, Joseph v. 264, 271, 278

Vachieri (Familie) 232
Vogel, Hans-Jochen 413–419; Abb. 34
Voglmair (Familie) 198
Vollmar, Georg v. 329
Vorhoelzer, Robert 360
Vossler, Karl 356

Wadler, Burkhard 81, 86
Wagner, Adolf 369, 384, 387, 388
Wagner, Richard 302, 332
Walter v. München 132
Weber, Christian 362, 373
Wedekind, Frank 332
Weidert (Familie) 314
Weiler (Familie) 135
Weissenfelder, Heinrich 136
Weißmaler (Familie) 51, 52
Welf VI. (Herzog v. Spoleto) 17–20, 27
Wendelhauser, Hans 116
Wernhart monetarius 18, 29
Wernher der Gouman 18
Wernher das Zollkind 29
Wernher thelonearius 18, 29
Wernher von Memming(en) 17
Westenrieder, Lorenz v. 216, 218, 239, 247, 261, 297, 298
Wetzel (Familie) 136
Widenmayer, Johannes v. Abb. 26
Wilbrecht (Familie) 51, 52, 134–137, 141
Wilbrecht, Thoman 110, 115, 116
Wilhelm III. (Herzog v. Bayern) 117, 119, 120, 128, 136, 144, 145
Wilhelm IV. (Herzog v. Bayern) 152, 153, 154, 155
Wilhelm V. (Herzog v. Bayern) 172, 176, 179, 183, 184, 186, 188, 189, 190, 191, 196, 198, 205, 212, 216
Wilhelm, Franz Xaver Ignaz v. 213
Wimmer, Thomas 342, 372, 396, 400, 401, 404–410, 413, 414, 420; Abb. 34
Witschit (Familie) 45, 51, 52

Wolfe, Thomas 418
Wolfgang (Herzog v. Bayern) 146
Wölfl (Familie) 116
Wolfratshausen, Grafen v. 20, 21, 27
Wolgemut, Friedrich 115

Zaubser, Andreas 247
Zech, Johann Christian Anton 236
Zech, Joseph Albert 236
Zech, Kaspar Anton 236
Zenetti, Arnold 318
Ziegler, Hieronymus 150
Zink, Burkhard 102, 103, 104
Zink, Josef 399
Zöberlein, Hans 379, 380
Zyner, Niclas 101

Orte und Sachen

Abfallbeseitigung 75, 316–318
Ablässe 100, 104, 142
Achtbücher 71, 96
Achthundert-Jahrfeier (1958) 394, 395, 411
Adelspalais 224
Aichach 70
Akademie der Wissenschaften 302
Albertinischer Rezeß (1561) 73, 161–163, 189–191, 226, 227
Allach 376, 381
Alling, Schlacht v. (1422) 64
Altc Heide 360
Alter Hof 32, 34, 35, 44, 60, 94, 103, 143, 184
Altheim 34, 45
Altstadtring 416
Altstadtterrasse 26, 32
Altstadtviertel
  Angerviertel 26, 60, 66, 212
  Eremitenviertel 66
  Graggenauerviertel 66, 205, 212
  Hackerviertel 66
  Kramerviertel 66
  Kreuzviertel 66, 131, 140, 205, 212, 224
  Rindermarktviertel 66
  Tal 26, 60, 66
  Wilbrechtsviertel 66
Altstraßen 33
Amalienburg 243
Amerikaner, Einmarsch (1945) 395, 389
Andechs, Kloster 104, 179, 267
Andechser Reliquien 104
Antdorf bei Weilheim 19
Antiquarium 186
Apotheken 76, 123, 306
Arbeiter 308–310, 330, 333, 363
Arbeiter- und Soldatenräte 344–346
Arbeiterwohnviertel 309–311
Arbeitsamt, städtisches 320
Arbeitskämpfe 258, 267, 268, 330, 343
Arbeitslosigkeit 261, 337, 345, 350, 364, 366
Armenpflege 254, 278, 298, 299, 304, 306, 308, 316, 319
Ärzte 76, 123
Au 167, 204, 216, 217, 220, 221, 298, 309
Aubing 381
Augsburg 13, 77, 80, 83, 88, 97, 99, 105–107, 113, 133, 154, 156, 160, 168, 179, 239, 301
Augsburger Interim (1548) 155
Augsburger Religionsfriede (1555) 155
Augsburger Schied s. Barbarossa-Urkunde (1158)
Ausländer 414
Ausstellungspark Theresienhöhe 326
Autobahnring 416

Bäcker 100, 104, 116, 119, 177, 178, 201, 239, 290

Bäckerhaus 128
Bad Reichenhall 80, 82, 170, 172
Bad Tölz 99, 123
Bäder, öffentliche 318
Baierbrunner Forst 19
Banken 287, 303, 313, 360
Barbarossa-Urkunde (1158) 21–28, 31, 34, 47
Barbarossa-Urkunde (1180) 36–39
Basel 82, 83, 88
Bauwesen 75, 76, 123, 124, 130, 248, 288, 303, 309, 313, 319–321, 355, 358–360, 382–384, 403, 404
Bavaria 289
Bedürfnisanstalten 318
Befestigungsanlagen, barocke 201, 205–208, 214, 225, 262, 263, 271
Beisassen *s.* Bürgerrecht, kleines (Beisitz)
Berg am Laim 310, 322
Berlin 297, 331, 335, 356, 381, 417, 421
Bettler 89, 90, 96, 187, 217, 229, 253, 254
Bevölkerungszusammensetzung 47, 48, 87–90, 224, 226–229, 300, 309, 315, 356
Bierbrauer *s.* Brauwesen
Biergärten 288, 394
Bierkeller 214, 215, 282
Bierkrawalle 290, 291, 296
«Blauer Reiter» 332
Bleichen 122, 126
Blutgerichtsbarkeit *s.* Gerichtsbarkeit, hohe
Bodenspekulation 415, 419
Bogenhausen 311, 322
Bogenhausen, Parkstadt 408
Borstei 360
Boten, städtische 76
Brände 75, 105, 131, 262, *s. a.* Feuerbekämpfung
Braunes Haus 362, 377, 381
Brauwesen 73, 84, 116, 162, 239, 249, 286, 287, 290, 301, 312, 317, 356
Breslau 297
Briefpatriziat 198
Brotbänke 130
Brücken 23, 24, 28, 36, 37, 248, 262, 285, 303, 389
Brunnen 76, 285, 332, *s. a.* Wasserversorgung
Bürgeraufnahme *s.* Bürgerrecht
Bürgerbräukeller 378
Bürgereid 67, 70, 71, 74, 159
Bürgermeister 69, 74, 110, 111, 118, 146, 196, 197, 233, 256, 278, 329, 348, 349, 369, 372–374, 398, 404, 405, 407–410, 413, 418, 420
Bürgerrecht, großes 69, 71, 72, 84, 88, 89, 100, 102, 108–110, 159, 202–204, 230, 246, 247, 276, 292, 328; Abb. 29, 30
Bürgerrecht, kleines (Beisitz) 95, 118, 230
Bürgersteuer *s.* Steuer
Bürgertum 248, 283, 284
Bürgervergleich (1769) 241
Burgfrieden 124, 216, 218, 219
Burgfriedensbestätigung (1724) 216, 220, 226
Burgfriedensbrief (1460) 124, 125

Codex Criminalis (1751) 253

Dachau 78, 177
Dachau, Konzentrationslager 385
Dachau, Schloß 213
Dachsbergische Konskription (1781) 211, 229
Daglfing 381
Deutsches Museum 313, 354, 396
Dienstboten 89, 95, 108
Dießen 78
Displaced Persons 397, 400, 402
Donauwörth 94
Dreißigjähriger Krieg 200, 201, 207, 208, 211
Dulten *s.* Markt

Ebersberg 78
Ebersberg, Kloster 39
Ebersberger Forst 19, 24

Edelmannsfreiheit 197
Ehrentempel 381, 401
Eidbuch Abb. 6
Eingemeindungen 298, 299, 308–310, 322, 356, 376, 381
Einwohnerzahl 64, 88, 98, 108, 167, 168, 201, 211, 218, 247, 270, 297, 307, 308, 317, 356, 392, 396, 405, 413
Eisenbahn 292, 301, 308, 310, 311
Elektrische Energie 312, 313, 324
Englischer Garten 252, 253, 258, 337, 394
«Entartete Kunst» (Ausstellung 1937) 378
Entfestigung 262, 263, 271
Entnazifizierung 397–400
Erding 78, 177
Eurasburg 126
Evakuierungsmaßnahmen 392
Ewiggeld 86, 105, 106, 112, 118, 266

Fabriken 287, 308, 311, 334, 337
Falkenturm 152
Feldherrnhalle 289, 353, 378
Feldmoching 31, 376, 381
Fernhandel 23, 79–83, 92, 99, 100, *s. a.* Handel
Festzüge 334, 378
Feuerbekämpfung 66, 69, 71, 75, 131, *s. a.* Brände
Finanzverwaltung *s.* Kämmerei
Finanzwesen 75, 85–87, 93, 169, 173, 184, 234, 351, 360, 367, 371, *s. a.* Kämmerei, Steuern, Ungeld, Zölle
Flandern 81, 82, 99
Fleischbänke 126, 179, 181
Flößer 310
Floßländen 122, 214
Flüchtlinge 405, 406
Flughafen Oberwiesenfeld 355
Flughafen Riem 408
Flußrechte *s.* Wasserregal
Föhring 13, 14, 19, 21–24, 27
Frankfurt am Main 77, 82, 88, 92
Frankfurter Nationalversammlung 295
Franzosenviertel 309, 321
Frauen 108, 109, 188, 277, 308, 337, 338, 341, 344, 347, 387
Frauenhaus 128
Frauenkirche *s.* Kirchen
Frauenpfarrei 59, 65, 139–141
Freicorps 347
Freiheiten, städtische *s.* Privilegien
«Freiheitsaktion Bayern» 393
Freimann 381, 393
Freising 19, 31, 78
Freisinger Salbuch (1305) 40
Fremdenverkehr 315, 356
Friedhöfe 130, 160, 323
Fronleichnamsprozession 116
Führerbauten 377, 381
Fürstenried 322
Fürstenried, Jagdschloß 213
Fürstenried, Wohnsiedlung 415
Fußgängerzone 418

Gammelsdorf, Schlacht v. (1313) 64
Gartenstadtbewegung 334
Gärtnerplatzviertel 303, 310
Gastrecht 79, 95, 96
Gasversorgung 301, 323, 324
Gefängnis, städtisches 130, 188
Geistliche 90, 92, 108, 244
Geldleihe *s.* Finanzwesen
Geleitschutz 79, 80
Gemeinde (bis 1810) 49, 50, 53, 54, 64, 69, 89, 110, 112, 114, 118, 231, 245, 256–259, 263
Gemeindebevollmächtigte (1818–1919) 275, 277, 278, 296, 297, 327, 328, 330, 337, 345–347
Gemeindebevollmächtigte, Wahl 277, 278, 328, 337, 347
Gemeindeedikt (1808) 269
Gemeindeedikt (1818) 270
Gemeindeordnung (1869) 306, 316
Gemeindeordnung (1952) 407
Gemeindeordnung, deutsche (1935) 373
Generalbaurat 382–384
Gerichtsbarkeit, hohe 57, 63, 73, 100, 101, 162, 191, 192

Gerichtsbarkeit, niedere 57, 63, 69, 72, 73, 100, 101, 118
Gerichtsbücher 113
Gerichtsschreiber 101
Gern 311
Gesellschaftsstruktur *s.* Bevölkerungszusammensetzung
Gesundheitswesen 316, 318, 319
Getreidemangel 177
Getreideschranne 250
Getreidesperre 200, 259
Gewerbeaufsicht 113, 121
Gewerbefreiheit 280, 304–306, 312
Gewerbegerichtsbarkeit 73, 84, 85
Gewerbevereine 280, 305
Gewerbewesen 25, 48, 75, 77, 83–85, 113, 181–183, 201–204, 236, 237, 239–242, 245–248, 279, 288, 363, *s. a.* Bäcker, Brauwesen, Handwerker, Hofschutz, Metzger, Müller
Gewerkschaften 329, 330
Giesing 204, 217, 298, 309
Glaspalast 300, 302, 313, 324, 378
Glyptothek 289, 396
Gnadenjahr (1392) 104, 105
Göllheim, Schlacht v. (1298) 64
Göppinger Spruch (1398) 117
Großhadern 376, 381
Großhesselohe 19
Großmarkthalle 322
Grünanlagen 318
Grundruhrrecht 77
Grundstücksspekulartion 322
Grünwald 94, 325
Gymnasium, städtisches *s.* Poetenschule

«Habnitsatz» 108, 109
Haidhausen 126, 204, 217, 218, 298, 309
Hall in Tirol 82, 86
Hallein 82, 100
Hamburg 297
Handel 77, 79, 80, 201–204, 305, 356, *s. a.* Fernhandel, Salzhandel
Handelsstraßen 80, 99 *s. a.* Salzstraßen
Händler 48, 52, 78–80, 82, 89, 90, 95, 100, 111, 113, 132, 167, 236, 242, 247, 276, 281, 328, 352
Handwerke *s.* Zünfte
Handwerker 78, 79, 89, 108, 111, 113, 204, 276, 312, 325, 328, *s. a.* Gewerbewesen, Hofschutz, Pfuscher
Handwerksordnungen 71, 84, 113, 119
Handwerksvierer 113, 117, 119, 121
Hauptbahnhof 383, 384
Hauptwache 248
Haus der Deutschen Kunst 378
Heiliggeistkirche *s.* Kirchen
Heiliggeistpfarrei 59, 139, 157
Heiliggeistspital 26, 59, 60, 73, 90, 123
Heizkraftwerk an der Müllerstraße 408
Helfendorfer Forst 19
Henker 76, 121, 128
Herbergen 167, 215, 217, 298
Herzog-Maxburg 205, 224, 256
Herzogsmühle *s.* Pfistermühle
Herzogsurbare 40, 41
Hexenprozesse 188, 192
Hinrichtungen 188
Hirschanger *s.* Englischer Garten
Hitler-Putsch (1923) 353
Hochzeitsordnungen 195
Hofbedienstete 94, 95, 108, 194, 204, 224, 226, 227, 247, 250
Hofbräuhaus 185
Hofgarten 205
Hofhaltung, landesherrliche 44, 45, 88, 94, 95, 101–103, 143–145, 148, 149, 186, 187, 227
Hofmarken *s.* Landsitze der Ratsfamilien
Hofmeister, landesherrlicher 94
Hofoberrichter, landesherrlicher 190, 191, 193, 201
Hofschutz 94, 113, 144, 145, 161, 162, 181–183, 190, 226–228, 240, 241, 246, 248, 250
Hoftheater *s.* Theater
Hohenlinden, Schlacht bei (1800) 264

Höllriegelskreuth 312
Holzbeschaffungsaktion (1946) 406
Holzhandel 77, 78, 122, 123
Holzkirchen 78
Hussitenkrieg 127

Illuminaten 250, 281
Ilmmünster, Stift 139, 140, 147
Industrialisierung 288, 311, 312
Industrie 287, 305, 313, 314, 325, 330, 334, 337, 356, 363
Inflation (1923) 351, 352, 358
Ingolstadt 71, 80, 105, 150, 163
Ingolstadt, Universität 138, 149, 184
Innsbruck 80, 132
Isar 25, 26, 77, 80, 99, 167, 317, 334, 394
Isar, Wasserkraftwerke 312, 324
Isarbrücken *s.* Brücken
Isarregulierung 310, 324, 334
Isartalverein 334

Jesuitengymnasium 150
Jesuitenkirche *s.* Kirchen (Michaelskirche)
Jesuitenkolleg 150, 167, 184, 185, 205
Jesuitenorden 150, 184, 224
Juden 58, 70, 85, 87, 92, 93, 95, 98, 108, 117, 142, 144, 229, 261, 292, 328, 329, 357, 371, 384–389, 402
Judenviertel 45, 58
Jungfernturm 205

Kaffeehäuser 261, 282
Kämmerei 99, 105–107, 117, 118, 121, 169–170, 173, 174, 233, 234, 248, 249, 258, 263, 265, 271
s. a. Finanzwesen
Kämmerer 74, 75, 105, 112, 117
Kammerrat 196, 233, 234
Kammerrechnungen 72, 75, 169, 249
Kanäle (im Umland) 213
Kanalisation 300, 316, 317, 323
Kanzler, landesherrlicher 94
Karlsplatz 262
«Karlstadt» bei Nymphenburg 221
Kasernen 215, 225, 226, 273
Kastner, landesherrlicher 53, 73, 94; Abb. 2
Katholikentag, Bayerischer (1889) 330
Kaufleute *s.* Händler
Kelheim 94
Kemnathen Schwaige 212
Kesselbergstraße 130
Kieferngarten-Siedlung 407
Kinos 355
Kirchen in München
Allerheiligen-Hofkirche 289
Allerheiligenkirche am Kreuz 130, 143
Angerkirche (St. Jakob) 79, 100, 104, 125
Asamkirche (St. Johann Nepomuk) 243
Augustinerkirche 142, 156
Basilika (St. Bonifaz) 396
Damenstiftkirche (St. Anna) 222
Frauenkirche 32, 59, 104, 111, 129, 132, 133, 142, 143, 147, 194, 209, 395, 396, 403, 411
Gollirkapelle 130, 143
Heiliggeistkirche 104, 105, 133, 392
Herzogspitalkirche 222
Lorenzkirche im Alten Hof 65, 104
Ludwigskirche 285, 289
Matthäuskirche 292, 384
Michaelskapelle bei der Frauenkirche 59
Michaelskirche (Jesuitenkirche) 167, 183–185, 205
Michaelskirche in Berg am Laim 213, 214, 243
Nikolauskirche am Gasteig *s.* Leprosenhäuser
Nikolauskirche an der Neuhauserstraße 184
Nikolauskirche in Schwabing *s.* Leprosenhäuser
Peterskirche 15, 34, 35, 76, 104, 105, 111, 133, 194, 271, 392, 396, 403, 411

Salvatorkirche 130, 143
Theatinerkirche (St. Kajetan) 222
Kirchenbann 105, 140
Kitzbühel 71
Kleiderordnungen 195
Klerus *s.* Geistliche
Klöster, allg. 90, 91, 267
Klöster in München
Augustiner 117, 184
Barmherzige Brüder 215, 223
Elisabethinerinnen 215, 223
Franziskaner 26, 60, 62, 65, 98, 104
Hieronymitaner im Lehel 215
Jesuiten *s.* Jesuitenkolleg, Jesuitenorden
Karmelitinnen 222
Klarissinnen am Anger 60
Lilienberg in der Au 220, 223
Lilienthal in der Au 223
Oratorianer 222
Paulaner in der Au 216
Salesianerinnen 222
Servitinnen 223
Köln 81, 82
Kölner Spruch (1505) 148
Königsplatz 289, 378, 381, 401
Krankenhäuser 130, 223, 319, *s. a.* Heiliggeistspital, Leprosenhäuser
Kriegsbeginn (1914) 334, 336–338
Kriegsbeginn (1939) 390
Kriegsopfer 344, 392, 396
Kriegsschäden 392, 395, 396
Kufstein 71
Kulturamt, städtisches 379, 380
Kulturbaufond 404
Kulturkampf 318
Kunstausstellungen 331, 332, 378, 379
Künstler 282, 283, 289, 310, 314, 315, 331, 356, 378–380
Kunststadtdiskussion 331, 356, 357

Laienkelch 155, 157, 158
Laim 310, 322, 324
Länden *s.* Floßländen
Landfrieden 63, 64, 70, 101, 112
Landsberg am Lech 71, 78, 80, 100, 151, 179
Landschaft (Ständevertretung) 62, 63, 69, 70, 103, 146, 162, 163, 249, 252, 263, 266
Landshut 80, 151, 164, 177
Landshut, Universität 290
Landshuter Erbfolgekrieg 147, 148
Landsitze der Ratsfamilien 135–137
Landstände *s.* Landschaft
Landtag (1556, 1563) 157
Landtag (1669) 189
Langwied 381
Lebensmittelrationierung 338–342, 350, 391, 399
Lehel 167, 213, 215, 216, 262, 310
Leheldeputation 216
Lenbachhaus, Städtische Galerie 331, 355, 396
Lenggries 99
Leprosenhaus am Gasteig 73, 91, 106, 123, 214
Leprosenhaus in Schwabing 106
Lerchenauer See, Wohnsiedlung 415
Linz 80
Literarisches Leben 247, 332, 333, 356, 357, 402
Loisach 77
Lokalbaukommission 304, 321
Löwlerbund 146
Ludwigsbrücke 380, *s. a.* Brücken
Ludwigsfeld 376, 381
Ludwigsstraße 289, 301
Luftangriffe 391, 392, 396
Lustheim, Schloß 212, 213

Magdeburg 208
Magistrat (bis 1810) *s.* Rat
Magistratskollegium (1818–1919) 275, 296, 297, 327–329, 345–347
Mangfalltal 317
Mannheim 251, 252
Manufakturen 237–239
Marianische Kongregation 267
Mariensäule 208–210
Markt 21–24, 28, 29, 37, 38, 78, 79, 100, 104, 121, 122

Markt Schwaben 158
Marstall, landesherrlicher 144, 186
Marstall, städtischer 126
Maximilianeum 392
Maximilianstraße 301, 302
Meliorat 45, 47, 48, 50, 51, 107, 111, 115, *s. a.* Patriziat
Memming b. Landsberg am Lech 17, 29
Metzger 93, 100, 104, 119, 177–181, 201, 239, 290
Milbertshofen 48, 310, 322, 325
Militär 224–226
Militärgärten *s.* Englischer Garten
Militärhandwerker 246
Militärisches Arbeitshaus in der Au 254
Militärlazarett 215
Militärregierung, amerikanische 397
Ministerialität, andechsische 45, 46, 52
Ministerialität, freisingische 30, 31, 52
Ministerialität, welfische 18, 19, 29, 52
Ministerialität, wittelsbachische 30, 52
Ministerialität, wolfratshausische 20, 29, 42, 52
Mittenwald 80, 99
Moosach 310, 322
Moosburg 170
Moriskentänzer 129, 132
Mühldorf, Schlacht v. (1322) 64
Müller 25, 73, 84, 162, 167
Münchner Abkommen (1938) 390
Münchner Pfennig 63, 86, 169
Munichen, villa 34, 35, 46
Munizipalrat (1810–1818) 269, 270
Münze 22, 24, 28, 29, 40, 41, 57, 85, 86
Münzmeister 16, 29, 57
Münzverschlechterung 58, 99, 200

Nachkriegsarchitektur 403, 404
Nachkriegskultur 402, 403
Nachkriegspresse 402
Neu-Perlach, Wohnsiedlung 415
Neuburg a. d. Donau 94
Neuhausen 311, 322, 360
Neustift bei Freising, Kloster 26, 39
Neuveste *s.* Residenz
Nördlingen 77
Nürnberg 77, 80, 81, 83, 88, 92, 97, 99, 104, 107, 128, 152, 301
Nymphenburg 322
Nymphenburg, Schloß 212

Oberföhring 310, 322
Obermenzing 376, 381
Oberwiesenfeld 418
Odeon 289, 392, 396
Oktoberfest 266, 334
Olympiastadion 418
Olympische Spiele (1972) 417, 418
Österreichischer Erbfolgekrieg 216, 240

Parteien, allg. 328–331, 333
Parteien, einzelne
Bayernpartei 405, 407
BVP 347–349, 353, 354, 357, 362, 372, 398
CSU 398, 401, 404, 407, 420
DDP 347, 348, 354
Demokratischer Verein 330
Die Grünen 420
DNVP 354
FDP 405
KPD 345, 350, 354, 362, 366, 372, 401, 405
Liberale Partei 328–331, 345, 350
NSDAP 347, 352, 354, 361, 362, 367, 369, 372–374, 377, 378, 381
SPD 328–330, 337, 345, 347–350, 354, 357, 359, 361, 362, 372, 401, 405, 407, 419
USP 344, 347, 348, 350, 351
WAV 401, 405
Zentrumspartei 328, 330, 345
Pasing 325, 376, 381, 413
Passau 80
Passauer Vertrag (1552) 155
Patriziat 132, 185, 186, 197, 198, 230, 231, 256, *s. a.* Meliorat

Peißenberg 18
Perlach 381
Pest *s.* Seuchen
Petersbergl 35, 36, 44
Peterskirche *s.* Kirchen
Peterspfarrei 31, 65, 130, 139, 140
Pfaffenhofen an der Ilm 70
Pfändungswesen 79, 121, 164
Pfarrklerus 16, 30, 31, 139
Pfistermühle 144, 145
Pfuscher 240, 241, 246, 248, 250
Pinakotheken 289, 392, 396
Poetenschule 123, 149, 150, 155, 184
Polizeigesetzgebung, landesherrliche 193–195
Polizeiwesen 191, 260, 268, 275, 400
Porzellanmanufaktur 222, 239
Prinzregentenstraße 320
Privilegien, städtische 63, 70, 78, 80, 82, 100, 117, 118, 163–165, 173, 186, 189, 190, 244, 249, 250, 266
Propyläen 289
Protestantische Gemeinde 156, 159, 160, 291, 319
Pullach 19

Rama-dama-Aktion (1949) 406
Ramersdorf 322, 406
Ramersdorf, Mustersiedlung 375
Rat (bis 1810) 48–50, 54, 64, 67–70, 73, 94, 107, 114–119, 145, 194, 197, 198, 231–233, 244, 245, 255–257, 260, 268, *s. a.* Munizipalrat, Magistratskollegium, Stadtrat
Rat, Ämter 74–76
Rat, Äußerer 64, 69, 110–112, 197, 245
Rat, Großer Rat 108, 110–112
Rat, Innerer 64, 65, 68, 110–112, 194–197, 245, 256, 278
Rat, Wahl 69, 70, 118, 145, 197, 232, 245, 256, 257, 260, 268
Rat, Zusammensetzung 68, 69, 76, 110–112, 161, 268
Räterepublik 346
Rathaus, Altes 129–132, 271, 303, 392, 396, 404, 420; Abb. 12–16, 19a, b
Rathaus, Neues 303, 327, 369; Abb. 28, 31, 32
Rathaus, Technisches (Hochhaus) 355
Ratsbibliothek 149
Ratsbücher 79
Ratschronik 150
Ratseid 62, 68
Ratsfamilien 133–139, *s. a.* Meliorat, Patriziat
Ratsherren (1933–45) *s.* Stadtrat
Ratsordnung 119, 145
Ratsprotokolle 168, 186, 187
Ratstrinkstube 126
«Ratzenklauber» 123
Rechtsbücher 112, 113
Rechtshaus 130
Rechtskreise in der Stadt 88–96
Redner des Rats *s.* Bürgermeister
Regalienverleihun g 23
Regensburg 77, 80, 83, 88, 92, 146, 301
Reichskammergericht 164
Reichskleinodien 62, 65, 104
Reichskristallnacht (1938) 387, 388
Religionsmandate, landesherrliche 150, 152, 159
Religionsprozesse 152–154, 160
Residenz 94, 103, 117, 132, 144, 167, 186, 187, 205, 243, 250, 276, 289, 392, 403, 411
Revolution (1848) 293–297
Revolution (1918) 344, 347
Richter, geistlicher 74
Richter, landesherrlicher *s.* Stadtrichter
Rindermarkt 133
Ringbahn 325
Ringstraßenkonzept 416
Roter Turm 130
Rott am Inn, Kloster 41, 49
Rudolfinische Handfeste (Rudolfinum, 1254) 54, 55, 62, 67, 68, 70, 72, 84, 100, 102; Abb. 3
Ruhmeshalle 289

Rumfordsuppe 254, 255
Rundfunk 355

SA 361, 367, 372, 385
Säkularisation 267
Salbuch, städtisches 125
Salzburg 80, 105
Salzhandel 23, 77–80, 82, 99, 100, 105, 122, 164, 170–173
Salzstadel 122, 125, 173, 214
Salzstapel 125, 164, 170
Salzstraßen 24, 33, 80, 82, 170, 301
Satzungsbücher 68, 70, 75, 77, 84, 89
«Saueintuer» 122
Schäftlarn, Kloster 14, 17, 19, 31, 33, 48
Schellenberg 82
Scheyern, Kloster 39, 41
Schlachthaus 126, 128, 129
Schlacht- und Viehhof 318
Schleißheim, Schloß 212, 213
Schliersee, Stift 139, 147
Schlösser, kleinere um München 213, 214
Schmiede 73, 84, 114, 116, 162
Schöffen *s.* Rat
Schönfeld 252
Schongau 17, 29
Schranne *s.* Markt
Schrannenhalle 322
Schulen 92, 123, 316, 318, 319, 323, 341, 343, 375, 407
Schwabing 18, 19, 310, 322, 394
Schwabinger Krawalle (1962) 419
Schwarzhandel 396
Schwedengeiseln 208, 209
Schweiz 100
Seelhäuser 91, 140–142
Sendling 18–21, 33, 310, 322
Sendlinger Mordweihnacht (1705) 225
Seniorat 196, 234, 245
Seuchen 75, 93, 97, 98, 123, 187, 201, 209, 211, 236, 300, 316, 318, 396
Siebenhundert-Jahrfeier (1858) 303
Siegestor 289, 290, 396, 411
Siemens-Siedlung 408
«Simplicissimus» (Zeitschrift) 332
Solln 20, 376, 381
Sozialistengesetze 329
Spanischer Erbfolgekrieg 225, 240
SS 367, 385
Staatsbibliothek 289
Stadt, Äußere bzw. Innere *s.* Stadteinteilung
Stadtbäche 25, 26, 60, 75, 167, 183, 207
Stadtbanner 117
Stadtbruderhaus am Kreuz 130
Stadteinteilung 32, 33, 59, 65, 66, 124, 167, 176, 205, 272
Stadtentwicklungsplan (1963) 415
Stadtentwicklungsplan (1974) 419
Stadterweiterungen 65, 66, 219, 262, 271–273, 285, 289, 298, 299, 303, 311, 321, 322, 381 *s. a.* Eingemeindungen
Stadtgericht 41, 71, 72, 120, 121, 191, 192, 268
Stadtgerichtsordnung 191
Stadtgraben 122, 127, 128
Stadtkasse *s.* Kämmerei
Stadtmauern 32, 35, 36, 38, 44, 59, 65, 66, 75, 88, 92, 127, 128, 132, 167
Stadtmodell, Sandtnersches 66, 166; Abb. 11
Stadtoberrichter *s.* Stadtrichter
Stadtpfeifer 187
Stadtplanung 316, 321, 381–384, 414, 416
Stadtrat (seit 1919) 347–349, 361, 368, 372–375, 404, 405, 407–409, 413–416, 420 *s. a.* Rat, Munizipalrat, Magistratskollegium, Gemeindebevollmächtigte
Stadtrat, Wahl 347, 348, 354, 361, 362, 404, 407–409, 413, 414, 419
Stadtrecht 62, 66, 68, 70, 71, 74, 77, 83–89, 130
Stadtrechtsbücher 70, 71, 74, 77, 83, 86, 89
Stadtrichter 16, 30, 38, 41, 42, 49, 53, 55, 56, 67, 68, 70, 72, 73, 84, 93,

101, 112, 113, 162, 191, 192, 194, 197, 256, 257, 259
Stadtschlüssel 117, 208
Stadtschreiber 76, 113, 130
Stadtsiegel und -wappen 38, 49, 67, 75, 113, 269, 271, Abb. S. 13, 61, 97, 120, 148, 166, 189, 211, 244, 274, 307, 336, 369, 394, 413
Stadttore 66, 131, 184, 207, 271, 272, 289, 311
Stadtunterrichter *s.* Gerichtsschreiber
Stadtverteidigung *s.* Wehrwesen
Stadtverwaltung 74–76, 120–124, 327, 343, 345, 346, 368, 374, 375, 399, 401, 409
Staffelbauordnung (1904) 321
Ständevertretung *s.* Landschaft
Stapelrecht *s.* Warenstapel, Salzstapel
Steuerbücher 98, 107, 113, 173
Steuerer 75
Steuern 41, 53, 63, 72, 75, 93, 102, 103, 105–110, 112, 117, 118, 169, 173, 174, 184, 248, 325, 349, 360, 367, 379, *s. a.* Ungeld
Stiftungen 91, 268, 275, 316
Strafbuch 113, 117
Straßburg 83
Straßenbahn 323–325
Straßenbeleuchtung 301, 324
Straubing 177
Streik *s.* Arbeitskämpfe
Studentenunruhen (1968) 419
Sturmglocke 117

Tanzhaus *s.* Rathaus, Altes
Täufergemeinde *s.* Wiedertäufer
Technische Hochschule 312, 313
Tegernsee, Kloster 14, 15, 20, 39, 41, 46
Terraingesellschaften 322, 325
Thalkirchen 33, 310, 322, 324
Theater 273, 303, 332, 357, 396
Theresienwiese 266
Toleranzverleihung 229, 230
Trabantenstädte 383, 416
Trudering 381
Trümmerbeseitigung 404, 406
Turmwächter 76
Turn- und Sportvereine 333, 334
Turnierhaus, landesherrliches 215

U-, S-Bahn 384, 416, 417
Ulm 83, 180
Umweltschutzreferat 420
Umweltverschmutzung 334, 419
Ungeld 59, 102, 173, 175, 176, 184, 234, 248
Universität 289, 290, 293, 312, 356
Untermenzing 376, 381
Unzucht 188, 193, 196, 206
Urkundenbuch, städtisches 101, 114

Venedig 18, 81, 82, 99
Vereine 280–283, 333, 334
Verkehrsbetriebe 407
Verkehrswesen 316, 323, 355, 384
Versicherungen 314
Vierer *s.* Handwerksvierer
Viktualienmarkt 322, 394
Viztum, landesherrlicher 57, 72, 73, 93

Waaghaus 126
Wache *s.* Wehrwesen
Wahlbrief (1403) 118
Wahlbrief (1795) 259, 260
Währungsreform (1948) 405
Walchenseekraftwerk 313
Wappenführung *s.* Stadtsiegel
Warenhäuser 325, 355
Warenstapel 23, 77–79, 82, 85, 99, 100
Wasserburg am Inn 71, 78, 80, 82
Wasserregal 25, 26
Wasserversorgung 75, 129, 183, 285, 316
Weberkeller 122, 130
Wehrwesen 63, 64, 66, 69, 71, 75, 121, 264, 265
Wein 77, 81, 122, 173, 175, 185
Weinkeller, städtischer 130
«Weiße Rose» 393
Wessobrunn, Kloster 15
Westend 309, 310
Wiedertäufer 151, 154, 155, 188
Wien 77, 80, 180, 301

Wirte 100, 104, 176, 177, 247
Wittelsbacher Palais 385, 392
Wohlfahrtspflege 319, 364–366
Wohnraumbeschlagnahmung 399, 400
Wohnungsamt, städtisches 320
Wohnungsnot 247, 320, 350, 357–359, 364, 405–407, 414–416, 420
Wolfratshausen 71, 78
Worms 92
Wörnbrunn 19, 20, 39

Zensur 194, 294
Zeughaus, landesherrliches 205, 206
Zeughaus, städtisches 126, 128, 130, 294
Ziegeleien 126, 184
Zinsbücher 113
Zölle 22–24, 40, 41, 81, 93, 102, 105, 121, 169, 170, 234, 248
Zöllner 16, 24, 28–30, 75, 90, 171
Zünfte 83–85, 91, 107, 113, 114, 119, 171, 202–204, 241, 242, 254–256, 258, 260, 280
Zuwanderung 308
Zwingerbau 127, 128
Zwölfer *s.* Rat
Zyner Codex *s.* Urkundenbuch, städtisches

Bildnachweis

Die Illustrationen am Beginn jedes Kapitels geben Münchner Stadtsiegel bzw. Stadtwappen aus dem Stadtarchiv wieder.

Seite 13: Stadtsiegel 1268 bis 1302. Der seit 1239 vorkommende «wachsende» Adler dürfte mit dem starken Einfluß des deutschen Königtums zusammenhängen. Der Mönchskopf «redet» für München
Seite 61: Stadtsiegel 1323 bis 1356. Der «wachsende» Löwe verweist auf die wittelsbachische Stadtherrschaft.
Seite 97: Stadtsiegel 1398 bis 1403
Seite 120: Miniatur aus einer Landrechtshandschrift von 1455
Seite 148: Gewölbeschlußstein von 1520
Seite 166: Aus einem Glasfenster der Frauenkirche von 1594
Seite 189: Kartusche in der Steuerordnung von 1606
Seite 211: Kartusche in einer Neuausgabe der Steuerordnung von 1756
Seite 244: Stadtwappen 1808 bis 1818. Der Buchstabe «M» steht für Maximilian (Joseph).
Seite 274: Stadtwappen 1818 bis 1835
Seite 307: Kleines Stadtwappen 1865 bis 1936 und 1949 bis 1957
Seite 336: Wappen auf dem städtischen Tafelgeschirr, 1929
Seite 369: Stadtwappen 1936 bis 1945
Seite 394: Wappen an der Münchner Straßenbahn, nach 1945
Seite 413: Kleines Stadtwappen seit 1957

Sämtliche Vorlagen der Bildseiten stammen, mit Ausnahme von Abb. 12, 13 und 24 (Münchner Stadtmuseum), aus dem Münchner Stadtarchiv.

Buchanzeige